普通高等教育医学类系列教材

供临床、预防、基础、口腔、麻醉、影像、药学、检验、护理、法医等专业使用

系统解剖学

第 2 版

主　　编	黄文华　张雁儒　赵志军
主　　审	徐达传　唐茂林
副 主 编	王效杰　易西南　柯荔宁
编　　者	（以姓氏笔画为序）

王岐本	湘南学院	王明炎	厦门大学
王效杰	沈阳医学院	古丽扎尔·阿布都热西提	
			新疆阿克苏职业技术学院
卢　巍	遵义医学院	田顺亮	桂林医学院
付升旗	新乡医学院	兰美兵	遵义医学院
刘　靖	广东药科大学	李　莎	河北医科大学
李啸红	遵义医学院	初国良	中山大学中山医学院
张本斯	大理学院	张雁儒	河南理工大学
陆　地	昆明医科大学	陆　利	山西医科大学
陈一勇	宁波大学医学院	陈胜华	南华大学医学院
易西南	海南医学院	赵云鹤	山西医科大学
赵志军	河南大学医学院	赵章红	黄河科技学院
柯荔宁	福建医科大学	饶利兵	湖南医药学院
宣爱国	广州医科大学	高　艳	湖北文理学院医学院
黄文华	南方医科大学	黄绍明	广西医科大学
崔晓军	广东医科大学	彭田红	南华大学医学院
臧　晋	沈阳医学院		

绘　　图	曾明辉　广东药学院
秘　　书	黄美贤　王　亚　陈佳丽　南方医科大学

科学出版社

北　京

内 容 简 介

《系统解剖学》第2版由南方医科大学博士生导师徐达传教授和温州医学院博士生导师唐茂林教授主审，南方医科大学基础医学院院长、博士生导师黄文华教授主编，全国26所高校30余位教授共同编写。

第1版教材按照人体器官功能系统阐述了人体的形态结构，以其新颖的体例、明确的学习重点、紧密的临床联系、逼真的铸型标本图等特点受到了广大医学生的喜爱。本着追求高质量、精益求精、与时俱进的原则出版了第2版，对上版教材的文字、插图、案例、相关学科进展等进行了仔细的审核、修改与更新，并增补教材配套的一体化数字资源，如教学PPT、同步练习题等。

图书在版编目(CIP)数据

系统解剖学／黄文华，张雁儒，赵志军主编 . —2版 . —北京：科学出版社，2017.3
　ISBN 978-7-03-052278-8

Ⅰ. 系⋯　Ⅱ. ①黄⋯　②张⋯　③赵⋯　Ⅲ. 系统解剖学-医学院校-教材　Ⅳ. ①R322

中国版本图书馆 CIP 数据核字（2017）第 053114 号

责任编辑：张天佐　胡治国／责任校对：郭瑞芝
责任印制：霍　兵／封面设计：陈　敬

版权所有，违者必究。未经本社许可，数字图书馆不得使用

科 学 出 版 社 出版
北京东黄城根北街16号
邮政编码：100717
http://www.sciencep.com

北京汇瑞嘉合文化发展有限公司印刷
科学出版社发行　各地新华书店经销
*

2012年6月第　一　版　　开本：850×1168　1/16
2017年3月第　二　版　　印张：17 1/2
2025年8月第十四次印刷　　字数：584 000
定价：88.00元
（如有印装质量问题，我社负责调换）

第 2 版序

"教,上所施,下所效也"。医学与生命健康休戚相关,医学教育者重任在肩,要求培养出卓越医学人才,才能"一灯能除千年暗,一智能灭万年愚",不负国家的重托,造福人民大众。

"请君莫奏前朝曲,听唱新翻杨柳枝"。医学的发展日新月异,教学模式在创新中不断完善,医学生对课本知识的需求也有所改变。黄文华教授主编的《系统解剖学》第 2 版,就是"万物兴歇皆自然"的范本。黄文华教授是南方医科大学人体解剖学博士生导师,也是首届"中国青年解剖科学家奖"的获得者,曾参与过不同层次、不同专业全国统编教材的编写工作,有着丰富的组织指挥经验。在他率领的编写团队中,有全国近 30 所高校的专家学者加盟,在相互交流中,碰撞出智慧的火花,"万点落花舟一叶,载将春色到江南"。

"问渠哪得清如许,为有源头活水来"。在第 2 版中,对教材中的文字及图片信息进行了缜密的审核,对部分图片进行了修改、重绘;对医学生进入临床前有关的常见病例进行了更新,使其与临床联系更加紧密;选添部分医学发展前沿有关信息,使医学生及时了解科学研究的进展,激发医学生探索未知的兴趣;配套了数字化资源,如:自测题、教学 PPT 等,以供医学生自主学习,"万事万物是教材"、"举一反三,触类旁通"。

"春种一粒粟,秋收万颗种",愿携蜜蜂采百花成蜜之心,帮助医学生更上一层楼,勇攀高峰,欣为之序!

钟世镇

中国工程院资深院士
南方医科大学教授
2017 年春于广州

目 录

第 2 版序
绪论 ……………………………………… (1)
 一、系统解剖学在医学规划教材中的
  定位 ………………………………… (1)
 二、系统解剖学在医学中的地位 ……… (1)
 三、解剖学发展概况 …………………… (1)
 四、人体的器官系统和分部 …………… (2)
 五、人体解剖学标准姿势和基本术语 …… (2)
 六、人体器官的变异、异常与畸形 …… (3)
 七、解剖学的学习方法 ………………… (3)

第一篇 运动系统

第一章 骨学 ……………………………… (4)
 第一节 概述 …………………………… (4)
  一、骨的分类 ………………………… (4)
  二、骨的构造与功能 ………………… (5)
  三、骨质的化学成分和物理性质 …… (6)
  四、骨的发生和发育 ………………… (6)
 第二节 中轴骨 ………………………… (7)
  一、躯干骨 …………………………… (7)
  二、颅 ………………………………… (11)
 第三节 附肢骨 ………………………… (19)
  一、上肢骨 …………………………… (20)
  二、下肢骨 …………………………… (22)

第二章 关节学 …………………………… (27)
 第一节 概述 …………………………… (27)
  一、直接连结 ………………………… (27)
  二、间接连结 ………………………… (28)
 第二节 中轴骨连结 …………………… (30)
  一、躯干骨的连结 …………………… (30)
  二、颅骨的连结 ……………………… (33)
 第三节 附肢骨连结 …………………… (35)
  一、上肢骨的连结 …………………… (35)
  二、下肢骨的连结 …………………… (38)

第三章 肌学 ……………………………… (46)
 第一节 概述 …………………………… (46)
  一、肌的构造和形态 ………………… (46)
  二、肌的起止、配布和作用 ………… (47)
  三、肌的命名原则 …………………… (48)
  四、肌的辅助装置 …………………… (48)
  五、肌的血管、淋巴管和神经 ……… (49)
 第二节 头肌 …………………………… (50)
  一、面肌 ……………………………… (50)
  二、咀嚼肌 …………………………… (51)
 第三节 颈肌 …………………………… (52)
  一、颈浅肌 …………………………… (52)
  二、颈前肌 …………………………… (52)
  三、颈深肌 …………………………… (53)
 第四节 躯干肌 ………………………… (54)
  一、背肌 ……………………………… (54)
  二、胸肌 ……………………………… (55)
  三、膈 ………………………………… (56)
  四、腹肌 ……………………………… (57)
 第五节 上肢肌 ………………………… (58)
  一、上肢带肌 ………………………… (58)
  二、臂肌 ……………………………… (59)
  三、前臂肌 …………………………… (60)
  四、手肌 ……………………………… (61)
  五、上肢的局部记载 ………………… (63)
 第六节 下肢肌 ………………………… (63)
  一、髋肌 ……………………………… (63)
  二、大腿肌 …………………………… (64)
  三、小腿肌 …………………………… (65)
  四、足肌 ……………………………… (67)
  五、下肢的局部记载 ………………… (67)
 第七节 体表的肌性标志 ……………… (67)
  一、头颈部 …………………………… (67)
  二、躯干部 …………………………… (67)
  三、上肢 ……………………………… (68)
  四、下肢 ……………………………… (68)

第二篇 内脏学

概述 ……………………………………… (69)
 一、内脏的一般结构 …………………… (69)
 二、胸、腹部的标志线和腹部的分区 …… (69)

第四章 消化系统 ………………………… (70)
 第一节 消化管 ………………………… (71)
  一、口腔 ……………………………… (71)

二、咽 ………………………………… (74)
三、食管 ……………………………… (75)
四、胃 ………………………………… (75)
五、小肠 ……………………………… (77)
六、大肠 ……………………………… (78)
　第二节　消化腺 …………………………… (80)
一、肝 ………………………………… (80)
二、胰 ………………………………… (83)
第五章　呼吸系统 ………………………………… (85)
　第一节　呼吸道 …………………………… (85)
一、鼻 ………………………………… (85)
二、喉 ………………………………… (87)
三、气管与支气管 …………………… (90)
　第二节　肺 ………………………………… (91)
一、肺的位置和形态 ………………… (91)
二、肺内支气管和支气管肺段 ……… (92)
三、肺的血管 ………………………… (93)
　第三节　胸膜 ……………………………… (93)
一、胸膜与胸膜腔的概念 …………… (93)
二、胸膜的分部 ……………………… (93)
三、胸膜隐窝 ………………………… (94)
四、胸膜与肺的体表投影 …………… (94)
　第四节　纵隔 ……………………………… (96)
一、纵隔的境界 ……………………… (96)
二、纵隔的分区 ……………………… (96)
三、纵隔的内容 ……………………… (96)
第六章　泌尿系统 ………………………………… (98)
　第一节　肾 ………………………………… (98)
一、肾的形态 ………………………… (98)
二、肾的位置与毗邻 ………………… (98)
三、肾的构造 ………………………… (100)
四、肾的被膜 ………………………… (100)
五、肾的血管与肾动脉肾段 ………… (100)
六、肾的异常与畸形 ………………… (102)
　第二节　输尿管、膀胱、女性尿道 ……… (102)
一、输尿管 …………………………… (102)

二、膀胱 ……………………………… (103)
三、女性尿道 ………………………… (103)
第七章　男性生殖系统 …………………………… (105)
　第一节　内生殖器 ………………………… (105)
一、睾丸 ……………………………… (105)
二、输精管道 ………………………… (106)
三、附属腺体 ………………………… (107)
　第二节　外生殖器 ………………………… (108)
一、阴囊 ……………………………… (108)
二、阴茎 ……………………………… (108)
　第三节　男性尿道 ………………………… (109)
第八章　女性生殖系统 …………………………… (111)
　第一节　内生殖器 ………………………… (111)
一、卵巢 ……………………………… (111)
二、输卵管 …………………………… (112)
三、子宫 ……………………………… (112)
四、阴道 ……………………………… (114)
五、前庭大腺 ………………………… (114)
　第二节　外生殖器 ………………………… (114)
一、阴阜 ……………………………… (114)
二、大阴唇 …………………………… (114)
三、小阴唇 …………………………… (114)
四、阴道前庭 ………………………… (114)
五、阴蒂 ……………………………… (115)
六、前庭球 …………………………… (115)
　第三节　会阴 ……………………………… (116)
一、肛区的肌群 ……………………… (116)
二、尿生殖区的肌群 ………………… (116)
三、会阴的筋膜 ……………………… (117)
第九章　腹膜 ……………………………………… (119)
一、概述 ……………………………… (119)
二、腹膜与腹、盆腔脏器的关系 …… (120)
三、腹膜形成的主要结构 …………… (120)
四、腹膜腔的分区和间隙 …………… (122)
五、腹膜的神经支配 ………………… (122)

第三篇　脉管系统

第十章　心血管系统 ……………………………… (123)
　第一节　概述 ……………………………… (123)
一、心血管系统的组成 ……………… (123)
二、血液循环途径 …………………… (124)
三、血管吻合及其功能意义 ………… (124)
四、血管的变异和异常 ……………… (125)
　第二节　心 ………………………………… (125)
一、心的位置、外形 ………………… (126)

二、心腔结构 ………………………… (127)
三、心的构造 ………………………… (130)
四、心传导系统 ……………………… (131)
五、心的血管 ………………………… (132)
六、心的神经 ………………………… (135)
七、心包 ……………………………… (135)
八、心的体表投影 …………………… (135)
　第三节　动脉 ……………………………… (136)

一、肺循环的动脉 …………………… (137)
　　二、体循环的动脉 …………………… (137)
　第四节　静脉 ………………………………… (150)
　　一、肺循环的静脉 …………………… (151)
　　二、体循环的静脉 …………………… (151)
第十一章　淋巴系统 ……………………………… (159)
　第一节　淋巴系统的结构和配布特点 ……… (159)
　　一、淋巴管道 ………………………… (159)
　　二、淋巴器官 ………………………… (161)

　　三、淋巴组织 ………………………… (163)
　　四、淋巴侧支循环 …………………… (163)
　第二节　人体各部的淋巴管和淋巴结 ……… (163)
　　一、头颈部淋巴管和淋巴结 ………… (163)
　　二、上肢的淋巴管和淋巴结 ………… (164)
　　三、胸部的淋巴管和淋巴结 ………… (164)
　　四、下肢的淋巴管和淋巴结 ………… (165)
　　五、盆部的淋巴管和淋巴结 ………… (166)
　　六、腹部的淋巴管和淋巴结 ………… (166)

第四篇　感觉器官

第十二章　视器 …………………………………… (170)
　第一节　眼球 ………………………………… (171)
　　一、眼球壁 …………………………… (171)
　　二、眼球的内容物 …………………… (173)
　第二节　眼的辅助装置 ……………………… (174)
　　一、眼睑 ……………………………… (174)
　　二、结膜 ……………………………… (175)
　　三、泪器 ……………………………… (175)
　　四、眼球外肌 ………………………… (176)
　　五、眶筋膜和眶脂体 ………………… (176)
　第三节　眼的血管和神经 …………………… (177)
　　一、动脉 ……………………………… (177)
　　二、静脉 ……………………………… (177)
　　三、神经 ……………………………… (178)
第十三章　前庭蜗器 ……………………………… (179)
　第一节　外耳 ………………………………… (179)

　　一、耳廓 ……………………………… (179)
　　二、外耳道 …………………………… (180)
　　三、鼓膜 ……………………………… (180)
　第二节　中耳 ………………………………… (180)
　　一、鼓室 ……………………………… (181)
　　二、咽鼓管 …………………………… (182)
　　三、乳突窦和乳突小房 ……………… (182)
　第三节　内耳 ………………………………… (182)
　　一、骨迷路 …………………………… (182)
　　二、膜迷路 …………………………… (183)
　　三、内耳的血管和神经 ……………… (185)
　　四、内耳道 …………………………… (185)
　【附】其他感受器 …………………………… (186)
　　一、嗅器 ……………………………… (186)
　　二、味器 ……………………………… (186)
　　三、皮肤 ……………………………… (186)

第五篇　神经系统

　概述 ……………………………………………… (187)
　　一、神经系统的区分 ………………… (187)
　　二、神经系统的组成 ………………… (187)
　　三、神经系统的常用术语 …………… (190)
第十四章　中枢神经系统 ………………………… (191)
　第一节　脊髓 ………………………………… (191)
　　一、脊髓的位置与外形 ……………… (191)
　　二、脊髓节段及其与椎骨的对应关系 … (192)
　　三、脊髓的内部结构 ………………… (193)
　　四、脊髓的功能 ……………………… (196)
　第二节　脑 …………………………………… (197)
　　一、脑干 ……………………………… (197)
　　二、小脑 ……………………………… (206)
　　三、间脑 ……………………………… (207)
　　四、端脑 ……………………………… (210)
第十五章　周围神经系统 ………………………… (217)
　第一节　脊神经 ……………………………… (217)
　　一、概述 ……………………………… (217)

　　二、颈丛 ……………………………… (219)
　　三、臂丛 ……………………………… (219)
　　四、胸神经前支 ……………………… (223)
　　五、腰丛 ……………………………… (223)
　　六、骶丛 ……………………………… (225)
　　七、尾丛 ……………………………… (226)
　第二节　脑神经 ……………………………… (227)
　　一、嗅神经 …………………………… (228)
　　二、视神经 …………………………… (228)
　　三、动眼神经、滑车神经和展神经 … (229)
　　四、三叉神经 ………………………… (229)
　　五、面神经 …………………………… (230)
　　六、前庭蜗神经 ……………………… (231)
　　七、舌咽神经和迷走神经 …………… (232)
　　八、副神经 …………………………… (233)
　　九、舌下神经 ………………………… (234)
　第三节　内脏神经系统 ……………………… (234)
　　一、内脏运动神经 …………………… (234)

二、内脏感觉神经 …………………（240）
三、牵涉性痛 ………………………（240）
四、某些重要器官的神经支配 ……（241）
第十六章　神经系统的传导通路 ………（246）
　第一节　感觉传导通路 ………………（246）
　　一、躯干、四肢本体感觉传导通路 ……（246）
　　二、痛、温、粗触觉和压觉传导通路 ……（248）
　　三、视觉传导通路和瞳孔对光反射通路
　　　　………………………………（249）
　　四、听觉传导通路 …………………（250）
　　五、平衡觉传导通路 ………………（250）
　　六、内脏感觉传导通路 ……………（251）
　第二节　运动传导通路 ………………（251）
　　一、锥体系 …………………………（251）
　　二、锥体外系 ………………………（253）
第十七章　脑和脊髓的被膜、血管及脑脊液循环
　　………………………………………（255）
　第一节　脑和脊髓的被膜 ……………（255）
　　一、脊髓的被膜 ……………………（255）
　　二、脑的被膜 ………………………（256）
　第二节　脑和脊髓的血管 ……………（258）
　　一、脑的血管 ………………………（258）
　　二、脊髓的血管 ……………………（260）
　第三节　脑脊液及其循环 ……………（261）
　第四节　脑屏障 ………………………（262）

第六篇　内分泌系统

第十八章　内分泌系统 …………………（264）
　一、甲状腺 ……………………………（264）
　二、甲状旁腺 …………………………（265）
　三、肾上腺 ……………………………（265）
　四、垂体 ………………………………（265）
　五、松果体 ……………………………（266）
　六、胰岛 ………………………………（266）
　七、胸腺 ………………………………（266）
　八、性腺 ………………………………（266）

索引 ……………………………………（267）

绪　论

> 【学习目标】
> 1. 掌握人体解剖学标准姿势和基本术语。
> 2. 了解系统解剖学在医学中的地位；人体的器官和系统；学习系统解剖学的基本观点和方法。

一、系统解剖学在医学规划教材中的定位

教材建设，有明确的培养目标与对象。按"十二五"国家级规划教材医学教材建设的要求，临床医学专业五年制教材，定位为"执业医师"应具备的知识。列入临床医学专业五年制学校教育阶段与**人体解剖学** human anatomy 有关的教材共有 3 部，即：**系统解剖学** systematic anatomy、**局部解剖学** regional anatomy 和**断层解剖学** sectional anatomy。既然有 3 部教材的设置，就应有不同的学习内容和区分，当然三者之间也有必要的重叠和联系。为了削减冗繁，留尽清瘦，系统解剖学教材中，要求学习的内容是人体各器官系统的正常形态结构知识，为学习其他基础医学和临床医学课程，奠定必要的大体形态学基础。

二、系统解剖学在医学中的地位

系统解剖学，是按人体器官功能系统阐述形态结构的科学，是医学科学中一门重要的基础课程。医学研究的对象是人，医学生在学习过程中，有了为治病救人学习知识的愿望，先要学习掌握人体的正常形态结构，为学习人体的生理功能和病理变化打基础，为进一步学习针对疾病预防、诊断、治疗及康复的技能打基础，逐渐成长为医德高尚、技术精湛、救死扶伤的医师。

随着科学技术的发展，临床医学有高度分工的趋势，在综合型医师的基础上，不断衍生分化为专科型医师。这些后续的专科化发展内容，尚不属执业医师学校教育阶段的学习内容，但目前所学习的系统解剖学，仍是这些后续发展研究的必要基础。由于研究角度、方法和目的的不同，结合临床学科发展需要的称为**临床解剖学** clinical anatomy；密切联系外科手术的称为**外科解剖学** surgical anatomy；专门配合显微外科的称为**显微外科解剖学** microsurgical anatomy；运用 X 线技术研究人体结构的称为 **X 线解剖学** X-ray anatomy。

三、解剖学发展概况

人体解剖学，早期仅见于原始人类生活生产中同疾病作斗争的零星记述。随着医学的发展，解剖学得到了相应的发展。

国外的人体解剖学有较早记载的是 Hippocrates（公元前 460～377 年），已在头骨部分有正确的描述。中世纪，由于受宗教统治影响，禁止解剖人体，只能以动物解剖所得结果移用于人体，故该阶段的解剖学记述错误较多。欧洲文艺复兴时期（15～16 世纪），宗教统治被摧毁，科学艺术得到蓬勃的发展，出现了 Leonardo da Vinci 的人体解剖图谱，描绘精细正确，堪称伟大的科学和艺术的时代巨著。Vesalius（1514～1564 年）曾冒着遭受迫害的危险，亲自从事人的尸体解剖，出版了《人体构造》这部解剖学巨著，纠正了许多以动物解剖代替人体的错误观点，奠定了现代人体解剖学的基础。Darwin（1809～1882）的《物种起源》提出了人类起源和进化的理论，为探索人体形态结构的发展规律提供了理论武器。"他山之石，可以攻玉"，19 世纪到 20 世纪，通过传教士和医士带入我国的许多西方解剖学译著，为我国现代解剖学的形成和发展，起到过良好的促进作用。

"温故而知新"。我国早在公元前 500 年的《黄帝内经》中就有人体解剖学的相关记载："若夫八尺之士，皮肉在此，外可度量切循而得之，其死可解剖而视之。其脏之坚脆，腑之大小，谷之多少，脉之长短，血之清浊……皆有大数。"名医华佗（145～200 年）的高超医术，说明他是熟悉解剖学的外科专家；宋慈所著《洗冤录》（约 1247 年）已绘制了精美的检骨图像；王清任撰著《医林改错》的殷实内容，是亲自解剖尸体的观察结果。近百余年来，随着西方医学传入我国，介绍了大量国外的解剖学成就，对我国人体解剖学向现代化发展，起到

过很好的作用。在发展现代解剖学工作中,我国有一批优秀的学者作出了令人瞩目的重大贡献,如:马文昭(1886~1965年)的《磷脂类对组织的作用》,张鋆(1890~1977年)创办了《解剖学报》和《解剖学通报》,臧玉淦(1901~1964年)在神经解剖学上有杰出的成就。在现阶段,我国解剖学界在:古人类学、医学人类学、胚胎生物学、组织化学、免疫组织化学、分子细胞学、神经生物学、中国人体质调查、临床解剖学、显微外科解剖学、组织工程学、解剖生物力学、影像解剖学、运动解剖学、数字人和数字解剖学等领域,均取得新的建树。

四、人体的器官系统和分部

人体由许多器官构成。这些器官按其功能的特点,分别组合为不同的系统。组成人体的系统有:运动系统、消化系统、呼吸系统、泌尿系统、生殖系统、脉管系统、感觉器官、感觉器系统、神经系统和内分泌系统。上述的消化、呼吸、泌尿、生殖系统又可综合称为内脏学。各个系统及组成系统的各个器官,有其特定的功能,但他们之间,在神经系统和体液的调节下,相互联系,密切配合,构成一个完整统一的人体。系统解剖学将按人体各个系统阐述其形态结构。

局部解剖学是按照人体的局部,可分为:头部、颈部、胸部、腹部、盆部与会阴、上肢、下肢和脊柱区。阐述各个局部器官的形态结构,但其侧重点是研究不同层次间的相互位置、毗邻和联属等关系,更接近外科手术有关的基础知识。

五、人体解剖学标准姿势和基本术语

没有规矩,不成方圆。正确描述人体器官的形态结构,有科学性很强的统一标准和术语。首先要求掌握的有:解剖学姿势、方位术语、轴和面的概念。

(一) 解剖学姿势

描述人体任何结构时,都应以标准的姿势为依据,称之为**解剖学姿势**。解剖学姿势以"立正"姿势为基础,在手和足两处有所修正,即手掌向前和两足并立、足尖朝前。即使被观察的标本、模型、尸体是仰卧位、俯卧位、横位或倒置,或者只是标本的一部分,都应依照标准姿势进行描述(绪图1)。

(二) 人体的轴和面

1. 轴 是叙述关节运动时常用的术语,可在解剖学姿势条件下,作出相互垂直的3个轴(绪图2)。

垂直轴:为上下方向并与地平面垂直的轴。

矢状轴:为前后方向并与地平面平行的轴。

冠状轴:或称**额状轴**,为左右方向与地平面平行的轴。

2. 面 人体或其任何一个局部,均可在解剖学姿势条件下,作互相垂直的3个切面。

矢状面:为按前后方向将人体纵行切开的剖面。通过人体正中的矢状面称为**正中矢状面**,将人体分为左右相等的两半。

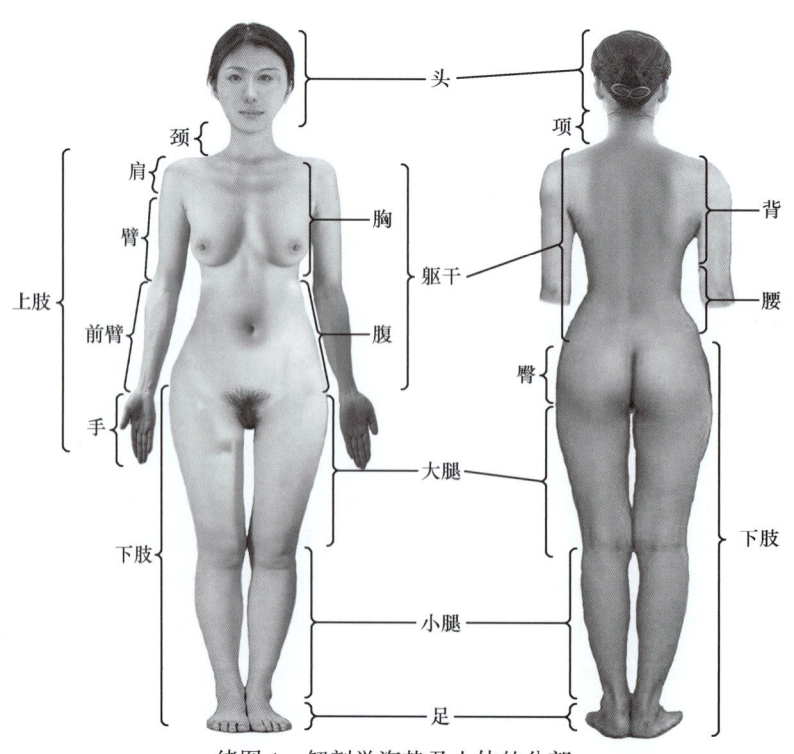

绪图1 解剖学姿势及人体的分部

冠状面:或称**额状面**,为按左右方向将人体纵行切开的剖面。这种切面是将人体分为前后两部。

水平面:或称**横切面**,为按水平方向将人体横行切开的剖面。

在描述器官的切面时,则以器官的长轴为准,与其长轴平行的切面称**纵切面**,与长轴垂直的切面称**横切面**。

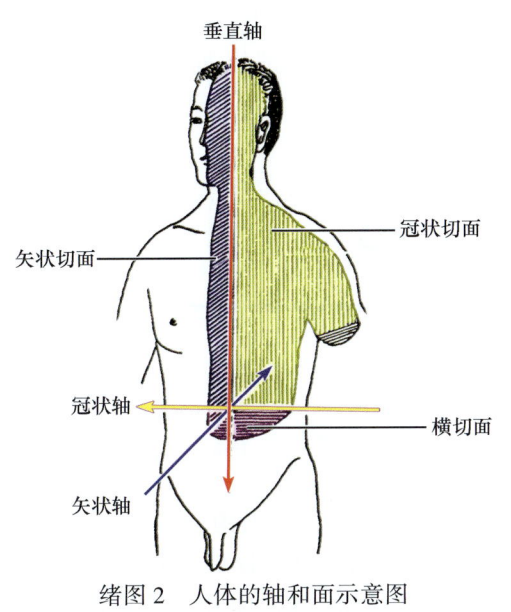

绪图2　人体的轴和面示意图

（三）方位术语

以解剖学姿势为标准,规定了标准的方位术语,用以描述人体结构的相互关系。这些名词通常都是相应成对的术语。常用的有:

上 superior 和**下** inferior 是描述部位高低的术语。按照解剖学姿势,头在上足在下,故头侧为上,远离头侧的为下。如眼位于鼻的上方,而口则位于鼻的下方。

前 anterior（或**腹侧** ventral）和**后** posterior（或**背侧** dorsal）。凡距身体腹侧面近者为前,距背侧面近者为后。

内侧 medial 和**外侧** lateral 是描述各部位与正中面相对距离的位置关系术语,如眼位于鼻的外侧,而在耳的内侧。

内 internal 和**外** external 是描述空腔器官相互位置关系的术语。近内腔者为内,远离内腔者为外。内、外与内侧、外侧两者是有区别的,初学者一定要加以注意。

浅 superficial 和**深** profundus 是描述与皮肤表面相对距离关系的术语,距皮肤近者为浅,远者为深。

另外,在四肢,上又称为**近侧** proximal,指距肢体的根部较近;下称为**远侧** distal,指距肢体的根部较远。由于前臂内侧有尺骨、外侧有桡骨,小腿内侧有胫骨、外侧有腓骨;故上肢的内侧与**尺侧** ulnar 相当,外侧与**桡侧** radial 相当;下肢的内侧与**胫侧** tibial 相当,外侧与**腓侧** fibular 相当。还有**左** left 和**右** right。

六、人体器官的变异、异常与畸形

根据中国人体质调查资料,通常把统计学上占优势的结构,称之为**正常** normal。有些人某些器官的形态、构造、位置及大小可能与正常形态不完全相同,但与正常值比较接近,相差并不显著,又不影响其正常生理功能者,称之为**变异** variation。若超出一般变异范围,统计学上出现率极低甚至影响其正常生理功能者,则称之为**异常** abnormal 或**畸形** malformation。

七、解剖学的学习方法

学习科学技术必须树立正确的学习目的,也必须掌握科学思维的方法。这里介绍的是一些学习人体解剖学的基本观点和方法。

学习解剖学的主要的观点是:①进化发展的观点;②形态与功能相互联系的观点;③局部与整体统一的观点;④理论联系实际的观点。人类是亿万年由低等动物进化而来,人类的形态结构形成后,仍在不断变化和发展,社会因素、自然因素也深刻地影响人体形态的发展和变化。人为万物之灵,人体精巧的结构与其灵巧的功能相一致。人体虽由不同器官和系统组成的,但在神经系统和体液的调节下,互相协调,互相联系。人体解剖学是形态科学,百闻不如一见,学习时要特别重视实物标本、模型、图表、电化教具和联系活体等实践性手段以加深印象。

学习解剖学的方法中,需要记忆的名词很多,也是学习形态科学的重要特点。其实解剖学命名有很强的科学规律性,通常是由名词与形状、大小、作用、方位等形容词组合而成的。如果不求甚解、囫囵吞枣,死背一长串枯燥乏味的名词,容易混淆,难于记忆;只有顾名思义,理解体会,每个名词都有生动鲜明的个性,可以触类旁通,举一反三,便于牢固记忆。因此,在理解基础上加强记忆是学好解剖学重要方法之一。

（黄文华）

第一篇 运动系统

运动系统包括骨、骨连结和骨骼肌3部分,约占成人体重的60%~70%,具有运动、保护、支持等作用。骨借骨连结形成骨骼,构成人体支架,可支持体重,保护其内部结构,并赋予人体基本形态。骨骼肌附着于骨面,在神经系统的支配下,牵引骨骼产生运动。所以,骨骼肌是运动的主动部分,而骨和骨连结是运动的被动部分。

第一章 骨 学

【引子】

患者,男性,70岁,在家中滑倒,右手先着地,致右腕关节上方有明显肿胀、疼痛,桡骨下端压痛明显,有纵向叩击痛,手指做握拳动作时疼痛加重,腕关节功能丧失,手部侧面可见"餐叉"样畸形,X线片显示桡骨下端有移位,诊断结果:桡骨下端骨折。

【学习目标】

一、掌握
1. 骨的形态、分类和构造。
2. 椎骨的一般形态、各部椎骨的特征性结构。
3. 骶骨、肋骨、胸骨的结构。
4. 脑颅骨与面颅骨的组成,各颅骨分部与结构。
5. 颅底内面、外面、颅的侧面、正面观,眶、鼻腔结构及鼻旁窦。
6. 肩胛骨、肱骨、桡骨、尺骨的形态与结构。
7. 髋骨、股骨、胫骨的形态与结构。
8. 重要的骨性标志及意义。

二、了解
1. 骨的化学成分及物理特性。
2. 骨的发生与发育。
3. 锁骨、腕骨、掌骨、指骨的形态与结构。
4. 髌骨、跗骨、跖骨、趾骨的形态与结构。

第一节 概 述

骨bone 主要由骨组织构成,有较丰富的血管、淋巴管及神经分布,每块骨是一个活的器官。在活体,骨也有自身的新陈代谢和生长发育过程,并有修复和再生的能力。

一、骨的分类

成人有206块骨(图1-1)。骨按部位可分为颅骨、躯干骨和附肢骨,前两者统称为中轴骨。按形态,骨可分4类(图1-2)。

1. 长骨 long bone 分布于四肢,呈长管状,分一体两端。中部为**体**,又称**骨干**diaphysis,其内有**髓腔**medullary cavity,髓腔容纳骨髓。体的表面有斜向穿入骨内的孔,称**滋养孔**nutrient foramen,是血管出入的通道。两端膨大称为**骺**epiphysis,表面有光滑的**关节面**articular surface,被关节软骨覆盖。骨干与骺相邻的部分称**干骺端**metaphysic,其内部在幼年时有一片软骨,称**骺软骨**epiphysial cartilage。成年后,骺软骨骨化形成骺线,使骨干与骺融合为一体。

2. 短骨 short bone 为立方体形,成群分布于承受压力较大而运动较复杂的部位,如腕部的腕骨和足跟部的跗骨。

3. 扁骨 flat bone 呈板状,如颅盖骨、胸骨和肋骨,主要参与构成颅腔、胸腔和盆腔等,以保护腔内结构。

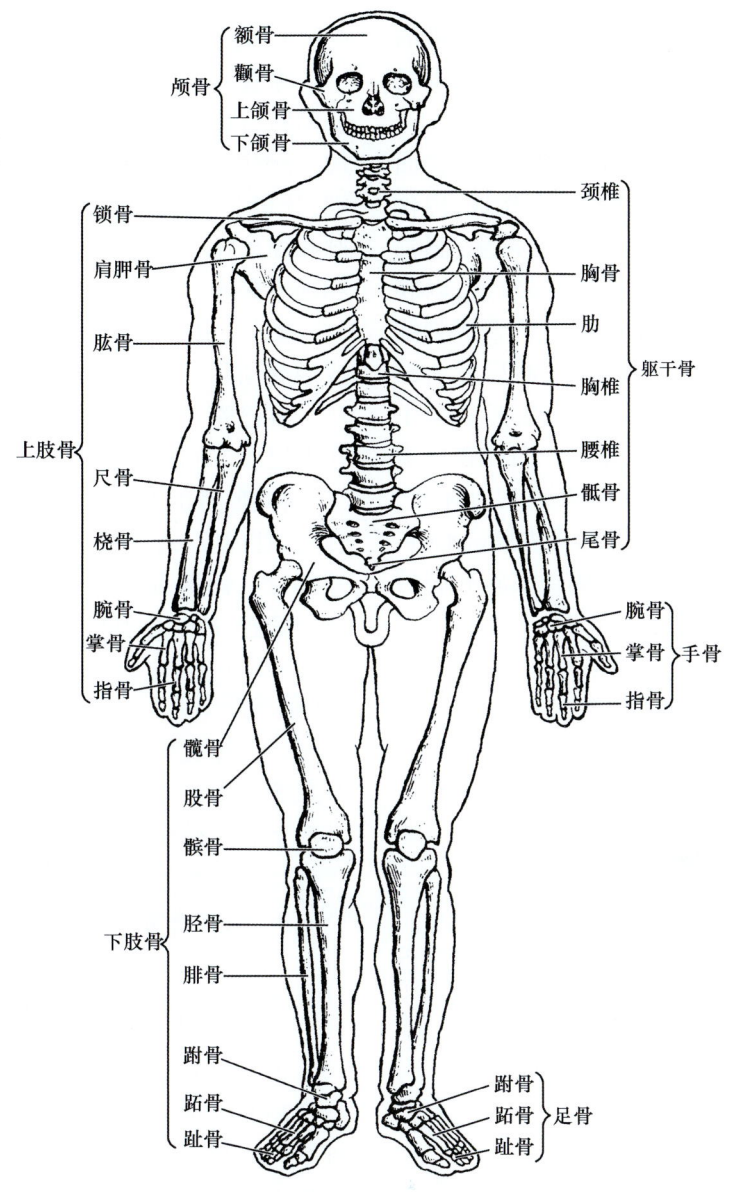

图 1-1 全身骨骼

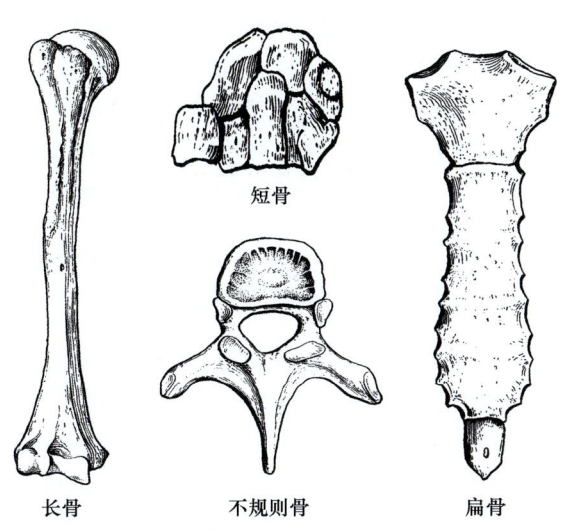

图 1-2 骨的分类

4. 不规则骨 irregular bone 除长骨、短骨和扁骨外,其余形状不规则的骨,如椎骨、面颅骨等。有些不规则骨内有含气的空腔,称**含气骨** pneumatic bone,如上颌骨、蝶骨等。

此外,在某些肌腱内有由肌腱骨化而形成的颗粒状骨,称**籽骨** sesamoid bone,体积小,在运动中可减少摩擦和改变肌牵引方向的作用。每人都有的籽骨是髌骨。

二、骨的构造与功能

骨由骨质、骨膜、骨髓和神经、血管等构成(图 1-3)。

1. 骨质 sclerotin 由骨组织构成,分**骨密质** compact bone 和**骨松质** spongy bone。前者致密、耐

压,分布于骨的表面;后者呈海绵状,由**骨小梁** trabeculae 相互交织而成,配布于骨内部。骨小梁的排列方向与骨所承受的压力和张力一致,能承受较大的重量。

2. 骨膜 periosteum 除关节面外,骨的表面都覆有骨膜。骨膜以纤维结缔组织为主构成,内含丰富的神经和血管,对骨有营养、生长、再生、感觉等重要作用。骨膜分为内外两层,外层致密,以胶原纤维束为主,固着于骨面;内层疏松,内含成骨细胞和破骨细胞,前者能产生新的骨质,而后者能破坏骨质,在幼年期非常活跃,参与骨的生长。发生骨损伤时,骨膜还参与骨的修复愈合。因此在手术修复骨损伤时,应注意保护骨膜,避免出现骨坏死。衬覆于骨髓腔内面和松质间隙内的**骨内膜** endosteum,是菲薄的结缔组织膜,也含有成骨细胞和破骨细胞,具有造骨和破骨的功能。

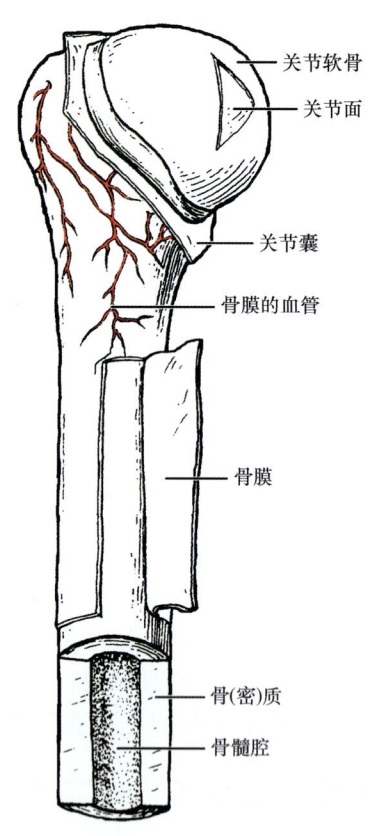

图 1-3 长骨的构造

3. 骨髓 bone marrow 充填骨髓腔和骨松质间隙内。在胎儿和幼儿期,全部骨髓呈红色,称**红骨髓** red bone marrow,有造血功能,能产生红细胞和某些白细胞。约在 5 岁以后,长骨骨髓腔内的红骨髓逐渐转化为脂肪组织,呈黄色,称**黄骨髓** yellow bone marrow,失去造血功能。但在长骨的骺端、短骨、扁骨和不规则骨的骨松质内,终生都有红骨髓存在。

4. 骨的血管、淋巴管和神经

血管:长骨的动脉包括滋养动脉、干骺端动脉、骺动脉与骨膜动脉。滋养动脉是长骨的主要血供来源,经骨干的滋养孔进入骨髓腔,分支达到骨的两端,分布于骨密质的内层、骨髓和干骺端。干骺端动脉和骺动脉均发自邻近血管,分别从骺软骨的近侧和远侧穿入骨质。上述各动脉均有静脉伴行。

短骨、扁骨和不规则骨的动脉均来自骨膜动脉或滋养动脉。

淋巴管:骨膜内有丰富的淋巴管,但骨是否存在淋巴管,尚有争议。

神经:骨的神经伴滋养血管进入骨内,分布于骨膜、骨内膜、骨小梁、关节软骨深面及骨内血管壁等部位。骨膜的神经丰富,并对张力或撕扯性刺激较为敏感,故骨脓肿和骨折常引起剧痛。

【临床联系】
因骨膜对骨有营养、再生、感觉等功能,临床骨折手术时,应尽可能保持骨膜的完整,以利于骨折的愈合。骨膜血供丰富,临床上常设计切取带血管的骨膜瓣移植,修复骨折所致的骨不连,促进骨折愈合。

三、骨质的化学成分和物理性质

骨质主要由有机质和无机质组成,有机质主要是骨胶原纤维束和黏多糖蛋白等,构成骨的支架,赋予骨的弹性和韧性;而无机质主要是以碱性磷酸钙为主的钙盐类,使骨硬挺坚实。这两种成分的比例,有明显的年龄差异。幼儿的骨有机质和无机质约各占一半,故弹性较大,硬度较小、较柔软,但易变形,在外力作用下不易骨折或折而不断,出现青枝状骨折;成年人的骨有机质和无机质的比例约为 3:7,具有很大的硬度和一定的弹性,较坚韧。老年人的骨,无机质所占比例更大,故脆性较大而易发生骨折。

四、骨的发生和发育

骨发生于中胚层的间充质,可分为膜化骨与软骨化骨。有的骨由膜化骨与软骨化骨两部分组成,称复合骨。

1. 膜化骨 在将来成骨处的间充质膜内有些细胞分化为成骨细胞,成骨细胞产生骨纤维和基质,基质内逐渐出现钙盐沉积,构成骨质。以骨化中心向外做放射状增生,形成海绵状骨质。新生骨质周围的间充质膜即成为骨膜。膜下的成骨细胞不断产生骨质,使骨加厚;骨化点边缘不断产生骨质,使骨加宽。同时,破骨细胞将已形成的骨质破坏吸收,成骨细胞再将其改造和重建,最终使骨的外形和内部结构达到成体时的形态。

2. 软骨化骨 间充质内先形成初具骨体形状的软骨雏形,软骨外周的间充质形成软骨膜,膜下的一些细胞分化为成骨细胞。在软骨体中份的周围产生的骨质,称**骨领**,其周围的软骨膜发育成为骨膜。在骨领不断生成的同时,有血管侵入软骨体,间充质也随之而入,形成红骨髓。红骨髓的间充质细胞分化为成骨细胞与破骨细胞,开始造骨。中心被破骨细胞吸收而形成骨髓腔。外周的骨膜不断造骨,使骨加粗,骨髓腔内不断破骨、吸收和重建,使骨髓腔不断加大。骺软骨也不断增长、骨化,使骨长长。发育到一定年龄,骺软骨停止增长,也被骨化,形成界于骨干与骺之间的**骺线** epiphysial line。形成关节面的软骨,保留为关节软骨,终生不骨化。

第二节 中 轴 骨

中轴骨包括躯干骨和颅。

一、躯 干 骨

躯干骨位于人体躯干部,共51块,包括24块椎骨、12对肋、1块胸骨、1块骶骨和1块尾骨。

(一)椎骨

1. 椎骨的一般形态(图1-4,图1-5) **椎骨**由前方的椎体和后方的椎弓组成。**椎体** vertebral body 呈短圆柱形,不同部位的椎体形态稍有差别。椎体表面的骨密质较薄,内部充满骨松质,椎体的上下两面粗糙,借椎间盘与邻近椎骨相接。**椎弓** vertebral arch 位于椎体后方,是一片呈弓形的骨板。椎弓与椎体共同围成**椎孔** vertebral foramen,各椎骨的椎孔连接起来,构成**椎管** vertebral canal,容纳脊髓。椎弓与椎体连接的部分较窄,称**椎弓根** pedicle of vertebral arch。其上、下缘各有一凹陷,分别称**椎上切迹**和**椎下切迹**。相邻椎骨的上、下切迹,共同围成**椎间孔** intervertebral foramina,是脊神经和血管通过的部位。两侧的椎弓根向后内侧延续为较宽的骨板,称**椎弓板** lamina of vertebral arch 在正中线会合。由椎弓板上发出7个突起:①**棘突** spinous process 1个,向后下方伸出,大部分椎骨的棘突尖端可以在体表摸到,是重要的骨性标志;②**横突** transverse process 1对,向两侧伸出。棘突和横突都是肌和韧带的附着处;③**关节突** articular process 2对,包括**上关节突**和**下关节突**各1对,位于椎弓根与椎弓板结合处,分别向上、下方突起,相邻椎骨的上、下关节突构成关节突关节。

2. 各部椎骨的主要特征

(1)**颈椎** cervical vertebrae(图1-5):椎体较小,横断面呈椭圆形,椎孔较大,呈三角形。上、下关节突的关节面几呈水平位。横突有孔,称**横突孔** transverse foramen,是血管通过的部位;棘突较短,第2~6颈椎的棘突末端分叉。第3~7颈椎体上面侧缘向上突起形成**椎体钩**。

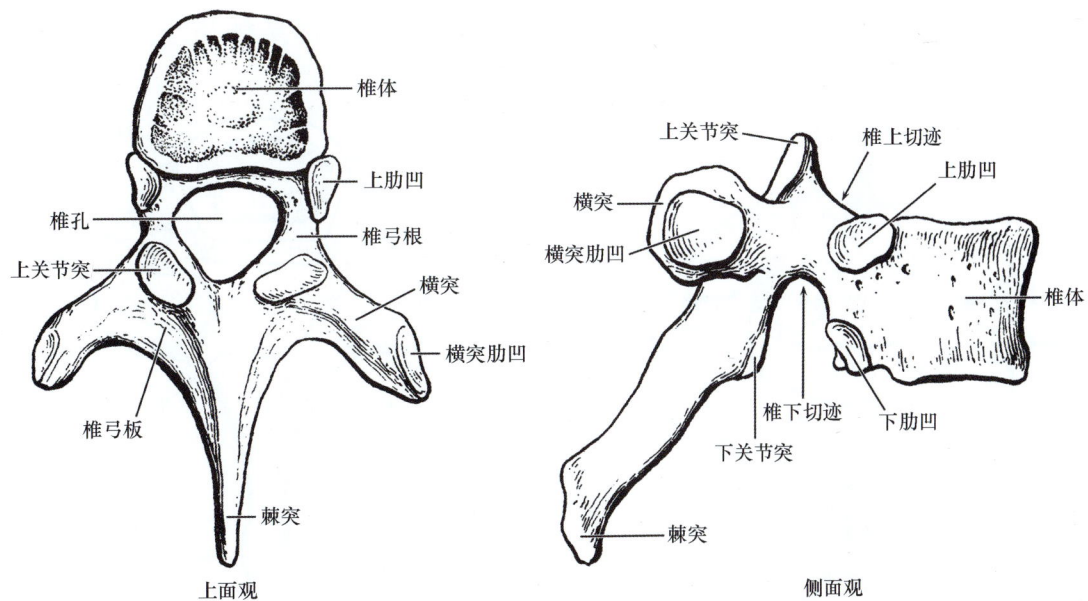

图1-4 胸椎

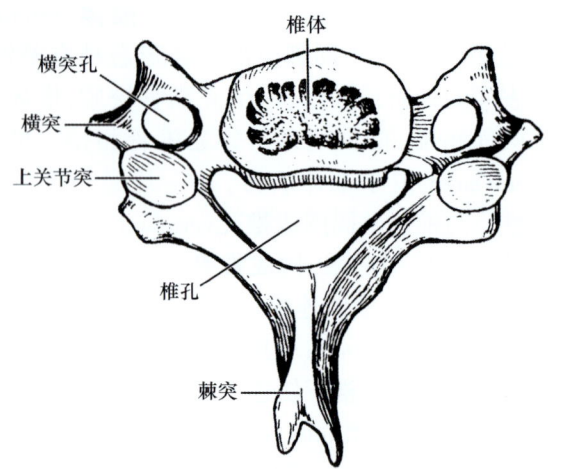

图 1-5 颈椎（上面观）

如果椎体钩与上位椎体下缘相接，可构成**钩椎关节**，又称**Luschka 关节**。

【临床联系】

如果椎体钩增生肥大，可使椎间孔狭窄，压迫脊神经，产生疼痛等颈椎病症状。第 6 颈椎横突末端前部较粗大，称**颈动脉结节**，有颈总动脉行经其前方。当头部大出血时，可将颈总动脉压迫于此结节，进行止血。

第 1 颈椎又名**寰椎** atlas（图 1-6），呈环形，有横突孔，但无椎体、棘突和关节突。寰椎由前弓、后弓及侧块组成。前弓较短，微向前突，其后面正中有小关节面称**齿突凹**，与枢椎的齿突相关节。后弓较长，其上面有横行的**椎动脉沟**，有同名动脉通过。侧块连接前后两弓，位于两侧，其上面有椭圆形且稍凹的关节面，与枕髁相关节；其下面有圆形且较平的关节面与枢椎相关节。

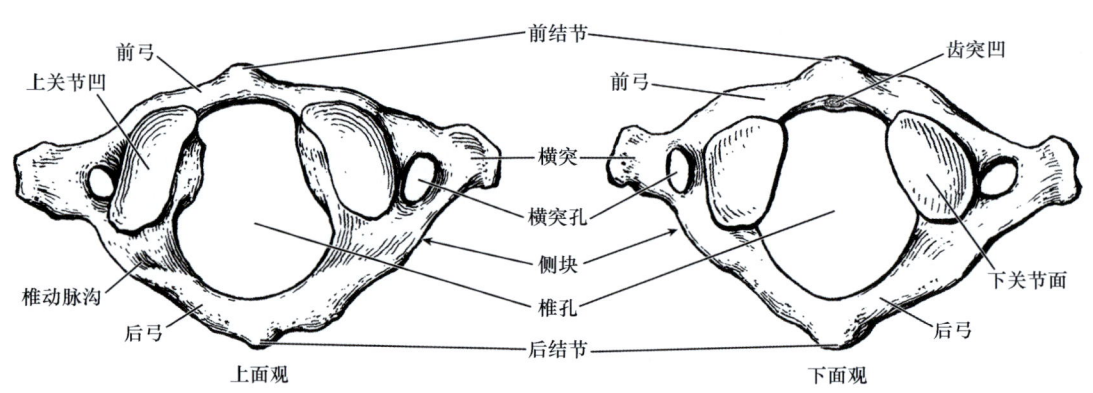

图 1-6 寰椎

第 2 颈椎又名**枢椎** axis（图 1-7），在椎体上部向上伸出指状突起，称**齿突**，与寰椎的齿突凹构成关节。齿突原是寰椎的椎体，在发育过程中脱离寰椎后与枢椎体融合而形成。

第 7 颈椎又名**隆椎** prominent vertebra（图 1-8），有横突孔，但棘突很长，末端不分叉，类似于胸椎，低头时于项部易触及，是计数椎骨序数的标志。

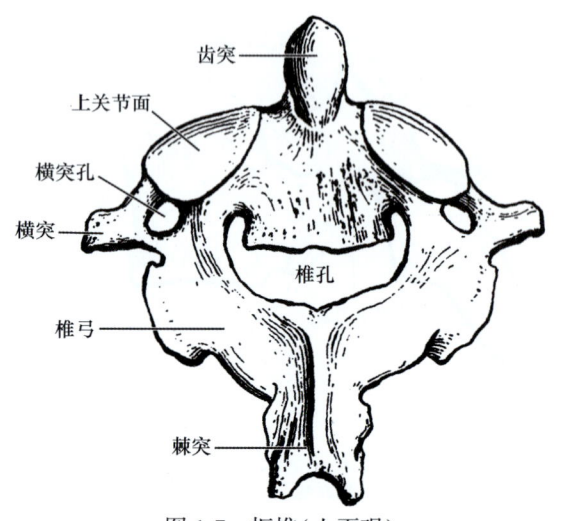

图 1-7 枢椎（上面观）

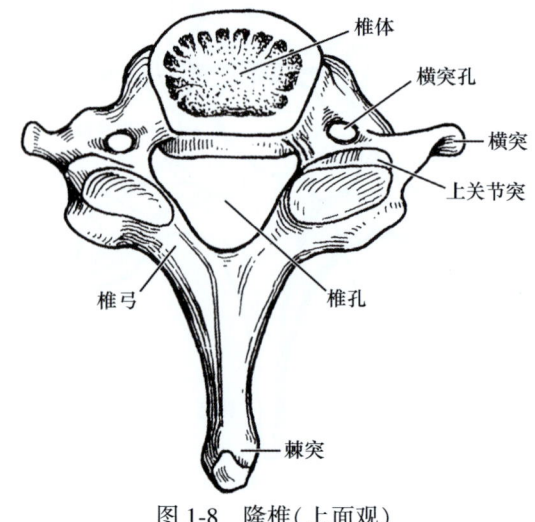

图 1-8 隆椎（上面观）

（2）**胸椎**thoracic vertebrae（图1-4）：椎体横断面呈心形。在椎体侧面后份，接近椎体上缘和下缘处，各有一半圆形关节面，称**肋凹**，与肋头相关节。横突末端前面，有明显的凹陷称**横突肋凹**，与肋结节相关节。第1胸椎与第9以下各胸椎的肋凹不典型，第11、12胸椎无明显的横突肋凹。关节突关节的关节面几乎呈冠状位。棘突较细长，向后下方倾斜，呈叠瓦状排列。

（3）**腰椎**lumbar vertebrae（图1-9），椎体粗大，横断面略呈肾形。椎孔呈三角形。上、下关节突粗大，关节面几乎呈矢状位。棘突呈板状，宽短，几乎水平地伸向后方，因而，各棘突之间的间隙较宽，临床上可利用此间隙行腰椎穿刺术。

（4）**骶骨**sacrum, sacral bone（图1-10，图1-11）：幼年时为5块分离的骶椎，成年后愈合形成骶骨。其外形呈三角形，底向上，尖向下。前面凹陷，又称**盆面**，其上缘中份向前突出，称**岬**promontory，是骨盆入口的重要标志。盆面中部的4条横行排列的横线，是5块骶椎愈合留下的痕迹。横线两侧排列有4对**骶前孔**。骶骨后面粗糙隆突，正中线上有一条隆起的骨嵴，称**骶正中嵴**，是骶椎棘突愈合形成。骶正中嵴外侧可见4对**骶后孔**，骶前、后孔均与骶管相通，有血管与神经通过。骶后孔内、外侧分别有**骶中间嵴**和**骶外侧嵴**，分别由骶椎的关节突和横突愈合形成。椎管由骶椎椎孔连接形成，上端与椎管相续，下端于骶骨背面下部形成**骶管裂孔**sacral hiatus，裂孔两侧有向下突出的**骶角**sacral cornu，是骶管麻醉时确定骶管裂孔的标志。骶骨的侧面上宽下窄，上份有粗糙的耳形关节面称**耳状面**，与髋骨的耳状面相关节。耳状面后方的骨面凹凸不平，称**骶粗隆**。

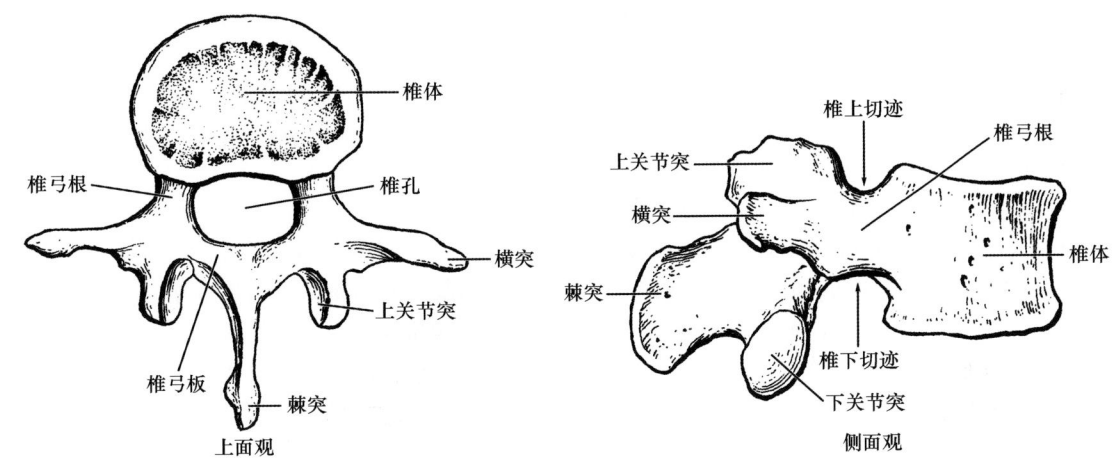

图1-9 腰椎

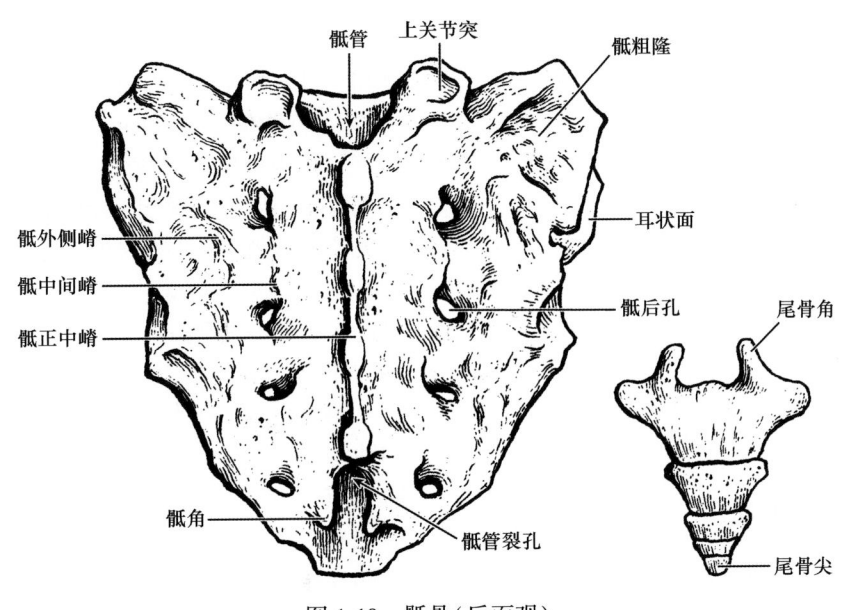

图1-10 骶骨（后面观）

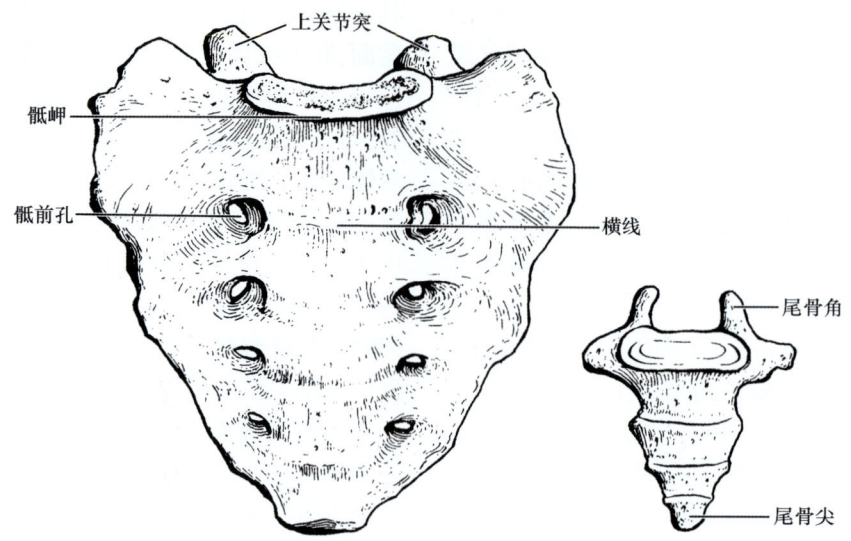

图1-11　骶骨（前面观）

(5) **尾骨**coccyx：由3~4块退化的尾椎融合而成，上与骶骨相接，下端游离为尾骨尖。

（二）胸骨

胸骨sternum（图1-12）位于胸前壁正中，为扁骨，前面稍隆起，后面微凹，自上而下可以分为**胸骨柄**manubrium sterni、**胸骨体**body of sternum和**剑突**xiphoid process 3部分。胸骨柄位于胸骨最上方，上宽下窄，最上部正中凹陷，称**颈静脉切迹**jugular foramen，两侧为**锁切迹**，与锁骨的胸骨端相关节。锁切迹两侧为第1肋切迹，是与第1肋相接的部位。胸骨柄与胸骨体相接处为**胸骨角**sternal angle，可在体表扪及的横行隆起，其平对第2肋，是临床计数肋骨序数的重要标志。胸骨体为长方形骨板，两侧有对称排列的第3~7**肋切迹**。

（三）肋

肋ribs（图1-13）包含位于后部的**肋骨**与前部的**肋软骨**costal cartilage两部分，共12对。肋骨的后端与胸椎构成关节，而不同序数肋的前端各有不同，其中第1~7肋与胸骨直接相接，称**真肋**；第8~10肋不直接与胸骨相接，称**假肋**，其肋软骨前端与上位肋软骨相连，形成**肋弓**costal arch，肋弓在体表可以扪到；第11、12肋的前端游离于腹壁肌层中，称**浮肋**。

1. 肋骨 costal bone　属扁骨，呈长条形，可分为体和前、后两端。肋骨前端较宽大，接肋软骨。后端稍膨大，称**肋头**costal head，有关节面与胸椎的肋凹相关节。肋头外侧部稍稍细，称**肋颈**costal neck。颈的外侧部有向后方的隆起，称**肋结节**costal tubercle，其上的关节面与相应胸椎的横突肋凹构成关节。**肋体**shaft of rib扁长，分为内、外两面和上、下两缘。内面接近下缘处有**肋沟**costal groove，是肋间神经、血管经过的部位。肋体的后份曲度较大，称**肋角**costal angle。

第1肋骨：分为上、下面和内、外缘，没有肋角和肋沟。在上面靠内缘的前份有小的隆起，称**斜角肌结节**，为前斜角肌肌腱附着处。结节的前、后方分别有一条横行于肋上面的浅沟，分别为**锁骨下静脉沟**和**锁骨下动脉沟**，有同名血管走过。第2肋骨为第1肋骨与典型肋骨的过渡型。第11、12肋骨无肋结节、肋颈及肋角。

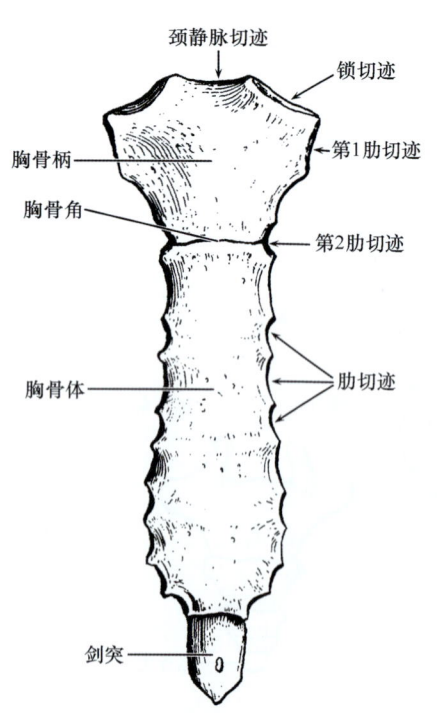

图1-12　胸骨（前面观）

前下部形成面部支架,称**面颅**。通常以经过眶上缘和外耳门上缘的连线为分界线,线以上为脑颅,线以下为面颅。

(一) 脑颅骨

脑颅骨共有 8 块,包括不成对的额骨、筛骨、蝶骨、枕骨和成对的颞骨、顶骨。它们共同构成颅腔,颅腔内容纳脑。

1. 额骨 frontal bone 位于颅的前上份,分 3 部分(图 1-14):参与面颅额部的鳞形扁骨为**额鳞**;参与眼眶上壁的薄骨板为**眶部**;两侧眶部之间,呈马蹄铁形的部分为**鼻部**。两侧眶部之间的缺口称筛切迹,容纳筛骨筛板。

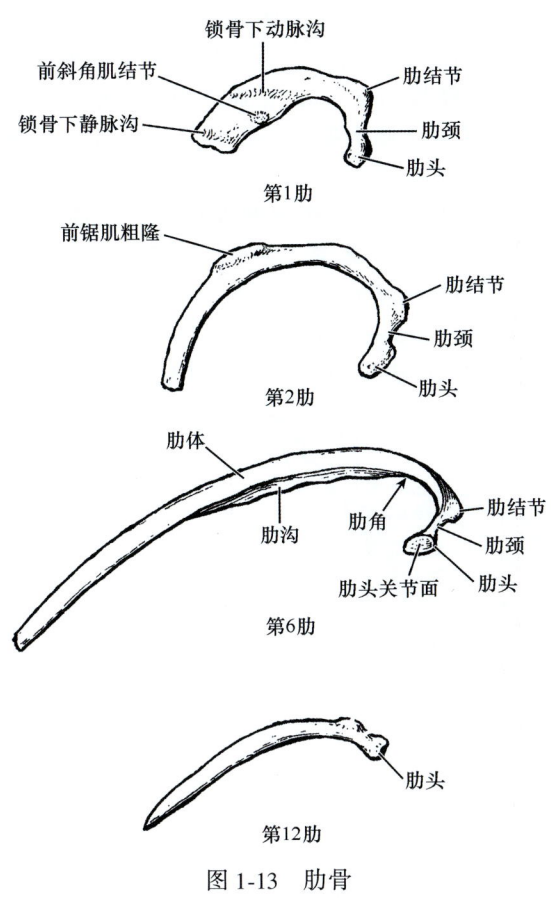

图 1-13 肋骨

2. 肋软骨 位于各肋骨的前端,由透明软骨构成,终生不骨化。

二、颅

颅 skull 构成头部的骨性基础,由 23 块扁骨和不规则骨构成(中耳内 3 对听小骨未计入,将在前庭蜗器一章中介绍)。除下颌骨和舌骨外,其余各骨均借缝或软骨连成一体,彼此间不能产生运动。由各颅骨围成颅腔、眼眶、鼻腔、口腔等,分别容纳脑、视器及呼吸道和消化道的起始部分。

颅的后上部各骨围成颅腔,容纳脑,称**脑颅**。

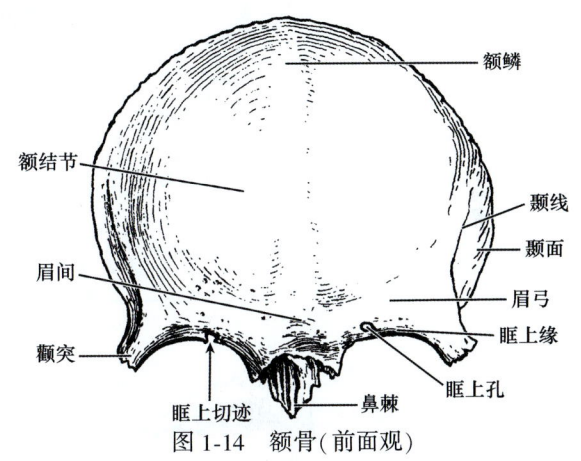

图 1-14 额骨(前面观)

2. 筛骨 ethmoid bone(图 1-15) 位于颅腔和左右眼眶之间,参与构成鼻中隔、鼻腔外侧壁、眼眶内侧壁和颅腔底壁。筛骨在冠状切面上呈"巾"字形,可分为 3 部分:①**筛板**,分隔颅腔与鼻腔,为水平位的薄骨板,板上有许多小孔称筛孔,是嗅神经通过的部位。筛板前份向上突出形成**鸡冠**。②**垂直板**,从筛板中线向下伸出,是菲薄的矢状位骨板,参与构成骨性鼻中隔的前上份。③**筛骨迷路**,位于垂直板两侧,由菲薄的骨片围成许多小腔,构成**筛窦**。迷路外侧壁薄弱,构成眼眶内侧壁,称**眶板**。迷路内侧壁上有两个卷曲的骨片,称**上鼻甲**和**中鼻甲**。

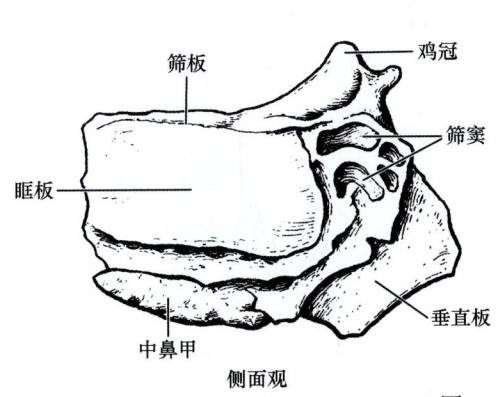

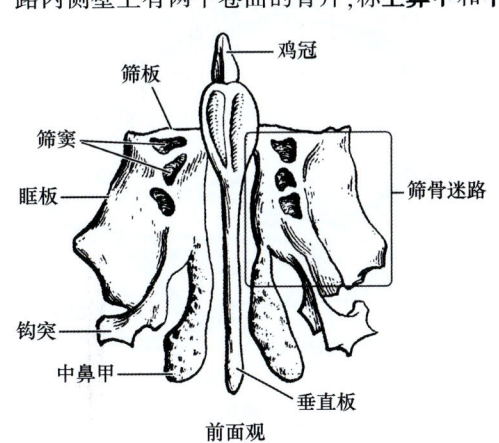

图 1-15 筛骨

3. 蝶骨 sphenoid bone（图 1-16） 外形与蝴蝶相似，位于颅底中央，分为体、大翼、小翼和翼突 4 部分。①**蝶骨体**：位于蝶骨中部，其内面含有蝶窦，蝶窦被骨片分隔为左右不对称的两半，分别向前开口于鼻腔。蝶骨体的上面呈马鞍状，称**蝶鞍**，中央部位凹陷为**垂体窝**。②**大翼** greater wing：由蝶骨体的两侧发出，向外上方伸展形成。分为 3 个面，即向上凹陷的大脑面、向前内的眶面和向外下方的颞面。在大翼根部有 3 个孔，由前向后外方依次为**圆孔**、**卵圆孔**和**棘孔**，有重要的神经或血管通过。③**小翼** lesser wing：从体的前上份向两侧发出，为三角形水平板。小翼上面构成颅前窝底的后部，小翼后缘参与颅前窝的后界。小翼与体的交界处有一管道，称**视神经管** optic cana，连通颅内与眼眶。小翼与大翼间的裂隙为**眶上裂** superior orbital fissure。④**翼突** pterygoid process：是从体与大翼相接处向下伸出两片骨板，向后敞开成为**翼突内侧板**和**翼突外侧板**，两板之间的凹陷部位称**翼窝**。翼突根部有一前后方向的细管，称**翼管** pterygoid canal，向前通入翼腭窝。

4. 颞骨 temporal bone（图 1-17） 参与构成颅底和颅腔的侧壁。形状不规则。以外耳门为中心分为 3 部分：

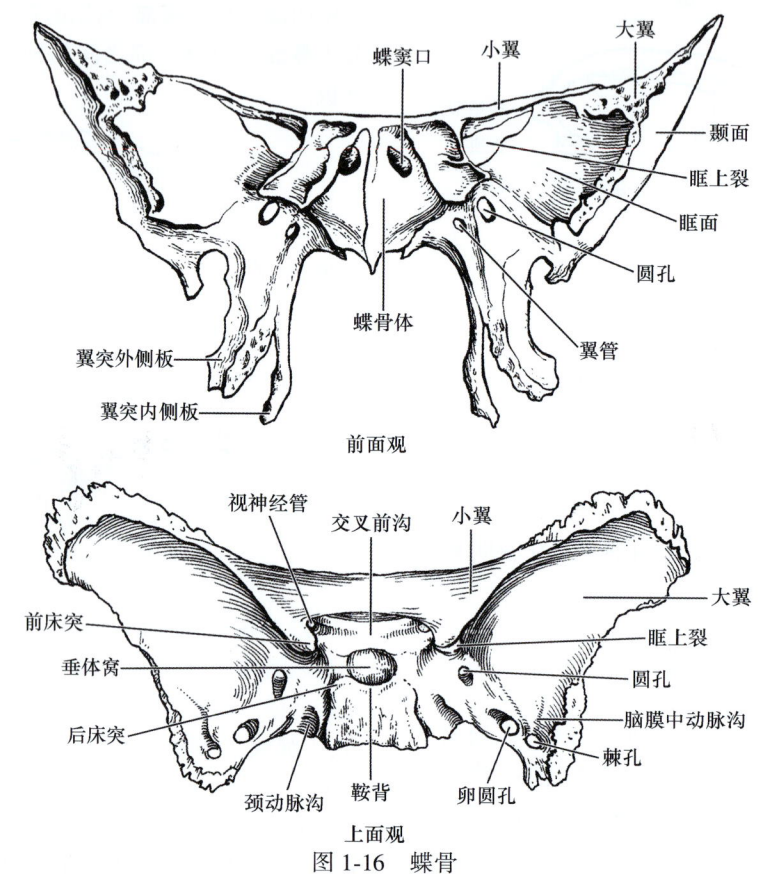

图 1-16 蝶骨

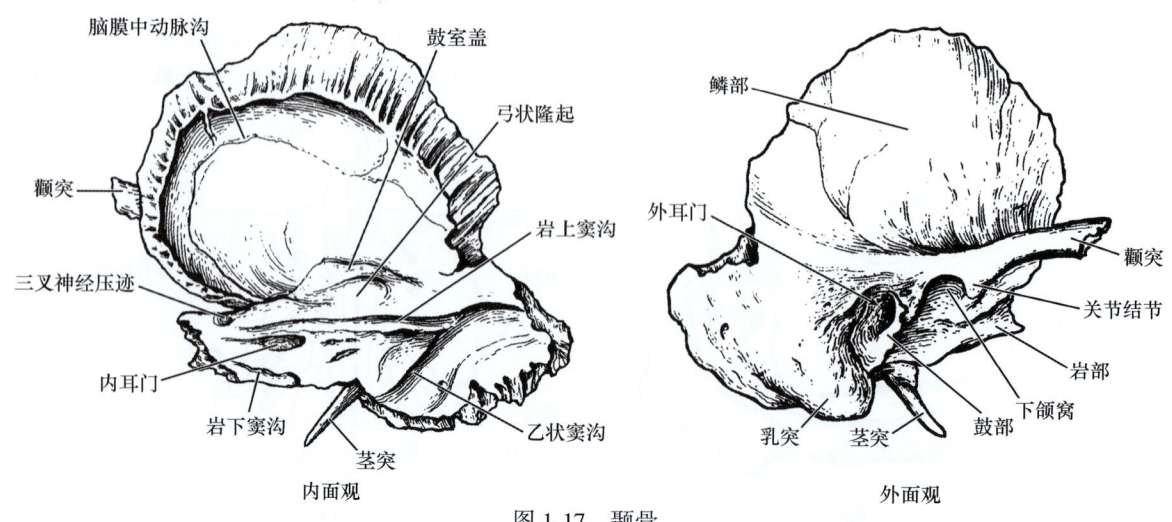

图 1-17 颞骨

（1）**鼓部**tympanic part：为弯曲的骨片，从前、下、后三方围绕外耳道。

（2）**鳞部**squamous part：位于外耳门前上方，呈鳞片状。内面有脑回的压迹和**脑膜中动脉沟**；外面光滑，前上份有伸向前的**颧突**zygomatic process，与颧骨的颞突构成颧弓，颧突根部下面的深窝即**下颌窝**，窝的前缘特别突起，称**关节结节**articular tubercle。

（3）**岩部**petrous part：呈三棱锥形。尖端对向蝶骨体。前面朝向颅中窝，其中央向上隆突称**弓状隆起**，隆起与颞鳞之间较薄的部分，称**鼓室盖**，前面近尖端处有稍凹陷的**三叉神经压迹**。岩部后面中央部有一较大的孔，即**内耳门**internal acoustic pore，通入内耳道。下面凹凸不平，中央有**颈动脉管外口**，向前内通入**颈动脉管**carotid canal，开口于岩部尖端处的颈动脉管内口。外口后方的深窝是**颈静脉窝**。外口后外侧的细长骨突，为**茎突**styloid process。岩部后份，外耳门后方有肥厚的突起，称**乳突**mastoid process，其内有许多腔隙称乳突小房。茎突根部与乳突之间的孔为**茎乳孔**stylomastoid foramen。

5. **枕骨** occipital bone（图 1-18） 位于颅的后下部，属扁骨。枕骨前下份有明显的大孔，称**枕骨大孔**foramen magnum，是颅腔与椎管相连的通道。枕骨大孔前方的骨质称**基底部**，后方的大片骨质称**枕鳞**，两侧为侧部。侧部的下方有椭圆形关节面，称**枕髁**，与寰椎的上关节面构成关节。

6. **顶骨** parietal bone 为四边形扁骨，位颅顶的中部，左右各一，外面隆突，最突出部位称**顶结节**。

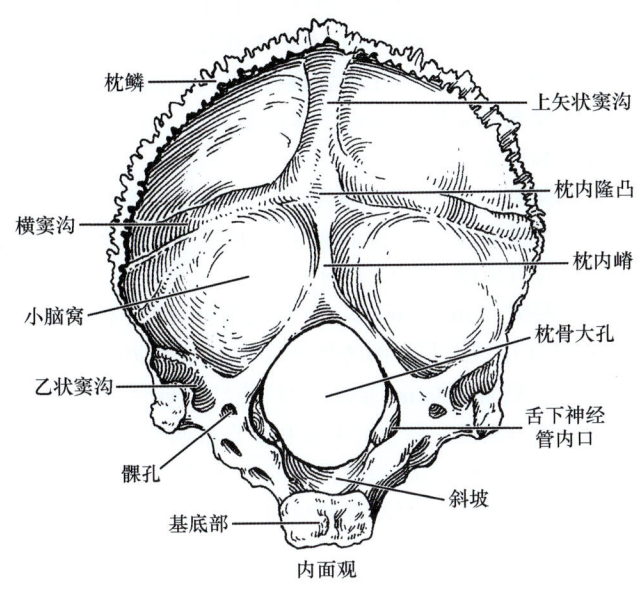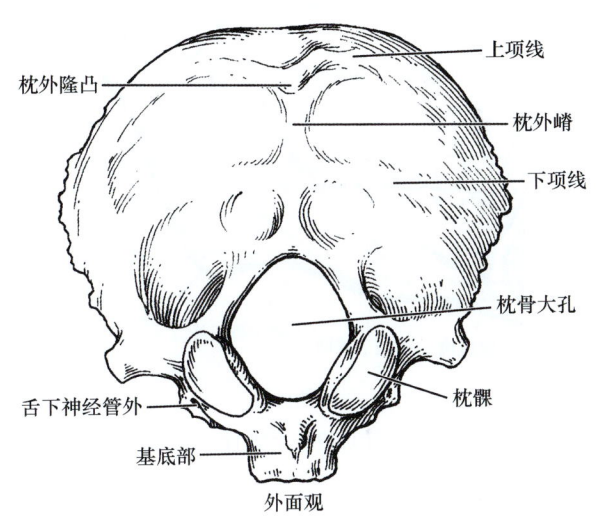

图 1-18 枕骨

（二）面颅骨

面颅有 15 块骨。包括成对的上颌骨、腭骨、颧骨、鼻骨、泪骨及下鼻甲和不成对的犁骨、下颌骨和舌骨，分别围成眶、骨性鼻腔和口腔等面部结构。

1. **下颌骨 mandible**（图 1-19） 呈马蹄形，分为前下份的**下颌体**和后上份的**下颌支**ramus of mandible，两者以下颌骨后下方的下颌角为界。**下颌角**angle of mandible 外面粗糙，称**咬肌粗隆**，是咬肌附着的部位，相对的内面称**翼肌粗隆**，是翼内肌附着的部位。**下颌体**为弓形，有上、下两缘和内、外两面。下颌体下缘称下颌底，上缘构成牙槽弓，有容纳下颌牙的牙槽。体前面的正中有凸向前的**颏隆凸**。颏隆凸后方，下颌体的内面正中处，有几个小突起，称**颏棘**。体前外侧面约对第 2 前磨牙根的下方，有**颏孔**mental foramen。**下颌支**是由下颌体伸向上后方的方形骨板，上端的两个突起，前方的称**冠突**，后方的称**髁突**，两突之间的凹陷称**下颌切迹**。髁突的上端膨大为**下颌头**head of mandible，与颞骨的下颌窝相关节。下颌头下方较细处是**下颌颈**neck of mandible。下颌支内面的中央有**下颌孔**mandibular foramen，穿向下颌骨内，称**下颌管**，与颏孔相通，活体有血管和神经走过。髁突、下颌角和颏隆凸可在体表扪到。

2. **舌骨 hyoid bone**（图 1-20） 位于下颌骨的下后方，喉结（甲状软骨）上方，呈"U"形。其前部称舌骨体，由体向后外伸出的长突为**大角**，向上后伸出短小突起是**小角**。舌骨大角和体在体表扪及。

3. **上颌骨 maxilla**（图 1-21） 成对，位于颜面部中央，可分为 1 体 4 突。

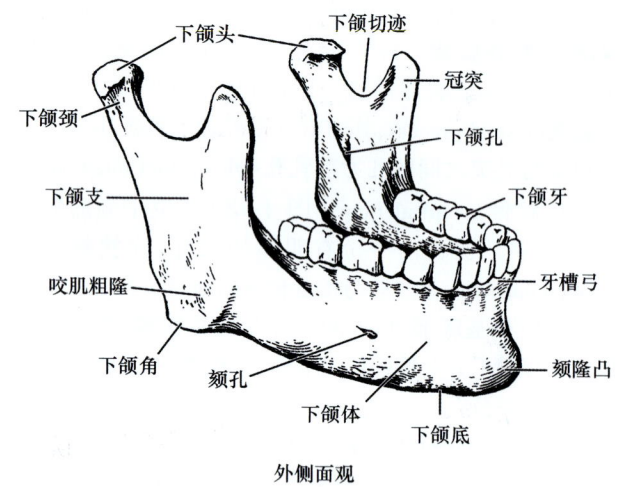

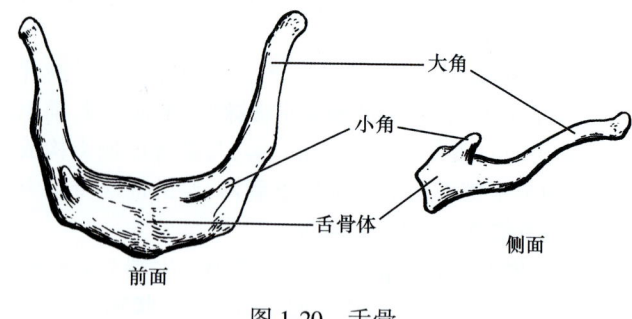

图 1-20 舌骨

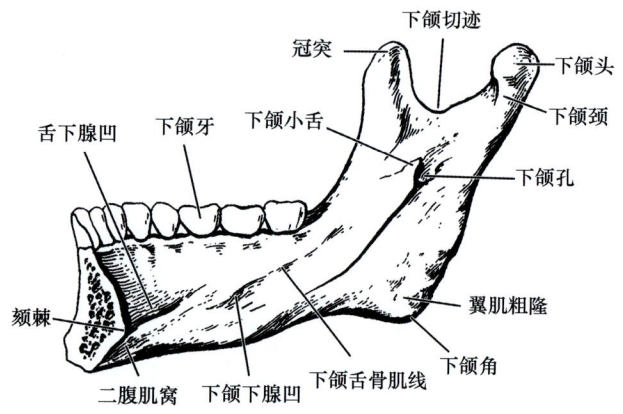

图 1-19 下颌骨

上颌体：为上颌骨的主体部分，内含上颌窦，可分为前面、颞下面、眶面及鼻面。前面的上份有**眶下孔**，孔下方有凹陷的**尖牙窝**。颞下面朝向后外侧。眶面构成眶的下壁，此面有呈矢状位的眶下沟，向前下引入眶下管，并与眶下孔相通。鼻面构成鼻腔外侧壁，其前份有纵行的泪沟，而后份有大的**上颌窦裂孔**，通入上颌窦。

额突 frontal process：由体的前面向上突出，与额骨、鼻骨和泪骨相接。

颧突：由体伸向外侧的短突，与颧骨相接。

牙槽突 alveolar process：由体向下伸出的弓形厚突，其下缘有牙槽，容纳上颌牙。

腭突 palatine process：由体向内侧伸出的水平板状突，于正中线上与对侧的腭突结合，组成骨腭的前份。

4. 腭骨 palatine bone（图 1-22） 呈"L"形，位于上颌骨的内侧面。分为水平板和垂直板两部分，左右两块腭骨的水平板对接，组成骨腭的后份，向前与上颌骨腭突相接，垂直板构成鼻腔外侧壁的后份。

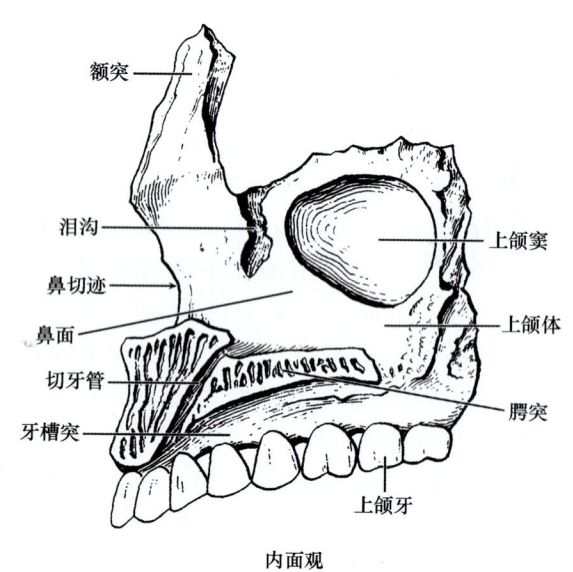

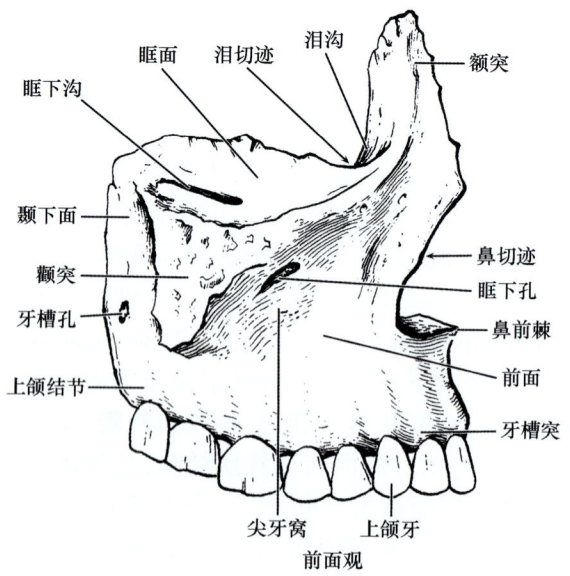

图 1-21 上颌骨

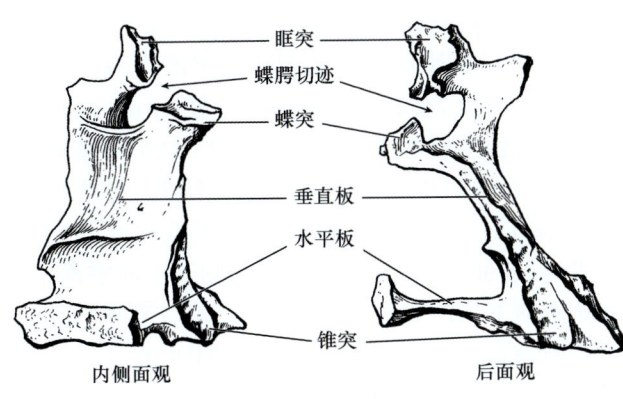

图 1-22 腭骨

5. **鼻骨** nasal bone 成对的长条形的骨板,上窄下宽,构成鼻背的基础。

6. **泪骨** lacrimal bone 成对的薄而呈方形的小骨板,位于眼眶内侧壁的前部。

7. **下鼻甲** inferior nasal concha 为薄而卷曲的骨片,附着于上颌体和腭骨垂直板的内面,位于鼻腔的外侧壁。

8. **颧骨** zygomatic bone 位于眶的外下方,面中部外侧,呈菱形,构成面颊部的骨性突起。

9. **犁骨** vomer 为斜方形薄骨板,构成鼻中隔的后下部。

(三) **颅的整体观**

除舌骨和下颌骨外,颅的各骨都借结缔组织牢固地结合成一个整体,彼此间不能活动。整颅的形态特征,对临床应用非常重要。现从不同角度来观察颅的形态结构。

1. **颅的顶面观** 呈卵圆形,前窄后宽,光滑隆凸。额骨与两侧顶骨连接处是**冠状缝** coronal suture。两侧顶骨连接处是**矢状缝** sagittal suture,两侧顶骨与枕骨连接处是**人字缝** lambdoid suture。矢状缝后份两侧常各有一位置不恒定的小孔,称**顶孔**,有血管通过。约在顶骨中央的最隆凸处,称**顶结节**。

2. **颅的后面观** 可见人字缝和枕鳞。枕鳞中央最突出的部分是**枕外隆凸** external occipital protuberance。由隆凸向两侧,有呈弓形的骨嵴称**上项线**,是项部肌肉附着的部位。

3. **颅的内面观**(图 1-23) 颅盖内面凹陷,内表面凹凸不平,有许多与脑的沟回相对应的压迹与骨嵴。沿正中线上有一条浅沟为**上矢状窦沟**,在沟的两侧有许多颗粒小凹。颅内面两侧有呈树枝状的沟,是脑膜中动脉及其分支的压迹。颅底内面高低不平,呈现三级阶梯状的窝。前部最高,后部最低,分别称为颅前、中、后窝。各窝内有很多孔和裂,它们大都与颅底外面相通,是血管、神经等的通道。

(1) **颅前窝** anterior cranial fossa:最浅,由额骨眶部、筛骨筛板和蝶骨小翼对接形成。窝底的正中线上,由前至后,有**额嵴**、**盲孔**、**鸡冠**等。**筛板**上有**筛孔**通鼻腔。

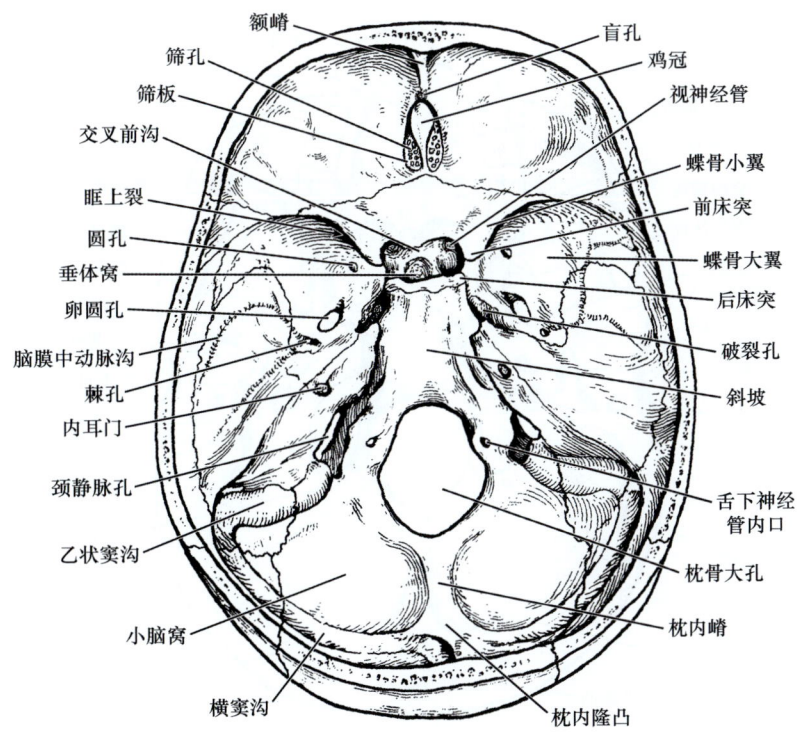

图 1-23 颅底内面观

(2) **颅中窝** middle cranial fossa：较颅前窝深，由蝶骨体、大翼、颞骨岩部等构成。窝底中央相对狭窄，由蝶骨体构成，体上面的窝为**垂体窝** hypophysial fossa，窝的前外侧有成对的**视神经管**，通入眼眶，两视神经之间有交叉前沟相连，交叉前沟与垂体窝之间的隆起称**鞍结节**。视神经管口的外侧有突向后方的**前床突**。垂体窝后方的横行隆起称**鞍背**。鞍背的两侧角向上突起称**后床突**。垂体窝和鞍背等统称为**蝶鞍**，其两侧有浅沟为**颈动脉沟**。沟的前外侧有**眶上裂**，通眼眶，后端有**破裂孔** foramen lacerum，通颅底。在蝶鞍两侧，蝶骨大翼上，由前内向后外方，依次排列有3对孔，分别是**圆孔** foramen rotundum、**卵圆孔** foramen ovale 和**棘孔** foramen spinosum，其中圆孔向前通翼腭窝，卵圆孔和棘孔通颅底。自棘孔起有向后上方行走的**脑膜中动脉沟**。颞骨岩部明显隆起处为**弓状隆起**，其与颞鳞之间的薄骨板为**鼓室盖**，是中耳鼓室的上壁。在岩部尖端有一浅窝，称**三叉神经压迹**。

【临床联系】
因颅底部，特别是颅前窝骨质菲薄，在受到冲击时容易发生骨折，而颅前窝下邻眼眶和鼻腔，颅前窝骨折可导致颅内的脑脊液外渗，形成脑脊液鼻漏，或因渗入眼眶而造成"熊猫眼"。

(3) **颅后窝** posterior cranial fossa：位置最低，主要由枕骨和颞骨岩部后面围成。窝的中央为**枕骨大孔**。孔前上方的光滑斜面称**斜坡** clivus；大孔的前外侧有**舌下神经管内口**。孔向后为光滑隆起的枕内嵴，再向后上延续为十字形的隆起，称**枕内隆凸** internal occipital protuberance。由枕内隆凸向上的浅沟，延伸为上矢状窦沟；向两侧续于**横窦沟**，再继转向前下内改称**乙状窦沟**，其末端与**颈静脉孔**相连。颈静脉孔上方，颞骨岩部后面中央有开口称**内耳门**，向外侧通向内耳道。

4. **颅底外面观**（图1-24） 颅底外面高低不平，有许多孔洞与其他部位相通，多为血管与神经经过处。颅底前部包括**牙槽弓**和**骨腭**，而骨腭由上颌骨腭突与腭骨水平板构成。正中有**腭中缝**，其前端有切牙孔，通入**切牙管**。在骨腭近后缘两侧有**腭大孔**。骨腭以上有鼻后孔，被鼻中隔后缘（犁骨）分成左右两半。在鼻后孔的两侧壁，有向下方垂直的**翼突内侧板**和**翼突外侧板**。在翼突外侧板根部后外方，有前方较大的**卵圆孔**和后方较小的**棘孔**。颅底后部中央有**枕骨大孔**，孔前方为枕骨基底部，它与蝶骨体直接结合；孔的两侧为**枕髁**，是椭圆形关节面。髁的前外侧上方有**舌下神经管外口**；枕髁的后方有不恒定的**髁管**的开口。在枕髁外侧有一不规则的孔，称**颈静脉孔**。其前方有一圆形的孔，称**颈动脉管外口**，向前内侧通颈动脉管，终于破裂

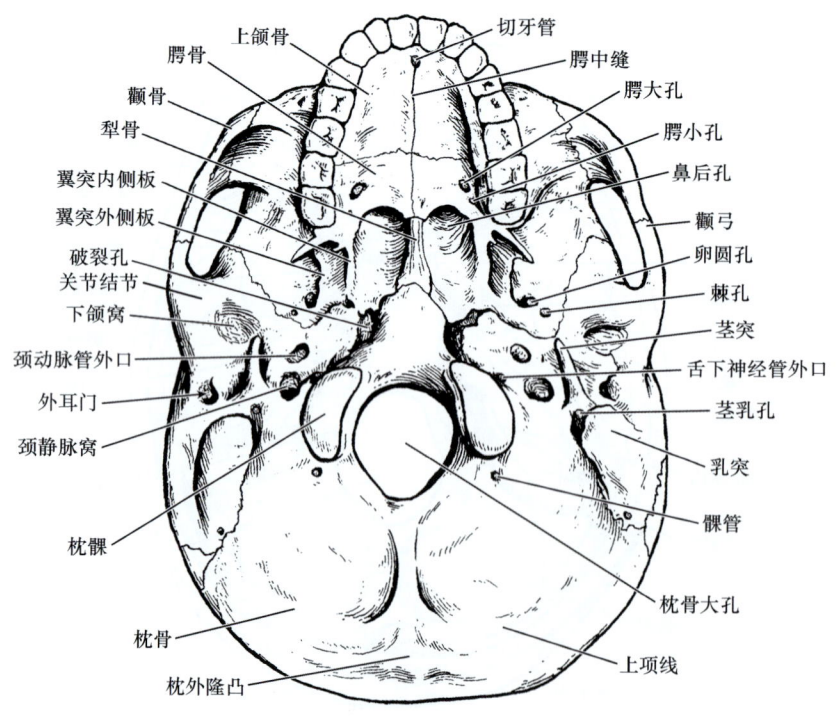

图1-24　颅底外面观

孔外侧壁的颈动脉管内口。在颈静脉孔的后外侧，有一细长的**茎突**，茎突根部后方有**茎乳孔**。在颧弓根部后方有一窝，称**下颌窝**mandibular fossa，与下颌头相关节。窝的前缘隆起，称**关节结节**。在枕骨基底部和颞骨岩部会合处，围成不规则的**破裂孔**，活体时为软骨所封闭。

突出部位为**颧弓**，由颞骨的颧突与颧骨的颞突对接形成。颧弓后方有**外耳门**，外耳门后方为**乳突**，是重要的骨性标志。颧弓将颅侧面分为上方的**颞窝**和下方的**颞下窝**infratemporal fossa。颞窝内侧壁的前下部有呈"H"形的骨缝，由额骨、顶骨、颞骨、蝶骨大翼对接形成，称**翼点**pterion。翼点处较薄弱，深面有脑膜中动脉前支通过。

5. 颅的侧面观（图1-25） 可见额骨，蝶骨，顶骨，颞骨及枕骨及颧骨，上、下颌骨等。侧面最

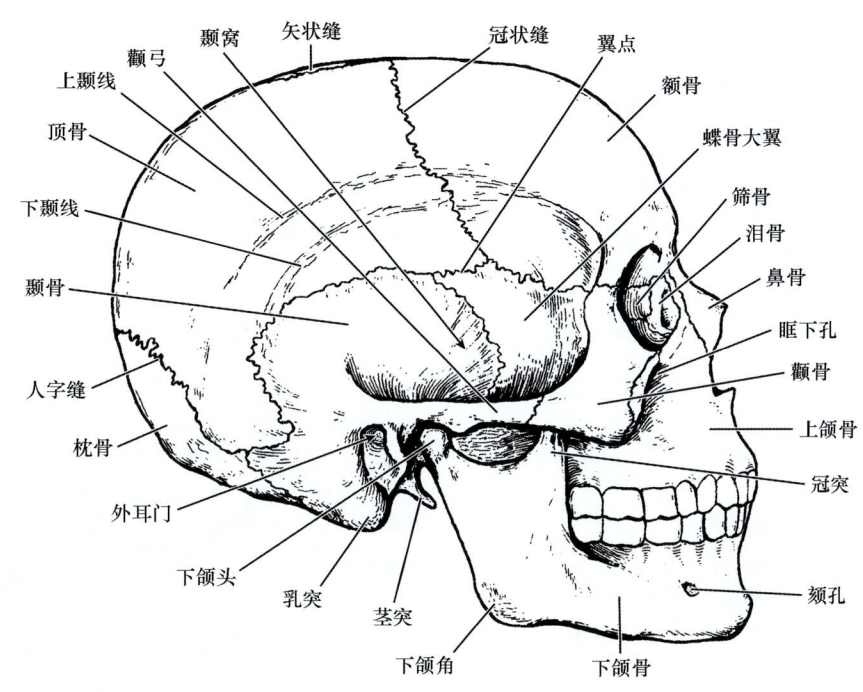

图1-25 颅侧面观

颧弓平面以下、上颌骨体和颧骨后方的不规则间隙称**颞下窝**。窝内主要有咀嚼肌等。窝的前壁为上颌骨体的颞下面，内侧壁为翼突外侧板，外侧壁为下颌支，下壁与后壁空缺。此窝向上借卵圆孔和棘孔与颅中窝相通，向前经眶下裂通眶，向内侧借上颌骨与蝶骨翼突之间的**翼上颌裂**通**翼腭窝**。

翼腭窝pterygopalatine fossa（图1-26）：为上颌体、蝶骨翼突与腭骨之间的狭窄间隙，深藏于颞下窝深面，是许多神经血管经过的重要通道。此窝有6个不同方向的通道与其他部位相通，向外侧借翼上颌裂通颞下窝，向前借眶下裂通眼眶，向内侧借蝶腭孔通鼻腔，向后借圆孔通颅中窝，借翼管通颅底外面，向下借腭大管，继经腭大孔通口腔。

6. 颅的前面观（图1-27） 此面由额骨和面颅骨共同构成，包括额区、眶、骨性鼻腔和骨性口腔等结构。

（1）**额区**：为眶以上的部分，由**额鳞**组成，其下界为眼眶上缘。眶上缘向上有与之相平行的弓形

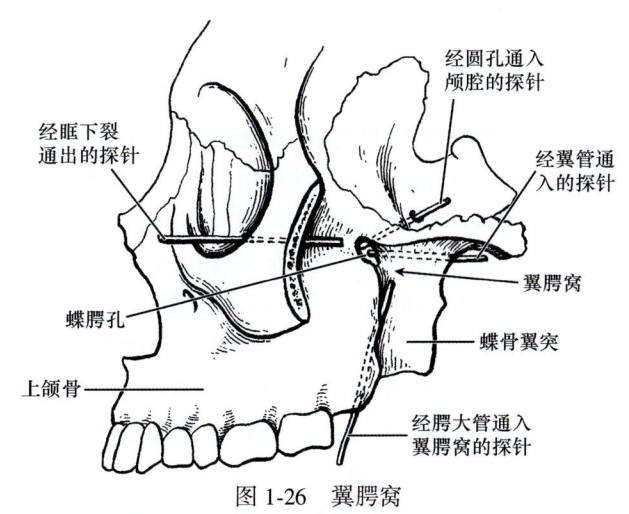

图1-26 翼腭窝

隆起，称**眉弓**，其深面有额窦。左右眉弓之间的平坦部，称**眉间**。眉弓与眉间都是重要的体表标志。

（2）**眶**orbit（图1-28）：四棱锥体形深腔，底（眶口）朝向前外侧，尖朝向后内侧。眶内容纳眼球及附属结构。可分上、下、内侧、外侧4个壁。

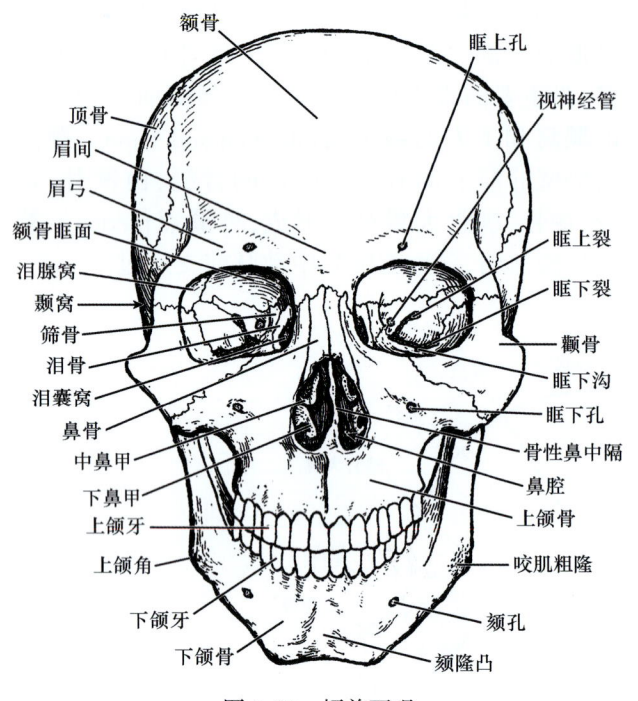

图 1-27 颅前面观

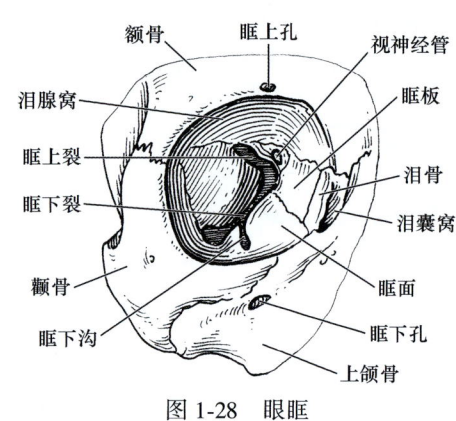

图 1-28 眼眶

底：即眶口，略呈四边形。眶上缘中、内 1/3 交界处有眶上孔或眶上切迹。眶下缘中份下方可见眶下孔。

尖：朝向后内侧，经视神经管与颅中窝相通。

上壁：由额骨眶部与蝶骨小翼构成，上邻颅前窝。顶的前外侧份有一深窝，称**泪腺窝**，容纳泪腺。

内侧壁：最薄，由前向后依次为上颌骨额突、泪骨、筛骨眶板和蝶骨体，与筛窦和鼻腔相邻。其前下份有一个长圆形窝，容纳泪囊，称**泪囊窝**，此窝向下经**鼻泪管**与鼻腔相通。

下壁：主要由上颌骨构成，壁的下方有上颌窦。在下壁和外侧壁交界处的后份，有**眶下裂** inferior orbital fissure 向后通入颞下窝和翼腭窝。眶下裂中份有分叉向前方的眶下沟，沟的前端导入**眶下管**，最终开口于**眶下孔** infraorbital foramen。

外侧壁：较厚，由颧骨和蝶骨构成。在外侧壁与上壁交界处的后份，有**眶上裂**向后通入颅中窝。

（3）**鼻腔**（图 1-29）：分为左右两半，以鼻中隔隔开，骨性鼻中隔由位于后下部的犁骨和位于前上部的筛骨垂直板对接形成。鼻腔底为骨腭，在腭正中缝前端有切牙管，通口腔。顶壁主要由筛骨筛板构成，有筛孔与颅前窝相通。外侧壁结构较复杂，由上而下有 3 个骨片向下弯曲，依次为**上鼻甲** superior nasal concha、**中鼻甲** middle nasal concha 和**下鼻甲** inferior nasal concha；每个鼻甲下方都有相应的空间，分别称**上鼻道** superior nasal meatus、**中鼻道** middle meatus 和**下鼻道** inferior nasal meatus。上鼻甲后上方与蝶骨之间的小间隙，称**蝶筛隐窝**。在中鼻甲后方有蝶腭孔，向外侧通向翼腭窝。鼻腔前方的开口称**梨状孔**，通外界；后方的开口称**鼻后孔**，通咽。

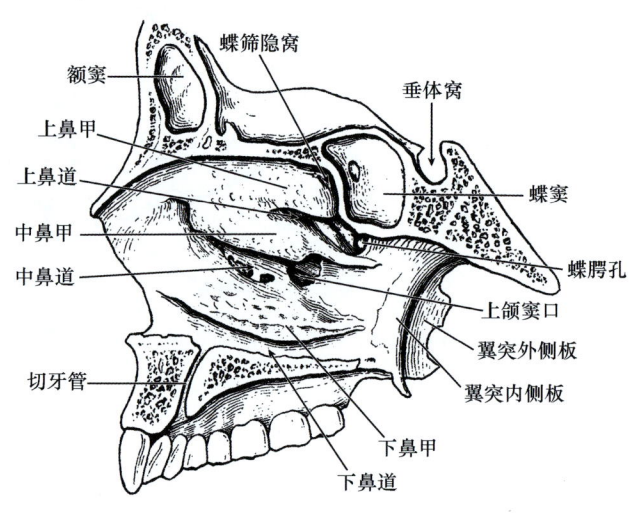

图 1-29 鼻腔外侧壁

（4）**鼻旁窦** paranasal sinuses（图 1-30，图 1-31）：在上颌骨、额骨、蝶骨及筛骨内都有含气的骨腔，位于鼻腔周围，并开口于鼻腔，故称**鼻旁窦**。

额窦 frontal sinus：位于眉弓深面，左右各一，窦口向后下，开口于中鼻道前部。

筛窦 ethmoidal sinus：位于筛骨迷路内，是所有筛小房的总称。根据其所在位置，可分为前、中、后 3 群，其中前、中群开口于中鼻道，后群开口于上鼻道。

蝶窦 sphenoidal sinus：位于蝶骨体内，被骨板分隔成左右不对称的两腔，向前开口于蝶筛隐窝。

上颌窦 maxillary sinus：最大，位于上颌骨体内。窦顶为眶的下壁；底为上颌骨的牙槽突；其前壁的凹陷处称尖牙窝，骨质最薄；内侧壁即鼻腔外侧壁，有窦的开口通入中鼻道。窦口高于窦底，直立位时不易引流。

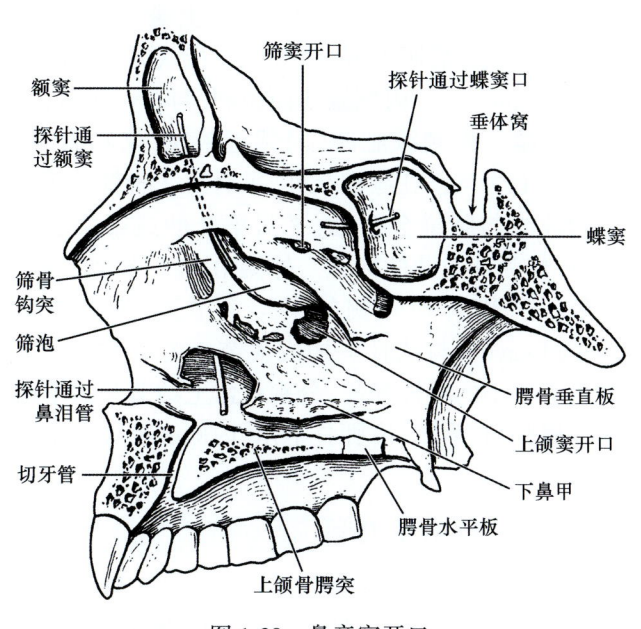

图 1-30 鼻旁窦开口

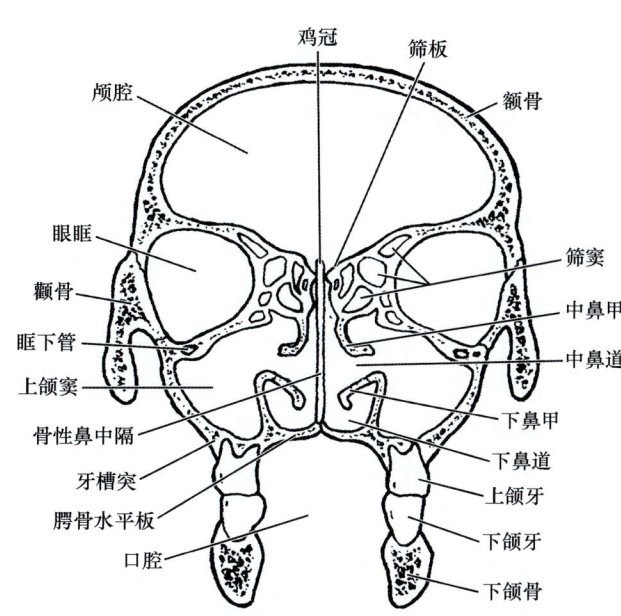

图 1-31 颅冠状切（通过筛骨前部）

(5) **口腔**：骨性口腔由上颌骨、腭骨和下颌骨围成。口腔顶壁即骨腭，由上颌骨腭突和腭骨水平板构成。前壁与外侧壁由上、下颌骨的牙槽突及牙围成。口腔向后通咽。底缺空，由软组织封闭。

（四）新生儿颅的特征

胎儿时期脑颅比面颅大得多。新生儿面颅是脑颅的 1/8，而成人面颅却为脑颅的 1/4。其原因是脑及感觉器官发育早，而咀嚼器官和呼吸器官，尤其是鼻旁窦和上、下颌骨发育较慢。从颅顶观察时，头部呈五角形。

新生儿颅有许多骨尚未发育完全，颅顶各骨之间的缝尚未形成，仍由结缔组织膜连接，这些交接处的间隙，称**颅囟**，其中位于两侧顶骨与额骨之间的颅囟最大，呈菱形，称**前囟**（**额囟**）。两侧顶骨与枕骨的相接处，有呈三角形的**后囟**（**枕囟**）。另外，顶骨前下角与蝶骨大翼相接处有**蝶囟**，顶骨后下角与枕鳞相接处有**乳突囟**。前囟在生后 1~2 岁时闭合，其余各囟都在出生后不久闭合（图 1-32）。

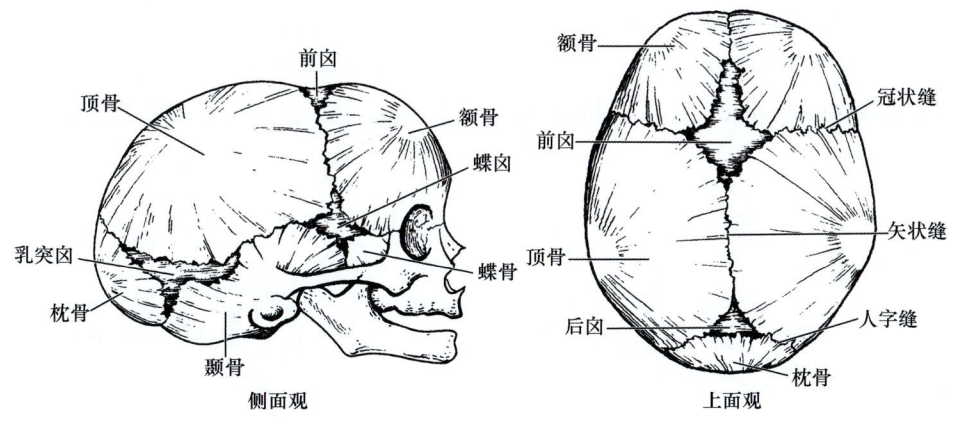

图 1-32 新生儿颅

（陈胜华）

第三节　附　肢　骨

附肢骨包括上肢骨和下肢骨两部分，而上、下肢骨又分别由与躯干相连的肢带骨与自由肢骨构成。上、下肢骨的排列与数目基本相同，但由于人类上、下肢的分工，使上肢骨相对轻巧，适合于从事灵活的工作，而下肢骨相对粗大，适合于负重和行走。

一、上 肢 骨

（一）上肢带骨

1. 锁骨 clavicle（图 1-33）　呈"~"形弯曲，位于胸廓前上方。内侧端粗大称**胸骨端**，有关节面与胸骨柄的锁切迹构成关节。外侧端扁平称**肩峰端**，有小关节面与肩胛骨的肩峰相关节。锁骨内侧2/3凸向前，外侧1/3凸向后，上面光滑，下面粗糙，是肌肉附着部位。锁骨支撑肩胛骨，使肩胛骨与胸廓保持一定距离，以保证上肢的灵活运动。锁骨全长可在体表扪到，其骨折多发生在中外1/3交界处。

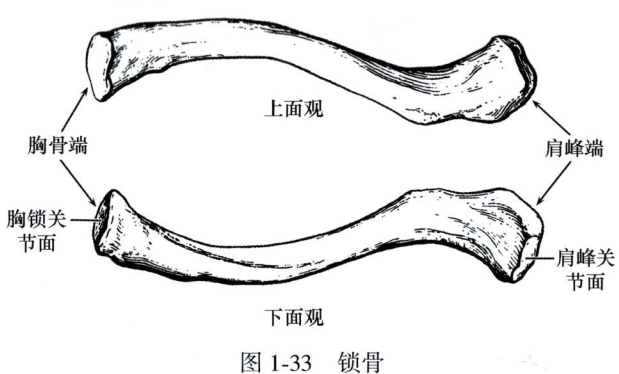

图 1-33　锁骨

2. 肩胛骨 scapula（图 1-34）　呈三角形，紧贴于胸廓的后外侧上部，可分为2面、3缘和3个角。腹侧面又称**肋面**，为一大而浅的窝，称**肩胛下窝** subscapular fossa。背侧面横行的骨嵴，称**肩胛冈** spine of scapula。其外侧端向外侧伸展扩大，称**肩峰** acromion，与锁骨外侧端相接。肩胛冈上、下方的浅窝，分别称**冈上窝** supraspinous fossa 和**冈下窝** infraspinous fossa，其内容纳肌肉。**上缘**短而薄，外侧份有凹陷称**肩胛切迹**，更外侧有指状突起称**喙突** coracoid process。**内侧缘**薄而锐利，与脊柱相对，又称**脊柱缘**。**外侧缘**肥厚，因邻近腋窝，又称**腋缘**。**上角**为上缘与脊柱缘相交处，平对第2肋骨。**下角**为脊柱缘与腋缘会合处，平对第7肋或第7肋间隙，可作为计数肋的标志。**外侧角**为腋缘与上缘会合处，肥厚，有朝外侧的梨形关节面，称**关节盂** glenoid cavity，与肱骨头构成关节。关节盂的上下方各有一小的粗糙隆起，分别称**盂上结节**和**盂下结节**。肩胛冈、肩峰、肩胛骨下角、内侧缘及喙突都可在体表扪到。

（二）自由上肢骨

1. 肱骨 humerus（图 1-35）　是位于臂部的长骨，分为一体两端。上端有半球形的**肱骨头** head of humerus，朝向后内上方，表面光滑，与肩胛骨的关节盂相关节。肱骨头周围有呈环状的浅沟，称**解剖颈** anatomical neck。肱骨头外侧和前方各有一隆起，分别为**大结节** greater tubercle 和**小结节** lesser tubercle。两者之间有**结节间沟**。大小结节向下延续形成骨嵴，分别称**大结节嵴**和**小结节嵴**。肱骨上端与体交界处稍细，为**外科颈** surgical neck，此处较易发生骨折。

肱骨体上端呈圆柱形，下端呈三棱柱形。体中部的外侧面有粗糙的呈"V"形的骨面，称**三角肌粗隆** deltoid tuberosity，是三角肌附着的部位。体后面中部，有一自内上斜向外下行走的浅沟，称**桡神经沟** sulcus for radial nerve，有桡神经沿此沟走行，因此，肱骨中部骨折时可能伤及此神经和肱深动脉。

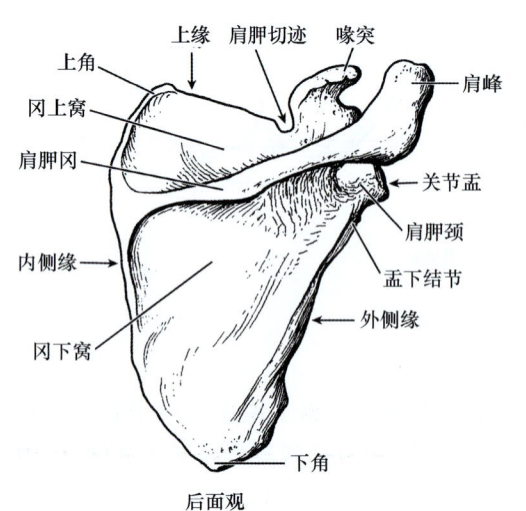
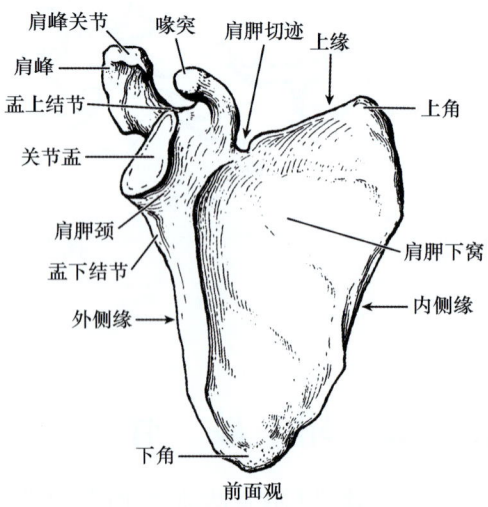

图 1-34　肩胛骨

第一章 骨 学

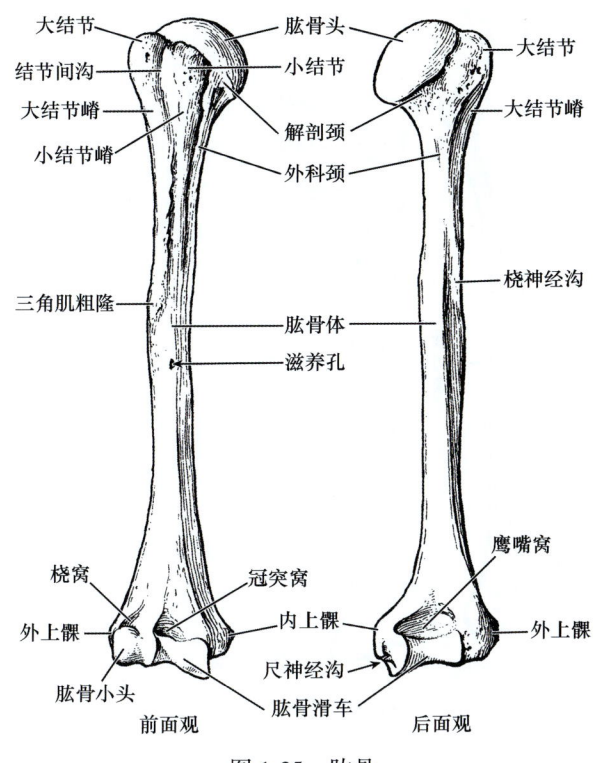

图 1-35 肱骨

下端前后较扁,最内侧与最外侧的突起分别称**内上髁** medial epicondyle 与**外上髁** lateral epicondyle。内上髁后方向外,有一明显的深凹,称**尺神经沟**,有尺神经走过。尺神经沟往外侧,是呈滑车状的**肱骨滑车** trochlea of humerus,与尺骨滑车切迹构成关节。肱骨滑车后面上方有一深窝,称**鹰嘴窝**,而前面上方有一浅窝,称**冠突窝**。肱骨滑车向外侧是圆形的**肱骨小头** capitulum of humerus,与桡骨相关节,肱骨小头前上部的小凹,称**桡窝**。肱骨下端与体交界处,相当于肱骨内、外上髁的稍上方,骨质较薄弱,小儿易发生肱骨髁上骨折。肱骨大结节,肱骨内、外上髁都可在体表扪到。

【临床联系】

肱骨髁上骨折:多因间接暴力引起,骨折如无移位,多有肘部疼痛、肿胀,局部有压痛,肘关节活动功能障碍。有移位骨折时,局部疼痛、肿胀较明显,出现异常活动,可听见骨擦音。伸直型骨折肘部常呈半伸位,肘后突起,呈靴形肘畸形,在肘前可摸到突出的骨折近端。有血管损伤(受压或刺激)的患者,手部皮肤颜色会变苍白或变暗,温度变凉,皮肤感觉减退,手指或手腕部活动障碍。最早出现且最主要的症状是被动伸指时引起剧痛,这时应及时拍X线片以确诊。

2. 桡骨 radius(图 1-36) 位于前臂外侧,属长骨,分为一体两端。上端膨大称**桡骨头** head of radius。头上面有关节凹与肱骨小头构成关节;头周围有环状关节面与尺骨桡切迹相关节;头下方缩细,称**桡骨颈** neck of radius。颈下份的后内侧有粗糙突起的**桡骨粗隆** radial tuberosity,是肱二头肌附着部位。桡骨体内侧缘有薄锐的骨间缘,与尺骨相对。下端前面略凹,后面微凸,外侧向下突出,称**桡骨茎突** styloid process。下端的内侧面有关节面,称**尺切迹**,与尺骨头相关节。下端的下面有**腕关节面**,与腕骨相关节。桡骨茎突和桡骨头都可在体表扪到。

3. 尺骨 ulna(图 1-36) 位于前臂内侧,属长骨,分为一体两端。上端有一向前的深凹,称**滑车切迹** trochlear notch,与肱骨滑车构成关节。滑车切迹后上方的突起称**鹰嘴** olecranon,前下方的突起称**冠突** coronoid process,分别在屈和伸肘关节时进入肱骨的鹰嘴窝和冠突窝。冠突外侧面有凹陷的关节面称**桡切迹**,与桡骨头相关节;冠突下方的粗糙骨面,称**尺骨粗隆** ulnar tuberosity,是肱肌附着部位。尺骨体外侧缘锐利,称**骨间缘**,与桡骨相对。下端为**尺骨头** head of ulna,其前、外、后三面有环状关节面与桡骨的尺切迹相关节。头后内侧部的向下突起,称**尺骨茎突** styloid process。尺骨鹰嘴、尺骨后缘、尺骨头和茎突,均为体表骨性标志。

4. 手骨(图 1-37) 包括腕骨、掌骨和指骨。

(1)**腕骨** carpal bones:共有8块,均为短骨,排成两列,近侧列由桡侧向尺侧依次为:**手舟骨** scaphoid bone、**月骨** lunate bone、**三角骨** triquetral bone 和**豌豆骨** pisiform bone;远侧列依次为:**大多角骨** trapezium bone、**小多角骨** trapezoid bone、**头状骨** capitate bone 和**钩骨** hamate bone。8块腕骨并不是排列在一个平面上,而是构成一个掌面凹陷的**腕骨沟**。各骨相邻的关节面,彼此形成腕骨间关节。

(2)**掌骨** metacarpal bones:共5块,属长骨。由桡侧向尺侧,分别称为第1~5掌骨。掌骨的近侧端为**底**,接腕骨;远侧端为**头**,与指骨相关节。头与底之间的部分为**体**。

(3)**指骨** phalanges of fingers:属长骨,共14块。其中拇指有2节指骨,其余各指均有3节。根据所在位置,由近侧向远侧,依次为**近节指骨**、**中节指骨**和**远节指骨**。各指骨的近侧端为**指骨底**,中间为**指骨体**,远侧端为**指骨滑车**;远节指骨的远侧端掌面粗糙,称**远节指骨粗隆**。

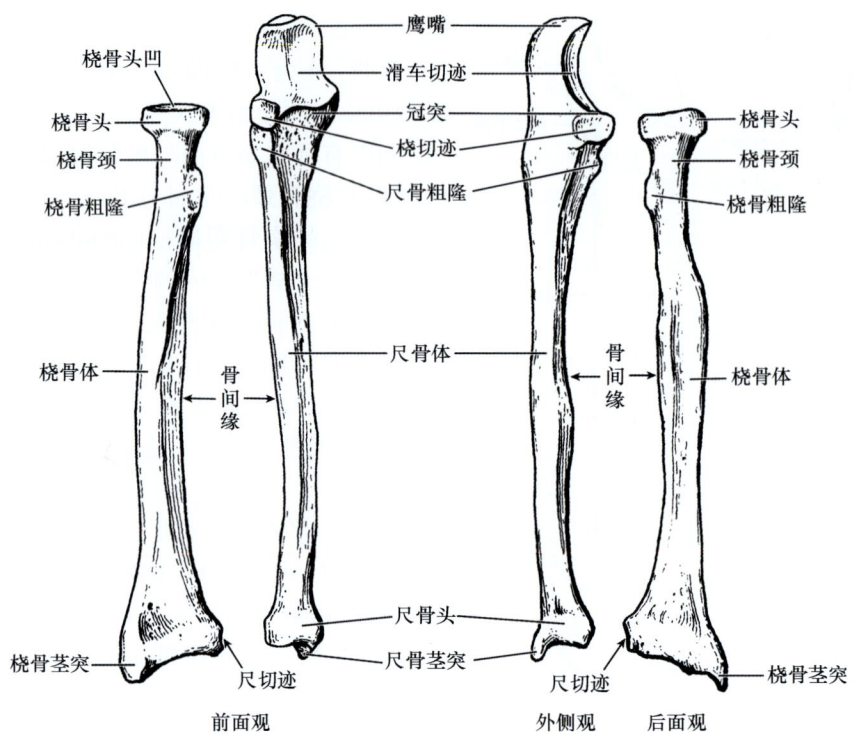

图1-36 桡骨与尺骨

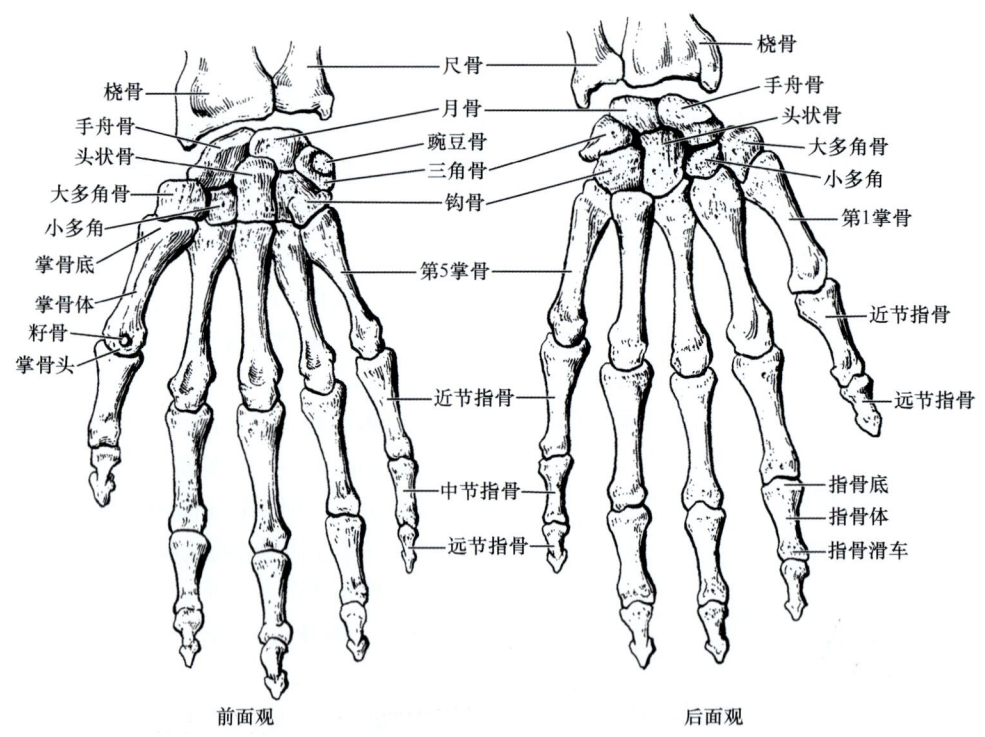

图1-37 手骨

二、下 肢 骨

(一) 下肢带骨

髋骨 hip bone 由髂骨、耻骨和坐骨组成,幼年时期为3块分离的骨,彼此间以软骨连结,16岁左右完全融合,形成一个整体,髋臼即为3块骨的愈合部位(图1-38,图1-39)。**髋臼** acetabulum 是髋骨外侧部的深窝,与股骨头构成髋关节。窝内有呈半月形的关节面称**月状面** lunate surface,窝的中央凹陷没有关节面的部分,称**髋臼窝**。髋臼下缘的缺口称**髋臼切迹**。

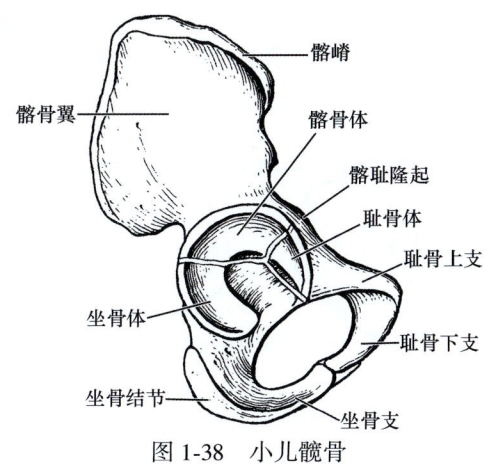

图 1-38 小儿髋骨

髂骨翼扁而宽,位于髂骨上部。髂骨翼上缘为弓形的**髂嵴**iliac crest。髂嵴前端为**髂前上棘**anterior superior iliac spine,后端为**髂后上棘**posterior superior iliac spine。在髂前、后上棘稍下方各有一突起,分别称**髂前下棘**和**髂后下棘**。髂嵴外侧缘,髂前上棘向后 5~7cm 处,有一向外的突起,为髂嵴最厚处,称**髂结节**tubercle of iliac crest,是临床进行骨髓穿刺的部位。髂骨翼内面有大而浅的**髂窝**iliac fossa。后者下界为**弓状线**arcuate line,是一条圆钝的骨嵴。弓状线后上方,有粗糙的关节面,称**耳状面**,与骶骨的耳状面构成骶髂关节。耳状面后上方的粗糙骨面,称**髂粗隆**。髂骨翼外面较粗糙,称**臀面**,为臀肌的附着处。

1. **髂骨** ilium 位于髋骨上部,分为髂骨体和髂骨翼两部分。髂骨体肥厚,构成髋臼的上 2/5。

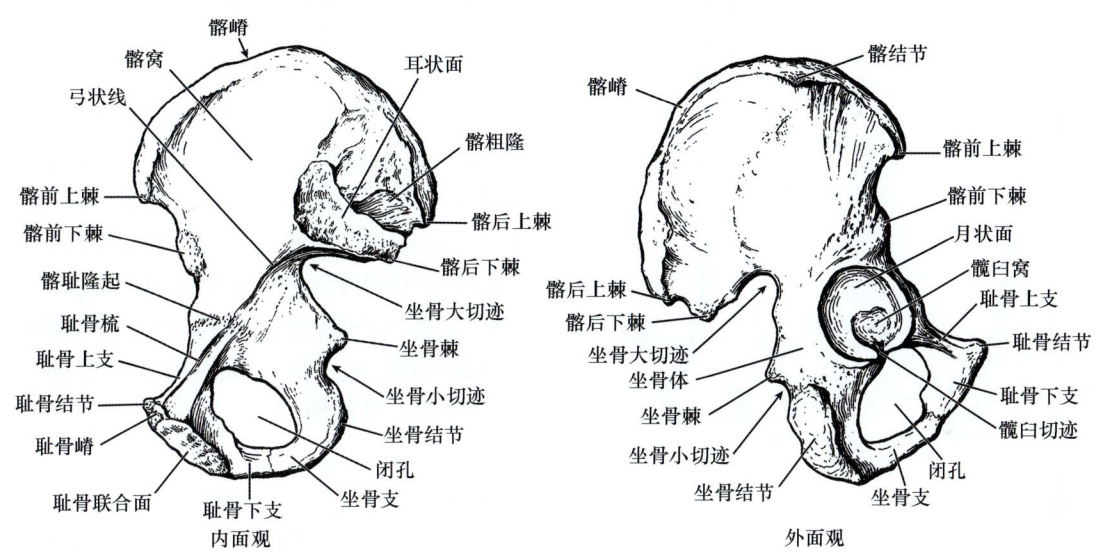

图 1-39 髋骨

2. **坐骨** ischium 构成髋骨的后下部,分为坐骨体和坐骨支两部分。体参与组成髋臼后下 2/5;体下端后份的粗大隆起称**坐骨结节**ischial tuberosity,是坐骨最低部,即人体呈坐姿时与凳子接触的部位。坐骨结节后上部有尖形的突起,称**坐骨棘**ischial spine。坐骨棘与坐骨结节之间的凹陷为**坐骨小切迹**lesser sciatic notch;坐骨棘与髂后下棘之间的较大凹陷,称**坐骨大切迹**greater sciatic notch。坐骨支由坐骨结节向上、前、内伸出,其末端与耻骨下支结合。

3. **耻骨** pubis 位于髋骨前下部,分为耻骨体和耻骨上支、耻骨下支 3 部分。耻骨体参与构成髋臼的前下 1/5。由耻骨体向前内伸出耻骨上支,其末端急转向下,成为耻骨下支。耻骨上支上面有一条较锐的骨嵴,称**耻骨梳**pecten pubis,向后与弓状线相延续,两者间的粗糙骨面称为**髂耻隆起**,是髂骨体与耻骨体愈合的痕迹。耻骨梳向前终于一个明显的突起,称**耻骨结节**pubic tubercle,在体表可以扪及。从耻骨结节向内侧的粗钝上缘为**耻骨嵴**。耻骨上、下支相互移行处的内侧有椭圆形粗糙骨面,称**耻骨联合面**symphysial surface,两侧髋骨的耻骨联合面借纤维软骨相接,构成耻骨联合。耻骨下支转向后下外,与坐骨支结合形成耻骨弓。耻骨上支、耻骨下支与坐骨支共同围成**闭孔**obturator foramen。

(二)自由下肢骨

1. **股骨** femur(图 1-40) 是人体最长、最结实的骨,约占人体身高的 1/4,是典型的长骨,分为一体两端。股骨最上端有朝向上内侧的膨大,称**股骨头**femoral head,其表面有光滑的关节面。近关节面中心处有一小凹,称**股骨头凹**,是股骨头韧带的附着部位。股骨头外下份缩细,称**股骨颈** neck of femur。颈与体相接处的外上份有明显隆起的**大转子** greater trochanter,与之相对应的内下份有隆起的**小转子** lesser trochanter。大小转子之间,在股骨前面有**转子间线**相连,是粗糙的骨线;而在股骨后方连接大小转子的则是明显的骨嵴,称**转子间嵴**。大、小转子都是肌肉附着的部位,大转子还是重要的体表标志,可以在臀部外侧扪到。

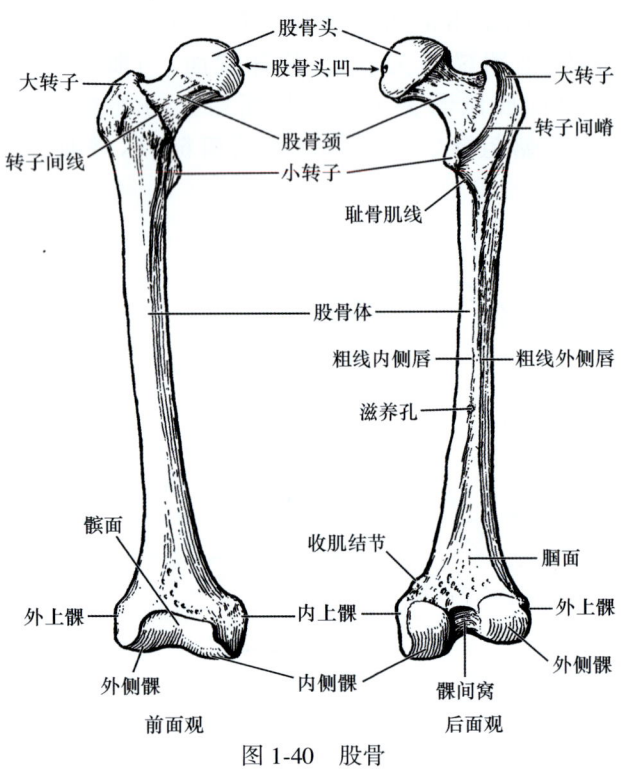

图 1-40 股骨

股骨体略弯,其凸面向前。体的后面有一纵行的骨线,称**粗线** linea aspera。粗线向上逐渐分开,向外侧延续为**臀肌粗隆** gluteal tuberosity,向内侧延续为**耻骨肌线**,分别是同名肌肉附着的部位。粗线向下也分为内、外两线,分别称**内侧唇**和**外侧唇**,两唇之间的骨面称**腘面**。

股骨下端有两个向后下方突出的膨大,分别称**内侧髁** medial condyle 和**外侧髁** lateral condyle。两髁的前面、下面和后面都有光滑的关节面。两髁前面的关节面相连,称**髌面**,与髌骨相关节。两髁后份之间有明显的深窝,称**髁间窝** intercondylar fossa。外侧髁向外侧隆起处称**外上髁**,内侧髁向内侧隆起处称**内上髁**,内上髁上部的小突起,称**收肌结节** adductor tubercle。它们都是重要的骨性标志。

2. 髌骨 patella(图 1-41) 是人体最大的籽骨,位于股骨下端前面,股四头肌腱内。上宽下尖,前面粗糙,后面有光滑的关节面,与股骨髌面相关节,其中外侧关节面较大。髌骨可在体表扪到。

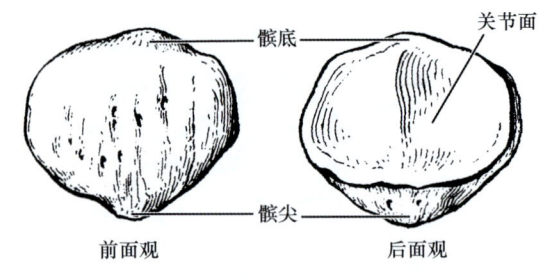

图 1-41 髌骨

3. 胫骨 tibia(图 1-42) 是粗大的长骨,位于小腿的内侧,分为一体两端。上端膨大,向两侧突出,形成**内侧髁**和**外侧髁**,与股骨的内、外侧髁相对应。内、外侧髁的上面各有上关节面,与股骨同名髁的关节面相关节。两上关节面之间,有粗糙的小隆起,称**髁间隆起** intercondylar eminence。外侧髁的后下方有一小的**腓关节面**,与腓骨头相关节。上端前面的隆起称**胫骨粗隆** tibial tuberosity,是股四头肌腱附着处。内、外侧髁和胫骨粗隆都可在体表扪到。胫骨体呈三棱柱形,前缘和内侧面较锐利,可在体表扪到;外侧缘称**骨间缘**,有小腿骨间膜附着。后面上份有斜向下内的**比目鱼肌线**。

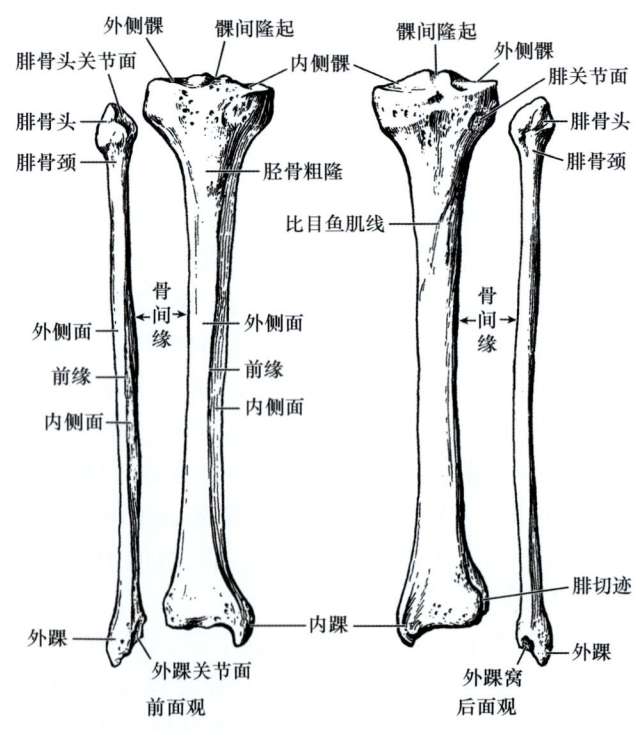

图 1-42 胫骨与腓骨

胫骨下端稍膨大,内侧有一向下的突起,称**内**

踝 medial malleolus，可在体表扪到。下端的下面与内踝的外侧面都有光滑的关节面，与距骨相关节。下端外侧面有凹陷的**腓切迹**，与腓骨相接。

4. 腓骨 fibula（图 1-42）　细长，位于胫骨的外后方，分一体两端。上端膨大部位为**腓骨头** fibular head，在头的内上方有关节面与胫骨相关节。头下方缩细为**腓骨颈** neck of fibula。腓骨体内侧缘较锐利，称**骨间缘**，有小腿骨间膜附着于胫骨和腓骨的骨间缘之间。下端膨大为**外踝** lateral malleolus。其内侧面有外踝关节面，与距骨相关节。腓骨头和外踝都可在体表扪到。

5. 足骨（图 1-43）　包括跗骨、跖骨和趾骨。

（1）**跗骨** tarsal bones：共 7 块，均属于短骨，由前向后排为 3 列。后列包括位于后下方的**跟骨** calcaneus 和前上方的**距骨** talus；中列为**足舟骨** navicular bone，位于距骨前方偏内侧；前列最外侧为**骰骨** cuboid bone，位于跟骨的前方，骰骨内侧有 3 块骨，位于足舟骨的前方，由内侧至外侧依次为**内侧楔骨** medial cuneiform bone、**中间楔骨** intermedius cuneiform bone 和**外侧楔骨** lateral cuneiform bone。距骨上面的关节面前宽后窄，称**距骨滑车**；跟骨后端隆突，为**跟骨结节**；足舟骨内下方有隆起的**舟骨粗隆**，在体表可扪到。

（2）**跖骨** metatarsal bones：属于长骨，共 5 块。位于跗骨前方，其形状和排列与掌骨类似，但较掌骨粗大。由内侧向外侧，依次命名为第 1~5 跖骨。每一跖骨近侧端为**底**，与跗骨相接；中间为**体**；远侧端称**头**，与近节趾骨相关节。第 5 跖骨底的外侧份突向后，称**第 5 跖骨粗隆**，在体表可扪到。

（3）**趾骨** bones of toes：共 14 块，蹞趾为 2 节，其余各趾均为 3 节，均为长骨。趾骨的形态和命名与指骨相同。蹞趾骨较粗壮，其余趾的骨较细小，第 5 趾的远节趾骨甚小，往往与中节趾骨长合。

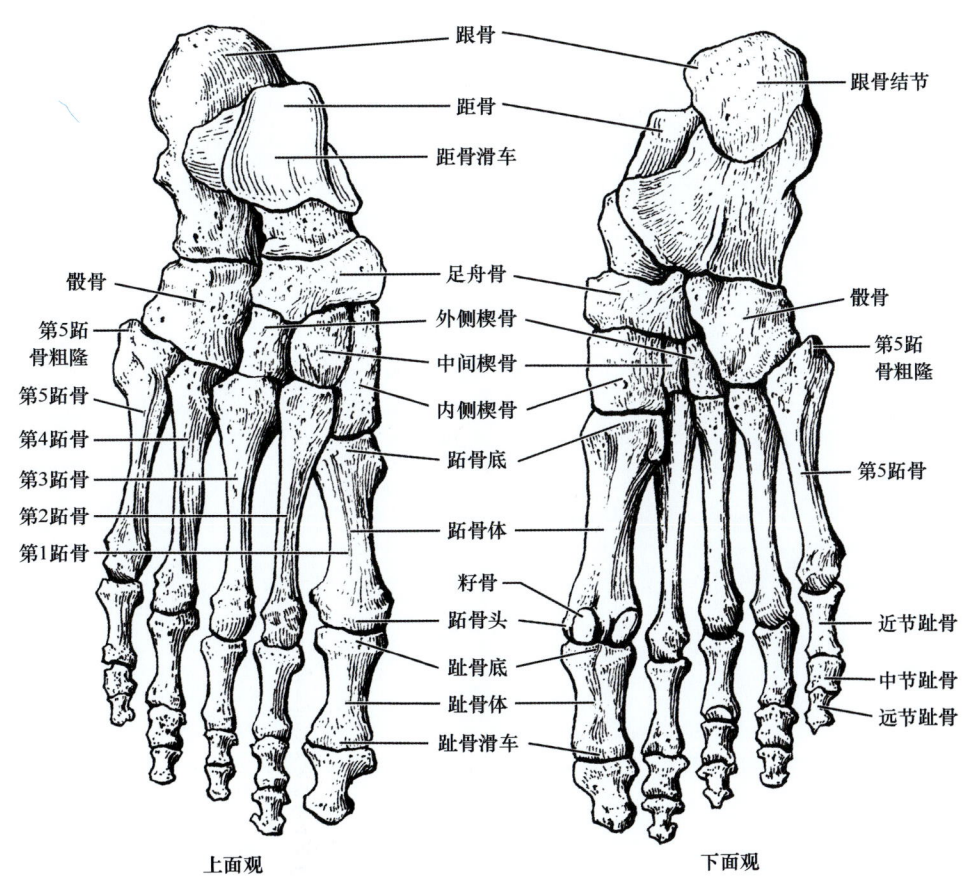

图 1-43　足骨

【相关进展】

各种因素造成的骨缺损、骨不连接一直是骨科领域中的难题。随着分子生物学的发展,骨形态发生蛋白(BMP)、脱钙骨基质(DBM)和骨基质明胶(BMG)等多种成骨诱导因子的发现、提纯和合成的成功,被认为是骨折治疗划时代性进展;骨缺损修复的生物学及非生物学材料的开发研制,为骨缺损修复提供了新的方法;现代显微外科技术的发展,吻合血管或带血管蒂的骨瓣、骨膜瓣已广泛应用于临床,为骨缺损、骨不连治疗提供了新方法。

【复习思考题】

1. 举例说明骨的分类和功能。
2. 试述椎骨的基本形态及各部椎骨的特征。
3. 如何确定肋骨、脊椎骨的序数?
4. 简述颅中窝的裂孔及主要通过的结构。
5. 试叙眶的毗邻和交通。
6. 新生儿颅有何形态特征?
7. 髋骨由哪几部分构成?有哪些骨性标志?
8. 可触及的主要骨性标志有哪些?有何临床意义?

(王明炎)

第二章 关 节 学

【引子】

患者，男性，32岁，乘坐汽车时右大腿置于左大腿上，急刹车致其右膝部撞到前排椅背，感觉右髋部疼痛，下肢不能活动，送院。体查：右髋关节呈屈曲、内收和内旋状，臀部触及异常隆起。X线提示：右髋关节后脱位。请根据髋关节的结构特征，分析其脱位的常见类型有哪些？

【学习目标】

一、掌握

1. 关节的基本结构、辅助结构、分类及运动形式。
2. 椎骨的连结、脊柱的整体观及其运动。
3. 胸廓的组成和形态特点。
4. 颞下颌关节的组成、结构特点及运动。
5. 肩关节、肘关节和桡腕关节的组成、结构特点及运动。
6. 拇指腕掌关节的结构特点及运动。
7. 骨盆的组成、分部，男、女性骨盆的结构特点。

8. 髋关节、膝关节和踝关节的组成、结构特点及运动。

二、了解

1. 直接连结的特点及分类。
2. 颅骨的连结及作用。
3. 手骨的连结及运动。
4. 足骨的连结及运动。
5. 足弓的组成及特点。

第一节 概 述

骨与骨之间借纤维结缔组织、软骨和骨相连结，称**骨连结**articulation junctions。按连结形式的不同可分为**直接连结**和**间接连结**2种(图2-1)。

一、直接连结

直接连结是指骨与骨之间借纤维结缔组织或软骨及骨直接相连，其连结之间无间隙，运动范围极小或完全不能活动。根据连结组织不同，可分为**纤维连结**、**软骨连结**和**骨性结合**3种类型。

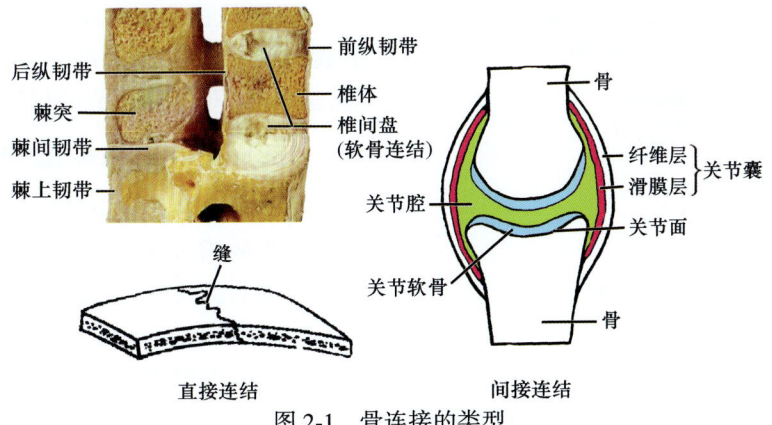

图2-1 骨连接的类型

(一) 纤维连结

骨与骨之间借纤维结缔组织相连，形成纤维连结。常有2种连结形式。

1. 韧带连结 连结两骨的纤维结缔组织比较长，呈条索状或膜状，富有弹性，称为**韧带**或**膜**。如椎骨棘突之间的棘间韧带、胫腓骨下端的胫腓骨间韧带和前臂尺桡骨之间的骨间膜等。

2. 缝 两骨之间借很薄的纤维结缔组织(缝韧带)相连，无活动性，这种连结往往随年龄的增加，可出现结缔组织骨化，如颅的冠状缝和矢状缝等。

（二）软骨连结

骨与骨之间借软骨相连，可缓冲震荡，分为2种。

1. 透明软骨结合 两骨间借透明软骨连结，常为暂时性的结合，是胚胎时软骨骨骼的存留部分并作为所连结骨的增长区，如骶软骨和蝶枕软骨结合等，此种连结到一定年龄即骨化形成骨性结合。

2. 纤维软骨结合 两骨间借纤维软骨连结，多位于人体中轴承受压力之处，坚固性大而弹性低，如椎间盘和耻骨联合等。

（三）骨性连结

一般由纤维连结或软骨连结骨化而成。如长骨的干与骺的结合和各骶椎之间的结合等。

二、间接连结

间接连结又称**关节** joint (articulation) 或**滑膜关节** synovial joint，是骨连结的最高分化形式，骨与骨的相对面之间无直接连结，相对骨面间有腔隙，充以滑液，活动度大。

（一）关节的基本结构

关节的基本结构有关节面、关节囊和关节腔（图2-2），为每一个关节所必备。

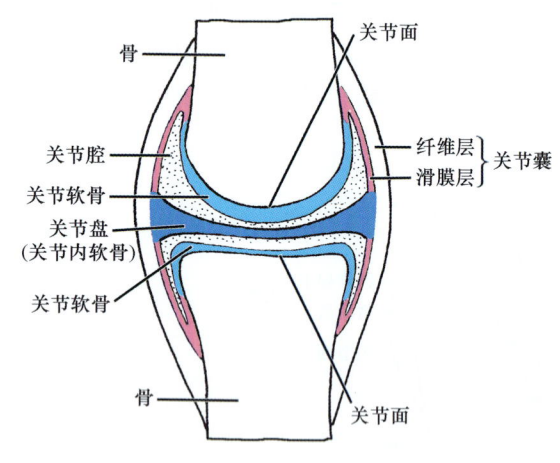

图 2-2 关节的结构

1. 关节面 articular surface 是构成关节的骨与骨的接触面。每一关节至少包括2个关节面，一般为一凸一凹，凸的称**关节头**，凹的称**关节窝**。关节面上覆有关节软骨。关节软骨多为透明软骨，表面光滑，覆以少量滑液，可减小摩擦，深部与关节面紧密相连，厚度约为2~7 mm，其厚薄因关节的不同部位、不同的关节和年龄变化而异。关节软骨无血管、神经和淋巴管，其营养主要由滑液和关节囊滑膜层的血管供应。关节软骨具有弹性，能承受压力和吸收震荡。

2. 关节囊 articular capsule 由致密结缔组织构成，附于关节面周围的骨面并与骨膜融合，像"袖套"把构成关节的各骨连结起来。关节囊的松紧和厚薄因关节的不同而异，活动度较大的关节，关节囊较松弛而薄，反之亦然。关节囊可分为内、外2层。

外层为**纤维层**，由致密结缔组织构成，富有血管、淋巴管和神经。在某些部位，纤维层增厚形成**韧带**，可增强骨与骨之间的连结，并限制关节的过度运动。纤维层的厚薄和韧带强弱与关节的运动和负重大小有关。如下肢关节负重较大，其关节囊的纤维层厚而紧张，上肢关节负重较小，则纤维层薄而松弛。

内层为**滑膜层**，由平滑光亮、薄而柔润的疏松结缔组织膜构成，衬贴于纤维层的内面，其边缘附着于关节软骨周缘，包被着关节内除关节软骨、关节唇和关节盘以外的所有结构。滑膜层内表面常有微小突起的皱襞，分别称**滑膜绒毛**和**滑膜襞**。滑膜富含血管、淋巴和神经，能产生**滑液**，并对关节软骨提供营养。滑液是透明蛋清样液体，呈弱碱性，正常情况下只有0.13~2 ml，由于含有较多的透明质酸，故黏稠度较高。滑液不但为关节提供了液态环境，而且保持了一定酸碱度，保证关节软骨的新陈代谢，并增加滑润，减少摩擦，降低软骨的蚀损，促进关节的运动效能。

3. 关节腔 articular cavity 由关节软骨和关节囊滑膜层共同围成的密闭腔隙，腔内有少量滑液，呈负压，对维持关节的稳定性有一定的作用。

（二）关节的辅助结构

关节除具备上述基本结构外，某些关节为适应特殊功能的需要而分化出一些特殊结构（图2-2）以增加关节的灵活性，增强关节的稳固性。

1. 韧带 ligaments 是连于相邻两骨之间的致密纤维结缔组织束，可加强关节的稳固性。位于关节囊外的称囊外韧带，有的为关节囊的局部增厚，如髋关节的髂股韧带；有的独立于关节囊，不与囊相连，如膝关节的腓侧副韧带；位于关节囊内者称**囊内韧带**，被滑膜包裹，如膝关节的交叉韧带。韧带和关节囊有丰富的感觉神经分布，故关节疾患时极为疼痛。

2. 关节内软骨 为存在于关节腔内的纤维软骨，有关节盘和关节唇2种。

（1）**关节盘**articular disc：是位于两关节面之间的纤维软骨板，其周缘附着于关节囊内面，将关节腔分为2部。关节盘多呈圆形，中央稍薄，周缘略厚，膝关节中的关节盘呈半月形，称关节半月板。关节盘使两关节面更为适合，以减少冲击和震荡，并可增加关节的稳固性。此外，2个腔可产生不同的运动，从而增加运动的形式和范围。

（2）**关节唇**articular labrum：是附着于关节窝周缘的纤维软骨环，它加深关节窝，增大关节面，有增加关节稳固性的作用。

3. 滑膜襞和滑膜囊 synovial fold and synovial bursa 有些关节的滑膜层面积大于纤维层，以致滑膜重叠卷摺，并突向关节腔而形成**滑膜皱襞**，有的其内含有脂肪和血管，则形成**滑膜脂垫**。在关节运动时，关节腔的形态、容积和压力发生改变，滑膜垫可起调节或充填作用，同时也扩大了滑膜的面积，有利于滑液的分泌和吸收。有些关节的滑膜从纤维层缺如或薄弱处膨出，充填于肌腱与骨面之间，则形成**滑膜囊**，可减少肌肉活动时与骨面之间的摩擦。

（三）关节的运动

关节面的形态决定运动轴的多少和方向，决定着关节的运动形式和范围，其运动形式基本上可依照关节的3轴分为3组拮抗性运动。

1. 屈和伸 是关节围绕冠状轴进行的一组运动，运动时组成关节的两骨相互靠拢，角度减小称为**屈**flexion；相反角度增大称为**伸**extension。一般情况下，关节的屈是指向腹侧面靠拢或成角，在膝关节则相反；在踝关节，足上抬，足背向小腿前面靠拢为踝关节的伸，亦称**背屈**，足尖下垂为踝关节的屈，亦称**跖屈**。

2. 内收和外展 是关节围绕矢状轴进行的运动，运动时骨向正中矢状面靠拢，称为**内收**或**收**adduction，反之，远离正中矢状面，称为**外展**或**展**abduction。手指的收展是以中指为准的靠拢和散开运动，足趾则是以第二趾为准的靠拢和散开运动。

3. 旋内和旋外 是关节沿垂直轴进行的运动，统称**旋转**rotation。骨向前内侧旋转，称为**旋内**media rotation，反之，向后外旋转，称**旋外**lateral rotation。在前臂，桡骨是围绕通过桡骨头和尺骨头的轴旋转，将手背转向前的运动，称**旋前**pronation，将手掌恢复到向前或手背转向后的运动，称**旋后**supination。

有些关节还可进行**环转运动**circumduction，即关节头在原位转动，骨的远侧端作圆周运动，运动时全骨描绘出一圆锥形轨迹。它不同于旋转运动构成一圆柱形轨迹，环转运动实为屈、展、伸、收的依次连续运动。只要能做屈伸和收展的2轴关节和3轴关节均可完成环转运动。

移动translation是最简单的一个骨关节面在另一个骨关节面的滑动，如跗跖关节和腕骨间关节等，其实即便小的跗骨或腕骨运动时，也涉及多轴向的运动，用连续放射摄影技术观察，可显示明显的旋转和角度运动。

（四）关节的分类

关节可按构成关节的骨数、关节面的形态、运动轴的数目以及运动形式进行分类（图2-3）。

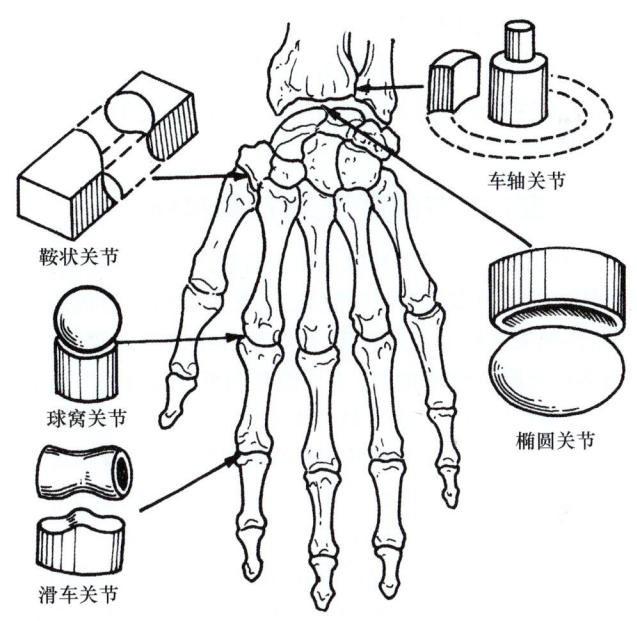

图2-3 关节的分类

只有2块骨构成的关节为**单关节**，由2块以上的骨构成的关节为**复关节**；凡可单独进行活动的关节为**单动关节**，结构完全独立的2个或2个以上关节，活动必须同时进行为**联动关节**。

根据关节运动轴的数目可将关节分为单轴、双轴和多轴关节。

1. 单轴关节 具有1个运动轴，关节只能绕1个轴作1组运动，包括2种形式。

（1）**屈戌关节**：又称**滑车关节**，关节头呈滑车状，另一骨有与其相适应的关节窝，通常只能围绕冠状轴作屈、伸运动，如指骨间关节。

（2）**车轴关节**：关节头的关节面呈圆柱状，关节窝常由骨和韧带连成的环构成，可围绕垂直轴作旋转运动，如桡尺近侧关节。

2. 双轴关节 关节有2个互相垂直的运动轴，可作2组运动，包括2种形式。

（1）**椭圆关节**：关节头呈椭圆形，关节窝呈相应凹面，可围绕冠状轴作屈、伸运动，围绕矢状轴作收、展运动，并可作环转运动，如腕关节。

（2）**鞍状关节**：相对两关节面都呈鞍状，互为窝和头，可作屈、伸、收、展和环转运动，如拇指腕掌关节。

3. 多轴关节 具有3个相互垂直的运动轴，可作各种方向的运动，包括2种形式。

（1）**球窝关节**：关节头较大呈球形，关节窝浅而小，其面积为关节头的1/3。此类关节最灵活，可作屈、伸、收、展、旋转和环转运动，如肩关节。有的关节窝特别深，包绕关节头1/2以上，称**杵臼关节**，亦属球窝关节。但运动幅度受到一定限制，如髋关节。

（2）**平面关节**：关节面近似"平面"，实际上是一个很大球面的一小部分，多出现于短骨之间，可作多轴性滑动，但活动范围小，如肩锁关节和腕骨间关节等。

（五）关节的血管、淋巴管和神经

1. 血管 关节的动脉主要来自附近动脉的分支，长骨构成的关节多数由骺动脉分支，在关节周围形成动脉网，其细支直接进入关节囊，分布至纤维层和滑膜层，并与邻近骨膜的动脉吻合。在滑膜层附着缘形成关节血管环，分支供应滑膜。关节软骨无血管。

2. 淋巴管 关节囊各层都有淋巴管网，与骨膜淋巴管吻合。关节囊的淋巴经输出管注入附近的局部淋巴结。关节软骨内无淋巴管。

3. 神经 关节的神经支配来自运动该关节肌肉的神经分支，称**关节支**。关节的感觉纤维主要为本体感觉纤维，神经冲动由位于关节囊内的神经末梢传至脊髓和脑，关节囊内还有很多痛觉纤维，关节囊过分扭曲和牵张时，引起疼痛的感觉。

第二节 中轴骨连结

一、躯干骨的连结

24块椎骨、1块骶骨和1块尾骨借骨连结形成**脊柱** vertebral column，构成人体的中轴，上承托颅、下接下肢。12块胸椎、12对肋和胸骨借骨连结共同形成**胸廓** thoracic cage。

（一）脊柱

1. 椎骨间的连结 各椎骨之间借韧带、软骨和关节相连，可分为椎体间连结和椎弓间连结（图2-4）。

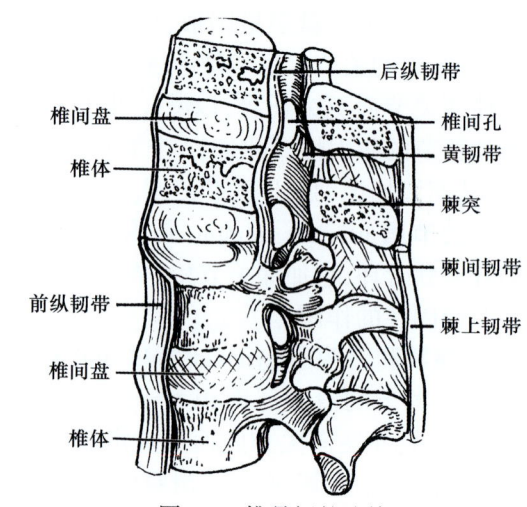

图2-4 椎骨间的连接

（1）**椎体间连结**：相邻各椎体之间借椎间盘、前纵韧带和后纵韧带相连结。

1）**椎间盘** intervertebral disc（图2-5）：亦称椎间纤维软骨，是连结相邻2个椎体之间的纤维软骨盘。中央部是柔软而富于弹性的胶状物质，称**髓核** nucleus pulposus，是胚胎期脊索的残余物。周围部是由多层纤维软骨按同心圆排列组成的**纤维环** anulus fibrosus，牢固连结相邻2个椎体，保护髓核并限制髓核向周围膨出。椎间盘坚韧，富有弹性，承受压力时被压缩，除去压力后复原，具有弹簧垫样缓冲震荡的作用。椎间盘共有23个，其总长度约为除寰、枢椎之外脊柱长度的1/5。各部椎间盘厚薄不一，中胸部最薄，颈部较厚，腰部最厚，所以颈、腰部活动度较大。纤维环破裂时，髓核容易向后外脱出，突入椎管和椎间孔，压迫脊髓和脊神经，临床上称为椎间盘脱出症。

2）**前纵韧带** anterior longitudinal ligament（图2-4，图2-5）：位于椎体前面，宽而坚韧，上至枕骨大孔前缘，下至第1或第2骶椎体，其纤维与椎体及椎间盘牢固连结，可防止脊柱过度后伸和椎间盘向前脱出。

3）**后纵韧带** posterior longitudinal ligament（图2-4，图2-5）：位于椎体后面，细而坚韧，起自枢椎并与覆盖枢椎体的覆膜相续，向下至骶管，与椎体上、下缘和椎间盘紧密连结，而与椎体连结较疏松，有限制脊柱过度前屈的作用。

（2）**椎弓间的连结**：包括椎弓板之间和各突起之间的连结。

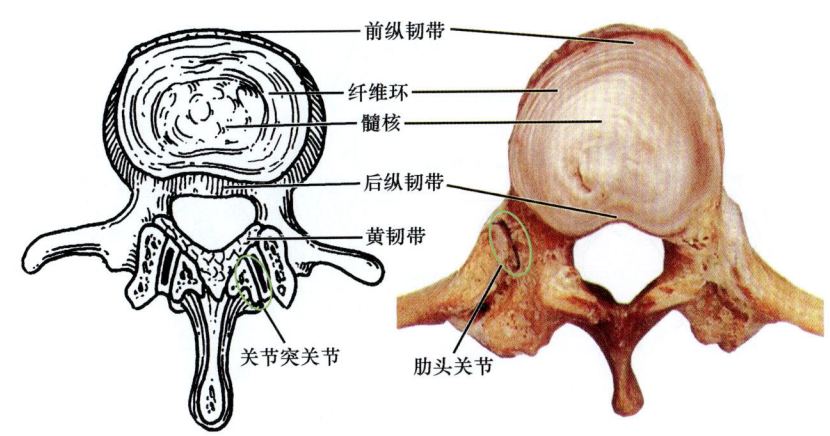

图 2-5 椎间盘、关节突关节及肋头关节

1) **黄韧带** ligamenta flava（图 2-4，图 2-5）：为连结相邻两椎弓板间的韧带，由黄色的弹力纤维构成，坚韧而富有弹性，协助围成椎管，有限制脊柱过度前屈并维持脊柱于直立姿势的作用。

2) **棘间韧带** interspinal ligament（图 2-4）：位于相邻各棘突之间，前接黄韧带，后方移行为棘上韧带和项韧带。

3) **棘上韧带** supraspinal ligament（图 2-4）：连结胸、腰、骶椎各棘突之间的纵行韧带，其前方与棘间韧带融合，两者都有限制脊柱过度前屈的作用。在颈部，从颈椎棘突尖向后扩展成三角形板状的弹性纤维膜，称**项韧带**（图 2-6），上缘附于枕外隆凸与枕外嵴，向下至第 7 颈椎棘突并续于棘上韧带。

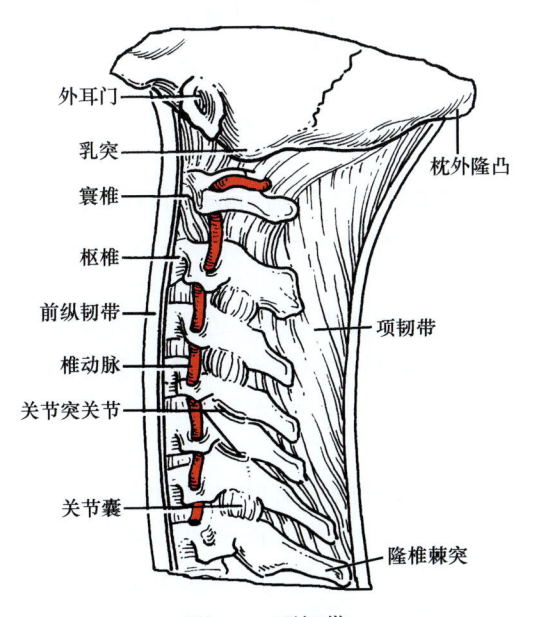

图 2-6 项韧带

4) **横突间韧带** intertransverse ligaments：连结相邻椎骨横突之间的韧带，有限制脊柱过度侧屈的作用。

5) **关节突关节**：由相邻椎骨的下、上关节突构成，属于平面关节，只能作轻微滑动，但各椎骨之间的运动总和却很大，两侧的关节突关节属联合关节（图 2-5）。

（3）**寰椎与枕骨及枢椎的关节**

1) **寰枕关节** atlantooccipital joint（图 2-7）：由寰椎两侧块的上关节凹与相应枕髁构成，属椭圆关节并为联合关节，关节囊松弛，周围有韧带增强，寰枕前膜是前纵韧带的最上部分，连结枕骨大孔前缘与寰椎前弓上缘之间，寰枕后膜位于枕骨大孔后缘与寰椎后弓上缘之间。

2) **寰枢关节** atlantoaxial joint（图 2-7）：包括 3 个关节：①**寰枢外侧关节**，左右各一，由寰椎侧块的下关节面与枢椎上关节面构成，关节囊的后部及内侧均有韧带加强。②**寰枢正中关节**，由齿突与寰椎前弓后面的关节面与寰椎横韧带中部前面构成，属车轴关节，寰枢关节围绕齿突垂直轴转动，使头连同寰椎进行旋转运动，因此，寰枕、寰枢关节的联合运动能使头作仰卧、侧屈和旋转运动。寰枢关节周围于**齿突尖韧带**、**翼状韧带**、**寰椎横韧带**、**覆膜**等韧带加强。

2. 脊柱整体观及其运动

（1）**脊柱的整体观**（图 2-8）：成人男性脊柱长约 70cm，女性略短，其长度可因姿势不同而略有差异，静卧比站立时，可长出 2~3cm，这是由于站立时椎间盘被挤压所致，所有椎间盘的总厚度约占脊柱全长的 1/5。老年人因椎间盘变薄或骨质疏松时，脊柱可变短。

1) **脊柱前面观**：可见椎体由上向下依次增宽，到第 2 骶椎最宽，这与承受重力不断增加有关，自骶骨耳状面以下，由于重力经髋关节传至下肢骨，椎体已不负重，体积逐渐减小。正常人的脊柱有轻度的侧屈。

2) **脊柱后面观**：所有椎骨棘突连贯形成纵嵴，其两侧各有一纵行的**脊椎沟**。颈椎棘突短而分叉，近水平位。胸椎棘突细长，斜向后下方，呈叠瓦状，腰椎棘突呈板状，水平伸向后方。

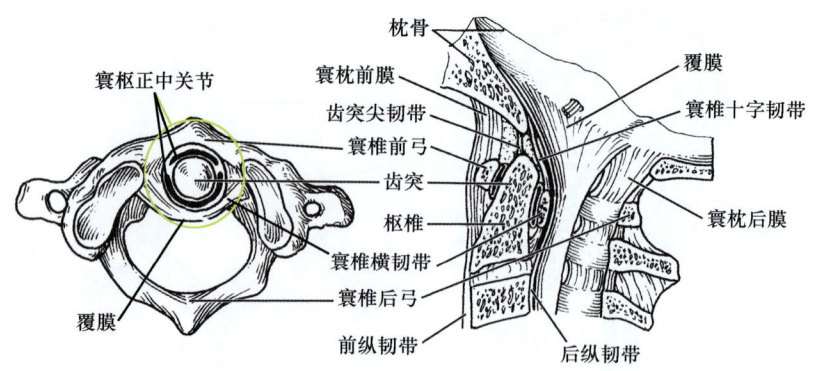

图 2-7　寰枕、寰枢关节

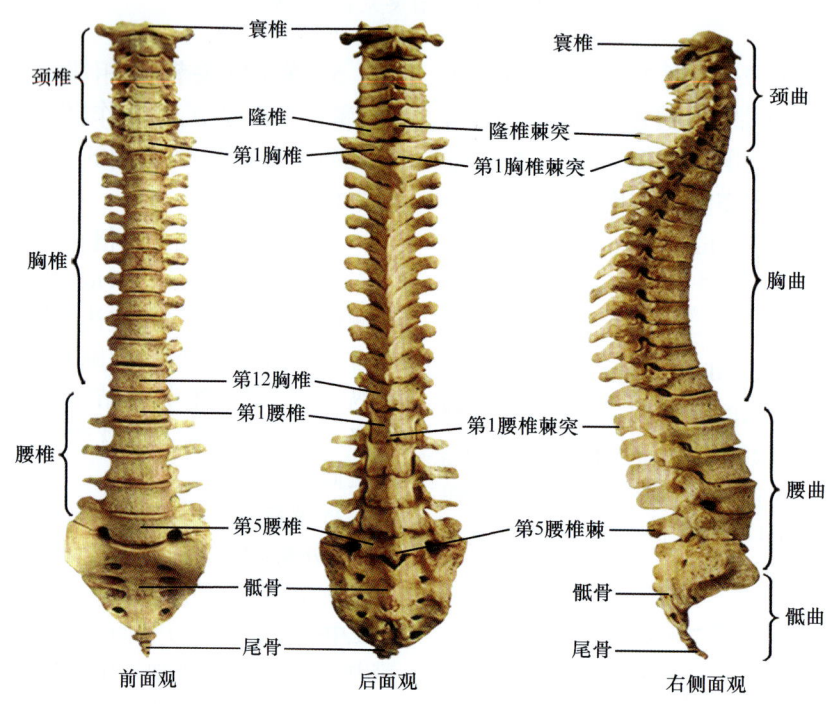

图 2-8　脊柱整体观

3）**脊柱侧面观**：可见成人脊椎有颈、胸、腰、骶 4 个生理性弯曲。其中，**颈曲**和**腰曲**凸向前，**胸曲**和**骶曲**凸向后。脊柱的这些弯曲增大了脊柱的弹性，对维持人体的重心稳定和减轻震荡有重要意义。胸曲和骶曲在胚胎时已形成，又称原发性弯曲，颈曲和腰曲是出生后获得的，又称继发性弯曲。当婴儿开始抬头时，出现颈曲，婴儿开始坐和站立时，出现腰曲。脊柱的每一个弯曲，都有它的机能意义，颈曲支持头地抬起，腰曲使身体重心线后移，以维持身体的前后平衡，保持直立姿势，加强稳固性，而胸曲和骶曲在一定意义上扩大了胸腔和盆腔的容积。

（2）**脊柱的运动**：脊柱除支持身体，保护脊髓、脊神经和内脏外，还有很大的运动功能，相邻椎骨间的连结稳固，活动范围很小，但各椎间盘和关节突关节运动范围的总和很大，可作屈、伸、侧屈、旋转和环转运动。脊柱各部的运动性质和范围主要取决于椎间盘的厚度，关节突关节的方向和形状、韧带的位置及厚薄等。同时也与年龄、性别和锻炼程度有关。

【**临床联系**】

脊柱的运动属于联合运动，检查脊柱的屈伸、侧屈和旋转 3 组运动，是诊断脊柱疾患的重要步骤之一。椎间盘作为连结椎骨的重要结构，椎间盘纤维环的后部及后纵韧带较薄弱，外伤和退行性病变时，可使椎间盘向后方或后外侧突出，使椎管或椎间孔狭窄，压迫脊髓和脊神经。椎间盘突出多发生于腰部（常见于第 4、5 腰椎或第 5 腰椎与骶骨之间），有时也可发生于颈下部（第 5、6 颈椎和第 6、7 颈椎之间），胸部少见。颈椎间盘退变突出或颈椎椎骨赘生物的形成,可突向椎管、椎间孔和横突孔,压迫脊髓、脊神经和椎动脉,引起血管神经等一系列症状,临床上称为"颈椎病"。寰枢关节是脊柱特殊的关节,周围有许多韧带加强,在外伤时,枢椎齿突骨折,若寰椎横韧带保持完整,齿突可保持原位,不会引起严重症状,如寰椎横韧带松弛或断裂,寰椎向前脱位,齿突后移,椎孔狭窄,使脊髓受压,严重时可危及生命。

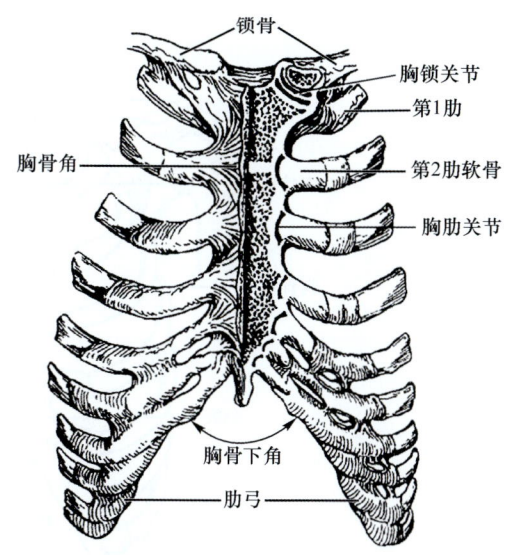

图 2-10　胸肋关节及胸锁关节

（二）胸廓

胸廓由 12 块胸椎,12 对肋和 1 块胸骨借骨连结共同构成,胸廓的主要关节有肋椎关节和胸肋关节。

1. 肋椎关节　为肋骨后端与胸椎之间构成的关节,包括肋头关节和肋横突关节(图 2-9)。

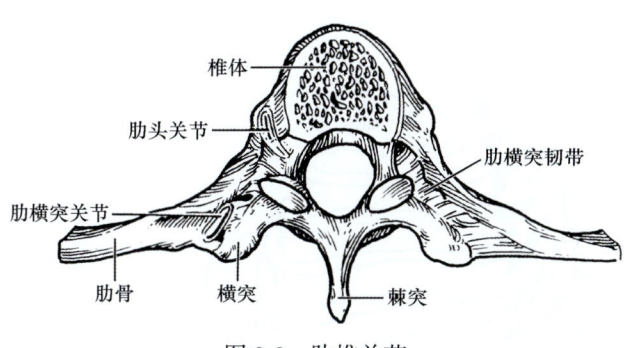

图 2-9　肋椎关节

（1）**肋头关节**：由肋头的关节面与相邻胸椎体的下、上肋凹构成,关节囊附于关节面周围,并由囊前方的肋头辐状韧带加强,属于平面关节,能作轻微运动。

（2）**肋横突关节**：由肋结节关节面与胸椎横突肋凹构成,属于微动关节。有肋横突韧带和肋横突上韧带加强关节。

2. 胸肋关节　由第 2~7 肋软骨与胸骨相应的肋切迹构成(图 2-10),关节的前、后有韧带加强,属微动关节。第 1 肋与胸骨柄之间为软骨结合,第 8~10 肋软骨的前端不直接与胸骨相连,而依次与上位肋软骨形成软骨连结,构成左、右**肋弓**,第 11、12 肋前端游离于腹壁肌层中,不与胸骨相连结。

3. 胸廓的整体观及其运动　成人胸廓近似圆锥形,前后径小于横径,上窄下宽(图 2-11)。胸廓有上、下两口和前、后外侧壁。**胸廓上口**较小,由胸骨柄上缘、第 1 肋和第 1 胸椎体构成,是胸腔与颈部的通道,上口的平面与第 1 肋的方向一致,即向前下倾斜,胸骨柄上缘约平对第 2 胸椎体下缘。**胸廓下口**宽而不规则,由第 12 胸椎、第 11、12 肋前端,肋弓和剑突共同围成,两侧肋弓在中线构成向下开放的**胸骨下角**。角的尖部夹有剑突,剑突尖约平对第 10 胸椎下缘。胸前壁最短,由胸骨、肋软骨及肋骨前端构成。后壁较长,由胸椎和肋角内侧的部分肋骨构成,外侧壁最长,由肋骨体构成。相邻两肋之间的间隙称**肋间隙**。胸廓具有保护、支持和运动功能,胸廓的运动主要是参与呼吸。吸气时,在肌的作用下,肋的前份提高,肋体向外扩展,胸骨上升,使胸廓的前后径和横径增大,胸腔容积增加。呼气时,在重力和肌的作用下,胸廓作相反的运动,使胸腔容积减少(图 2-12)。

二、颅骨的连结

颅骨的连结分直接连结和间接连结 2 种,以直接连结为主。

（一）颅骨的直接连结

各颅骨之间多借缝、软骨或骨性结合相连结,连结极为牢固。颅盖骨是膜化骨成骨,在发育过程中,骨与骨之间遗留有薄层结缔组织膜称**缝**,有**冠状缝**、**矢状缝**、**人字缝**和**蝶顶缝**等。随着年龄的增长,缝发生骨化而形成骨性结合。颅底诸骨是软骨化成骨,骨与骨之间是软骨连结,如蝶枕结合、蝶岩、岩枕软骨结合等,随着年龄的增长,软骨结合也骨化为骨性结合,但破裂孔处软骨终生不骨化。舌骨与颞骨茎突之间则以茎突舌骨韧带相连。

（二）颞下颌关节

颞下颌关节 temporomandibular joint,又称**下颌关节**(图 2-13),由下颌骨的下颌头与颞骨的下颌窝和关节结节构成,关节面覆盖有纤维软骨,关节

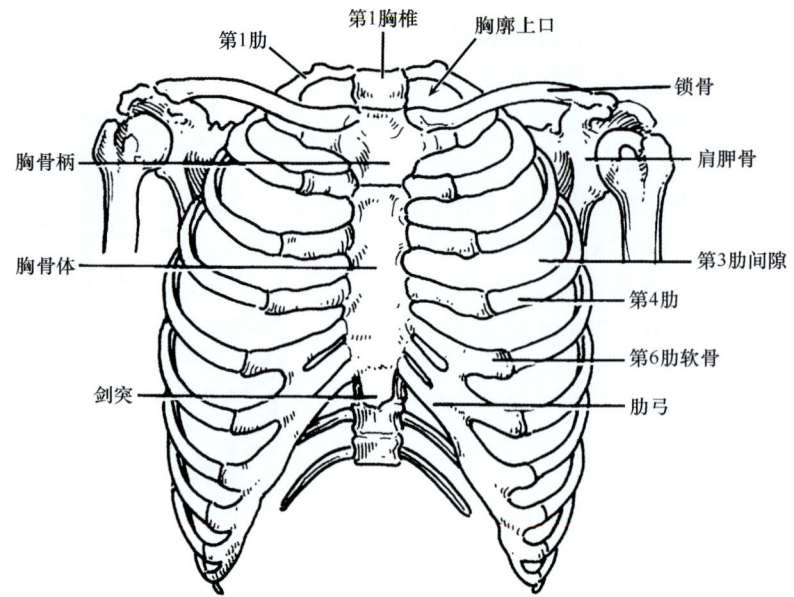

图 2-11 胸廓

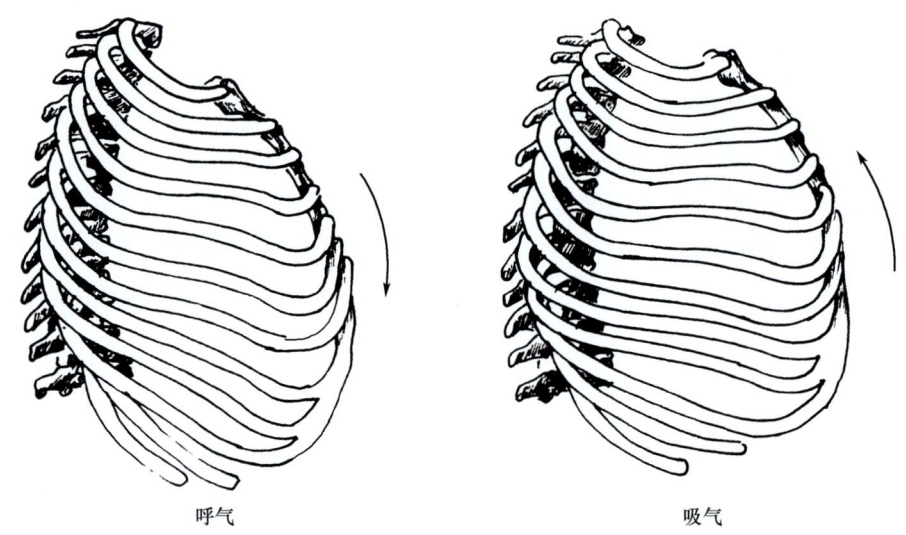

图 2-12 胸廓的运动

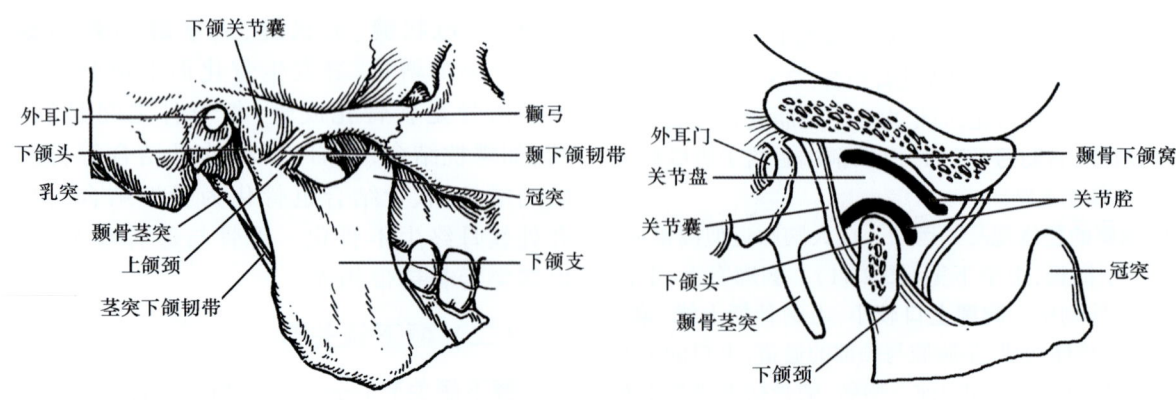

图 2-13 颞下颌关节

囊松弛，上方附着于关节结节和下颌窝周缘，下方附着于下颌颈，囊外有由颧弓根部至下颌颈的**外侧韧带**加强。囊内有纤维软骨构成的**关节盘**，关节盘前部凹向上，后部凹向下，与关节结节和下颌窝的形状相对应，其周缘与关节囊相融合，将关节腔分为上、下2部。关节囊前部较薄弱，因此下颌关节易向前脱位。

关节的运动：颞下颌关节属于联合关节，必须两侧同时运动。下颌骨可作上提、下降、前进、后退以及侧方运动。其中上提和下降运动发生于下关节腔，前进和后退发生于上关节腔，侧方运动是一侧的下颌头对关节盘作旋转运动，而对侧的下颌头和关节盘一起对关节窝作前进的运动。张口是下颌骨下降并伴向前的运动，故张大口时，下颌骨体下降向下后方，而下颌头随同关节盘滑至关节结节的下方。闭口则是下颌骨上提并伴有下颌头和关节盘一起滑回关节窝的运动。

【临床联系】

由于关节窝前方的关节结节突出较浅，关节囊前部较薄弱，张口过大时，下颌头向前滑至关节结节前下方，发生前脱位；颅底严重骨折时，可发生上脱位；下颌受到撞击时，下颌头被撞向后上方，从而发生后脱位。复位时，必须先将下颌骨拉向下，越过关节结节，再将下颌骨向后推，才能将下颌头回纳至下颌窝。

第三节　附肢骨连结

附肢骨的主要功能是支持和运动，附肢骨连结以关节为主。人类由于直立姿势，上肢从支持功能中解放出来，成为运动灵活的劳动器官，因而上肢关节的结构特点以运动灵活为主；下肢的支持作用更重要，所以下肢关节的结构特点以运动的稳定性为主。

一、上肢骨的连结

上肢骨的连结包括上肢带骨的连结和自由上肢骨的连结。

（一）上肢带骨连结

1. 胸锁关节 sternoclavicular joint（图 2-14）
是上肢骨与躯干骨之间的唯一关节。由锁骨的胸骨端与胸骨锁切迹和第1肋软骨上缘构成，属多轴关节。关节囊坚韧，其前方、后方和上方分别有韧带加强。关节囊内有纤维软骨构成的**关节盘**，将关节腔分为外上和内下2部分。胸锁关节绕矢状轴使锁骨向上、向下作约60°的运动，绕垂直轴可使锁骨外侧端作向前、后 20°~30°的运动，还可沿额状轴作轻微的旋转和环转运动。

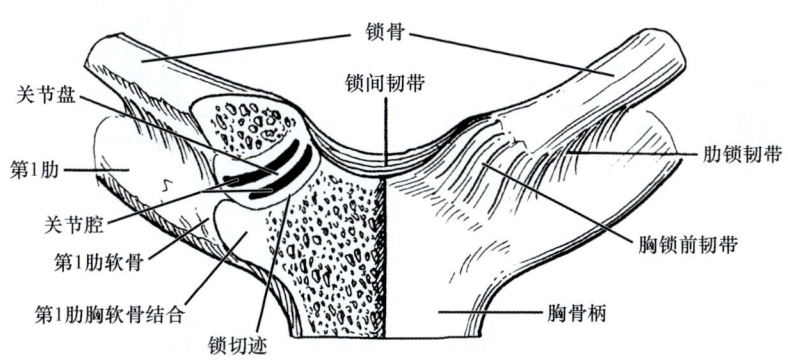

图 2-14　胸锁关节

2. 肩锁关节　由锁骨的肩峰端与肩峰的关节面构成，属平面关节。关节囊的周围有韧带加强，在囊和锁骨的下方有强韧的**喙锁韧带**连于喙突，关节活动度小。

3. 喙肩韧带　连于肩胛骨的喙突与肩峰之间，与喙突、肩峰共同构成**喙肩弓**，可防止肱骨头向上脱位。

（二）自由上肢骨连结

1. 肩关节 shoulder joint　由肱骨头与肩胛骨关节盂构成，属球窝关节（图2-15）。关节头大。关节盂小而浅，周围有纤维软骨构成的**盂唇**，使之略为加深，仍仅能容纳关节头的1/4~1/3。因此，肩关节的运动幅度较大。关节囊薄而松弛，向上附着于关节盂的周缘，向下附着于肱骨解剖颈，其内侧份可达外科颈,在某些部位,滑膜层可形成滑液鞘或滑膜囊以利于肌腱的活动。关节囊内有起自盂上结节的肱二头肌长头腱通过,腱的表面包绕滑膜,形成**结节间滑液鞘**,经结节间沟穿出后滑膜附着于囊外。关节囊周围的韧带少而弱,囊的上壁有**喙肱韧带**,连于喙突至肱骨大结节之间,其部分纤维编入关节囊的纤维层,囊的前壁和后壁也有许多的肌腱纤维编入囊的纤维层,以增加关节的稳固性。

肩关节是全身最灵活的关节,可作三轴运动,即绕冠状轴作屈、伸运动,屈伸总和为110°～140°,屈大于伸;绕矢状轴作收、展运动,臂外展超过40°～60°;沿垂直轴作旋内、旋外运动,旋内与旋外总和为90°～120°,旋内大于旋外,并能作环转运动。

【临床联系】

肩关节运动灵活、范围广,是人体易发生脱位的关节之一,肩关节前、后部及上部有韧带和肌加强,其下部缺乏保护,相对薄弱,当上肢极度外展时,易发生肱骨头向下脱位。肩关节周围的肌、肌腱、滑膜囊和关节囊等软组织发生炎症,导致肩关节疼痛,活动受限等临床表现,临床上称肩周炎。

2. 肘关节 elbow joint(图2-16) 由肱骨下端与尺、桡骨上端构成的复关节,包括3个关节。

(1)**肱尺关节**:由肱骨滑车和尺骨滑车切迹构成,属滑车关节。

(2)**肱桡关节**:由肱骨小头和桡骨关节凹构成,属球窝关节。

(3)**桡尺近侧关节**:由桡骨环状关节面和尺骨桡切迹构成,属车轴关节。

上述3个关节共同包在1个关节囊内,囊的前、后壁薄而松弛,两侧壁厚而紧张,并有韧带加强。囊的后壁最为薄弱,故肘关节常见的脱位是后脱位,此时桡、尺骨向肱骨的后上方移位。

肘关节的韧带有:

(1)**尺侧副韧带**:位于关节囊的尺侧,呈扇形,由肱骨内上髁向下扩展,止于尺骨滑车切迹内侧缘。

(2)**桡侧副韧带**:位于囊的桡侧,由肱骨外上髁向下扩展,止于桡骨环状韧带。

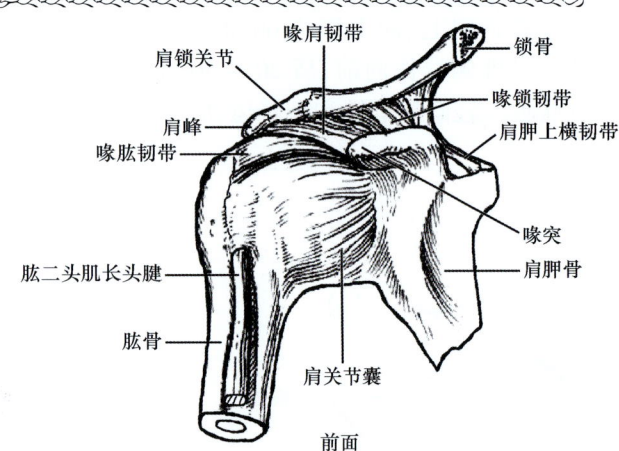
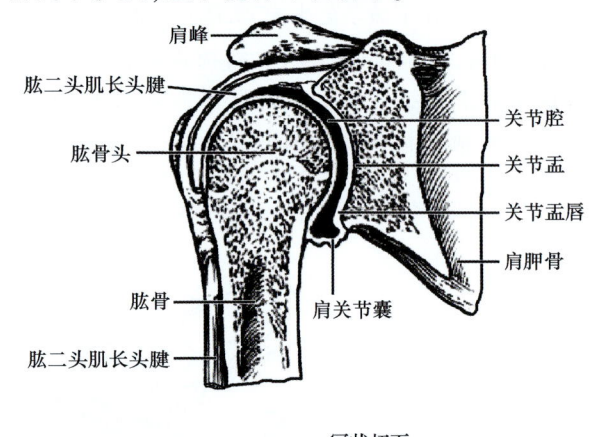

图2-15　肩关节

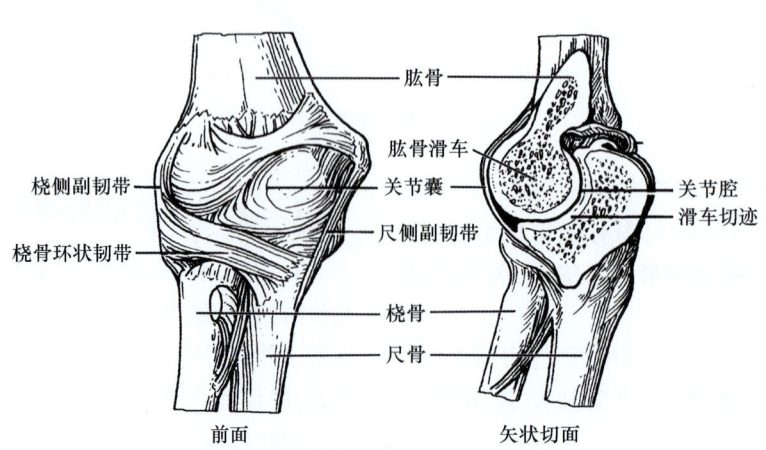

图2-16　肘关节

(3) **桡骨环状韧带**：位于桡骨环状关节面的周围，附着于尺骨桡切迹的前、后缘，与尺骨桡切迹共同构成一个上口大、下口小的漏斗形**骨纤维环**，容纳桡骨头在环内旋转而不易脱出。

肘关节的运动以肱尺关节为主，肱尺关节主要绕冠状轴上作屈、伸运动，屈、伸可达140°，由于肱骨滑车的内侧唇较外侧唇向前下方突出，使滑车的轴斜向内下，前臂沿此斜向的冠状轴屈曲时，手可至胸前而非与前臂叠折，伸前臂时，前臂偏向外侧，构成约为10°的外偏角，称**提携角**。桡尺近侧关节与桡尺远侧关节联合，共同使前臂作旋前和旋后的运动。

【临床联系】

肱骨内、外上髁和尺骨鹰嘴可在体表扪及，当肘关节伸直时，此3点在1条直线上，当关节屈曲至90°时，此3点的连线构成1个尖朝下的等腰三角形。肘关节发生后脱位时，鹰嘴向后上移位，3点位置关系发生改变。肘关节前方和内侧有血管神经经过，临床上肘关节的穿刺和手术入路多在后方和后内侧进行。

3. **前臂骨连结** 包括前臂骨间膜，桡尺近侧关节和桡尺远侧关节的连结。

（1）**前臂骨间膜**（图2-17）：连结于尺骨与桡骨的骨间缘之间，是一层坚韧的纤维膜，纤维方向主要是从桡骨斜向下内达尺骨。当前臂处于旋前或旋后位时，骨间膜松弛。前臂处于半旋前位时，骨间膜最紧张，是骨间膜的最大宽度。因此，处理前臂骨折时，应将前臂固定于半旋前或半旋后位状态，以防止骨间膜挛缩，影响前臂愈后的旋转功能。

（2）**桡尺近侧关节**：见肘关节。

（3）**桡尺远侧关节**：由尺骨头的环状关节面构成关节头，桡骨尺切迹及其下缘至尺骨茎突根部的关节盘共同构成关节窝。**关节盘**为三角纤维软骨板，并将尺骨头与腕骨隔开。关节囊松弛，附着于关节面和关节盘周缘。关节活动时，尺骨不动，而是关节窝围绕尺骨头转动。

桡尺近侧关节和桡尺远侧关节是联合关节，属于车轴关节。前臂可沿旋转轴作旋转运动，其旋转轴为通过桡骨头中心至尺骨头中心的连线。运动时，桡骨头在原位自转，而桡骨下端连同关节盘围绕尺骨头旋转。当桡骨转至尺骨前并与之相交叉时，手背向前，称为**旋前**。与此相反的运动，即桡骨

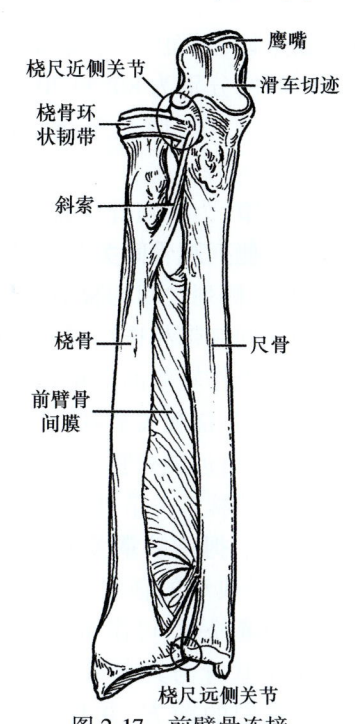

图 2-17 前臂骨连接

转回至尺骨外侧，而手掌向前，称为**旋后**。

4. **手关节** 包括桡腕关节、腕骨间关节、腕掌关节、掌骨间关节、掌指关节和指骨间关节（图2-18）。

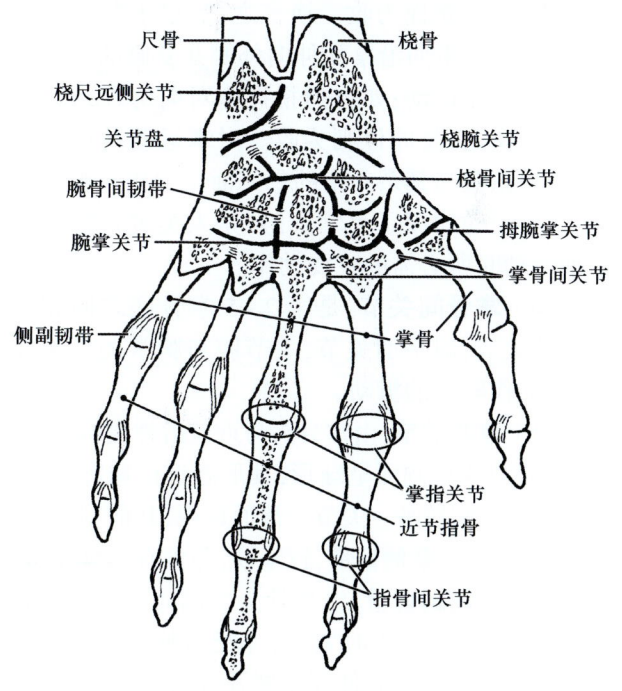

图 2-18 手关节

（1）**桡腕关节** radiocarpal joint：又称**腕关节** wrist joint，是典型的椭圆关节。由桡骨下端的腕关节面和尺骨下方的关节盘构成关节窝，由手舟骨、月骨和三角骨的近侧关节面构成关节头。关节囊松弛，关节腔宽阔，关节囊外各面都有韧带加强，

其中掌侧韧带较坚韧,因而腕后伸运动受限制。腕关节可作屈、伸运动,分别为 80°和 70°。内收和外展运动总和为 60°~70°,收大于展;亦能作环转运动。

(2) **腕骨间关节**:为各腕骨相邻面之间构成的关节,可分为:①近侧列腕骨间关节;②远侧列腕骨间关节;③近侧与远侧列之间的**腕中关节**。同列的腕骨间关节有腕骨间韧带相连结,各关节腔彼此相通,属微动关节,只能作轻微的滑动和转动,实际生活中,腕骨间关节常和桡腕关节联合运动。

(3) **腕掌关节**:由远侧列腕骨与 5 个掌骨底构成。除拇指和小指的腕掌关节外,其余各指的腕掌关节运动范围极小。**拇指腕掌关节**由大多角骨与第 1 掌骨底构成,是典型的鞍状关节,为人类及灵长目所特有。关节囊松弛,可作屈、伸、收、展、环转和对掌运动。第 1 掌骨与其余掌骨并不处在同一平面,而是位于它们的前方,并且向掌侧旋转近 90°,致使拇指后面(指甲)朝向外侧,故拇指的屈、伸运动发生在冠状面上。即拇指在手掌平面上向小指靠拢为屈,远离小指为伸;而拇指的收、展运动发生在矢状面上,即拇指在与手掌垂直的平面上远离小指为展,靠拢为收。换言之,如以手背平置于桌面,将拇指来回沿桌面伸向外侧并复原的运动是拇指的伸、屈运动;如将拇指提起对向房顶的运动则是展,反之,复原位则为收。**对掌运动**是拇指向掌心,拇指尖与其余 4 指的掌侧面指尖相接触的运动,这一运动加深了手掌凹陷,是人类进行握持和精细运动时所必需的主要动作。

(4) **掌骨间关节**:是第 2~5 掌骨底之间相互构成的关节,属平面关节,关节腔与腕掌关节腔相通,只能作轻微的滑动。

(5) **掌指关节**:由掌骨头与近节指骨底构成,共 5 个。掌骨头远侧面呈球形,其形态近似球窝关节,但掌骨头掌侧较平。关节囊薄而松弛,其前、后有韧带加强,前面有**掌侧韧带**,较坚韧,并含有纤维骨板,囊的两侧有**侧副韧带**,由掌骨头两侧向下附于指骨底两侧,此韧带屈指时紧张,伸指时松弛。伸指位时,掌指关节可作屈、伸、收、展及环转运动,旋转运动因受韧带限制,幅度甚微,当掌指关节处于屈位时,仅允许作屈伸动作。手指的收展是以通过中指的正中线为准,向中线靠拢为收,远离中线的运动为展。握拳时,掌指关节显露于手背的凸出处是掌骨头。

(6) **指骨间关节**:由各指相邻两节指骨的底与滑车构成,有 9 个,属典型的滑车关节。除拇指外,各指均有近侧和远侧两个指骨间关节。关节囊松弛薄弱,两侧有韧带加强。这些关节只能作屈、伸运动。指屈曲时,指背凸出的部分是指骨滑车。

二、下肢骨的连结

下肢骨的连结包括下肢带骨和自由下肢骨的连结。

(一) 下肢带骨连结

1. 骶髂关节 sacroiliac joint 由骶骨与髂骨耳状面构成,关节面凹凸不平,但彼此结合紧密。关节囊紧张,附于关节面周缘,其前、后均有韧带加强,分别有**骶髂前**、**后韧带**,后上方的**骶髂骨间韧带**连于骶骨粗隆与髂骨粗隆之间。骶髂关节结构牢固,活动性极小,以适应下肢支持体重的功能。在妊娠后期其活动度可略增大,以适应分娩的需要。

2. 耻骨联合 pubic symphysis 由两侧耻骨联合面借纤维软骨构成的**耻骨间盘**连结而成(图 2-19),属软骨结合。耻骨间盘在 10 岁以后,其内部正中常出现一矢状位的裂隙,女性较男性的厚,裂隙也较大,孕妇和经产妇尤为明显。在耻骨联合的上方有连结两侧耻骨的**耻骨上韧带**,下方有**耻骨弓状韧带**。耻骨联合的活动甚微,但在分娩时,可有轻度分离,以增加骨盆的径线。

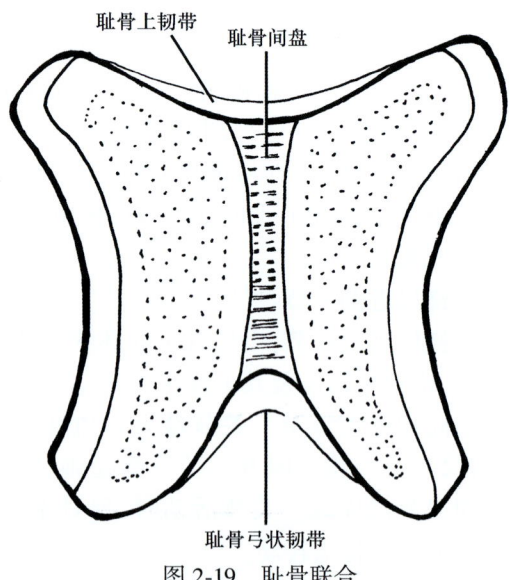

图 2-19 耻骨联合

3. 髋骨与脊柱间的韧带连结(图 2-20)

(1) **髂腰韧带**:坚韧肥厚,由第 5 腰椎横突横行放散至髂嵴的后上部,有防止腰椎向下脱位的作用。

（2）**骶结节韧带**：位于骨盆后方，起自骶、尾骨侧缘，纤维束斜向下外集中，附于坐骨结节内侧缘。

（3）**骶棘韧带**：位于骶结节韧带前方，起自骶、尾骨的侧缘，呈三角形，纤维束斜向下外集中，附于坐骨棘，其起始部为骶结节韧带所遮盖。

骶棘韧带与坐骨大切迹围成**坐骨大孔**，骶棘韧带、骶结节韧带和坐骨小切迹围成**坐骨小孔**。有肌肉、血管和神经等从盆腔穿此二孔至臀部和会阴部。

4. 髋骨的固有韧带 即**闭孔膜**，封闭闭孔并供盆内、外肌附着。膜上部与闭孔沟围成**闭膜管**，有血管、神经通过。

5. 骨盆 pelvis 是由左右髋骨和骶、尾骨借骨连结构成的完整骨环（图 2-21）。人体直立时，骨盆向前倾斜，两髂前上棘与两耻骨结节位于同一冠状面内，此时，尾骨尖与耻骨联合上缘居同一平面上。骨盆以界线为界，分为上方的**大骨盆**和下方的**小骨盆**。**界线** terminal line 是由骶岬向两侧经骶骨侧部上缘、弓状线、耻骨梳、耻骨结节、耻骨嵴至耻骨联合上缘构成的环形线。小骨盆分为骨盆上口、骨盆下口和骨盆腔。**骨盆上口**即由上述界线围成，**骨盆下口**由尾骨尖、骶结节韧带、坐骨结节、坐骨支、耻骨支和耻骨联合下缘围成，呈菱形。两侧坐骨支与耻骨下支连成**耻骨弓**，其间的夹角称**耻骨下角**，男性为 70°~75°，女性为 90°~100°，骨盆上、下口之间的腔称**骨盆腔**，它是一前壁短，侧壁及后壁长的弯曲的管道，其中轴为骨盆轴，是胎儿娩出的通道。

骨盆的位置：人体直立时，骨盆向前倾斜，骨盆上口的平面与水平面构成 50°~55°的角（女性约为 60°），称**骨盆倾斜度**。从骨盆上口中心点开始，向下引一条与骶骨弯曲度略为一致的假想线到骨盆下口中心点，此线称为**骨盆轴**。

骨盆的性别差异：在人类的全身骨骼中，性别差异最显著的是骨盆。约在 10 岁以后男、女性骨盆出现差异。女性骨盆主要具有如下特征：骨盆外形短而宽；骨盆上口近似圆形，较宽大；骨盆下口和耻骨下角较大。女性骨盆的这些特点主要与妊娠和分娩有关。

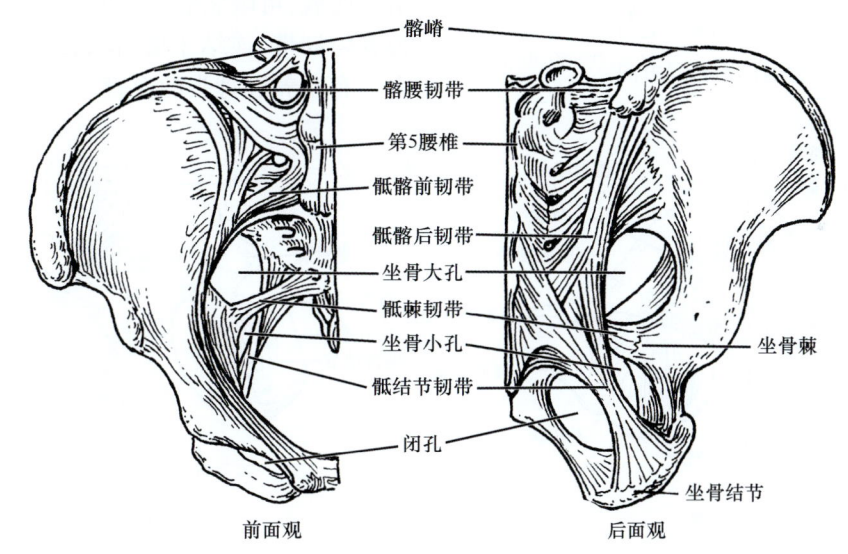

图 2-20 骨盆的韧带

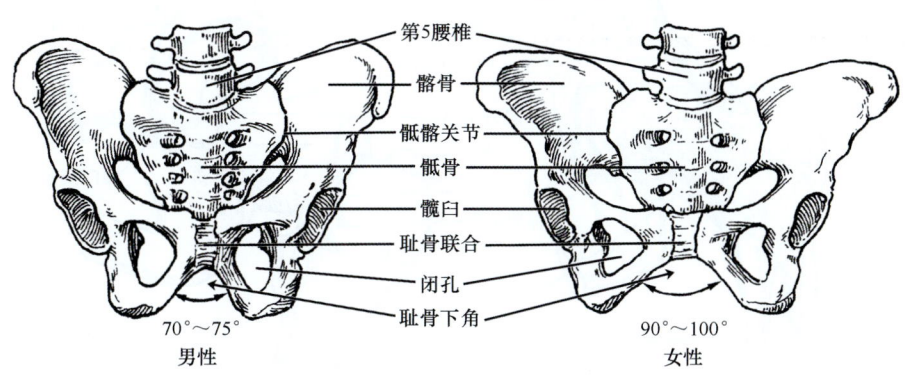

图 2-21 骨盆

骨盆是躯干与自由下肢骨之间的骨性成分,起着传导重力和支持、保护盆腔脏器的作用。人体直立时,体重自第 5 腰椎、骶骨,经两侧的骶髂关节、髋臼传至两侧股骨头,再由股骨头往下传导至下肢,这种弓形力传递线称为**股骶弓**。坐位时,重力由骶髂关节传至两侧坐骨结节,此种弓形力传递线称为**坐骶弓**(图 2-22)。骨盆前部有 2 条约束弓,防止上述 2 弓向两侧分开。一条在耻骨联合处连结两侧耻骨上支,可防止股骶弓不致挤压;另一条为两侧耻骨、坐骨下支连成的耻骨弓,可约束坐骶弓不致散开。约束弓不如重力弓坚强有力,外伤时,约束弓的耻骨上支较下支更易骨折。

(二) 自由下肢骨连结

1. 髋关节 hip joint 由髋臼与股骨头构成,是典型的杵臼关节(图 2-23,图 2-24)。髋臼的周缘有纤维软骨构成的**髋臼唇**增加髋臼的深度。髋臼切迹被**髋臼横韧带**封闭,使髋臼内半月形的关节面扩大为环形关节面,增大了髋臼与股骨头的接触面。股骨头的关节面约为圆球面积的 2/3,几乎全部纳入髋臼内,髋臼窝内充填有股骨头韧带和脂肪组织。

髋关节囊紧张而坚韧,关节囊周围的韧带多而强韧,分囊外和囊内韧带。①**髂股韧带**,覆盖于关节囊前方,自髂前上棘向下扩展成人字形,附于转子间线,最为坚韧,可限制大腿过伸;②**耻股韧带**,位于髋关节前下方及后方,起于耻骨上支,向下外与关节囊前下壁融合,可限制大腿的外展与旋外;③**坐股韧带**,位于关节囊后方,起于坐骨体,斜向外上与关节囊融合,位于股骨大转子根部,可限制大腿旋内;④**轮匝带**,为关节囊深层纤维环绕股骨颈增厚而成,可限制股骨头向外脱出;⑤**股骨头韧带**,为囊内韧带,连结于股骨头凹与髋臼横韧带之间,内含有营养股骨头的血管。

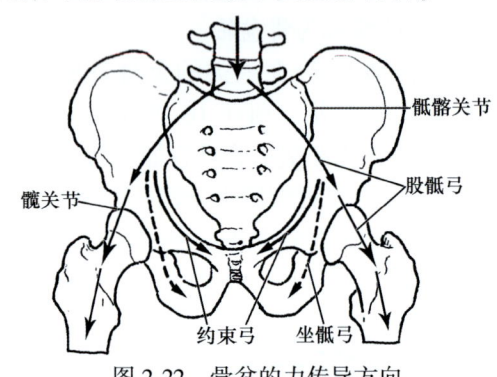

图 2-22 骨盆的力传导方向

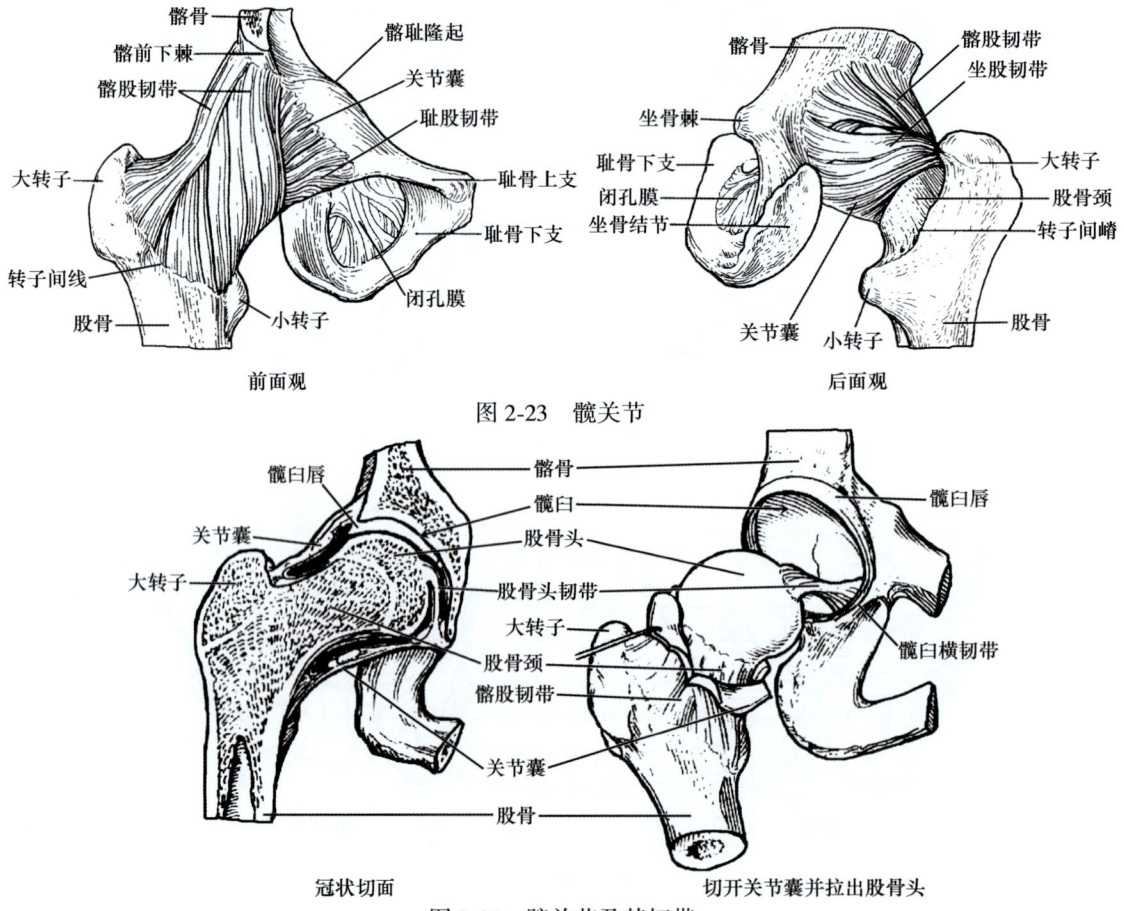

图 2-23 髋关节

图 2-24 髋关节及其韧带

髋关节可作三轴运动,绕冠状轴作前屈、后伸;绕矢状轴作内收、外展;沿垂直轴作旋内、旋外以及环转运动。由于股骨头深藏于髋臼内,关节囊紧张而坚韧,囊内、囊外有各种韧带限制,故其运动幅度较肩关节小,但稳固性比肩关节大,以适应其支持体重和下肢行走的功能。

2. **膝关节 knee joint** 是人体最大、最复杂的关节,由股骨下端、胫骨上端和髌骨构成。股骨的内、外侧髁与胫骨的内、外侧髁相对,髌骨与股骨髌面相接(图2-25,图2-26)。

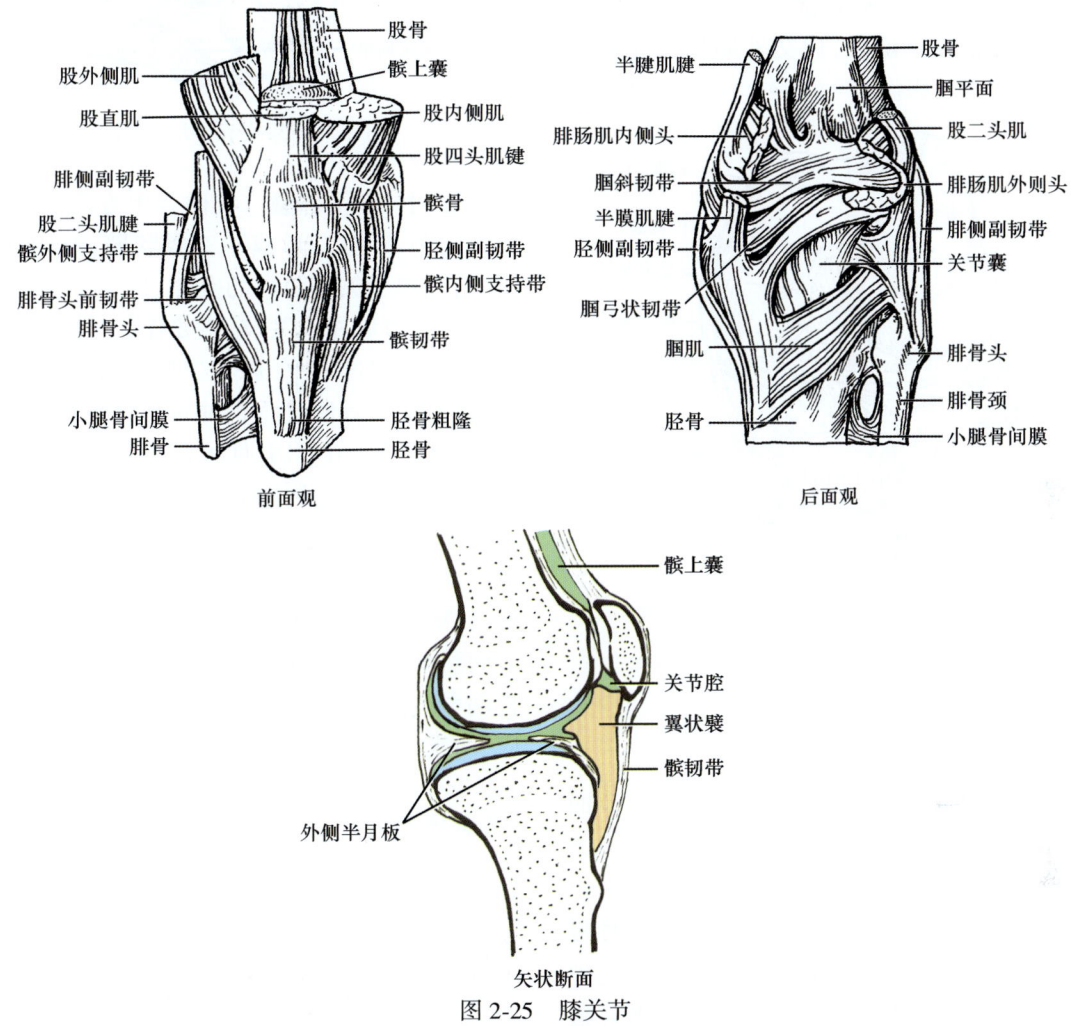

图2-25 膝关节

【临床联系】

髋关节周围有肌和韧带加强,稳固性好,但其后下方薄弱,当髋关节内收、屈曲时,股骨头位于薄弱的关节囊后部,如受暴力易发生后脱位。关节囊向上附着于髋臼周缘,向前下面附着于转子间线,后面附着于转子间嵴处,股骨颈在后面只有中、内2/3位于关节囊内,外1/3位于囊外,故股骨颈的骨折,临床上分为囊内和囊外骨折。

膝关节囊薄而松弛,各部位厚薄不一,囊的前壁不完整,由附于股四头肌腱的髌骨填补。膝关节有囊内、囊外韧带加强,限制关节的活动,增加关节的稳固性。韧带有:①**髌韧带** patellar ligament,位于囊的前壁,是股四头肌腱向下包绕髌骨,起于髌骨下缘,止于胫骨粗隆,它是股四头肌腱的延续部分。②**腓侧副韧带** fibular collateral ligament,位于囊的外侧,呈索状,上方附于股骨外上髁,下方附于腓骨头,与关节囊之间留有间隙。③**胫侧副韧带** tibial collateral ligament,位于囊的内侧,起于股骨内上髁,向下止于胫骨内侧髁的内侧面,与关节囊和半月板紧密结合。胫侧副韧带和腓侧副韧带在伸膝时紧张,屈膝时最为松弛,故半屈膝时允许膝关节作少许旋内和旋外运动。④**腘斜韧带** oblique popliteal ligament,起自胫骨内侧髁,斜向上外方与关节囊后壁融合,止于股骨外上髁,可防止膝关节过度前伸。⑤**膝交叉韧带**,有前、后两条(图2-26)。

前交叉韧带anterior cruciate ligament 起自胫骨髁间隆起的前方,斜向后上外方,止于股骨外侧髁的内侧面;**后交叉韧带**posterior cruciate ligament 起自胫骨髁间隆起的后方,斜向前上内方,止于股骨内侧髁的外侧面。膝交叉韧带牢固地连结股骨和胫骨,可防止胫骨沿股骨向前、后移位。前交叉韧带在伸膝时紧张,能防止胫骨前移,后交叉韧带在屈膝时紧张,可防止胫骨后移。

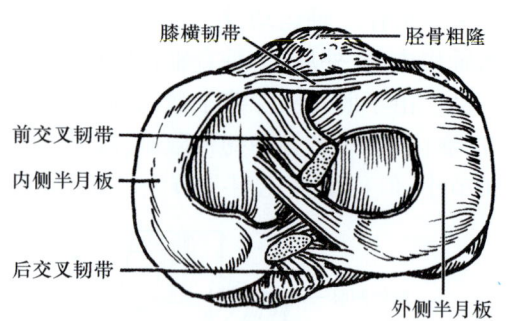

图 2-27　膝关节半月板(上面观)

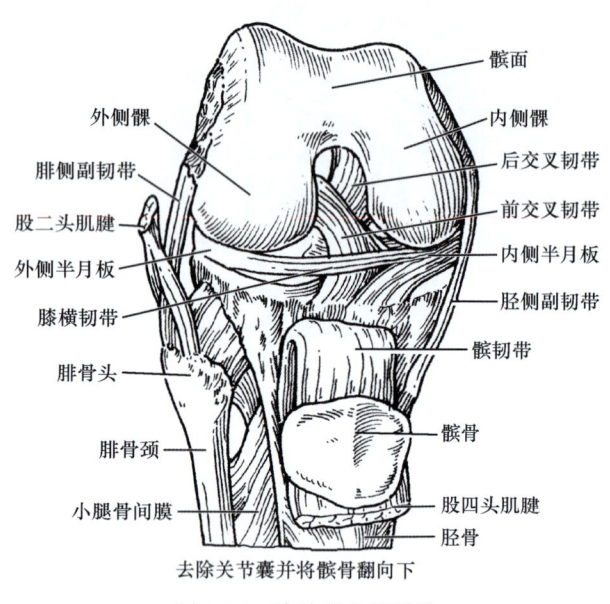

图 2-26　膝关节内部结构

在股骨内、外侧髁与胫骨内、外侧髁的关节面之间,垫有 2 块由纤维软骨构成的半月板(图 2-27)。半月板下面平坦,上面凹陷,外缘厚,内缘薄,两端借韧带附着于胫骨髁间隆起。**内侧半月板**medial meniscus 较大,呈"C"形,前端窄后端宽,外缘与关节囊及胫侧副韧带紧密相连。**外侧半月板**lateral meniscus 较小,近似"O"形,外缘与关节囊相连,但囊和腓侧副韧带之间隔有腘肌腱。半月板的存在,使关节面适合,增加关节窝的深度,使膝关节稳固,又可使股骨髁一起对胫骨作旋转运动。缓冲压力,吸收震荡,起弹性垫作用。因半月板随膝关节的运动而发生形态改变和位置移动,在骤然发生强力运动时,易造成半月板损伤或撕裂。

关节囊的滑膜宽阔,附于各关节面周缘,覆盖关节内除关节面和半月板外的所有结构,因此滑膜层突至纤维层外形成滑膜囊或折叠成皱襞(图 2-25)。滑膜在髌骨上缘上方,沿股骨下端的前面,向上突出于股四头肌腱的深面达 5cm 左右,形成**髌上囊**,是膝关节最大的滑膜囊,与关节腔相通。有些滑液囊不与关节腔相通,如位于髌韧带与胫骨

上端之间的**髌下深囊**。在髌骨下方两侧,滑膜层部分突向关节腔内,形成一对**翼状襞**,襞内含有脂肪组织,充填于关节腔内的空隙。

膝关节属屈戌关节,主要作屈、伸运动,屈可达 130°,伸不超过 10°。膝在半屈位时,小腿尚可作旋转运动,即胫骨髁绕垂直轴对半月板和股骨髁的运动,总共可达 40°。半月板的形态和位置,随膝关节的运动而改变,屈膝时,半月板滑向后方,伸膝时滑向前方,屈膝旋转时,一个半月板滑向后,另一个滑向前。例如:伸膝时,胫骨两髁连同半月板,沿股骨两髁的关节面,由后向前滑动。由于股骨两髁关节面后部的曲度较下部大,所以在伸的过程中,股骨两髁与胫骨两髁的接触面积逐渐增大,与此相应,两半月板逐渐向前方滑动。

【临床联系】
　　膝关节辅助结构多,较稳定,不易发生脱位,但膝关节的交叉韧带和半月板易损伤。若前、后交叉韧带断裂,膝关节半屈位时,胫骨可前、后移位,临床上称"抽屉试验"阳性。由于半月板随膝关节运动移动,因此,在急骤强力运动时可造成损伤。当急剧伸小腿并作强力旋转,如踢足球时,先移位的半月板尚未来得及前滑,被膝关节上、下关节面挤住,即可发生半月板挤伤或破裂。由于内侧半月板与关节囊及胫侧副韧带紧密相连,因而内侧半月板损伤机会较多。

3. 胫腓骨连结　胫、腓两骨连结紧密,其连结包括:上端由胫骨外侧髁后下方的腓关节面与腓骨头关节面构成微动的**胫腓关节**;胫腓两骨干间有坚韧的**小腿骨间膜**连结;下端借**胫腓前、后韧带**构成坚强的韧带连结,所以小腿两骨间活动度甚小。

4. 足关节　包括距小腿关节、跗骨间关节、跗跖关节、跖骨间关节、跖趾关节和趾骨间关节(图 2-28)。

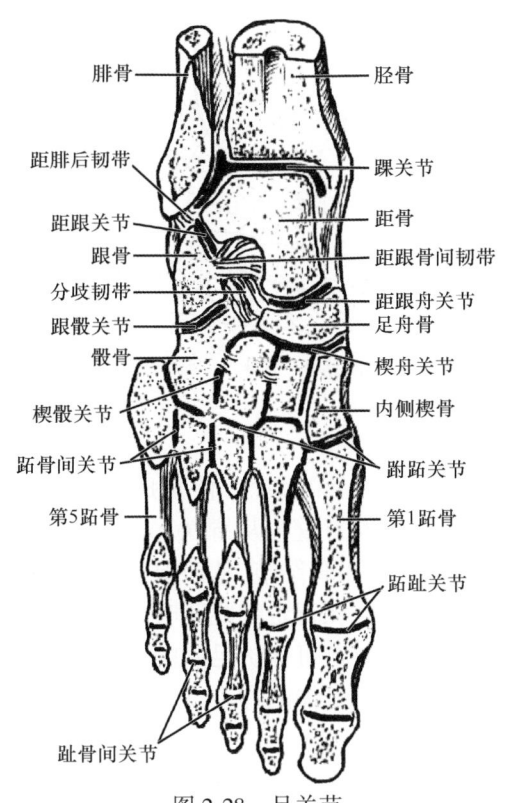

图 2-28 足关节

（1）**踝关节** ankle joint：亦称**距小腿关节** talocrural joint，由胫、腓骨下端与距骨滑车构成，关节囊附于各关节面的周围，其前、后壁薄而松弛，两侧有韧带加强（图 2-29），内侧有**内侧韧带**或称**三角韧带**，很坚韧，起自内踝尖，向下呈扇形展开，止于距骨内侧、跟骨载距突和足舟骨。外侧有外侧韧带，由3部分组成：①前方的**距腓前韧带**，张于外踝和距骨颈之间；②中间的**跟腓韧带**，从外踝向下至跟骨的外侧面；③后方的**距腓后韧带**，从外踝内侧至距骨后突。

踝关节属屈戌关节，能作背屈和跖屈的运动。由于胫腓骨下端的关节窝和距骨滑车都是前部较宽、后部较窄，背屈时，较宽的滑车前部嵌入关节窝内，关节较稳定；但跖屈时，由于较窄的滑车后部进入关节窝内，此时踝关节可稍有展、收运动，关节不够稳定，故踝关节扭伤多发生在跖屈情况下。

（2）**跗骨间关节**：为跗骨诸骨之间的关节，数目多，活度动小。以**距跟关节**（**距下关节**），距跟舟关节和**跟骰关节**较为重要。

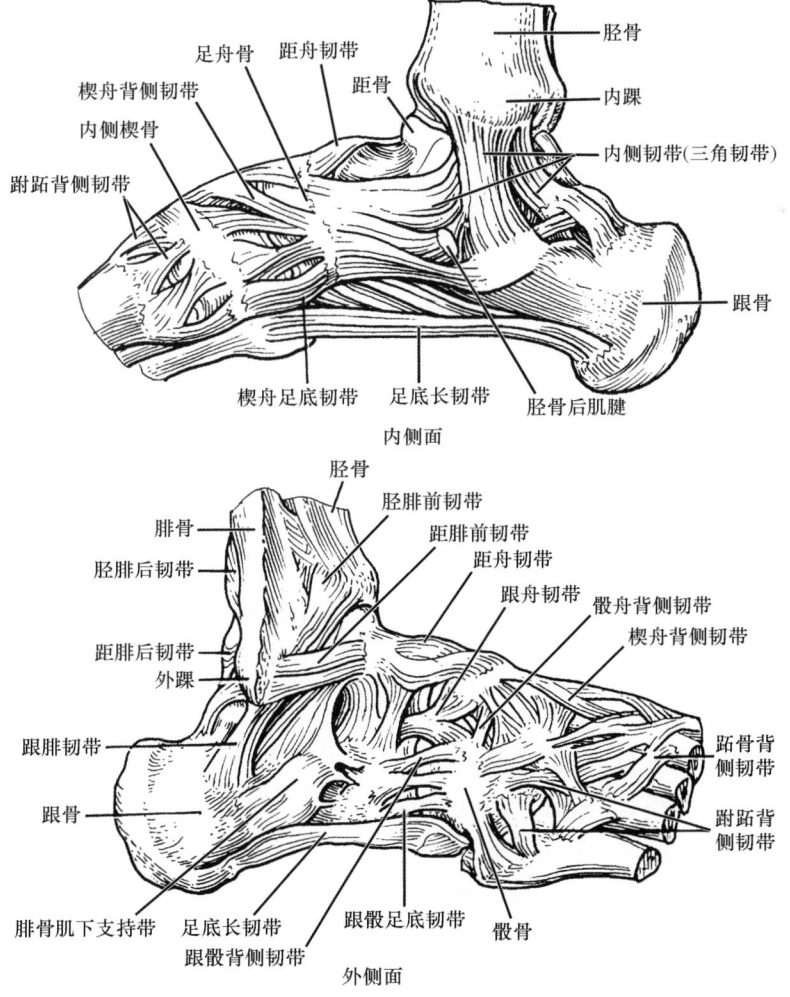

图 2-29 踝关节及其韧带

距跟关节由距骨和跟骨的后关节面组成,其内侧和外侧分别有**距跟内侧韧带**和**距跟外侧韧带**及位于跗骨窦内的**距跟骨间韧带**加强。距跟舟关节由跟骨的前、中关节面及舟骨后面的关节面形成一关节窝,以接纳距骨头及距骨的前、中关节面,跟骨和舟骨之间的间隙由跟舟足底韧带及跟舟背侧韧带填充,跟舟足底韧带是一纤维软骨性韧带,连于跟骨与足舟骨之间,它参与足内侧纵弓的形成,因其弹性较大,又称**弹性(跳跃)韧带**。跟骰关节由跟骰两骨的关节面构成,关节背侧的韧带薄弱。足底的韧带强韧有力,主要有:**足底长韧带**,是足底最长的韧带,从跟骨的下面向前,分为浅、深两束纤维,浅束止于第2~4跖骨底,深束止于骰骨足底侧;**跟骰足底韧带**,是一宽短纤维带,连于跟骨和骰骨的底面。

距跟关节和距跟舟关节在机能上是联合关节,运动时,跟骨与足舟骨连同其余的足骨对距骨作内翻或外翻运动。足的内侧缘提起,足底转向内侧称**内翻**,足的外侧缘提起,足底转向外侧称**外翻**。内、外翻常与踝关节协同运动。即内翻常伴有足的跖屈,外翻常伴以足的背屈。距跟舟关节和跟骰关节联合构成**跗横关节**,又称**Chopart joint**,其关节横过跗骨中份呈横"S"型,内侧部凸向前,外侧部凸向后,但两个关节的关节腔互不相通。在这两个关节的背面有一**分歧韧带**,呈"V"形,其尖端附着于跟骨背面,两脚分别附于足舟骨和骰骨的背面。如将分歧韧带切断,能将足的前半离断。

(3) **跗跖关节**:又名**Lisfranc 关节**,由3块楔骨和骰骨的前端与5块跖骨的底构成,属平面关节,可作轻微滑动及屈、伸运动。

(4) **跖骨间关节**:由第2~5跖骨底相邻面构成,属平面关节,活动甚微。

(5) **跖趾关节**:由跖骨与近节趾骨底构成,可作轻微的屈、伸和收、展运动。

(6) **趾骨间关节**:由各趾相邻的两节趾骨的底和滑车构成,属滑车关节,可作屈、伸运动。

5. 足弓 arches of foot(图2-30) 跗骨和跖骨借骨连结而形成的凸向上的弓,称**足弓**。可分为前后方向的内、外侧纵弓和内外方向的横弓。**内侧纵弓**由跟骨、距骨、足舟骨、3块楔骨以及内侧3块跖骨借骨连结构成,弓的最高点为距骨头。此弓前端的承重点在第1跖骨头,后端的承重点是跟骨的跟结节。**外侧纵弓**由跟骨、骰骨和外侧两块跖骨构成,弓的最高点在骰骨,其前端的承重点在第5跖骨头。内侧纵弓较外侧纵弓高。**横弓**由骰骨、3块楔骨和跖骨构成,最高点在中间楔骨。

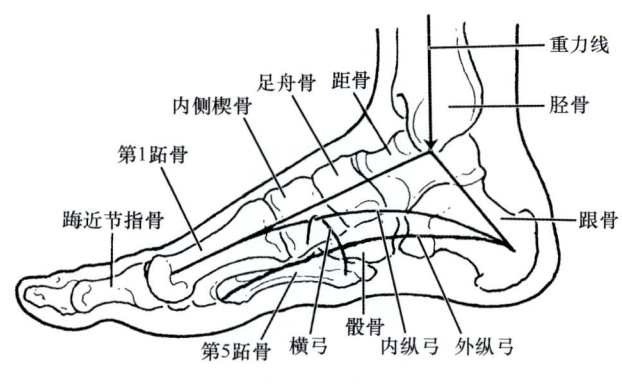

图2-30 足弓

足弓增加了足的弹性,使足成为具有弹性的"三脚架"。人体的重力从踝关节经距骨向前、向后传到距骨头和跟骨结节,从而保证直立时足底着地支撑的稳固性,在行走和跳跃时发挥弹性和缓冲震荡的作用,同时还可保护足底的血管和神经免受压迫,减少地面对身体的冲击,以保护体内器官,特别是脑部免受震荡。

足弓的维持,除各骨的连结外,足底的韧带以及足底的长短肌腱的牵引对足弓的维持也起着重要作用。这些韧带虽很坚强,但缺乏主动收缩能力,一旦被拉长或受到损伤,足弓便有可能塌陷,形成扁平足。

【相关进展】

1. 人工关节置换 探索用人工材料替代病变的关节植入人体始于19世纪初,但早期的尝试均告失败。直至20世纪50年代,英国的Charnley医生通过对假体形态、低摩擦材料与手术技术的一系列改进,使人工髋关节的使用寿命达到30年左右,自此髋关节置换在西方迅速盛行,Charnley也被公认为"现代人工髋关节之父"。随着人工髋关节的成功,其他部位人工关节也陆续获得改良。目前人工髋、膝关节置换已成为骨科最常用的手术之一,使大量因关节疾病导致疼痛和残疾获得治愈。

2. 关节镜微创手术 自19世纪初,日本医生Kenji Takagi首先应用7.3mm直径的膝关节镜以来,随着设备的不断改进,技术不断完善,关节镜下微创手术有了飞速的发展。目前已广泛应用四肢关节疾病的检查、诊断和治疗。

3. 关节移植术　吻合血管的关节移植始于20世纪60年代末。异体关节移植的排斥反应难以克服，退行病变等并发症的发生，已很少开展。目前临床较为常用的吻合血管的关节移植，主要是自体的跖趾关节和近侧趾骨间关节移植修复掌指关节或指骨间关节。

【复习思考题】

1. 骨连结有几种？滑膜关节的基本结构有哪些？
2. 简述椎体间及椎弓间的连结。
3. 简述颞下颌关节的结构和运动特点。
4. 根据肩关节、肘关节的结构特点，分析其易发生何脱位？
5. 论述膝关节的结构特点及运动。
6. 简述髋关节、踝关节的结构特点。

（陆　地　王岐本）

第三章 肌 学

【引子】

患者,男性,29岁,因从摩托车上摔下导致右肩关节疼痛、无力、活动障碍就诊。查体:右肩关节外观无畸形,主、被动活动度均下降,外展肌(冈上肌)力下降。内旋肌(肩胛下肌)力及外旋肌(冈下肌、小圆肌)力正常。试分析何结构损伤所致?

【学习目标】

一、掌握

1. 骨骼肌的形态结构、起止和作用。
2. 咀嚼肌、胸锁乳突肌、前斜角肌的位置、起止和作用。
3. 胸大肌、胸小肌、前锯肌、肋间肌的位置、起止和作用。
4. 膈的位置、形态结构特点和作用。
5. 腹前外侧群肌的位置、起止、作用和三扁腹肌纤维方向。
6. 三角肌、肱二头肌、肱肌和肱三头肌的位置、起止和作用。
7. 前臂前群浅层肌的位置、起止和作用。
8. 臀大肌、髂腰肌、股四头肌和大腿后群肌的位置、起止和作用。
9. 小腿各群肌的组成和作用。

二、了解

1. 肌的命名和辅助装置。
2. 表情肌的组成、分布特点和作用。
3. 颈肌的组成、位置和作用。
4. 背浅、深肌的位置和组成。
5. 上肢带肌的位置、组成和功能。
6. 手肌的分群、位置和作用。
7. 髋肌的位置、组成和作用。
8. 大腿肌、小腿肌和足肌的分群、组成和作用。
9. 体表的主要肌性标志。

人体的**肌**muscle 根据构造与功能不同可分为平滑肌、心肌和骨骼肌。**平滑肌**主要分布于内脏的中空性器官和血管壁;**心肌**为心所特有,构成心壁的主要部分;**骨骼肌**主要存在于躯体和四肢。心肌和骨骼肌在显微镜下观察具有横纹,均属横纹肌。心肌与平滑肌受内脏神经支配,不直接受意志的管理,属于不随意肌,舒缩缓慢而持久,不易疲劳。骨骼肌受躯体神经支配,直接受人的意志控制,称为**随意肌**,收缩迅速有力,但易疲劳。

骨骼肌是运动系统的动力部分,多附着于骨,少数附着于皮肤,称为**皮肌**。骨骼肌在人体内分布极为广泛,有600余块,约占体重的40%。每块肌均有一定的形态、结构、位置和辅助装置,有丰富的血管和淋巴管分布,并受神经的支配,具有特定的功能,故每块肌都可视为一个器官。

第一节 概 述

一、肌的构造和形态

(一) 肌的构造

骨骼肌由**肌腹**muscle belly 和**肌腱**tendon 构成。肌腹主要由肌纤维(肌细胞)组成,色红柔软,具有收缩功能。肌的外面包有结缔组织形成的**肌外膜**,由肌外膜发出若干纤维隔伸入肌腹内将其分隔为较小的肌束,包被肌束的结缔组织称为**肌束膜**。肌束内每条肌纤维还包有一层薄的结缔组织膜,称为**肌内膜**。供应肌的血管、神经和淋巴管等沿着这些结缔组织深入肌内。肌腱位于肌的两端,连接肌腹与骨之间,主要由平行致密胶原纤维结缔组织束构成,色白坚韧,传导肌腹收缩所产生的力,牵拉骨,使之产生运动。肌腱本身不具有收缩能力,但能抵抗很大的张力。扁肌的腱性部分呈薄膜状,称**腱膜**aponeurosis。

(二) 肌的形态

肌的形态多种多样,按其外形大致可分为长肌、短肌、扁肌和轮匝肌4种(图3-1)。**长肌**的肌束通常与肌的长轴相平行,收缩时肌显著缩短,可产生大幅度的运动,多见于四肢。有些长肌的起端有两个以上的头,再聚成一个肌腹,可称为二头肌、三

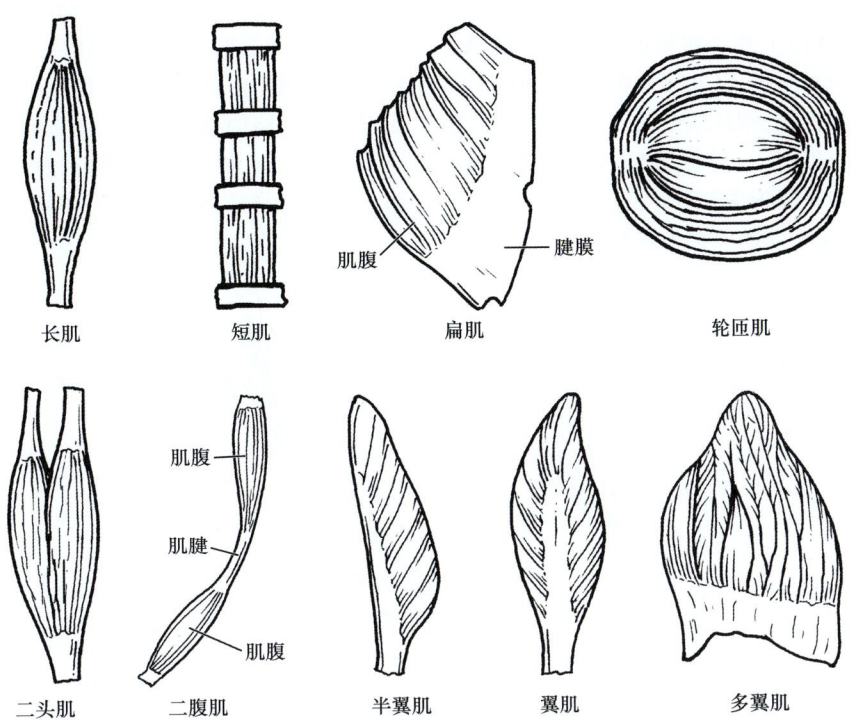

图 3-1 肌的形态

头肌或四头肌；有些长肌肌腹被中间腱分成两个肌腹，称二腹肌；有的有多个肌腹融合而成，中间隔以腱划，如腹直肌。**短肌**小而短，具有明显的节段性，收缩幅度较小，多见于躯干深层。**扁肌**宽阔呈薄片状，多见于胸腹壁，除运动功能外还兼有保护内脏的作用。**轮匝肌**主要由环形的肌纤维构成，位于孔裂的周围，收缩时可以关闭孔裂。

此外，根据肌束方向与长轴的关系，还可分为与肌束平行方向排列的梭形肌或菱形肌，如缝匠肌、肱二头肌；半羽状排列的有半膜肌、指总伸肌；羽状排列的如股直肌、姆长屈肌；多羽状排列的如三角肌、肩胛下肌；呈放射状排列的如斜方肌等。

二、肌的起止、配布和作用

（一）肌的起止

绝大多数肌通常以两端附着于两块或两块以上的骨面上，中间跨过一个或多个关节。肌收缩时使两骨彼此靠近而产生运动。一般来说，运动时两块骨总有一块骨的位置相对固定，而另一骨相对移动。通常把接近躯干正中面，四肢靠近侧的附着点看作为肌的**起点**或**定点**；把另一端则看作为**止点**或**动点**（图 3-2）。肌的定点和动点在一定条件下可以相互转换，如胸大肌起于胸廓，止于肱骨，通常收缩时使上肢向胸廓靠拢，但在作引体向上动作时，

胸大肌的动、定点易位，止于肱骨的一端被固定，而附着于胸廓的一端作为动点，收缩时使胸廓向上肢靠拢，故能引体向上。

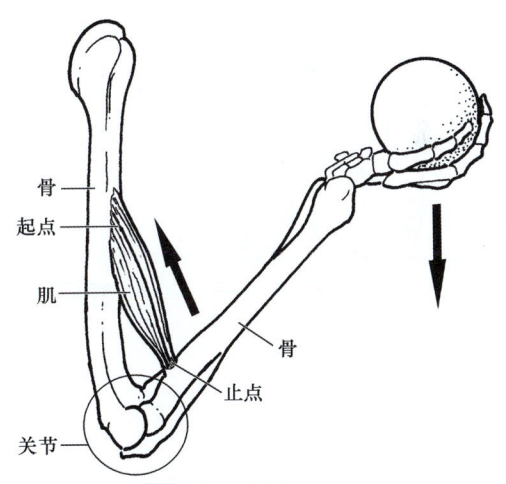

图 3-2 肌的起、止点

（二）肌的配布

肌在关节周围配布的方式和多少取决于关节的运动类型。能作屈、伸运动的关节，配布有一组屈肌和一组伸肌，例如肘关节前方有**屈肌**，后方为**伸肌**，从而使肘关节完成屈和伸的运动。在具有屈、伸、内收和外展运动的关节，例如桡腕关节除有屈肌和伸肌外，还配布有**内收肌**和**外展肌**。在多种运动形式的关节周围，如肩关节除屈、伸、内收和外展肌外，还配布有**旋内肌**和**旋外肌**

两组肌。因此，每一个关节至少配布有两组运动方向完全相反的肌，这些在作用上相互对抗的肌称为**拮抗肌**。拮抗肌在功能上既相互对抗，又相互协调和依存。如果拮抗肌中的一组功能丧失，则该关节的有关运动也随之丧失。此外，关节在完成某一种运动时，通常是若干块肌配合完成的。例如屈桡腕关节时，经过该关节前方的肌同时收缩，这些功能相同的肌称为**协同肌**。人体的运动是复杂的，通常完成一种运动，要许多肌参加，但起不同的作用，如屈肘关节时，是由肱二头肌和肱肌发动的，称为**原动肌**；与原动肌相反作用的肱三头肌则为拮抗肌；肱桡肌、桡侧腕屈肌和旋前圆肌等协助屈肘，为协同肌；斜方肌、菱形肌等使肩胛骨固定于脊柱，称为**固定肌**。原动肌与拮抗肌在不同作用时，是可以互相转换的（图3-3）。

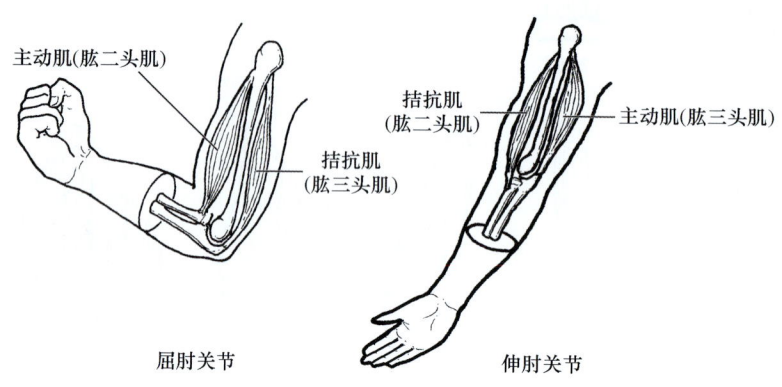

图3-3 原动肌与拮抗肌作用示意图

（三）肌的作用

肌收缩牵引骨而产生关节的运动，其原理犹如杠杆装置，有3种基本形式（图3-4）：①平衡杠杆运动，其支点在重点和力点之间，如寰枕关节进行的仰头和低头运动；②省力杠杆运动，其重点位于支点和力点之间，如起步抬足跟时踝关节的运动；③速度杠杆运动，其力点位于重点和支点之间，如举起重物时肘关节的运动。

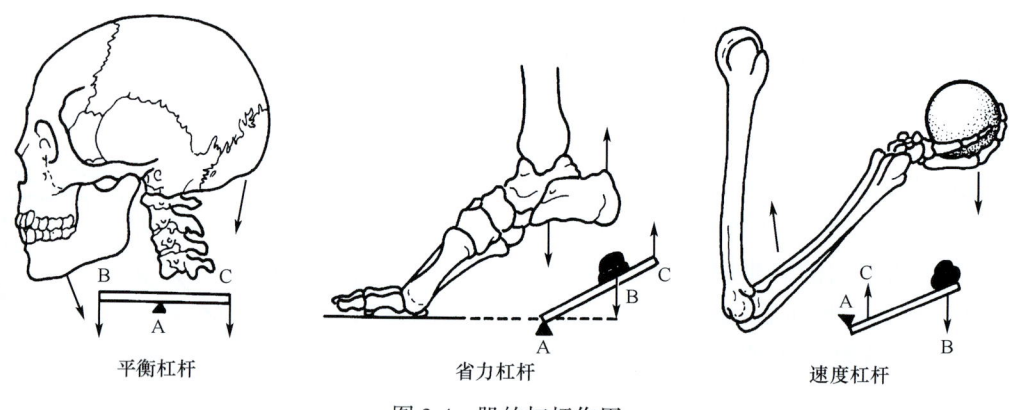

图3-4 肌的杠杆作用

三、肌的命名原则

了解肌的命名原则有助于学习理解和记忆。肌的命名原则有多种，主要有：①按形状，如斜方肌、三角肌；②按位置，如冈上肌、胫骨前肌、肋间肌等；③按起止点，如胸锁乳突肌、胸骨舌骨肌等；④按位置和大小，胸大肌、腰大肌等；⑤按作用，如旋后肌、屈肌、伸肌等；⑥按构造，如半腱肌、半膜肌等；⑦按结构和部位，肱二头肌、股四头肌等；⑧按部位和纤维方向，如腹外斜肌、腹横肌等。

四、肌的辅助装置

肌的辅助装置有筋膜、滑膜囊和腱鞘等。它们具有协助肌的活动，保持肌的位置，减少运动时的摩擦和保护等功能。

（一）筋膜

筋膜fascia遍布全身，分为浅筋膜和深筋膜两种（图3-5）。

1. 浅筋膜 superficial fascia 又称**皮下组织**，位于真皮之下，包被全身，由疏松结缔组织构成富含脂肪组织。浅动脉、皮下静脉、皮神经、浅淋巴管走行于浅筋膜内，有些局部还可有乳腺和皮肌。浅筋膜对位于其深部的肌、血管和神经有一定的保护

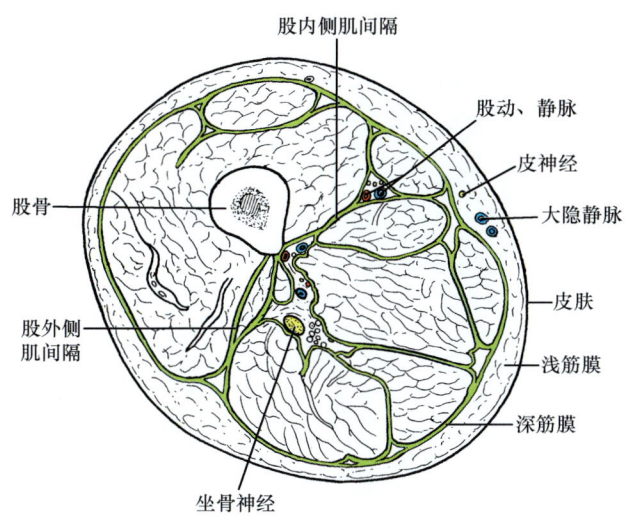

图 3-5 大腿中部横断面示筋膜

作用,如手掌和足底的浅筋膜均较发达,能对加压起缓冲作用。

2. 深筋膜 deep fascia 又称**固有筋膜**,由致密结缔组织构成,位于浅筋膜的深面,它包被体壁、四肢的肌和血管、神经等。深筋膜与肌的关系非常密切。在四肢,深筋膜伸入肌群之间,并附着于骨,构成**肌间隔**;与包绕肌群的深筋膜构成**筋膜鞘**;深筋膜还包绕血管、神经形成**血管神经鞘**;还可提供肌的附着或作为肌的起点。

(二) 滑膜囊

滑膜囊 synovial bursa 为封闭的结缔组织小囊,壁薄,内有滑液,多位于肌腱与骨面相接触处,以减少两者之间的摩擦。有的滑膜囊在关节附近与关节腔相通,滑膜囊炎症可影响肢体局部的运动功能。

(三) 腱鞘

腱鞘 tendinous sheath 是包围在肌腱外面的鞘管,存在于活动性较大的腕、踝、手指和足趾等处活动性多的部位。腱鞘可分为纤维层和滑膜层两部分:**纤维层** fibrous layer 又称**腱纤维鞘** fibrous sheath of tendon,位于外层,为深筋膜增厚所形成的骨性纤维管道,对肌腱起滑车和约束作用;**滑膜层** synovial layer 又称**腱滑膜鞘** synovial sheath of tendon 位于腱纤维鞘内,是由滑膜构成的双层圆筒形的鞘。腱滑膜鞘分为脏层和壁层,**脏层**包绕肌腱,**壁层**紧贴腱纤维鞘的内面。脏、壁两层之间含有少量滑液,所以肌腱能在鞘内自由滑动。若手指不恰当地作长期、过度而快速的活动,可导致腱鞘损伤,称为腱鞘炎,为临床常见多发病。腱滑膜鞘在骨面移行至肌腱的两层滑膜部分,称为**腱系膜** mesotendon,其中有供应肌腱的血管通过(图 3-6)。由于肌腱经常运动,腱系膜大部分消失,仅在血管神经出入处保留下来,称为**腱纽** vincula tendinum。

五、肌的血管、淋巴管和神经

(一) 肌的血液供应

肌的血液供应丰富,与肌的代谢旺盛相适应。每块肌均有自身的血液供应(图 3-7),主要血管多与神经伴行,沿肌间隔、筋膜间隙走行,从肌门入肌,在肌内反复分支,最后在肌内膜形成包绕肌纤维的毛细血管网,由毛细血管网汇入微静脉、小静脉出肌门。根据肌的血供来源、位置、粗细、支数和主次等,可将肌的血供分为 4 种类型:①单支营养动脉型;②双支营养动脉型;③主要营养动脉加次要营养动脉型;④节段营养动脉型。肌腱的血供较少,血液供应的来源有以下途径:①经肌-腱连接处延续至肌腱的束间结缔组织内的纵行血管;②来自肌间隙血管发出的众多细小分支;③肌腱止点处来自骨和骨膜的血管。

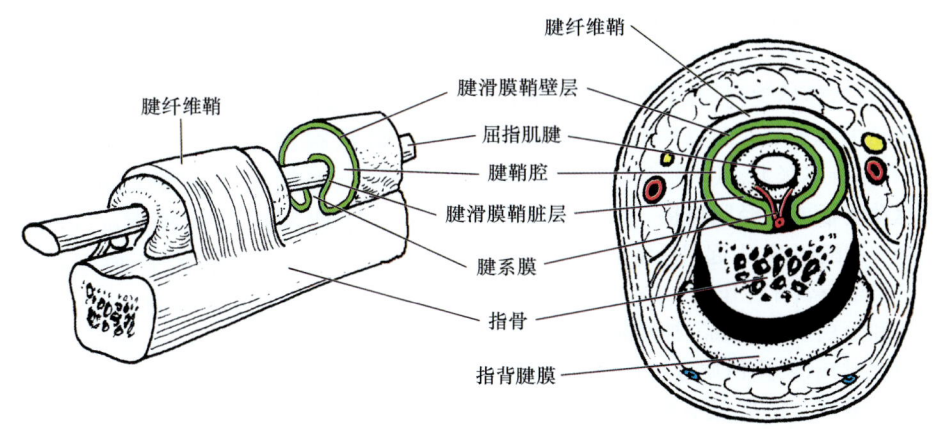

图 3-6 腱鞘模式图

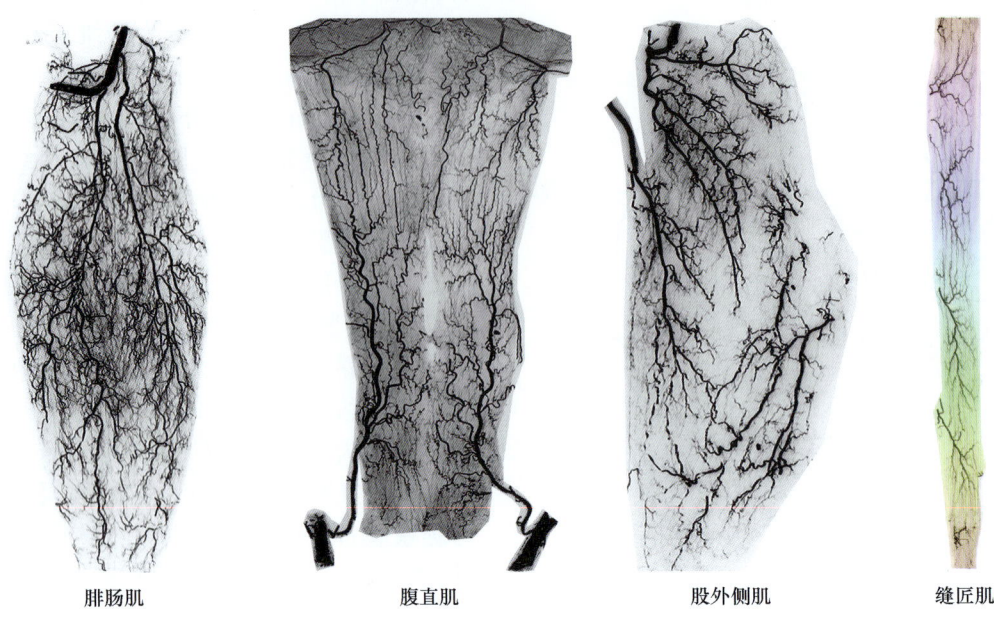

腓肠肌　　　　　腹直肌　　　　　股外侧肌　　　缝匠肌

图 3-7　肌的血供（动脉造影）

【临床联系】
应用显微外科技术,设计带血供的肌瓣或肌皮瓣移植,已广泛应用于组织缺损的修复和器官再造,若吻接肌的神经可重建肌的功能。

（二）肌的淋巴回流

肌的淋巴回流始于肌的毛细淋巴管,位于肌外膜的肌束膜内,离开肌后沿途伴随静脉回流,并汇入较大的深淋巴管中。

（三）肌的神经支配

支配肌的神经支称为**肌支**。除腹肌和背部深层肌为节段性神经支配外,其余大多数肌多受单一的神经支配。肌的神经与肌的主要营养血管伴行,入肌部也基本相同。支配肌的神经通常含有感觉和运动两种神经纤维。感觉纤维传递肌的痛温觉和本体感觉,后者主要感受肌纤维的舒缩变化,在肌活动中起重要的调节作用。运动神经主管肌纤维的收缩和保持肌张力,其末梢和肌纤维之间建立突触连接,称**运动终板**或**神经肌连接**。神经末梢在神经冲动到达时,释放乙酰胆碱,引起肌纤维的收缩。此外,神经纤维对肌纤维也有营养性作用,由末梢释放某些营养物质,促进糖原和蛋白质的合成。神经损伤肌失去神经支配,肌内糖原合成减慢,蛋白质分解加速,肌肉逐渐萎缩,称为营养性肌萎缩。此外,还有些交感神经纤维随肌的血管入肌分布至血管平滑肌,调节肌的血流。

第二节　头　　肌

头肌分为面肌和咀嚼肌两部分。

一、面　肌

面肌为扁薄的皮肌,位置表浅,起自颅骨,止于面部皮肤,主要分布于面部眼裂、口裂和鼻孔周围,可分为环形肌和辐射状肌两种,有闭合或开大上述孔裂的作用,同时牵动面部皮肤表达喜怒哀乐等各种表情,故面肌又称**表情肌**。人类由于大脑皮质的高度发展,思维和语言活动,口周围肌发达,耳周围肌已明显退化（图 3-8）。

（一）颅顶肌

颅顶肌 epicranius 阔而薄,由两个肌腹和中间的**帽状腱膜** galea aponeurotica 构成。前方的肌腹位于额部皮下称**额腹** frontal belly,后方的肌腹位于枕部皮下称**枕腹** occipital belly,与头皮紧密结合,而与深部的骨膜则隔以疏松结缔组织。枕腹起自枕骨,额腹止于眉部皮肤。作用:枕腹可向后牵拉帽状腱膜,额腹收缩可提眉并使额部皮肤出现皱纹。

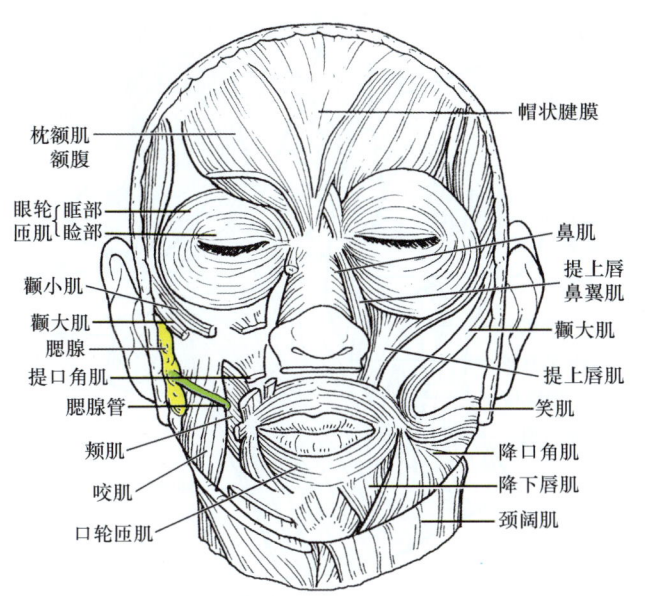
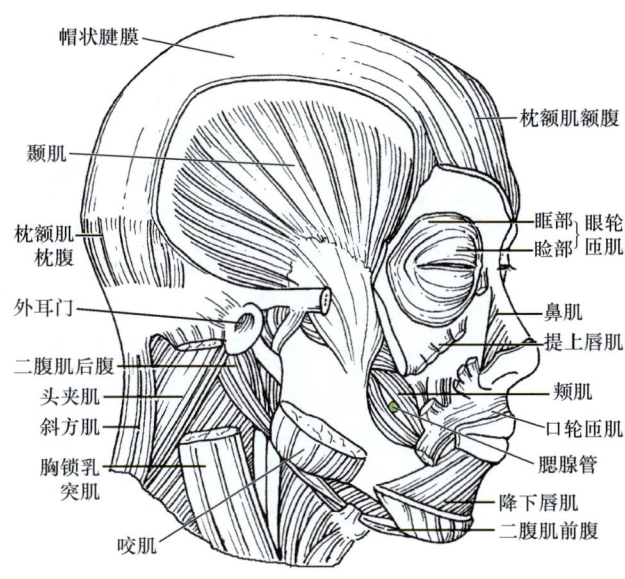

图 3-8 头肌

【临床联系】

皮肤、浅筋膜、颅顶肌与帽状腱膜彼此紧密连接合称**头皮**。头皮外伤若未伤及帽状腱膜，则伤口裂开不明显；如帽状腱膜同时受伤，由于颅顶肌的牵拉则伤口裂开。缝合时一定要将此层缝合好，一方面可以减小皮肤的张力，有利于伤口的愈合，另一方面也有利于止血。

（二）眼轮匝肌

眼轮匝肌 orbicularis oculi 位于眼裂周围，呈扁椭圆形，分为眶部、睑部、泪囊部。作用：使眼裂闭合。泪囊部纤维可扩张泪囊，有利于泪液的引流（图 3-9）。

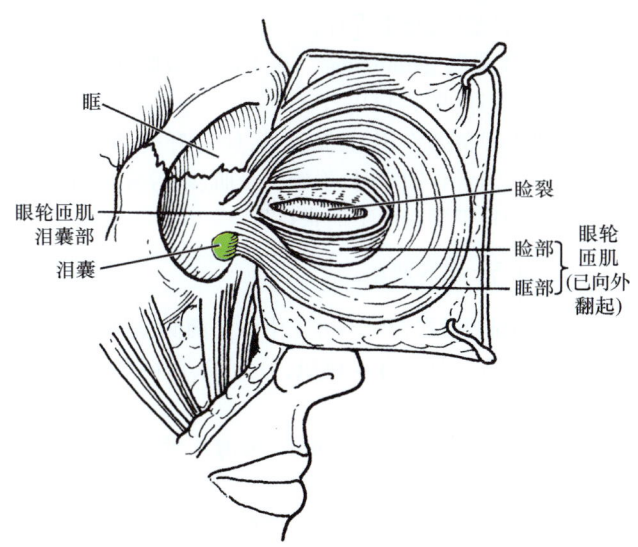

图 3-9 眼轮匝肌泪囊部与泪囊的关系

（三）口周围肌

口周围肌包括辐射状肌和环形肌。辐射状肌分别位于唇的上、下方，能上提上唇、降下唇或拉口角向上、向下或向外。在面颊深部有一对**颊肌** buccinator，此肌紧贴口腔侧壁，可向外拉口角使唇、颊紧贴牙齿，帮助咀嚼和吸吮，与口轮匝肌共同作用，可做吹口哨，故又称**吹奏肌**。环绕口裂的环形肌称**口轮匝肌** orbicularis oris，作用：收缩时关闭口裂（闭嘴）。

（四）鼻肌

鼻肌不发达，为几块扁薄小肌，分布在鼻孔周围，有开大或缩小鼻孔的作用。

二、咀嚼肌

咀嚼肌 masticatory muscles 有 4 对，均配布于颞下颌关节周围，参与咀嚼运动。

（一）咬肌

咬肌 masseter 起自颧弓的下缘和内面，斜向后下止于咬肌粗隆。作用：上提下颌骨。

（二）颞肌

颞肌 temporalis 起自颞窝，肌束呈扇形向下会聚，通过颧弓的深方，止于下颌骨的冠突。作用：上提下颌骨，后部纤维拉下颌骨向后。

（三）翼内肌

翼内肌 medial pterygoid 起自翼窝，向下外方止于下颌角内面的翼肌粗隆(图3-10)。作用:上提下颌骨,并使其向前运动。

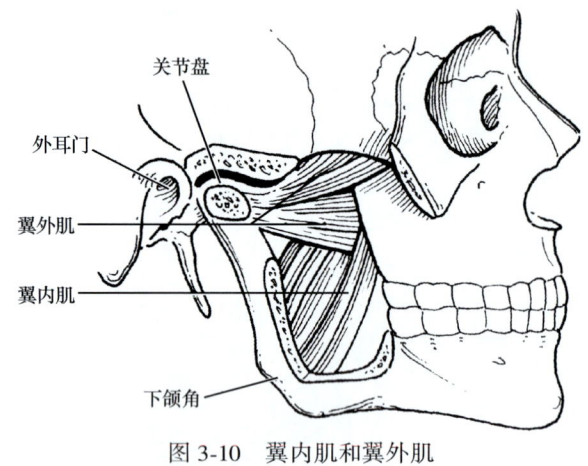

图 3-10　翼内肌和翼外肌

(四) 翼外肌

翼外肌 lateral pterygoid 在颞下窝内,起自蝶骨大翼的下面和翼突的外侧,向后外止于下颌颈。作用:单侧收缩使下颌骨向对侧方向移动,双侧收缩使下颌骨前移。

咀嚼运动 是下颌骨的上提、下降、前移、后退、侧向运动的复合。咀嚼时,咬肌、颞肌、翼内肌协同作用上提下颌,闭口使上、下颌磨牙互相咬合。舌骨上肌群与翼外肌协同作用张口。两侧翼外肌和翼内肌协同作用,使下颌前移。颞肌的后部纤维作用,使下颌骨后退。一侧翼外肌、翼内肌的协同作用,使下颌骨侧向运动。两侧翼内、外肌交替作用,则形成下颌骨的两侧运动,即研磨运动。

第三节　颈　肌

颈肌可依其所在位置分为颈浅肌、颈前肌和颈深肌3群。

一、颈　浅　肌

1. 颈阔肌 platysma　位于颈部浅筋膜中,为一薄而宽阔的皮肌,起自胸大肌和三角肌表面的筋膜,向上止于口角(图3-11)。作用:拉口角向下,并使颈部皮肤出现皱褶。

2. 胸锁乳突肌 sternocleidomastoid　位于颈部两侧,大部分被颈阔肌所覆盖,是一对强有力的肌。起自胸骨柄前面和锁骨的胸骨端,两头会合斜向后上方,止于颞骨的乳突(图3-11)。作用:一侧肌收缩使头部向同侧倾斜,脸转向对侧;两侧收缩可使头部后仰。一侧肌挛缩时,出现斜颈。

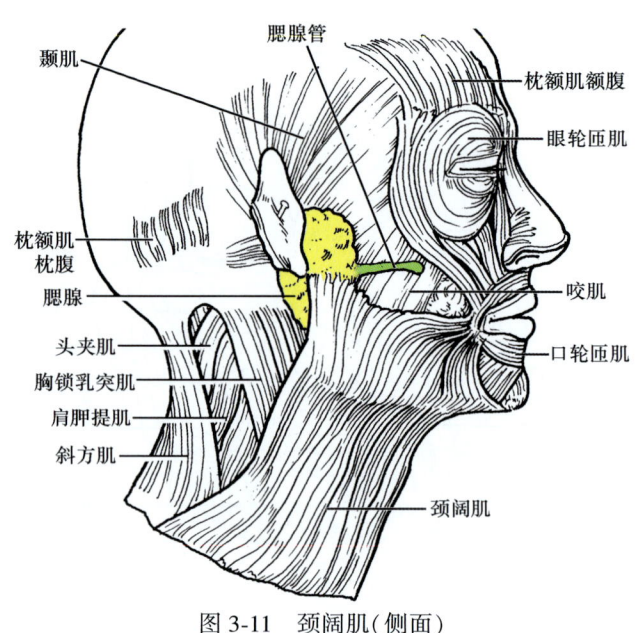

图 3-11　颈阔肌(侧面)

二、颈　前　肌

颈前肌包括舌骨上、下肌群。

(一) 舌骨上肌群

舌骨上肌群在舌骨与下颌骨之间,每侧有4块肌(图3-12,图3-14)。

1. 二腹肌 digastric　在下颌骨的下方,有前、后两肌腹。前腹起自下颌骨二腹肌窝,斜向后下方;后腹起自乳突内侧,斜向前下;两个肌腹以中间腱相连,中间腱借筋膜形成滑车系于舌骨。

2. 下颌舌骨肌 mylohyoid　位于二腹肌前腹深面的扁肌,起自下颌骨,止于舌骨,与对侧肌在正中线会合,组成口腔底。

3. 茎突舌骨肌 stylohyoid　居二腹肌后腹上方并与其伴行,起自茎突,止于舌骨。

4. 颏舌骨肌 geniohyoid　在下颌舌骨肌深面,起自颏棘,止于舌骨(图3-14)。

舌骨上肌群的作用　上提舌骨,使舌升高,协助推进食团入咽。当舌骨固定时,下颌舌骨肌、颏舌骨肌和二腹肌前腹均能拉下颌骨向下而张口。

(二) 舌骨下肌群

位于颈前部,在舌骨下方正中线的两侧,居喉、气管、甲状腺的前方。每侧有4块肌,分为浅、深两层排列,各肌均按起止点命名。

1. 胸骨舌骨肌 sternohyoid　为薄片带状肌,在颈部正中线的两侧。

2. 肩胛舌骨肌 omohyoid　在胸骨舌骨肌的外侧,为细长带状肌,分为上腹、下腹,上、下腹由中间腱相连。

3. 胸骨甲状肌 sternothyroid　在胸骨舌骨肌深面。

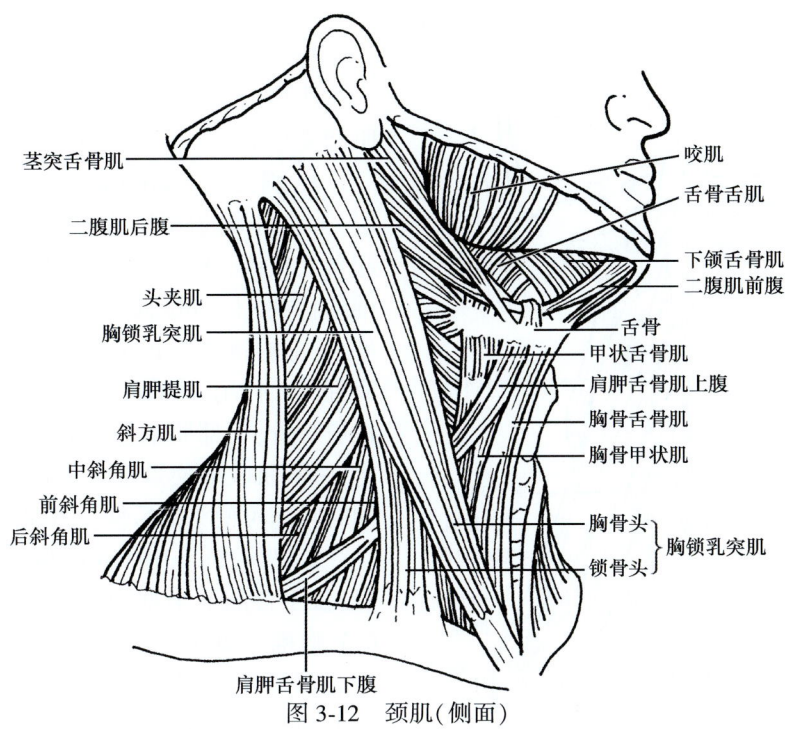
图 3-12 颈肌(侧面)

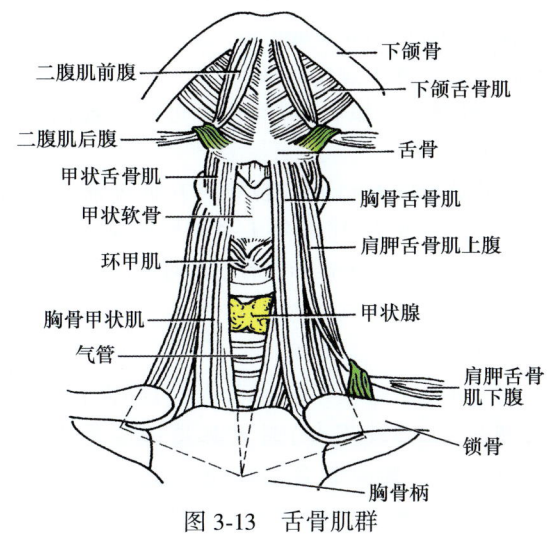
图 3-13 舌骨肌群

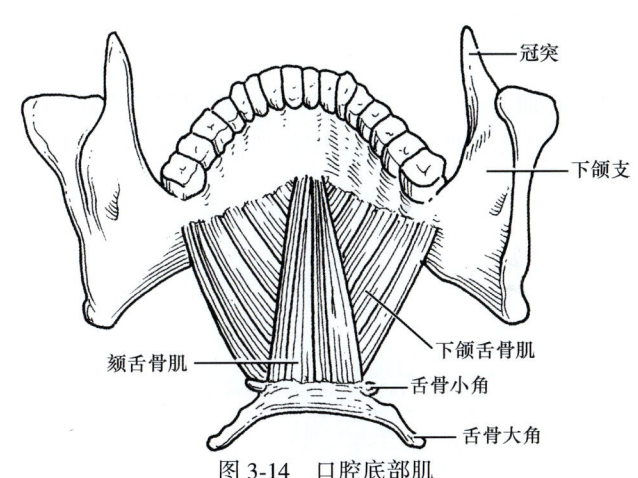
图 3-14 口腔底部肌

4. 甲状舌骨肌 thyrohyoid 在胸骨甲状肌的上方,被胸骨舌骨肌遮盖。

舌骨下肌群的作用：下降舌骨和喉,甲状舌骨肌在吞咽时可提喉向上。

三、颈深肌

颈深肌可分为内、外侧两群。

1. 外侧群 位于脊柱颈段的两侧,有**前斜角肌** scalenus anterior、**中斜角肌** scalenus medius 和**后斜角肌** scalenus posterior。各肌均起自颈椎横突,其中前、中斜角肌止于第 1 肋,后斜角肌止于第 2 肋,前、中斜角肌与第 1 肋之间的空隙为**斜角肌间隙** scalenus fissure,有锁骨下动脉和臂丛通过(图 3-15)。

作用：一侧肌收缩,使颈侧屈;两侧肌同时收缩可上提第 1、2 肋,助深吸气。如肋骨固定,则可屈颈。

【临床联系】

前、中斜角肌表面腱性组织增厚变硬、异常纤维束带状结构或前斜角肌痉挛,均可使斜角肌间隙变小,压迫或激若神经、血管而出现神经、血管受压综合征。临床上常以前斜角肌为重要标志,辨认颈根部主要结构的关系。

2. 内侧群 在脊椎颈段的前方,有**头长肌**和**颈长肌**等,合称**椎前肌**。作用:屈头颈部。

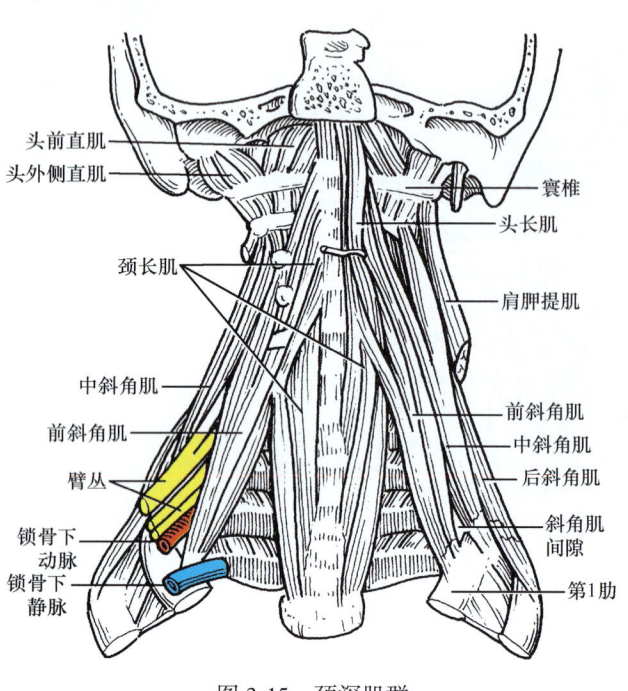

图 3-15 颈深肌群

第四节 躯 干 肌

躯干肌可分为背肌、胸肌、膈、腹肌和会阴肌。会阴肌(包括盆肌)在生殖系统中描述。

一、背 肌

背肌位于躯干后面的肌群,可分为浅、深两层(图 3-16)。

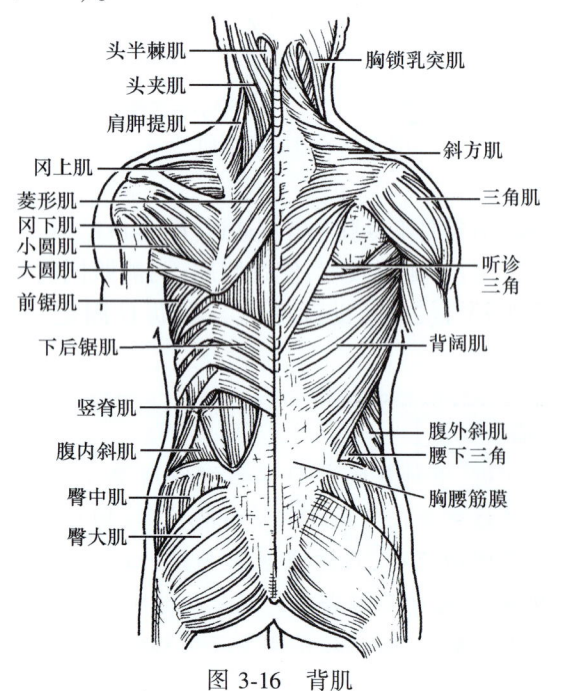

图 3-16 背肌

(一)浅层肌

浅层有斜方肌、背阔肌,斜方肌深面有肩胛提肌和菱形肌。

1. 斜方肌 trapezius 位于项部和背上部的浅层,为三角形的阔肌,左右两块合在一起呈斜方形,起自上项线、枕外隆凸、项韧带、第 7 颈椎和全部胸椎的棘突,上部的肌束斜向外下方,中部的平行向外,下部的斜向外上方,止于锁骨的外侧 1/3、肩峰和肩胛冈。作用:使肩胛骨向脊柱靠拢,上部肌束可上提肩胛骨,下部肌束使肩胛骨下降。如果肩胛骨固定,一侧肌收缩使颈部向同侧屈、脸转向对侧,两侧同时收缩可使头部后仰。该肌瘫痪时出现"塌肩"。

2. 背阔肌 latissimus dorsi 为全身最大的扁肌,位于背的下半部及胸的后外侧,以腱膜起自下 6 个胸椎的棘突、全部腰椎的棘突、骶正中嵴及髂嵴后部等处,肌束向外上方集中,以扁腱止于肱骨结节间沟底。作用:使肱骨内收、旋内和后伸。当上肢上举固定时,可引体向上。

3. 肩胛提肌 levator scapulae 位于项部两侧、斜方肌的深面,起自上 4 个颈椎的横突,止于肩胛骨的上角。作用:上提肩胛骨。如肩胛骨固定,可使颈部向同侧屈曲。

4. 菱形肌 rhomboideus 位于斜方肌的深面,为菱形的扁肌,起自第 6、7 颈椎和第 1~4 胸椎的棘突,止于肩胛骨的内侧缘。作用:上提和使肩胛骨向脊柱靠拢。

【临床联系】

斜方肌、背阔肌部位置表浅,面积大,临床常用部分(上部或下部)斜方肌皮瓣修复头颈部组织缺损。背阔肌是临床使用最多的肌皮瓣,除用于修复大面积组织缺损外,还可用于肌功能重建、心肌成形术等。

(二)背深肌

位于棘突的两侧,分为长肌和短肌。长肌位置较浅,主要有竖脊肌和夹肌。短肌位于深部,呈节段性,能运动相邻的椎骨,并加强椎骨间的连结。

1. 竖脊肌(骶棘肌)erector spinae 为背肌中最长、最大的肌,纵列于躯干的背面,脊柱两侧的沟内,居背肌浅层肌的深面。起自骶骨背面和髂嵴的后部,向上分出三群肌束,沿途止于椎骨和肋骨,向上到达颞骨乳突。作用:使脊柱后伸和仰头,一侧收缩使脊柱侧屈。

2. 夹肌 splenius 位于斜方肌和菱形肌的深面。

起自项韧带下部,第7颈椎棘突和上部胸椎,向上外止于颞骨乳突和第1~3颈椎横突。作用:一侧肌收缩,使头部转向同侧,两侧收缩,头部后仰。

(三)胸腰筋膜

被覆于斜方肌和背阔肌表面的深筋膜较薄弱,但在竖脊肌周围的筋膜特别发达,称**胸腰筋膜** thoracolumbar fascia(图3-17)。

【临床联系】
　　胸腰筋膜包裹在竖脊肌和腰方肌的周围,在腰部筋膜明显增厚,可分为浅、中和深层。**浅层**位于竖脊肌的后面,向内侧附于棘上韧带,向外侧附于肋角,与背阔肌的腱膜紧密愈合,向下附于髂嵴。**中层**分隔竖脊肌和腰方肌,中层和浅层在外侧会合,构成竖脊肌鞘。**深层**覆盖腰方肌的前面,三层筋膜在腰方肌外侧缘会合,作为腹内斜肌和腹横肌的起始部。由于腰部活动度大,在剧烈运动中,胸腰筋膜常可扭伤,为腰背劳损病因之一。

二、胸　　肌

胸肌可分为胸上肢肌和胸固有肌。

(一)胸上肢肌

胸上肢肌均起自胸廓外面,止于上肢带骨或肱骨(图3-18)。

1. 胸大肌 pectoralis major　　位置表浅,覆盖胸廓前壁的大部,呈扇形,宽而厚。起自锁骨的内侧半、胸骨和第1~6肋软骨等处。各部肌束聚合向外侧,以扁腱止于肱骨大结节嵴。作用:使肱骨内收、旋内和前屈。如上肢固定,可上提躯干,提肋助吸气。

【临床联系】
　　胸大肌的位置表浅,组织丰厚,血供丰富,可设计肌瓣或肌皮瓣,带蒂转移可修复颈部和臂部软组织缺损,亦可作吻合血管的肌皮瓣移植。

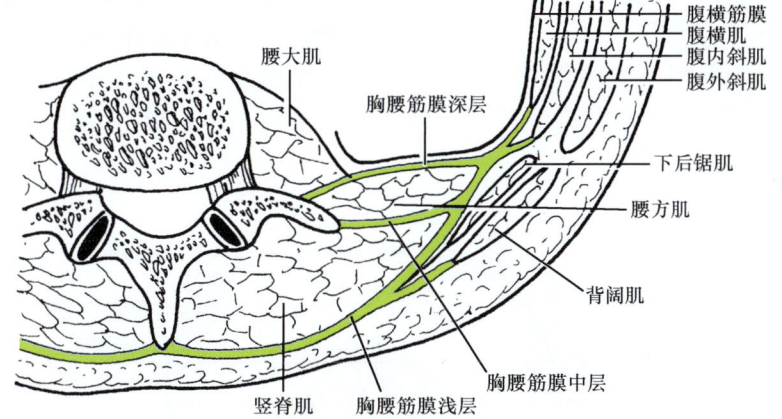

图3-17　胸腰筋膜

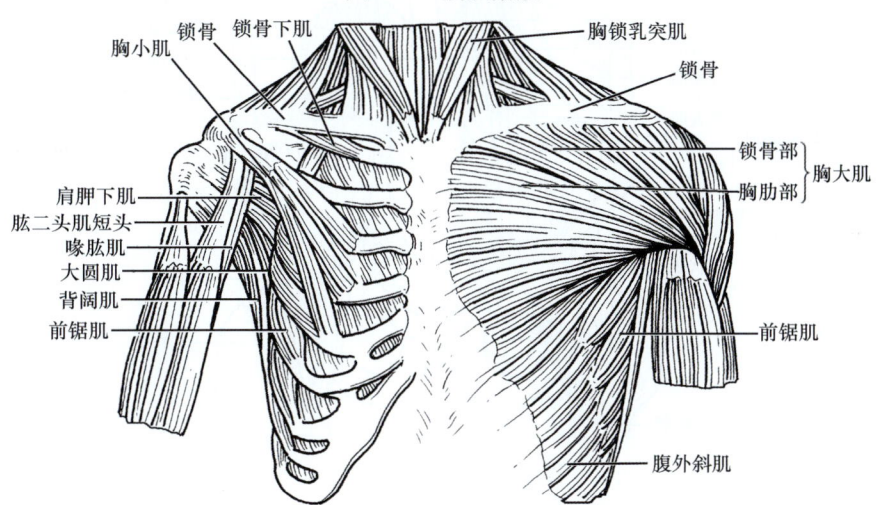

图3-18　胸肌

2. 胸小肌 pectoralis minor 位于胸大肌深面,呈三角形,起自第3~5肋骨,向外上止于肩胛骨的喙突。作用:拉肩胛骨向前下方。当肩胛骨固定时,可上提肋助吸气。

3. 前锯肌 serratus anterior 位于胸廓侧壁,以数个肌齿起自上8个或9个肋骨,肌束斜向后上内,经肩胛骨的前方,止于肩胛骨内侧缘和下角(图3-19)。作用:拉肩胛骨向前和紧贴胸廓,下部肌束使肩胛骨下角旋外,助臂上举。当肩胛骨固定时,可上提肋骨助深吸气。此肌瘫痪,肩胛骨下角离开胸廓而突出于皮下,出现"翼状肩"。

(二)胸固有肌

胸固有肌参与构成胸壁,如位于11个肋间隙内的肋间内、外肌(图3-19)。

1. 肋间外肌 intercostales externi 位于各肋间隙的浅层,起自肋骨下缘,肌束斜向前下,止于下一肋骨的上缘,其前部肌束仅达肋骨与肋软骨的结合处,在肋软骨间隙处,移行为片状结缔组织膜,称**肋间外膜**。作用:提肋助吸气。

2. 肋间内肌 intercostales interni 位于肋间外肌的深面,起自下位肋骨上缘,止于上位肋骨下缘,肌束方向与肋间外肌相反,前部肌束达胸骨外侧缘,后部肌束只到肋角,自此向后为**肋间内膜**所代替。作用:降肋助呼气。

3. 肋间最内肌 intercostales intimi 位于肋间内肌的深层,肌束方向和肋间内肌相同。

三、膈

膈 diaphragm 位于胸、腹腔之间,为向上膨隆呈穹隆形的薄阔扁肌。膈的肌束起自胸廓下口的周缘和腰椎前面,可分为3部:**胸骨部**起自剑突后面;**肋部**起自下6对肋骨和肋软骨内面;**腰部**以左、右两个膈脚起自上2~3个腰椎体前面。各部肌束向中央移行于**中心腱** central tendon(图3-20)。

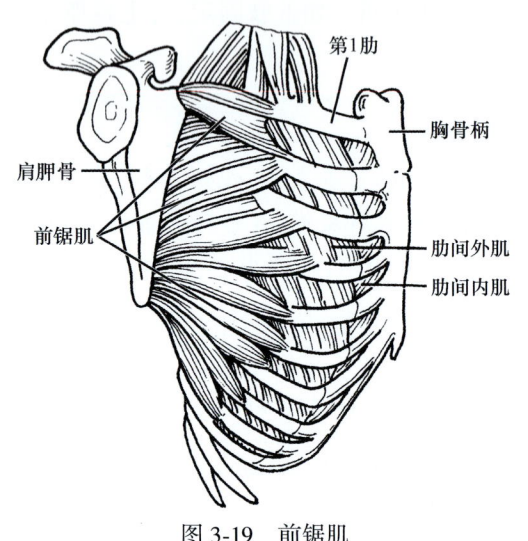

图3-19 前锯肌

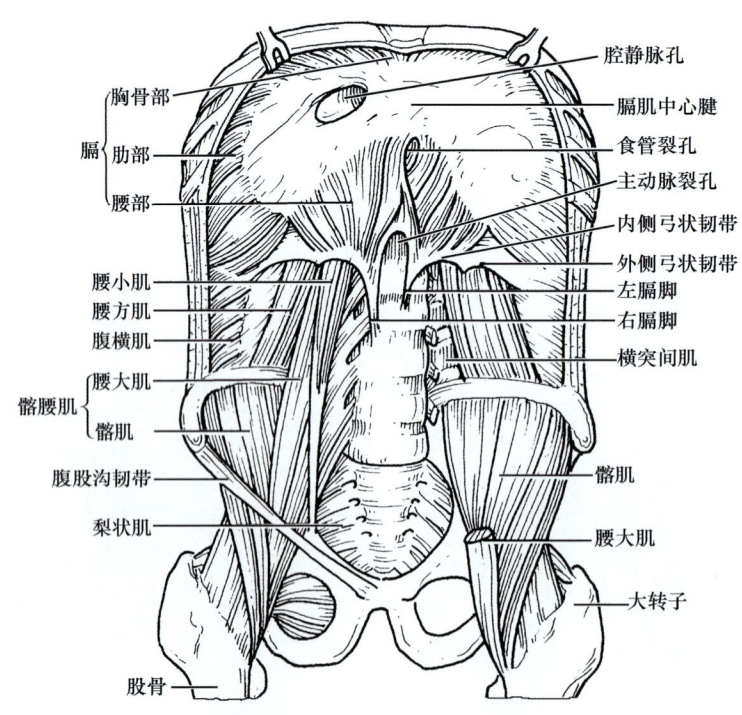

图3-20 膈和腹后壁肌

膈上有3个裂孔：在第12胸椎前方，左、右两个膈脚与脊柱之间有**主动脉裂孔**aortic hiatus，有主动脉和胸导管通过；主动脉裂孔的左前上方，约在第10胸椎水平，有**食管裂孔**esophageal hiatus，有食管和迷走神经通过；在食管裂孔的右前上方的中心腱内有**腔静脉孔**vena caval foramen，约在第8胸椎水平，有下腔静脉通过。作用：膈为主要的呼吸肌，收缩时，膈穹隆下降，胸腔容积扩大，以助吸气；松弛时，膈穹隆上升恢复原位，胸腔容积减小，以助呼气。膈与腹肌同时收缩，则能增加腹压，协助排便、呕吐及分娩等活动。

【临床联系】

在膈的起始部之间常存在两个三角形的小区，无肌纤维，仅覆以结缔组织膜，为膈的薄弱区。其中位于胸骨部与肋部起点之间的称**胸肋三角**，肋部与腰部之间的称**腰肋三角**，腹腔脏器若经此突入胸腔形成膈疝。膈神经受到刺激引起膈肌痉挛称为呃逆。

四、腹　肌

腹肌位于胸廓与骨盆之间，是腹壁的主要组成部分，按部位分为前外侧群和后群。

（一）前外侧群

前外侧群形成腹腔的前外侧壁，包括腹外斜肌、腹内斜肌、腹横肌和腹直肌（图3-21）。

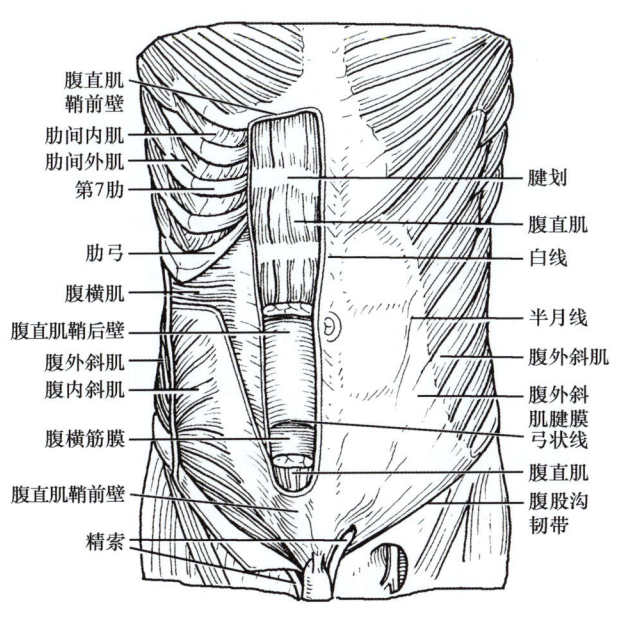

图3-21　腹前壁肌

1. 腹外斜肌 obliquus externus abdominis　为宽阔扁肌，位于腹前外侧部的浅层，以8个肌齿起自下8个肋骨的外面，与前锯肌、背阔肌的肌齿相交错，肌纤维由外上斜向前下方，后部肌束向下止于髂嵴前部，上中部肌束向内侧移行为腱膜，经腹直肌的前面，参与构成腹直肌鞘的前层，至腹正中线终于白线。腹外斜肌腱膜的下缘卷曲增厚连于髂前上棘与耻骨结节之间，称为**腹股沟韧带**inguinal ligament。腹股沟韧带的内侧端有一小束腱纤维向下后方止于耻骨梳，称为**腔隙韧带（陷窝韧带）**lacunar ligament。在耻骨结节外上方，腱膜形成三角形的裂孔，为**腹股沟管浅（皮下）环**superficial inguinal ring。

2. 腹内斜肌 obliquus internus abdominis　在腹外斜肌深面，起始于胸腰筋膜、髂嵴和腹股沟韧带的外侧半，肌束呈扇形，即后部肌束几乎垂直上升止于下位3个肋骨，大部分肌束向前上方移行为腱膜，在腹直肌外侧缘分为前、后两层包裹腹直肌，参与构成腹直肌鞘的前、后两层，在腹正中线终于白线。腹内斜肌的下部肌束行向前下方，作凸向上的弓形，跨过精索后，延为腱膜，向正中线终于白线，再向内侧与腹横肌腱膜会合形成**腹股沟镰**inguinal falx或称**联合腱**conjoint tendon，止于耻骨梳的内侧端和耻骨结节附近。腹内斜肌的最下部发出一些细散的肌束，向下包绕精索和睾丸，称为**提睾肌**cremaster，收缩时可上提睾丸（图3-22）。

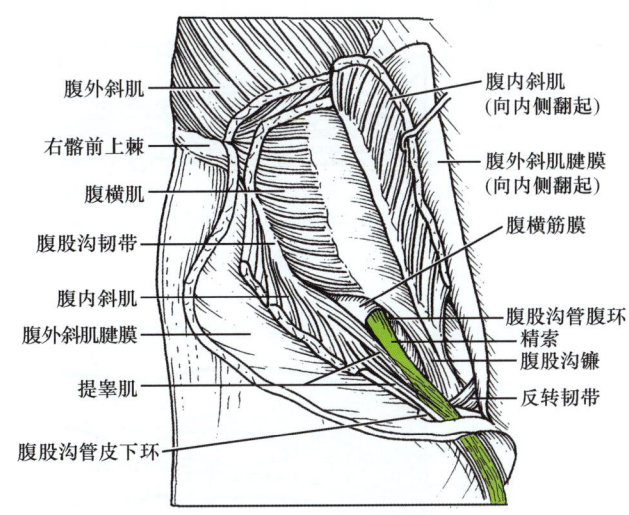

图3-22　腹前壁下部及其形成的结构

3. 腹横肌 transversus abdominis　在腹内斜肌深面，较薄弱。起自下6个肋软骨的内面、胸腰筋膜、髂嵴和腹股沟韧带的外侧1/3，肌束横行向前移行为腱膜，腱膜经腹直肌后面参与腹直肌鞘后层组成,止于腹白线。腹横肌最下部分分别参与提睾肌和腹股沟镰的构成。

4. 腹直肌 rectus abdominis 位于腹前壁正中线的两旁,居腹直肌鞘中,上宽下窄,起自耻骨联合和耻骨嵴,肌束向上止于胸骨剑突和第 5~7 肋软骨的前面。肌的全长被 3~4 条横行的**腱划** tendinous intersection 分成多个肌腹,腱划系结缔组织构成,与腹直肌鞘的前层紧密结合,为原始肌节愈合的痕迹。在腹直肌的后面,腱划不明显,未与腹直肌鞘的后层愈合,故腹直肌的后面是完全游离的。

腹前外侧群肌的作用:三块扁腹肌的肌纤维互相交错,薄而坚韧,与腹直肌共同构成牢固而有弹性的腹壁,保护腹腔脏器及维持腹内压,保持腹腔脏器位置的固定有重要意义。腹肌收缩时,可增加腹压以协助排便、分娩、呕吐和咳嗽等生理功能;能使脊柱前屈、侧屈与旋转,还可降肋助呼气。

5. 腹直肌鞘 sheath of rectus abdominis 包绕腹直肌,由腹外侧壁 3 块扁肌的腱膜构成。鞘分前后两层,前层由腹外斜肌腱膜与腹内斜肌腱膜的前层愈合而成;后层由腹内斜肌腱膜的后层与腹横肌腱膜愈合而成。在脐下 4~5 cm 处,鞘的后层完全转至腹直肌的前面参与构成鞘的前层,使鞘的后层缺如,但可见后层的游离下缘呈凸向上方的弧形线,称**弓状线** arcuate line(**半环线**),此线以下腹直肌后面与腹横筋膜相贴(图 3-23)。

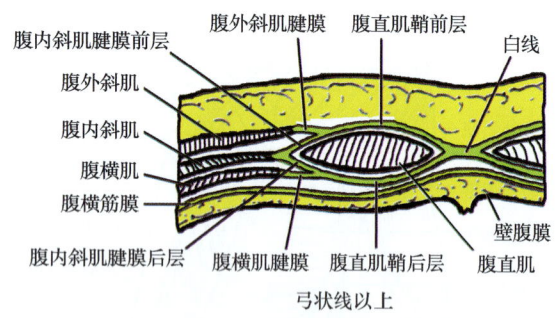

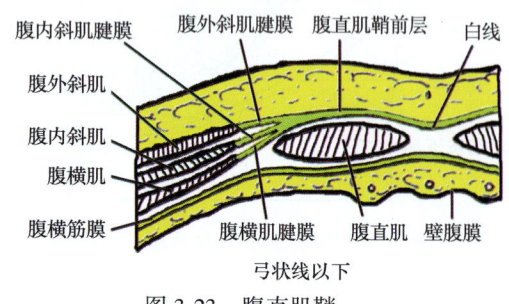

图 3-23 腹直肌鞘

6. 白线 linea alba 位于腹前壁正中线上左、右腹直肌鞘之间,由两侧的腹直肌鞘纤维彼此交织而成,上方起自剑突,下方止于耻骨联合。白线坚韧而少血管,脐以上较宽,约 1cm,脐以下变窄成线状。在白线的中部有圆形的腱性**脐环**,在胎儿时期,有脐血管通过,此处为腹壁的一个薄弱点,如腹腔脏器由此处膨出,可发生脐疝。

(二)后群

后群有腰大肌和腰方肌,腰大肌在下肢肌中叙述。

腰方肌 quadratus lumborum 位于腹后壁,在脊柱两侧,其后方有竖脊肌,两者之间隔有胸腰筋膜的中层。起自髂嵴的后部,向上止于第 12 肋和第 1~4 腰椎横突(图 3-17,图 3-20)。作用:下降和固定第 12 肋,并使脊柱侧屈。

(三)腹股沟管

腹股沟管 inguinal canal 为男性精索或女性子宫圆韧带所通过的一条肌和腱之间的裂隙,位于腹前外侧壁的下部。在腹股沟韧带的内侧半的上方,长约 4.5cm。管的内口称**腹股沟管深(腹)环** deep inguinal ring,在腹股沟韧带中点上方约 1.5 cm 处,为腹横筋膜向外的突口,管的外口即**腹股沟管浅(皮下)环**。管有 4 个壁,前壁是腹外斜肌腱膜和腹内斜肌;后壁是腹横筋膜和腹股沟镰;上壁为腹内斜肌和腹横肌的弓状下缘;下壁为腹股沟韧带。

(四)海氏三角

海氏(腹股沟)三角 Hesselbach(inguinal)triangle 位于腹前壁下部,由腹直肌外侧缘、腹股沟韧带和腹壁下动脉围成的三角区。

【临床联系】

腹股沟管和海氏三角都是腹壁下部的薄弱区。在病理情况下,若腹腔内容物经腹股沟管腹环,进入腹股沟管,经皮下环突出下降入阴囊,形成腹股沟斜疝;若腹腔内容物不经腹环,而从海氏三角处膨出,则成为腹股沟直疝。

第五节 上 肢 肌

上肢肌分为上肢带肌、臂肌、前臂肌和手肌。

一、上肢带肌

上肢带肌又称**肩肌**,配布于肩关节周围,均起自上肢带骨,止于肱骨,能运动肩关节,并能增强关节的稳固性(图 3-24)。

1. 三角肌 deltoid 位于肩部，呈三角形。起自锁骨的外侧段、肩峰和肩胛冈，与斜方肌的止点相对应，肌束从前、外、后包裹肩关节，逐渐向外下方集中，止于肱骨体外侧的三角肌粗隆。肱骨上端由于三角肌的覆盖，使肩部呈圆隆形。作用：使臂部外展，前部肌束可使臂部屈和旋内，而后部肌束能使臂部伸和旋外。

2. 冈上肌 supraspinatus 位于斜方肌深面，起自肩胛骨的冈上窝，肌束向外侧经肩峰和喙肩韧带的下方，跨越肩关节，止于肱骨大结节的上部。作用：使臂部外展。

3. 冈下肌 infraspinatus 位于冈下窝内，肌的一部分被三角肌和斜方肌覆盖。起自冈下窝，肌束向外侧经肩关节后面，止于肱骨大结节的中部。作用：使臂部旋外。

4. 小圆肌 teres minor 位于冈下肌的下方，起自肩胛骨外侧缘背面，止于肱骨大结节的下部。作用：使臂部旋外。

5. 大圆肌 teres major 位于小圆肌的下方，其下缘被背阔肌包绕。起自肩胛骨下角的背面，肌束向上外方，止于肱骨小结节嵴。作用：使臂部内收和旋内。

6. 肩胛下肌 subscapularis 位于肩胛下窝内，肌束向上外经肩关节的前方，止于肱骨小结节。作用：使臂部内收和旋内。

肩胛下肌、冈上肌、冈下肌和小圆肌在经过肩关节的前方、上方和后方时，与关节囊紧贴，且有许多腱纤维与关节囊纤维相交织形成"**肌腱袖**"。这些肌的收缩，对稳固肩关节起着重要作用。

二、臂 肌

臂肌覆盖肱骨，以内侧和外侧两个肌间隔分隔成前、后两群。前群为屈肌，后群为伸肌。

（一）前群

前群包括浅层的肱二头肌和深层的喙肱肌、肱肌（图3-24）。

1. 肱二头肌 biceps brachii 呈梭形，起端有两个头，**长头**以长腱起自肩胛骨盂上结节，通过肩关节囊，经结节间沟下降；**短头**在内侧，起自肩胛骨喙突。两头在臂的下部合并成一个肌腹，并以一个腱止于桡骨粗隆（图3-24）。作用：屈肘关节；当前臂处于旋前位时，能使其旋后。此外，还能协助屈臂部。

2. 喙肱肌 coracobrachialis 在肱二头肌短头的后内方，起自肩胛骨喙突，止于肱骨中部的内侧骨面。作用：协助臂部前屈和内收。

3. 肱肌 brachialis 位于肱二头肌下半部的深面，起自肱骨下半的前面，止于尺骨粗隆。作用：屈肘关节。

（二）后群

肱三头肌 triceps brachii 起端有3个头，**长头**以长腱起自肩胛骨盂下结节，向下行经大、小圆肌之间；**外侧头**起自肱骨后面桡神经沟的外上方的骨面；**内侧头**起自桡神经沟以下的骨面。向下3个头会合以一个坚韧的腱止于尺骨鹰嘴（图3-24）。作用：伸肘关节，长头可使臂部后伸和内收。

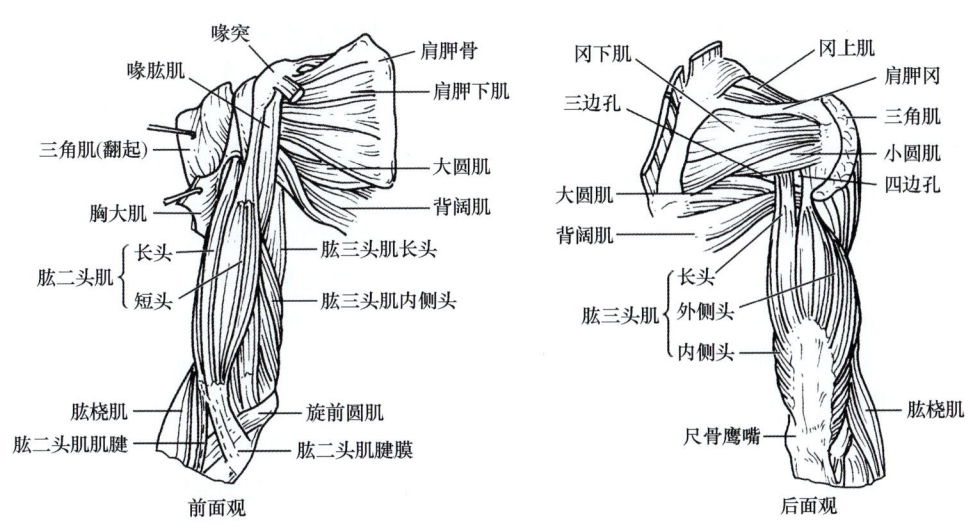

图 3-24 上肢带肌与臂肌

三、前臂肌

前臂肌位于尺、桡骨的周围，分为前（屈肌）、后（伸肌）两群，大多数是长肌，跨过多个关节，运动前臂和手部，肌腹位于近侧，细长的腱位于远侧，所以前臂的上半部膨隆，而下半部逐渐变细。

（一）前群

前群位于前臂的前面和内侧面，共 9 块，分 4 层排列（图 3-25，图 3-26）。

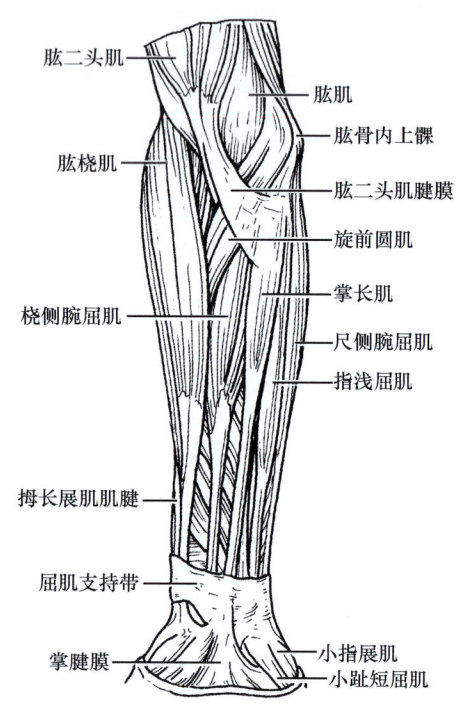

图 3-25　前臂前群浅层肌

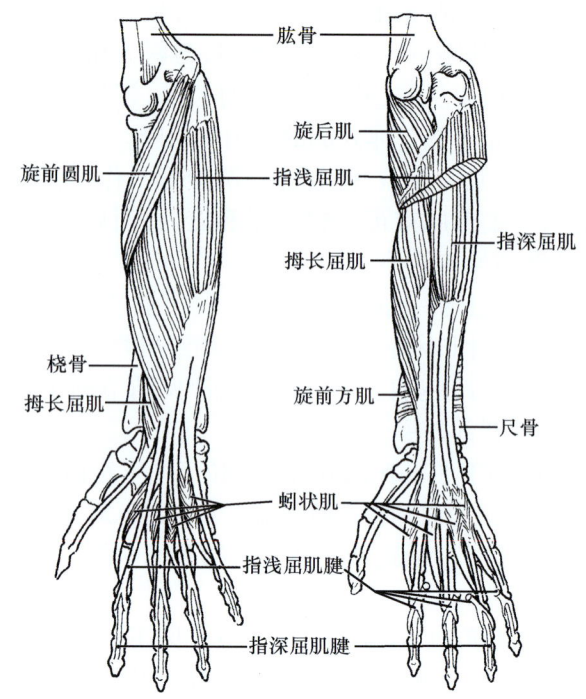

图 3-26　前臂前群深层肌

1. 第 1 层（浅层）　有 5 块肌，自桡侧向尺侧依次为肱桡肌、旋前圆肌、桡侧腕屈肌、掌长肌和尺侧腕屈肌。

（1）**肱桡肌** brachioradialis：起自肱骨外上髁上方，向下止于桡骨茎突。作用：屈肘关节。其他 4 块以**屈肌总腱**，起自肱骨内上髁及前臂深筋膜。

（2）**旋前圆肌** pronator teres：止于桡骨中部的外侧面。作用：屈肘关节，使前臂旋前。

（3）**桡侧腕屈肌** flexor carpi radialis：以长腱止于第 2 掌骨底。作用：屈肘、屈腕和腕外展。

（4）**掌长肌** palmaris longus：肌腹很小而腱细长，连于掌腱膜。作用：屈腕和紧张掌腱膜。

（5）**尺侧腕屈肌** flexor carpi ulnaris：止于豌豆骨。作用：屈腕和使腕关节内收。

【临床联系】

　　肱桡肌的位置表浅，又有较恒定的血管和神经支配，易于切取，切取后功能影响小，为良好的肌瓣或肌腱瓣移植的供体。掌长肌腱长，位置表浅，切取后无明显的功能障碍，是临床最常用的肌腱移植供体。

2. 第 2 层　只有 1 块肌，即**指浅屈肌** flexor digitorum superficialis。肌的上端为浅层肌所覆盖。起自肱骨内上髁、尺骨和桡骨前面。肌束往下移行为 4 条肌腱，通过腕管和手掌，分别进入第 2~5 指的屈肌腱鞘。每一个肌腱在近节指骨中部分为两脚，止于中节指骨体的两侧（图 3-27）。作用：屈近侧指骨间关节、屈掌指关节、屈腕和屈肘。

3. 第 3 层　有两块肌，位于桡侧的拇长屈肌和位于尺侧的指深屈肌。

（1）**拇长屈肌** flexor pollicis longus：起自桡骨前面和前臂骨间膜，以长腱通过腕管和手掌止于拇指远节指骨底。作用：屈拇指掌指关节和指骨间关节。

（2）**指深屈肌** flexor disitorum profundus：起自尺骨的前面和前臂骨间膜，向下分成 4 条肌腱，经腕管入手掌，在指浅屈肌腱的深面分别进入第 2~5 指的屈肌腱鞘，在鞘内穿经指浅屈肌腱两脚之间，止于远节指骨底。作用：屈第 2~5 指的远侧指骨间关节、近侧指骨间关节、掌指关节和屈腕。

4. 第4层 为**旋前方肌**pronator quadratus，是方形的小肌，位于桡、尺骨远端的前面，起自尺骨，止于桡骨。作用：使前臂旋前。

（二）后群

后群共有10块肌，分为浅、深两层排列（图3-27）。

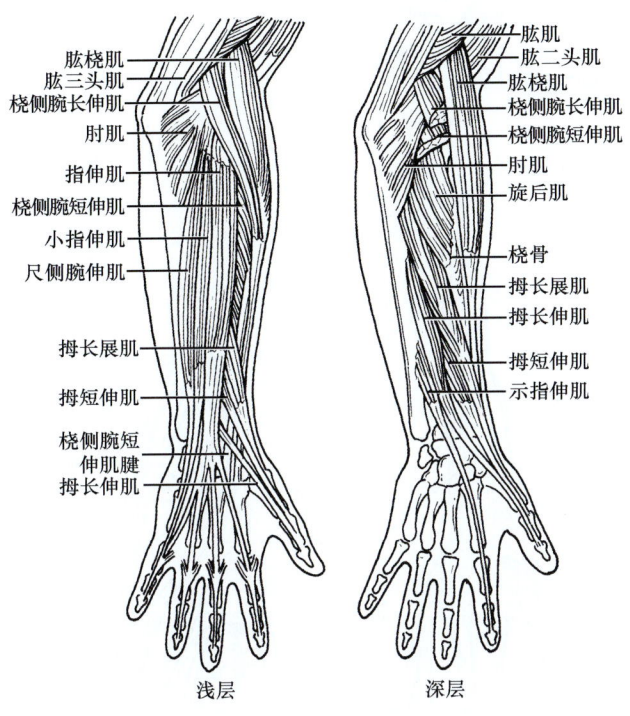

图3-27 前臂后群肌

1. 浅层 有5块肌，自桡侧向尺侧依次为桡侧腕长伸肌、桡侧腕短伸肌、指伸肌、小指伸肌和尺侧腕伸肌。这5块肌以一个共同的**伸肌总腱**起自肱骨外上髁。

（1）**桡侧腕长伸肌** extensor carpi radialis longus：向下移行于长腱经手背，止于第2掌骨底。作用：伸腕，腕外展。

（2）**桡侧腕短伸肌** extensor carpi radialis brevis：在桡侧腕长伸肌的后内侧，止于第3掌骨底。作用：伸腕。

（3）**指伸肌** extensor digitorum：肌腹向下移行为4条肌腱，经手背分别至第2~5指。在手背远侧部，掌骨头附近，4条腱之间有**腱间结合**相连，各腱越过掌骨头到达指背向两侧扩展为扁的腱性结构，称**指背腱膜**。

（4）**小指伸肌** extensor digiti minimi：肌腹细长，长腱经手背尺侧至小指，止于指背腱膜。作用：伸小指。

（5）**尺侧腕伸肌** extensor carpi ulnari：止于第5掌骨底。作用：伸腕，腕内收。

2. 深层 也有5块肌，从上外向下内依次为：旋后肌、拇长展肌、拇短伸肌、拇长伸肌和示指伸肌（图3-27）。

（1）**旋后肌** supinator：位置较深，起自尺骨近侧，肌纤维向下外并向前包绕桡骨，止于桡骨上1/3的前面。作用：前臂旋后。

其余4块肌均起自桡、尺骨和骨间膜的背面。

（2）**拇长展肌** abductor pollicis longus：止于第1掌骨底。

（3）**拇短伸肌** extensor pollicis brevis：止于拇指近节指骨底。

（4）**拇长伸肌** extensor pollicis longus：止于拇指远节指骨底。

（5）**示指伸肌** extensor indicis：止于示指的指背腱膜。

上述肌的作用同其名。

【临床联系】

由于小指有两条伸肌腱，因此小指伸肌腱常被用作肌腱移植的供体。示指伸肌具有独立的伸示指功能。该肌腱转位可用来替代瘫痪或损伤的拇长伸肌。

由于浅层伸肌大部分起自肱骨外上髁及附近深筋膜，过度牵拉伸肌总腱，会导致伸肌起点周围组织损伤，多见于网球运动员猛烈反手抽球时所致，故称"网球肘"。

四、手　　肌

运动手指的肌，除来自前臂的长肌（手外在肌）以外，还有位于手掌部止于手指的手肌（手内在肌），手肌分为外侧、中间和内侧3群（图3-28）。

（一）外侧群

外侧群较为发达，在手掌拇指侧形成一隆起，称**鱼际**thenar，有4块肌，分为浅、深两层排列。

1. 拇短展肌 abductor pollicis brevis 位于浅层外侧。

2. 拇短屈肌 flexor pollicis brevis 位于浅层内侧。

3. 拇对掌肌 opponens pollicis 位于拇短展肌的深面。

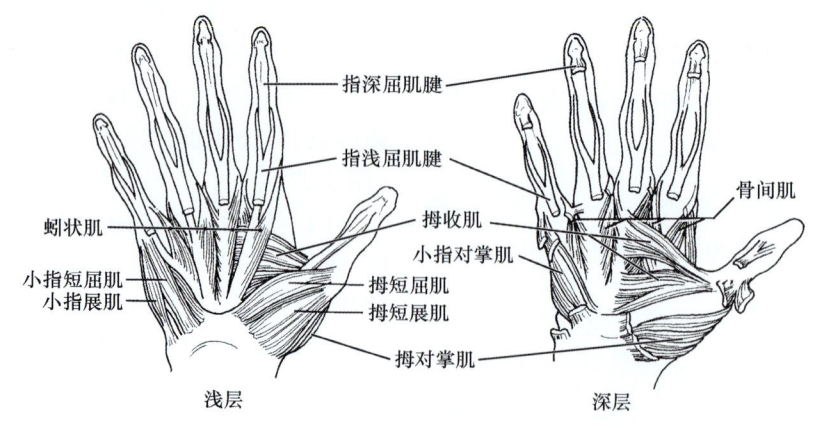

图 3-28　手肌(前面观)

4. 拇收肌 adductor pollicis　位于拇对掌肌的内侧。

上述 4 肌可使拇指作展、屈、对掌和收等动作。

(二) 内侧群

内侧群在手掌小指侧,形成一隆起称**小鱼际** hypothenar,有 3 块肌,也为分浅、深两层排列。

1. 小指展肌 abductor digiti minimi　位于浅层内侧。

2. 小指短屈肌 flexor digiti minimi brevis　位于浅层外侧。

3. 小指对掌肌 opponens digiti minimi　位于上述两肌深面。

上述 3 肌分别使小指作屈、外展和对掌等动作。

(三) 中间群

中间群位于掌心,包括 4 块蚓状肌和骨间肌。

1. 蚓状肌 lumbricales　为 4 条细束状小肌,起自指深屈肌腱桡侧,经掌指关节的桡侧至第 2~5 指的背面,止于指背腱膜。作用:屈掌指关节,伸指骨间关节(图 3-28)。

2. 骨间掌侧肌 palmar interossei　3 块,位于第 2~5 掌骨间隙内,起自掌骨,分别经第 2 指尺侧,第 4、5 指桡侧,止于指背腱膜(图 3-29)。作用:使第 2、4、5 指向中指靠拢(内收)。

3. 骨间背侧肌 dorsal interossei　4 块,位于掌骨间隙背侧,均以两个头起自相邻掌骨,止于第 2 指尺侧,第 3 指桡、尺侧、第 4 指的尺侧指背腱膜(图 3-30)。作用:以中指的中线为中心外展第 2、3、4 指。由于骨间肌也绕至第 2~5 指背面,止于指背腱膜,故能协同蚓状肌屈掌指关节、伸指骨间关节(图 3-28)。

起自前臂的长肌(手外在肌)是手和手指运动

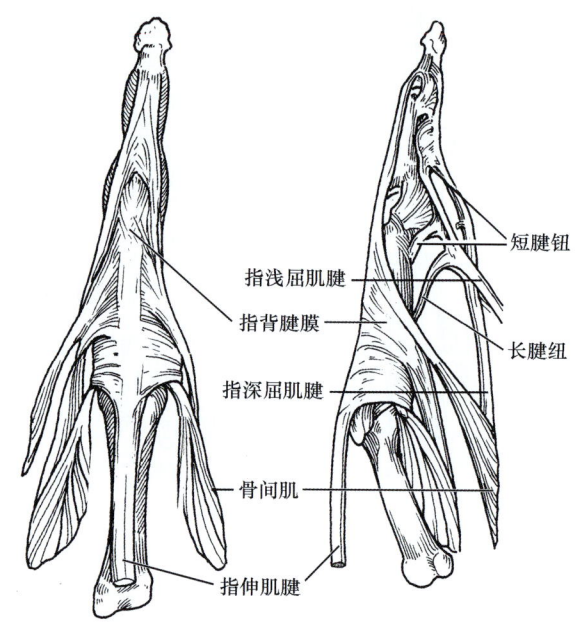

图 3-29　屈指肌腱和指背腱膜

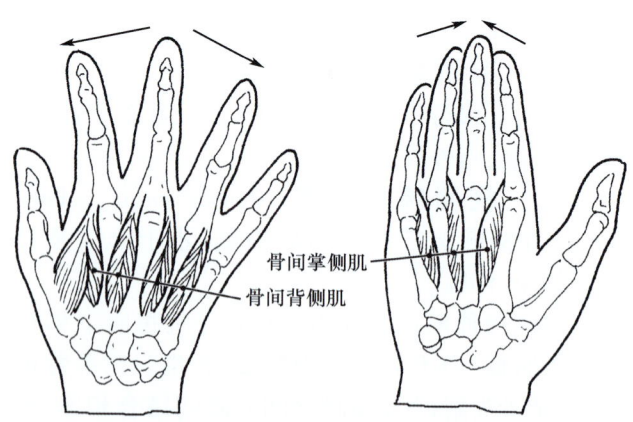

图 3-30　骨间肌及其作用示意图

的原动肌(动力肌),手肌(手内在肌)的功能主要是协调长肌的屈指肌与伸指肌之间的作用力,保持手在活动时的平衡和稳定,并与手的精细、技巧性动作有关。

五、上肢的局部记载

(一) 腋窝

腋窝 axillary fossa 位于臂上部内侧和胸外侧壁之间的锥形腔隙。窝内除分布于上肢的血管和神经外，还有大量的脂肪组织及淋巴结、淋巴管等。

(二) 三边孔和四边孔

三边孔 trilateral foramen 和**四边孔** quadrilateral foramen 为位于肩胛下肌、大圆肌、肱三头肌长头和肱骨上端之间的两个腔隙。肱三头肌长头内侧的腔隙为三边孔,外侧的腔隙称四边孔,有血管、神经通过。

(三) 肘窝

肘窝 cubital fossa 位于肘关节前面的三角形凹窝。其上界为肱骨内、外上髁之间的连线;外侧界为肱桡肌,内侧界为旋前圆肌。窝内有血管、神经通过。

(四) 腕管

腕管 carpal canal 位于腕掌侧,由屈肌支持带(腕横韧带)和腕骨沟围成。管内有指浅、深屈肌腱、拇长屈肌腱和正中神经通过。

第六节 下 肢 肌

下肢肌分为髋肌、大腿肌、小腿肌和足肌。下肢肌比上肢肌粗壮强大,以适应维持人体直立姿势、负重和行走等功能。

一、髋 肌

髋肌为运动髋关节的肌,主要起自骨盆的内面和外面,跨过髋关节,止于股骨上端,按其所在的部位和作用,分为前、后两群。

(一) 前群

前群有髂腰肌和阔筋膜张肌(图3-31)。

1. 髂腰肌 iliopsoas 由腰大肌和髂肌组成。**腰大肌** psoas major 起自腰椎体侧面和横突。**髂肌** iliacus 呈扇形,位于腰大肌的外侧,起自髂窝。两肌向下会合,经腹股沟韧带深面止于股骨小转子。作用:使大腿前屈和旋外。下肢固定时,可使躯干和骨盆前屈。

2. 阔筋膜张肌 tensor fasciae latae 位于大腿上部前外侧,起自髂前上棘,肌腹在阔筋膜两层之间,向下移行于髂胫束止于胫骨外侧髁。作用:使阔筋膜紧张并屈大腿。

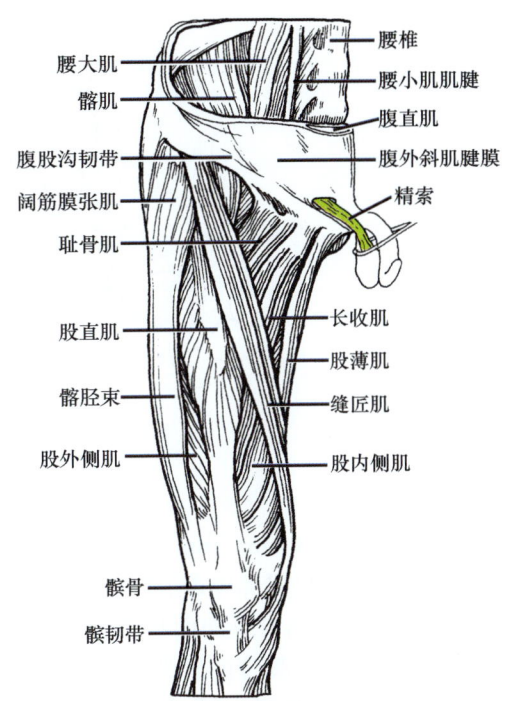

图 3-31 髋肌和大腿肌前群(浅层)

【临床联系】

阔筋膜张肌的位置表浅,有恒定的血管、神经分布,切取后有臀肌等代偿,对功能影响不大,是临床常选用的肌皮瓣或髂胫束瓣的供体。

(二) 后群

后群主要位于臀部,故又称**臀肌**,有7块(图3-32,图3-33)。

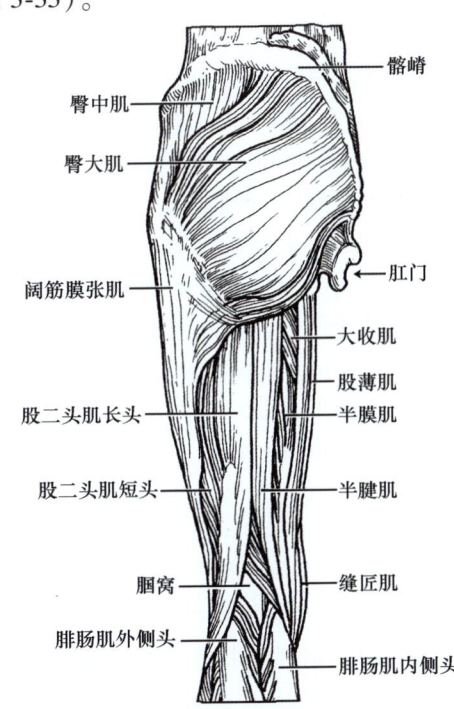

图 3-32 臀肌和大腿肌后群(浅层)

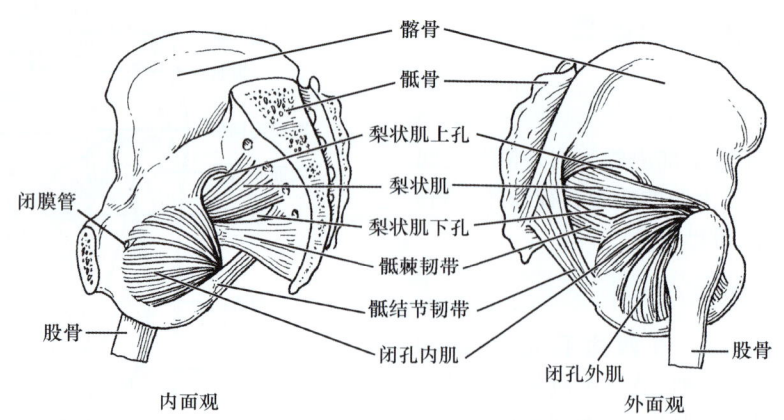

图 3-33 梨状肌和闭孔内、外肌

1. 臀大肌 gluteus maximus 位于臀部浅层，大而肥厚，形成特有的臀部隆起，覆盖臀中肌下半部及其他小肌。起自髂骨翼外面和骶骨背面，肌束斜向下，止于髂胫束和股骨的臀肌粗隆。作用：使大腿后伸和外旋。下肢固定时，能伸直躯干，防止躯干前倾，是维持人体直立的主要肌之一。

2. 臀中肌 gluteus medius 位于臀大肌的深面。

3. 臀小肌 gluteus minimus 位于臀中肌的深面。臀中、小肌都呈扇形，皆起自髂骨翼外面，肌束向下集中形成短腱，止于股骨大转子。作用：两肌均使大腿外展，前部肌束能使大腿旋内，而后部肌束则使大腿旋外。

4. 梨状肌 piriformis 起自盆内骶骨前面，经坐骨大孔达臀部，止于股骨大转子。作用：外展、外旋大腿。

5. 闭孔内肌 obturator internus 起自闭孔膜内面及其周围骨面，肌束向后集中成为肌腱，由坐骨小孔出骨盆转折向外，此肌腱的上、下各有一块小肌，分别为**上孖肌、下孖肌**，与闭孔内肌腱一起止于转子窝。作用：使大腿旋外。

6. 股方肌 quadratus femoris 起自坐骨结节，向外止于转子间嵴。作用：使大腿旋外。

7. 闭孔外肌 obturator externus 起自闭孔膜外面及其周围骨面，经股骨颈的后方，止于转子间窝。作用：使大腿旋外。

【临床联系】
臀上神经损伤导致臀中肌外展髋关节功能减弱、臀中肌跛行和偏臀步态以及臀肌减弱侧代偿性抬高。步行时通过抬高骨盆以提供更多的空间使足向前迈前，导致典型的"蹒跚步态"。

臀部是临床上常用的肌内注射的部位，安全注射区在髂后上棘至大转子上缘连线的上方臀外侧上部。

二、大 腿 肌

大腿肌分为前群、后群和内侧群。

（一）前群

前群有缝匠肌和股四头肌（图 3-31）。

1. 缝匠肌 sartorius 是全身最长的肌，呈扁带状，起于髂前上棘，经大腿的前面，斜向内下，止于胫骨上端的内侧面。作用：屈大腿和屈膝关节，并使已屈的膝关节旋内。

2. 股四头肌 quadriceps femoris 是全身最大的肌，有4个头：①**股直肌**起自髂前下棘；②**股内侧肌和股外侧肌**分别起自股骨粗线内、外侧唇；③**股中间肌**位于股直肌的深面，在股内、外侧肌之间，起自股骨体的前面。4个头向下形成一强腱，包绕髌骨的前面和两侧，向下延续为**髌韧带**，止于胫骨粗隆。作用：是膝关节强有力的伸肌，股直肌还可屈大腿。

（二）内侧群

有5块肌，位于大腿的内侧，分层排列。起自闭孔周围的耻骨支、坐骨支和坐骨结节等处（图 3-31，图 3-34）。

1. 耻骨肌 pectineus 长方形短肌，位于髂腰肌的内侧，长收肌的外侧。

2. 长收肌 adductor longus 三角形扁肌，在耻骨肌的内侧。

3. 股薄肌 gracilis 带状长肌，在最内侧。

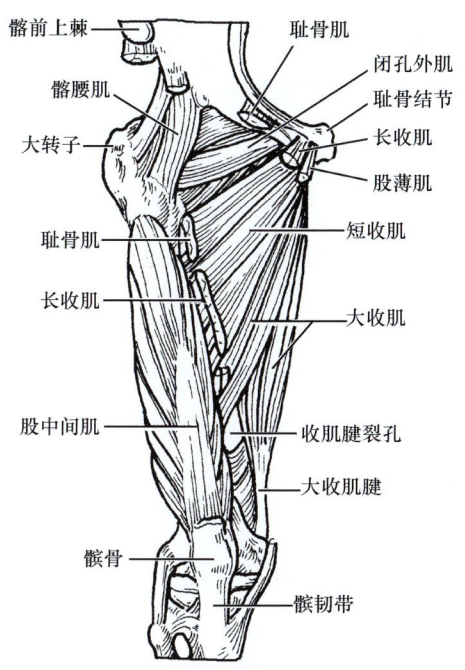

图 3-34 大腿内侧群（深层）

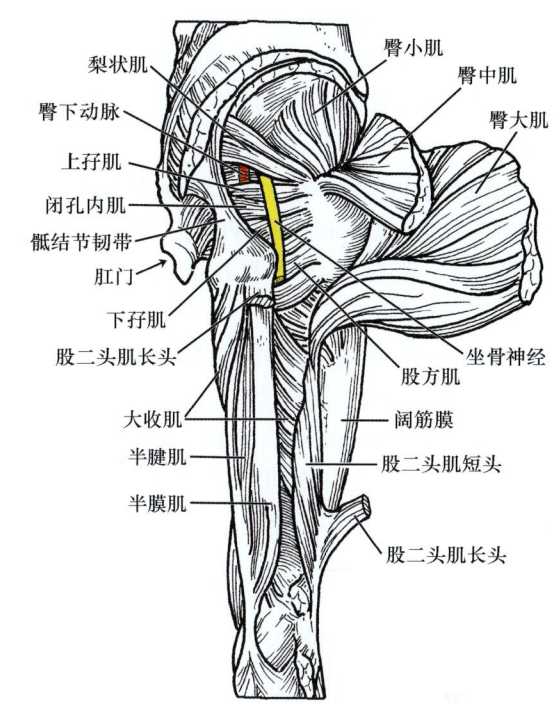

图 3-35 臀肌和大腿后群肌（深层）

4. 短收肌 adductor brevis 近似三角形的扁肌，在耻骨肌和长收肌后面。

5. 大收肌 adductor magnus 为内侧群最宽大的三角形肌，在上述肌的深面。

除股薄肌止于胫骨上端的内侧外，其他各肌都止于股骨粗线，大收肌还有一肌腱止于股骨内上髁上方的收肌结节，此腱与股骨之间有一裂孔，称为**收肌腱裂孔**，有股血管通过。

作用：主要使大腿内收。

【临床联系】
股薄肌的位置表浅，是内收肌群中的非主要作用肌，切取后对功能影响不大，有恒定血管神经分布，为临床常用的肌瓣移植供体之一。

（三）后群

后群有股二头肌、半腱肌和半膜肌，均跨越髋关节和膝关节，常称之为"腘绳肌"（图 3-32，图 3-35）。

1. 股二头肌 biceps femoris 位于股后部的外侧，有长、短两个头。**长头**起自坐骨结节，**短头**起自股骨粗线，两头合并后，以长腱止于腓骨头。

2. 半腱肌 semitendinosus 位于股后部的内侧，肌腱细长，几乎占肌的一半。与股二头肌长头一起起自坐骨结节，止于胫骨上端的内侧。

3. 半膜肌 semimembranosus 在半腱肌的深面，以扁薄的腱膜起自坐骨结节，腱膜几乎占肌的一半，肌的下端以腱止于胫骨内侧髁的后面。

作用：后群 3 块肌可以屈膝关节，伸大腿。屈膝时股二头肌可以使小腿旋外，而半腱肌和半膜肌使小腿旋内。

三、小 腿 肌

小腿肌分为 3 群：前群在骨间膜的前方，后群在骨间膜的后方，外侧群在腓骨的外侧。

（一）前群

前群有 3 块肌（图 3-36）。

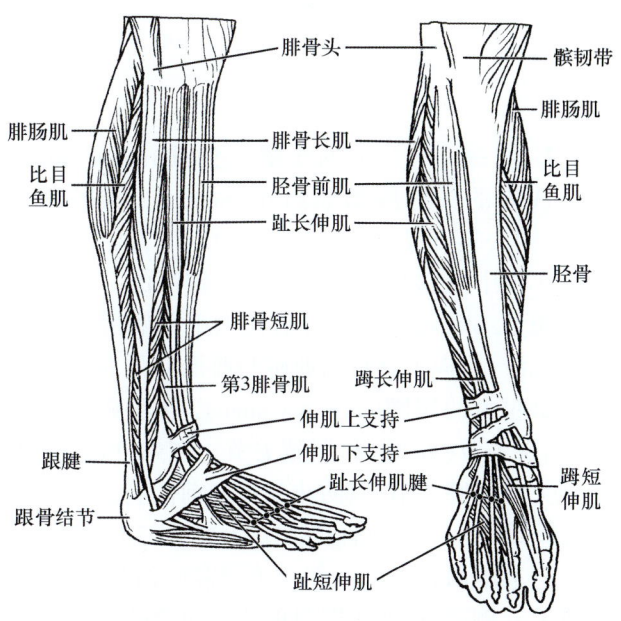

图 3-36 小腿肌前群和外侧群

1. 胫骨前肌 tibialis anterior 起自胫骨外侧面，肌腱向下经踝关节前方，至足的内侧缘，止于内侧楔骨和第1跖骨底。作用：伸踝关节（足背屈），足内翻。

2. 趾长伸肌 extensor digitorum longus 起自腓骨内侧面的上2/3和小腿骨间膜，向下至足背分为4条肌腱至第2～5趾背移行为趾背腱膜，止于中节和远节趾骨底。由此肌另外分出一腱，经足背外侧止于第5趾骨底，称为**第3腓骨肌**。作用：伸踝关节，伸第2～5趾，足外翻。

3. 踇长伸肌 extensor hallucis longus 位于前两肌之间，起自腓骨内侧面的中份和骨间膜，肌腱经足背，止于踇趾远节趾骨底。作用：伸踝关节，伸踇趾。

（二）外侧群

外侧群有**腓骨长肌** peroneus longus 和**腓骨短肌** peroneus brevis，两肌皆起自腓骨的外侧面，腓骨长肌起点较高，并覆盖腓骨短肌。

两肌的肌腱经外踝的后面转向前，在跟骨外侧面分开，腓骨短肌腱向前止于第5跖骨粗隆，腓骨长肌腱绕至足底，斜行至足的内侧，止于内侧楔骨和第1跖骨底。

作用：使足外翻和屈踝关节（跖屈）。此外，腓骨长肌腱和胫骨前肌腱共同形成"**腱环**"，有维持足横弓的作用。

（三）后群

后群分为浅、深两层（图3-37）。

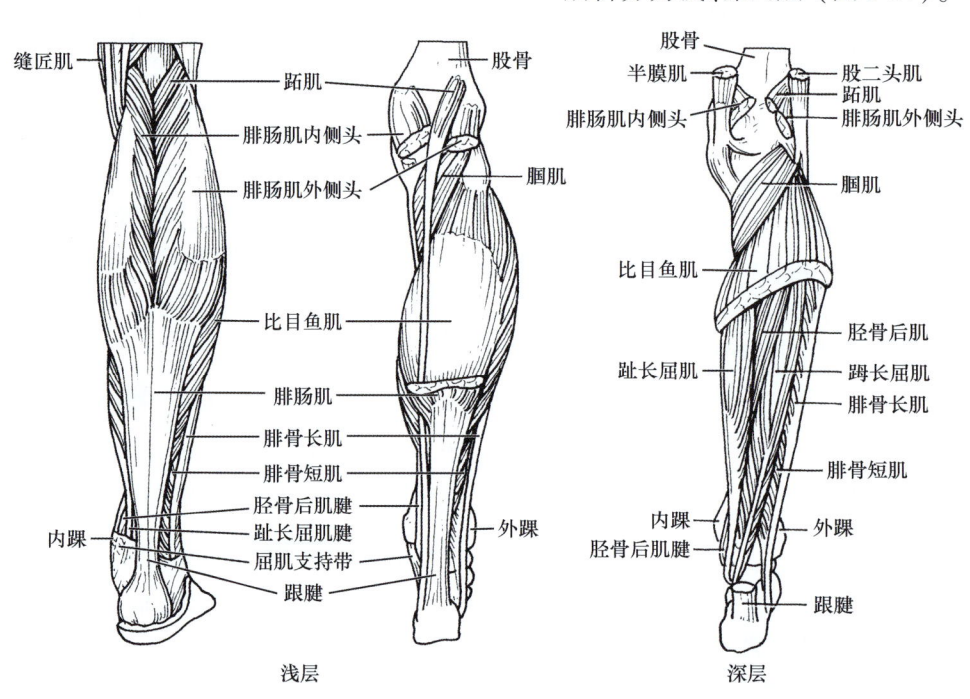

图3-37 小腿肌后群

1. 浅层 有强大的**小腿三头肌** triceps surae，两个浅表的头称**腓肠肌** gastrocnemius，腓肠肌的内、外侧头起自股骨内、外侧髁的后面，两头相合，约在小腿中点移行为肌腱。位置较深的一个头是**比目鱼肌** soleus，起自腓骨后面的上部和胫骨的比目鱼肌线，肌向下移行为肌腱与腓肠肌的肌腱合成人体最粗大的**跟腱** tendo calcaneus，止于跟骨。作用：屈踝关节（跖屈）和屈膝关节。在站立时，能固定踝关节和膝关节，以防止身体向前倾斜。

2. 深层 有4块肌，腘肌在上方，另3块在下方。

（1）**腘肌** popliteus：斜位于腘窝底，起自股骨外侧髁的外侧部分，止于胫骨的比目鱼肌线以上的骨面。作用：屈膝关节并使小腿旋内。

（2）**趾长屈肌** flexor digitorum longus：位于胫侧，起自胫骨后面，长腱经内踝后方至足底，在足底分为4条肌腱，止于第2～5趾的远节趾骨底。作用：屈踝关节（跖屈）和屈第2～5趾。

（3）**踇长屈肌** flexor hallucis longus：起自腓骨后面，长腱经内踝后方至足底，止于踇趾远节趾骨底。作用：屈踝关节（跖屈）和屈踇趾。

（4）**胫骨后肌** tibialis posterior：位于趾长屈肌和踇长屈肌之间，起自胫骨、腓骨和小腿骨间膜的后面，长腱经内踝后方到足底内侧，止于足舟骨粗隆和内侧、中间及外侧楔骨。作用：屈踝关节（跖屈)和使足内翻。

四、足 肌

足肌分为足背肌和足底肌。

(一)足背肌

足背肌较薄弱,包括伸姆趾的**姆短伸肌**和伸第 2~5 趾的**趾短伸肌**,位于趾长伸肌腱深面(图 3-36)。

(二)足底肌

足底肌的配布和作用与手掌肌相似,亦分为内侧群、中间群和外侧群(图 3-38),但没有与拇指和小指相当的对掌肌。

1. **内侧群** 为运动姆趾的小肌。有 3 块,浅层有**姆展肌**、**姆短屈肌**;深层有**姆收肌**。
2. **中间群** 由浅至深排列为趾短屈肌、足底方肌、4 条**蚓状肌**、3 块**骨间足底肌**和 4 块**骨间背侧肌**。
3. **外侧群** 为运动小趾肌,有**小趾展肌**和**小趾短屈肌**。

足底肌的作用同其名,除运动相应的足趾外,与小腿后群深层肌的长肌腱一起维持和增强足弓。

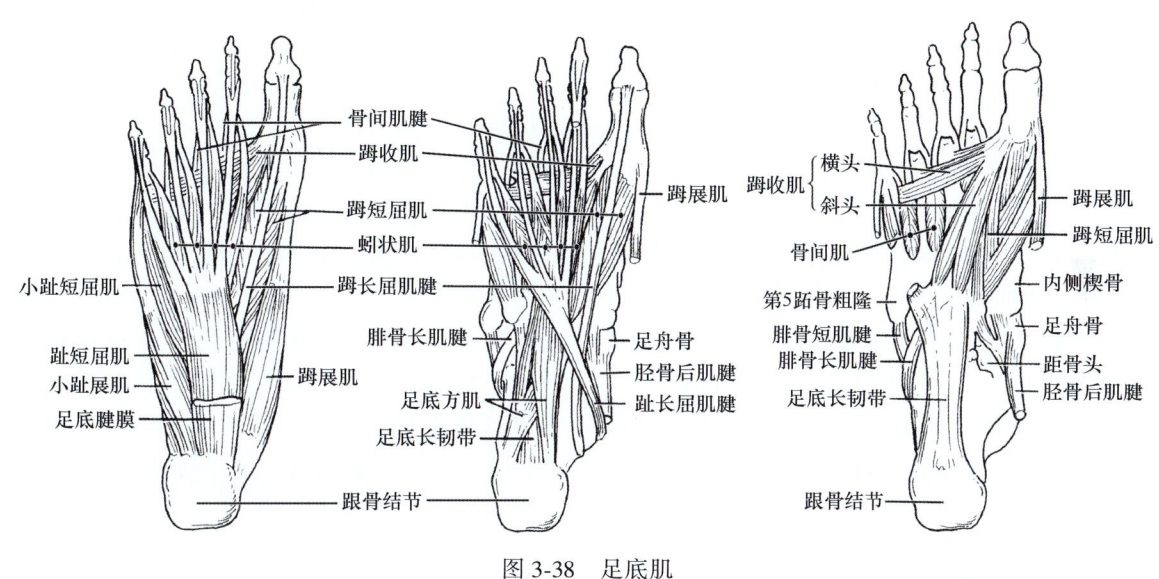

图 3-38 足底肌

五、下肢的局部记载

(一)梨状肌上孔和梨状肌下孔

梨状肌上孔 suprapiriformis foramen 和**梨状肌下孔** infrapiriformis foramen 在梨状肌上、下两缘和坐骨大孔之间。盆部的血管和神经通过此两孔至臀部、会阴和下肢。

(二)股三角

股三角 femoral triangle 为大腿前面上部的三角形区域。其上界为腹股沟韧带、内侧界为长收肌内侧缘,外侧界为缝匠肌的内侧缘。三角内主要结构有股神经、股血管和淋巴结等。

(三)收肌管

收肌管 adductor canal 位于大腿中部,缝匠肌的深面,大收肌与股内侧肌之间。管的上口为股三角尖,下口为收肌腱裂孔,通至腘窝,管内有股血管、隐神经通过。

(四)腘窝

腘窝 popliteal fossa 在膝关节后方的凹窝,呈菱形。其上外侧界为股二头肌,上内侧界为半腱肌和半膜肌,下外侧界和下内侧界分别为腓肠肌的外侧头和内侧头。窝内有血管、神经、脂肪组织和淋巴结等。

第七节 体表的肌性标志

通过体表的骨性标志与肌性标志可以定出有关解剖结构的毗邻关系和某些深部重要结构的体表投影,具有临床意义。

一、头 颈 部

1. **咬肌** 当牙咬紧时,在下颌角的前上方,颧弓下方可摸到坚硬的条状隆起。
2. **胸锁乳突肌** 当面部转向外侧时,可明显看到从前下方斜向后上方呈长条状的隆起。

二、躯 干 部

1. **斜方肌** 在项部和背上部,可见斜方肌的外上缘的轮廓。

2. 背阔肌 在背下部可见此肌的轮廓，其外下缘参与形成腋后壁。

3. 胸大肌 胸前壁较膨隆的肌性隆起，其下缘构成腋前壁。

4. 腹直肌 腹前正中线两侧的纵形隆起，肌发达者可见脐以上有3条横沟，即为腹直肌的腱划。

三、上　肢

1. 三角肌 在肩部形成圆隆的外形，其止点在臂外侧中部呈现一小凹。

2. 肱二头肌 当屈肘握拳旋后时，在臂前面可见到膨隆明显的肌腹。在肘窝中央，可摸到此肌的肌腱。

3. 肱三头肌 在臂的后面，三角肌后缘的下方可见到肱三头肌长头。

4. 肱桡肌 当握拳用力屈肘时，在肘部可见到肱桡肌和膨隆肌腹。

5. 掌长肌 当手用力半握拳屈腕时，在腕掌的中份、腕横纹的上方，可明显见此肌的肌腱。

6. 桡侧腕屈肌 同上述掌长肌的动作，在掌长肌腱的桡侧，可见此肌的肌腱。

7. 尺侧腕屈肌 用力外展手指，在腕横纹上方的尺侧，豌豆骨的上方，可见此肌的肌腱。

8. 鼻烟窝 在腕背侧面，当拇指伸直外展时，自桡侧向尺侧可见拇长展肌、拇短伸肌和拇长伸肌腱。在后两肌腱之间有深的凹陷，称鼻烟窝。

9. 指伸肌腱 在手背，伸直手指，可见此肌至第2~5指的肌腱。

四、下　肢

1. 股四头肌 在屈大腿时，可见股直肌在缝匠肌和阔筋膜张肌形成的夹角内，股内侧肌和股外侧肌在大腿前面的下部，分别位于股直肌的内、外侧。

2. 臀大肌 在臀部形成圆隆外形。

3. 股二头肌 在腘窝的外上界，可摸到它们的肌腱止于腓骨头。

4. 半腱肌、半膜肌 在腘窝的内上界，可摸到它们的肌腱止于胫骨，其中半腱肌较窄，位置表浅且略靠外，而半膜肌腱粗而圆钝，它位于半腱肌腱的深面和靠内。

5. 𣲷长伸肌 当用力伸𣲷趾时，在踝关节前方和足背可摸到此肌的肌腱。

6. 胫骨前肌 在踝关节的前方，𣲷长伸肌腱的内侧可摸到此肌的肌腱。

7. 趾长伸肌 当足背屈时，在踝关节前方，𣲷长伸肌腱的外侧可摸到此肌的肌腱。在伸趾时，在足背可清晰见到至各趾的肌腱。

8. 小腿三头肌（腓肠肌和比目鱼肌） 在小腿后面，可见到该肌膨隆明显的肌腹及粗壮的跟腱。

【相关进展】
　　20世纪70年代显微外科技术得到了充分的发展，应用显微外科技术设计切取带血供的一块肌或一部分肌移植，可进行吻合血管肌瓣或肌皮瓣移植或带蒂局部转位，已广泛用于填塞空腔、覆盖创面和肌动力功能重建。1974年Harii首先报道了吻合血管的股薄肌肌皮瓣覆盖创面获得成功，1976年陈中伟首先报道吻合血管、神经的胸大肌移植，重建前臂屈肌群缺血性挛缩屈指功能重建的手术。

【复习思考题】

1. 分析哪些肌参与咀嚼运动？
2. 分析深呼吸时都有哪些肌参与？
3. "翼状肩"、"方形肩"、"爪形手"、"猿手"是哪些肌肉瘫痪所致？
4. 分析"马蹄内翻足"畸形发生的原因。
5. 分析肩关节、肘关节、髋关节、膝关节和踝关节的运动都有哪些肌参加？
6. 运动拇指和示指的肌有哪些？
7. 在踝部前方、内后方、外后方各通过什么肌腱？其排列关系怎样？
8. 三块扁腹肌的纤维方向及其形成的结构有哪些？

（黄绍明　付升旗）

第二篇 内 脏 学

概 述

【学习目标】
1. 掌握胸腹部的标志线,腹部的分区。
2. 了解内脏的概念,内脏的基本形态和结构。

内脏viscera 包括消化、呼吸、泌尿和生殖 4 个系统。研究内脏各器官形态结构和位置的科学,称**内脏学**splanchnology。内脏的大部分器官位于胸、腹腔和盆腔内,在功能上,内脏器官主要是进行物质代谢和繁殖后代。消化系统是从摄入的食物中吸取营养物质,并将食物的残渣形成粪便排出体外;呼吸系统是从空气中摄取氧气并将体内产生的二氧化碳排出体外;泌尿系统是将机体在物质代谢过程中所产生的代谢产物,形成尿液排出体外;生殖系统能产生生殖细胞和分泌性激素,并进行生殖活动,借以繁殖后代。此外,内脏各系统中的许多器官还具有内分泌功能,产生多种激素,参与对机体多种功能的调节活动。

一、内脏的一般结构

内脏各器官具有一定的形态,据其基本结构可分为**中空性器官**和**实质性器官**两大类。

(一)中空性器官

此类器官内有空腔,如消化道、呼吸管道、泌尿管道和生殖管道。以消化管为例,管壁由内向外可分为黏膜、黏膜下层、肌层和外膜等 4 层。

(二)实质性器官

此类器官没有特有的空腔,表面包有结缔组织被膜或浆膜。结缔组织被膜向器官内伸入,将器官内部分隔成若干个小叶,如肝、胰、肺、肾等器官。实质性器官均有血管、神经、淋巴管等结构出入的门户,此处常凹陷,通常称为**门**hilum,如肝门、肺门、肾门等。

二、胸、腹部的标志线和腹部的分区

内脏各器官在胸腹腔内占据相对固定的位置,因此,了解和掌握各器官的正常位置,对于临床具有重要的实际意义。为了描述内脏各器官的位置和体表投影,通常在胸、腹部体表确定了若干的标志线和分区(第二篇图 1)。

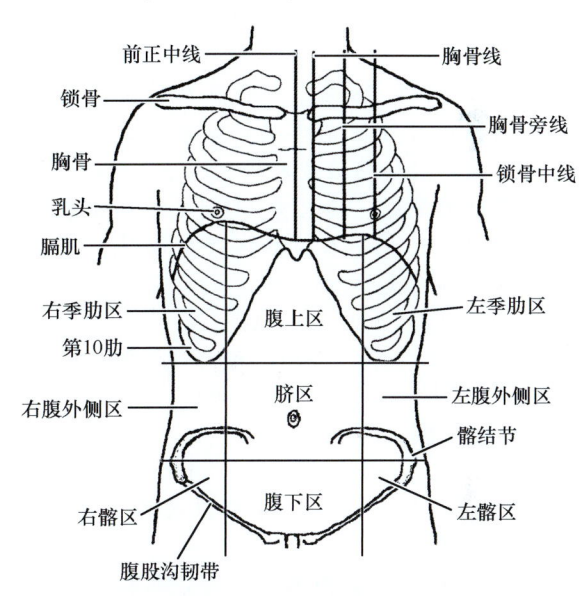

第二篇图 1 胸、腹部标志线和分区

(一)胸部的标志线

1. 前正中线 anterior median line 沿胸骨正中所作的垂线。

2. 胸骨线 sternal line 沿胸骨外侧缘最宽处所作的垂线。

3. 胸骨旁线 parasternal line 经胸骨线与锁骨中线之间的中点所作的垂线。

4. 锁骨中线 midclavicular line 经锁骨中点所作的垂线。一般此线在男性大致通过乳头,故又可称之为**乳头线**(男性)。

5. 腋前线 anterior axillary line 经腋前襞向下所作的垂线。

6. 腋后线 posterior axillary line 经腋后襞向下所作的垂线。

7. 腋中线 midaxillary line 经腋前、后线之间中点所作的垂线。

8. 肩胛线 scapular line 经肩胛骨下角所作的垂线。

9. 后正中线 posterior median line 经椎骨棘突所作的垂线。

(二) 腹部的标志线和分区

通常用两条横线和两条垂线,将腹部划分为 9 个区(第二篇图 1)。两条横线是分别通过两侧肋弓最低点和两侧髂结节的连线,由此而将腹部分为腹上、中、下 3 部。两条垂线是分别通过左、右两侧腹股沟韧带中点所作的垂线,并与两条横线相交。以此将上腹部分为中间的**腹上区**和两侧的**左**、**右季肋区**;将腹中部又分为中间的**脐区**和两侧的**左**、**右腹外侧区(腰区)**;将下腹部分为中间的**耻区(腹下区)**和两侧的**左**、**右髂区(腹股沟区)**。

在临床上,常用的简便方法是采用"四分法"即通过脐的横线和垂线,而将腹部分为**左上腹**、**右上腹**、**左下腹**和**右下腹**4 个区。

第四章 消化系统

【引子】

患者,女性,28 岁。2 天前无明显诱因出现脐周钝痛,7 小时前疼痛转到右下腹伴恶心急诊入院。经体格检查和辅助检查,诊断为急性坏疽性阑尾炎。请思考:①阑尾根部体表投影位于何处?②手术时如何寻找阑尾?③阑尾为什么易发炎?

【学习目标】

一、掌握
1. 消化系统的组成,上、下消化道的概念。
2. 咽的位置、形态、分部以及各部结构,咽峡的构成。
3. 牙的形态和构造,舌的分部和黏膜的结构,唾液腺的位置和腺管开口的部位。
4. 食管的分段、位置及其狭窄部位,胃的形态、位置和分部,十二指肠的形态、位置、分部和结构特点。
5. 阑尾的位置及根部的体表投影,盲肠和结肠的形态特征。
6. 肝的形态、位置及肝门;胆囊的形态、位置及胆囊底的体表投影;肝外胆道的组成、胆总管与胰管的汇合、开口部位和胆汁的排出途径。

二、了解
1. 颏舌肌的起止、位置和作用;咽淋巴环的概念。
2. 小肠的分部,大肠的分部,直肠的位置、形态、分部和肛管的形态结构。
3. 肝和胰的功能。

消化系统 alimentary system 由消化管和消化腺所组成(图 4-1)。**消化管**是从口腔到肛门的管道。包括口腔,咽,食管,胃,小肠(十二指肠、空肠、回肠)和大肠(盲肠、阑尾、结肠、直肠、肛管)。在临床上通常把从口腔至十二指肠的管道称**上消化道**;空肠以下的部分则称**下消化道**。

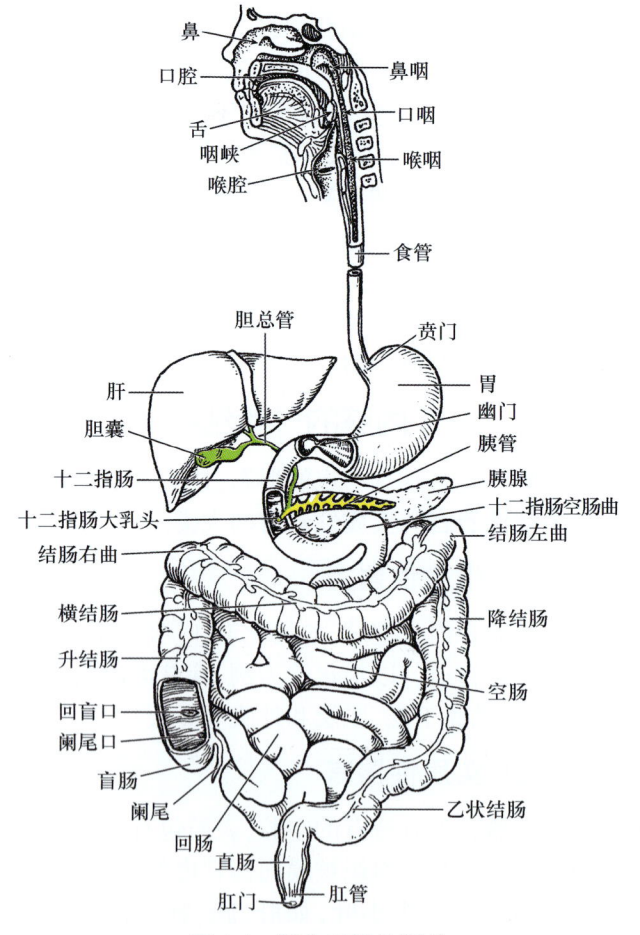

图 4-1 消化系统的概观

消化腺包括大消化腺和小消化腺两种。大消化腺位于消化管壁以外,构成器官。如大唾液腺、肝、胰,它们分泌的消化液经导管排入消化管腔内。小消化腺则分布于消化管壁内,如胃腺、肠腺等。

消化系统的基本功能是摄取食物,进行物理和化学性的消化,吸收其营养物质,最后将食物残渣形成粪便排出体外。

第一节 消 化 管

一、口 腔

口腔oral cavity 是消化管的起始部。口腔的前壁为唇,侧壁为颊,上壁为腭,下壁为口腔底。口腔向前经口裂通向外界;向后经咽峡与咽相通。

口腔以上、下牙弓和牙龈为界分成为前外侧的**口腔前庭**oral vestibule 和后内侧的**固有口腔**oral cavity proper 两部(图 4-2)。口腔前庭是唇、颊与上、下牙弓和牙龈之间的狭窄间隙。固有口腔为上、下颌牙和牙龈所围成的空间,其顶为腭;底由黏膜、肌和皮肤等构成。

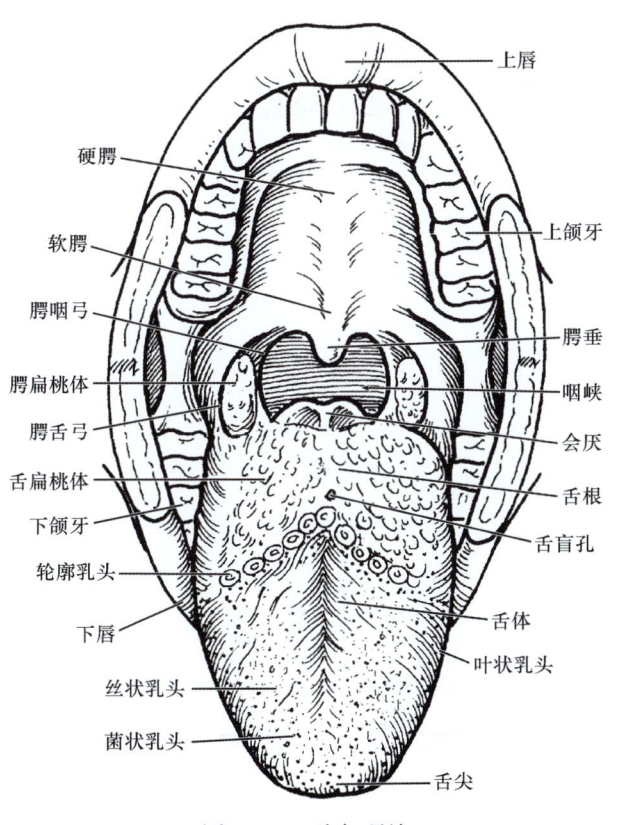

图 4-2 口腔与咽峡

(一) 口唇

口唇oral lips 分上唇和下唇,外面为皮肤,内面为黏膜,中间为口轮匝肌。唇的游离面是皮肤和口腔黏膜的移行部分,含有丰富的毛细血管,称**唇红**,当机体缺氧时可变为绛紫色,临床上称为发绀。在上唇外面的中线处有一纵行的浅沟,称**人中**philtrum,为人类特有。上唇两侧与颊的交界处为**鼻唇沟**nasolabial sulcus。口裂两侧的结合处为**口角**,口角平对尖牙与第 1 前磨牙之间。在上、下唇内面正中线处有**上、下唇系带**。

(二) 颊

颊cheek 位于口腔前庭的两侧壁,由黏膜、颊肌和皮肤构成。在平对上颌第 2 磨牙牙冠的颊黏膜处有**腮腺管乳头**,为腮腺管的开口处。

(三) 腭

腭palate 为口腔的顶,分隔鼻腔与口腔(图 4-2);其前 2/3 为硬腭、后 1/3 为软腭。

硬腭 hard palate 主要由骨腭及其覆盖的黏膜构成。黏膜厚而致密,与骨膜紧密相连。

软腭 soft palate 主要是由肌肉和黏膜构成(图 4-2)。软腭的后部向后下倾斜,称**腭帆**palatine velum。腭帆后缘游离,其中部有一向下的突起,称**腭垂(悬雍垂)**uvula。自腭帆两侧向下形成两条弓状黏膜皱襞,前方皱襞向下连于舌根,称**腭舌弓**palatoglossal arch;后皱襞向下连于咽侧壁,称**腭咽弓**palatopharyngeal arch。腭垂、腭帆游离缘、两侧的腭舌弓及舌根共同围成**咽峡**isthmus of fauces,是口腔和咽的分界标志。

(四) 牙

牙teeth 是人体最坚硬的器官,嵌于上、下颌骨的牙槽内,排列成弓状,分别称**上、下牙槽弓**upper and lower dental arch。牙具有咬切、撕裂、磨碎食物并对语言和发音有重要的辅助作用。

牙在外形上,可分为牙冠、牙颈和牙根 3 个部分(图 4-3)。**牙冠**是露出牙龈以外的部分,**牙根**为嵌入牙槽骨的部分,**牙颈**是牙冠与牙根之间缩窄的部分,被牙龈所覆盖。

1. 牙的种类和排列 人的一生先后有两套牙(图 4-4,图 4-5)。第 1 套牙为**乳牙**deciduous teeth,第 2 套牙为**恒牙**permanent teeth。乳牙一般从出生后 6 个月开始陆续长出,到 2 岁左右出齐,共 20 个,上、下颌各有 10 个。6 岁左右乳牙开始脱落,逐渐更换成恒牙,约在 14 岁左右出齐。但第 3 磨牙往往在 18 岁以后才长出,因此又称**迟牙**或**智牙**wisdom tooth,有时甚至终生不萌出。恒牙出齐后乳牙和恒牙均可分**切牙**incisors、**尖牙**canine teeth 和**磨牙**molars 3 种。恒牙又有磨牙和**前磨牙**premolars 之分。切牙、尖牙分别用以咬切和撕扯食物,磨牙和前磨牙则有研磨和粉碎食物的功能。

乳牙与恒牙的名称及排列顺序如图 4-4、图 4-5 所示。乳牙在上、下颌的左、右两侧各 5 个,共计 20 个。恒牙在上、下颌的左、右两侧各 8 个,共计 32 个。临床上,为了记录牙的位置,常以被检查者的方位为准,以"十"记号划分成 4 区,并以罗马数字Ⅰ~Ⅴ标示乳牙,用阿拉伯数字 1~8 标示恒牙,如"⌐Ⅴ"则表示左下颌第 2 乳磨牙,"6⌐"表示右上颌第 1 恒磨牙。

2. 牙的构造 牙由**牙本质**dentine、**釉质**enamel、**牙骨质**cement 和**牙髓**dental pulp 构成(图 4-3)。牙本质构成牙的大部分。牙冠部的牙本质外表面覆盖着坚硬而光滑的釉质,是人体最坚硬的结构。在牙颈和牙根处,牙本质的外表面覆盖着牙骨质,其组成结构与骨组织相似。牙内的空腔为**牙髓腔**dental cavity,牙的血管、神经经牙根尖端的**根尖孔**出入牙髓腔,在腔内与其间的结缔组织共同构成牙髓。当牙髓发炎时,常引起剧烈的疼痛。

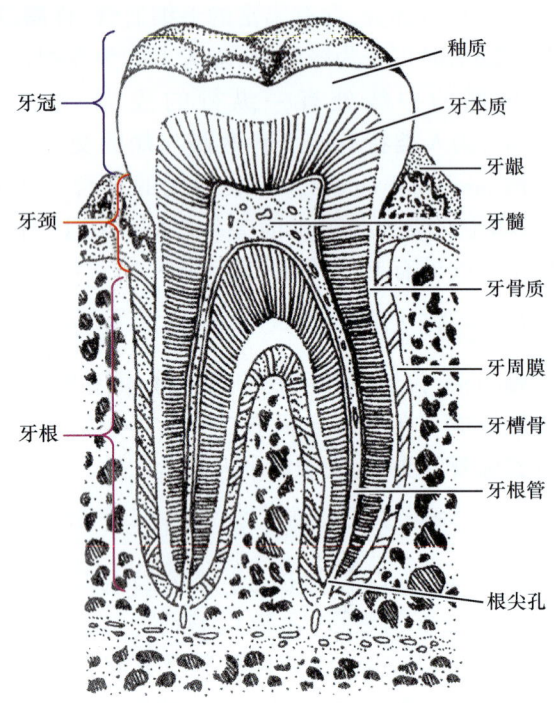

图 4-3 牙的纵切面示意图

共有 32 个,上、下颌各有 16 个(表 4-1)。

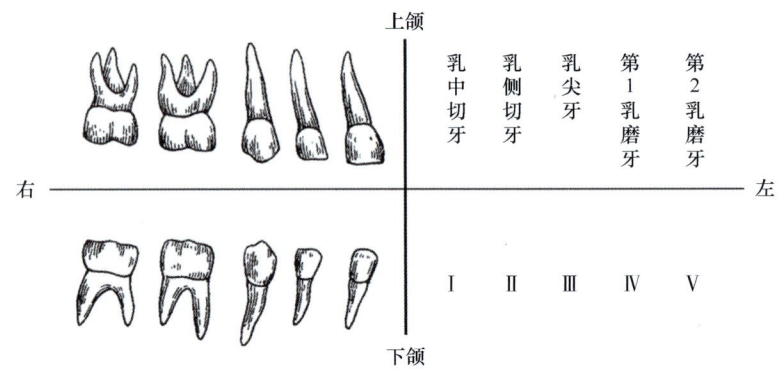

图 4-4 乳牙的名称、排列及符号

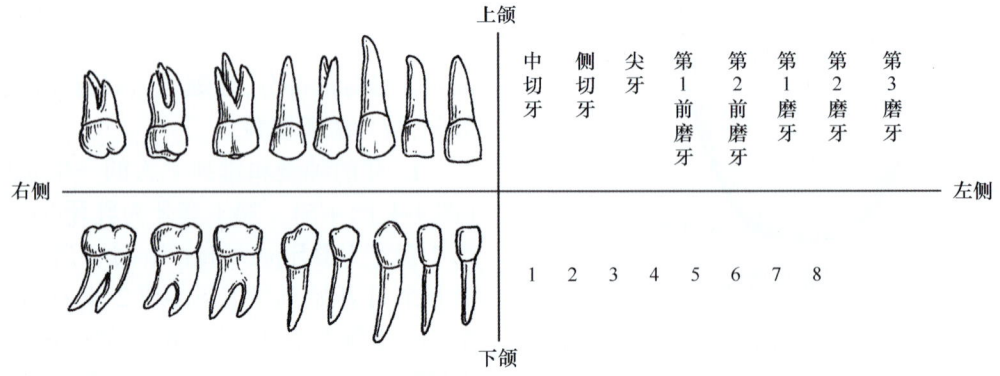

图 4-5 恒牙的名称、排列及符号

表 4-1　牙的萌出和脱落时间

名称	乳牙		恒牙	
	萌出时间	脱落时间	名称	萌出时间
乳中切牙	6~8 个月	6 岁	中切牙	6~8 岁
乳侧切牙	6~10 个月	8 岁	侧切牙	7~9 岁
乳尖牙	16~20 个月	12 岁	尖牙	9~12 岁
第 1 乳磨牙	12~16 个月	10 岁	第 1 前磨牙	10~12 岁
第 2 乳磨牙	20~30 个月	11~12 岁	第 2 前磨牙	10~12 岁
			第 1 磨牙	6~7 岁
			第 2 磨牙	11~13 岁
			第 3 磨牙	18~28 岁

3. 牙周组织　**牙周组织**包括**牙龈**gingiva、**牙周膜**peridental membrane 和**牙槽骨**alveolar bone 3 部分,对牙具有支持、保护、固定的作用。牙龈是口腔黏膜的一部分,富含血管,色泽红润,包绕着牙颈并与牙槽骨的骨膜紧密相连。牙周膜是介于牙根和牙槽骨之间的致密结缔组织,将两者牢固地相连。老年人牙周膜萎缩后,常可引起牙齿松动或脱落。

(五) 舌

舌 tongue 位于口腔底部,由骨骼肌被覆黏膜构成,有吞咽食物、感受味觉和辅助发音等功能。

1. 舌的形态　舌分为上、下两面(图 4-2,图 4-6)。舌的上面借"V"形的**界沟**分为前 2/3 的**舌体**和后 1/3 的**舌根**,舌体的前端为**舌尖**。界沟的尖端有一小凹,称**舌盲孔**,为胚胎时期甲状舌管的遗迹。舌的下面(图 4-6)正中线上有一条纵行的从舌的下面连于口腔底前部的黏膜皱襞,称**舌系带**。舌系带根部的两侧各有一个小的圆形隆起,称**舌下阜**,其上有小孔,为下颌下腺及舌下腺大管的开口。在舌下阜的两侧有向外侧延续的**舌下襞**,为舌下腺小管的开口。

2. 舌黏膜　在舌体和舌尖的黏膜形成许多乳头状隆起,称**舌乳头**papillae of tongue。舌乳头有 4 种(图 4-2):

(1) **丝状乳头**filiform papilla:分布于舌背的前 2/3,数量最多,体形最小,呈白色。

(2) **菌状乳头**fungiform papilla:数量较少,散在于丝状乳头之间,在舌的侧缘与舌尖部较多。呈红色,含有味蕾。

(3) **轮廓乳头**vallate papilla:排列在界沟的前方,约有 7~11 个,体积最大,沟两侧的上皮内含有味蕾。

(4) **叶状乳头**foliate papilla:位于舌侧缘的后

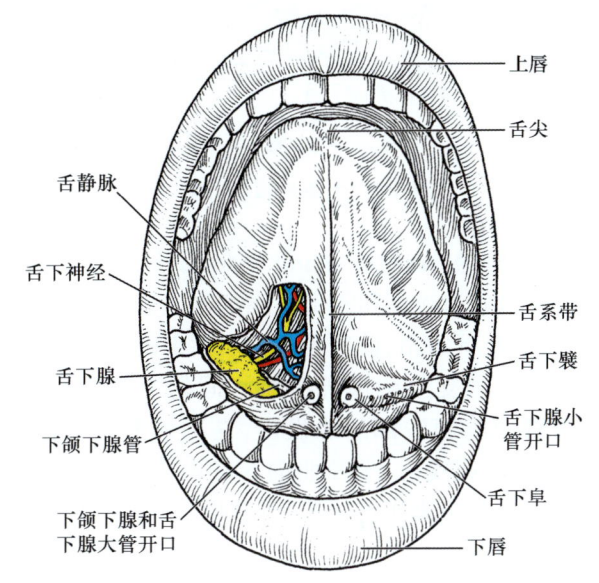

图 4-6　口腔底与舌下面

部,呈叶片状,每侧约有 4~8 条。

味蕾taste bud 是味觉感受器,主要分布于菌状乳头、轮廓乳头和叶状乳头以及软腭、会厌及咽等部位的上皮中。味蕾可感受酸、甜、苦及咸等味觉;丝状乳头无味蕾,只感受一般感觉。

3. 舌肌　属骨骼肌,可分为舌内肌和舌外肌。舌内肌的起止均在舌内,可分为**纵行肌**、**横行肌**和**垂直肌** 3 种,收缩时可改变舌的形态。舌外肌起自舌外,止于舌内,有**颏舌肌**、**舌骨舌肌**和**茎突舌肌** 3 对。其中以颏舌肌在临床上较为重要,该肌起自下颌体后面的颏棘,肌纤维呈扇形向后上方分散,止于舌中线的两侧。两侧颏舌肌同时收缩,将舌拉向前下方,即伸舌;一侧收缩使舌尖伸向对侧。

(六) 唾液腺 salivary glands

唾液腺为外分泌腺,能分泌唾液,有湿润口腔黏膜、掺和食物形成食团和消化食物的功能。唾液腺可分为大唾液腺和小唾液腺两类。小唾液腺数目众多，位于口腔各部的黏膜内，属于黏液腺，如唇腺、腭腺、颊腺和舌腺等。大唾液腺有3对（图4-7）。

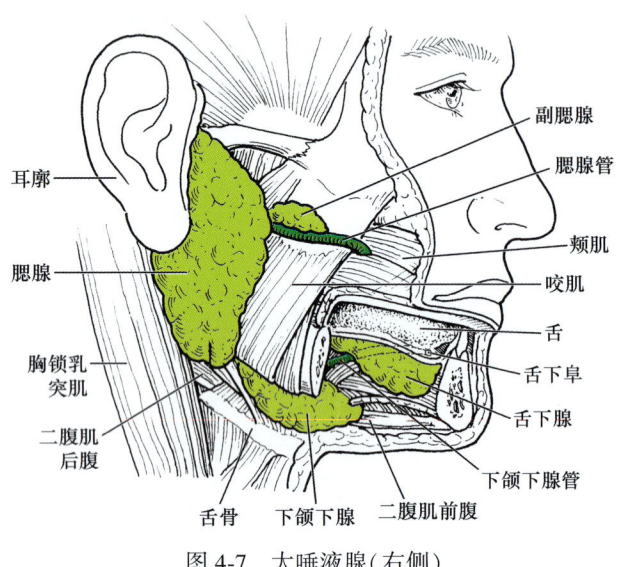

图 4-7　大唾液腺（右侧）

1. 腮腺 parotid gland　形态不规则，重约30g，腺体分为浅部和深部。浅部略呈三角形，上达颧弓，下至下颌角，前覆盖于咬肌后部的浅面；深部伸入到下颌支与胸锁乳突肌之间的下颌后窝内。**腮腺管**由腮腺浅部前缘发出，在颧弓下方一横指处，横过咬肌浅面，至咬肌前缘转向内侧，穿颊肌，开口于与上颌第2磨牙牙冠相对的颊黏膜处，此处有**腮腺管乳头**。

2. 下颌下腺 submandibular gland　位于下颌骨下缘、二腹肌前、后腹所围成下颌下三角内，重约15g，呈扁椭圆形，其导管自腺的内侧面发出，沿口腔底黏膜的深面前行，开口于舌下阜。

3. 舌下腺 sublingual gland　位于口腔底部舌下襞的深面，呈长扁圆形，较小，重约2~3g。导管有大、小两种。大导管有一条，与下颌下腺管共同开口于舌下阜，小导管约有5~15条，皆开口于舌下襞。

二、咽

（一）咽的位置和形态

咽 pharynx 为一上宽下窄、前后扁窄的漏斗形肌性管道，长约12cm，位于第1~6颈椎的前方。咽的上端附着于颅底，下端于第6颈椎下缘处移行为食管，咽的后壁及侧壁完整，前壁不完整，分别以鼻后孔、咽峡和喉口与其前方的鼻腔、口腔和喉腔相通（图4-8，图4-9）。

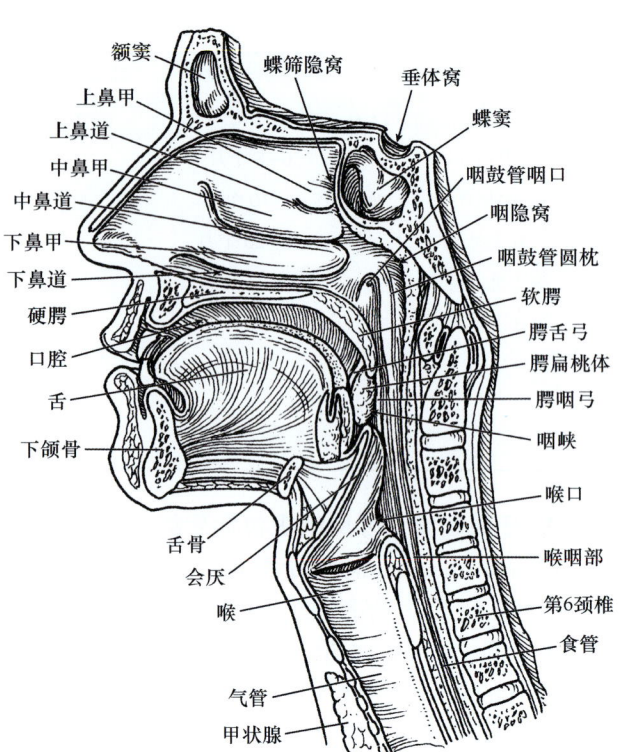

图 4-8　鼻腔、口腔、咽和喉的正中矢状面

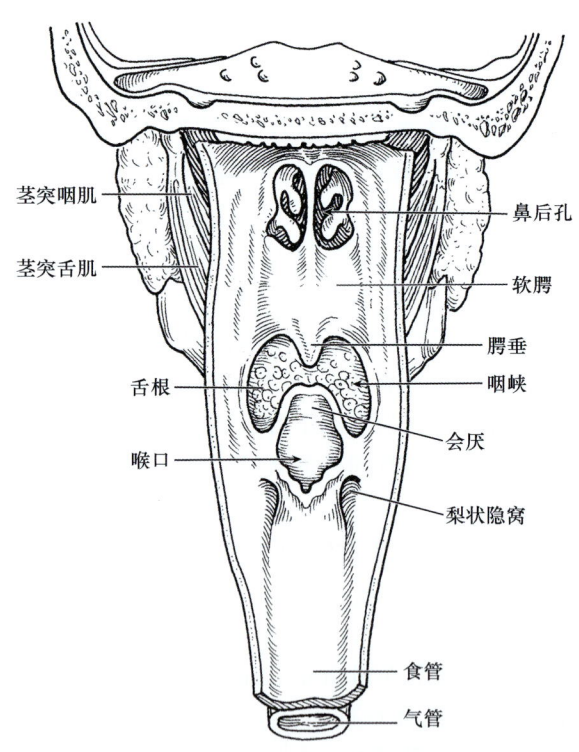

图 4-9　咽腔后面观

（二）咽的分部

咽借软腭和会厌上缘为界，可分为鼻咽、口咽和喉咽3部分。

1. 鼻咽 nasopharynx　为咽的上部，介于颅底与软腭后缘水平之间,向前经鼻后孔与鼻腔相通。鼻咽的顶壁与后壁相互移行,呈斜向后下的圆拱形,此处黏膜下有丰富的淋巴组织,称**咽扁桃体**。在小儿时期,该淋巴组织较发达,从 6 岁左右开始萎缩,至 10 岁以后则退化。有些儿童的咽扁桃体可出现异常的增大,称增殖腺,可使咽腔变窄,影响呼吸,熟睡时可出现张口呼吸。

在鼻咽的侧壁,约平下鼻甲后方的 1cm 处,有**咽鼓管咽口** pharyngeal opening of auditory tube,鼻咽腔由此口经咽鼓管通达中耳鼓室。当咽部感染时,细菌可经咽鼓管蔓延至中耳,引起中耳炎。在咽鼓管咽口的前、上、后方有明显的弧形隆嵴,称**咽鼓管圆枕** tubal torus,是寻认咽鼓管咽口的标志。咽鼓管咽口附近黏膜内的淋巴组织,称为**咽鼓管扁桃体**。咽鼓管圆枕的后方有一纵行的凹陷,称**咽隐窝** pharyngeal recess,是鼻咽癌的好发部位。

2. 口咽 oropharynx 为咽腔的中部,介于软腭后缘与会厌上缘平面之间,向前经咽峡与口腔相通。其前壁主要为舌根后部,舌根后部的正中有一条矢状位的黏膜皱襞连于会厌,称为**舌会厌正中襞**,该襞两侧的浅凹称**会厌谷**,异物易停留于此。

腭扁桃体是一对扁卵圆形的淋巴上皮器官(图 4-2,图 4-8),位于口咽外侧壁的扁桃体窝内,内侧面由黏膜覆盖,并有 10~20 个深陷的小凹,称**扁桃体隐窝**,细菌可在小窝内滞留繁殖,导致扁桃体发炎。

咽后上方的咽扁桃体、两侧的咽鼓管扁桃体、腭扁桃体以及前下方的舌扁桃体共同围成的淋巴组织环,称**咽淋巴环**或称**Waldeyer 环**,是呼吸道和消化道上端的防御组织。

3. 喉咽 laryngopharynx 为咽下部最狭窄的部分,位于会厌上缘与第 6 颈椎下缘平面之间,向前借喉口与喉腔相通。在喉口的两侧各有一个深凹,称**梨状隐窝** piriform recess,是异物易于滞留的部位。

咽肌为骨骼肌,由**咽缩肌**和**咽提肌**组成。**咽缩肌**自上而下依次呈叠瓦状,收缩时可将食团推挤入食道。**咽提肌**收缩,上提咽和喉,迫使舌根后压,会厌封闭喉口,食团越过会厌后方,经喉咽进入食管。

三、食 管

(一) 食管的形态和分部

食管 esophagus 为一横扁纵长的管状肌性器官,上在第 6 颈椎下缘处接咽,下在第 11 胸椎平面连贲门,全长约 25 cm。食管沿脊柱的前方,气管的后方下行,经颈部入胸腔,再穿膈的食管裂孔至腹腔。故食管按其行程可分为颈部、胸部和腹部 3 部(图 4-10)。**颈部**较短,由起始至颈静脉切迹水平之间,长约 5 cm。**胸部**较长,自颈静脉切迹至膈的食管裂孔,长 18~20 cm。**腹部**最短,由食管裂孔至胃的贲门,长 1~2 cm。

(二) 食管的狭窄

食管全长有 3 处生理性狭窄(图 4-10):**第 1 狭窄**在食管的起始处,距上颌中切牙约 15 cm;**第 2 狭窄**位于与左主支气管跨越处,相当于胸骨角或第 4 胸椎下缘平面,距上颌中切牙约 25 cm;**第 3 狭窄**位于食管穿经膈的食管裂孔处,约平第 10 胸椎高度,距上颌中切牙约 40 cm。食管这 3 处狭窄是异物易滞留部位,也是食管损伤、炎症和肿瘤的好发部位,进行食管插管时应注意这些狭窄,根据食管镜插入的距离可推知器械顶端所到达的部位。

(三) 食管壁的结构

食管具有消化管典型的 4 层结构。食管壁的肌层主要分为内环与外纵两层。上 1/3 段为骨骼肌,下 1/3 段为平滑肌,中 1/3 段则两者兼有。食管上下两端的环行肌增厚,形成上、下括约肌。

四、胃

胃 stomach 是消化管中最膨大的部分,呈囊袋状,上连食管,下接十二指肠,具有收纳、消化食物的作用。胃的形态、大小和位置可因其充盈程度、体位、体型和年龄等状况不同而有所变化。成人胃中等度充盈时,平均长度为 25~30 cm,容量为 1000~3000 ml。

(一) 胃的形态和分部

胃分出、入两口,大、小弯和前、后壁,可分为 4 部分(图 4-11)。

胃的入口称**贲门** cardia,位于第 11 胸椎体左侧,接食管。出口为**幽门** pylorus,位于第 1 腰椎体右侧,接十二指肠。**胃小弯** lesser curvature of stomach 是胃的右上缘,凹向右后上方,其最低点近幽门,称**角切迹** angular incisure。**胃大弯** greater curvature of stomach 呈弧形凸向左上方,形成胃底的上界。胃大弯凸向左前下方,构成胃的左下缘。空虚的胃有明显的前、后两壁;但当充盈时则不明显。在食管与胃底之间的夹角为**贲门切迹** cardiac incisure。

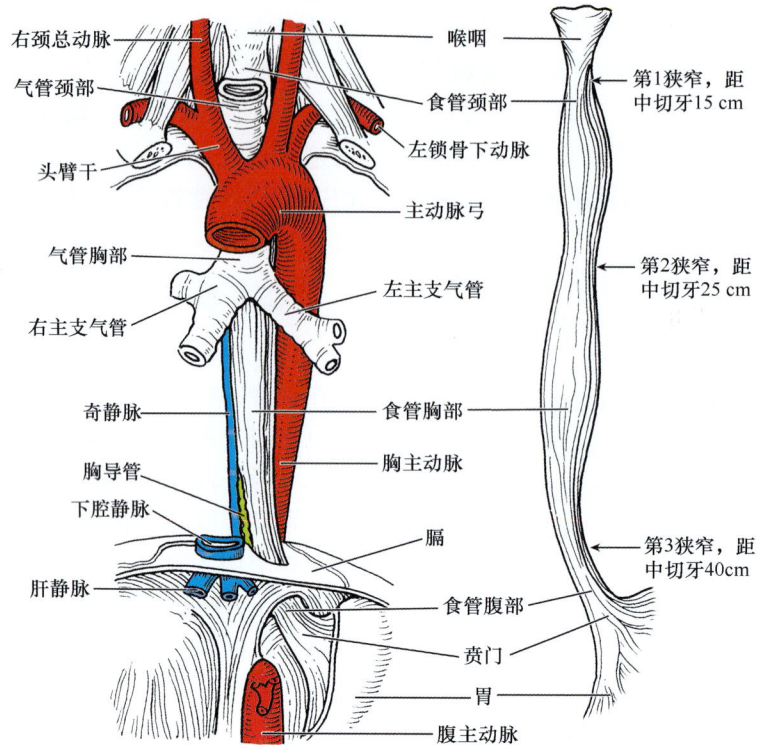

图 4-10 食管的前面观和 3 个狭窄

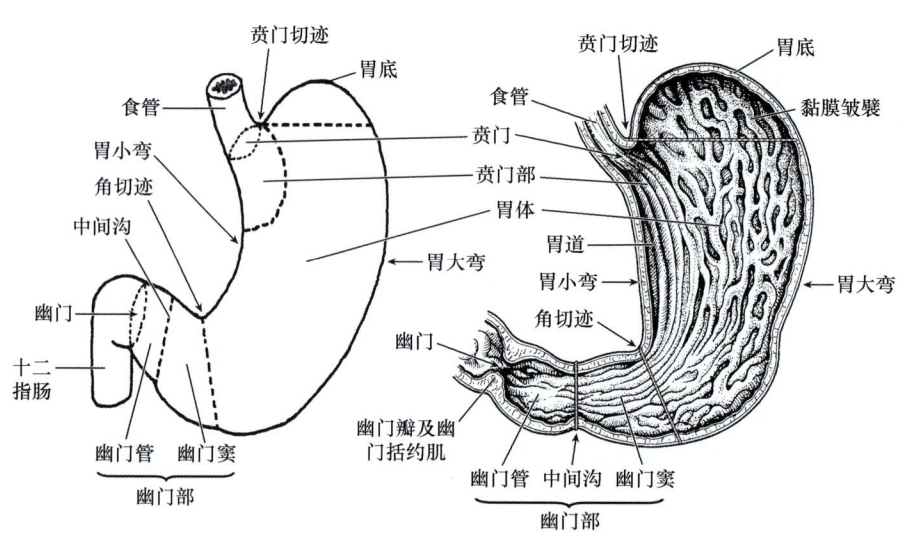

图 4-11 胃的形态和分部

胃分为贲门部、胃底、胃体和幽门部 4 部。**贲门部** cardiac part 为贲门周围的部分，与胃的其他部分无明显的界限。**胃底** fundus of stomach 指贲门切迹平面以上膨隆的部分，亦称**胃穹隆** fornix of stomach，内含有空气时，X 线照片上可见此气影，称胃泡。**胃体** body of stomach 为胃底与角切迹平面之间的部分。**幽门部** pyloric part 为角切迹平面与幽门之间的部分。幽门部可分为左侧的**幽门窦**和右侧的**幽门管**。幽门窦常位于胃的最低部，临床上常称为胃窦。该处近胃小弯侧是胃溃疡和胃癌的好发部位。幽门管靠近幽门，为壁厚腔窄的管状部分，长约 2~3cm。

（二）胃的位置与毗邻

胃的位置因体型、体位、胃的虚盈等情况而有很大的变化。胃在中等充盈时大部分位于左季肋区，小部分位于腹上区。胃前壁在右侧与肝左叶贴近，在左侧与膈相邻，为左肋弓所掩盖，介于肝左叶与左肋弓之间的胃前壁部分,直接与腹壁相贴。胃后壁与胰、横结肠、左肾和左肾上腺相邻,胃底与膈和脾相邻。胃大弯的位置较低,其最低点一般在脐平面。

(三) 胃壁的结构

胃壁由黏膜、黏膜下层、肌层和浆膜组成。胃的黏膜层柔软,血液供应丰富,色红润。黏膜上皮的表面黏液细胞分泌黏液覆盖在黏膜表面,起润滑保护的作用。黏膜形成许多高低不等的皱襞,在胃小弯处有4~5条较为恒定的纵行皱襞,皱襞间的浅沟称为**胃道**,食糜可顺此道流向十二指肠。胃收缩时皱襞显著,充盈时除胃小弯侧的以外几乎皆消失。

幽门处的黏膜皱襞形成环状,突向腔内,称**幽门瓣** pyloric valve。胃壁的肌层由3层平滑肌组成,由内向外为斜行肌、环行肌和纵行肌。其中环行肌层最发达,在幽门处增厚,形成**幽门括约肌** pyloric sphincter。该肌与幽门瓣共同作用,有延缓胃排空和防止小肠内容物逆流的功能。

五、小　肠

小肠 small intestine 盘曲在腹腔内,上连幽门,下接盲肠,是食物消化与吸收的主要场所(图4-1)。成人小肠长约5~7 m,可分为**十二指肠**、**空肠**和**回肠** 3部分。

(一) 十二指肠

十二指肠 duodenum 是小肠的起始段,介于胃与空肠之间,成人长约25 cm,呈"C"形环抱胰头,可分为上部、降部、水平部和升部4部分(图4-12)。

1. 上部 长约5 cm,起自胃的幽门,行向右后方,至第1腰椎右侧急转向下延为降部,转折处称**十二指肠上曲**。十二指肠上部近幽门约2.5 cm的一段,管壁较薄,黏膜光滑,称**十二指肠球** duodenal bulb,是十二指肠溃疡及其穿孔的好发部位。

2. 降部 长7~8 cm,自十二指肠上曲起在第1~3腰椎的右侧下行,至第3腰椎下缘水平转折向左移行为水平部,转折处称为**十二指肠下曲**。在十二指肠降部后内侧壁有一纵行的皱襞,称**十二指肠纵襞**。该襞的下端有一乳头状隆起,称**十二指肠大乳头** major duodenal papilla,距中切牙约75 cm,是肝胰壶腹的开口处。在大乳头的稍上方,有时可见有一个**十二指肠小乳头** minor duodenal papilla,是副胰管的开口。

3. 水平部 又称**下部**,长约10 cm,自十二指肠下曲起始,向左横过第3腰椎的前方,至其左侧移行为升部。

4. 升部 长2~3 cm,自第3腰椎左侧转向上行,至第2腰椎的左侧急转向前下方,形成**十二指肠空肠曲**,移行为空肠。十二指肠空肠曲被十二指肠悬肌固定于右膈脚。十二指肠悬肌和其表面的腹膜皱襞共同构成**十二指肠悬韧带** suspensory ligament of duodenum,又称**Treitz 韧带**,它是手术中确认空肠起始部的重要标志。

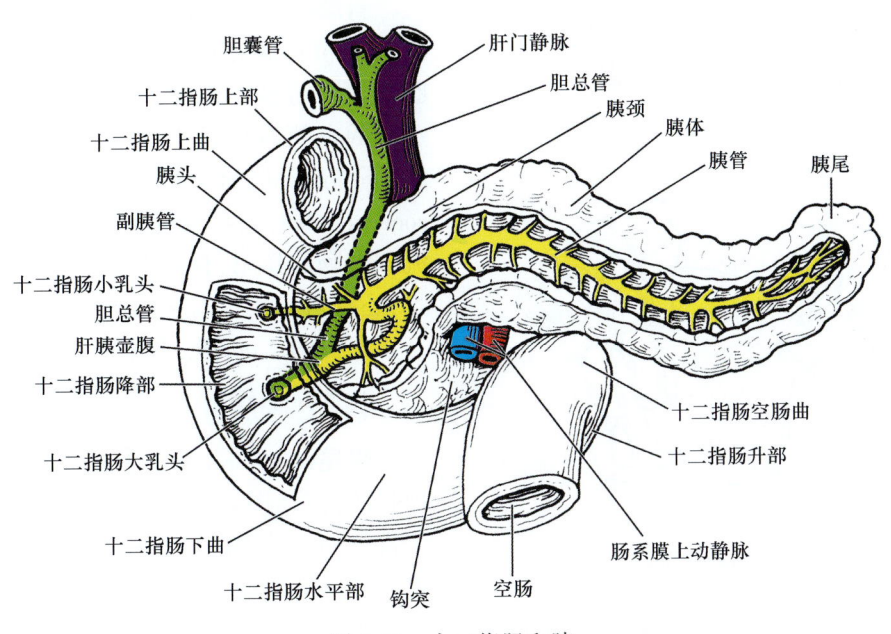

图4-12　十二指肠和胰

(二) 空肠和回肠

空肠 jejunum 和**回肠** ileum 上接十二指肠,下续盲肠,借小肠系膜连于腹后壁,活动度较大。空、回肠之间并无明显的分界,一般而言,近侧 2/5 为空肠,位于腹腔的左上部;远侧 3/5 为回肠,位于腹腔的右下部,部分位于盆腔(图 4-1)。

空、回肠的黏膜形成许多环状皱襞,皱襞上有大量的小肠绒毛,小肠绒毛上的吸收细胞表面又有更小更密的微绒毛,这些结构使小肠的吸收面积扩大了 20～30 倍。黏膜和黏膜下组织内有淋巴滤泡,分为**孤立淋巴滤泡**和**集合淋巴滤泡**两类,前者散在于空、回肠的黏膜内,后者多见于回肠下部,呈梭形,其长轴与小肠长轴一致。肠伤寒病变常发生于此,可并发肠穿孔或肠出血。

空、回肠之间虽然无明显的分界,但在外观上,两者仍有区别(图 4-13)。空肠的管腔较大,管径较粗,管壁较厚,血管丰富,颜色较红,环状皱襞高而密集,黏膜内仅有散在的孤立淋巴滤泡;而回肠的管径较小,管壁较薄,血管较少,颜色较浅,环状皱襞低而稀疏,黏膜内除了有孤立淋巴滤泡外,还有集合淋巴滤泡。

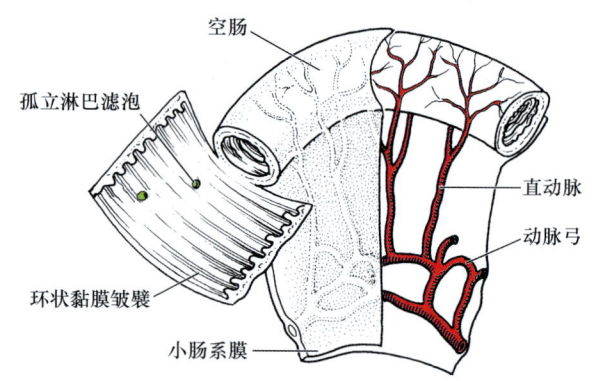

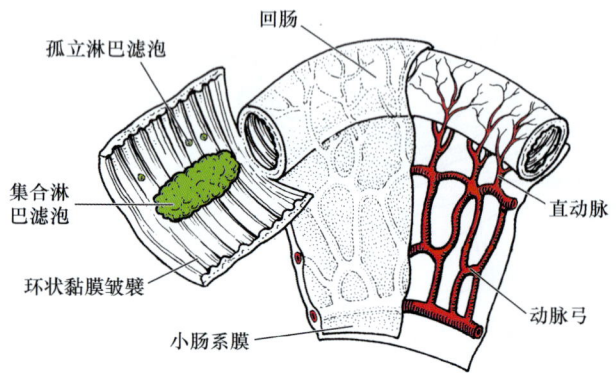

图 4-13 空肠和回肠的比较

此外,约有 2% 的成人在回肠末端距回盲瓣 0.3～1.0m 范围内的回肠壁上,可见一囊袋状突出的**回肠憩室**,又称 **Meckel 憩室**,为胚胎时期卵黄囊管未完全消失而形成。此憩室可发炎或合并溃疡穿孔,因其位置靠近阑尾,故症状与阑尾炎相似。

六、大　　肠

大肠 large intestine 是消化管的下段,起自盲肠,终于肛门,全长 1.5 m,分为盲肠、阑尾、结肠、直肠和肛管(图 4-1)。

大肠管径较大,肠壁较薄,除直肠、肛管和阑尾外,在结肠和盲肠具有 3 种特征性结构,即结肠带、结肠袋和肠脂垂(图 4-14)。**结肠带**是由肠壁的纵行肌增厚而成,有 3 条,沿管的纵轴平行排列,3 条结肠带汇集于阑尾根部。**结肠袋**是由于结肠带较肠管短,使肠管形成许多由横沟隔开的囊状膨出,当结肠袋被钡剂充盈时,其 X 线像即呈现出边缘整齐的串珠状阴影。**肠脂垂**为结肠带两侧的指状小突起,由浆膜包裹脂肪组织而形成。

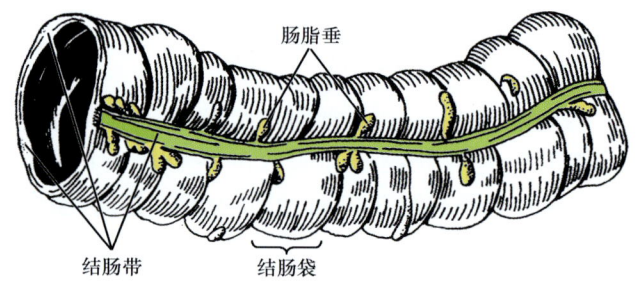

图 4-14 结肠的外形特征

(一) 盲肠

盲肠 cecum 位于右髂窝内(图 4-15),长 6～8 cm。高位盲肠在髂窝上方,甚至上达肝下方。盲肠是大肠的起始部,呈囊袋状,下端为膨大的盲端,上端的左侧有回肠末端的开口,称**回盲口**。此口上、下缘的黏膜皱襞呈唇状突入盲肠,称**回盲瓣** ileocecal valve,它具有控制和防止小肠内容物过快流入大肠的作用,有利于食物在小肠内充分消化吸收;还有防止大肠内容物逆流入小肠的作用。在回盲口下方约 2 cm 处,有阑尾的开口。

(二) 阑尾

阑尾 vermiform appendix 又称**蚓突**,为一条细长蚓状的盲管(图 4-15),长 5～7 cm。阑尾根部附着于盲肠的后内侧壁,开口在回盲口下方 2～3 cm 处。阑尾的远端为游离的盲端。

阑尾的位置因人而异,变化较大。临床上常见的位置有:盲肠后位,盲肠下位,回肠前位,回肠后

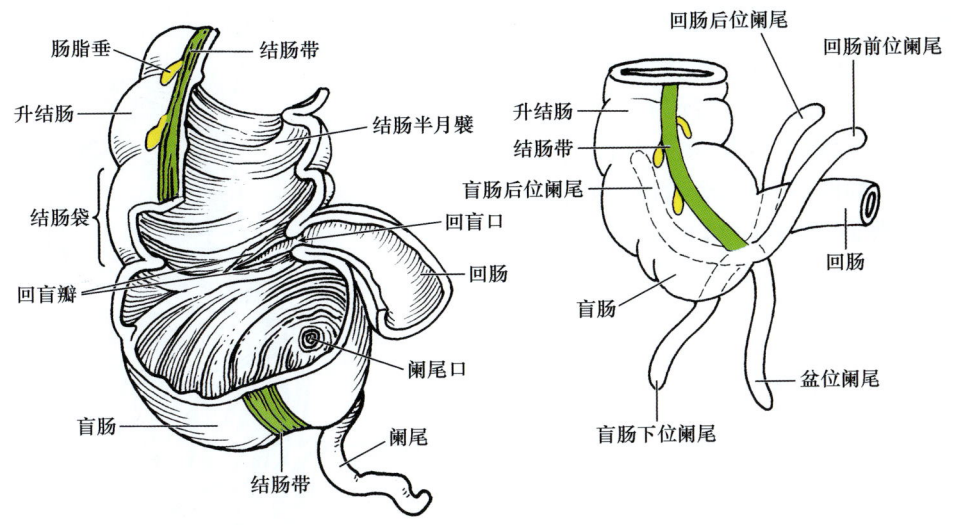

图 4-15 盲肠和阑尾

位和盆位。异常的阑尾位置有：高位阑尾，低位阑尾，盲肠后腹膜外阑尾和左下腹位阑尾。由于3条结肠带均汇集于阑尾根部，临床做阑尾手术时可沿结肠带向下追寻，这是寻找阑尾的可靠方法。

阑尾根部的体表投影，通常以脐与右髂前上棘连线的中、外1/3交点处为标志，此点在临床上称为**麦氏点**（McBurney点），阑尾炎症时，此处常有明显压痛。有时也以左、右髂前上棘连线的中、右1/3交点（Lanz点）来表示。

【临床联系】
　　阑尾易于发炎的解剖因素：①在阑尾壁内含有大量淋巴组织；②阑尾腔内容易形成粪石并阻塞肠腔；③阑尾肠腔细小狭窄，在发炎过程中容易梗阻；④阑尾末端游离，活动度大，在肠道运动失调时，可能因弯曲和移位，从而影响管腔通畅。病人在急性阑尾炎时麦氏点可有明显的压痛和反跳痛。

（三）结肠

结肠 colon 在右髂窝内续于盲肠，呈"M"形围绕在空肠和回肠的周围，下端于第3骶椎平面延为直肠。按结肠的位置和形态，可分为升结肠、横结肠、降结肠和乙状结肠4部（图4-16），其大部分固定于腹后壁。

1. 升结肠 ascending colon 是盲肠向上的延续，紧贴于腹后壁右侧，向上抵达肝右叶下方，转折向左移行为横结肠，其转折处称**结肠右曲**，又称**结肠肝曲**。

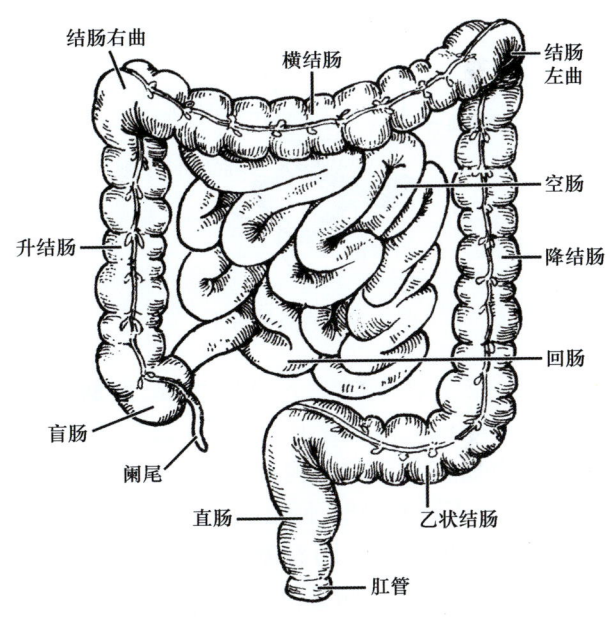

图 4-16 大肠与小肠

2. 横结肠 transverse colon 始于结肠右曲，向左横行，延伸到左季肋区脾脏面的下部，转折向下延为降结肠，转折处称为**结肠左曲**，又称**结肠脾曲**。横结肠由横结肠系膜连于腹后壁，其活动度较大。

3. 降结肠 descending colon 从结肠左曲开始，沿腹后壁左侧向下达左髂嵴，移行为乙状结肠。

4. 乙状结肠 sigmoid colon 自左髂嵴水平开始，沿左髂窝转入盆腔内，全长呈"S"形弯曲，至第3骶椎平面延续为直肠。乙状结肠借乙状结肠系膜连于盆腔侧壁，活动性较大，因其系膜过长，常发生肠扭转。

（四）直肠

直肠rectum 于第3骶椎处连乙状结肠，沿骶骨与尾骨的前面下行，穿过盆膈移行为肛管（图4-17），全长约12 cm。直肠并不直，在矢状面上有两个弯曲，一个在骶骨的前面，与骶骨弯曲一致，形成凸向后的弯曲，称**骶曲**，距肛门约8 cm；另一个是直肠绕过尾骨尖，继而转向后下方形成凸向前的弯曲，称**会阴曲**，距肛门约4 cm。

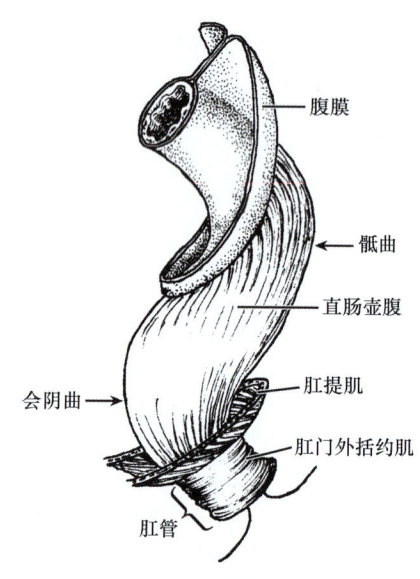

图4-17 直肠的外形

直肠腔上段较窄，下段膨大成**直肠壶腹**ampulla of rectum，内面有上、中、下3条半月形的**直肠横襞**，由黏膜和环行肌构成（图4-17，图4-18）。上横襞位于直肠左侧壁，距肛门约11 cm。中横襞最明显，恒定地位于直肠右侧壁，距肛门约7 cm。下横襞多位于直肠左侧壁，有时缺如。直肠横襞常作为直肠镜检查的定位标志，进行直肠镜或乙状结肠镜检查时，必须注意这些弯曲和横襞，以免损伤肠壁。

（五）肛管

肛管anal canal 是盆膈以下的消化管，长约4 cm，上连直肠，下终止于**肛门**，为肛门括约肌所包绕，具有控制排便的功能（图4-18）。

肛管内面形成6~10条纵行的黏膜皱襞，称**肛柱**anal columns，柱内有动、静脉及纵行肌。肛柱的下端之间有半月形的黏膜皱襞相连，称**肛瓣**anal valves。肛瓣与肛柱下端共同围成开口朝上的小隐窝，称**肛窦**anal sinuses，肛门腺开口于此，肛窦内易存粪屑，感染时称肛窦炎。肛瓣与肛柱下端共同围成一锯齿状的环形线，称**齿状线**dentate line，或称

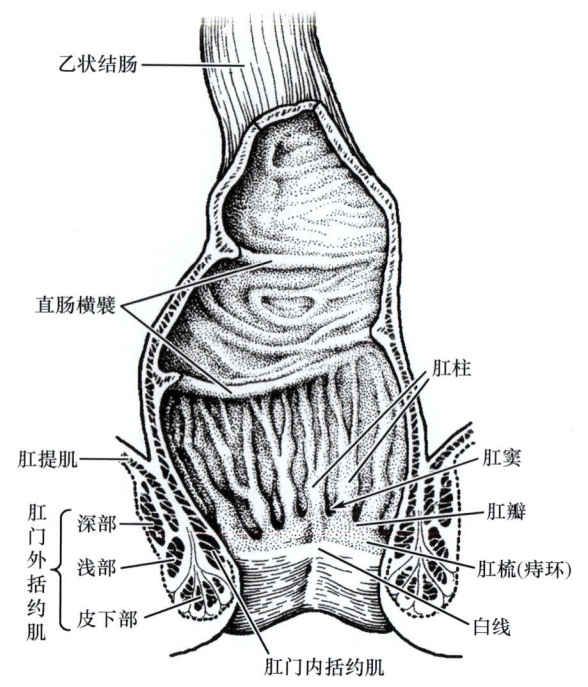

图4-18 直肠和肛管的内面观

肛皮线，此线以上为黏膜，由内脏神经分布；线以下为皮肤，由躯体神经分布。此外，该线也是不同动脉供应、静脉和淋巴回流的分界线。

在齿状线的下方，肛管内面由于肛门内括约肌的紧缩，形成一条宽约1 cm略微凸起的环行带，称**肛梳**anal pecten，又称**痔环**，其深部为静脉丛。在肛梳的下缘距肛门约1~1.5 cm处有一淡蓝色的环形线，称**白线**white line，其位置相当于肛门内、外括约肌的交界处，在活体上作肛门指诊可触及此处有一环形浅沟。

肛门anus 是肛管的下口，为一前后纵行的裂孔，前后径约2~3 cm。肛门周围的皮肤呈暗褐色，成年男性肛门周围长有硬毛，并有汗腺和皮脂腺。

在肛门周围分别有肛门内、外括约肌。**肛门内括约肌**sphincter ani internus 是平滑肌，为肠壁的环行肌层增厚而成，有协助排便，但无括约肛门的功能。**肛门外括约肌**sphincter ani externus 为骨骼肌，围绕在肛门内括约肌的外面，可分为皮下部、浅部和深部3部分，浅部和深部是括约肛门控制排便的重要肌束，若手术中不慎损伤，将会造成大便失禁。

第二节 消 化 腺

一、肝

肝liver 是人体最大的消化腺，成人肝的重量为1300~1500 g。胎儿和新生儿肝的重量相对较大，可

达体重的1/20。肝血窦接受肝动脉和肝门静脉的双重注入。肝的功能极为复杂，除分泌胆汁外，还参与糖、蛋白质、脂类和维生素等物质的代谢。此外还参与吞噬、防御、产生抗体、造血等功能。

（一）肝的形态

肝呈不规则的楔形，表面大部分被光滑的腹膜脏层紧密包裹，色红褐，质软脆，受暴力打击时易破裂出血。可分膈面、脏面和前、后、左、右4缘（图4-19，图4-20）。

肝上面隆凸，与膈相接触，故又称**膈面**。该面与膈之间有相互移行的腹膜，该处腹膜皆为双层结构，略呈"Y"形，呈冠状位的称**冠状韧带**，该韧带的两侧向左、右延伸形成左、右三角韧带；呈矢状位的称**镰状韧带**将肝分成为左、右两叶，**肝左叶**left lobe 薄而小，**肝右叶**right lobe 厚而大。在左、右冠状韧带前、后层之间的肝区无光滑的腹膜被覆，仅有少量的疏松结缔组织与膈相连，较粗糙，故将此区称为**肝裸区**bare area。

肝下面朝向下后方，凹凸不平，与腹腔脏器相邻，故又称**脏面**（图4-20）。此面可见"H"形的左、右两条纵沟和一条横沟。左纵沟窄而深，其前部有**肝圆韧带**ligament teres hepatis 通过，为胎儿时期脐静脉闭锁后的遗迹；后部容纳**静脉韧带**ligament venosum，为胎儿时期静脉导管的遗迹。右纵沟宽而浅，其前部是**胆囊窝**fossa for gallbladder，容纳胆囊；后部是**腔静脉沟**sulcus for vena cava，该沟向后上伸至膈面，有下腔静脉通过。横沟位于中间部，长约5 cm，有肝门静脉左、右支，肝固有动脉左、右支，肝左、右管以及神经、淋巴管等出入，称为**肝门**porta hepatis 或**第1肝门**。这些结构被结缔组织包绕，构成**肝蒂**hepatic pedicle。肝的脏面借"H"形的沟分为4叶。右纵沟的右侧为**右叶**；左纵沟的左侧为**左叶**；横沟前方的部分为**方叶**；横沟后方的部分为**尾状叶**。

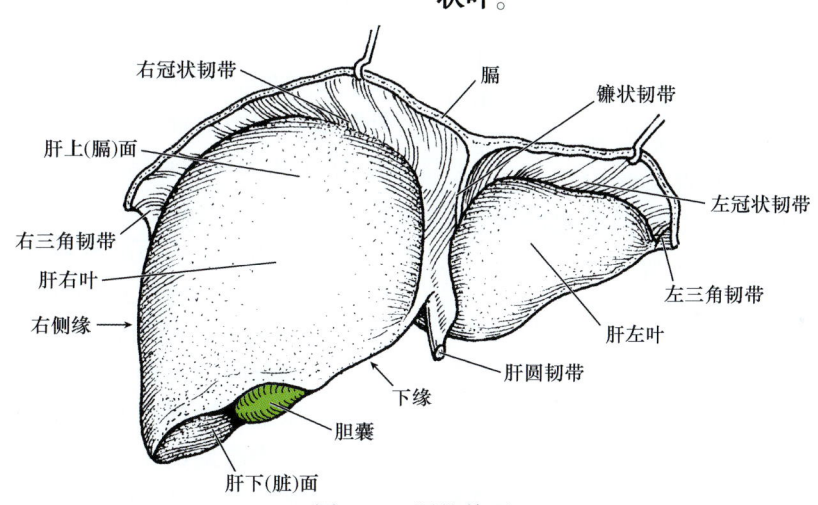

图4-19 肝的前面

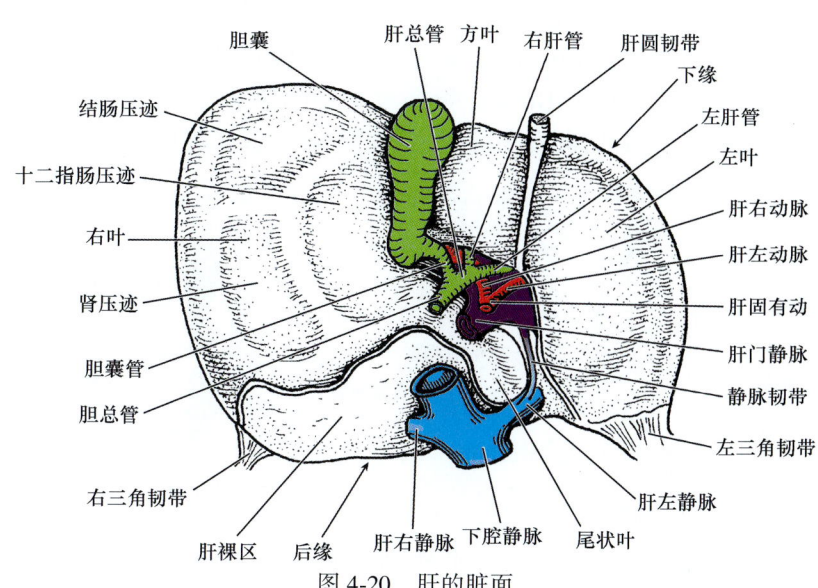

图4-20 肝的脏面

肝前缘又称**下缘**,为肝的脏面和膈面的分界线,较薄锐,左部有**肝圆韧带切迹**,是肝圆韧带和镰状韧带移行相连的部位,右部有**胆囊切迹**,胆囊底常于此露出肝前缘。**右缘**与**后缘**皆较钝圆和厚实。在后缘上有**腔静脉沟**,容纳上行的下腔静脉,此沟的上端有**第2肝门**,为肝内3条较大的肝静脉(肝左、中、右静脉)出肝汇入下腔静脉的开口处。**左缘**即肝左叶的左缘,薄而锐利。

(二) 肝的位置和毗邻

肝大部分位于右季肋区和腹上区,小部分位于左季肋区。肝大部分被胸廓所掩盖,仅一小部分位于左、右肋弓之间的腹上区,直接与腹前壁相接触。

肝的上界与膈穹隆一致,在右锁骨中线上平第5肋间或第5肋;向左,肝上界经胸骨体与剑突结合处,最后终于左侧第5肋间左锁骨中线附近。肝下界即肝前缘,在右侧,肝前缘与右肋弓大体一致,故体检时,在右肋弓下不能触到肝。在腹上区左、右肋弓间,肝前缘在剑突下约3 cm。幼儿,由于腹腔的容积较小,而肝体积相对较大,肝下缘常低于右肋弓下1.5~2.0 cm,到7岁以后,在右肋弓下不能触到。肝的脏面在左叶与胃前壁相邻;在右叶,前部与结肠右曲相邻接,中部近肝门处邻接十二指肠上曲,后部邻接右肾和右肾上腺。

(三) 肝的分叶和分段

按外形肝可分为左叶、右叶、方叶与尾状叶。然而,这种分叶的方法不符合肝内管道系统的分布规律,因此不能适应肝部分切除的要求。

肝内有4套管道,形成两个系统,即**肝静脉系统**和**格利森(Glisson)系统**。肝门静脉、肝动脉及肝管的各级分支均结伴同行,并由结缔组织鞘包裹,共同组成 Glisson 系统。所谓肝段就是根据 Glisson 系统的分支与分布以及肝静脉的走行划分的。Glisson 系统分布于肝段内,肝静脉走行于肝段间,两者在肝内呈相嵌配布。根据 Glisson 系统的分支与分布,按照 couinaud **肝段**划分法,可将肝分为两半肝(左半肝、右半肝);5叶(右前叶、右后叶、左内叶、左外叶与尾状叶);8段(左外叶上、下段,右前叶上、下段,右后叶上、下段,尾状叶左、右段)(图4-21)。

肝内各管道的腐蚀铸型标本显示在肝叶和肝段间存在着一些缺少 Glisson 系统分布的自然裂隙,这些裂隙叫**肝裂**。肝内有正中裂、左叶间裂和右叶间裂3个叶间裂,以及左外叶段间裂和右后叶段间裂两个段间裂(图4-21)。

正中裂在肝膈面相当于胆囊切迹中点到下腔静脉左缘的连线。此裂将肝分为的左半肝与右半肝。肝中静脉位于正中裂。**右叶间裂**位于正中裂右侧,在肝膈面为下腔静脉右缘至胆囊切迹中点右侧的肝前缘的外、中1/3交点的连线,转至脏面,连于肝门的右侧端。此裂将右半肝分为右前叶和右后叶,裂内有肝右静脉经过。**左叶间裂**起自肝前缘肝圆韧带切迹,向后上方至肝左静脉汇入下腔静脉处。左叶间裂将左半肝分为左内叶与左外叶。**左外叶段间裂**在膈面相当于下腔静脉左壁至肝左缘上、中1/3交点的连线,转至脏面止于左纵沟中点稍后上方处。此裂将左外叶分为上段与下段,裂内有肝左静脉通过。**右后叶段间裂**在脏面相当于横沟的右端与肝右缘中点的连线,再转至膈面,向左连于右叶间裂。此裂将右后叶分为上段与下段。了解肝的分叶和分段在临床上具有十分重要的意义。临床上可根据肝叶、段的划分,对肝占位性病变进行较为准确的定位,在肝脏外科手术中,可根据病情施行半肝、肝叶或肝段切除。

(四) 肝外胆道

肝外胆道是指将肝细胞分泌的胆汁输送到十二指肠的管道系统。包括胆囊、胆囊管、肝左管、肝右管、肝总管和胆总管(图4-22)。

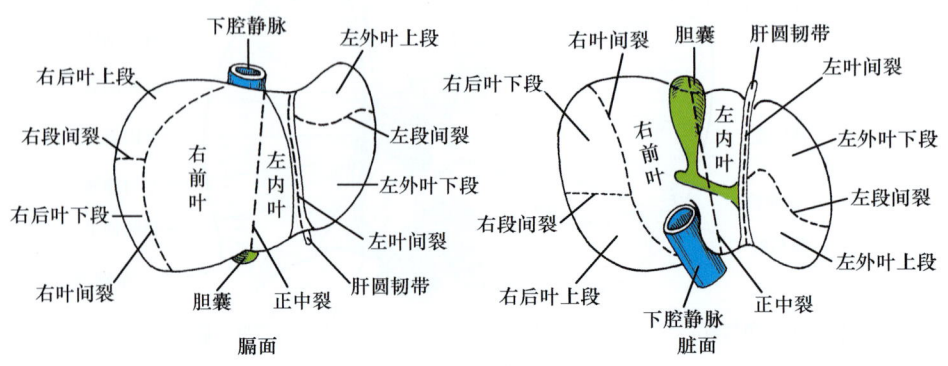

图4-21 肝裂与肝段示意图

十二指肠降部之间,斜穿十二指肠降部的后内侧壁,在壁内与胰管汇合,汇合处形成略膨大的**肝胰壶腹**hepatopancreatic ampulla,又称**Vater壶腹**,开口于十二指肠大乳头。在肝胰壶腹周围有**肝胰壶腹括约肌**sphincter of hepatopancreatic ampulla 包绕。在胆总管与胰管的末段也有少量的平滑肌包绕,分别称**胆总管括约肌**和**胰管括约肌**,以上3部分统称为**Oddi括约肌**。未进食时,Oddi括约肌保持收缩状态,肝细胞分泌的胆汁经肝左、右管、肝总管、胆囊管进入胆囊贮存和浓缩;进食后,尤其在进食高脂肪食物,在神经体液的调节下,胆囊收缩,Oddi括约肌舒张,使胆囊内的胆汁经胆囊管、胆总管排入十二指肠腔。

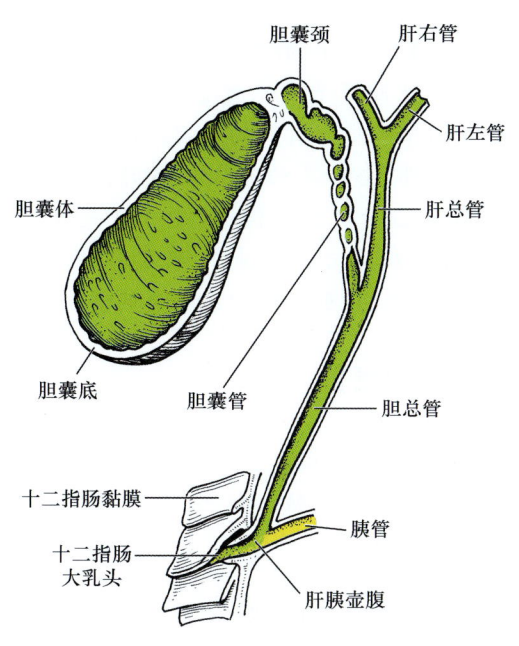

图4-22 胆囊及输胆管道

1. 胆囊与胆囊管 胆囊gallbladder位于肝下面的胆囊窝内,呈梨形。长8~12 cm,宽3~5 cm,容量40~60 ml。胆囊有储存和浓缩胆汁的功能。

胆囊分为底、体、颈3部分,**胆囊底**fundus of gallbladder是胆囊的盲端,膨大而钝圆。胆囊底指向前下方,多露于肝前缘的胆囊切迹处,并与腹前壁的内面相接触。胆囊底的体表投影位置相当于右腹直肌外缘(右锁骨中线)与右肋弓相交处。胆囊出现病变时,此处常出现明显压痛。**胆囊体**body of gallbladder与底无明显的界线。**胆囊颈**neck of gallbladder为胆囊体向后逐渐变细的部分,颈细而弯曲,然后急转向后下方与胆囊管相延续。**胆囊管**cystic duct长3~4 cm,管径约0.3 cm,胆囊管在近胆囊颈的一段黏膜形成螺旋状的皱襞,称**螺旋襞**spiral fold,有调节胆汁进出胆囊的作用,较大的胆结石亦可因螺旋襞的阻碍而滞留于此处。

2. 肝管与肝总管 **肝左、右管**left and right hepatic duct由左、右半肝内的小胆管逐渐汇合而成,最后于肝门处出肝。在肝门处肝左、右管汇合成**肝总管**common hepatic duct,肝总管长2~4 cm,下端与胆囊管汇合成**胆总管**。由胆囊管、肝总管和肝的脏面围成的三角形区域,称**胆囊三角**(Calot三角),三角内常有胆囊动脉通过。胆囊三角是胆囊手术中寻找胆囊动脉的标志。

3. 胆总管 胆总管common bile duct长4~8 cm,管径0.3~0.6 mm,上端起自肝总管与胆囊管的汇合处,向下经十二指肠上部的后方,至胰头与

【临床联系】

临床上胆囊疾患或胆管梗阻引起胆囊炎症肿大时,在右侧锁骨中线的肋弓下缘处有明显压痛,患者可因疼痛而不敢深吸气为莫菲征阳性,是胆囊炎的重要体征。因胆总管是胆汁进入肠道的必经之路,可因结石、蛔虫或肿瘤等造成阻塞,使胆汁排出受阻,并发胆囊炎或阻塞性黄疸等;如胰头癌压迫肝门静脉时还可出现食管静脉曲张、腹水、脾大等门静脉高压症状。

二、胰

胰pancreas是人体仅次于肝的第2大消化腺,兼有内、外两分泌部。内分泌部即**胰岛**pancreas islet,分泌胰岛素,参与调节糖代谢;外分泌部分泌胰液。胰液为碱性液体,含多种消化酶,如胰蛋白酶、胰淀粉酶、胰脂肪酶、胆固醇脂酶等,它们分别对食物中的各种营养成分进行消化,在消化过程中起重要作用。

(一)胰的位置与毗邻

胰是一个狭长、棱柱形的腺体,长14~20 cm,质地柔软,呈灰红色,重量为80~115 g。位于胃的后方,横贴于腹后壁上部,相当于第1~2腰椎的水平。

(二)胰的分部

胰可分为头、体、尾3部分(图4-12,图4-22),各部分之间无明显界限。

胰头head of pancreas为胰右端呈棱形膨大的

部分,其上、下方和右侧被十二指肠所包绕,胆总管在胰头后面与十二指肠降部之间经过,因此胰头癌可因肿块压迫胆总管而出现阻塞性黄疸。在胰头的下部有一突向左后上方的**钩突**。于钩突和胰头之间有肠系膜上动、静脉经过。胰头癌可因肿块压迫其后面的肝门静脉起始部,影响其血液回流,病人可出现腹水、脾大等症状。

胰体 body of pancreas 位于胰头与胰尾之间,占胰的大部分。胰体的前面隔着网膜囊与胃后壁相邻,故胃后壁的癌肿或溃疡穿孔常与胰发生粘连。

胰尾 tail of pancreas 较细,向左上方抵达脾门。

胰管 pancreatic duct 位于胰实质内,接近胰的后面,与胰的长轴一致,从胰尾经胰体走向胰头,沿途接受许多小叶间导管,最后于十二指肠降部的壁内与胆总管汇合成肝胰壶腹,开口于十二指肠大乳头。在胰头的上部常有一小管,称**副胰管**,位于胰管的上方,收纳胰头前上部的胰液,开口于十二指肠小乳头。

【相关进展】

肝移植是肝脏疾病发展到晚期危及生命时,采用外科手术的方法,切除已经失去功能的病肝,然后把一个健康肝脏植入人体内,这个过程就是肝大移植,俗称"换肝"。它是自20世纪80年代才兴起的,已经成为终末期肝病的唯一有效方法,肝移植已经成为治疗晚期肝病的一种常规手段。对于中晚期肝病患者来说肝移植是唯一有效的治疗方法,据世界卫生组织统计,全世界约有3亿多肝病患者,因为我国是乙肝发病大国,其中1/3发生在我国,所有肝病患者到晚期时都可以考虑肝移植,肝移植是20世纪医学对人类的贡献。

【复习思考题】

一、名词解释

1. 咽淋巴环 2. 咽峡 3. 十二指肠悬韧带 4. 麦氏点(McBurney 点) 5. 肝胰壶腹 6. 十二指肠大乳头 7. 胆囊三角 8. 肝门

二、问答题

1. 简述大唾液腺的组成及其腺管的开口部位。
2. 简述咽的交通情况,咽淋巴环的组成及功能。
3. 食管有哪几处狭窄?各狭窄距上颌中切牙的距离?
4. 简述胃的形态和分部。
5. 简述肝的位置、分叶及分段。
6. 简述肝外胆道系统的组成,胆汁的产生及其排出途径。
7. 简述阑尾切除术中如何寻找阑尾。
8. 胰头癌患者常出现黄疸、肠梗阻等症状,请用解剖知识解释其原因?

(王效杰 臧 晋)

第五章 呼吸系统

【引子】

男性,30岁,1小时前被摩托车撞伤,伤后感右胸部剧痛,半小时前感呼吸困难并逐步加重。查体:呼吸急促,40次/分,大汗淋漓。气管左偏,右胸有撞伤痕,右肺呼吸音消失。经右锁骨中线第2肋间行诊断性穿刺,有高压气体涌出。胸部CT提示:左侧气胸,左肺被压缩。诊断为:创伤性张力性气胸。请问:①何谓壁胸膜、脏胸膜?②何谓胸膜腔、胸膜隐窝?③张力性气胸是如何形成的?④行胸膜腔穿刺时,如何选择气胸排气和液胸排液的穿刺点?⑤胸膜腔穿刺由浅入深经过哪些结构?

【学习目标】

一、掌握

1. 呼吸系统的组成,上、下呼吸道的概念。
2. 鼻腔的分部及各部的形态结构;鼻旁窦的名称、位置及开口部位。
3. 喉的位置,喉腔的分部及形态结构,声门裂的组成。
4. 气管的位置、分部和结构特点;左、右主支气管的形态差别。
5. 肺的位置、形态结构(包括分叶、肺门的位置及出入结构,肺根的组成及各结构的位置关系)。
6. 胸膜和胸膜腔的概念,胸膜分部及胸膜窦的位置,胸膜和肺下界的体表投影。
7. 纵隔的概念、境界和分区。

二、了解

1. 呼吸系统的功能。
2. 外鼻的形态结构,各鼻旁窦的形态特点。
3. 喉的软骨、喉的连结及喉肌。
4. 肺内支气管和支气管肺段的概念。
5. 胸膜和肺前界的体表投影。
6. 纵隔各部的内容。

呼吸系统 respiratory system 由呼吸道和肺两部分组成。**呼吸道**包括鼻、咽、喉、气管和各级支气管,通常把鼻、咽和喉称为**上呼吸道**,把气管和各级支气管称为**下呼吸道**。**肺**由肺实质(包括支气管树和肺泡)和肺间质(包括血管、淋巴管、淋巴结、神经和结缔组织)组成,表面包有脏胸膜(图5-1)。呼吸系统的主要功能是进行气体交换,即吸入氧,排出二氧化碳。呼吸道是气体进出的通道,肺泡是气体交换的场所。

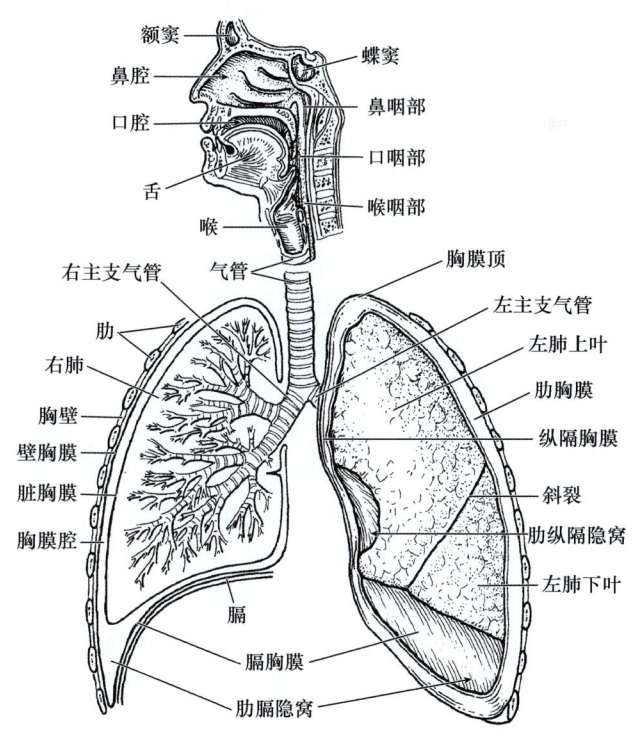

图 5-1 呼吸系统

第一节 呼吸道

一、鼻

鼻 nose 分3部分,即外鼻、鼻腔和鼻旁窦。它是呼吸道的起始部,也是嗅觉器官,还可辅助发音。

(一) 外鼻

外鼻 external nose 以鼻骨和软骨为支架,外被皮肤,分为骨部和软骨部。骨部皮肤薄而松弛,软骨部皮肤较厚,富含皮脂腺和汗腺,为痤疮、酒渣鼻和疖肿的好发部位。

外鼻上部较窄,位于两眼之间,与额部相连,称**鼻根**,向下续为**鼻背**,末端称**鼻尖**,鼻尖两侧呈弧形向外隆起称**鼻翼**,呼吸困难时,可见鼻翼扇动。从鼻翼向外下至口角的浅沟称**鼻唇沟** nasolabial sulcus,正常人两侧鼻唇沟对称,面肌瘫痪病人则瘫痪侧鼻唇沟变浅或消失。

(二) 鼻腔

鼻腔 nasal cavity 以骨和软骨为基础,内衬黏膜和皮肤。鼻腔被鼻中隔分为左、右两腔,向前下以**鼻孔** nostril 通外界,向后经**鼻后孔** choanae 通鼻咽。各腔又以**鼻阈** nasal limen 为界,分为**鼻前庭** nasal vestibule 和**固有鼻腔** nasal cavity proper 两部分。

鼻前庭起于鼻孔,止于鼻阈,为鼻翼内面较宽大的部分。由皮肤覆盖,生有鼻毛,借以滤过和净化空气。另外,此处皮肤富含皮脂腺和汗腺,是疖肿的好发部位。由于缺少皮下组织,皮肤直接与软骨膜紧密相连,发生疖肿时疼痛剧烈。鼻阈为鼻前庭后上方隆起的弧形嵴,是皮肤与黏膜的移行处。

固有鼻腔是鼻阈以后的部分,借鼻后孔通咽。每侧鼻腔有顶、底、内侧、外侧4个壁。**顶壁**较狭窄,由鼻骨、额骨、筛骨筛板和蝶骨等覆以黏膜构成,邻接颅前窝,故外伤引起筛板处颅底骨折,伤及脑膜及鼻腔顶部黏膜时常致出血及脑脊液渗漏,可经鼻孔流出。骨折伤及嗅神经时,可产生嗅觉障碍。**底壁**即口腔顶,由腭构成。**内侧壁**为鼻中隔。**鼻中隔** nasal septum 由筛骨垂直板、犁骨和鼻中隔软骨等覆以黏膜而成,位置通常偏向一侧。其前下份血管丰富、位置浅表,外伤或干燥空气刺激均易引起出血,90%左右的鼻出血发生于此区,故称为**易出血区**(即 Little 区或 Kiesselbach 区)(图5-2)。**外侧壁**(图5-3)结构复杂,有3个**鼻甲**突向鼻腔,由上而下依次为**上鼻甲**、**中鼻甲**和**下鼻甲**,各鼻甲下方的间隙分别称**上鼻道**、**中鼻道**和**下鼻道**。鼻甲与鼻中隔之间的间隙

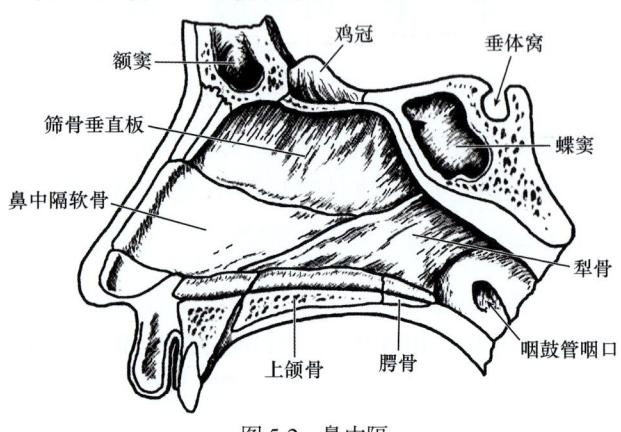

图 5-2 鼻中隔

称**总鼻道**。上鼻甲的后上方有时出现最上鼻甲,其下方的小沟为最上鼻道。上鼻甲或最上鼻甲的后上方与鼻腔顶之间的凹陷为**蝶筛隐窝** sphenoethmoidal recess。由于鼻甲及鼻道的形成,大大扩展了鼻黏膜的面积,有利于对吸入空气的加温和湿润。

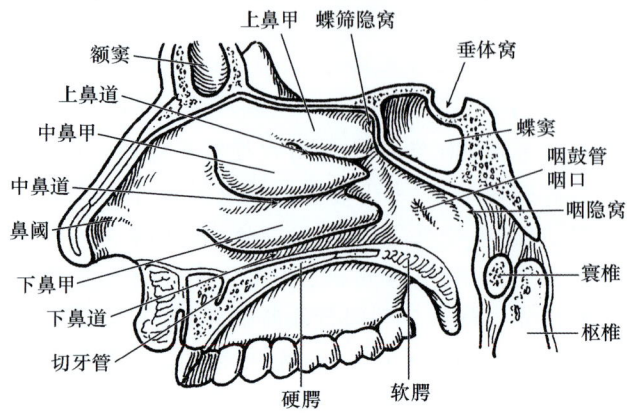

图 5-3 鼻腔外侧壁

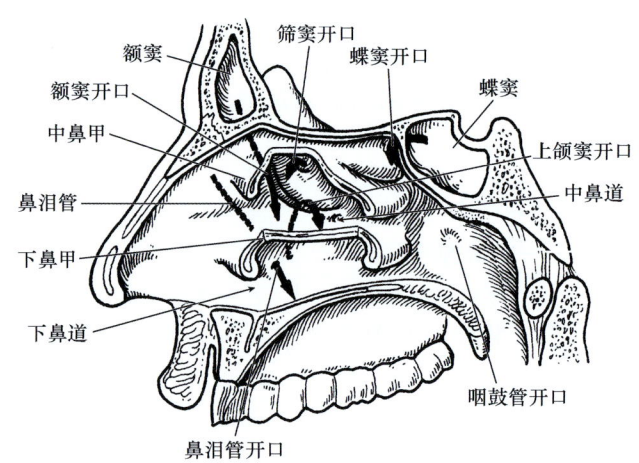

图 5-4 鼻旁窦开口(切除部分鼻甲)

切除中鼻甲,在中鼻道中部可见一凹向上的弧形裂隙,即**半月裂孔**,直径约3 mm,通上颌窦。裂孔的前端有通向前上方的漏斗形管道,即**筛漏斗**,通额窦。裂孔上方的圆形隆起为**筛泡**,通中筛窦。中鼻道为众多鼻旁窦开口之处。下鼻甲前端距鼻前孔约2cm,后端距咽鼓管咽口约1 cm。**鼻泪管**开口于下鼻道的前上方,距鼻前孔约3 cm(图5-4)。

鼻黏膜衬于固有鼻腔和鼻旁窦的内面,按其生理功能分为嗅区和呼吸区。**嗅区**为上鼻甲内侧面和与其相对的鼻中隔部分以及二者上方鼻腔顶部的鼻黏膜区域,活体呈苍白或淡黄色,面积约5 cm^2,内含嗅细胞,感受嗅觉刺激。**呼吸区**为嗅区以外的部分,活体呈淡红色,上皮细胞有纤毛,黏膜富含血管、鼻腺,血管可调节鼻甲的充血程度,鼻腺能产生大量分泌物,从而调节吸入空气的温度、湿度,并净化空气

中的细菌、灰尘。

（三）鼻旁窦

鼻旁窦 paranasal sinuses 由骨性鼻旁窦衬以黏膜构成，包括上颌窦、额窦、筛窦和蝶窦 4 对（图 5-5）。

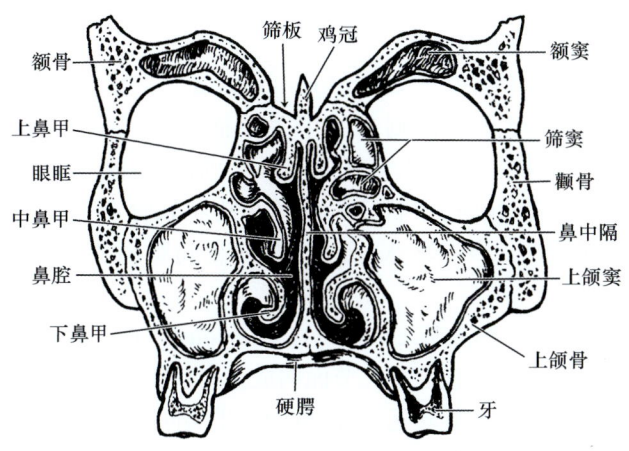

图 5-5　鼻旁窦（鼻腔冠状切面）

1. 上颌窦 maxillary sinus　位于上颌骨体内，是鼻旁窦中最大的一对，平均容积为 12~15 ml。其形态与上颌骨体一致，呈三角锥体形，有前、后、上、下和内侧 5 个壁。**前壁**为上颌骨体前面，尖牙窝处骨质较薄，炎症时此处可有压痛，为上颌窦手术的常选入路；**后壁**较厚，与翼腭窝毗邻；**上壁**为眶下壁，窦内肿物压迫眶下神经可致一侧面部麻木，是上颌窦恶性肿瘤的早期症状之一；**下（底）壁**即上颌骨的牙槽突，常低于鼻腔的底部，与上颌第 2 前磨牙及第 1 和第 2 磨牙根部紧邻，只有一层薄的骨质相隔，有时牙根突向窦内，仅以黏膜相隔，故牙与上颌窦的炎症或肿瘤均可互相累及；**内侧壁**即鼻腔的外侧壁，邻近中、下鼻道，下鼻道上部骨质较薄，为上颌窦穿刺的进针部位。上颌窦开口于中鼻道的半月裂孔。由于上颌窦开口位于其内侧壁最高处，窦口高于窦底，发炎时引流不畅，易造成窦腔积液，治疗时体位引流很重要，也可进行上颌窦穿刺冲洗。

2. 额窦 frontal sinus　位于额鳞下部，眉弓的深方，额骨内、外板之间，左右各一。其大小和形状不一，基本呈三棱锥体形，底向下，尖向上。眶内上角为额窦底部，骨质最薄，急性炎症时压痛明显。额窦口位于窦底部，向下开口于中鼻道的筛漏斗。

3. 筛窦 ethmoidal sinus　由位于鼻腔外侧壁上份与眶内侧壁上份之间的**筛骨迷路**内的小气房组成，每侧有 3~18 个。筛窦炎时压痛点位于鼻根部与眼内眦之间。依据窦口的部位可将筛窦分为前、中、后 3 组。**前筛窦**的气房 5~6 个，**中筛窦**的气房 3~4 个，分别开口于中鼻道的筛漏斗和筛泡；**后筛窦**开口于上鼻道。后筛窦与视神经管紧密相邻，其感染向周围蔓延，可引起视神经炎。

4. 蝶窦 sphenoidal sinus　位于蝶骨体内，被中隔分为左、右二腔，分别向前开口于蝶筛隐窝。临床上经蝶窦入路可行垂体、海绵窦等手术。

二、喉

喉 larynx 位于颈前部中份，第 3~6 颈椎之间，上至会厌上缘，下达环状软骨下缘，前方是皮肤、浅筋膜、颈深筋膜、舌骨下肌群，后方为咽，两侧是颈部血管、神经和甲状腺侧叶。喉的结构比较复杂，它以软骨为基础，借关节、韧带连结，以肌为动力器官，内面衬以黏膜而成。既是呼吸道，也是发音器官。

（一）喉的软骨

喉的软骨构成喉的支架，包括单一的甲状软骨、环状软骨、会厌软骨和成对的杓状软骨等（图 5-6）。

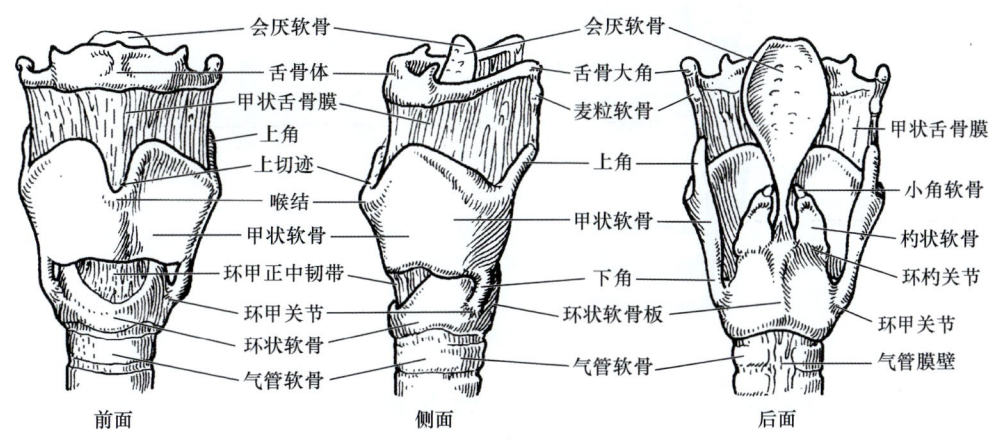

图 5-6　喉软骨及其连结

1. 甲状软骨 thyroid cartilage 为最大的喉软骨。位于舌骨下方，构成喉的前外侧壁。形似盾牌，由左、右两个四边形软骨板组成。两板前缘以直角（男性）或钝角（女性）相连形成**前角**，前角上端向前突出于体表称**喉结** laryngeal prominence，在成年男子尤为明显。喉结上方呈"V"形的切迹，称**上切迹**。两板的后缘游离并向上、下发出突起，称**上角**和**下角**。**上角**较长，借韧带与舌骨大角连接；**下角**较短，其内侧面有关节面，与环状软骨构成环甲关节。

2. 环状软骨 cricoid cartilage 位于甲状软骨下方，构成喉的底座，形似指环，由前部低窄的环状软骨弓和后部高宽的环状软骨板构成。是喉和气管中唯一的完整软骨环，对支撑呼吸道，保持其畅通有重要作用，损伤后易引起喉狭窄。**环状软骨弓**平对第6颈椎，是颈部的重要标志。**环状软骨板**上缘两侧各有一长圆形的关节面，与杓状软骨形成环杓关节。弓与板交界处两侧有**甲关节面**，与甲状软骨构成环甲关节。

3. 会厌软骨 epiglottic cartilage 位于舌骨体后上方。形似树叶，上宽下窄。上端游离；下端狭细，称**会厌软骨茎**，借甲状会厌韧带连于甲状软骨前角内面上部；前面稍凸，对向舌根；后面略凹，朝向喉前庭。会厌软骨被覆黏膜构成**会厌** epiglottis，是喉口的活瓣，吞咽时，喉上提并向前移，会厌关闭喉口，防止食团入喉，并引导食团进咽。

4. 杓状软骨 arytenoid cartilage 成对，坐落于环状软骨板上缘。形似三棱锥体，分为一尖、一底、两突和三面。尖向上；底朝下，与环状软骨板上缘构成环杓关节；由底向前伸出的突起称**声带突**，有声韧带附着；向外侧伸出的突起称**肌突**，有喉肌附着。三面为前外侧面、内侧面和后面。

（二）喉的连结

喉的连结包括喉软骨间的连结以及喉与舌骨、气管间的连结。

1. 环甲关节 cricothyroid joint 由甲状软骨下角和环状软骨侧方的甲关节面构成，属联合关节。甲状软骨可沿该关节的冠状轴作前倾和复位运动。前倾时，甲状软骨前角与杓状软骨声带突的间距加大、声带紧张；复位时，两者间距缩小、声带松弛。

2. 环杓关节 cricoarytenoid joint 由杓状软骨底和环状软骨板上缘关节面构成。杓状软骨可绕该关节的垂直轴作旋转运动，内旋使声带突向内侧转动，缩小声门；外旋则作用相反，开大声门。杓状软骨也可作左右滑动。

3. 弹性圆锥 conus elasticus 为上窄下宽的圆锥状弹性纤维膜。自甲状软骨前角后面，向下、向后附着于环状软骨上缘和杓状软骨声带突，又称**环甲膜**。其上缘游离，张于甲状软骨前角后面与杓状软骨声带突之间，称**声韧带** vocal ligament，是声带的基础。此膜前份较厚，张于甲状软骨下缘与环状软骨弓上缘之间，称**环甲正中韧带**。当急性喉阻塞来不及进行气管切开术时，可在此切开或穿刺，建立暂时的通气道，以抢救病人生命（图5-7）。

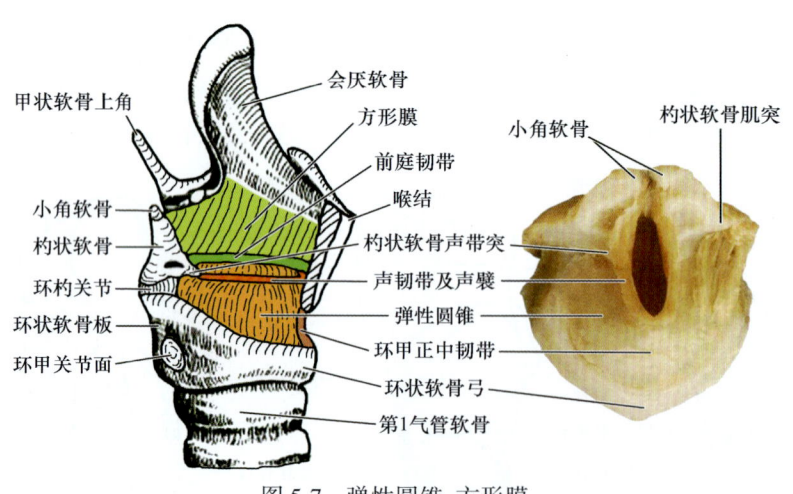

图5-7 弹性圆锥、方形膜

4. 方形膜 quadrangular membrane 为斜方形弹性纤维膜。自甲状软骨前角后面和会厌软骨两侧缘，向后附着于杓状软骨前内侧缘。其下缘游离，称**前庭韧带** vestibular ligament，构成前庭襞的支架。

5. 甲状舌骨膜 thyrohyoid membrane 是位于

甲状软骨上缘与舌骨之间的结缔组织膜。其中部增厚称**甲状舌骨正中韧带**。**甲状舌骨外侧韧带**连接甲状软骨上角和舌骨大角,其内常含麦粒软骨。

6. 环状软骨气管韧带 cricotracheal ligament 为连于环状软骨下缘和第1气管软骨环间的结缔组织膜。

(三) 喉肌

喉肌系横纹肌,按其功能分为两群,一群作用于环甲关节,紧张或松弛声带;另一群作用于环杓关节,缩小或开大声门裂或喉口。按其部位分内、外两群(图5-8)。

1. 环甲肌 cricothyroid muscle 是唯一的一对外群喉肌。起于环状软骨弓前外侧面,斜向后上,止于甲状软骨下缘和下角,收缩时,使甲状软骨前倾,紧张并拉长声带。

2. 环杓后肌 posterior cricoarytenoid muscle 起自环状软骨板后面,斜向外上,止于同侧杓状软骨的肌突。收缩时,使杓状软骨在垂直轴上旋转,拉肌突转向后外,使声带突转向外侧,开大声门裂、紧张声带。

3. 环杓侧肌 lateral cricoarytenoid muscle 起自环状软骨弓上缘和外面,于甲状软骨板内面斜向后上,止于杓状软骨肌突,收缩时牵引肌突向前下,使声带突转向内侧,声门裂变窄。

4. 甲杓肌 thyroarytenoid muscle 起自甲状软骨前角内面,循弹性圆锥向后,止于杓状软骨。内侧部下份肌束位于声襞内,紧贴声韧带,止于声带突,称**声带肌** vocalis,收缩时使声襞变短,松弛声带。外侧部肌束止于杓状软骨外侧面和肌突,收缩时缩小声门裂。

5. 杓肌 位于喉的后壁,包括杓横肌、杓斜肌和杓会厌肌。

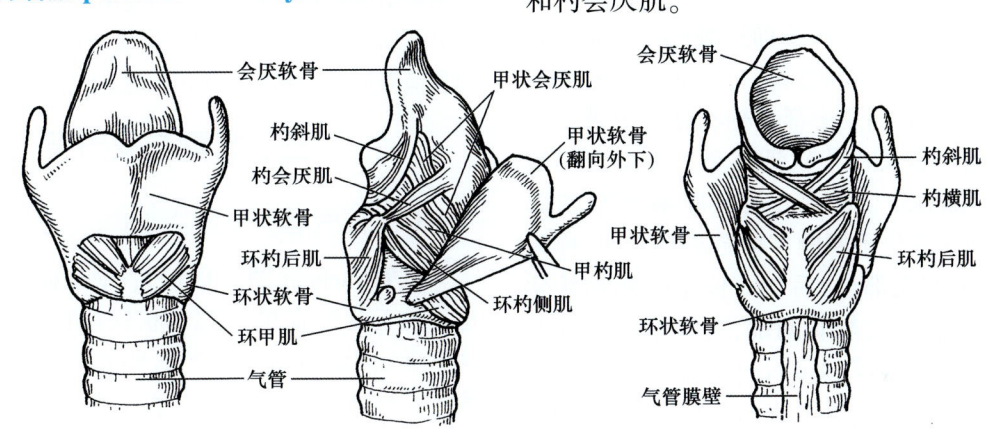

图5-8 喉肌

(1) **杓横肌** transverse arytenoid:肌束横行,两端连于两侧杓状软骨后面,收缩时,缩小喉口及声门裂。

(2) **杓斜肌** oblique arytenoid:位于杓横肌的后面,起自杓状软骨肌突,止于对侧杓状软骨尖,收缩时,缩小喉口及声门裂。

(3) **杓会厌肌** aryepiglottic muscle:位于杓会厌襞内,起自杓状软骨尖,止于会厌软骨及甲状会厌韧带。收缩时牵拉会厌,缩小喉口。

(四) 喉腔

喉腔 laryngeal cavity(图5-9)是由喉壁(喉软骨及其连结、喉肌、喉黏膜等构成)围成的管腔。上经喉口通喉咽,下于环状软骨下缘续气管。

喉口 aditus laryngis 是喉腔的上口,朝向后上方,由会厌上缘、杓会厌襞和杓间切迹围成。连接杓状软骨尖与会厌软骨的皱襞称**杓会厌襞** aryepiglottic fold。

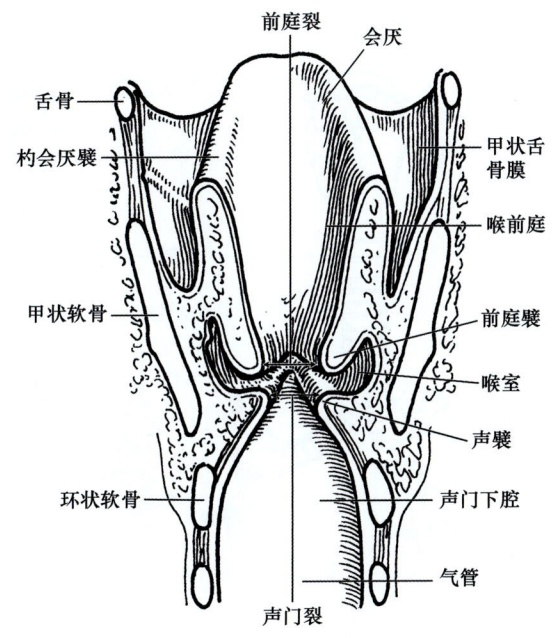

图5-9 喉的冠状切面

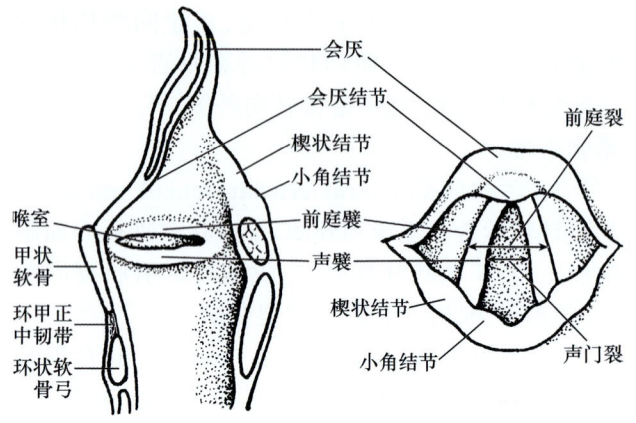

图 5-10　正中矢状状切面（左侧）及喉镜检查所见

1. **喉前庭**　喉腔由喉口至前庭裂平面之间的部分，称**喉前庭** vestibule of larynx，呈上宽下窄，前壁主要由会厌的喉面构成，其中下份相当于会厌软骨茎附着处的上方，呈结节状隆起，称**会厌结节**。

2. **喉中间腔**　喉腔自前庭裂平面至声门裂平面之间的部分，称**喉中间腔** intermediate cavity of larynx，是喉腔 3 部分中容积最小的。喉中间腔向两侧延伸至前庭襞与声襞间的梭形隐窝，称**喉室**。

3. **声门下腔**　喉腔自声门裂平面至环状软骨下缘之间的部分，称**声门下腔** infraglottic cavity，呈上窄下宽的圆锥形。此区黏膜下组织疏松，炎症时易引起水肿，婴幼儿因喉腔较窄小，喉水肿尤易引起喉阻塞，造成呼吸困难。

喉腔的侧壁有两对矢状位的黏膜皱襞突入腔内（图 5-10），即上方的一对**前庭襞** vestibular fold 和下方的一对**声襞** vocal fold。前庭襞在活体呈粉红色，连于甲状软骨前角中部与杓状软骨声带突上方，两侧前庭襞之间的裂隙称**前庭裂** rima vestibuli，前窄后宽。**声襞**在活体颜色较白，比前庭襞更突向喉腔，连于甲状软骨前角中部与杓状软骨声带突之间。位于两侧声襞及杓状软骨底和声带突之间的裂隙，称**声门裂** rami glottidis，是喉腔最狭窄的部位。声门裂前 3/5 位于两侧声襞游离缘之间，称**膜间部**，为喉癌的好发部位；后 2/5 位于两侧杓状软骨底和声带突之间，称**软骨间部**，为喉结核的好发部位。通常所说的**声带** vocal cord 是指声襞及其所覆盖的声韧带和声带肌等组成的结构。**声门** glottis 则是声带和声门裂的总称。

喉腔借两对黏膜皱襞分为 3 部分：喉前庭、喉中间腔和声门下腔。

间接喉镜检查可见会厌、杓会厌襞、杓间切迹、会厌喉面的会厌结节，两侧为粉红色的前庭襞以及在声门裂两旁呈珠白色的声襞，表面光滑。平静呼吸时，膜间部呈三角形；深呼吸时，由于声带突的外转而使整个声门裂呈菱形；发声时，两侧声带紧张、靠近，甚至关闭。

三、气管与支气管

（一）气管

气管 trachea（图 5-11）为后壁略扁平的圆筒形管道。位于食管前方，上接环状软骨下缘（平第 6 颈椎体下缘），沿颈前正中下行入胸腔，至胸骨角平面（平第 4 胸椎体下缘）分为左、右主支气管，分杈处称**气管杈** bifurcation of trachea。气管杈内面有一向上凸的半月状嵴，称**气管隆嵴** carina of trachea，略偏向左侧，是支气管镜检查的重要标志。

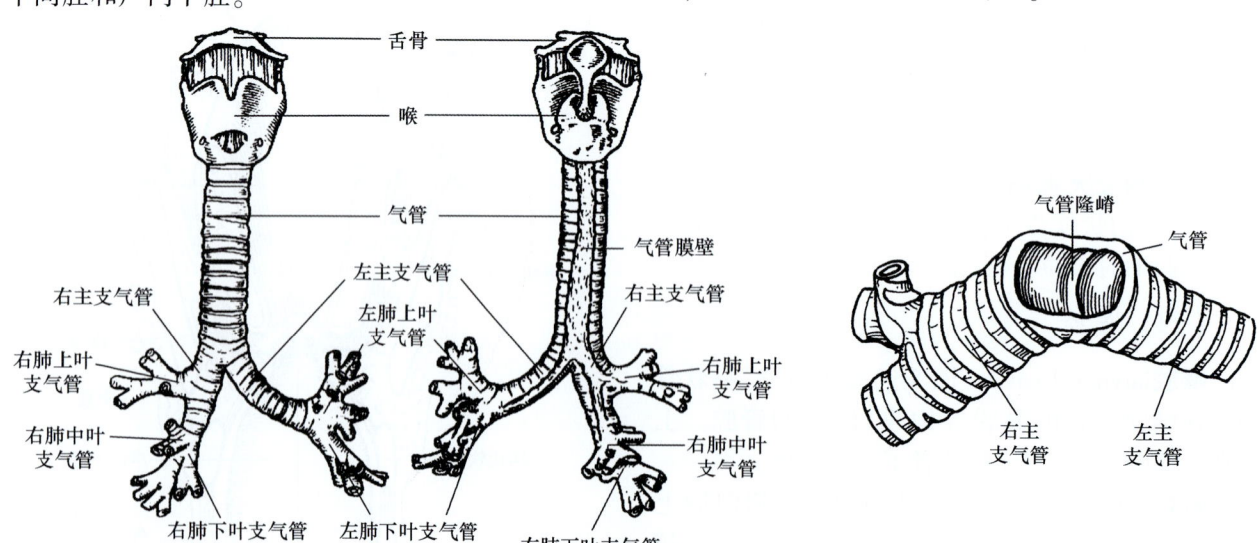

图 5-11　气管与支气管、气管隆嵴

气管由16~20个缺口向后、呈"C"形的软骨环及连接各环的平滑肌和结缔组织构成,气管内面衬以黏膜。气管后壁缺口由**膜壁**封闭,该膜壁由弹性纤维和被称为**气管肌**的平滑肌构成。

根据气管的行程和位置,可分为颈、胸两部。**颈部**较短、位置表浅,在胸骨颈静脉切迹上方可摸到。环状软骨可作为向下检查气管软骨环的标志。**胸部**较长,位于上纵隔内。

【临床联系】

气管切开术是切开颈段气管以解除呼吸困难的一种常见手术。病人仰卧,头后仰,保持正中位。自甲状软骨下缘至接近颈静脉切迹处,做一正中纵切口,切开皮肤、皮下组织,分离气管前组织,暴露甲状腺峡部,若峡部过宽,可稍加分离,用小钩将峡部向上牵引,必要时可将峡部夹持切断缝扎,以便暴露气管。甲状腺峡部多位于第3~5气管软骨环前方,可作为气管切开的定位标志。一般于第2~4气管环处,用刀尖自下向上挑开2个气管环(切开4~5环者为低位气管切开术)。刀尖勿插入过深,以免刺伤气管后壁和食管前壁,引起气管食管瘘。勿切断环状软骨和第1气管软骨环,以免术后喉狭窄。切口勿低于第5气管软骨,以免伤及大血管等毗邻结构。

(二)支气管

支气管bronchi是由气管分出的各级分支,其中一级分支为左、右主支气管。主支气管为气管杈与肺门之间的管道。

右主支气管right principal bronchus长1.9~2.6 cm,外径1.2~1.5 cm,与气管中线的延长线形成22°~25°的角。

左主支气管left principal bronchus长4.5~5.2 cm,外径0.9~1.4 cm,与气管中线的延长线形成35°~36°的角。

【临床联系】

左主支气管与右主支气管相比,前者较细长,走向较倾斜;后者较粗短,走向较陡直;加之,气管隆嵴略偏向左侧、右肺通气量较大等因素,临床上气管异物多坠入右主支气管。

(陆 利)

第二节 肺

一、肺的位置和形态

肺lung位于胸腔内,左、右肺分居于纵隔的两侧、膈的上方。膈右侧份因肝的影响而位置较高,加之心脏位置偏左,故右肺较宽短,左肺较狭长(图5-12)。右肺的体积与重量均大于左肺。成人

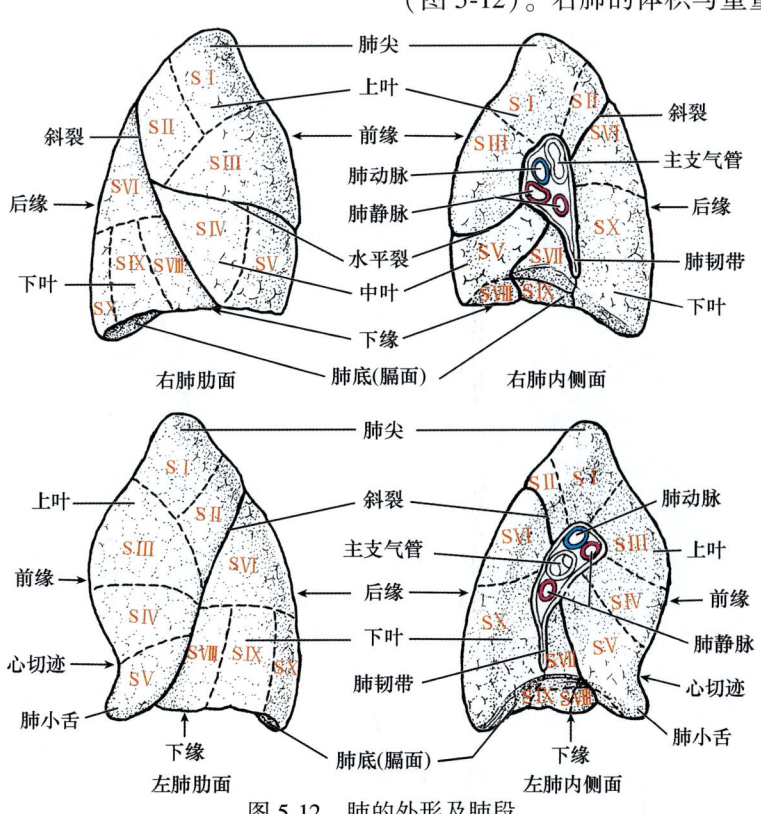

图5-12 肺的外形及肺段

肺的重量约等于自己体重的1/50。

肺表面被覆脏胸膜，光滑润泽。透过脏胸膜可见许多呈多边形的小区，即肺小叶的轮廓。肺的颜色随年龄、职业的不同而不同。婴幼儿肺呈淡红色，随年龄增长，空气中的尘埃、炭粒等被吸入肺内并沉积，肺的颜色逐步变为暗红色或深灰色。生活在烟尘污染重的环境中的人和吸烟者的肺呈棕黑色。正常肺质软而轻，呈海绵状，富有弹性。呼吸者的肺内因含空气，比重小于1，浮水不沉。胎儿和未曾呼吸过的新生儿肺内不含空气，质实而重，比重大于1，入水则沉。法医常借此鉴定胎儿系生前死亡或生后死亡。

肺大致呈圆锥形，有一尖、一底、两面（肋面和内侧面）及三缘（前缘、后缘和下缘）。

肺尖钝圆，经胸廓上口突至颈根部，高出锁骨内侧1/3段上方2~3 cm。**肺底**位于膈上面，又称**膈面**，稍向上凹。**肋面**邻接肋和肋间肌，广阔而圆凸。**内侧面**邻贴纵隔，又称**纵隔面**，此面中份的椭圆形凹陷称**肺门**，为支气管、肺动脉、肺静脉、支气管动脉、支气管静脉、淋巴管和神经等出入肺之处。这些出入肺门的结构被结缔组织包绕，构成**肺根**。肺根内诸结构的排列自前向后为：上肺静脉、肺动脉、主支气管。自上而下，左肺根内结构为：肺动脉、左主支气管、下肺静脉；右肺根为：上叶支气管、肺动脉、肺静脉。肺门附近有支气管肺淋巴结（肺门淋巴结）。

肺的毗邻器官可在其表面形成压迹或沟。两肺门前下方均有心压迹，以左侧为明显。右肺门后方有食管压迹，上方是奇静脉沟。左肺门上方和后方为主动脉弓和胸主动脉的压迹。

肺的**前缘**薄锐，为肋面与纵隔面在前方的移行处，左肺前缘下份有**心切迹**，切迹下方的舌状突起称**左肺小舌**。肺的**后缘**圆钝，位于脊柱两侧，为肋面与纵隔面在后方的移行处。肺的**下缘**在肋面与膈面移行处较锐，在纵隔面与膈面移行处则较钝。其位置随呼吸运动而显著变化。

肺借叶间裂分叶。左肺**斜裂**由后上斜向前下，将左肺分为上、下两叶。右肺除斜裂外，尚有一**水平裂**，又称**右肺副裂**，起自斜裂后部（相当腋中线），水平向前达右肺内侧面，此二裂将右肺分为上、中、下3叶。肺叶之间可有融合现象，肺内也会出现额外裂，如左肺可有3叶，右肺可有5叶。

二、肺内支气管和支气管肺段

在肺门，左、右**主支气管**（一级支气管）分为**肺叶支气管**（二级支气管），进入肺叶。左肺有上叶和下叶支气管；右肺有上叶、中叶和下叶支气管。临床上将肺叶支气管、血管、淋巴管和神经出入肺叶处称为**第2肺门**。肺叶支气管在各肺叶内再分为**肺段支气管**（三级支气管），以后再经数级分支（可达23~25级），形如树状，称**支气管树**。

支气管肺段 bronchopulmonary segments 是每一肺段支气管及其分支分布区的全部肺组织的总称，简称**肺段** pulmonary segment。各肺段略呈圆锥形，尖端朝向肺门，底位于肺的表面。每个肺段由一个肺段支气管分布，肺动脉的分支与支气管的分支伴行进入肺段，相邻肺段间动脉的分支很少吻合。相邻肺段间仅有少许疏松结缔组织，不存在明显的解剖分界面，肺静脉的属支行于其间，收纳相邻肺段的血液，并被作为肺段的分界标志及肺段切除的标志。当肺段支气管阻塞时，该肺段的空气出入被阻。上述说明肺段的结构和功能有相对的独立性，临床可以肺段为单位，通过定位诊断，进行肺段切除术，使手术局限化（图5-13）。

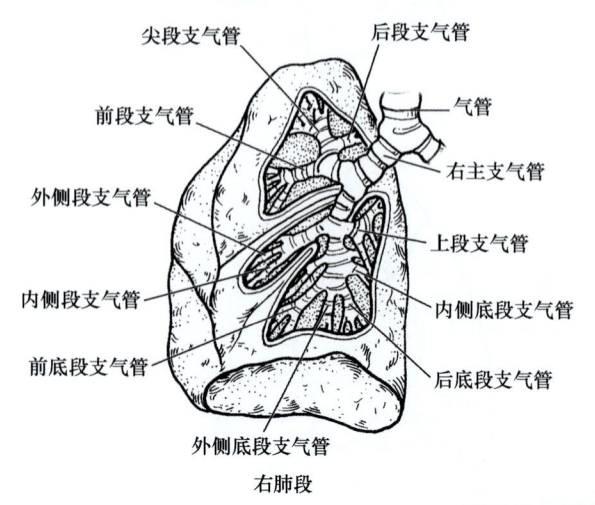 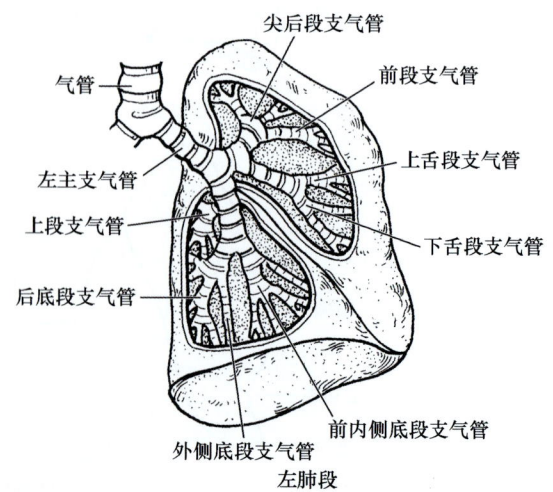

图 5-13　肺段支气管

依照肺段支气管的分支分布,左、右肺通常各分为10个肺段。有时因左肺出现共干肺段支气管,例如,左肺上叶的尖段和后段支气管、下叶的内侧底段和前底段支气管常发自一个共干,此时左肺只有8个肺段。现将两肺肺段的名称和通用的编号排列如下。

右肺支气管肺段

上叶 { 尖段(SⅠ)
后段(SⅡ)
前段(SⅢ)

中叶 { 外侧段(SⅣ)
内侧段(SⅤ)

下叶 { 尖(上)段(SⅥ)
内侧(心)底段(SⅦ)
前底段(SⅧ)
外侧底段(SⅨ)
后底段(SⅩ)

左肺支气管肺段

上叶 { 尖段(SⅠ) } 尖后段(SⅠ+SⅡ)
后段(SⅡ)
前段(SⅢ)
上舌段(SⅣ)
下舌段(SⅤ)

下叶 { 尖(上)段(SⅥ)
内侧(心)底段(SⅦ) } 内前底段(SⅦ+SⅧ)
前底段(SⅧ)
外侧底段(SⅨ)
后底段(SⅩ)

【临床联系】

肺段是组成肺叶的解剖和功能单位,有其固有的肺段支气管、肺动脉段支和肺静脉段支。**肺段切除术**是将肺段动脉、静脉和支气管解剖切断,将肺段钝性加锐性剥脱,适用于肺部病变局限于某肺段内。术中常以肺静脉段支作为探寻肺段间平面的标志。肺段的一般感染常局限于肺段本身,但一些特殊感染如结核则可由一个肺段扩散到另一个肺段,肺段对支气管肺癌也无屏障作用。

三、肺的血管

肺有两套血管,一套为**功能性血管**,为组成小循环的肺动脉和肺静脉,完成气体交换。每侧肺有一条肺动脉和两条肺静脉。**肺动脉**其分支在肺门先位于支气管前方,后转向后方。在肺内的分支多与支气管的分支伴行,直至分支进入肺泡隔,包绕肺泡壁形成肺泡毛细血管网,在此进行气体交换。另一套为**营养性血管**,为属于大循环的**支气管动脉**、**静脉**,供给肺氧和营养物质。左侧支气管动脉通常有2支,主要起自胸主动脉;右侧支气管动脉则多为1支,起自右侧第3肋间后动脉或左上支气管动脉。在肺门处支气管动脉互相吻合,广泛交通成网。进入肺内紧密伴随支气管走行,经肺段门进入肺段内,形成1~3支肺段支气管动脉。支气管动脉最终在支气管壁的外膜和黏膜下层分别形成供应支气管的毛细血管网。

第三节 胸 膜

一、胸膜与胸膜腔的概念

胸腔由胸壁和膈围成,上界为胸廓上口,与颈部相通;下界为膈,借膈与腹腔分隔。分为3部分,中部为纵隔,两侧部容纳左、右肺和胸膜腔。

胸膜pleura 是衬覆于肺表面、胸壁内面、膈上面和纵隔侧面的一层薄而光滑的浆膜。覆盖于肺表面的部分称**脏胸膜**。衬覆于胸壁内面、膈上面和纵隔侧面的部分称**壁胸膜**。

胸膜腔pleural cavity 是指脏、壁胸膜在肺根处相互移行,二者之间形成的封闭的腔隙。左、右各一,互不相通;腔内压力低于大气压,故称**负压**;腔内仅有少量浆液,可减少呼吸时两层胸膜间的摩擦;由于负压和液体的吸附作用,脏、壁胸膜相互贴附在一起,因此胸膜腔实际上是两个潜在性的腔隙(图5-14)。

二、胸膜的分部

(一)脏胸膜

脏胸膜visceral pleura 又称**肺胸膜**,紧贴肺表面,与肺实质紧密结合,且伸入叶间裂内包被各个肺叶。

(二)壁胸膜

壁胸膜parietal pleura 按其所衬覆的部位分为4部分。

1. 肋胸膜 costal pleura 衬覆于肋骨与肋间肌内面,由于肋胸膜与肋骨和肋间肌之间有胸内筋膜存在,故较易剥离。

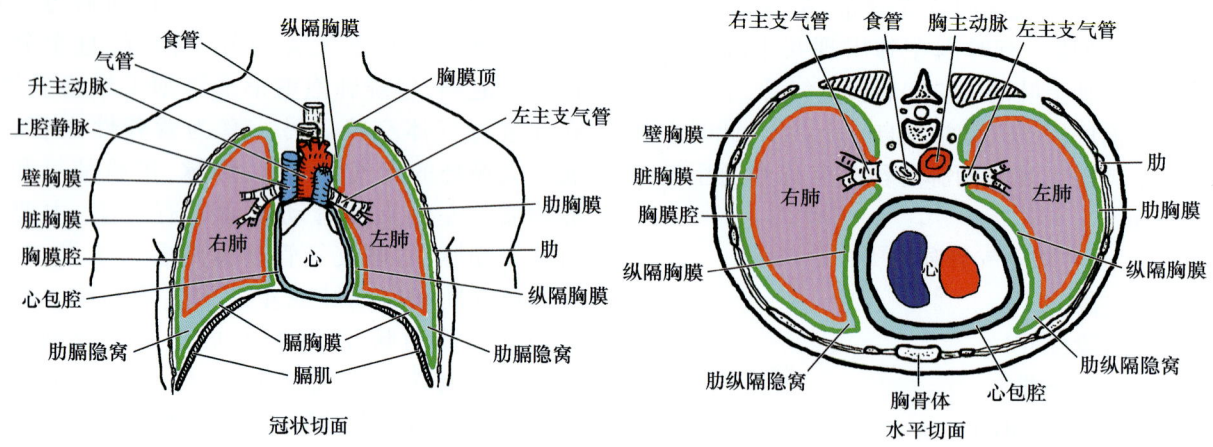

图 5-14　胸膜与胸膜腔

2. 膈胸膜 diaphragmatic pleura　覆盖于膈的上面，与膈紧密相贴、不易剥离。

3. 纵隔胸膜 mediastinal pleura　衬覆于纵隔的两侧面。纵隔胸膜的中部包绕肺根并移行于脏胸膜，此移行部在肺根下方前后两层重叠，形成一胸膜皱襞，连于纵隔外侧面与肺内侧面之间，称为**肺韧带**，对肺有固定作用，也是肺手术的标志。

4. 胸膜顶 cupula of pleura　肋胸膜和纵隔胸膜上延至胸廓上口平面以上，形成穹隆状的胸膜顶或颈胸膜，覆盖于肺尖上方。胸膜顶突出胸廓上口，伸向颈根部，高出锁骨内侧 1/3 段上方 2~3 cm，作锁骨上臂丛麻醉或针刺时应注意，勿穿破胸膜顶造成气胸。

三、胸膜隐窝

胸膜隐窝 pleural recesses 又称**胸膜窦**，为各部壁胸膜相互移行转折处的胸膜腔部分，即使在深吸气时，肺缘也不能充满此间隙。包括肋膈隐窝、肋纵隔隐窝和膈纵隔隐窝。

1. 肋膈隐窝　又称**肋膈窦**，是最大、最重要的胸膜隐窝，位于肋胸膜与膈胸膜相互转折处，左右各一，呈半环形，站立位时是胸膜腔位置最低的部位，其深度可达两个肋及其间隙，深吸气时，肺下缘也不会充满此隐窝。胸膜腔积液常首先积聚于此，同时也是易发生胸膜粘连的部位。

2. 肋纵隔隐窝　位于覆盖心包表面的纵隔胸膜与肋胸膜相互转折处。因左肺前缘有心切迹存在，所以左侧肋纵隔隐窝较大。

3. 膈纵隔隐窝　位于膈胸膜与纵隔胸膜相互转折处，因心尖向左侧突出而形成，故该隐窝仅存在于左侧胸膜腔。

四、胸膜与肺的体表投影

（一）胸膜的体表投影

胸膜的体表投影（图 5-15，表 5-1）是指壁胸膜各部相互移行转折形成的胸膜返折线在体表的投影位置，标志着胸膜腔的范围。胸膜前界是肋胸膜与纵隔胸膜前缘的返折线，即胸膜前返折线；胸膜下界是肋胸膜与膈胸膜的返折线，即胸膜下返折线；胸膜后界是肋胸膜与纵隔胸膜后缘的返折线。

1. 胸膜前界的体表投影　两侧均起自锁骨内侧 1/3 段上方 2~3 cm 处的胸膜顶，斜向下内，经胸锁关节后方至胸骨柄后面，约在第 2 胸肋关节水平，两侧互相靠拢，并沿中线稍左垂直下行。右侧者在第 6 胸肋关节处右转移行于胸膜下返折线。左侧者在第 4 胸肋关节弯转向外下，沿胸骨侧缘外侧 2~2.5 cm 下行，至第 6 肋软骨后方移行于胸膜下返折线。

两侧胸膜前返折线在第 2~4 胸肋关节平面互相靠拢。在第 2 胸肋关节平面以上，两侧胸膜前返折线互相离开，在胸骨柄后方形成一个无胸膜覆盖的三角形区，称**胸腺区**。儿童的较宽，内有胸腺；成人的较窄，内有胸腺遗迹和结缔组织。在第 4 胸肋关节平面以下，两侧胸膜前返折线之间的三角形区称**心包区**，在此区心包前方无胸膜覆盖，故又称**心包裸区**。此区位于胸骨体下份的左半和左侧第 4、6 肋软骨后方，左剑肋角是临床进行心包穿刺术的安全区。

2. 胸膜下界的体表投影　右侧起于第 6 胸肋关节后方，左侧起于第 6 肋软骨后方，两侧均行向外下，在锁骨中线与第 8 肋相交，在腋中线与第 10

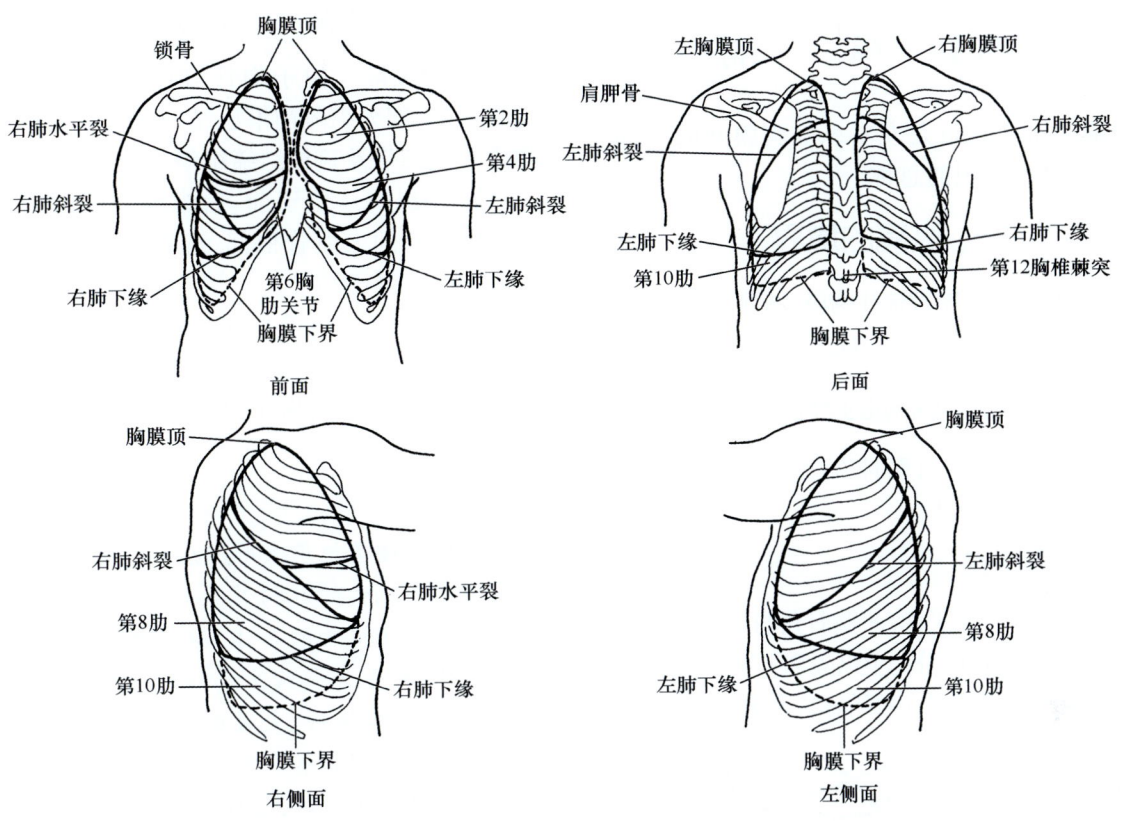

图 5-15 胸膜与肺的体表投影

表 5-1 肺和胸膜下界的体表投影

体表投影	锁骨中线	腋中线	肩胛线	脊柱侧方
肺下界	第 6 肋	第 8 肋	第 10 肋	平第 10 胸椎棘突
胸膜下界	第 8 肋	第 10 肋	第 11 肋	平第 12 胸椎棘突

肋相交,并转向后内侧,在肩胛线与第 11 肋相交,在脊柱侧方平第 12 胸椎棘突高度(第 12 胸椎棘突外侧 2 cm)。在右侧,由于肝的影响,膈的位置较高,故右侧胸膜下界常略高于左侧。

3. 胸膜后界的体表投影 在脊柱侧方,从第 7 颈椎棘突外侧 2 cm 至第 12 胸椎棘突外侧 2 cm。

(二) 肺的体表投影

1. 肺前界的体表投影 与胸膜前界基本一致,仅在左侧至第 4 胸肋关节处,即沿第 4 肋软骨转向外侧,至胸骨旁线稍内侧处转向下至第 6 肋软骨中点移行于下界。

2. 肺下界的体表投影 两肺下界的投影略同,但较胸膜下界在各标志线处的位置高出约两个肋的距离,即在锁骨中线与第 6 肋相交,在腋中线与第 8 肋相交,在肩胛线与第 10 肋相交,在脊柱侧方平第 10 胸椎棘突高度(第 10 胸椎棘突外侧 2 cm)。

3. 肺后界的体表投影 与胸膜后界基本一致,不同处是下端至第 10 胸椎棘突外侧 2 cm。

【临床联系】

胸膜腔穿刺术常用于检查胸膜腔积液的性质,抽液减压或通过穿刺给药进行诊疗。可根据胸膜返折线的位置,肋膈隐窝、肋纵隔隐窝的部位,结合 X 线检查或胸部叩诊选择穿刺点。单纯气胸排气在锁骨中线第 2 肋间。胸膜腔积液则根据液体所在部位,选择叩诊实音、呼吸音消失的部位作为穿刺点,一般常选肩胛线第 7~9 肋间,腋后线第 7、8 肋间,腋中线第 6、7 肋间或腋前线第 5 肋间。包裹性积液,可结合 X 线或超声检查作皮肤定位标记。避免在第 9 肋间以下穿刺,以免穿透膈损伤腹腔脏器,尤其在右侧,易伤及肝。为避免损伤肋间血管神经,不宜在肋角内侧进针;在肋角外侧进针时,应靠近肋的上缘;在肋间前部穿刺时,为避免损伤沿上位肋下缘及下位肋上缘走行的血管神经,应在肋间隙中份进行。穿刺层次由浅入深经皮肤、浅筋膜、深筋膜、胸壁肌、肋间隙(肋间肌)、胸内筋膜、肋胸膜至胸膜腔。

第四节 纵　　隔

纵隔 mediastinum 是左右纵隔胸膜间的全部器官、结构与结缔组织的总称。

一、纵隔的境界

前界为胸骨,后界为脊柱胸段,两侧为纵隔胸膜,上界是胸廓上口,下界是膈。成人纵隔位置稍偏左。

二、纵隔的分区

纵隔的分区通常有两种方法,即三分法和四分法,解剖学常用四分法。

(一) 四分法

四分法以胸骨角平面(平胸骨角与第4胸椎体下缘的假想平面)将纵隔分为上纵隔和下纵隔,下纵隔再以心包为界,分为前纵隔、中纵隔和后纵隔(图5-16)。

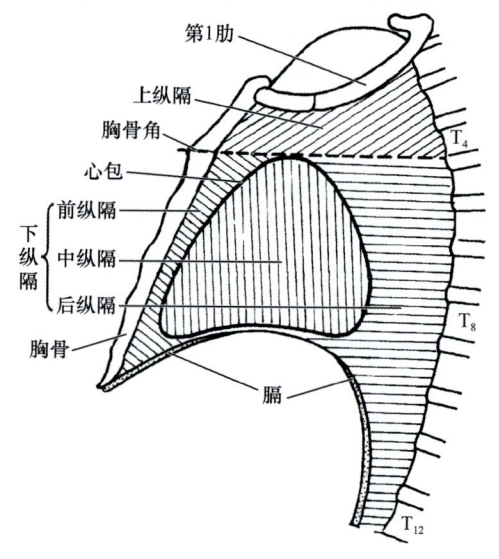

图 5-16　纵隔的分区

(二) 三分法

三分法以气管及气管杈的前面和心包的后面为界,将纵隔分为前纵隔和后纵隔,前纵隔又以胸骨角平面为标志分为前纵隔上部和前纵隔下部。

三、纵隔的内容

(一) 上纵隔

上纵隔内有胸腺或胸腺遗迹、头臂静脉及上腔静脉、膈神经、迷走神经、喉返神经、主动脉弓及其3大分支、气管、食管、胸导管、淋巴结等(图5-17)。

(二) 下纵隔

1. **前纵隔**　位于胸骨与心包前面之间,内有胸腺下部、部分纵隔前淋巴结、胸廓内动脉纵隔支、胸骨心包韧带及疏松结缔组织等。

2. **中纵隔**　位于前、后纵隔之间,内有心包、心及出入心的大血管根部、奇静脉末端、心包膈血管、膈神经、淋巴结等。

3. **后纵隔**　位于心包后面与脊柱胸段之间,内有气管杈及主支气管、食管、胸主动脉、奇静脉与半奇静脉和副半奇静脉、胸导管、迷走神经、胸交感干、淋巴结等。

【相关进展】

肺移植是把患有严重疾病的肺切除,将因其他原因死亡的人的健康肺移植于患者胸腔内。提供移植物的个体,称供者;接受移植物的个体,称受者或宿主。随着现代外科技术、麻醉、供体肺保存、免疫抑制剂的临床应用及围手术期处理等水平的不断提高,接受肺移植的病例也逐年增加,已成为终末期肺疾病患者唯一、有效的治疗方法。

人类肺移植的最初尝试是1963年,在美国密西西比大学医学中心一位58岁、左侧肺门部鳞癌、对侧肺气肿的患者接受了首例人类肺移植,但术后第18天死于肾衰竭。肺移植第一次真正取得临床成功是在1983年,加拿大多伦多肺移植组为一位58岁男性终末期肺纤维化患者施行了右肺移植,6周后病人出院恢复正常生活。20世纪90年代以来,肺移植在世界各地广泛开展,1998年统计,全世界共有150个单位,做肺移植8055例次(单肺移植4777例次,双肺移植3278例次)。美国做的肺移植最多,其次是英国、法国和德国。2002年年底世界登记肺移植术共15000例,单肺移植和双肺移植数量约各占50%。至2005年底全世界共完成单、双肺移植约21000多例。由于肺移植病人术后功能的改善、生活质量的提高,每年需等待肺移植的病人不断增加。国际心肺移植登记中心资料表明,肺移植1年存活率为74%,3年为58%,5年为47%,7年的超过30%,10年的是24%。

我国首次开展临床肺移植手术是在1979年,北京结核病研究所辛育龄教授为2例肺结核患者行肺移植,但因急性排斥及感染无法控制,分别于术后第7天和第12天把移植肺切除。

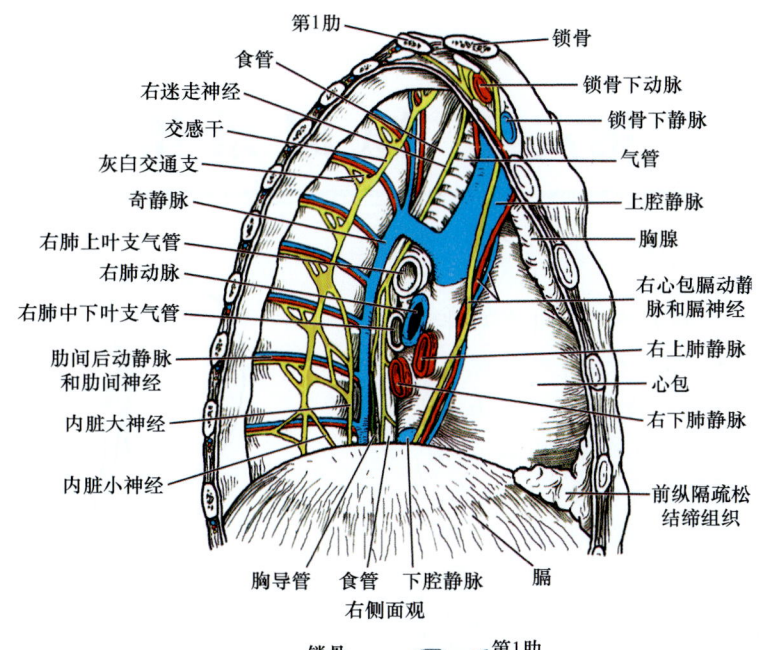

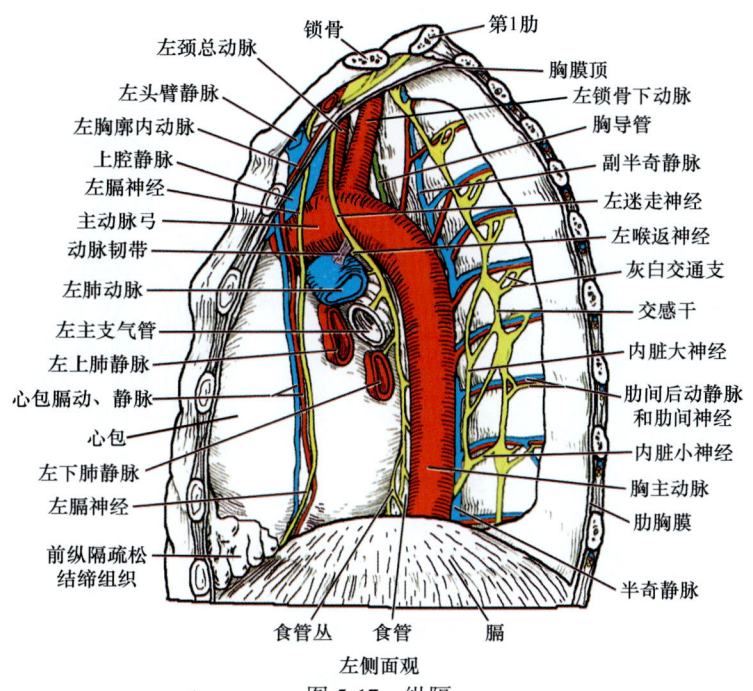

图 5-17 纵隔

此后,1994~1998 年间,共做了近 20 例肺移植。2002 年以来全国至少有 10 多家医院开展了肺移植,开展肺移植的总数达 50 多例,其中 50%~60% 左右的患者术后存活。目前我国成功开展肺移植例数较多的医院有北京安贞医院、上海胸科医院、无锡胸科医院和广州医学院第一附属医院等。近来随着人们认识的提高,我国许多肺移植中心相继成立了包括胸外科、呼吸科、麻醉科、ICU 监护、理疗医师和护理等组成的肺移植团队,围手术期的管理更加科学,使我国肺移植的术后存活率较前有了较大的提高。

【复习思考题】

1. 试述呼吸系统的组成及各部的功能,何谓上、下呼吸道?
2. 试述鼻旁窦的位置和开口部位。为何上颌窦炎是最常见的鼻窦炎?如何处理上颌窦炎?
3. 试述喉腔内的结构和喉腔的分部。
4. 气管异物易坠入哪侧主支气管?为什么?
5. 何谓肺根?试述肺根内结构的位置关系。
6. 什么是胸廓、胸腔、胸膜腔?试述胸膜和肺的体表投影。
7. 以四分法为例,试述纵隔的概念、境界及分部。

(张本斯)

第六章 泌尿系统

【引子】

46岁妇女，反复水肿6年，夜间多尿半年，近1周感周身乏力，不思饮食，乃入院求治。医生在为她做了一般体检后，发现其血压升高并伴有贫血，进一步检查尿常规、血液尿素氮水平，发现尿中有少量蛋白质和红细胞，血尿素氮是正常的两倍多，又要求她进一步做肾脏B超及静脉尿路造影。诊断：慢性肾炎、尿毒症。请分析慢性肾炎的发生？产生尿毒症的原因是什么？

【学习目标】

一、掌握
1. 肾的形态、位置及剖面结构。
2. 输尿管的分部及狭窄部位。
3. 膀胱形态、位置，膀胱三角的位置和黏膜特点。

二、了解
1. 泌尿系统的组成和主要功能。
2. 肾的血供、肾的组织结构及尿液生成基本过程。
3. 肾的被膜及其固定装置及临床意义。

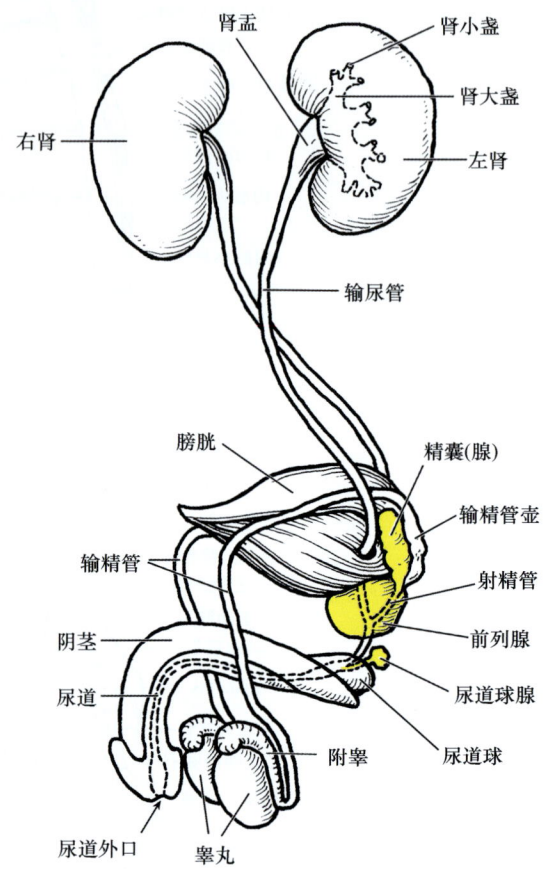

图6-1 男性泌尿生殖系统概观

泌尿系统（urinary system）由肾、输尿管、膀胱和尿道组成（图6-1）。其主要功能是排出机体在新陈代谢过程中所产生的废物和多余的水分，保持机体内环境的稳态。肾脏为泌尿器官，肾脏产生的尿液经输尿管输入膀胱暂时储存，当膀胱内的尿液达到一定量时，再经尿道排出体外。此外，肾脏还具有内分泌功能，男性尿道还是排泄精液管道的一部分。

第一节 肾

一、肾的形态

肾 kidney 为成对的实质性器官，位于腹后壁，形似蚕豆（图6-2）。新鲜肾呈红褐色。成年男性单个肾的平均质量为100~128g，长约10cm，宽约6cm，厚约5cm，女性肾略小于男性。肾分为上、下两端，前、后两面和内、外侧两缘。上端宽而薄，下端窄而厚。肾的前面凸向前外侧，后面较平，紧贴腹后壁。外侧缘隆凸。内侧缘中部凹陷，有肾的血管、神经、淋巴管及肾盂出入，称**肾门** renal hilum。出入肾门的诸结构被结缔组织所包裹称**肾蒂** renal pedicle。肾蒂内由前向后依次为肾静脉、肾动脉和肾盂；由上向下依次为肾动脉、肾静脉和肾盂。由肾门向肾实质内凹陷形成一个较大的腔，称**肾窦** renal sinus，窦内含肾小盏、肾大盏、肾盂、肾血管和脂肪等组织。

二、肾的位置与毗邻

肾位于脊柱两侧（图6-3），属于腹膜外位器官。两侧肾呈"八"字形排列。左肾上端平第11胸椎体下缘，下端平第2腰椎体下缘；右肾因受肝的影响比左肾略低，上端平第12胸椎体上缘，下端平第3腰椎

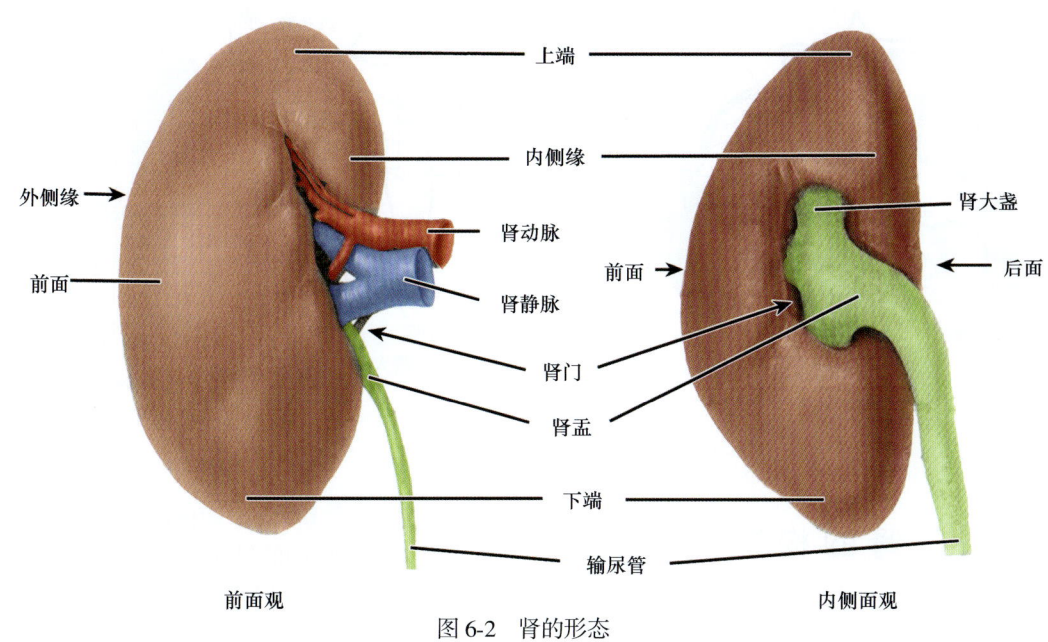

图6-2 肾的形态

体上缘。第12肋分别斜穿过左肾后面中部和右肾后面上部。肾门约与第1腰椎平齐，在躯干背面，距正中线约5 cm处。肾门的体表投影点位于竖脊肌的外侧缘与第12肋的夹角处，该处称为**肾区**。肾病患者叩击或触压该处可引起疼痛（图6-3）。

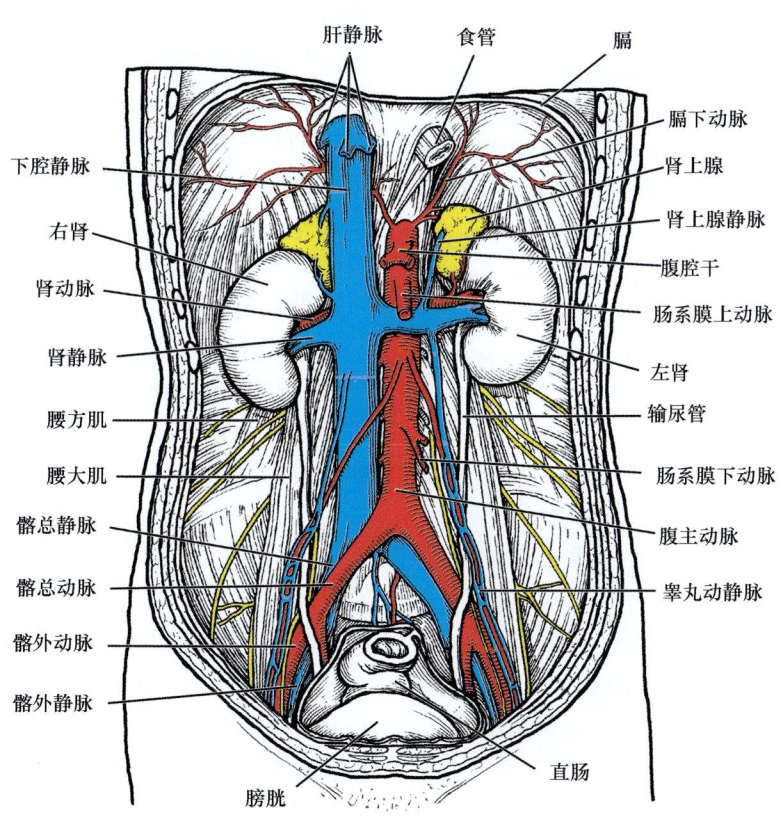

图6-3 肾的位置

肾的毗邻关系（图6-4），两肾上端邻肾上腺；右肾前面毗邻十二指肠、肝右叶和结肠右曲。左肾前面毗邻胃、胰、空肠、脾和结肠左曲。两肾后面上1/3借膈与肋膈隐窝相邻。肾后面下2/3由内向外依次与腰大肌、腰方肌和腹横肌相邻。

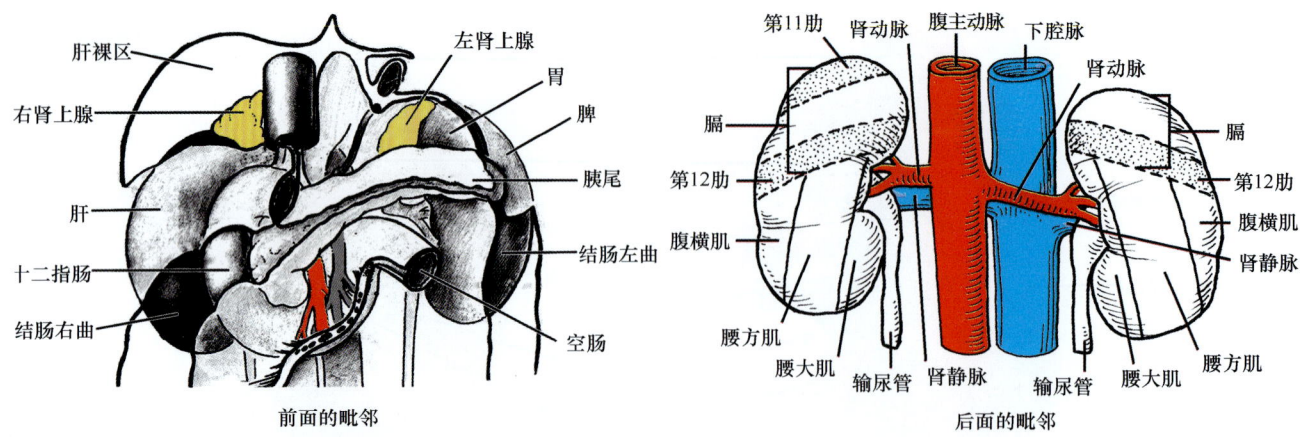

图 6-4　肾的毗邻

三、肾的构造

在肾的冠状切面上,肾实质可分为皮质和髓质两部分(图 6-5)。**肾皮质**renal cortex 位于肾的浅层,新鲜肾呈红褐色,富有血管并可见密布的细小颗粒,由肾小体和肾小管构成。肾皮质深入肾髓质的部分称**肾柱**renal column。**肾髓质**renal medulla 位于肾皮质深部,血管较少,呈淡红色。肾髓质由 15~20 个肾锥体组成。**肾锥体**renal pyramids 呈圆锥形,其底朝向肾皮质,尖钝圆,朝向肾窦,2~3 个肾锥体尖端合并成 1 个**肾乳头**renal papillae,突入**肾小盏**minor renal calices,肾乳头顶端有许多小孔称**乳头孔**papillary foramina,尿液经乳头孔流入肾小盏。每个肾约有 7~8 个肾小盏。在肾窦内,2~3 个肾小盏汇合成 1 个**肾大盏**major renal calices,2~3 个肾大盏汇合成扁漏斗状的**肾盂**renal pelvis,肾盂出肾门后向下弯行,逐渐变细移行为输尿管。

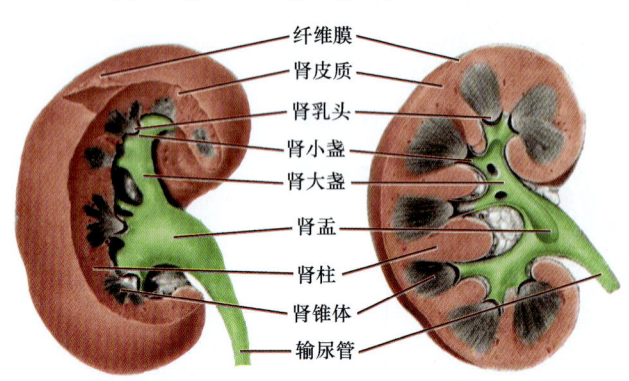

图 6-5　肾的构造

四、肾的被膜

肾的表面包有 3 层被膜,由内向外为纤维囊、脂肪囊和肾筋膜(图 6-6)。

1. **纤维囊 fibrous capsule**　紧贴肾实质的表面,为一薄层致密坚韧的结缔组织膜,内含少量的弹力纤维。在正常情况下易与肾实质分离,如剥离困难即为病理现象。在肾脏破裂或肾部分切除时,必需缝合此膜。

2. **脂肪囊 fatty renal capsule**　为纤维囊外周的脂肪组织,脂肪囊在肾的边缘最厚,并通过肾门与肾窦内的脂肪组织相连续。脂肪囊对肾起弹性垫样作用。临床上的肾囊封闭,就是将药液注入此囊。

3. **肾筋膜 renal fascia**　位于脂肪囊的外面,分前后两层包被肾和肾上腺的周围。两层在肾上腺的上方和肾外侧缘互相融合,在肾的下方则互相分离,其间有输尿管通过。在肾的内侧,双侧肾筋膜前层相互延续。后层向内侧经肾血管和输尿管的后方,与腰大肌筋膜相移行。由肾筋膜发出的一些结缔组织小梁穿脂肪囊与纤维囊相连,有固定肾脏的作用(图 6-6)。

肾的正常位置的维持除主要靠肾的被膜外,肾血管、腹膜、腹内压及邻近器官的承托等也起一定的作用。当肾的固定装置发育不良时,可引起肾下垂或游走肾。

五、肾的血管与肾动脉肾段

肾的血供十分丰富,由**肾动脉**renal artery 供血,肾动脉源自腹主动脉,经肾门入肾,右肾动脉较左肾动脉长。肾动脉在肾门外通常有前、后两支(图 6-7)。前支较粗,再分出 4 个二级分支,与后支一起进入肾实质内,分别走行在肾盂的前后方。肾动脉的 5 个二级分支在肾实质内呈节段性分布,称**肾段动脉** segmental artery。每支肾段动脉所供血的区域称为 1 个**肾段** renal segment。因此每侧肾可分为 5 个肾段:即上段、上前段、下前段、下段和后段。

肾静脉与肾动脉伴行,经肾门出肾后,注入下腔静脉。

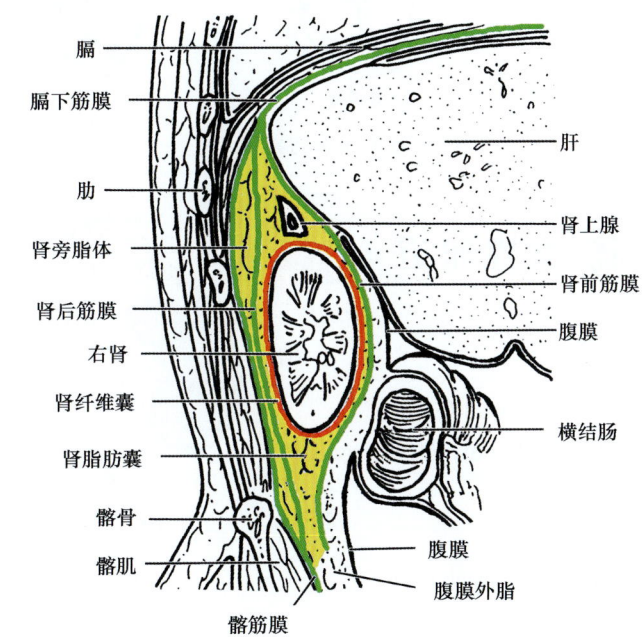

横切面观

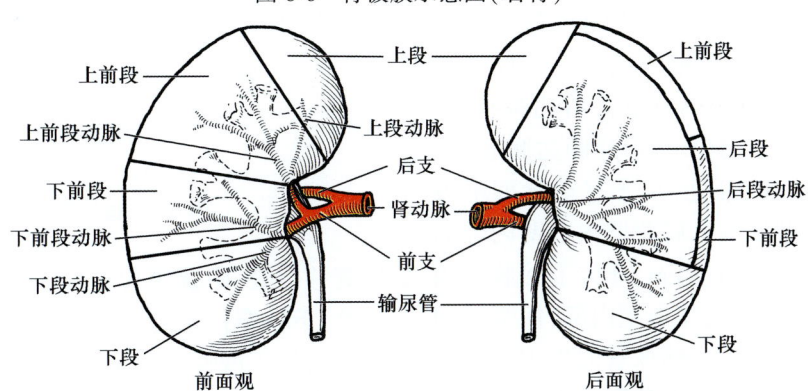

矢状面观

图 6-6 肾被膜示意图（右肾）

图 6-7 肾段动脉

六、肾的异常与畸形

肾在发育过程中,可出现形态、位置和数目等方面的异常或畸形(图6-8)。常见有:①马蹄肾:左右两肾下端互相连结形成马蹄铁形,一般有左右两条输尿管。②双肾盂及双输尿管:如输尿管芽重复出现,形成双输尿管。如果输尿管芽末端分2支,则形成双肾盂。③单肾:一侧发育不全或缺如。

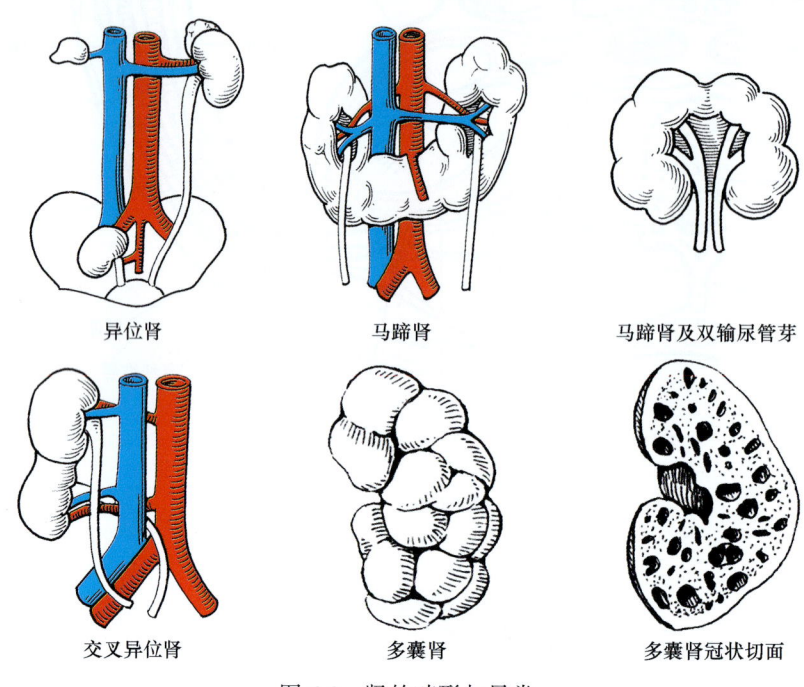

图6-8 肾的畸形与异常

第二节 输尿管、膀胱、女性尿道

一、输 尿 管

输尿管 ureter 为一对细长的肌性管道(图6-9)。输尿管起自肾盂,终于膀胱,长约25~30 cm,管的外径左右径宽,前后径短,左右径约为4 mm。全长可分为腹部、盆部和壁内部。

输尿管腹部起自肾盂下端,沿腰大肌前面下行至其中点附近,与睾丸血管(男性)或卵巢血管(女性)交叉,在骨盆入口处,左、右输尿管分别跨过左髂总动脉末端前方和右髂外动脉起始部末端的前面,进入盆腔移行为盆部。盆部大约和输尿管腹部等长,自小骨盆上口起,沿盆壁弯向前。男性在输尿管盆部的外下方与输精管末端交叉后达膀胱底;女性输尿管入盆腔后,行于子宫颈两侧达膀胱底,在距子宫颈外侧约2.5 cm处,从子宫动脉后下方绕过,行向下内至膀胱底穿入膀胱壁内。壁内部为斜穿膀胱壁的部分,长约1.5 cm,开口于膀胱。当膀胱充盈时,膀胱内压增高,压迫壁内部,使管腔闭合,有防止尿液从膀胱返流入输尿管的作用。

输尿管全程有3处狭窄:**上狭窄**位于肾盂与输尿管移行处;**中狭窄**位于小骨盆上口,与髂血管交叉处;**下狭窄**位于输尿管的壁内部。上述狭窄处常是结石易于嵌顿的部位。

女性输尿管异位开口发生率较男性高,异位开

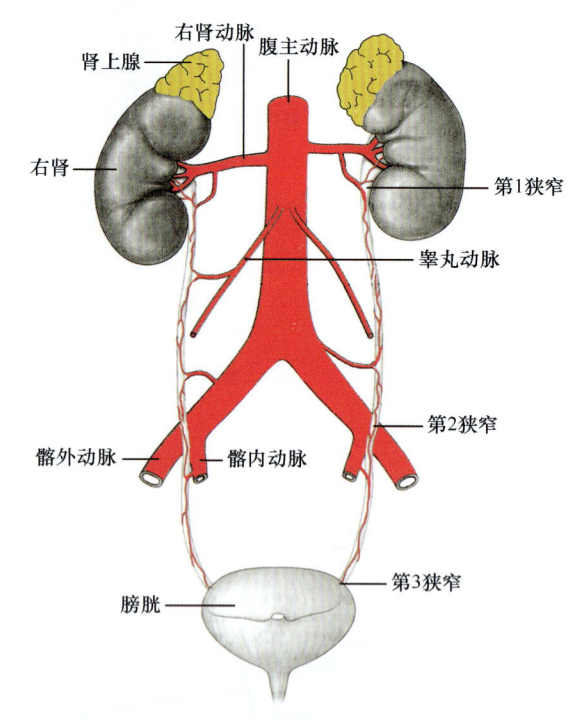

图6-9 输尿管及其狭窄

口常见于阴道前庭、阴道壁等处。

二、膀　胱

膀胱urinary bladder 为储存尿液的囊状肌性器官,其形状、大小、位置及壁的厚度随储存尿液的多少而变化。一般成年人膀胱的容量为 300～500 ml,最大可达 800 ml,新生儿膀胱的容量约为成人的1/10。女性的容量小于男性,老年人因膀胱肌张力降低而容量增大。

1. 膀胱的形态　膀胱空虚时呈三棱锥体形(图6-10),可分为尖、底、体、颈 4 部。顶端朝向前上方,称**膀胱尖**apex of bladder。膀胱的后面朝向后下方,呈三角形,称**膀胱底**fundus of bladder。尖和底之间称**膀胱体**body of bladder。膀胱的最下部为**膀胱颈** neck of bladder,以尿道内口与尿道相接,男性膀胱颈下邻前列腺。

性为精囊、输精管壶腹和直肠;女性为子宫和阴道。男性膀胱颈下邻接前列腺;女性则直接邻接尿生殖膈。

三、女性尿道

男、女两性尿道的构造和功能不完全相同,男性尿道除有排尿功能外还兼有排精功能,故在生殖系统中叙述。

女性尿道female urethra 较男性尿道短、宽、直,易于扩张,长 3～5 cm,直径约 6 mm(图 6-11)。尿道起于**尿道内口**,经耻骨联合和阴道之间下行,通过尿生殖膈,以**尿道外口**开口于阴道前庭。尿道内口周围被平滑肌构成的膀胱括约肌环绕。穿过尿生殖膈处有尿道阴道括约肌环绕,可控制排尿。由于女性尿道外口位于阴道口的前方,尿道短、宽而直,故易引起逆行尿路感染。

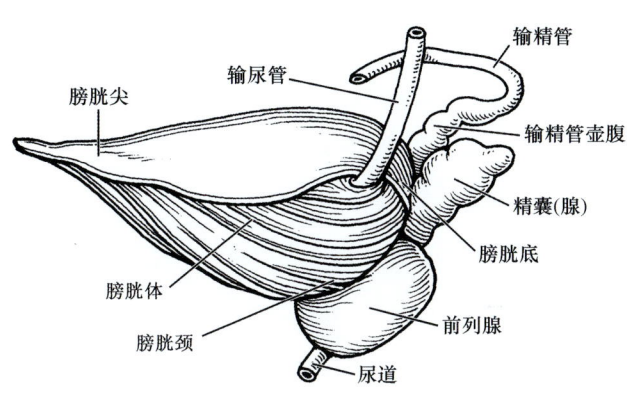

图 6-10　膀胱的形态

2. 膀胱壁的构造　膀胱空虚时黏膜形成许多皱襞,当膀胱充盈时,皱襞可全部消失。而在膀胱底的内面,有一个呈三角形区域,位于两**输尿管口**与**尿道内口**之间,此处由于缺少黏膜下层组织,无论膀胱处于空虚或充盈时,均保持平滑状态,称**膀胱三角**trigone of bladder(图 6-11)。膀胱三角为肿瘤、结核和炎症的好发部位,膀胱镜检时应特别注意。两输尿管口之间的皱襞,称**输尿管间襞**,呈苍白色,是临床寻找输尿管口的标志。

3. 膀胱的位置与毗邻　成年人膀胱位于小骨盆腔前部,耻骨联合的后方。空虚时,膀胱全部位于盆腔内,膀胱尖一般不超过耻骨联合上缘。充盈时,膀胱尖上升至耻骨联合以上,膀胱腹膜折返线也随之上移,此时可在耻骨联合上方行穿刺术,可避免损伤腹膜。新生儿膀胱的位置比成人的高,尿道内口可高达耻骨联合上缘平面。老年人由于盆底肌肉松弛,膀胱位置更低。膀胱后方在男

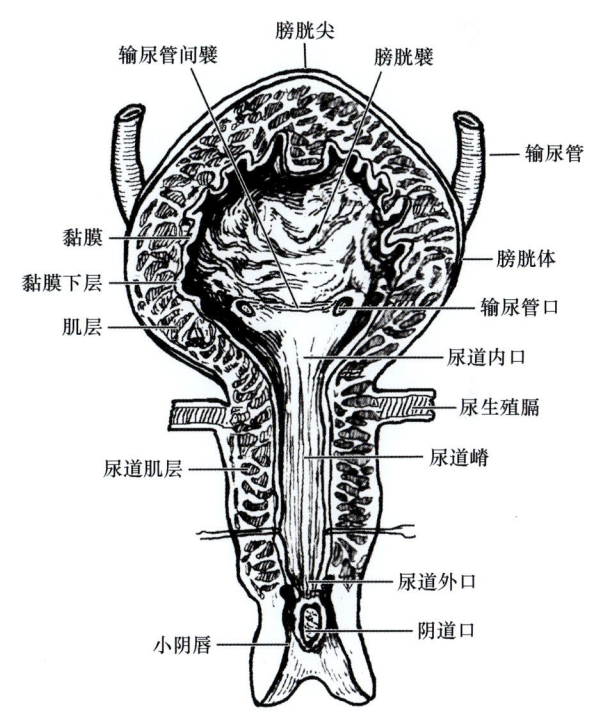

图 6-11　女性膀胱及尿道

【相关进展】

肾移植自 1954 年 Merrill 等在孪生子之间施行肾移植获得成功并使之长期存活以来,肾移植是器官移植中最为成熟、数量较多、效果好和成功率较高的器官移植手术,术后 5 年存活率在 70% 以上。将供肾移植到受体的右髂窝内,肾动脉与髂内动脉或其分支吻合,肾静脉与髂外静脉吻合,输尿管与膀胱吻合。

【复习思考题】

1. 简述输尿管3个狭窄所处部位及临床意义。
2. 简述膀胱三角的结构特点及临床意义。
3. 简述男、女性尿道的解剖差异及临床意义。
4. 有报道,食用过三聚氰胺污染奶粉的婴幼儿行尿常规及肾脏B超筛查。B超发现肾脏及输尿管结石,其中发现有部分肾结石并发肾积液,输尿管结石伴同侧肾积液,请解释为什么有的结石不产生肾积液,而有的结石导致肾积液?结石致肾积液可能的原因是什么?请以所学的解剖学知识加以分析。

(易西南)

第七章　男性生殖系统

【引子】

患者,男性,65岁,退休教师,因"进行性排尿困难8年,加重2个月"入院。患者8年前开始出现排尿次数增多,以夜间明显,且出现排尿困难、尿等待、尿线细、尿后滴沥。以"前列腺增生症"行口服药物、输液及局部治疗,效果不理想。近2月来感觉排尿费力,射程缩短,下腹坠痛而就诊。请思考:①初步诊断为何病?②该病引起进行性排尿困难的原因是什么?

【学习目标】

一、掌握
1. 男性生殖系统的组成。
2. 睾丸和附睾的位置、形态及功能。
3. 前列腺的位置、形态及区域解剖。
4. 男性尿道的形态与结构特点。

二、了解
1. 睾丸的结构。
2. 输精管的行程和分部。
3. 阴囊的结构。
4. 阴茎的分部和结构。

男性生殖系统 male genital system 包括内生殖器和外生殖器。**内生殖器**由生殖腺(睾丸)、输精管道(附睾、输精管、射精管和男性尿道)和附属腺体(精囊、前列腺、尿道球腺)组成。**外生殖器**包括阴囊和阴茎。(图7-1,图7-2)。

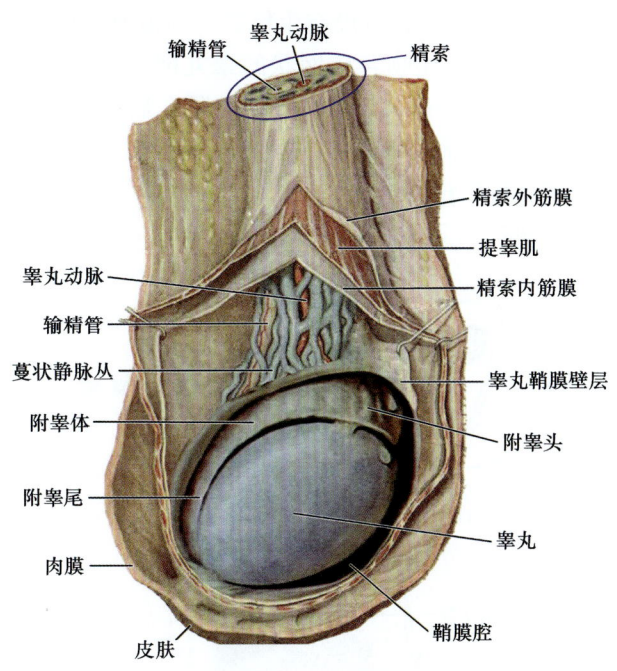

图7-2　睾丸、附睾和阴囊

第一节　内生殖器

一、睾　丸

(一) 位置和形态

睾丸 testis 为一对男性生殖腺,借肉膜和精索悬吊在阴囊内,左、右各一,左侧较右侧约低1cm。睾丸呈稍扁的椭圆形,表面光滑,分上、下两端,内、外两侧面和前、后两缘。后缘较直,有血管、神经和淋巴出入,并与附睾和输精管的睾丸部相接触(图7-2)。在性成熟以前,睾丸发育缓慢;随性成熟而迅速发育,成人重10~15 g,体积为4 cm×3 cm×2.5 cm;老年时随性功能衰退而萎缩。

(二) 结构

睾丸由3层被膜包绕,从外向内依次是:鞘膜脏层、白膜和血管膜。除了睾丸后缘的大部分以

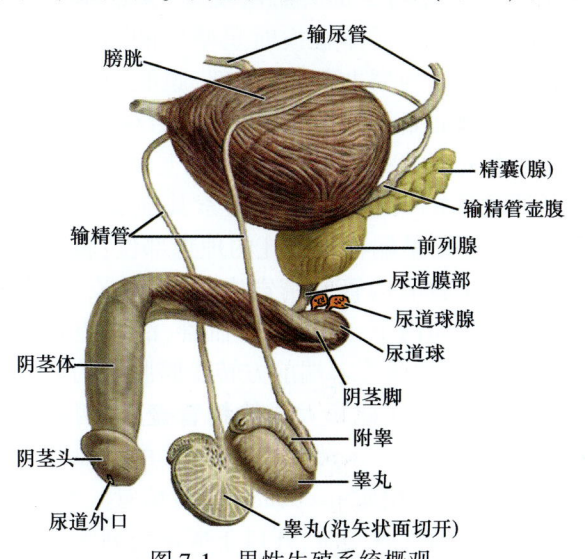

图7-1　男性生殖系统概观

外,睾丸的其余部分都被**鞘膜脏层**覆盖。**白膜** tunica albuginea 呈浅蓝色,由质地坚厚而致密的胶原纤维构成,包被整个睾丸。白膜在睾丸的后缘增厚并突入睾丸的内部形成**睾丸纵隔**。从纵隔向睾丸内发出许多放射状的**睾丸小隔**到睾丸的表面,并附着到白膜的深面,从而将睾丸实质分隔成200~300个锥状的**睾丸小叶**。每个小叶内含1~4条**生精小管**,其上皮能产生精子。生精小管之间的结缔组织内有分泌雄性激素的间质细胞。生精小管在近睾丸纵隔处汇合成没有生精能力的**精直小管**,进入睾丸纵隔互相吻合成网状的**睾丸网**。从睾丸网发出12~15条**睾丸输出小管**,经睾丸后缘上部进入附睾,形成附睾头。血管膜含有血管丛和疏松结缔组织,衬在白膜的内面并覆盖着隔和所有睾丸小叶的表面(图7-3)。

同时,睾丸下端与阴囊底之间还有一条间充质形成的**睾丸引带**。引带逐渐缩短,牵引睾丸下降,第3个月时至髂窝,于第7~9个月通过腹股沟管抵达阴囊内。此后,腹膜鞘突上段闭锁,**形成鞘韧带**,下段不闭锁,双层包绕睾丸和附睾形成**睾丸鞘膜**。若出生后3~5个月内双侧或单侧睾丸未下降到阴囊内则称为**隐睾症**。隐睾症分真性隐睾和假性隐睾两种。假性隐睾指睾丸在阴囊上方或腹股沟部;真性隐睾指睾丸位于腹腔内。小儿1岁前睾丸有自行下降的可能,1岁后不再自行下降。隐睾不利于精子的发生、发育而影响生育能力,甚至导致睾丸组织的恶变。因此,应试用激素或手术将睾丸移入阴囊。

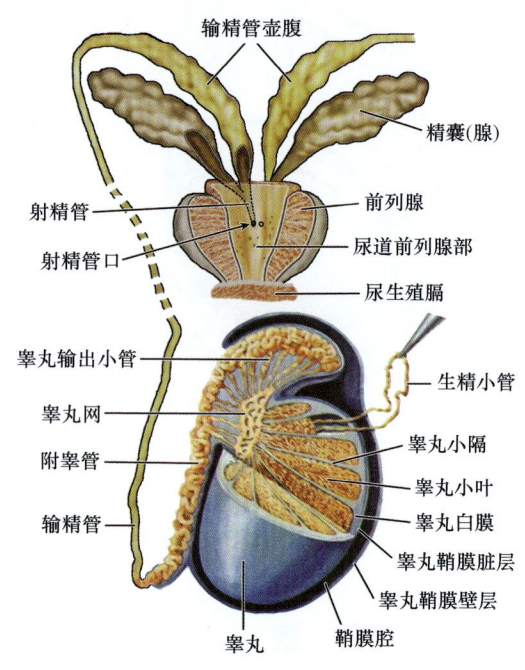

图7-3 男性内生殖器

(三) 功能

睾丸的主要功能是产生**精子**和分泌**雄性激素**。雄性激素可促进精子发生和男性生殖器官发育,形成并保持男性第二性征和性功能。

【临床联系】

胚胎早期,睾丸和附睾位于第10胸节水平,腹膜之后,随着胚胎的发育逐渐下降。在睾丸下降之前,腹膜在腹股沟管腹环处向外突出形成一个囊袋,称**腹膜鞘突**。腹前壁的各层也随鞘突向外膨出而形成睾丸和精索的被膜。

二、输精管道

(一) 附睾

附睾 epididymis 呈逗号状,紧贴在睾丸的上端和后缘,全长6~7cm,可分为头、体、尾3部。上部为膨大的**附睾头**,由睾丸输出小管弯曲盘绕而成,其末端汇合成**附睾管**。中部为**附睾体**,下部变细为**附睾尾**,两者由长约6m的附睾管迂曲盘回形成。附睾尾向上移行为输精管(图7-2,图7-3)。附睾可储存精子,分泌附睾液营养精子,促进精子成熟和保持精子活力。附睾亦为生殖系统结核的好发部位。

(二) 输精管和射精管

输精管 deferent duct 是附睾管的直接延续,长约31 cm,管径约3 mm,肌层发达,管壁厚1~1.5 mm,管腔细小。活体触摸时呈坚实的圆索状。输精管全程可分为睾丸部、皮下部、腹股沟管部和盆部。**睾丸部**起始于附睾尾,沿睾丸后缘、附睾内侧上行至睾丸上端;**皮下部**介于睾丸上端与腹股沟管皮下环之间的精索内,位于精索其他成分的后内侧,位置表浅,是输精管结扎的理想部位;**腹股沟管部**全程位于腹股沟管的精索内;**盆部**最长,自腹股沟管腹环弯向内下,跨过髂外血管,沿盆腔侧壁行向后下,越过输尿管末端前方转至膀胱底的后面和精囊上端之间,在此膨大成**输精管壶腹**,两侧逐渐靠近,至前列腺底,末端变细,与精囊的排泄管以锐角相连,形成**射精管** ejaculatory。射精管长约2cm,向前下穿过前列腺实质,开口于尿道前列腺部的精阜处(图 7-3)。

精索 spermatic cord 介于腹股沟管腹环和睾丸上端之间的柔软圆索状结构,可分为皮下部和腹股沟管部。**皮下部**指从睾丸上端至腹股沟管皮下环;**腹股沟管部**则位于腹股沟管内。精索内主要有输精管、睾丸动脉、输精管动脉、蔓状静脉丛、淋巴管、神经和鞘韧带等。皮下部的表面包有 3 层被膜,由内向外分别为精索内筋膜、提睾肌和精索外筋膜(图 7-2)。

三、附属腺体

(一) 精囊

精囊 seminal vesicle 为一对长椭圆形的囊状腺体,位于膀胱底后面,输精管壶腹外侧,表面凹凸不平。精囊的排泄管与输精管末端汇合成射精管(图 7-3,图 7-4)。精囊分泌黄色黏稠液体,参与精液的组成。

(二) 前列腺

1. 位置和形态　**前列腺** prostate 位于膀胱和尿生殖膈之间。前方是耻骨联合,后方紧贴直肠壶腹。前列腺为单一的腺体,呈前后稍扁的栗子形,上端宽大为**前列腺底**,邻接膀胱颈。下端尖细为**前列腺尖**,与尿生殖膈相接。底与尖之间为**前列腺体**。体的后面中线上有一纵行浅沟,称**前列腺沟**(图 7-4)。成人前列腺重 8~12 g,体积 4 cm×3 cm×2 cm。

2. 结构与分区　前列腺是由腺组织和纤维平滑肌组织构成的实质性器官。腺体组织可分为 3 个区域,即前列腺前区、中央区和周缘区。**前列腺前区**包括**尿道周围组织**和**交界区**,占腺体组织的 5%,是前列腺良性增生的好发部位。尿道周围组织位于尿道前列腺部周围,近段尿道周围组织内含尿道周围腺和平滑肌纤维。交界区位于精阜上方的近段尿道周围组织两侧,为两个独立的小叶,呈对称性分布;**中央区**呈圆锥形,位于前列腺基底部,包绕在射精管周围,占腺体组织的 25%。**周缘区**形如茶杯,除了前列腺前面以外,它完整地包绕中央区、"交界"区和尿道前列腺部远段,占腺体组织的 70%,是前列腺癌的好发部位。非腺体组织为**前纤维肌肉基质区**,呈盾形薄板状,位于腺体之前,尿道前列腺部的前面,占前列腺重的 1/3(图 7-5,图 7-6)。

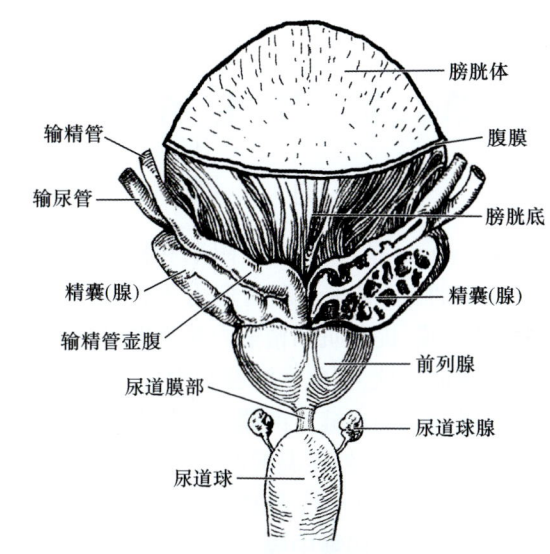

图 7-4　男性附属腺体的位置及毗邻

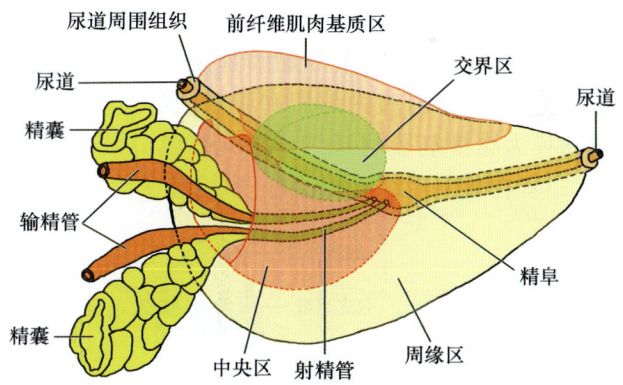

图 7-5　前列腺立体示意图

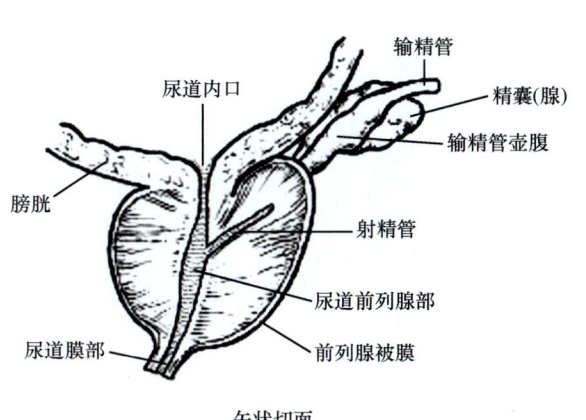

矢状切面

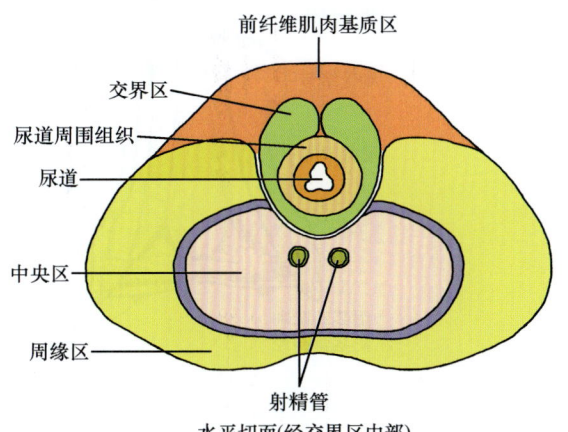

水平切面(经交界区中部)

图 7-6　前列腺的结构

(三) 尿道球腺

尿道球腺 bulbourethral gland 是一对豌豆大小的球形腺体，位于会阴深横肌内，尿道膜部的外侧，排泄管开口于尿道球部。

(四) 精液

精液 semen 由精子与输精管道和各附属腺体的分泌物组成，呈乳白色，弱碱性，适于精子的生存和活动。正常男性一次射精量为 2~5 ml，含精子 3 亿~5 亿个。

第二节 外生殖器

一、阴囊

阴囊 scrotum 是容纳睾丸、附睾和精索下部等的皮肤纤维肌性囊，悬吊于耻骨联合下方，由皮肤、肉膜、精索外筋膜、提睾肌和精索内筋膜构成(图 7-7)。阴囊皮肤薄而柔软，有色素沉着和少量阴毛生长，在中线处有纵行的阴囊缝。**肉膜**是一层薄的含有平滑肌的结缔组织，可随外界温度的变化而舒缩，以调节阴囊内的温度，有利于精子的发育。肉膜在阴囊缝处向深部伸入形成**阴囊中隔**，将阴囊分成左、右两个腔。肉膜在阴囊上方与腹壁浅筋膜的深层和会阴浅筋膜相延续。

在肉膜深面的精索外筋膜是腹外斜肌腱膜的延续，提睾肌来自腹内斜肌和腹横肌纤维束，精索内筋膜为腹横筋膜的延续。睾丸鞘膜分脏层和壁层，二者在睾丸后缘互相移行，形成潜在性的间隙，称**睾丸鞘膜腔**，内有少量浆液。如果腹膜鞘突不闭锁，腹膜腔与鞘膜腔相通，可导致先天性腹股沟斜疝和(或)交通性鞘膜积液。

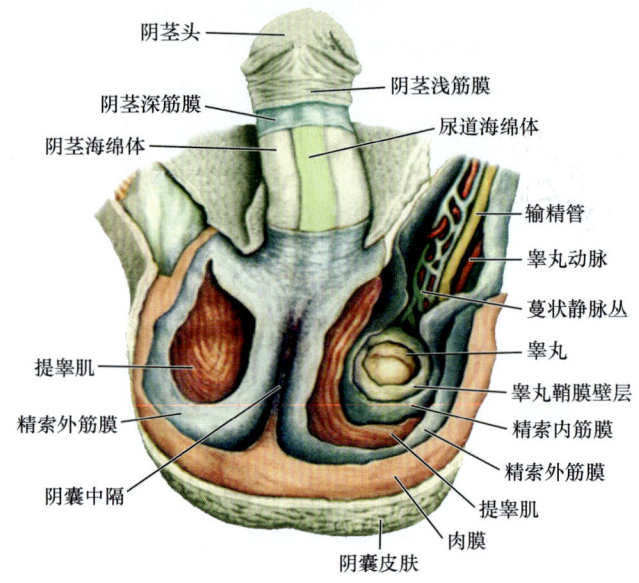

图 7-7 阴囊的结构

二、阴茎

阴茎 penis 是男性交媾器官，分为根、体和头 3 部分。后端为**阴茎根**，附于会阴。中部为呈圆柱状的**阴茎体**。前端膨大为**阴茎头**，其顶端有矢状位的**尿道外口**。头与体交界处有一环状沟，称**阴茎颈**。

阴茎由皮肤和筋膜包被 2 条阴茎海绵体和 1 条尿道海绵体构成(图 7-8，图 7-9)。**阴茎海绵体**位于背侧，左右紧密结合，前端变细嵌入阴茎头近侧的凹陷内，后端分开为**阴茎脚**，分别附于两侧的

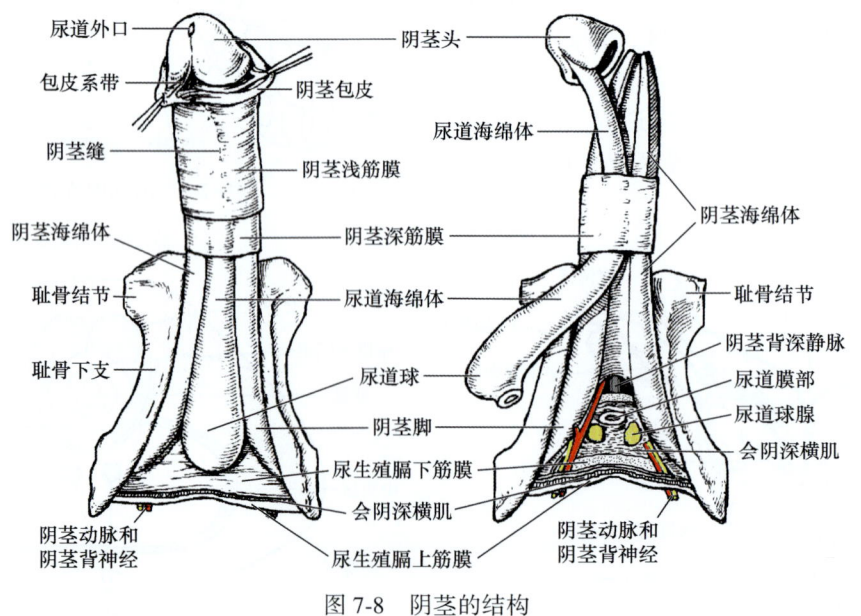

图 7-8 阴茎的结构

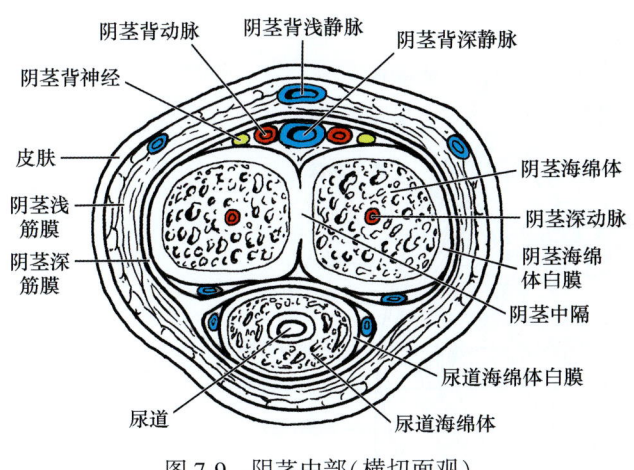

图 7-9 阴茎中部(横切面观)

【临床联系】

幼儿包皮较长,包着阴茎头,随着阴茎的生长发育,包皮逐渐向后退缩,阴茎头裸露。青春期后,若包皮包绕阴茎头,但能上翻露出阴茎头时,称包皮过长;若不能翻开露出阴茎头时,称包茎。包皮过长和包茎常影响阴茎的发育和排尿,包皮腔内易存积包皮垢,长期刺激可引起炎症,甚至诱发阴茎癌。因此应行包皮环切术,以暴露阴茎头。环切包皮的范围离阴茎颈0.5cm处为宜,应注意勿伤及包皮系带,以免影响阴茎的正常勃起。

耻骨下支和坐骨支。**尿道海绵体**位于腹侧,有尿道贯穿其全长,前端膨大为阴茎头,后端膨大为**尿道球**,附于尿生殖膈下面。海绵体由许多海绵体小梁和腔隙构成,腔隙与血管相通,当腔隙充血时阴茎变粗变硬而勃起。每个海绵体外面均包有一层坚韧致密的纤维膜,称为**海绵体白膜**。

阴茎的皮肤薄而柔软,富有伸展性,在阴茎颈处游离向前形成包绕阴茎头的双层环形皱襞,称为**阴茎包皮**。包皮与阴茎头之间的腔称**包皮腔**。包皮与阴茎头腹侧中线处相连的皮肤皱襞称**包皮系带**。阴茎浅筋膜疏松,无脂肪组织,与阴囊肉膜相延续。深筋膜在阴茎根处形成阴茎悬韧带,将阴茎悬吊于耻骨联合的前下方。

第三节 男性尿道

男性尿道 male urethra 具有排尿和排精功能,起自尿道内口,止于尿道外口,全长16~22 cm,管径5~7 mm。全程可分为前列腺部、膜部和海绵体部(图7-10,图7-11)。

前列腺部是穿过前列腺的部分,长约3 cm,后壁上有一纵行的隆起,称**尿道嵴**,嵴中部呈梭形的隆起部分称**精阜**,有射精管的开口。精阜两侧有前列腺排泄管的开口。**膜部**是尿道穿过尿生殖膈的部分,长约1.5 cm,管腔狭小,其周围有尿道括约肌

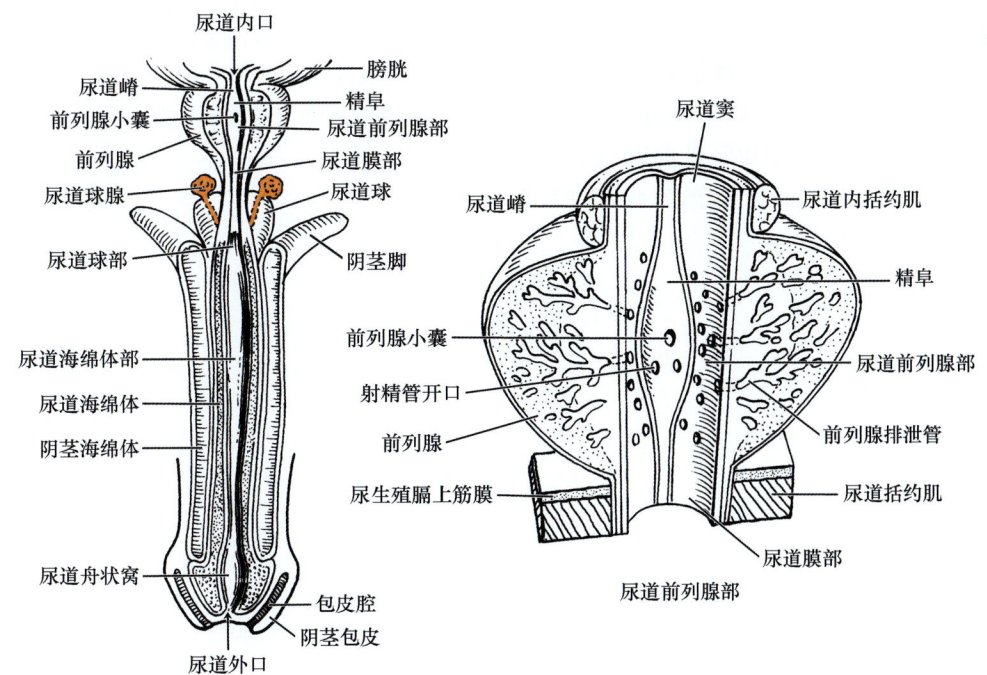

图 7-10 男性尿道、尿道前列腺部(冠状切面)

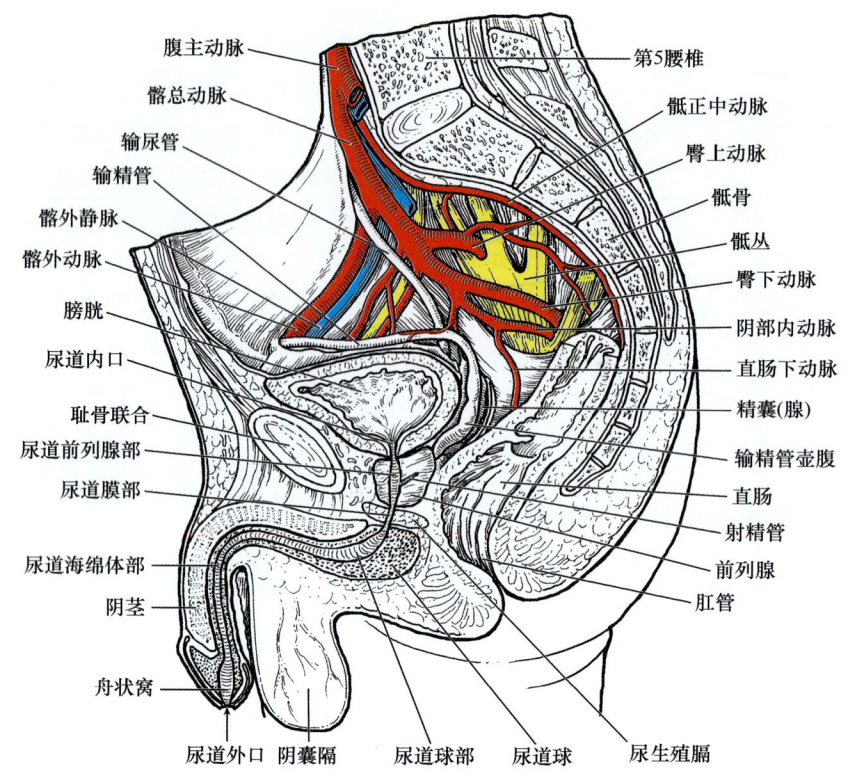

图 7-11　男性盆腔(正中矢状切面)

环绕。前列腺部和膜部合称**尿道后部**(或**后尿道**)。**海绵体部**为尿道穿过尿道海绵体的部分,又称**尿道前部**(或**前尿道**),未勃起时长约 15 cm。尿道球内的尿道最宽,称**尿道球部**,有尿道球腺的开口。阴茎头内尿道的扩大为**尿道舟状窝**。

尿道有 3 个狭窄、3 个扩大和 2 个弯曲。3 个狭窄分别位于**尿道内口**、**膜部**和**尿道外口**,以尿道外口最窄。3 个扩大在前列腺部、尿道球部和尿道舟状窝。2 个弯曲是**耻骨下弯**和**耻骨前弯**,前者位于耻骨联合的后下方,凹向前上,由前列腺部、膜部和球部构成,位置较恒定;后者位于耻骨联合的前下方,凹向后下,由海绵体的中段构成,阴茎被提起或勃起时此弯曲消失。

【复习思考题】

1. 简述精子的产生和排出途径。
2. 男性尿道与女性尿道比较有哪些特点?并说明这些特点的临床意义。
3. 简述睾丸和精索的被膜与腹壁各层次的关系。

(兰美兵　卢　巍)

第八章　女性生殖系统

【引子】

患者，女性，22岁，学生。因"突然下腹部疼痛，晕倒3小时"入院。平素月经正常，末次月经于20天前，3小时前性交时突觉下腹部撕裂样剧痛，呈持续性，伴恶心呕吐，肛门有坠胀感。查体：患者精神萎靡，脸色苍白，四肢厥冷，脉搏快而细，血压9/6 kPa；下腹部压痛、反跳痛；妇检阴道无流血，后穹隆触痛，宫颈举痛，后穹隆穿刺抽取3 ml不凝血液。请思考：①初步诊断是什么？②主要与哪些疾病鉴别？

【学习目标】

一、掌握
1. 女性生殖系统的组成。
2. 卵巢、子宫、输卵管的位置和形态。
3. 固定子宫韧带的名称和功能。
4. 阴道穹的位置与意义。
5. 乳房的位置、形态和构造。
6. 会阴的概念。

二、了解
1. 阴道的位置与毗邻。
2. 外生殖器的组成和形态特点。
3. 肛区、尿生殖区肌群的名称。
4. 会阴筋膜的分布特点。
5. 坐骨肛门窝、盆膈及尿生殖膈的概念。

女性生殖系统female genital system 包括内生殖器和外生殖器。**内生殖器**由生殖腺（卵巢），输卵管道（输卵管、子宫和阴道）和附属腺（前庭大腺）组成（图8-1）。**外生殖器**即女阴，主要包括阴阜、大阴唇、小阴唇、阴道前庭、阴蒂、前庭球等。

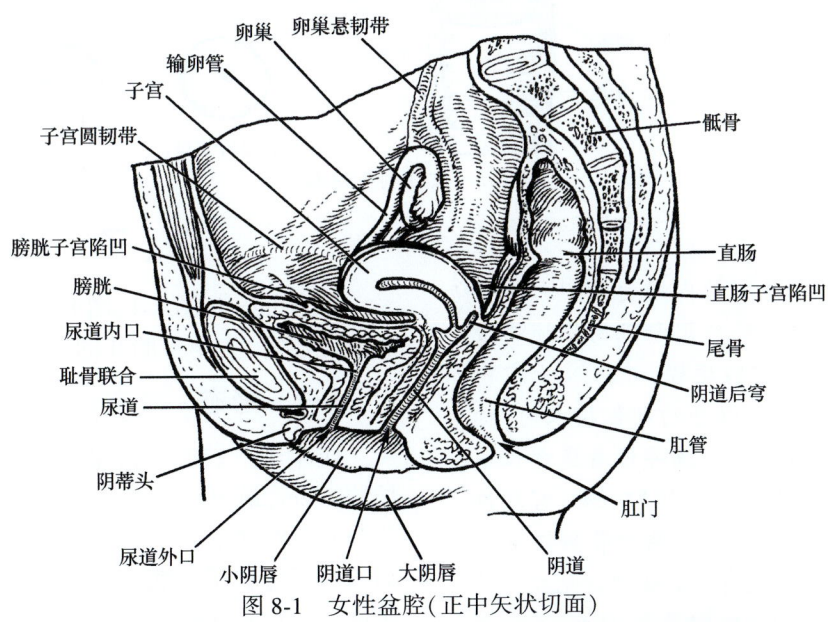

图8-1　女性盆腔（正中矢状切面）

第一节　内生殖器

一、卵巢

卵巢ovary 为成对的扁圆形实质性器官，位于小骨盆侧壁，髂内、外动脉之间的卵巢窝内，分为内、外侧面，前、后缘和上、下端。内侧面朝向盆腔，与小肠相邻；外侧面紧靠卵巢窝；前缘（系膜缘）借卵巢系膜连于子宫阔韧带的后层，此缘中部有卵巢的血管、神经和淋巴管等进出的**卵巢门**hilum of ovary；后缘游离；上端与输卵管相接触，并借**卵巢悬韧带**suspensory ligament of ovary（又称**骨盆漏斗韧带**）悬附于骨盆上口，内有卵巢的血管、神经和淋巴管等；下端借**卵巢固有韧带**proper ligament of ovary（又称

111

卵巢子宫索)连于子宫底的两侧(图 8-1,图 8-2)。

卵巢的主要功能是产生卵子和分泌女性激素,其大小和形态随年龄而变化。幼女的卵巢较小,表面光滑。成年女性的卵巢约为 4 cm×3 cm×1 cm,以后随着排卵次数的增加,表面出现瘢痕而凹凸不平。40~50 岁后随着女性激素状态的变化,排卵停止,逐渐缩小。

二、输　卵　管

输卵管 uterine tube 为一对输送卵子的弯曲管道,长 10~12cm,位于子宫阔韧带上缘内。外侧端游离,以**输卵管腹腔口**开口于腹膜腔;内侧端连于子宫底的两侧,以**输卵管子宫口**开口于子宫腔(图 8-2)。

输卵管自外侧向内侧分为 4 部分:

1. **输卵管漏斗**　是输卵管外侧端膨大部分,呈漏斗状,其周缘有许多指状的突起称**输卵管伞**,遮盖在卵巢的表面,可作为识别输卵管的标志,其中一个较长的突起连于卵巢,称**卵巢伞**,有引导卵子进入输卵管的作用。

2. **输卵管壶腹**　位于输卵管漏斗的内侧,是输卵管最宽大的部分,占输卵管全长的 1/2~2/3,卵子常在此部受精。

3. **输卵管峡**　为输卵管接近子宫角一段,细而直。输卵管结扎术常在此部进行。

4. **输卵管子宫部**　为在子宫角处贯穿子宫壁的一段,以输卵管子宫开口于子宫腔。

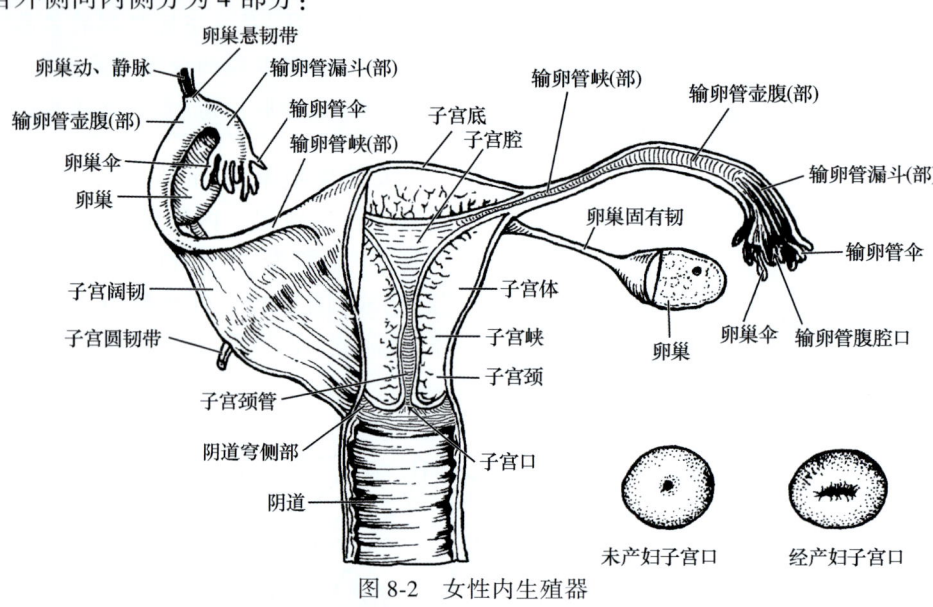

图 8-2　女性内生殖器

【临床联系】

正常情况下,在输卵管内的受精卵一边分裂,一边在输卵管纤毛的作用和肌肉收缩的帮助下,沿输卵管向子宫腔运输,并植入子宫内膜。当受精卵于子宫腔以外的部位植入时,称**异位妊娠**,俗称**宫外孕**。根据异位着床部位不同,有输卵管妊娠、卵巢妊娠、腹腔妊娠、宫颈妊娠及子宫残角妊娠等,其中以**输卵管妊娠**最多见,约占 90% 以上。引起异位妊娠的常见原因是输卵管炎及粘连,如慢性输卵管炎、结核、子宫内膜异位等。异位妊娠常从输卵管腹腔口排出而终止,或者自然死亡而被吸收,有时可因继续发育而导致输卵管破裂,伴发严重的大出血。治疗原则以手术治疗为主,其中手术治疗的手术方式又有 2 种,一是切除患侧输卵管;一是保留患侧输卵管手术,即保守性手术。

三、子　宫

子宫 uterus (图 8-1,图 8-2),是一个壁厚、腔小的肌性器官,为孕育胎儿的场所。

(一) 形态

成年未产妇的子宫呈前后稍扁、倒置的梨形,长约 8 cm,最宽径约 4 cm,厚 2~3 cm。自上而下分为底、体、颈 3 部。两侧输卵管子宫口连线以上的圆凸部分称**子宫底** fundus of uterus。**子宫颈** neck of uterus 为子宫的下 1/3 部分,呈圆柱状,长 2.5~3 cm,由突入阴道的**子宫颈阴道部** vaginal part of cervix 和阴道以上的**子宫颈阴道上部** supravaginal part of cervix 组成。底与颈之间的部分为**子宫体** body of uterus,其顶端两侧与输卵管连接处称**子宫角** horn of uterus。颈与体移行的狭细部分称**子宫峡** isthmus of uterus,长约 1 cm。妊娠期,子宫峡逐渐伸展变薄变长,可达 7~11 cm,形成"子宫下段"。

常在此处行腹膜腔外剖宫取胎术,可避免腹膜腔感染。

子宫内腔分为上、下2部分。上部在子宫底和子宫体内,称**子宫腔**cavity of uterus,呈倒置的三角形,腔底两侧通输卵管,腔尖端向下,通子宫颈管。下部在子宫颈内,称**子宫颈管**canal of cervix of uterus,呈梭形,其上口通子宫腔,下口通阴道,称**子宫口**orifice of uterus,呈圆形,边缘光滑整齐。而经阴道分娩者子宫口呈横裂状,其前、后缘分别称前唇和后唇。行肛门指检可隔直肠前壁触诊子宫颈、子宫口的情况。

(二) 位置

子宫位于盆腔中央,膀胱与直肠之间,下端接阴道,两侧连有输卵管和子宫阔韧带。子宫底位于小骨盆腔上口平面以下,子宫颈下端在坐骨棘平面稍上方。当膀胱空虚时,子宫的正常姿势呈轻度的前倾前屈位。**前倾**指整个子宫向前倾斜,子宫的长轴与阴道的长轴形成一个向前开放的钝角(稍大于90°);**前屈**指子宫体与子宫颈之间形成一个向前开放的钝角(约170°)。子宫姿势的异常,是女性不孕的原因之一,常见为后倾后屈位。但子宫有较大的活动性,其姿势可随膀胱和直肠的充盈程度而变化。

(三) 固定装置

子宫借韧带、阴道和盆底肌等结构维持其正常位置(图8-3,图8-4)。如果这些固定装置薄弱或受损,可导致子宫的位置异常,如子宫脱垂等。固定子宫的韧带主要有:

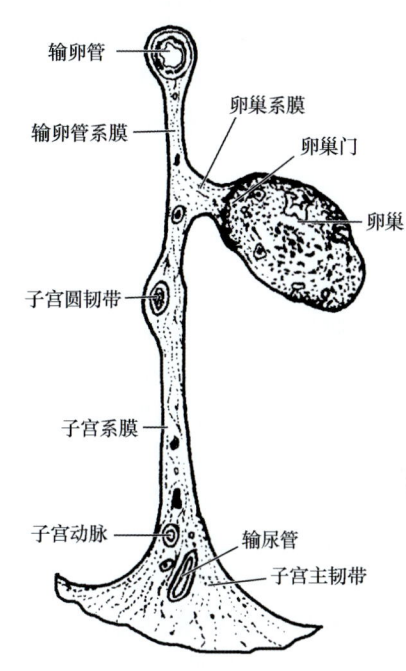

图 8-3 子宫阔韧带(矢状切面)

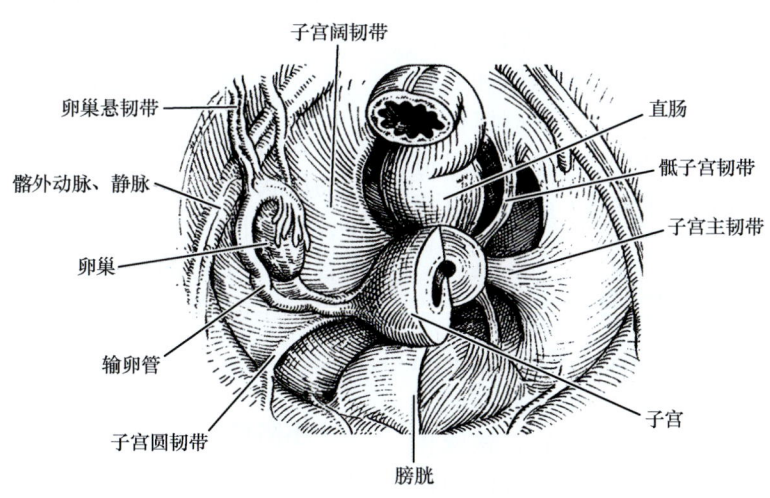

图 8-4 子宫的固定装置

1. 子宫阔韧带 broad ligament of uterus 位于子宫两侧,略呈冠状位,为覆盖子宫前、后面的双层腹膜,自子宫侧缘向两侧延伸至盆侧壁和盆底构成,可限制子宫向侧方移位。上缘游离,包裹输卵管;前层覆盖子宫圆韧带;后层包裹卵巢和覆盖卵巢固有韧带。前、后层之间的疏松结缔组织内还有血管、神经、淋巴管等。子宫阔韧带依其附着部位,每侧可分为**子宫系膜**、**输卵管系膜**和**卵巢系膜**3部分(图8-3)。

2. 子宫圆韧带 round ligament of uterus 是一对由平滑肌和结缔组织构成的扁圆索状韧带。起于子宫角的前下方,在子宫阔韧带前层的覆盖下向前外侧弯曲进入腹环,经腹股沟管,出皮下环后分散止于阴阜和大阴唇的皮下。此韧带主要维持子宫的前倾位。

3. 子宫主韧带 cardinal ligament of uterus(子

宫旁组织）位于子宫阔韧带的基底部,从宫颈两侧缘延伸至盆侧壁,由平滑肌和结缔组织构成。此韧带较强韧,是维持子宫颈正常位置,防止子宫脱垂的主要结构。

4. 子宫骶韧带 uterosacral ligament（骶子宫韧带）起自子宫颈阴道上部后面,向后绕行直肠的两侧,止于第2、3骶椎前面的筋膜。此韧带由平滑肌和结缔组织构成,表面覆盖腹膜形成直肠子宫襞,向后上牵引子宫颈,与子宫圆韧带协同维持子宫的前倾前屈位。

四、阴 道

阴道 vagina（图8-1,图8-2,图8-5）为连接子宫和外生殖器的肌性管道,是女性交媾器官及排出月经、胎儿娩出的通道。可分为前、后、侧壁和上、下端。前壁短于后壁,平时前、后壁相贴。下端较窄,以**阴道口** vaginal orifice 开口于阴道前庭。上端较宽阔,包绕子宫颈阴道部,两者之间形成环形的凹陷,称**阴道穹** fornix of vagina,分为相互连通的前部、后部和左、右侧部。阴道穹后部最深,它与直肠子宫陷凹之间仅隔以阴道后壁和腹膜。可经阴道穹后部穿刺引流直肠子宫陷凹内的积血或积液,进行诊断和治疗。

阴道前方邻膀胱和尿道,后方邻直肠和肛管。阴道下部穿经尿生殖膈,膈内的尿道括约肌和肛提肌的内侧肌纤维束对其有括约作用。阴道损伤后可向前与膀胱和尿道相粘连（膀胱阴道瘘和尿道阴道瘘）,向后与直肠和肛管相粘连（直肠阴道瘘和肛管阴道瘘）。

五、前庭大腺

前庭大腺 greater vestibular gland 又称**Bartholin腺**,形如豌豆,位于阴道口的两侧,前庭球后端的深面,导管向内侧开口于阴道前庭（图8-6）。该腺相当于男性的尿道球腺,分泌物有润滑阴道口的作用。如导管因炎症阻塞,可形成前庭大腺囊肿。

第二节 外 生 殖 器

女性外生殖器又称**女阴** female pudendum（图8-5,图8-6）,包括以下结构。

一、阴 阜

阴阜 mons pubis 为耻骨联合前方的皮肤隆起,皮下富含脂肪。性成熟期后有阴毛生长。

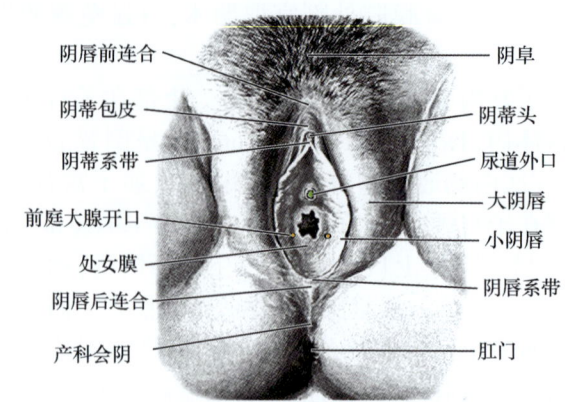

图8-5 女性外生殖器

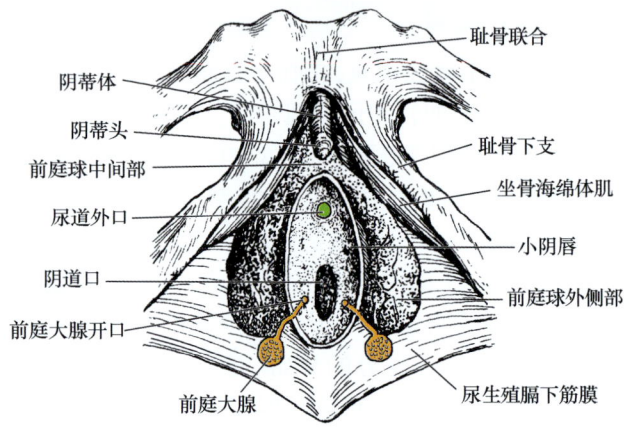

图8-6 阴蒂、前庭球和前庭大腺

二、大 阴 唇

大阴唇 greater lips of pudendum 为左、右纵行隆起的皮肤皱襞,从阴阜伸向会阴。大阴唇的前部较厚,两侧相连形成唇前连合。后部两侧几乎平行不连合,止于邻近的皮肤,之间相连的皮肤形成较低的唇后连合,覆盖会阴体。

三、小 阴 唇

小阴唇 lesser lips of pudendum 为位于大阴唇内侧的一对较小的皮肤皱襞,薄而光滑,无脂肪和阴毛生长。小阴唇前端分叉形成两个小皱襞,外侧的行于阴蒂的上方与对侧相连形成阴蒂包皮,内侧的在阴蒂后下方与对侧结合形成阴蒂系带,向上连于阴蒂。小阴唇后端借皮肤上的阴唇系带相连。

四、阴道前庭

阴道前庭 vaginal vestibule 是位于两侧小阴唇之间的腔隙。前部有尿道外口,后部有阴道口。在阴道口的周缘有较薄的黏膜皱襞,称**处女膜**,该膜破裂后留有处女膜痕。在小阴唇与处女膜之间沟内有前庭大腺的开口。另外，阴道前庭后部还有许多前庭小腺的开口。

五、阴 蒂

阴蒂 clitoris 位于唇前连合的后方，由一对**阴蒂海绵体**（相当于男性的阴茎海绵体）构成。后端以阴蒂脚附着于耻骨下支和坐骨支；在前部，两侧的阴蒂海绵体合成**阴蒂体**，表面有阴蒂包皮覆盖，其前端露出阴蒂包皮为**阴蒂头**，富含神经末梢，感觉敏锐。

六、前 庭 球

前庭球 bulb of vestibule 相当于男性的尿道海绵体，可分为两个侧部和一个中间部。侧部较大，位于大阴唇皮下，后端膨大并与前庭大腺相接触；中间部较小，位于尿道外口与阴蒂体之间的皮下。

【附】乳房

乳房 mamma, breast（图 8-7，图 8-8）是人类和哺乳动物特有的结构。男性乳房不发育，女性乳房在青春期开始生长发育。

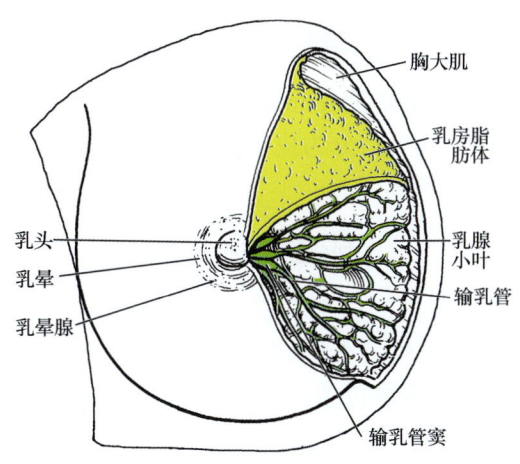

图 8-7 女性乳房的形态和结构

（一）形态

成年未产妇的乳房呈半球形，紧张而有弹性。乳房中央的突起称乳头，呈圆锥形乃至扁平状，平第 4 肋间隙或第 5 肋。**乳头**顶端有许多小凹，凹内有**输乳管开口**。乳头基底部的周围有色素较深的环形皮肤区域，称**乳晕**，表面有许多小隆起，深面为乳晕腺，可分泌脂性物质滑润乳头。乳头和乳晕的皮肤均较薄，易受损伤而感染。妊娠和哺乳期乳腺腺泡发育，乳房明显增大，有分泌乳汁功能。

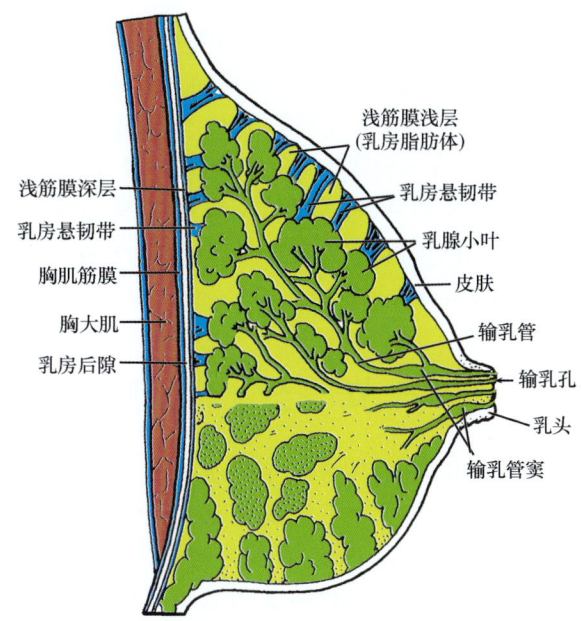

图 8-8 女性乳房（矢状切面）

（二）位置

乳房位于胸前部的浅筋膜内，胸深筋膜的表面。居第 2 肋或第 3 肋，至第 6 肋，内侧至胸骨线，外侧可达腋中线。

（三）结构

乳房主要由皮肤、纤维组织、脂肪组织和乳腺构成。纤维组织包绕乳腺，并嵌入乳腺，将乳腺分成15~20 个**乳腺叶**。乳腺叶以乳头为中心呈放射状排列。每个乳腺叶内有一走向乳头的**输乳管**，在近乳头处扩大成梭形的**输乳管窦**，其末端变细，开口于乳头。乳腺手术时宜作放射状切口，以减少对输乳管的损伤。乳腺周围的纤维组织向浅面和深面发出许多小的纤维束，这些纤维束称**乳房悬韧带** suspensory ligament of breast 或 **Cooper 韧带**，对乳房起支持和固定作用。当有癌组织浸润时，Cooper 韧带缩短，牵拉皮肤出现不同程度的凹陷，同时乳腺真皮内淋巴管阻塞导致局部皮肤水肿，使乳房表面呈橘皮样变化。

【临床联系】

乳房构成了成年女性特有的曲线美，丰满而挺立并富有弹性的乳房是女性妩媚的象征。乳房扁平或过小、乳房不对称、乳房松垂等可给女性在生理上、心理上以及生活和工作上造成不同程度的影响。通过乳房美容整形手术可得到适当的纠正和改善，重塑女性所特有的曲线美及其魅力。最为常见的乳房美容整形手术是**隆乳术**，通过在乳房深面充填内容物的方法达到增加体积、改善外形的目的。隆乳手术有假体隆乳术、自体脂肪移植隆乳术、注射隆乳术等。可选择腋窝切口、乳房下皱襞切口、乳晕周围切口以及内窥镜微创切口等。假体可植入胸大肌后或乳房后隙。

第三节 会 阴

会阴 perineum（图 8-9）有广义和狭义之分。广义会阴是指封闭骨盆下口的全部软组织，呈菱形，其前界为耻骨联合下缘，后界为尾骨尖，两侧界为耻骨下支、坐骨支、坐骨结节和骶结节韧带。以两侧坐骨结节前缘的连线为界，将广义会阴分为前、后两个三角形区。前方的是**尿生殖区** urogenital region（尿生殖三角），在男性有尿道穿过，女性有尿道和阴道穿过。后方的是**肛区** anal region（肛三角），中央有肛管穿过。狭义会阴指肛门与外生殖器之间狭小区域的软组织，在女性又称产科会阴，分娩时此区承受的压力较大，易发生会阴撕裂，故助产时应注意保护。

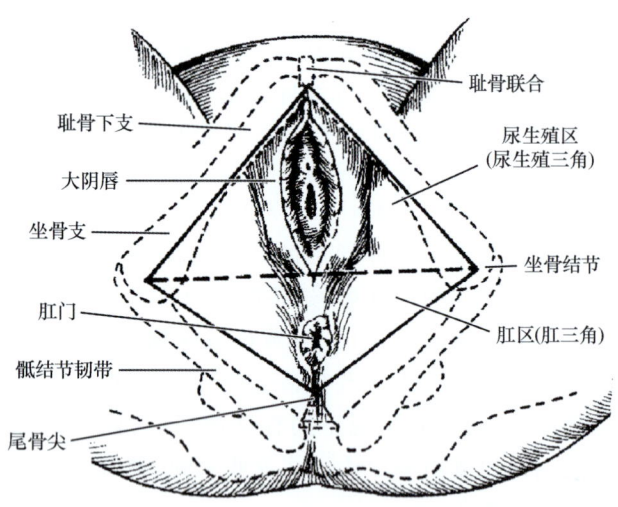

图 8-9 女性会阴的境界和分区

一、肛区的肌群

（一）肛提肌

肛提肌 levator ani（图 8-10）位于盆底，是一对宽而薄的扁肌，起自耻骨下支后面、坐骨棘以及张于两者之间的**肛提肌腱弓**，肌纤维向下、向后、向内侧，止于会阴中心腱、直肠壁、肛尾韧带（肛门和尾骨之间的结缔组织束）、尾骨尖以及阴道壁。从而两侧汇合成漏斗状，封闭骨盆下口的大部分。在会阴中心腱前方，两侧肛提肌之间留有一个三角形的裂隙，称**盆膈裂孔**，男性有尿道通过，女性有尿道和阴道通过。肛提肌构成盆底，承托盆腔脏器，并协助括约肛管和阴道。

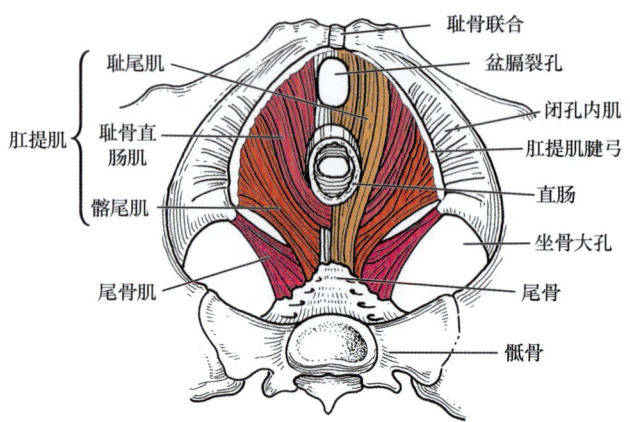

图 8-10 盆底的肌肉（上面观）

（二）尾骨肌

尾骨肌 coccygeus 位于肛提肌后方，覆于骶棘韧带上面，起自坐骨棘，呈扇形止于骶、尾骨侧缘。参与构成盆底和承托盆腔脏器等。

（三）肛门外括约肌

肛门外括约肌 sphincter ani externus 为环绕肛门周围的骨骼肌，分为皮下部、浅部和深部，可随意括约肛门（图 8-11）。

二、尿生殖区的肌群

尿生殖区的骨骼肌分浅、深两层（图 8-11、图 8-12）。**浅层**包括会阴浅横肌、球海绵体肌和坐骨海绵体肌。**深层**包括会阴深横肌和尿道括约肌。

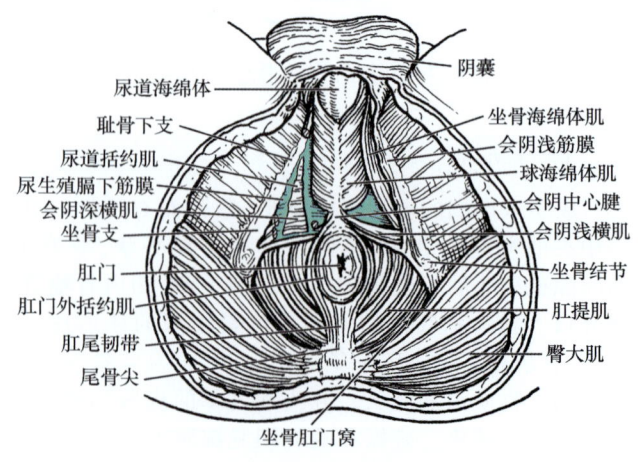

图 8-11 男性会阴肌

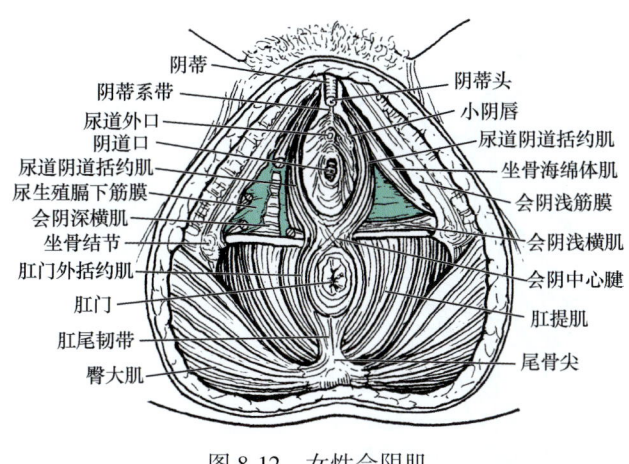

图 8-12　女性会阴肌

（一）会阴浅横肌

会阴浅横肌 superficial transverse muscle of perineum 起自坐骨结节，向内侧止于会阴中心腱，可固定会阴中心腱。

（二）球海绵体肌

球海绵体肌 bulbocavernosus 在男性，覆盖在尿道球表面，收缩时协助排尿和射精。在女性，覆盖在前庭球表面，收缩时有缩小阴道口的作用，故又称**阴道括约肌**。

（三）坐骨海绵体肌

坐骨海绵体肌 ischiocavernosus 覆盖在阴茎脚（或阴蒂脚）的表面，起自坐骨结节，止于阴茎脚（或阴蒂脚）。收缩时压迫阴茎（或阴蒂）海绵体根部，阻止静脉血回流，参与阴茎（或阴蒂）勃起，又名**阴茎**（或**阴蒂**）**勃起肌**。

（四）会阴深横肌

会阴深横肌 deep transverse muscle of perineum 位于尿生殖膈上、下筋膜之间，两端附于坐骨耻骨支，肌纤维在中心线上互相交织，部分止于会阴中心腱。收缩时可加强会阴中心腱的稳定性。

（五）尿道括约肌

尿道括约肌 sphincter of urethra 位于尿生殖膈上、下筋膜之间，会阴深横肌前方。在男性，它围绕尿道膜部；在女性，它围绕尿道的下 2/3 和阴道，包括尿道括约肌、尿道阴道括约肌和尿道收缩肌 3 部分，收缩时可紧缩尿道和阴道。

会阴中心腱 perineal central tendon（**会阴体**）位于狭义会阴深面的一个腱性结构，有许多会阴肌附着，可协助加强盆底。

三、会阴的筋膜

会阴的筋膜分浅、深两层（图 8-13，图 8-14）。

（一）浅筋膜

肛区的浅筋膜为富含脂肪的结缔组织，充填在坐骨肛门窝内。**坐骨肛门窝** ischioanal fossa 位于坐骨结节与肛门之间，为底朝下的锥体形间隙，占据了肛区的大部，并向尿生殖区延伸。窝的外侧壁为闭孔内肌表面的深筋膜；内侧壁为肛提肌表面的深筋膜；在前方，窝的浅层界限是尿生殖膈后缘，窝的深方在尿生殖上面，直到向前到达肛提肌与耻骨附着处下方的耻骨后面；后界为臀大肌下缘和骶结节韧带。两侧的坐骨肛门窝在肛管后方相通。内

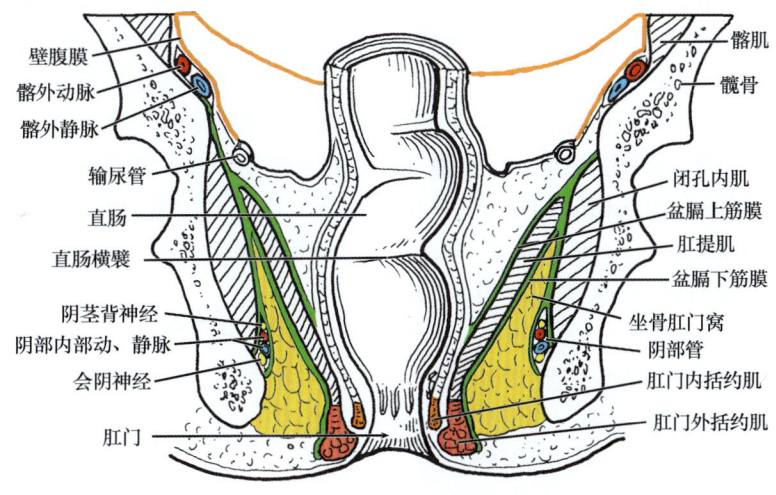

图 8-13　经过直肠的盆部冠状切面模式图

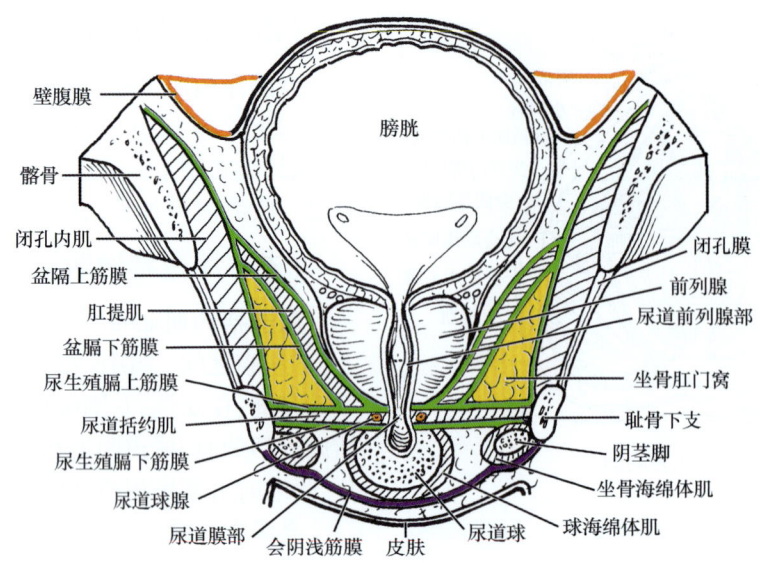

图 8-14 经过尿道前列腺部的盆部冠状切面模式图

有大量脂肪组织和会阴部的血管、神经、淋巴管等。坐骨肛门窝为脓肿的好发部位,当脓肿穿通肛管和皮肤时,则形成肛瘘。

尿生殖区的浅筋膜分两层:**浅层**为脂肪层,与腹下部及股部的浅筋相延续。**深层**呈膜状,称**会阴浅筋膜**(Colles 筋膜),向前上与腹壁浅筋膜深层(Scarpa 筋膜)相续,向后附于尿生殖膈后缘,两侧附于坐骨耻骨支,向下与阴囊和阴茎浅筋膜相续。

(二) 深筋膜

肛区的深筋膜覆盖于坐骨肛门窝的各壁。衬于肛提肌和尾骨肌下表面者称**盆膈下筋膜**;衬于肛提肌和尾骨肌上表面者称**盆膈上筋膜**,是盆筋膜壁层的一部分。盆膈上、下筋膜及其间的肛提肌和尾骨肌共同构成**盆膈** pelvic diaphragm,封闭骨盆下口的大部分,中央有肛管通过,对承托盆腔脏器有重要作用。

尿生殖区的深筋膜分为两层,覆盖在会阴深横肌和尿道括约肌的上、下面,称**尿生殖上、下筋膜**。尿生殖上、下筋膜及其间的会阴深横肌和尿道括约肌共同构成**尿生殖膈** urogenital diaphragm,封闭尿生殖三角,加固盆底,男性有尿道,女性有尿道和阴道通过。

【相关进展】

据联合国人口基金会发表的《2010 年世界人口状况报告》预测,到 2050 年,世界人口将超过 90 亿,这将使人类社会与自然的冲突会继续恶化,因此在全球通过多种安全的节育措施,有计划地控制人口增长非常重要。目前常用的节育方法有干扰受精卵的植入、干扰生殖激素的正常调节、干扰配子的发生、阻止精子与卵子的相遇等,但都存在一些问题,如节育失败、使用不方便或对身体有副作用等。因此,探索更新、更安全的节育方法已引起各国学者的广泛关注。人类生殖系统的器官中有许多特异性蛋白质,具有免疫原性,称为生殖抗原。这些抗原能引起免疫反应,抑制生殖功能而达到节育目的。从生殖抗原中筛选、制备出合适的抗原作为疫苗注入女性或男性体内以引起免疫反应,这类疫苗称为避孕疫苗。利用免疫方法实现的不育,称**免疫避孕**,具有高效、安全、经济、可逆等优点。目前研究较多的抗原主要有:性激素抗原、透明带抗原、精子抗原和"鸡尾酒式疫苗"等。现阶段主要以实验动物为研究对象,但最终目的还是要将这一新型节育技术应用于人类。

【复习思考题】

1. 简述卵子的产生、排卵方式以及结局。
2. 简述输卵管妊娠的原因、结局,如何预防其发生?
3. 试述乳房的结构特点及其手术切口的选择。

(李啸红　卢　巍)

第九章 腹 膜

【引子】

患者,男性,23岁,在一建筑工地工作时,感腹痛,后出现发热、呕吐,12小时后因腹痛难忍、高烧不退而来医院就诊。查体发现腹胀,满腹有压痛、反跳痛,并发现脐下有一小块表皮破损,遂问到患者在工地时腹部被一钢筋头刺到,当时因疼痛不明显而未在意,2小时后才开始腹痛,并逐渐加重。行腹腔穿刺,抽得混浊液体,有恶臭味,化验有大量脓细胞。据此,诊断为外伤性肠穿孔,继发性化脓性腹膜炎。急症手术后10天患者出院。继发性腹膜炎常由于腹部其他脏器病变所引起,是腹部的多发病,以腹痛、腹部压痛及反跳痛为其临床特点,这与腹膜的解剖结构及神经分布特点有关。

【学习目标】

一、掌握
1. 腹膜的构成、分部、腹膜腔的概念及腹膜的功能。
2. 腹膜形成的结构,小网膜的位置和分部;大网膜的构成。

二、了解
1. 腹膜与器官的关系。
2. 直肠子宫陷凹、膀胱子宫陷凹和膀胱直肠陷凹的部位及临床意义。

一、概 述

腹膜 peritoneum 是覆盖于腹、盆壁内面和腹、盆腔脏器表面的一层浆膜。由间皮和少量结缔组织构成,薄而光滑,半透明。

覆盖于腹、盆壁内表面的部分,称**壁腹膜**;被覆于腹、盆腔脏器表面的部分,称**脏腹膜**。壁腹膜较厚,与腹、盆壁之间有一层疏松结缔组织相隔,称为腹膜外脂肪。脏腹膜较薄,紧贴于脏器表面,不易剥离,常将其视为该脏器的外膜(浆膜)。壁腹膜与脏腹膜互相延续、移行,共同围成不规则的、潜在的腔隙,称为**腹膜腔**。男性腹膜腔为一封闭的腔隙;女性腹膜腔可通过输卵管腹腔口经输卵管、子宫、阴道与外界相通(图9-1)。

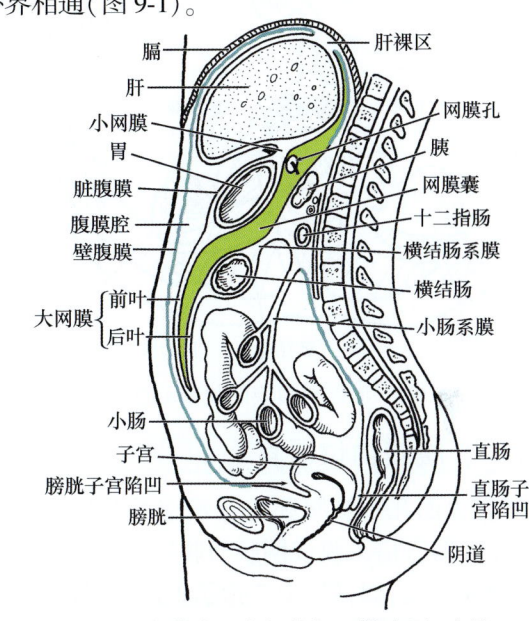

图 9-1 腹膜腔正中矢状切面模式图(女性)

腹膜的功能:腹膜具有分泌、吸收、修复、保护、支持和防御等多种功能。正常情况下,腹膜分泌的浆液可润滑和保护脏器,减少相互间摩擦。腹膜也能吸收腹膜腔内的液体和气体。一般认为上腹部的腹膜吸收能力较强,所以腹膜炎症或术后病人多采取半卧位,使有害的液体流至下腹部,以减缓腹膜对有害物质的吸收。腹膜腔内浆液中含有大量巨噬细胞,可吞噬细菌和有害物质,有防御功能。腹膜的修复和再生能力很强,所分泌的浆液中含有纤维素,可促进伤口的愈合和局限炎症扩散。腹膜所形成的韧带、系膜等结构还有固定和支持脏器的作用。

【临床联系】

腹膜透析:腹膜为半透膜,临床上将配制好的透析液经导管灌入患者的腹膜腔,这样,在腹膜两侧存在溶质的浓度梯度,高浓度一侧的溶质向低浓度一侧移动(弥散作用);水分则从低渗一侧向高渗一侧移动(渗透作用)。通过不断更换腹腔透析液,就可以达到清除体内代谢产物、毒性物质作用,并起到纠正水、电解质平衡紊乱的目的。

二、腹膜与腹、盆腔脏器的关系

根据脏器被腹膜覆盖的情况,可将腹、盆腔脏器分为3种类型(图9-2)。

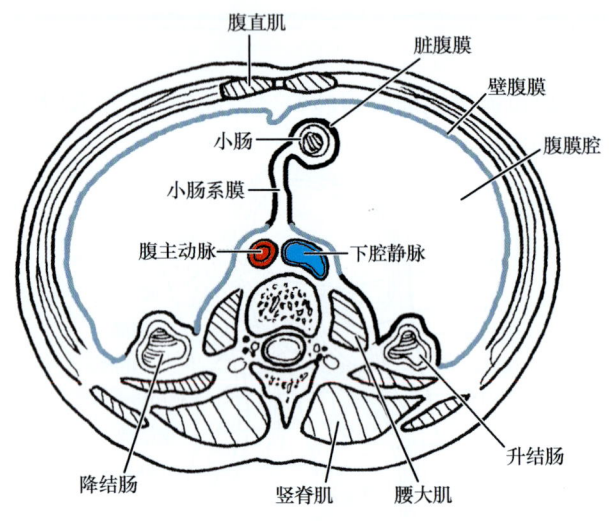

图9-2 脏器与腹膜的关系示意图

(一) 腹膜内位器官

器官表面几乎被腹膜完全覆盖的为腹膜内位器官,此类器官借系膜或网膜与腹壁或其他器官相连,活动性较大,如:胃、十二指肠上部、空肠、回肠、盲肠、阑尾、横结肠、乙状结肠、脾、卵巢、输卵管等。

(二) 腹膜间位器官

器官表面大部分被腹膜覆盖的为腹膜间位器官,如肝、胆囊、升结肠、降结肠、直肠上段、子宫、充盈的膀胱等,活动度较小。

(三) 腹膜外(后)位器官

仅一面被腹膜覆盖或完全位于壁层腹膜之外的器官,如肾、肾上腺、输尿管、胰、十二指肠降部和水平部、直肠中下部等。因这些器官多位于腹膜后间隙,临床常将它们称为腹膜后位器官,位置较固定,活动度极小。

了解脏器与腹膜的被覆关系,有重要的临床意义。如腹膜内位器官手术必须通过腹膜腔。而肾、输尿管等腹膜外位器官则不必打开腹膜腔便可进行手术,从而可避免腹膜腔的感染或术后脏器粘连。

三、腹膜形成的主要结构

壁腹膜与脏腹膜之间,或各部分脏腹膜之间互相移行、构成返折,形成了网膜、系膜、韧带等结构。这些结构不仅起着连接和固定脏器的作用,有些还是血管、神经等出入脏器的部位。

(一) 网膜

网膜 omentum 包括小网膜和大网膜(图9-3)。

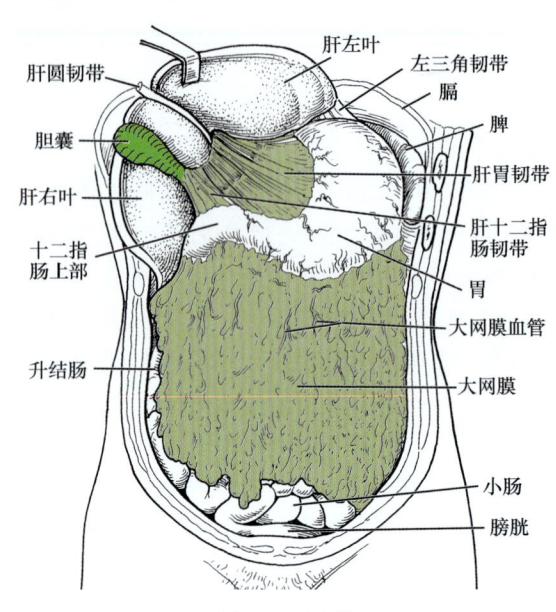

图9-3 网膜

1. 小网膜 lesser omentum 是自肝脏面向下延续至胃小弯和十二指肠上部的双层腹膜结构。连于肝门与胃小弯之间的部分,称**肝胃韧带**;连于肝门与十二指肠上部的部分称**肝十二指肠韧带**,在肝十二指肠韧带内有肝门静脉、胆总管、肝固有动脉、淋巴管、神经通过,并从肝门入肝。小网膜右侧游离缘,其后方有**网膜孔**,经此孔可进入网膜囊(图9-4)。

2. 大网膜 greater omentum 由胃大弯和十二指肠上部前后两层腹膜向下延伸,降至脐平面稍下方后再返折向上,继而包绕横结肠,并与横结肠系膜相续。连于胃大弯和横结肠之间的大网膜,又称**胃结肠韧带**,由两层构成。在横结肠以下的部分形似围裙,覆盖于空、回肠和横结肠的前方,由四层腹膜构成(图9-1)。大网膜有丰富的血管、淋巴管、淋巴细胞、吞噬细胞、脂肪及神经等。大网膜的防御功能极强,可向炎症或穿孔器官移动,阻止炎症扩散蔓延。小儿的大网膜较短,不易发挥上述作用,因此当小儿阑尾穿孔或下腹部炎症时容易引起扩散,发生弥漫性腹膜炎。

3. 网膜囊 omental bursa 是位于小网膜和胃后方的扁窄间隙,属于腹膜腔的一部分,又称**小腹膜腔**(图9-4)。网膜囊以外的腹膜腔则称**大腹膜腔**。网膜囊**上界**为肝尾状叶及膈下方的腹膜;**下界**为大网膜前两层与后两层的愈合处;**前壁**为小网

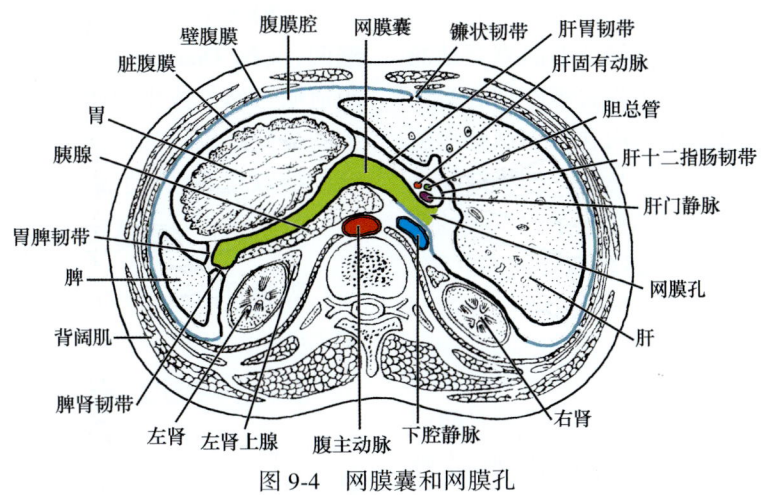

图9-4 网膜囊和网膜孔

膜、胃后壁和胃结肠韧带；**后壁**为横结肠及其系膜，以及覆盖胰、左肾、左肾上腺等处的腹膜。其左侧界为脾、胃脾韧带和脾肾韧带；右侧有**网膜孔**，是网膜囊与大腹膜腔的唯一通道，其高度约在第1腰椎至第2腰椎体的前方。网膜囊范围较大、位置深，而网膜孔却很小，且位置较高，胃后壁穿孔时，漏出的胃内容物早期常积存在网膜囊内。

（二）系膜

系膜是双层腹膜结构，将器官连于腹、盆壁上，其内含有出入器官的血管、神经、淋巴管和淋巴结等结构（图9-5）。

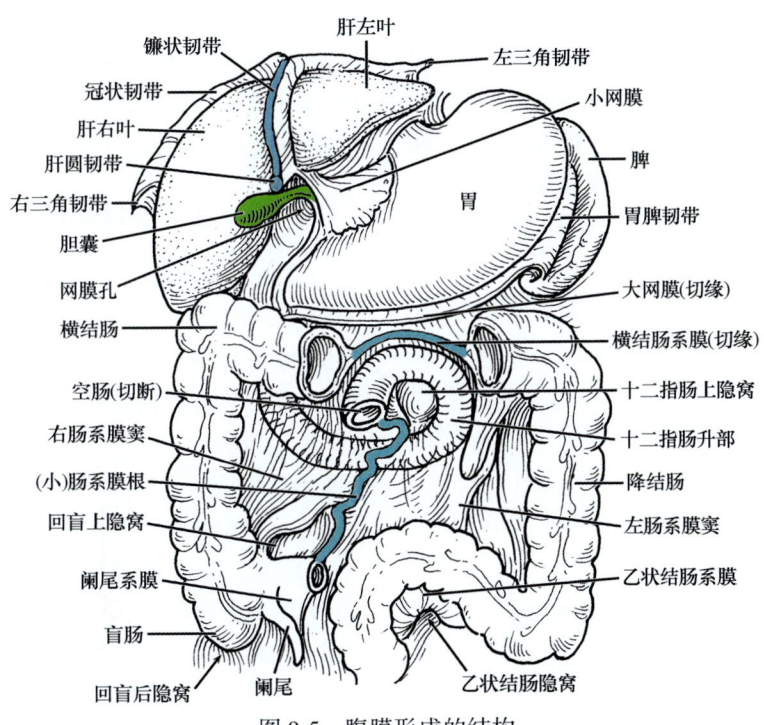

图9-5 腹膜形成的结构

1. 肠系膜 mesentery 为腹后壁壁腹膜伸出包绕肠管，将肠管连于腹后壁所形成，系膜的两层之间走行有血管、淋巴管和神经。空、回肠连于腹后壁的双层腹膜结构称为**小肠系膜**，小肠系膜根部长约仅15cm，自第2腰椎左侧斜向右下，止于右骶髂关节前方，而小肠系膜的肠缘连空、回肠，长达5～7m（图9-5）。由于肠系膜根与其肠管长度相差悬殊，故肠系膜形成许多皱褶。因小肠系膜较长，空、回肠具有较大的活动度，因而易造成系膜和肠袢的扭转。

2. 阑尾系膜 mesoappendix 呈三角形，将阑尾连于肠系膜下方。阑尾的血管、淋巴管和神经走行于系膜的游离缘内，故阑尾切除术时，应从系膜游离缘进行血管结扎。

3. 横结肠系膜 transverse mesocolon 是将横

结肠连于腹后壁的横位双层腹膜结构,结构上与大网膜的后两层相延续。其根部自结肠右曲直至结肠左曲。通常以横结肠系膜为标志将腹膜腔划分为结肠上区和结肠下区。横结肠系膜内含有中结肠血管及其分支、淋巴管、淋巴结和神经丛等。**乙状结肠系膜** sigmoid mesocolon 是将乙状结肠连于左下腹的双层腹膜结构。其根部附着于左髂窝和骨盆左后壁。此系膜较长,活动度大,因而易发生肠扭转。

(三) 韧带

腹膜形成的韧带是连于腹、盆壁与脏器之间或相邻脏器之间的腹膜结构。多数为双层腹膜,少数为单层腹膜,对脏器有固定作用。

1. 肝的韧带 肝的脏面有肝胃韧带和肝十二指肠韧带(前述),肝的膈面有镰状韧带、冠状韧带和左、右三角韧带。**镰状韧带**是位于上腹前壁、膈下方与肝上面之间矢状位的双层腹膜结构,位于前正中线右侧,其前部沿腹前壁上份向下连于脐,侧面观呈镰刀状。其游离缘肥厚,内含肝圆韧带(图9-5)。肝圆韧带为胚胎时期脐静脉闭锁的遗迹,临床上可利用器械使其复通,进行肝门静脉造影或对肝癌进行化疗。**冠状韧带**呈冠状位,分前、后两层,由膈下及肝上面的腹膜移行而成。前层向前与镰状韧带相延续,前、后两层间无腹膜覆盖的肝表面称为肝裸区。**左、右三角韧带**是冠状韧带左、右两端处,其前、后两层彼此黏合增厚而成。

2. 脾的韧带 包括胃脾韧带、脾肾韧带和膈脾韧带。**胃脾韧带**是连于胃底和脾门之间的双层腹膜结构,其内含胃短血管、胃网膜左血管及淋巴结等。**脾肾韧带**是自脾门连至左肾前面的双层腹膜结构,其内含有胰尾及脾血管、淋巴结、神经丛等。**膈脾韧带**是脾肾韧带向上连于膈下面的结构,由膈与脾之间的腹膜构成(图9-5)。

(四) 腹膜皱襞、腹膜隐窝和陷凹

腹、盆壁与脏器之间或相邻脏器之间的腹膜形成的隆起称**腹膜皱襞**,其深部常有血管走行。在腹膜皱襞之间或皱襞与腹、盆壁之间的凹陷称**腹膜隐窝**,较大的隐窝则称**陷凹**。

肝肾隐窝位于肝右叶下方与右肾之间,其左界为网膜孔和十二指肠降部,右界为右结肠旁沟。仰卧时该处为腹膜腔的最低处,是液体易于积聚的部位。

腹膜陷凹主要位于盆腔内(图9-1)。在男性,膀胱与直肠之间的腹膜凹陷称**直肠膀胱陷凹**,为站立位时男性腹膜腔的最低处。在女性,膀胱与子宫之间有**膀胱子宫陷凹**;直肠与子宫之间为**直肠子宫陷凹**,又称 **Douglas 腔**,与阴道后穹间仅隔以薄的阴道壁。站位或坐位时,直肠子宫陷凹是女性腹膜腔的最低部位。如该陷凹有积液,可经阴道穹后部穿刺抽取积液,协助诊断。

四、腹膜腔的分区和间隙

腹膜腔借横结肠及其系膜分为结肠上区和结肠下区。

(一) 结肠上区

此区位于膈与横结肠及其系膜之间,又称**膈下间隙**。此区又以肝为界分为肝上和肝下两个间隙。

(二) 结肠下区

此区常以肠系膜根和升、降结肠为标志划分为4个间隙:**右结肠旁沟**与膈下间隙相通,**左结肠旁沟**由于膈结肠韧带的存在而与膈下间隙有一定程度的阻隔;左、右结肠旁沟分别经左、右髂窝通入盆腔的陷凹;横结肠及其系膜以下,升、降结肠间的区域被小肠系膜根分为左、右两个间隙,右侧称**右肠系膜窦**,呈三角形,周界几乎是封闭的,为小肠所占据,下方有回肠末端相隔;左侧称**左肠系膜窦**,呈向下开口的斜方形,向下通向盆腔的凹陷。

五、腹膜的神经支配

支配壁腹膜的为体神经,是肋间神经和腰神经的分支,对各种刺激敏感,痛觉定位准确。支配脏腹膜的为自主神经,来自交感神经和迷走神经末梢,对牵拉、化学刺激较为敏感。

【临床联系】

大网膜被认为既是淋巴器官,也是代谢调节器官。在显微镜下,大网膜由两种决然不同的组织类型构成:菲薄的有微孔的半透明膜区和富脂性区。半透明区参与液体和可溶性物质的转运、与炎症区域的黏附作用。富脂区域俗称为乳化点,是巨噬细胞和B细胞的增生和成熟位点,能清除细菌和肿瘤细胞。

【复习思考题】

1. 腹膜腔和腹腔有何不同?
2. 腹膜与脏器的关系分哪几种?
3. 网膜囊的位置及临床意义有哪些?
4. 女性盆腔的主要陷凹有哪些?

(李 莎)

第三篇 脉管系统

脉管系统包括心血管系统和淋巴系统，它是人体内连续密闭的管道系统，分布于身体各部。**心血管系统**由心、动脉、毛细血管和静脉组成，其中有血液循环流动；**淋巴系统**由淋巴管道、淋巴组织、淋巴器官组成。淋巴管道内流动着无色透明的淋巴液，淋巴液沿着淋巴管道向心流动，经过一个或数个淋巴结，最后汇入静脉，因此，淋巴管道可视为静脉的辅助管道。

脉管系统的主要功能是将消化系统吸收的营养物质和肺吸入的氧等输送到全身各器官、组织和细胞；同时又将组织和细胞的代谢产物如二氧化碳、尿素等运送到肺、肾、皮肤等器官排出体外，保证机体新陈代谢的正常进行。脉管系统还具有维持体内的酸碱平衡、体温调节以及将内分泌器官或细胞分泌的激素和生物活性物质运送到相应的靶器官，参与机体的功能调节作用。

淋巴器官和组织能产生淋巴细胞和抗体，参与机体的免疫功能。

第十章 心血管系统

第一节 概 述

【学习目标】
掌握心血管系统的组成及体循环和肺循环的途径及意义。

一、心血管系统的组成

心血管系统 cardiovascular system 包括心、动脉、毛细血管和静脉。

（一）心

心 heart 是中空的肌性器官，是心血管系统的动力装置，并且具有重要的内分泌功能。心借房间隔和室间隔分为左、右两半心，每一半心又分为心房和心室。左半心内流动着动脉血，右半心内流动着静脉血。心房和心室借房室口相通。心房接纳静脉，心室发出动脉。在左、右房室口和动脉出口处均有限制血液逆流的瓣膜，它们似阀门，血液顺流开放，逆流关闭。心在神经和体液的调节下有节律收缩和舒张，不停将血液从静脉导流回心再由动脉射出，使血液在心血管系统内周而复始地循环。

（二）动脉

动脉 artery 是由心室发出导流血液离心的血管，在行程中不断分支为大、中、小动脉，最后移行为毛细血管。动脉管壁较厚，可分3层：内膜菲薄，为一层内皮细胞；中膜较厚，含平滑肌、弹性纤维和胶原纤维，大动脉以弹性纤维为主，中、小动脉以平滑肌为主；外膜由疏松的结缔组织构成。动脉管腔断面呈圆形，具有一定的弹性，可随心的舒缩、血压的高低而明显地搏动。动脉壁的结构特点与其机能密切相关，大动脉管壁弹性纤维较多，有较大弹力，当心室射血时管壁扩张，心室舒张时管壁回缩，促使血液继续向前流动。中、小动脉，特别是小动脉管壁平滑肌比较发达，在神经体液调节下可收缩和舒张，改变管腔的大小，调节局部的血流量，借以维持和调节血压。

（三）毛细血管

毛细血管 capillary 是连于小动、静脉之间呈网状的微细血管，管径约 6～9μm。毛细血管的数量很大，除软骨、角膜、晶状体、毛发、被覆上皮及牙釉质外，遍布于全身各部。毛细血管的管壁薄，有一定的通透性,血液在毛细血管内流动缓慢,故是血液与毛细血管外组织液进行物质交换的场所。在代谢旺盛的器官(如肝),毛细血管的密度较大,在代谢较低的器官(如肌腱),毛细血管较稀疏。毛细血管的开放和关闭与组织器官的功能状态有关。

(四) 静脉

静脉 vein 是导流血液回心房的血管。小静脉起始于毛细血管的静脉端,在其回心过程中不断接受其属支,逐渐汇合成中、大静脉,最后注入心房。静脉管壁也可分为3层,静脉与伴行的动脉比较管壁较薄,平滑肌和弹性纤维少,断面较扁,血容量大。全身静脉系的总血容量约超过动脉系的1倍以上。

二、血液循环途径

血液由心室射出,经动脉、毛细血管、静脉返回心房,这种周而复始的循环流动称**血液循环**。血液循环可分为连续的体循环和肺循环,两个循环同时进行。

(一) 体循环(大循环)

在左心室收缩时,左心室将富含氧气和营养物质的动脉血射入主动脉,再经主动脉的各级分支,最后到达毛细血管,血液在毛细血管与其周围组织、细胞进行物质和气体交换之后,使血液成为含二氧化碳和代谢产物的静脉血;静脉血由毛细血管进入小静脉,再经过各级静脉回流,最后汇入上、下腔静脉和冠状窦返回右心房。体循环的特点是流程长、流经范围广,称为**体循环(大循环)**(图10-1)。

(二) 肺循环(小循环)

从体循环回心的静脉血,由右心房到右心室,当右心室收缩时将富含二氧化碳的静脉血从右心室搏出,经肺动脉干及其各级分支到达肺泡毛细血管网,血液在此进行气体交换,然后经肺静脉返回左心房。肺循环的特点是流程短,血液只经过肺,其主要功能是使静脉血转变成含氧饱和的动脉血,称为**肺循环(小循环)**(图10-1)。

血液循环的动力主要来源于心脏的搏动,其次是动脉和静脉壁的弹性回缩、周围骨骼肌收缩对血管的挤压以及筋膜、韧带对血管造成的压力等,形成血液循环的动力。

三、血管吻合及其功能意义

血管的吻合形式具有多样性,除经动脉-毛细

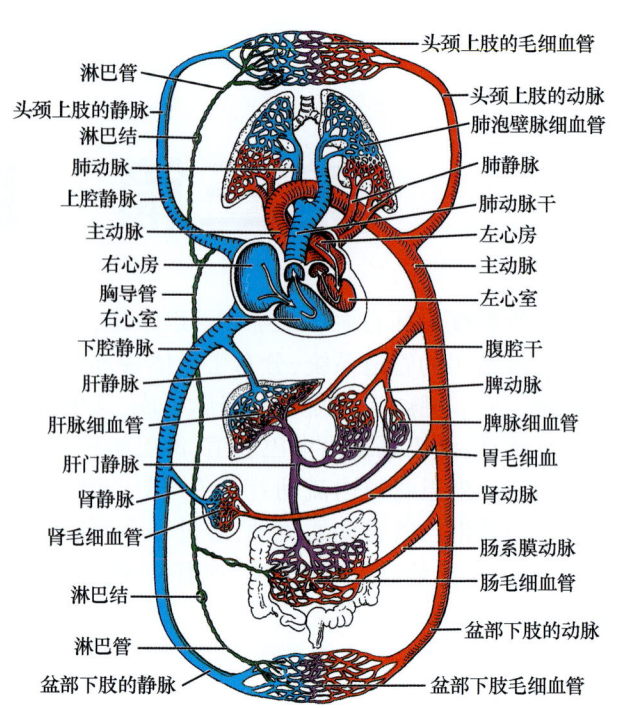

图 10-1 血液循环示意图

血管-静脉形式相通之外,在动脉与动脉之间,静脉与静脉之间,以及动脉与静脉之间,均可借吻合支或交通支彼此相连,形成**血管吻合** vascular anastomosis(图10-2)。

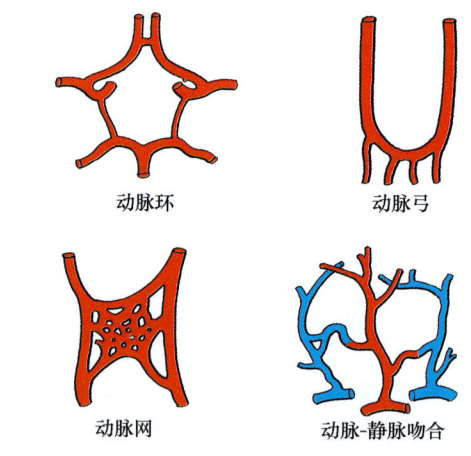

图 10-2 血管的吻合形成

(一) 动脉间吻合

两条动脉干之间借交通支相连,在人体内广泛存在。如脑底动脉之间形成的脑底动脉环;在经常活动或易受压部位,其邻近的多条动脉分支常互相吻合成**动脉网**,如关节动脉网;在经常改变形态的器官,两动脉末端或其分支可直接吻合形成**动脉弓**,如手掌、足底动脉弓和胃肠道动脉弓等。这些吻合均有缩短循环距离和调节血流量的作用(图10-2)。

（二）静脉间吻合

静脉间吻合远比动脉吻合更加丰富，除具有和动脉相似的吻合形式外，在浅静脉之间常吻合成**静脉网（弓）**，如手背静脉网、脐周静脉网等；深静脉之间常吻合成**静脉丛**，如直肠静脉丛、膀胱静脉丛等，以便保证脏器在扩大或腔壁受压时血流畅通。

（三）动静脉吻合

动静脉吻合是指小动脉和小静脉之间借动静脉吻合直接连通。此吻合的机能意义是缩短循环途经、调节局部血流量和温度的作用，多见于指尖、趾端、唇、鼻、外耳皮肤、外生殖器勃起组织等处。

（四）侧支吻合

较大的动脉干在行程中常发出与其平行的**侧副支**。它与同一主干远侧部发出的返支相连，形成**侧支吻合**。通常状态下，侧副支较细，当主干阻塞时，侧副支逐渐增粗，血流可经扩大的侧支吻合到达阻塞远侧的血管主干，使血管受阻区的血液供应得到不同程度的代偿或恢复。这种通过侧支建立的循环，称**侧支循环**，侧支循环的建立对于保证器官在病理状态下的血液供应有重要意义(图10-3)。

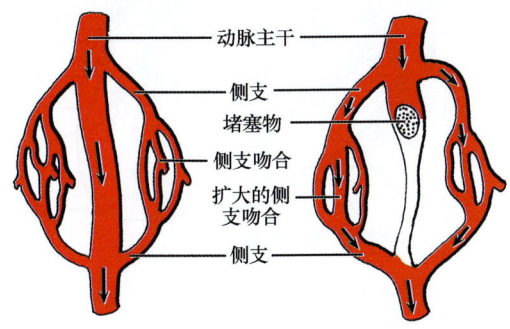

图10-3　侧支吻合及侧支循环

（五）微循环

在微动脉和微静脉间微小血管内的血液循环，称**微循环**。它包括微动脉、毛细血管前微动脉、真毛细血管、动静脉吻合和微静脉等，它是血液循环的基本功能单位。血液在微循环处可直接向组织细胞提供氧、营养成分、内分泌物质等，同时将组织细胞代谢产生的二氧化碳和废物进入微循环。微循环的小血管在交感神经及血管活性物质等作用下可舒缩，起到"闸门"样效应，对调控局部组织和细胞的血供有重要意义。如微循环长时间障碍，可导致有关器官功能失调，严重可引起器官、组织的局部缺血坏死。

（六）终动脉

在体内少数器官的动脉与相邻动脉间无吻合，这种动脉称为**终动脉**，终动脉一旦阻塞，可导致供血区域的组织缺血或坏死。通常视网膜中央动脉被认为是典型的终动脉，此外有人认为在肾和脾等器官内也存在有终动脉，但也有不同意见，故有待进一步研究。

四、血管的变异和异常

血管胚胎时期是在毛细血管网的基础上发育出来的，在发育过程中由于功能需要和血流动力因素的影响，有些血管扩大形成主干或分支，有些退化或消失，有的则以吻合血管的形式保留下来。在某些因素的影响下，血管的起始或汇入、分支、管径、数目和行程常有变化。因此，血管系统的形态、数值并非所有人都完全一样，有时可出现**变异**，甚至**异常（畸形）**。教科书中所表述的血管形态通常是正常型。

第二节　心

【引子】

患者，女性，57岁，风湿性心脏病病史约25年，房颤病史6年余，入院前3小时患者觉得头痛，当即呕吐，2小时后呈昏迷状态，家人叫之不应，急诊入院。CT显示大面积脑梗死。临床初步诊断：房颤；脑栓塞，大面积脑梗死。引发脑栓塞的病因：风湿性心脏病二尖瓣狭窄，左心房扩大，心脏血流缓慢、淤滞，易使血液凝固和血栓形成。当心房颤动时附壁血栓容易脱落形成栓子，阻塞脑血管引发脑栓塞。请思考：①心各腔的结构及心腔的血流方向？②左半心（心房和心室）内的附壁血栓脱落时，可经何途径引发脑栓塞？右半心（心房和心室）内的血栓脱落时是否也可造成脑栓塞？为什么？

【学习目标】

一、掌握

1. 心的位置、外形、心脏各腔的形态和内部结构。

2. 心传导系统的组成、位置及功能。
3. 左、右冠状动脉的起始、行径、主要分支及其分布。
4. 心静脉的回流途径,冠状窦的位置与开口。
5. 心包和心包腔的构成。

二、了解
1. 心壁的构造和心纤维支架的构成。
2. 房间隔、室间隔缺损的常见部位和临床意义。
3. 心传导系统变异副束的常见位置及临床意义。
4. 冠状动脉的分布类型及临床意义。
5. 心包横窦、斜窦的位置及临床意义。
6. 心的体表投影及听诊部位。

一、心的位置、外形

心是血液循环的动力器官,其大小、形态和位置随着生理功能、年龄、体型、性别和健康状况不同而存在差异,通常大小与自身的拳头相似。

(一) 心的位置

心位于胸腔前下部的中纵隔内,约 2/3 在正中矢状切面的左侧,1/3 在其右侧。由于心略向左旋转,使右半心位于心的右前部,左心室居心的左下部,左心房居心的后上部。心的上方有出入心的大血管,下方是膈;两侧借纵隔胸膜与肺相邻;后方邻近左主支气管、食管、左迷走神经、胸主动脉和第 5~8 胸椎;前方大部分被肺和胸膜所覆盖,只有左肺心切迹内侧的部分与胸骨体下部左半及左侧第 4、5 肋软骨相邻。故临床为了不伤及肺和胸膜,心内注射常在左侧第 4 肋间,靠近胸骨左缘处进针,将药物注射到右心室内。青春期以前,未退化的胸腺位于心包的前上方(图 10-4)。

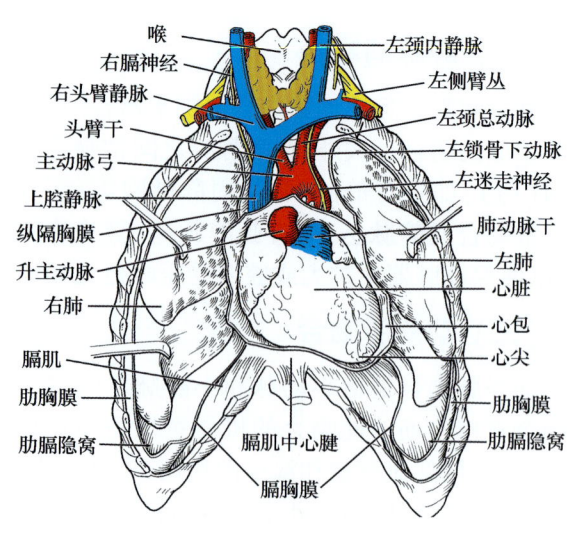

图 10-4 心的位置

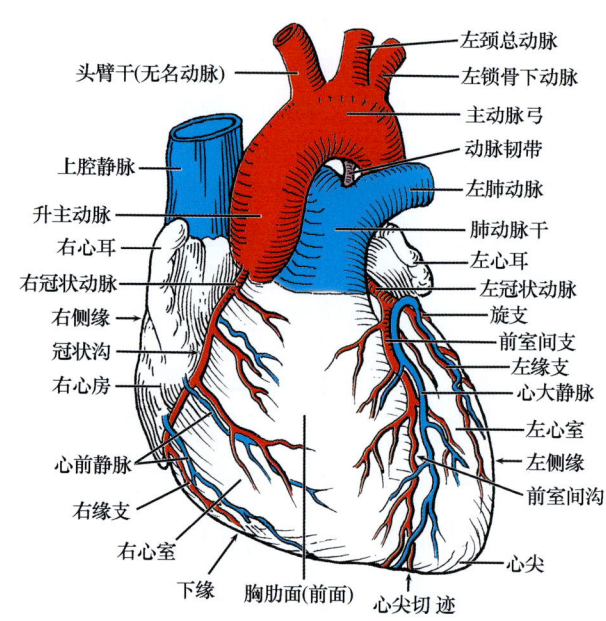

图 10-5 心的外形和血管(前面)

(二) 心的外形

心近似于前后略扁的倒置圆锥体,外被心包包裹。可分为一尖、一底、两面、三缘,表面有 4 条沟。心的纵轴与身体正中线约呈 45°角(图 10-4,图 10-5)。

1. 心尖 朝向左前下方,圆钝、游离,由左心室构成,与左胸前壁贴近,故在左侧第 5 肋间隙与锁骨中线相交点内侧 1~2cm 处,可扪及心尖搏动。

2. 心底 朝向右后上方,大部分由左心房,小部分由右心房构成。上、下腔静脉分别从上、下方注入右心房;左、右两侧各有一对肺静脉注入左心房。左心房的后方与食管、左迷走神经和胸主动脉相邻,故临床常用食管造影观察左房形态的变化。

3. 两面 **胸肋面**(前面),朝向前方,大部分由右心房和右心室构成,小部分由左心耳和左心室构成(图 10-4)。**膈面(下面)**,朝向下后,近似水平位,隔心包紧贴于膈。此面约 2/3 由左心室构成,1/3 由右心室构成(图 10-4~图 10-6)。

4. 三缘 **下缘**较锐利,近水平位,略向左下方倾斜。大部分由右心室,仅心尖处由左心室构成。**右缘**垂直向下,由右心房构成,向上延续为上腔静脉。**左缘**斜向左下,钝圆,绝大部分由左心室构成,仅上方小部分有左心耳参与。

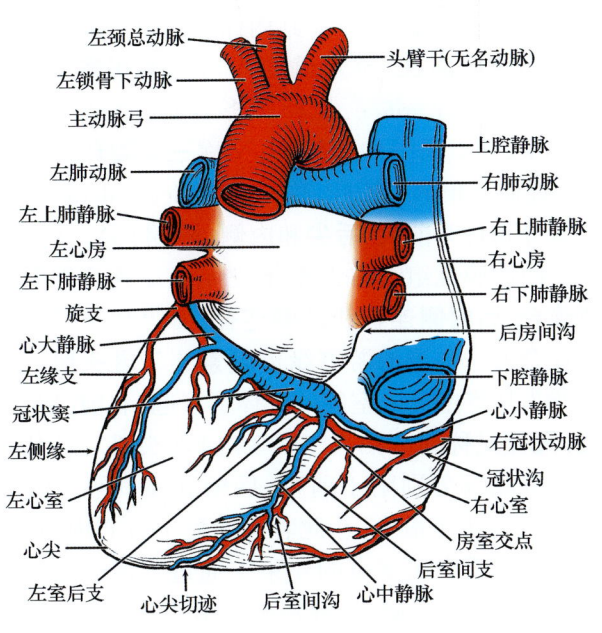

图 10-6　心的外形和血管（后下面）

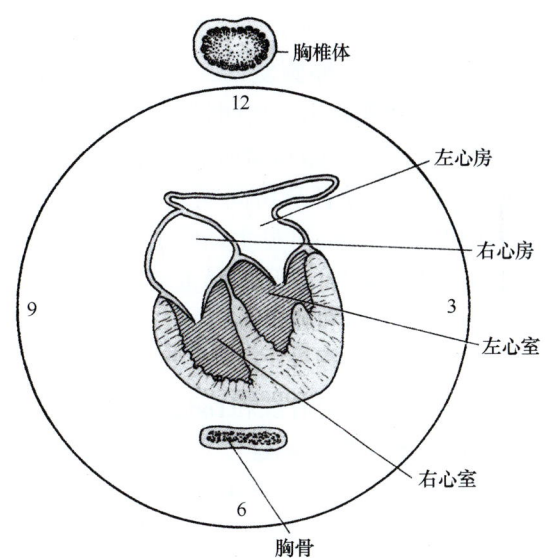

图 10-7　心腔的位置（示意图）

5.4 沟　为心表面的浅沟，可作为心腔在表面的分界。沟内常有血管走行并被脂肪组织覆盖。**冠状沟** coronary sulcus（**房室间沟**）靠近心底处，近似冠状位，几乎环绕心一周，前方被肺动脉干所中断，此沟是心房和心室在表面的分界标志。在心的胸肋面和膈面各有一条自冠状沟向心尖右侧延伸的浅沟，分别称为**前室间沟** anterior interventricular groove 和**后室间沟** posterior interventricular groove。两沟在心尖的右侧会合处略凹陷，称**心尖切迹** cardiac apical incisure。前、后室间沟是左、右心室表面的分界标志。在右心房与右上、下肺静脉交界处的浅沟称**后房间沟**，是左、右心房在心表面的分界。冠状沟与后室间沟交汇的区域称**房室交点** crux，是心表面的重要标志。

二、心腔结构

心被心间隔分为左、右两半心，呈 4 腔型结构。每半心又分为心房和心室，同侧心房和心室借房室口相通。

心在发育过程中左心室的壁逐渐增厚，由于重力作用，心沿自身纵轴轻度向左旋转，故左半心位于右半心的左后方。若平对第 4 肋间隙上部通过心作水平切面可见各心腔的位置（图 10-7）。

（一）右心房

右心房 right atrium（图 10-8）位于心的右上部，壁厚约 2mm，可分为前方的**固有心房**和后方的**腔静脉窦**两部分。两部以表面位于上、下腔静脉前缘间的浅沟即**界沟** sulcus terminalis 为界，内面为相对应的一条纵行肌性隆嵴即**界嵴** crista terminalis 为分界。固有心房向左前方突出的部分称**右心耳** right auricle，在固有心房及右心耳内面，有许多近似平行排列的肌束，称**梳状肌**。梳状肌之间壁薄，呈半透明，临床行心导管插管时应注意避免损伤。右心耳内面梳状肌发达，似海绵状，当心功能发生障碍时，心耳内血流缓慢，血液淤滞，易在右心耳内形成血凝块，它一旦脱落形成栓子，可致血管堵塞。右心房的腔静脉窦内壁光滑。右心房有 3 个入口和 1 个出口，在右心房的上方有上腔静脉入口；下方有下腔静脉入口，在下腔静脉入口的前缘可见胚胎时残留的**下腔静脉瓣** valve of inferior vena cava，此瓣在胎血循环时，具有将下腔静脉流入右心房的血液，导流至卵圆孔注入左心房的功能。在下腔静脉入口与右房室口之间有**冠状窦口** orifice of coronary sinus，窦口下部有半月形的**冠状窦瓣**。心脏大部分静脉血回流入冠状窦，经冠状窦口入右心房。

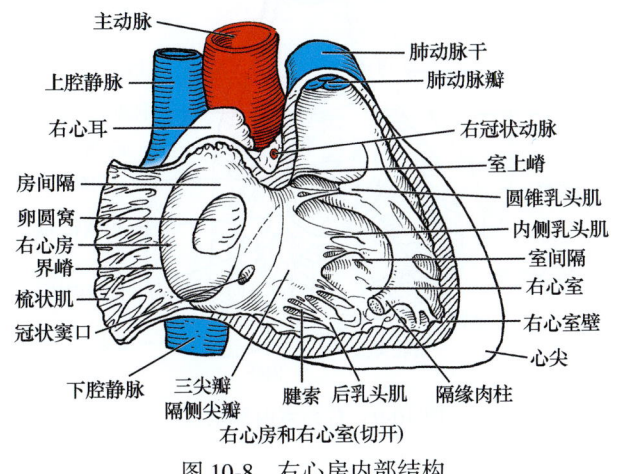

图 10-8　右心房内部结构

右心房的后内侧壁主要由房间隔组成,其下部有一卵圆形凹陷,称**卵圆窝**fossa ovalis,此处较薄,为胚胎时期**卵圆孔**在出生后闭锁的遗迹,一般在出生后1岁左右闭合。卵圆窝前上方边缘隆起,称**卵圆窝缘**,可作为心导管从房间隔入左心房的标志。位于右侧房间隔上部,可见主动脉窦向右心房凸起而形成的**主动脉隆凸**,为临床的重要标志。主动脉窦瘤破裂或手术误伤时,血液可破入右心房。

此外,在右侧房间隔的基部,由冠状窦口前内侧缘、三尖瓣隔侧尖附着缘和**Todaro 腱**之间的三角区,称**Koch 三角**。**Todaro 腱**为下腔静脉瓣前缘,心内膜下可触摸到的腱性纤维束,它向前经房室隔附着于中心纤维体(右纤维三角),向后与下腔静脉瓣相延续。Koch 三角的前部心内膜深面有**房室结**。此三角为心内直视手术中的重要标志,以指示房室结的位置所在,以防术中损伤。此外,在行心导管检查或三尖瓣手术时应避免损伤此部位。

右房的出口是**右房室口**right atrioventricular orifice,位于右心房的前下方,通向右心室。

(二) 右心室

右心室right ventricle(图10-9)构成心胸肋面的大部,位于右心房的左前下方,壁较薄,约是左心室厚度的1/3。右心室腔的底部有右房室口和肺动脉口,两口之间的室壁内有一弓形肌性隆起,称**室上嵴**supraventricular crest,将右心室腔分为窦部(流入道)和漏斗部(流出道)两部分。

1. **窦部**(流入道) 其内面的肌束形成纵横交错的隆起称**肉柱**,流入道的入口为**右房室口**right atrioventricular orifice,呈卵圆形,约可容纳3个指尖大小,其口周围的纤维环,又称**三尖瓣环**上附有3个近似三角形的瓣叶,称**三尖瓣**tricuspid valve,按位置分别称为**前尖、后尖**和**内侧**(**隔侧**)**尖**。3个瓣膜之间的膜性组织称为**连合**,故有3个连合即**前内侧连合、后内侧连合**和**外侧连合**,瓣膜粘连常发生在连合处。各瓣的游离缘借**腱索**连于**乳头肌**。乳头肌为从室壁突入室腔的锥体形隆起,有**前、后、内侧**(**隔侧又称圆锥**)3个(或3组)乳头肌。各乳头肌的基底部分别附于前壁、后壁和室间隔。隔侧(圆锥)乳头肌最小,在此乳头肌后下方心内膜下,有心传导系中房室束的左束支通过。每个乳头肌的尖端通过数条腱索,分别连于相邻两个尖瓣的游离缘。在功能上纤维环、三尖瓣、腱索和乳头肌是一个整体,当右心室收缩时可共同参与完成限制血液逆流回右心房的作用,故称**三尖瓣复合体**(图10-10)。复合体的任何一个部分损伤,均可导致心内血流动力学的改变。

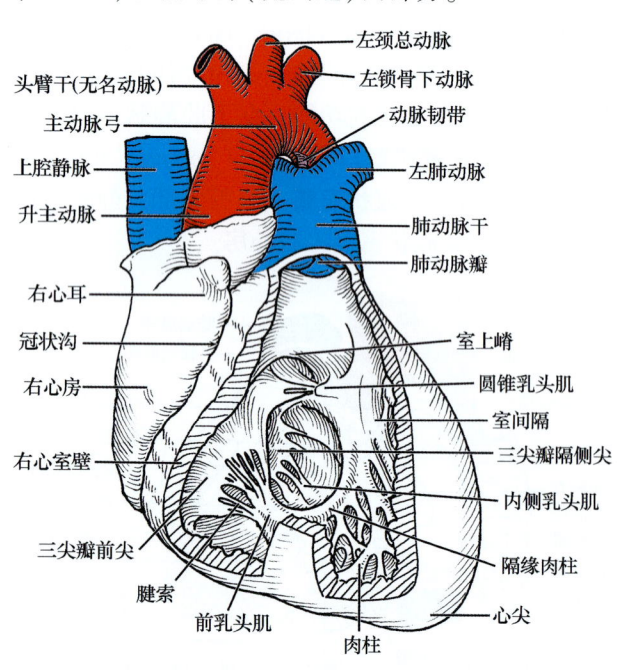

图10-9 右心室内部结构

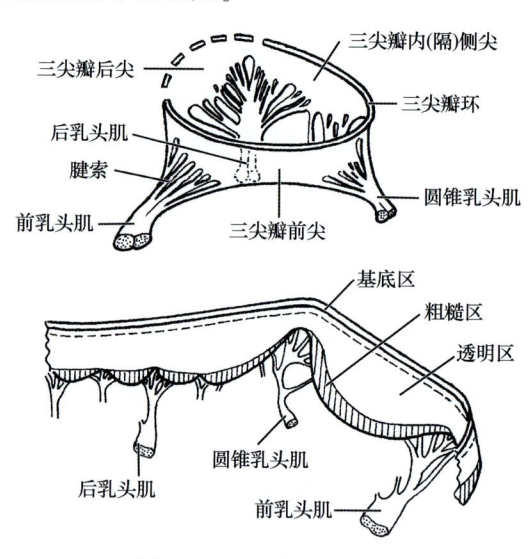

图10-10 三尖瓣示意图

右心室腔内还有1条从室间隔至前乳头肌根部的圆形肌束,称**隔缘肉柱**septomarginal trabecula(又称**节制索**moderator band),有限制右心室过度扩张的作用,内含心的传导纤维束。

2. **漏斗部**(流出道) 又称**动脉圆锥**conus arteriosus,是右心室腔向左上方延伸的部分,向上逐渐变细,内壁光滑无肉柱,形似倒置的漏斗。其上端借**肺动脉口**orifice of pulmonaty trunk 与肺动脉干相通,口周围的纤维环,又称**肺动脉环**,附有3个袋口向上的半月形瓣膜,称**肺动脉瓣**pulmonary valve。

每个瓣膜游离缘的中央有1个**半月瓣小结**,在右心室舒张时有利于肺动脉口的闭合,半月瓣小结相互靠拢,阻止血液返流入心室。动脉圆锥的下界为室上嵴,前壁为右心室前壁,内侧壁为室间隔。

(三) 左心房

左心房 left atrium 是4个心腔最靠后的部分,构成心底的大部(图10-6,图10-7),其前方有升主动脉和肺动脉,后方隔着心包与食管相毗邻。因此,经食管钡餐X线造影,可判断有无左心房的扩大。左心房前部向右前突出的部分称**左心耳** left auricle,内有与右心耳相似的肌性隆起即**梳状肌**。当心功能障碍时,血流缓慢,左心耳内同样易形成血栓。因左心耳与二尖瓣邻近,故为心外科常用的手术入路之一。左心房的后部较大,壁光滑,后方两侧有左、右肺上、肺下静脉4个入口,入口处无瓣膜,将肺循环内富含氧的血液经肺动脉注入左心房,左心房出口为**左房室口** left atrioventricular orifice。左心房的血液经此口入左心室。

(四) 左心室

左心室 left ventricle 室腔近似圆锥形,构成心尖及心的左缘。壁厚约为右心室的3倍,达9~12mm厚。左心室腔以二尖瓣前瓣为界,可分为窦部(流入道)和主动脉前庭(流出道)两部分(图10-11,图10-12)。

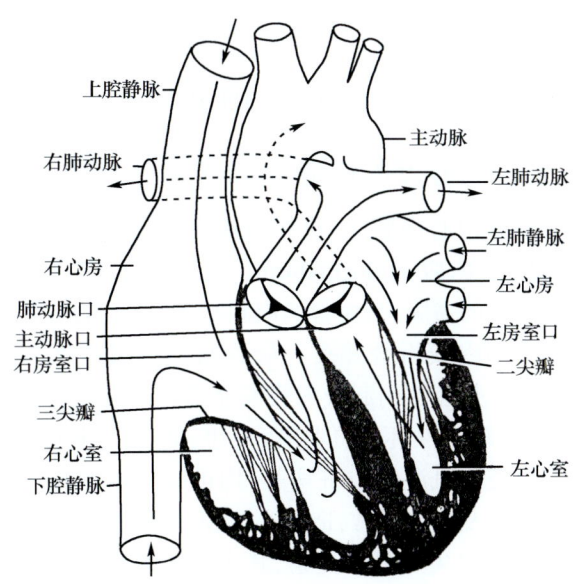

图10-12 心腔的血流方向

各尖瓣的边缘也有多条腱索和心室内的乳头肌相连。左室的乳头肌较右心室强大,有前、后两个(或两组)位于前、后壁上。每个乳头肌发出的腱索也连于相邻的两个尖瓣上。纤维环、二尖瓣、腱索、乳头肌的功能与右房室口的结构功能相似,称**二尖瓣复合体**(图10-13)。

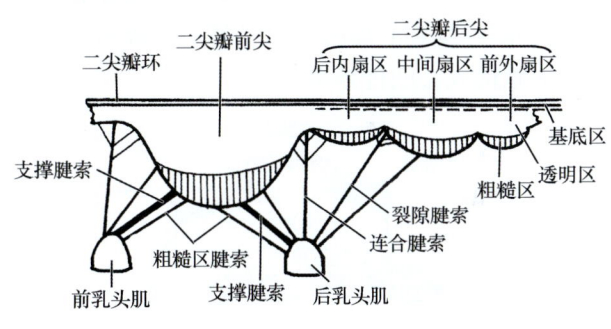

图10-13 二尖瓣复合体

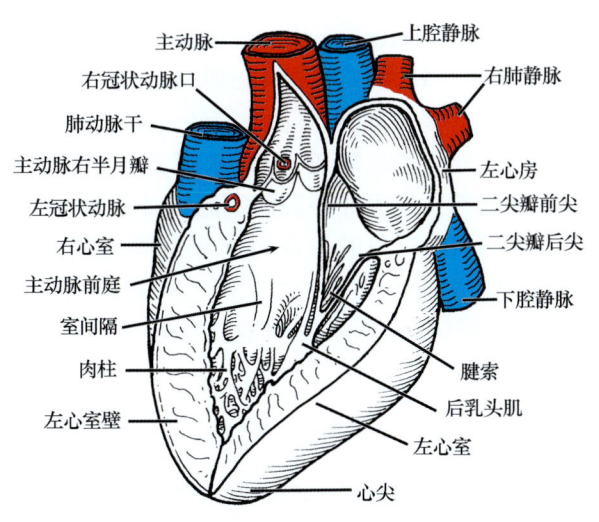

图10-11 左心房和左心室

1. 窦部(流入道) 内壁也有粗糙不平的肉柱,左心室壁内的肉柱不如右心室明显。左心室的入口为左房室口,口周围的纤维环,又称**二尖瓣环**,较三尖瓣环略小,环上有两片近似三角形的瓣叶称**二尖瓣** mitral valve,其可以分为**前尖瓣**和**后尖瓣**。

2. 主动脉前庭(流出道) 是左心室前内侧的部分,内壁光滑无肉柱,缺乏伸展性和收缩性。其出口是**主动脉口**,口周围的纤维环,又称**主动脉环**,也有3个袋口向上的半月瓣膜,称**主动脉瓣** aortic valve 较大而坚韧,半月瓣小结明显。每个瓣膜与主动脉壁之间形成的袋口状的腔隙,称**主动脉窦** aortic sinus 或称 **Valsalva 窦**,可分为左、右、后3个窦。在左、右窦的动脉壁上有左、右冠状动脉的开口(图10-11,图10-15,图10-19)。

心像似一个"泵",瓣膜如同泵的闸门,保证了心内血液的定向流动。两侧的心房和心室的收缩与舒张是同步的,心室收缩时,二尖瓣和三尖瓣关闭,主动脉瓣和肺动脉瓣开放,将血液搏入动脉;心室舒张时,二尖瓣和三尖瓣开放,主动脉瓣和肺动脉瓣关闭,将血液由心房搏入心室(图 10-12)。

三、心的构造

(一) 心壁的构造

心壁由心内膜、心肌和心外膜构成。

1. 心内膜 endocardium 是衬在心腔内面的一层光滑的薄膜,与血管的内膜相延续,心的各瓣膜就是由心内膜折叠并夹一层致密结缔组织而构成的。故凡是能够引起心内膜炎症、黏液样变性、退行性改变、缺血性坏死、创伤等疾患,如亚急性细菌性心内膜炎和风湿性心脏病等,均可导致单个或多个瓣膜结构及功能异常,造成心瓣膜口狭窄及(或)关闭不全。二尖瓣最常受累,其次是主动脉瓣。

2. 心肌 myocardium 是构成心的主体,由心肌细胞和结缔组织支架组成(图 10-13,图 10-14)。心肌细胞包括特殊分化的心肌细胞和普通心肌细胞。普通心肌细胞构成心房肌和心室肌。心房肌较薄,心室肌较厚,左心室肌最发达。心室肌有 3 层,其走行方向为外层斜行、中层环行、内层纵行(图 10-14)。在心房肌和心室肌之间有结缔组织形成的支持性结构,称**心纤维骨骼**。它构成心脏的支架,心肌纤维和心瓣膜均附于其上。特殊分化的心肌细胞构成心的传导系统。

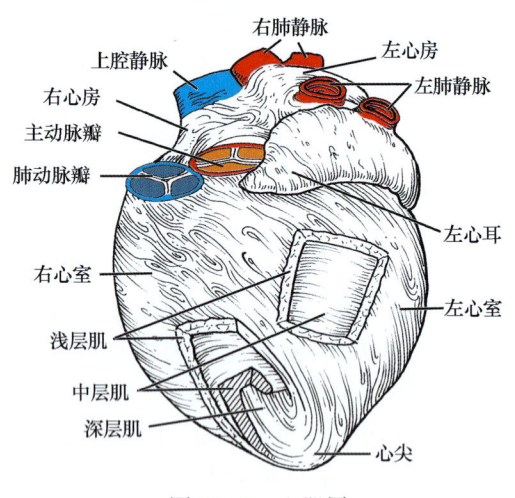

图 10-14 心肌层

3. 心外膜 epicardium 被覆于心肌层和大血管根部的表层,是透明光滑的浆膜,即浆膜心包的脏层,表面为间皮,间皮下为薄层疏松结缔组织,内含丰富的脂肪组织。

(二) 心纤维支架

心纤维支架,又称**心纤维骨骼** fibrous skeleton,位于左、右房室口、肺动脉口和主动脉口的周围,由致密结缔组织构成(图 10-15,图 10-16)。心纤维支架是心肌纤维和心瓣膜的附着处,在心肌运动时起支持和稳定作用。

心纤维支架主要包括 4 个纤维环(二尖瓣环、三尖瓣环、主动脉环、肺动脉环)和左、右纤维三角。

1. 右纤维三角 right fibrous trigone 位于二尖瓣环、三尖瓣环和主动脉瓣环后方之间,因其位于心的中央,故又称**中心纤维体**。其前方与室间隔膜部相延续,向后发出托特洛(Todaro)腱,行于右心房心内膜深面,终于下腔静脉瓣的前端。

2. 左纤维三角 left fibrous trigone 位于主动脉瓣环左后侧与二尖瓣环之间,呈三角形。在左纤维三角的前外侧缘处与左冠状动脉旋支相邻,故是二尖瓣手术时的重要标志,也是易于损伤左冠状动脉的部位。

(三) 房间隔和室间隔

左、右心房之间为房间隔,左、右心室之间为室间隔。

1. 房间隔 interatrial septum 又称**房中隔**,由两层心内膜夹少量心肌和结缔组织构成,厚 1～4mm,卵圆窝处最薄,厚约 1mm,常见的房间隔缺损多在此发生,属先天性心脏病的一种即卵圆孔未闭。如缺损较大,由于左房压力高于右房,可导致左房血液向右房分流,造成右房负荷加大,引起肺动脉高压和肺淤血。

2. 室间隔 interventricular septum 由心肌和心内膜构成。其大部分是由心肌构成,较厚,称**肌部**,其上部紧靠主动脉口下方,有一不规则形较薄的膜性部分,此处缺乏肌质称**膜部**,面积大约 $0.8cm^2$,是常见先天性心脏病室间隔缺损的好发部位。由于 koch 三角的尖部对向室间隔膜部,此处与房室结、房室束、左、右束支和三尖瓣、主动脉瓣位置关系密切,手术修复时应注意避免损伤上述结构。

【临床联系】

常见的先天性心脏病除了房间隔和室间隔缺损外,还有先天性心脏和大血管联合畸形的疾病,即**法洛四联征** trilogy of fallot 其主要特征是先天性心脏和大血管联合畸形:①主动脉骑跨于左、右心室之上;②室间隔缺损;③肺动脉口狭窄或右心室流出道(漏斗部)狭窄;④右心室肥厚。

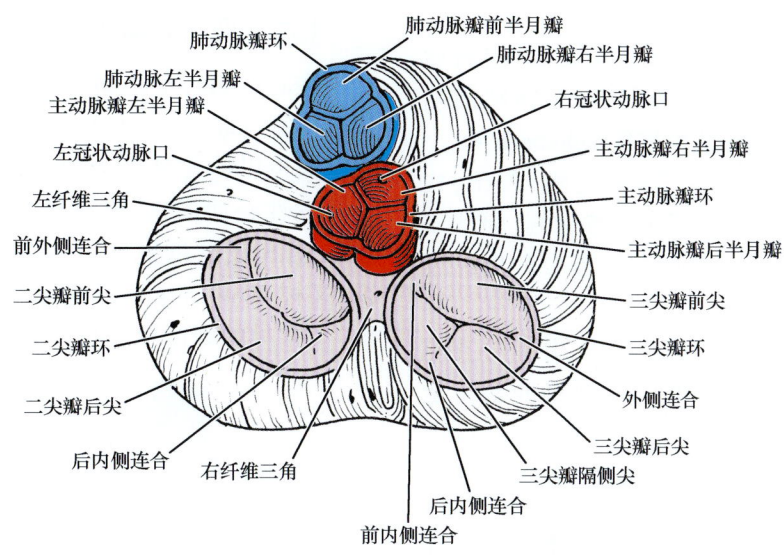

图 10-15　心瓣膜和瓣环

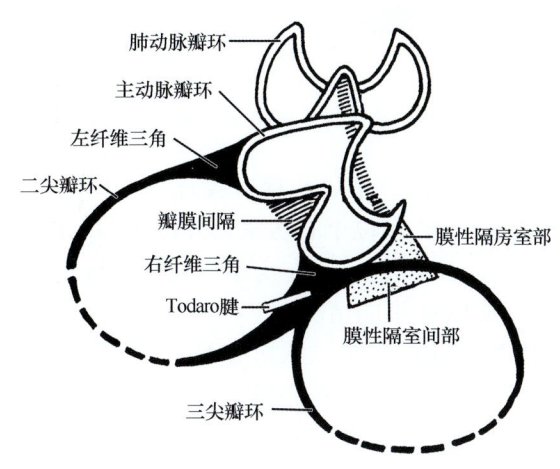

图 10-16　心纤维性支架（示意图）

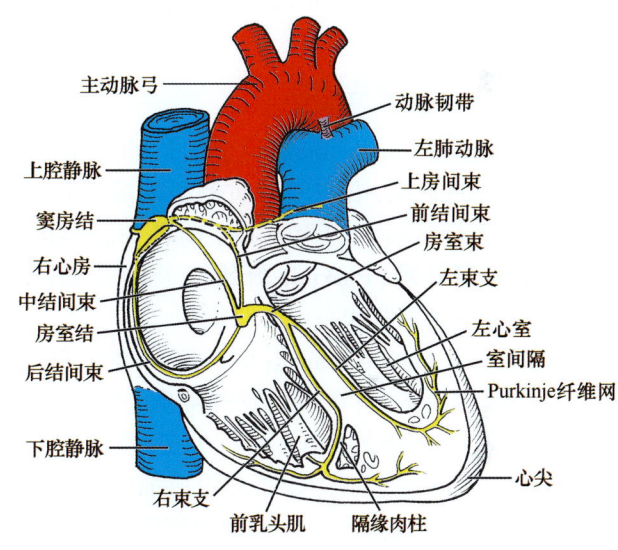

图 10-17　心传导系统

四、心传导系统

心的传导系统是由特殊分化的心肌细胞构成，它们形成的结或束位于心壁内，具有产生兴奋、传导冲动和维持心正常节律性搏动的功能。心传导系统包括：窦房结，结间束，房室结，房室束，左、右束支及其浦肯野纤维网（图10-17）。

（一）窦房结

窦房结sinuatrial node 是心传导系统的重要组成部分，是心的正常起搏点，位于上腔静脉与右心房交界处界沟上部的心外膜下，略呈长梭形（图10-17），从心外膜表面肉眼不易辨认，通常窦房结动脉，沿该结的长轴贯穿其中央走行。

（二）房室结

房室结atrioventricular node 位于右侧房间隔下部，冠状窦口的前上方，即房室交界区三角（koch三角）顶部的心内膜深面。房室结呈扁椭圆形，结的前下方续为房室束。房室结的主要功能是将窦房结传来的冲动传向心室；保证心房收缩后再开始心室的收缩。

（三）结间束

关于窦房结产生的兴奋如何传导到心房肌和房室结的问题至今尚无定论，有学者认为是经窦房结和房室结之间的结间束传导的，并在生理学上证实有结间束存在，但在形态学上的证据尚不充分，通常认为结间束有3条。

1. 前结间束　由窦房结头端发出向左行，弓状绕过上腔静脉前方和右房前壁，向左行至房间隔上缘分为两束：一束分布于左房前壁，称**上房间束**（**Bachmann束**）；另一束经卵圆窝前方下行至房室

2. 中结间束 由窦房结右上缘发出，向右后行，弓状绕过上腔静脉，进入房间隔，经卵圆窝前缘，下行至房室结的上缘，此束称 **Wenchebach 束**。

3. 后结间束 由窦房结下端（尾侧）发出，在界嵴内下行，然后转向下内，经下腔静脉瓣、冠状窦口的上方至房室结后缘。此束在行程中分出纤维至右心房壁。

各结间束在房间隔上方相互交织，并有分支与房间隔左侧的左房肌纤维相连，从而将冲动传至左房。

（四）房室束

房室束 atrioventricular bundle 又称 **His 束**，是连接心房和心室的唯一重要通路，起于房室结前端穿右纤维三角前行，沿室间隔膜部后下缘至室间隔肌部上缘分为左、右束支。

（五）左、右束支

右束支 right bundle branch：呈细长的圆索状，起于房室束的末端，沿室间隔右侧心内膜深面下行，经节制索（隔缘肉柱）至右心室前乳头肌根部，分散成**蒲肯野纤维（Purkinje 纤维）**，并吻合成网，分布于右心室乳头肌和右室心肌细胞。

左束支 left bundle branch：呈扁带状，沿室间隔左侧心内膜深面下行，在肌性室间隔上、中 1/3 交界处分为前、后 2 分支或前、中、后 3 支，分别至前、后乳头肌根部和室间隔，分散交织成蒲肯野纤维网，其末端与左心室前、后乳头肌和室壁的心肌细胞相连。蒲肯野纤维网的功能是将心房传来的冲动迅速传递到心室，支配心室肌纤维收缩。

【临床联系】

构成心脏传导系统的细胞，主要有起搏细胞、移行细胞和蒲肯野纤维。蒲肯野纤维又称**束细胞**，与心肌纤维比较，其纤维粗而短，着色浅，闰盘发达，在心内膜下交织成蒲肯野纤维网。

正常情况下，窦房结是心跳兴奋的起搏点，心率约 60~100 次/分，整齐有节律跳动，称窦性心律。窦房结产生的冲动，借纤维传导到左、右心房，使心房收缩，随后又将冲动，借结间束传导到房室结。冲动在房室结内传导缓慢（约延迟 0.04 秒），后再沿房室束、左、右束支、蒲肯野纤维网传导到心室肌，使心室肌开始收缩。

（六）变异的副传导束

在心房和心室之间，有些作者认为，除借正常的传导系统联系外，有些人还有副传导束存在，使心室肌可以提前接受冲动而收缩。这种病人常伴有阵发性心动过速，出现异常心电图，P-R 间期缩短或 QRS 波群增宽等。这些症状称为预激综合征，又称 Wolf-Parkinson-White 综合征（WPW 综合征）。常见的副传导束有以下几种（图 10-18）。

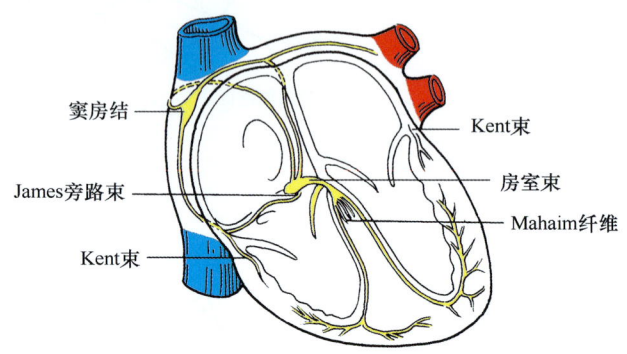

图 10-18　心传导系的变异副束（示意图）

1. Kent 束 是从心房直接连到心室的肌束，又称房室旁路，多位于右房室口外侧缘的心内膜深面，少数位于室间隔，或左房室口处。也有左、右侧同时出现 Kent 束的情况。

2. Mahaim 纤维 从房室结、房室束或左、右束支发出直接至室间隔心肌。

3. James 旁路束 主要来自后结间束，也有来自前、后结间束的一部分纤维参加，这些纤维绕过房室结的主体，在远侧端进入该结，也有部分纤维直接连于房室束。

五、心 的 血 管

（一）冠状动脉

供应心的动脉主要来自左、右冠状动脉，它们均发自升主动脉。

1. 左冠状动脉 left coronary artery（图 10-19~图 10-21）　起自主动脉左窦，主干很短，约 5~10mm，在肺动脉干和左心耳之间左行，随即分为前室间支和旋支。

（1）**前室间支** anterior interventricular branch：又名**前降支**，可视为主干的延续，沿前室间沟下行，绕心尖切迹至后室间沟上行一段，在后室间沟下 1/3 处与右冠状动脉的后室间支吻合。前室间支向左、右侧和深面发出分支，分布于左心室前壁、右心室前壁一小部分和室间隔前 2/3 区域。此外，在

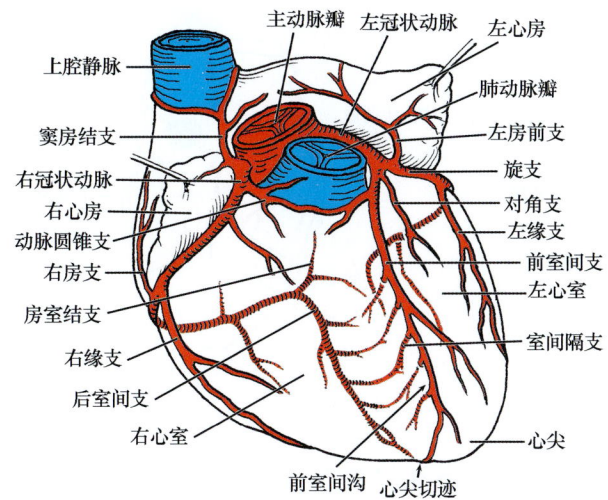

图 10-19　心冠状动脉模式图

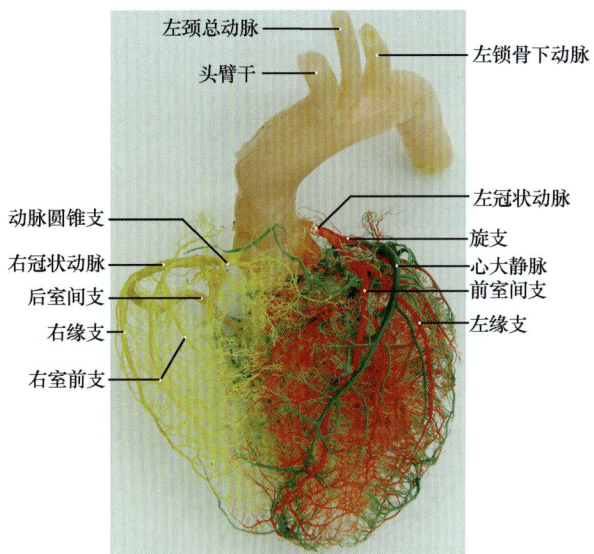

图 10-20　心脏血管铸型（前面观）

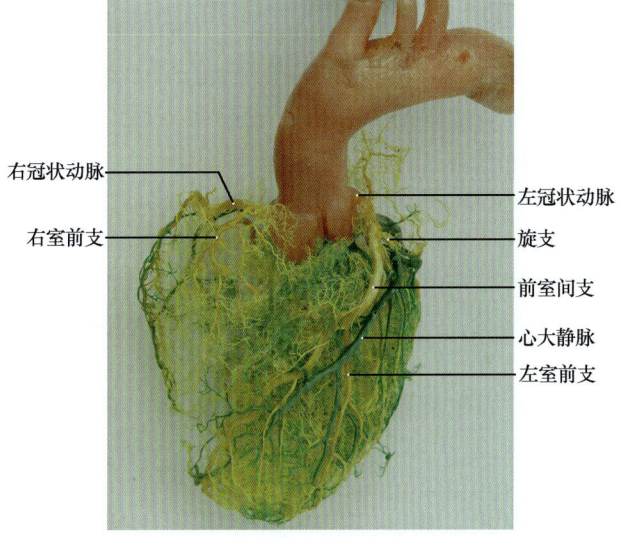

图 10-21　心脏血管铸型（左面观）

前室间支与旋支起点夹角处，还发出**对角支**，向左下斜行分布于左室前壁的一部分。

（2）**旋支** circumflex branch：沿冠状沟左行，绕过心左缘至左心室膈面，多在心左缘与后室间沟之间的中点附近分支而终。旋支及其分支分布于左心房、左心室左侧面、膈面和窦房结（40%）。旋支闭塞时，常引起左室侧壁或膈面心肌梗死。旋支的主要分支：①**左缘支**：较恒定，也较发达，斜行至心左缘，分布于心左缘及邻近的左室壁。此支也是冠状动脉造影辨别分支的重要标志之一。②**窦房结支**：约40%的人此支起于旋支的近侧段，沿左房前壁向右分布于窦房结。③**房室结支**：约10%的人此支起于旋支，因此该旋支较长可达房室交点处，发出后进入深部，分布于房室结。④其他的**心房支**和**心室支**。

2. 右冠状动脉 right coronary artery（图10-19~图10-21）　起自主动脉右窦，在右心耳与肺动脉干根部之间，进入冠状沟右段绕行至房室交点处，分为**后室间支** posterior interventricular branch 和**左室后支**。后室间支沿后室间沟下行，终于后室间沟下部或与前室间支末梢吻合，分支分布于后室间沟两侧心室壁及室间隔后1/3部。左室后支较细，向左，然后向下分布于左室后壁。

右冠状动脉的主要分支：①**动脉圆锥支**：分布于动脉圆锥上部，与前室间支的动脉圆锥支吻合。②**右缘支**：较恒定，沿心下缘左行，分布于附近的心室壁。③**窦房结支**：约60%起于右冠状动脉的近侧段1~2cm以内，沿右心耳的内侧面向上腔静脉口的方向走行，分布于窦房结。④**房室结支**：约90%的人此支在房室交点处起于右冠状动脉主干或其分支，起始处的右冠状动脉多呈"U"形弯曲，在此曲的顶点发出后穿深部分布于窦房结和房室束的近侧部。此支还发出分支分布于附近的室间隔并与邻近的动脉吻合。⑤其他的**心房支**和**心室支**。

3. 冠状动脉的分布类型　左、右冠状动脉在心的胸肋面分布变异较小，而在膈面的分布范围变异较大。根据左、右冠状动脉在心膈面分布区的大小，国人可分为3型（图10-22）。

（1）**右优势型**（占71.35%）：右冠状动脉除发出后室间支外，还分布于左室膈面的一部分或全部。

（2）**均衡型**（占22.92%）：左、右冠状动脉的分布区域互不越过后室间沟和房室交点。

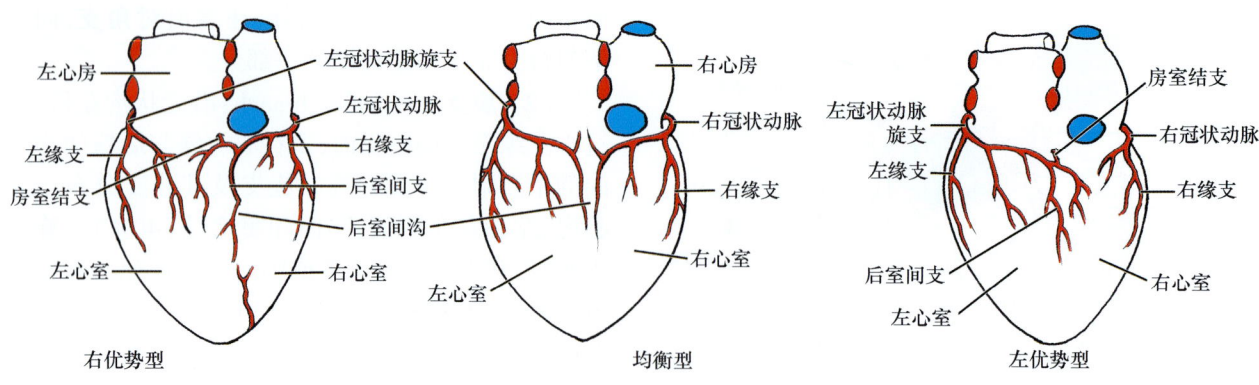

图 10-22　冠状动脉的分布类型

（3）**左优势型**（占 5.73%）：左冠状动脉较粗大，除发出分支分布于左室膈面外，还越过后室间沟和房室交点，分布于右室膈面的一部分。此型的后室间支和房室结动脉均来自左冠状动脉。

【临床联系】

当冠状动脉主干有阻塞时，由于冠状动脉的分支及分布类型不同，因此可产生不同的部位和类型的心肌缺血或坏死。冠状动脉病变往往呈多发性、节段性的特点。常见的好发部位可见于左冠状动脉前室间支上 1/3 段、左旋支近侧段、右冠状动脉近侧段。主干阻塞少见，一旦发生将造成大面积的心肌缺血、坏死，甚至引起猝死的发生。

临床可通过冠状动脉造影，诊断冠状动脉病变部位和狭窄的程度。通常临床行冠状动脉导管插管是经股动脉逆行到主动脉，然后达升主动脉处找到左、右冠状动脉开口，如冠状动脉有狭窄时，可将导管插入行球囊血管成形术或放置支架以扩张血管，以确保冠状动脉的血流通畅。在冠状动脉 3 个主要分支（前降支、旋支、右冠状动脉）有严重狭窄时（狭窄程度超过 75%），可考虑采用冠状动脉搭桥手术。用自体血管（大隐静脉、胸廓内动脉、胃网膜右动脉、桡动脉等）或人造血管在阻塞血管的远端和近端形成侧支通路，使血液绕过狭窄部位而到达远端，确保缺血区域的心肌得到血液供应。

（二）心的静脉

心的静脉可分为浅静脉和深静脉两个系统。**浅静脉**起于心肌各部，在心外膜下汇合成网或干，最后大部分静脉血通过心大、中、小静脉汇入冠状窦，再经过冠状窦口注入右心房（图 10-23）。**深静脉**也起于心肌层，直接汇入各心腔，以回流入右心房者居多。

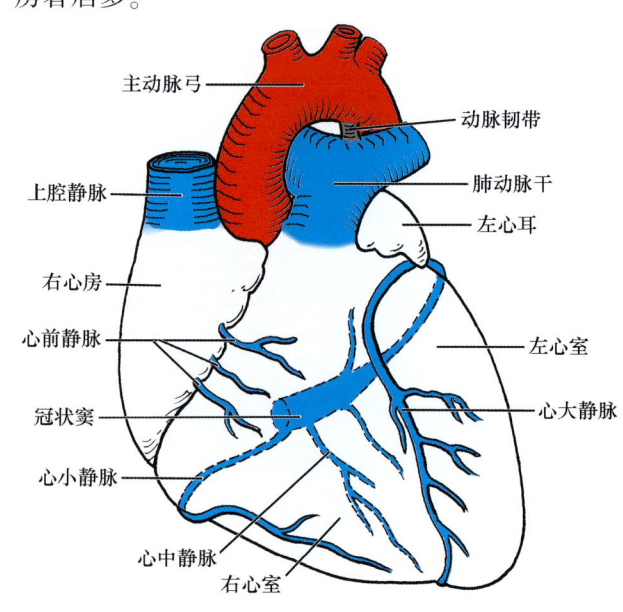

图 10-23　心的静脉模式图（前面观）

1. 冠状窦 coronary sinus　位于心膈面，左心房和左心室之间的冠状沟内，长约 5cm，其右侧端借冠状窦口于右心房相通。主要属支（图 10-6，图 10-23）有：

（1）**心大静脉** great cardiac vein：在前室间沟内与左冠状动脉的前室间支伴行，向后上至冠状沟，注入冠状窦左侧端。收纳左室前壁、侧壁、右室前壁的小部分、室间隔前部及左心房前外侧壁的静脉血。

（2）**心中静脉** middle cardiac vein：与后室间支伴行，注入冠状窦末端。收纳左、右心室后壁、室间隔后部、心尖部的静脉血。

（3）**心小静脉** small cardiac vein：在冠状沟内与右冠状动脉伴行，向左注入冠状窦。收纳右心室前、后壁的静脉血。

2. 心前静脉 anterior cardiac vein　起于右心室前壁,可见1~4支,向上跨过冠状沟直接注入右心房。

3. 心最小静脉 smallest cardiac vein（又称Thebesius静脉）　位于心壁内的小静脉,直接开口于心房或心室腔。

六、心的神经

心的神经包括交感神经、副交感神经、感觉神经。

1. 交感神经　分布于窦房结、房室结和冠状动脉及其分支,并随其分支到达心肌。交感神经兴奋可使窦房结发放冲动的频率增加,房室传导加快,心房和心室肌收缩力加强,并使冠状动脉扩张。

2. 副交感神经　分布于窦房结、房室结、心房和心室及冠状动脉。副交感神经兴奋,可抑制房室传导,使心跳变慢,心房和心室肌收缩力减弱,并使冠状动脉收缩。

3. 感觉神经　传导痛觉的纤维与交感神经伴行,至脊髓胸1~4或5节段的后角灰质;传导压力和牵张力等感觉的传导纤维伴随迷走神经至延髓孤束核。

七、心　包

心包 pericardium（图10-24）为包裹心和出入心的大血管根部的圆锥形纤维浆膜囊。分内、外两层,外层为纤维心包,内层为浆膜心包。

1. 纤维心包 fibrous pericardium　是坚韧的结缔组织囊,上方与大血管的外膜相续,下方与膈的中心腱愈着。

2. 浆膜心包 serous pericardium　薄而光滑,分脏、壁两层。紧贴在心和大血管根部表面的浆膜为脏层。心表面的浆膜又称心外膜,在大血管根部移行为浆膜心包的壁层,贴于纤维心包的内面。浆膜心包的脏、壁两层之间的潜在腔隙称**心包腔** pericardial cavity,内含少量浆液,起润滑作用。

心包腔在升主动脉、肺动脉干后壁与上腔静脉、左心房前壁之间的间隙称**心包横窦**。在心直视手术需阻断主动脉、肺动脉血流时,可通过横窦从前后钳夹两大动脉。在左心房后壁、左右肺静脉、下腔静脉与心包壁之间的间隙称**心包斜窦**。手术需阻断下腔静脉血流时,可经心包斜窦下部进行。

心包的主要功能:一是可减少心脏跳动时的摩擦。二是防止心过度扩张,以保持血容量的相对恒定。同时作为一种屏障,可有效防止邻近部位的感染波及心。

【临床联系】

浆膜性心包炎症时心包腔内可产生过多的液体,导致压迫心,影响心的泵血功能。在缩窄性心包炎时,心包形成纤维瘢痕,使心包增厚、挛缩,因而限制心的搏动,导致血流动力学障碍和心功能不全。

八、心的体表投影

心在胸前壁的体表投影通常采用下列4点及其连线法来确定(图10-25)。

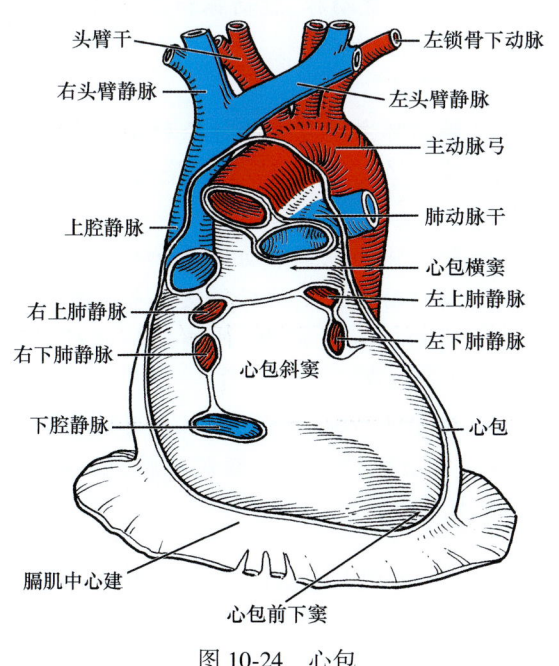

图10-24　心包

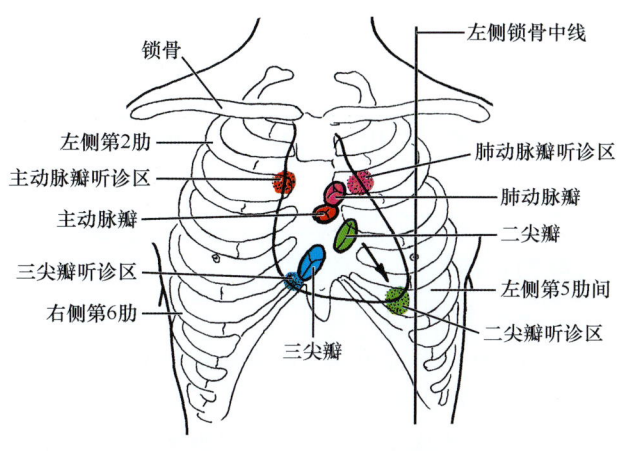

图10-25　心的体表投影

1. 左上点 在左侧第2肋软骨下缘,距胸骨左侧缘约1.2cm处。

2. 右上点 在右侧第3肋软骨上缘,距胸骨右侧缘约1cm处。

3. 左下点 在左侧第5肋间隙,左锁骨中线内侧1~2cm(距正中线7~9cm)。

4. 右下点 在右侧第6胸肋关节处。

左、右上点连线为心上界;左、右下点连线为心下界;右上、下点连线为心右界,略向右凸;左上、下点连线是心左界,略向左凸。

心各瓣膜的体标投影:①肺动脉瓣(肺动脉口),在左侧第3胸肋关节的稍上方,部分位于胸骨之后;②主动脉瓣(主动脉口),在胸骨左缘第3肋间隙,部分位于胸骨之后;③二尖瓣(左房室口),在左侧第4胸肋关节处及胸骨左半的后面;④三尖瓣(右房室口),在胸骨正中线的后方,平对第4肋间隙。

【复习思考题】

1. 脉管系统的组成和功能以及淋巴系统和心血管系统有何联系。
2. 肺循环和体循环的途径及目的意义是什么?
3. 简述心的位置、形态和大小。
4. 如何从心的外形结构上辨别心房和心室以及左、右心房和左、右心室的分界?
5. 从右心房开始阐述血液在心内的循环路径并说明所经过的瓣膜有哪些?
6. 为什么心室壁厚于心房壁,而左心室壁是心各腔中壁是最厚的?
7. 简述左、右冠状动脉的来源、分支、走行及其营养范围。
8. 心脏有节律周而复始跳动是由内脏神经有节律发放冲动实现的吗?为什么?
9. 简述心包和心包腔的概念,心位于心包内还是心包腔内?
10. 胎儿出生后有哪些循环系统的结构相继退化关闭?如果出生后仍未关闭将会造成什么样的影响?

(陈一勇)

第三节 动 脉

【学习目标】

一、掌握

1. 肺动脉干和左、右肺动脉的行径以及动脉韧带的位置。
2. 主动脉分部以及升主动脉和主动脉弓的起止、位置和分支。
3. 颈总动脉和颈外动脉的起始、行径、分支、分布及临床意义;颈动脉窦和颈动脉小球的位置、形态和功能。
4. 锁骨下动脉及其主要分支、腋动脉、肱动脉和肱深动脉、桡动脉、尺动脉的起止、行径和分布范围。
5. 掌浅弓和掌深弓的组成、位置、主要分支、分布和体表投影。
6. 胸主动脉及其分支肋间动脉的起止、行径、分支和分布范围。
7. 腹主动脉的起止、行径、主要分支和分布范围。
8. 腹腔干、肠系膜上动脉、肠系膜下动脉以及它们分支的起始、行径和分布范围。
9. 肾上腺中动脉、肾动脉、睾丸或卵巢动脉的行径和分布范围。
10. 髂总动脉和髂内动脉的起止、行径、分布范围。
11. 子宫动脉的行径、分布及其与输尿管的关系。
12. 髂外动脉及其分支的起止、行径、分布范围。
13. 股动脉、腘动脉、胫前动脉、胫后动脉、足背动脉及足背动脉弓的起止、行径、分布范围。
14. 颞浅动脉、面动脉、颈总动脉、锁骨下动脉、肱动脉、桡动脉、股动脉和足背动脉的搏动点、压迫止血部位。

二、了解

1. 腋动脉主要分支的行径和分布范围。
2. 支气管、食管和心包等的动脉供应来源。
3. 腰动脉和骶正中动脉的分布范围。
4. 髂内动脉分支的行径及分布范围。
5. 腓动脉和足底内、外侧动脉的行径以及足底弓的组成。
6. 锁骨下动脉、腋动脉、肱动脉、桡动脉、尺动脉、股动脉、腘动脉、胫前动脉、胫后动脉的体表投影。

凡运送血液离开心脏的血管,均称为**动脉**。从左心室发出的主动脉及其分支运送的是含氧多的动脉血;而从右心室发出的肺动脉运送含二氧化碳多的静脉血。动脉干的分支,离开主干进入器官前的一段称**器官外动脉**,入器官后称**器官内动脉**。

器官外动脉的分布规律:①动脉配布与人体结构是相适应的,每一大局部(头颈、躯干和上、下肢)都有1~2条动脉干。人体左、右对称,动脉分支亦有对称性。②躯干部在结构上有体壁和内脏之分,动脉也可分为**壁支**和**脏支**,其中壁支仍保留着原始分节状态,如肋间后动脉、腰动脉(图10-26)。③动脉常与相应的静脉、神经伴行,多居于身体的屈侧、深部或安全隐蔽的部位,形成血管神经束,有的还包有结缔组织鞘。④动脉常以最短距离到达它所分布的器官,但有个别例外,如睾丸动脉,这种特殊情况可以从胚胎发生中得到解释。⑤动脉配布的形式与器官的形态有关,容积经常发生变化的器官,如胃、肠等,其动脉多先在器官外形成弓状的血管吻合,再分支进入器官内部。一些位置较固定的实质性器官,如肝、肾等,动脉常从其内侧或朝下的凹侧穿入,血管出入处称为"门"。在易受压迫的部位如关节周围,动脉分支较多,常吻合成网状以保证血液的供应。⑥动脉的管径有时不完全决定于它所供血器官的大小,而与该器官的功能有关。

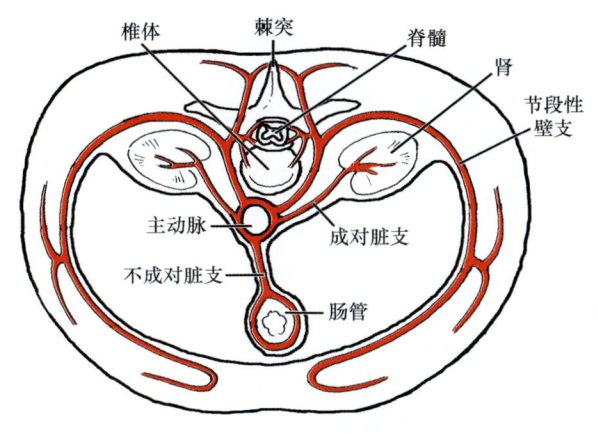

图10-26 躯干部动脉分布模式图

器官内动脉的分布与器官的结构形式有关,结构相似的器官其动脉分布状况也大致相同。在实质性器官可能有放射型、纵行型和集中型分布。如有分叶状结构的器官,如肝、肾、肺等,动脉自门进入器官,分支呈放射型分布,各分支的分布区与脏器的分叶相当,常作为器官分叶的基础。肌内动脉常沿肌纤维束走行,其间以横支构成吻合。中空性或管状器官,其动脉呈纵行型、横行型或放射状分布(图10-27)。

一、肺循环的动脉

肺动脉干pulmonary trunk 为一短而粗的干,长

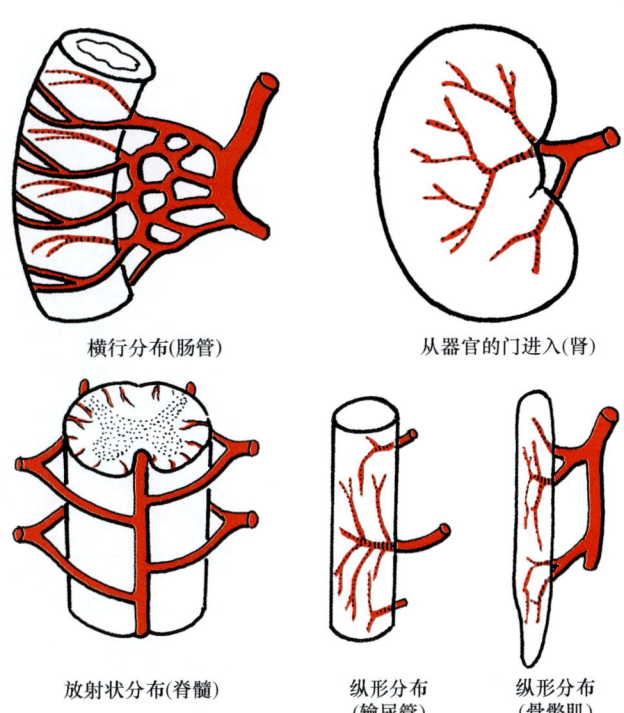

图10-27 实质性和中空性器官内部的血管分布

约5cm。起自右心室,至主动脉弓下方分为左、右肺动脉(图10-5)。**右肺动脉**right pulmonary artery 较长,分为三支进入右肺上、中、下叶。**左肺动脉**left pulmonary artery 较短,分为上、下两支,进入左肺上、下叶。在肺动脉分叉处稍左侧与主动脉弓之间有一短的结缔组织索,称**动脉韧带**,是胚胎时动脉导管闭锁后的遗迹。若动脉导管在生后长期未闭合,即形成一种先天性心脏病,临床上称为动脉导管未闭。

二、体循环的动脉

主动脉aorta 是体循环的动脉主干。由左心室发出,先斜向右上,再弯向左后,沿脊柱左前方下行,穿膈的主动脉裂孔入腹腔,至第4腰椎下缘处分为左、右髂总动脉。依其行程分为**升主动脉**、**主动脉弓**和**降主动脉**。降主动脉又以膈的主动脉裂孔为界,分为**胸主动脉**和**腹主动脉**(图10-4,图10-5,图10-28,图10-29)。

(一) 升主动脉

升主动脉ascending aorta 发自左心室,位于肺动脉干与上腔静脉之间,向右前上方至右侧第2胸肋关节后方移行为主动脉弓,升主动脉根部发出左、右冠状动脉。

(二) 主动脉弓

主动脉弓aortic arch 是升主动脉的延续,自右

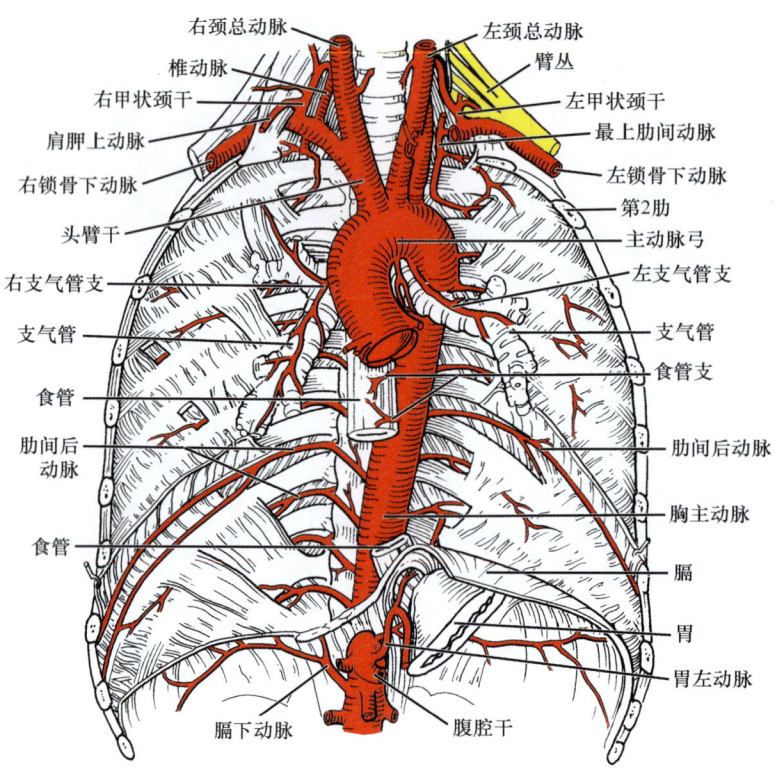

图 10-28　胸主动脉及其分支

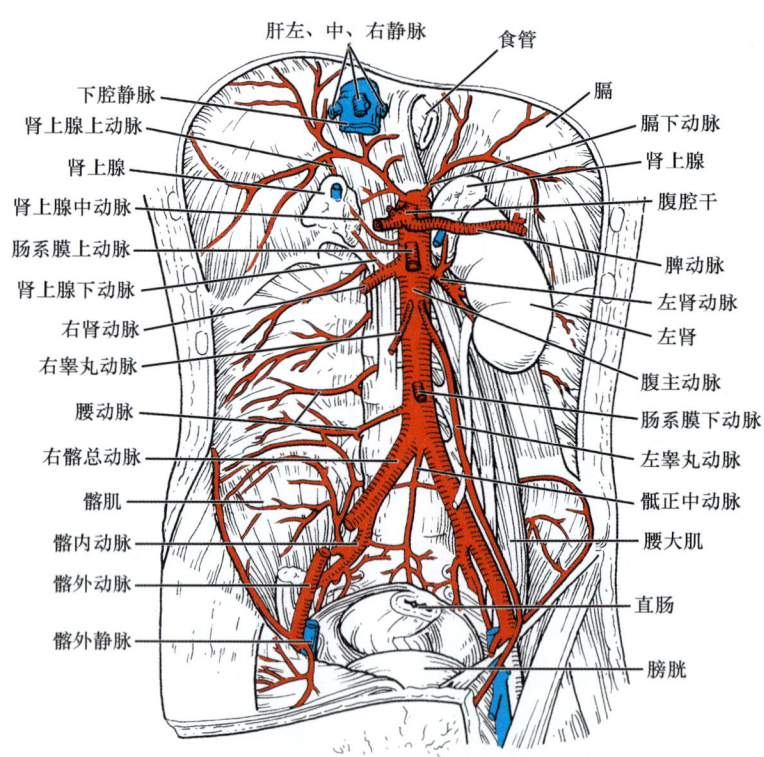

图 10-29　腹主动脉及其分支

侧第 2 胸肋关节后方弓形向上弯曲，跨过左肺根，至第 4 胸椎体下缘移行为胸主动脉。其前方有胸骨，后方有气管和食管。主动脉弓壁内含有**压力感受器**，具有调节血压的作用。在主动脉弓下方动脉韧带处，有 2~3 个粟粒状小体，称**主动脉小球** aortic glomera，属化学感受器，参与调节呼吸。主动脉弓的凸侧自右向左发出 3 大分支，即**头臂干** brachiocephalic trunk、**左颈总动脉** left common carotid artery 和**左锁骨下动脉** left subclavian artery。头臂干向右上斜至右侧胸锁关节的后方分为右颈总动脉和右锁骨下动脉。

1. 颈总动脉 common carotid artery 是头颈部的主要动脉干,成对。右侧起自头臂干,左侧起自主动脉弓(图10-28,图10-30)。两侧均在胸锁关节的后方,沿食管、气管和喉的外侧上行,至甲状软骨上缘分为颈内动脉和颈外动脉。颈总动脉与颈内静脉、迷走神经一起被包裹在颈动脉鞘内。

当头面部大出血时,在胸锁乳突肌前缘,相当于环状软骨平面,可将颈总动脉向后压向第6颈椎横突前结节(颈动脉结节),进行急救止血。

在颈总动脉分叉处有两个重要结构。**颈动脉窦** carotid sinus 是颈总动脉末端和颈内动脉起始处的膨大部分,壁内有压力感受器,当血压升高时,可反射性地引起心跳变慢,血管扩张,血压下降。**颈动脉小球** carotid glomus 是一个扁椭圆形小体,借结缔组织连于颈总动脉分叉处的后方,为化学感受器,可感受血液中二氧化碳分压、氧分压和氢离子浓度变化,当血中氧分压降低或二氧化碳分压增高时,可反射性地促使呼吸加深加快。

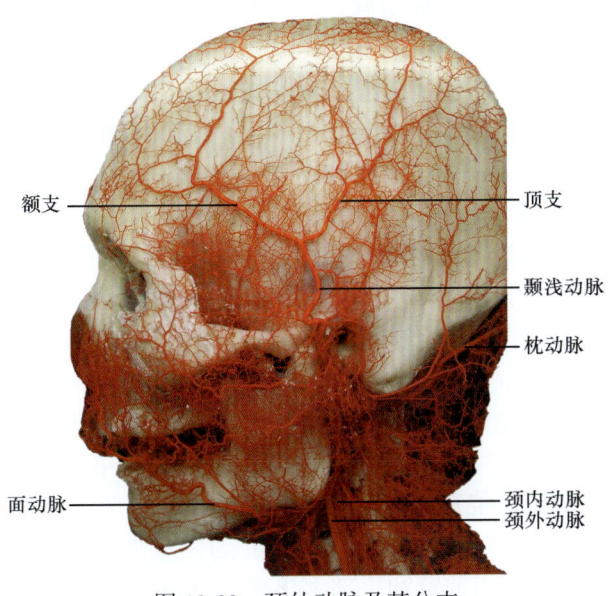

图10-30 颈外动脉及其分支

(1) 颈外动脉 external carotid artery:起自颈总动脉,初居颈内动脉的前内侧,后经其前方绕至其前外侧,上行穿腮腺实质达下颌颈高度分为颞浅动脉和上颌动脉两个终支(图10-30)其主要分支有:

1) **甲状腺上动脉** superior thyroid artery:起自颈外动脉的起始处,行向前下方,分布到甲状腺上部和喉。

2) **舌动脉** lingual artery:在甲状腺上动脉的稍上方,平舌骨大角处发自颈外动脉,分布到舌、舌下腺和腭扁桃体。

3) **面动脉** facial artery:在舌动脉稍上方发出,向前经下颌下腺的深面,至咬肌前缘绕过下颌骨下缘至面部,经口角和鼻翼的外侧,向上至眼内眦,改称为**内眦动脉**。面动脉分布于面部软组织、下颌下腺和腭扁桃体等。在下颌骨下缘和咬肌前缘交界处,可摸到面动脉的搏动,面部出血时,可在该处压迫止血。

4) **颞浅动脉** superficial temporal artery:在外耳门的前方上行,越颧弓根至颞部皮下,其分支分布于腮腺和额、颞、顶部软组织。在外耳门前方颧弓根部可触及其搏动,当头前外侧部出血时,可在此压迫止血。

【临床联系】

颞浅动脉位置表浅且恒定,临床上常用来监测脉搏和压迫止血;在颌面部恶性肿瘤患者还可经其逆行插管注入化疗药物。此外,颞浅动脉顶支的管径和长度都适合颅内、外搭桥术中使用。

5) **上颌动脉** maxillary artery:经下颌颈深面入颞下窝,沿途分支分布于外耳道、中耳、硬脑膜、颊、腭扁桃体、牙及牙龈、咀嚼肌、鼻腔和腭部等处。其中分布于硬脑膜的分支,称**脑膜中动脉** middle meningeal artery,它自上颌动脉发出后,向上穿棘孔入颅中窝,且紧贴颅骨内面走行,分前、后两支分布于硬脑膜。前支经过翼点内面,当颞部骨折时,易受损伤引起硬膜外血肿。

颈外动脉的分支还有**枕动脉、耳后动脉**和**咽升动脉**,分布于枕部、耳后和咽。

(2) **颈内动脉** internal carotid artery(图10-31):由颈总动脉发出后,垂直上升到颅底,再经颈动脉管入颅腔,分支分布于脑和视器(详见第十四章中枢神经系统)。

2. 锁骨下动脉 subclavian artery 左侧起于主动脉弓,右侧起自头臂干。锁骨下动脉从胸锁关节后方斜向外至颈根部,呈弓状经胸膜顶前方,穿斜角肌间隙,至第1肋外缘延续为腋动脉(图10-32)。

从胸锁关节至锁骨下缘中点画一弓形线(弓的最高点距锁骨上缘约1.5 cm),为锁骨下动脉的体表投影。上肢出血时,可在锁骨中点上方的锁骨上窝处向后下方将该动脉压向第1肋进行止血。

锁骨下动脉的主要分支有:

(1) **椎动脉** vertebral artery:从前斜角肌内侧发

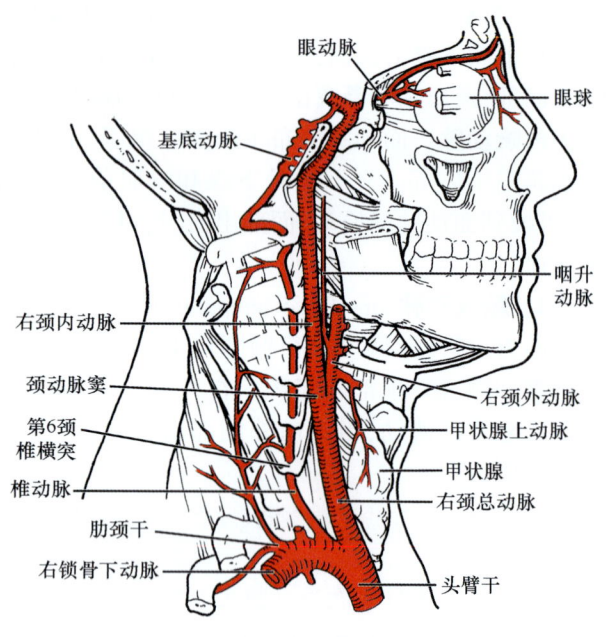

图 10-31 颈内动脉和椎动脉

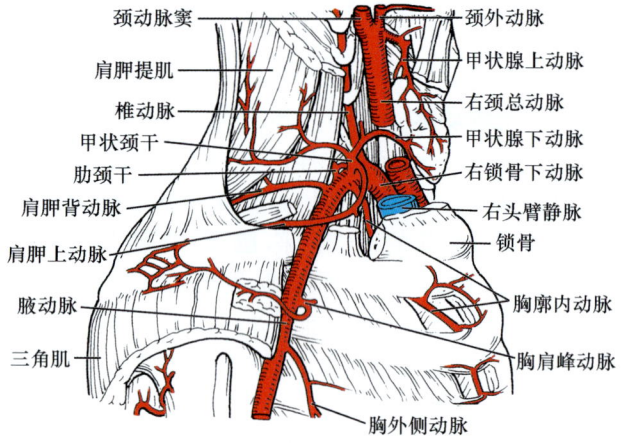

图 10-32 锁骨下动脉及其分支

出,向上依次穿经第 6 颈椎横突孔,经枕骨大孔入颅腔,左右椎动脉汇合成基底动脉(图 10-31)。

(2) **胸廓内动脉** internal thoracic artery:在椎动脉起始相对侧发出,向下入胸腔,经第 1~6 肋软骨后面(距胸骨外侧缘 1.5 cm 处)下降。分为**肌膈动脉**和**腹壁上动脉**,后者穿膈肌进入腹直肌鞘内,并与腹壁下动脉吻合。胸廓内动脉的分支分布于胸前壁、乳房、心包等处。

(3) **甲状颈干** thyrocervical trunk:为一短干,起自锁骨下动脉,立即分成数支至颈部和肩部。其中**甲状腺下动脉** inferior thyroid artery,向上至甲状腺下端,并分布于咽、喉、气管和食管。**肩胛上动脉** suprascapular artery,自甲状颈干发出后,至冈上、下窝,分布于冈上、下肌和肩胛骨。

3. 腋动脉 axillary artery 为上肢的动脉主干,在第 1 肋外缘处续于锁骨下动脉,经腋窝至大圆肌下缘处移行为肱动脉(图 10-33)。其主要分支有:

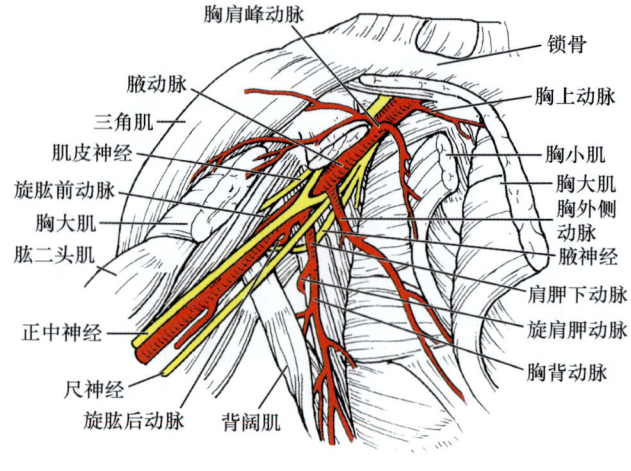

图 10-33 腋动脉及其分支

(1) **胸肩峰动脉** thoracoacromial artery:为一短干,在胸小肌上缘发自腋动脉,立即分支分布于三角肌、胸大肌、胸小肌和肩关节。

(2) **胸外侧动脉** lateral thoracic artery:沿胸小肌下缘走行,分布于乳房、胸大肌和前锯肌。

(3) **肩胛下动脉** subscapular artery:在肩胛下肌下缘附近发出,行向后下,分为**胸背动脉** thoracodorsal artery 和**旋肩胛动脉** circumflex scapular artery。前者分布于背阔肌和前锯肌;后者穿三边孔至冈下窝,营养附近诸肌,并与肩胛上动脉吻合。

(4) **旋肱后动脉** posterior humeral circumflex artery:伴腋神经穿四边孔,绕肱骨外科颈,分布于肩关节和三角肌。

4. 肱动脉 brachial artery 自大圆肌下缘续于腋动脉,沿肱二头肌内侧下行至肘窝,平桡骨颈高度分为**桡动脉**和**尺动脉**(图 10-34)。在肘窝的内上方,可触到肱动脉的搏动,为测量血压时听诊的部位。当前臂和手部大出血时,可在臂中部将动脉压向肱骨以暂时止血。肱动脉的主要分支有**肱深动脉** deep brachial artery,伴桡神经绕桡神经沟下行,分支营养肱三头肌和肱骨,终支参与肘关节网。

5. 桡动脉 radial artery 和尺动脉 ulnar artery(图 10-35) 两者均由肱动脉分出,肱动脉在肱桡肌与旋前圆肌之间,继而在肱桡肌腱与桡侧腕屈肌腱之间下行(在腕关节上方可触其搏动,是诊脉常用部位),绕桡骨茎突至手背,穿第 1 掌骨间隙到手掌,与尺动脉掌深支吻合成掌深弓。桡动脉主要分支有:①**拇主要动脉**在桡动脉入手掌处发出,分 3 支分布于拇指两侧和示指桡侧;②**掌浅支**在桡腕关端发出,在骨间膜下缘分为骨间前动脉和骨间后动脉(图 10-35,图 10-36)分别沿骨间膜前、后面下行,分支分布于前臂肌和尺、桡骨;②**掌深支**在豌豆骨桡侧由尺动脉发出,与桡动脉末端吻合成掌深弓。

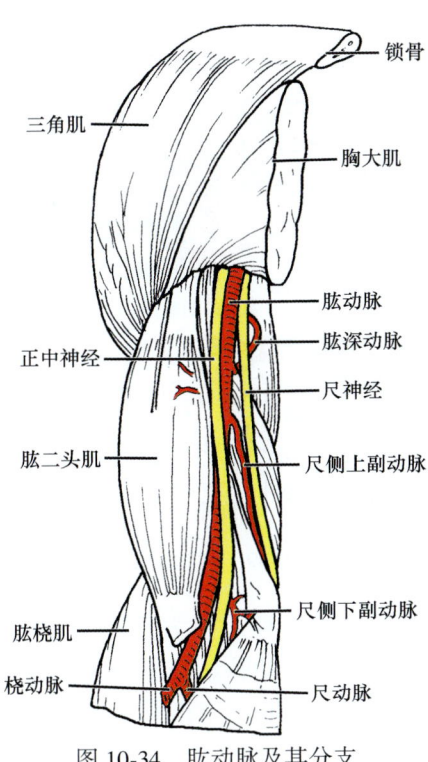

图 10-34 肱动脉及其分支

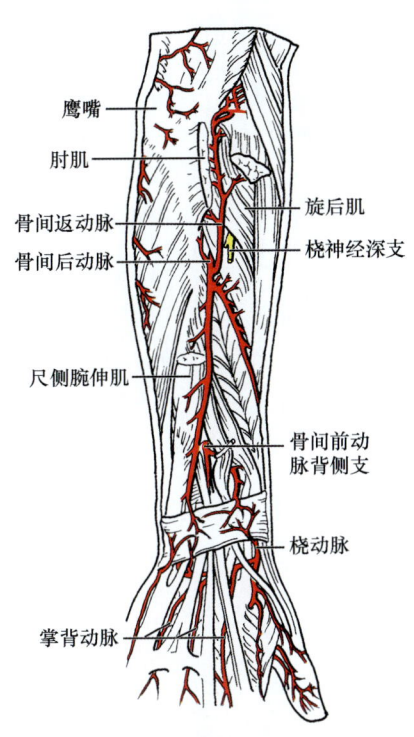

图 10-36 前臂的动脉(背侧面)

6. 掌浅弓 superficial palmar arch 和掌深弓 deep palmar arch 掌浅弓位于掌腱膜和屈指肌腱之间,分支有**小指尺掌侧动脉**和 3 支**指掌侧总动脉**,前者分布于小指尺侧缘,后者达掌指关节附近各分两支**指掌侧固有动脉**,分布于第 2~5 指相对缘,手指出血时可在手指两侧压迫止血(图 10-37)。掌深弓位于屈指肌腱深面,约平腕掌关节高度由弓发出 3 条**掌心动脉**,至掌指关节附近,分别与相应的指掌侧总动脉吻合(图 10-38)。

(三) 胸主动脉

胸主动脉 thoracic aorta 在第 4 胸椎下缘左侧续于主动脉弓,初沿脊柱左侧下行,逐渐转至其前方,于第 12 胸椎高度穿膈的主动脉裂孔,移行为腹主动脉。胸主动脉是胸部的动脉干,发出壁支和脏支(图 10-39)。

1. 壁支 包括**肋间后动脉** posterior intercostal artery、**肋下动脉** subcostal artery 和**膈上动脉**。第 1~2 对肋间后动脉来自锁骨下动脉,第 3~11 对肋间后动脉和肋下动脉由胸主动脉的后外侧壁发出,每支在脊柱两侧各分前、后两支。后支细小分布于

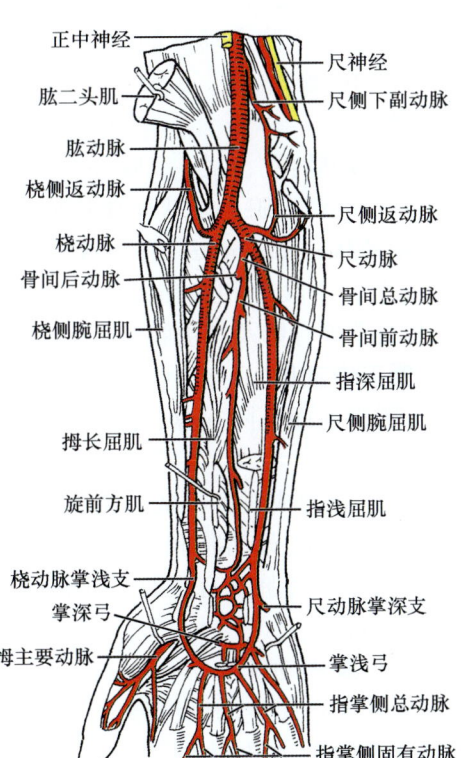

图 10-35 前臂的动脉(掌侧面)

节处发出,穿鱼际肌或沿其表面至手掌,与尺动脉末端吻合成掌浅弓。

尺动脉在指浅屈肌与尺侧腕屈肌之间下行,经豌豆骨桡侧至手掌,与桡动脉掌浅支吻合成掌浅弓。尺动脉主要分支有:①**骨间总动脉**自尺动脉上

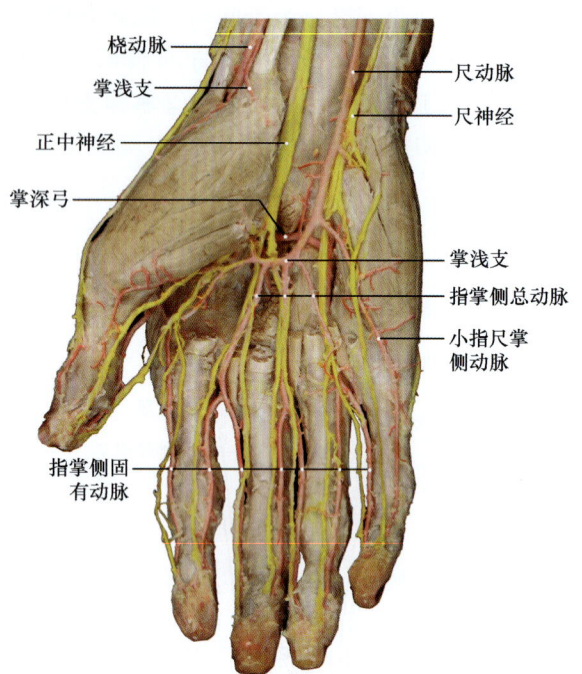

图 10-37　手掌侧浅层的动脉和神经

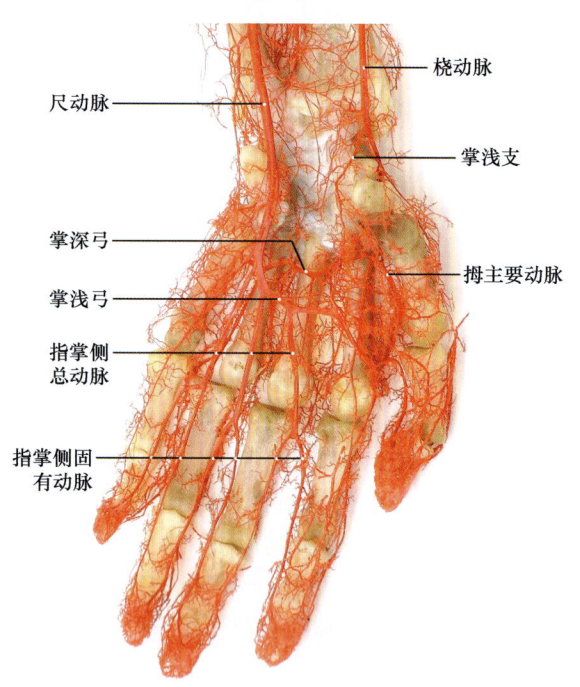

图 10-38　手的动脉（动脉铸型）

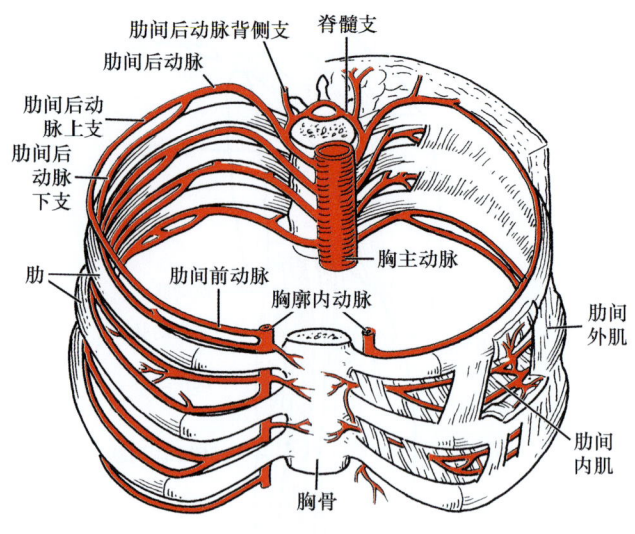

图 10-39　胸壁的动脉

脊髓、背部的肌肉和皮肤。**前支**粗大，在相应的肋骨下缘的肋沟内与肋间后静脉和肋间神经伴行，分布于胸壁和腹壁上部。膈上动脉为 2~3 条小支，分布于膈上面的后部。

2. 脏支　主要有**支气管支**、**食管支**和**心包支**，分布于气管、食管和心包。

（四）腹主动脉

腹主动脉 abdominal aorta 自膈的主动脉裂孔处续于胸主动脉，沿脊柱左前方下降，至第 4 腰椎下缘处分为左、右髂总动脉。腹主动脉右侧有下腔静脉，前方有肝左叶、胰、十二指肠水平部和小肠系膜根越过。

腹主动脉的分支，按其分布区域，亦可分为壁支和脏支，但不同于胸主动脉的分支，即其脏支较壁支粗大（图 10-29）。

1. 壁支

（1）**膈下动脉**：左、右各一，除分支至膈下面以外还发出细小的肾上腺上动脉至肾上腺。

（2）**腰动脉** lumbar artery：有 4 对，自腹主动脉后壁发出，分布于腰部和腹前外侧壁的肌肉和皮肤，也有分支营养脊髓及其被膜。

（3）**骶正中动脉**：1 支，自腹主动脉分叉处后壁发出，沿骶骨前面下降入盆，分支营养盆腔后壁的组织结构。

2. 脏支　分为成对和不成对的 2 种。成对脏支有肾上腺中动脉、肾动脉和睾丸动脉（男）或卵巢动脉（女）；不成对脏支有腹腔干、肠系膜上动脉和肠系膜下动脉。

（1）**肾上腺中动脉** middle suprarenal artery：约平第 1 腰椎处起自腹主动脉侧壁，分布于肾上腺，在腺内与肾上腺上动脉（始于膈下动脉）、肾上腺下动脉（始于肾动脉）吻合。

（2）**肾动脉** renal artery：约平对第 1、2 腰椎体之间起自腹主动脉侧壁，横行向外，到肾门附近分为前、后两干，经肾门入肾。并在入肾之前各发出 1 支肾上腺下动脉至肾上腺。

肾尚有不经肾门而从肾上端或下端入肾的**副肾动脉**。它可由肾动脉、腹主动脉、膈下动脉等动脉发出,其起始和行程多有变异,结扎后可引起肾局部缺血坏死。

(3) **睾丸动脉** testicular artery:又称**精索内动脉**,细而长,在肾动脉起始处的稍下方由腹主动脉前壁发出,斜向下外,跨过输尿管前面,经腹股沟管至阴囊,分布于睾丸。在女性则为**卵巢动脉** ovarian artery,经卵巢悬韧带下行入盆腔,分布于卵巢和输卵管壶腹部。

(4) **腹腔干** coeliac trunk(图 10-40,图 10-41):为一短而粗的干,在主动脉裂孔稍下方,约平第12胸椎高度,自腹主动脉前壁发出,立即分为胃左动脉、肝总动脉和脾动脉。

1) **胃左动脉** left gastric artery:斜向左上方至胃的贲门,在小网膜两层之间沿胃小弯转向右行,与胃右动脉吻合。沿途分支至食管腹段、贲门和胃小弯附近的胃壁。

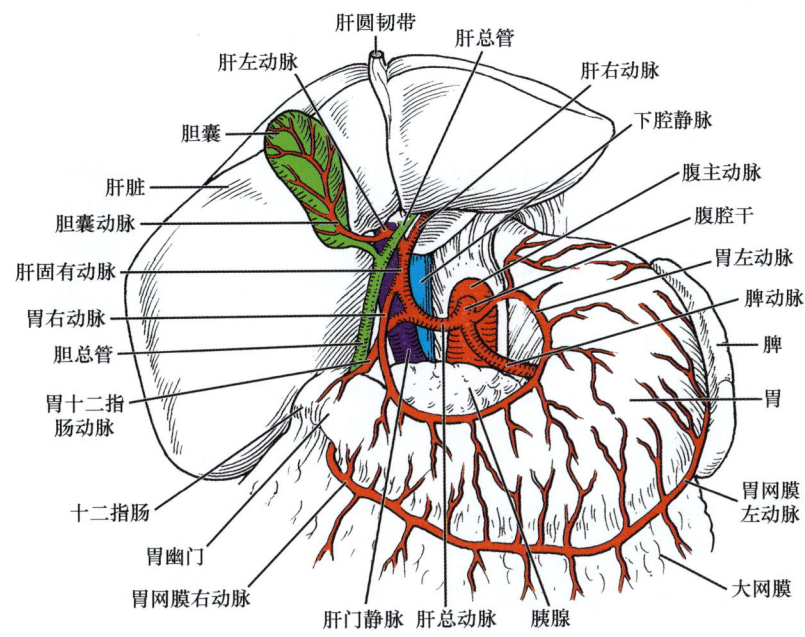

图 10-40 腹腔干及其分支(胃前面观)

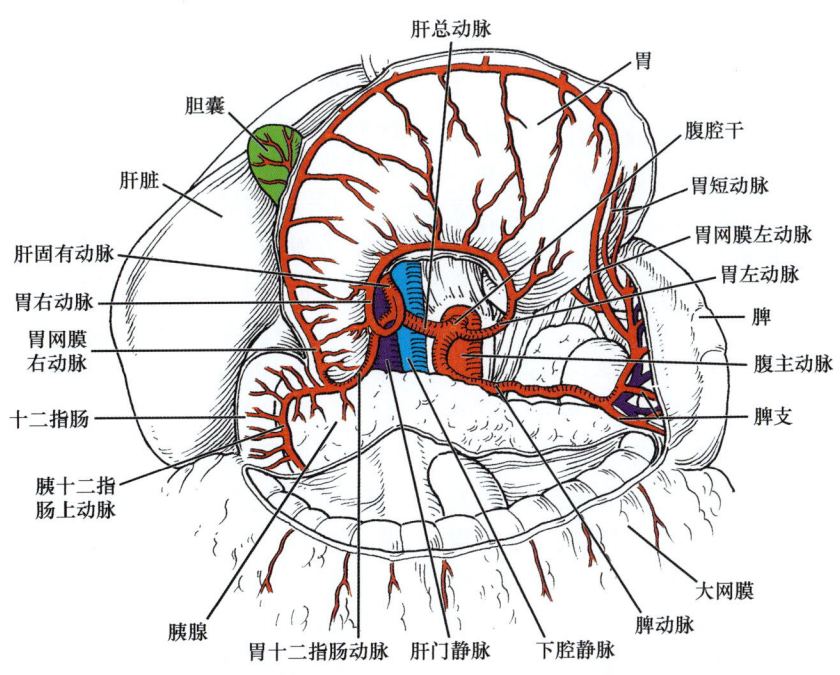

图 10-41 腹腔干及其分支(胃后面观)

2) **肝总动脉** common hepatic artery：向右前方在十二指肠上部的上缘进入肝十二指肠韧带内，分为肝固有动脉和胃十二指肠动脉。

肝固有动脉 proper hepatic artery：行于肝十二指肠韧带内，在肝门静脉前方、胆总管左侧上行至肝门，分为左、右两支进入肝的左、右叶。**右支**在入肝门前发出**胆囊动脉** cystic artery，经胆囊三角上行，分支分布于胆囊。肝固有动脉尚发出**胃右动脉** right gastric artery，在小网膜内行至幽门上缘，再沿胃小弯向左，与胃左动脉吻合，沿途分支分布于十二指肠上部和胃小弯附近的胃壁。

胃十二指肠动脉 gastroduodenal artery：在十二指肠上部后方下降，在幽门下缘分为**胃网膜右动脉** right gastroepiploic artery 和**胰十二指肠上动脉**。前者在大网膜两层间沿胃大弯左行，发出胃支和网膜支分布于胃大弯和大网膜，并与胃网膜左动脉吻合；后者有前、后两支，在胰头与十二指肠降部之间下降，分布到胰头和十二指肠。

【**临床联系**】

胆囊动脉一般起于肝右动脉，本干分两支，分布于胆囊的前、后面。其起点的变异较多，但在行程中绝大多数（96%）通过由胆囊管、肝总管和肝下面三者所组成的三角区（胆囊三角或 Calot 三角）。因此，在行胆囊摘除手术时，应在胆囊三角内找寻胆囊动脉，切不可将肝右动脉误认为胆囊动脉而结扎造成事故。

大网膜的血管常用作心冠状动脉桥接术中的供体血管。在整形外科，常使用带血管蒂的大网膜来铺盖胸、腹壁或颅骨等创面作为植皮的基础。因胃网膜右血管较粗（平均外径 2.8mm），所以临床上多选择胃网膜右血管作为供体血管。

3) **脾动脉** splenic artery：沿胰的上缘左行，经脾肾韧带达脾门，分数支入脾。脾动脉沿途发出多条细小的胰支至胰体和胰尾，在未进脾门前发出 3~5 支胃短动脉，经胃脾韧带至胃底；发出**胃网膜左动脉** left gastroepiploic artery，在大网膜两层之间沿胃大弯右行，与胃网膜右动脉吻合，发出胃支和网膜支分布于胃大弯和大网膜。

(5) **肠系膜上动脉** superior mesenteric artery（图 10-42）：在腹腔干稍下方，约平第 1 腰椎高度起自腹主动脉前壁，经胰头和胰体交界的后方下行，经十二指肠水平部的前面进入小肠系膜根，向右髂窝方向走行。其分支有：

1) **胰十二指肠下动脉**：于胰头与十二指肠之间，分支分布于胰和十二指肠，并与胰十二指肠上动脉吻合。

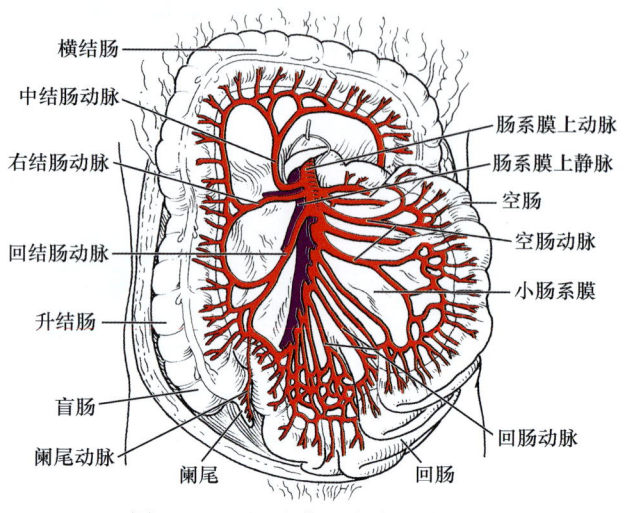

图 10-42　肠系膜上动脉及其分支

2) **空肠动脉** jejunal arteries 和**回肠动脉** ileal arteries：有 13~18 支，发自肠系膜上动脉左侧壁，走在肠系膜内，分布于空肠和回肠。各支动脉的分支再吻合成动脉弓。通常，空肠有 1~2 级动脉弓，回肠的动脉弓多至 3~5 级，最后一级动脉弓再发出直支入肠壁（图 10-43）。

3) **回结肠动脉** ileocolic artery（图 10-44）：为肠系膜上动脉右侧壁发出的最下一条分支，分布于回肠末端、盲肠和升结肠。并发出**阑尾动脉** appendicular artery 沿阑尾系膜游离缘至阑尾尖端，并分支营养阑尾。

4) **右结肠动脉** right colic artery：在回结肠动脉上方发出，向右行，分升、降支与中结肠动脉和回结肠动脉吻合，分支至升结肠。

5) **中结肠动脉** middle colic artery：在胰的下缘处发出，前行入横结肠系膜，分左、右支分别与左、右结肠动脉吻合，营养结肠。

(6) **肠系膜下动脉** inferior mesenteric artery（图 10-45）：约平第 3 腰椎高度起于腹主动脉前壁，行向左下方，至左髂窝进入乙状结肠系膜根内，继续下降入小骨盆。分支分布于降结肠、乙状结肠和直肠上部。

1) **左结肠动脉** left colic artery：沿腹后壁左行，分升、降支营养降结肠，并与中结肠动脉和乙状结肠动脉吻合。

2) **乙状结肠动脉** sigmoid artery：常为 2~3 支，进

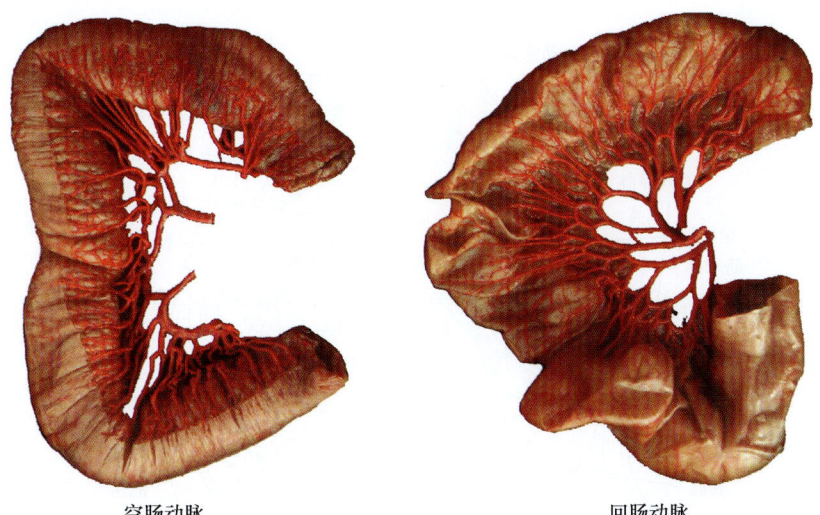

图 10-43　空、回肠动脉弓

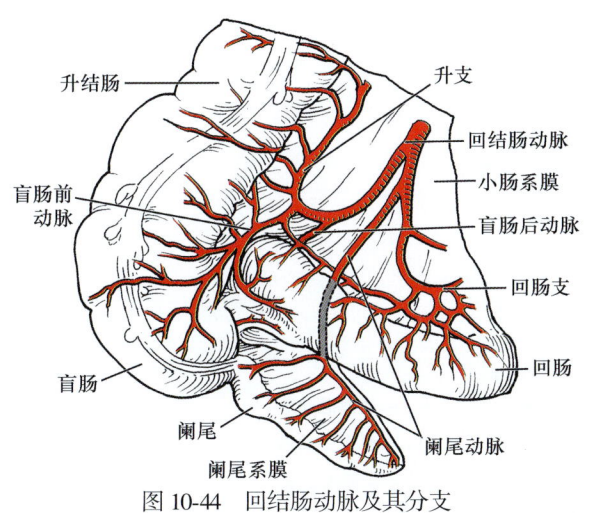

图 10-44　回结肠动脉及其分支

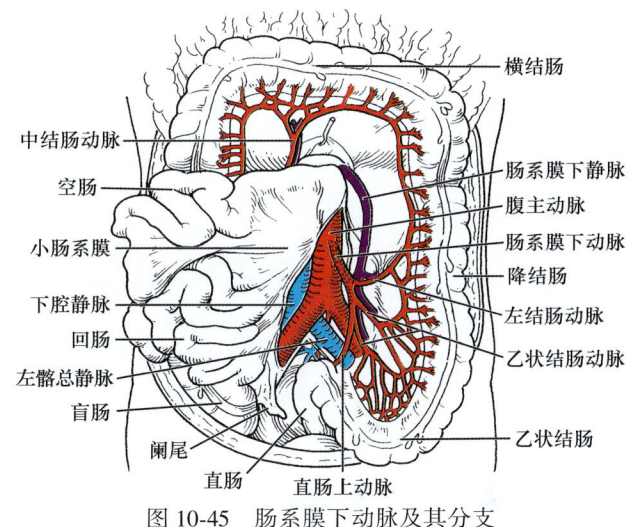

图 10-45　肠系膜下动脉及其分支

入乙状结肠系膜内,相互吻合成动脉弓,分支布于乙状结肠。乙状结肠动脉与左结肠动脉和直肠上动脉均有吻合。

3) **直肠上动脉** superior rectal artery:是肠系膜下动脉的直接延续,行至第 3 骶椎处分为 2 支,沿直肠上部两侧下降,分布于直肠上部,并与直肠下动脉的分支吻合。

(五) 髂总动脉

髂总动脉 common iliac artery(图 10-46,图 10-47)左、右各一,在第 4 腰椎体下缘高度自腹主动脉分出,沿腰大肌的内侧向外下方斜行,至骶髂关节的前方,分为髂内动脉和髂外动脉。

1. 髂内动脉 internal iliac artery(图 10-45,图 10-46)　短而粗,沿盆腔侧壁下行,发出壁支和脏支。

(1) **壁支**

1) **闭孔动脉** obturator artery:沿盆腔侧壁行向前下,穿闭膜管出盆腔,至股内侧部,分布于髋关节和大腿内侧肌群。

2) **臀上、下动脉** superior and inferior gluteal artery:分别经梨状肌上、下孔穿出至臀部,分布于臀肌和髋关节等处(图 10-46,图 10-47,图 10-50)。

(2) **脏支**

1) **直肠下动脉** inferior rectal artery:分布于直肠下部,并与直肠上动脉和肛动脉吻合。

2) **子宫动脉** uterine artery(图 10-47):从髂内动脉发出后,在子宫颈外侧约 1~2cm 处,越过输尿管的前上方,分布于子宫、输卵管和阴道上部,并与卵巢动脉吻合。

3) **阴部内动脉** internal pudendal artery(图 10-46~图 10-48):沿臀下动脉的前方下降,经梨状肌下孔出骨盆,然后经坐骨小孔至坐骨肛门窝。分支分布于肛门、会阴及外生殖器等处。分布于肛门的称**肛动脉**。

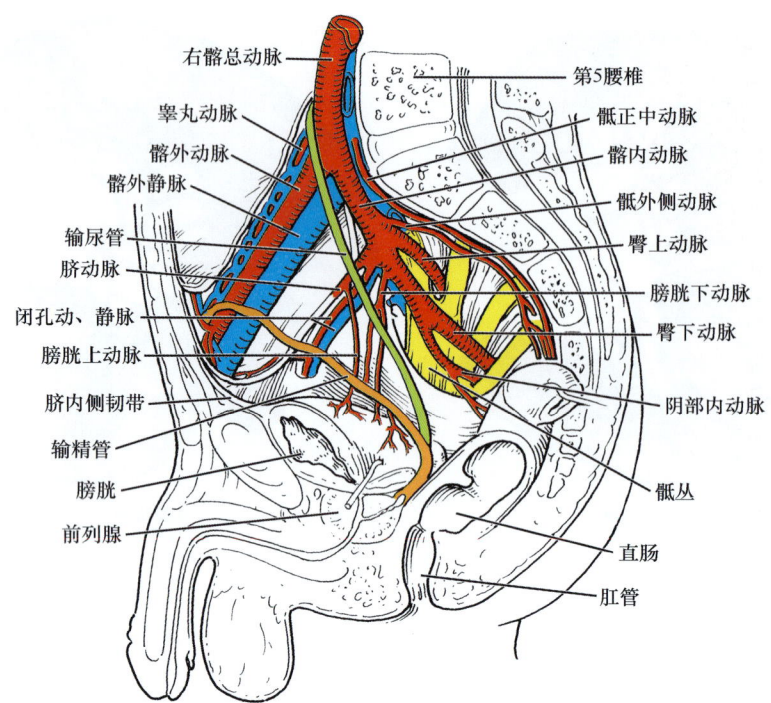

图 10-46　盆腔动脉（男性右侧）

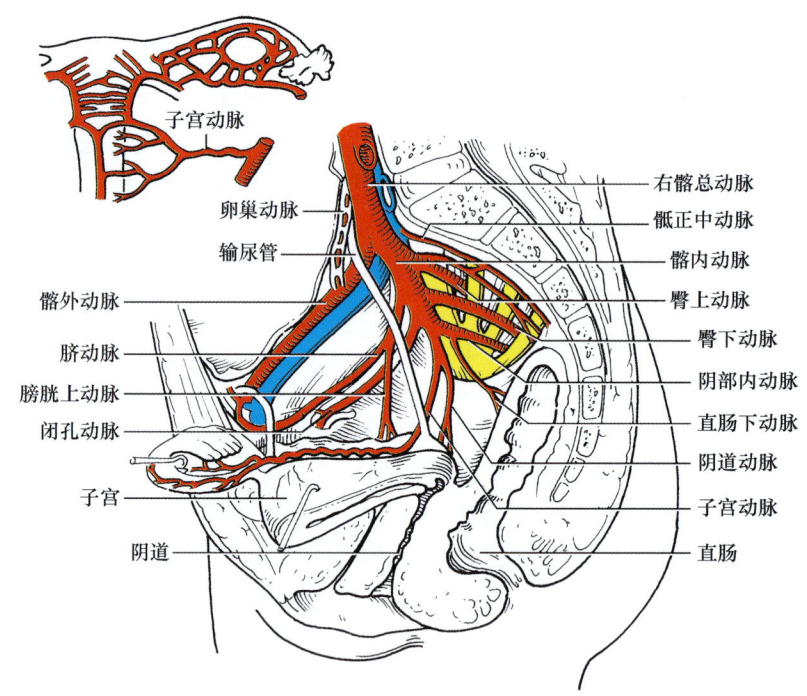

图 10-47　盆腔动脉（女性右侧）

2. 髂外动脉 external iliac artery（图 10-46，图 10-47，图 10-49）　沿着腰大肌内侧下行，经腹股沟韧带中点的深侧进入股部，改名为股动脉。髂外动脉的主要分支为**腹壁下动脉**，此动脉在腹前壁下份走向内上方，最后进入腹直肌鞘。分支营养腹前壁下份和腹直肌，并与腹壁上动脉吻合。此外，发出旋髂深动脉，斜向外上，分支营养髂嵴及邻近肌。

3. 股动脉 femoral artery（图 10-49）　是髂外动脉的直接延续，下行于股前部上份，然后穿向后侧，进入腘窝，改名为**腘动脉**。股动脉在大腿前面的上部位于股静脉外侧，股神经的内侧，前面仅盖以筋膜和皮肤，位置表浅。在腹股沟韧带中点稍内侧的下方，可触及股动脉的搏动，当下肢外伤出血时，可在此处向后压迫股动脉，进行止血。

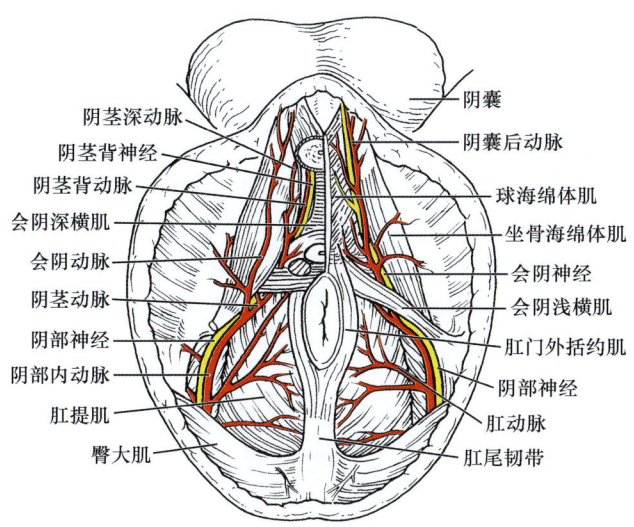

图 10-48 会阴部的动脉（男性）

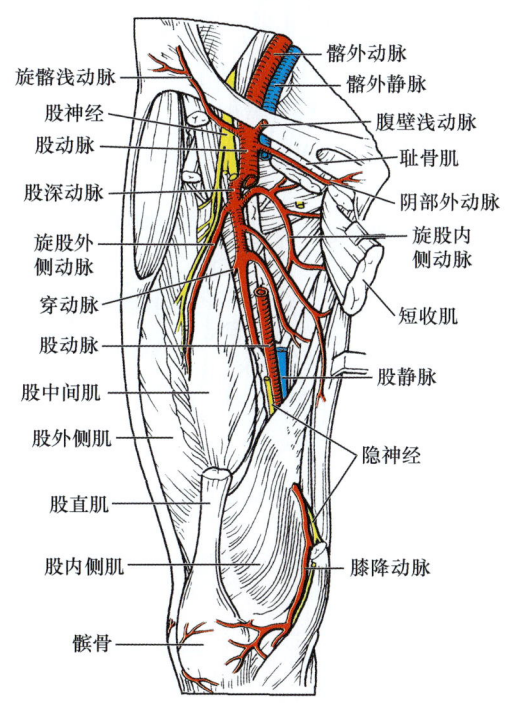

图 10-49 股动脉及其分支（前面观）

（1）**腹壁浅动脉**：单独或与旋髂浅动脉、阴部外动脉共干起于股动脉。于腹股沟韧带内侧半下方约1cm处穿阔筋膜，分支供应腹前壁下部。

（2）**旋髂浅动脉**：多由股动脉和股深动脉发出，沿腹股沟韧带走向髂前上棘，分布于腹前壁下外侧部。

（3）**股深动脉**deep femoral artery：于腹股沟韧带下方约3～5 cm处，起自股动脉的后外侧壁，向内下，行于长收肌和大收肌之间，沿途发出**旋股内、外侧动脉**（图10-49），数条穿动脉及肌支，同时参与髋周围动脉网及膝关节动脉网组成。

【临床联系】

股动、静脉在股三角内的位置表浅，在腹股沟韧带中点下方稍内侧可摸到股动脉的搏动，当下肢外伤出血时，可在此处向后压迫股动脉，进行止血。临床常用此处作为股动脉采血、动脉造影、心导管，以及介入疗法的穿刺部位。股动脉内侧的股静脉是进行右心造影、静脉采血等常用的穿刺部位。

旋股外侧动脉自股深动脉发出行向股前外侧，分为升支、横支及降支。每支分支均有穿支至皮肤，分布于自髂嵴下方至髌骨上方的股前外侧区皮肤，故名。临床上常以旋股外侧动脉的穿支为血管蒂截取皮瓣，应用于修复全身多处软组织缺损。由于股前外侧区部位隐蔽，皮瓣的制取无须牺牲肢体主干血管，手术操作相对简单，且皮瓣切取后对供区功能影响少等诸多优点，现已成为临床最常用的皮瓣。

4. 腘动脉 popliteal artery（图10-50，图10-51） 在腘窝上方续于股动脉。至腘窝下部分为胫前动脉和胫后动脉两个终支。腘动脉在腘窝内还分支营养膝关节及其周围肌肉。

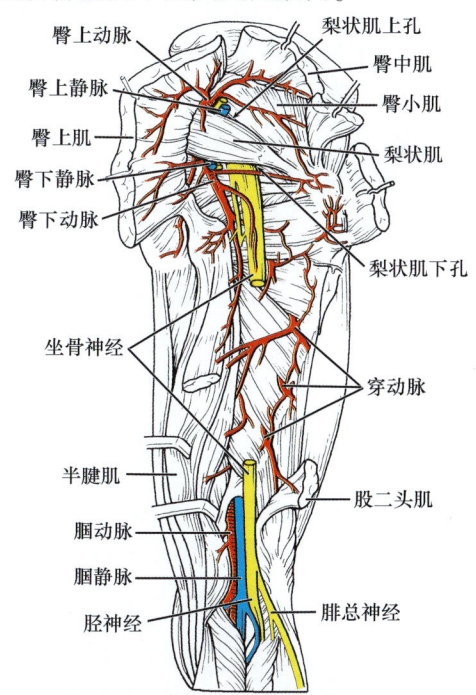

图 10-50 臀部和股后动脉及其分支

5. 胫后动脉posterior tibial artery（图10-51）由腘动脉分出后，在比目鱼肌的深侧下行，经内踝后方转入足底，分为**足底内侧动脉**和**足底外侧动脉**两个终支。主要分支有：

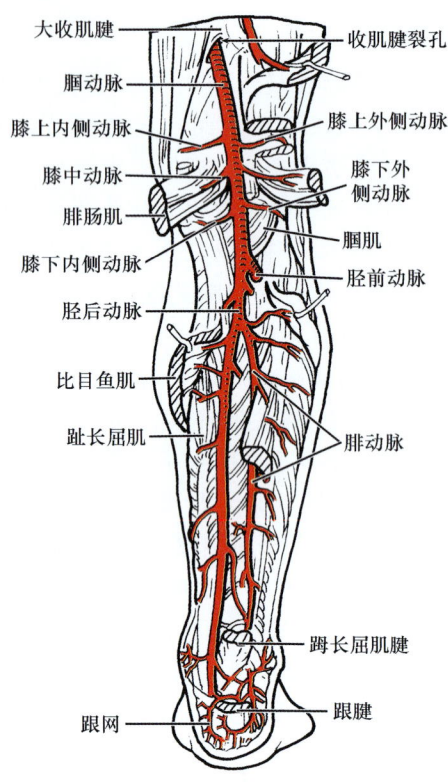

图 10-51　小腿的动脉（右侧后面观）

（3）**足底外侧动脉**：较粗，伴同名静脉、神经斜向前外，穿趾短屈肌深面至足底外侧缘，分支分布于邻近组织，终支向内弯行至第 1 跖骨间隙处与足背动脉的足底深支吻合成足底弓，由足底弓发出 4 支跖足底总动脉分布于各趾（图 10-51）。

6. **胫前动脉 anterior tibial artery**（图 10-53）

由腘动脉分出后，向前行，在小腿前群肌中下行，往下经踝关节前方下降到足背，改名为**足背动脉**。胫前动脉沿途分支营养小腿前群肌等结构。

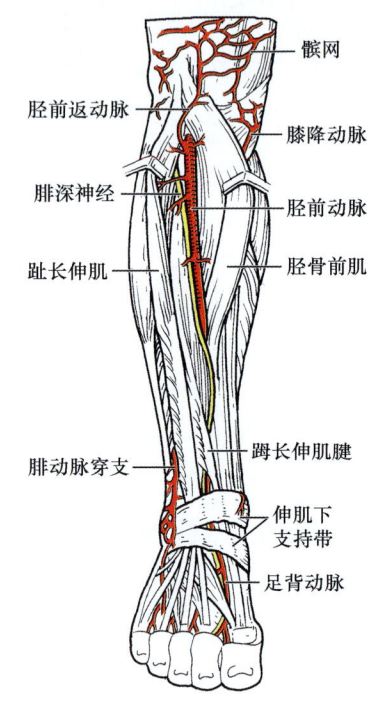

图 10-53　小腿的动脉（右侧前面观）

（1）**腓动脉** peroneal artery：于胫后动脉起始处发出，越胫骨后肌表面斜向外下，在踇长屈肌与腓骨之间，下降于外踝后方终于外踝支。腓动脉主要营养邻近肌和胫、腓骨。临床上常以腓动、静脉为血管蒂截取中段骨进行移植。

（2）**足底内侧动脉**：较细小，伴同名静脉和神经沿足底内侧缘前行，分布于邻近组织（图 10-52）。

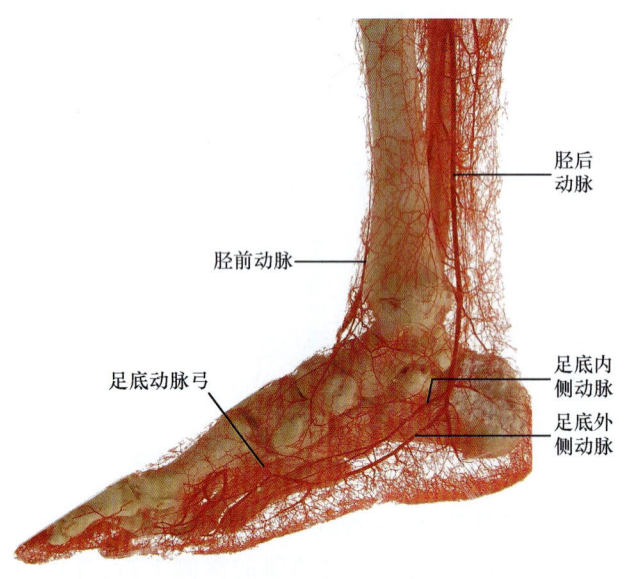

图 10-52　足底动脉及其分支（铸型）

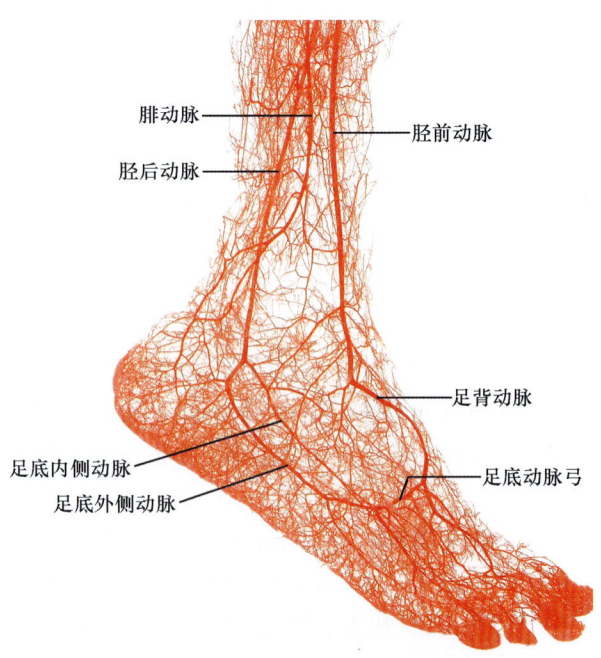

图 10-54　足背动脉铸型标本（前外侧面观）

7. 足背动脉 dorsal artery of foot（图 10-54）于伸肌上支持带下缘续于胫前动脉。在踝关节前方行于跛长伸肌腱和趾长伸肌腱之间，位置表浅，易于摸其搏动，是下肢一个重要的摸脉部位。主干继续沿跛短伸肌内缘和深面前行。沿途发出**跗内、外侧动脉**至跗骨及跗骨间关节等处。

（1）**弓状动脉**：向足背外侧弓状弯行，与跗外侧动脉吻合，并发 3 支**跖背动脉**，分布于第 2~5 趾的相对缘。

（2）**第 1 跖背动脉**：为足背动脉主干的终末，分布于跛趾背面两侧缘和第 2 趾背面的内侧缘。

（3）**足底深支**：穿第 1 跖骨间隙至足底，与足底外侧动脉吻合形成**足底动脉弓**。

【临床联系】

人体某些动脉的体表投影、压迫部位和止血范围，见表 10-1。

表 10-1 人体某些动脉的体表投影、压迫部位和止血范围

动脉名称	体表投影	压迫部位	止血范围
颈总动脉和颈外动脉	自胸锁关节至耳屏稍前下方作一连线，甲状软骨上缘以上示颈外动脉，以下示颈总动脉	喉环状软骨弓两侧，向内后方第 6 颈椎横突上压迫颈总动脉	一侧头面部
面动脉	自下颌骨下缘咬肌前缘连向口角及内眦的引线为面动脉在面部的行程	下颌骨体表面，咬肌前缘处，向下颌骨压迫	面颊部
颞浅动脉		外耳门前方，向颞骨压迫	头前外侧部
锁骨下动脉	从胸锁关节上缘至锁骨中点划凸向上的线（最凸处在锁骨上方 1.5cm）	锁骨中点上方 1~2 指处，向后下方第 1 肋骨压迫	全上肢
肱动脉	上肢外展，掌心朝上，从锁骨中点至髁间线（肱骨内、外上髁间的连线）中点稍下方连一线，大圆肌下缘以上示腋动脉，以下示肱动脉	肱二头肌内侧沟，向肱骨压迫	压迫点以下的上肢
桡动脉	肱二头肌腱的内侧缘（肘曲处）和通常摸到桡动脉搏动的那一点间的连线	腕上横纹外侧端向深部压迫	手部
尺动脉	肱骨内上髁走向豌豆骨的桡侧缘的连线，该线相当于尺动脉在前臂下半部的行程	腕上横纹内侧端向深部压迫	手部
指掌侧固有动脉		指根两侧偏前方，向指骨压迫	手指
股动脉	大腿外展、外旋，自腹股沟中点至收肌结节连一线，此线的上 2/3	腹股沟中点，向深部耻骨上支压迫	全下肢
腘动脉		腘窝加垫，屈膝包扎	小腿和足部
胫前动脉足背动脉	从胫骨粗隆与腓骨头连线的中点起，经内、外踝之间至第 1 跖骨间隙近侧部作一连线，踝关节以上示胫前动脉，以下示足背动脉	内、外踝连线的中点向深部压迫足背动脉	足部
胫后动脉	自腘窝中点稍下方至内踝和跟骨结节之间的中点连线	内踝和跟骨结节之间向深部压迫	足部

【相关进展】

血管不仅是输送血液与其他物资的管道，而且还是连接全身各部，各个器官、系统的交通要道。随着医学科技的发展、医疗器械更新，不论是基础研究，还是临床应用都在不断地向小型、微创，精细方面发展。因而对血管解剖学知识的掌握提出了更高的要求，仅略举例说明：

（1）介入技术（interventional technology）的出现，医疗工作者可在医学影像设备的引导下，将特质的导管、导丝等精密器械引入人体，对体内病灶进行诊断和局部治疗。介入治疗的多数项目都是在血管内进行的，它不需开刀，只需米粒大小的口子，把特质的专用细管子插入血管内即可治疗许多过去无法治疗、必须手术治疗或内科治疗疗效欠佳的疾病，如冠心病、肿瘤、血管畸形、甚至不孕不育等各类疑难杂症。介入疗法是继内科、外科之后的第三大治疗学科，能同时弥补内、外科技术的不足。由于介入治疗的多数项目是在血管内进

行，因此要求施术者必须明了全身血管的行程、分支与分布情况。如：股动脉穿刺插管是左心导管检查的首选途径，那么心导管刺入股动脉后，要依次通过哪些管腔才能到达冠状动脉？

（2）显微外科（microsurgery）技术的出现，使皮瓣的游离移植成为现实。早期的皮瓣移植要牺牲大血管，如前臂桡侧皮瓣的轴心血管为桡动脉，当截取此皮瓣远位移植时要牺牲桡动脉。后来经解剖学深入研究，逐渐开发出了以次要动脉为轴心血管的皮瓣，这就大大减轻了对皮瓣供区的影响。如股前外侧皮瓣通常以旋股外侧动脉降支为轴心血管，皮瓣截取后对供区的血供及功能几乎无影响。近来又发展到仅以皮肤穿支为轴心血管的"穿支皮瓣（perforator flap）"，对供区的损伤已降至极致。然而穿支皮瓣的设计与应用，对施术者血管解剖学知识的要求也就更高了。

【复习思考题】

1. 在上肢体表可以摸到哪些动脉搏动？可以借助哪些体表标志作为寻找依据？

2. 股动脉穿刺插管是左心导管检查的首选途径，试述心导管从股动脉入路，要依次通过哪些管腔才能到达左冠状动脉？

3. 假定某种药物可以从右心室逐步随血流运行至肝脏，请试述药物到达肝左叶要依次通过哪些管腔？

（柯荔宁）

第四节　静　　脉

【引子】

患者，男性，46岁，3周前发现大便呈黑色（柏油样便），1~2次/天。一天前进食辣椒和炸薯条后，觉上腹不适，伴呕吐，呕出新鲜血液约600ml，排出柏油样便约500ml，当即晕倒，急诊入院。检查：Hb 45g/L，T 37℃，P 120次/分，BP 90/70mmHg；皮肤苍白，面部可见蜘蛛痣，腹部膨隆，有移动性浊音，腹壁静脉怒张，脾在左肋下10cm触及。患者16年前被诊断为乙型肝炎。请思考：①该患者可能患什么病？②为什么会出现呕血、便血？③为什么会出现脐周静脉怒张和脾大？

【学习目标】

一、掌握

1. 静脉角的概念。了解面部"危险三角"的位置及其临床意义。

2. 上、下肢、头颈主要浅静脉的起止、行径及注入部位。

3. 上、下腔静脉的组成、起止、走行、主要属支及收集范围。

4. 肝门静脉系的组成、结构特点、收集范围、属支及其与上、下腔静脉系之间的吻合部位和侧支循环途径。

二、了解

1. 静脉的结构特点和影响静脉血回流的因素。

2. 左、右肺静脉的走行及注入部位。

3. 奇静脉的起止、走行、注入部位。

4. 全身各局部深静脉的名称、起止、走行和收集范围。

静脉vein 是运送血液回心的血管，起于毛细血管，止于心房。静脉内的血流方向是向心的，所以静脉由小支汇合成大支，最后汇合成大的静脉干，其管径越来越大。静脉在结构和配布方面有以下特点：①管壁薄、管径粗、数量多：与动脉相比，静脉数量多，管径大，管壁薄，弹性小，标本上的静脉管壁往往塌陷，内含血液。②有静脉瓣：静脉内有半月形**静脉瓣**venous valve，静脉瓣多成对排列，其游离缘朝向心脏，可防止血液逆流，保证静脉血向心流动（图10-55）。在重力影响较大的下肢，静脉瓣较多。③体循环静脉分深静脉与浅静脉：**深静脉**位于深筋膜深面，与动脉伴行，其名称、行程和引流范围与其伴行动脉相同。**浅静脉**位于皮下，又称**皮下静脉**，数目多，不与动脉伴行。临床上常利用浅静脉进行静脉注射、输液、取血和插入导管等。④吻合丰富：浅静脉之间、深静脉之间，浅、深静脉之间均存在广泛吻合。当某条静脉被阻塞后，可借这些吻合支建立侧支循环。在手、足和某些器官周围静脉吻合形成静脉丛或静脉网，以保证在器官变形和受压的情况下，静脉血的顺利回流。

硬脑膜窦sinuses of dura mater、**板障静脉**diploic vein 是特殊静脉。硬脑膜窦位于颅内，壁内无平滑肌，腔内无瓣膜，故外伤破裂时出血较多。板障静脉位于颅骨板障内，壁薄、无瓣膜，借导血管与颅内、外静脉相交通（图10-56）。

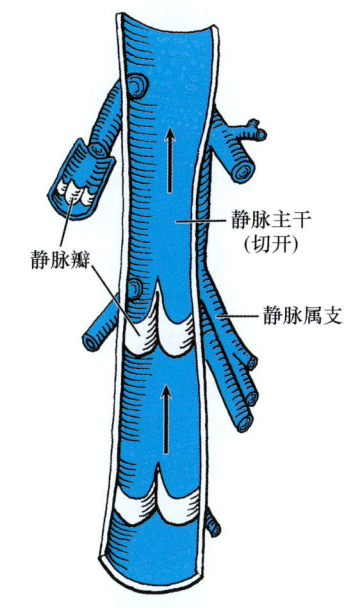

图 10-55 静脉瓣

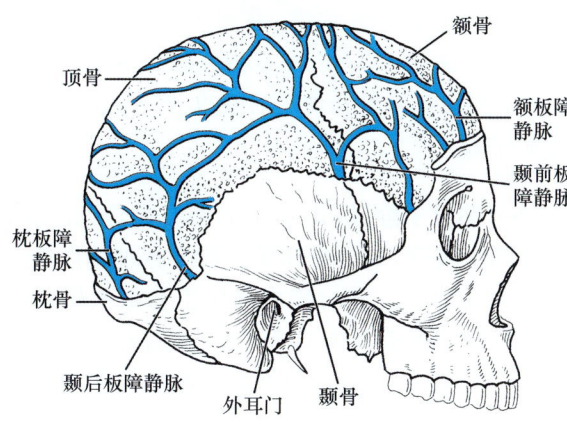

图 10-56 板障静脉

静脉血回流的因素：静脉瓣顺血流开放和逆血流关闭是保证血液向心流动的重要装置。心舒张时心室吸引心房和大静脉的血液。吸气时胸膜腔负压加大，使胸腔内大静脉和心房更加扩张，压力进一步降低，促进静脉血回流。骨骼肌收缩对肌肉内和肌肉间静脉的挤压，使静脉回流加快。

全身的静脉可区分为肺循环的静脉和体循环的静脉。

一、肺循环的静脉

肺静脉pulmonary vein 左、右各一对。**左上、左下肺静脉**分别收集左肺上、下叶的血液；**右上肺静脉**收集右肺中、上叶的血液，**右下肺静脉**收集右肺下叶的血液。这些静脉均起自肺门，向内行注入左心房后部。肺静脉将含氧量高的血液输送到左心房。

二、体循环的静脉

体循环的静脉数量多，行程长、分布广，包括上腔静脉系、下腔静脉系(含肝门静脉系)和心静脉系。

（一）上腔静脉系

上腔静脉系包括上腔静脉及其属支，收集头颈、上肢、胸部(心和肺除外)等上半身的静脉血。

1. 头颈部的静脉　浅静脉有面静脉、下颌后静脉、颈外静脉和颈前静脉等，深静脉包括颈内静脉、锁骨下静脉和颅内静脉(图 10-57)。

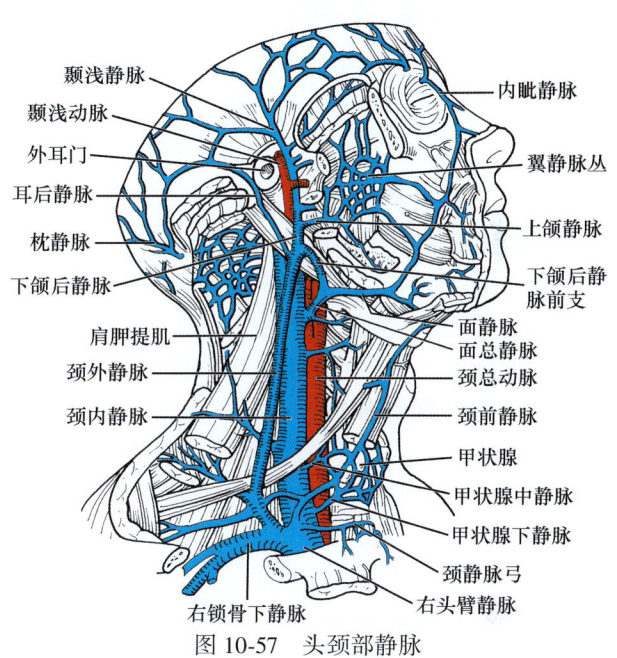

图 10-57 头颈部静脉

（1）**面静脉**facial vein：在眼内眦处起于**内眦静脉**，伴面动脉向下外行至下颌角下方与下颌后静脉的前支汇合后，跨越颈内、颈外动脉表面向下外行至舌骨大角附近注入颈内静脉。面静脉收集面前部软组织的静脉血。

【临床联系】

面静脉交通与面部炎症扩散：面静脉在口角以上缺少静脉瓣，因此其内的血液与颅内海绵窦交通，其主要交通途径：①通过内眦静脉和眼上、眼下静脉与海绵窦交通；②通过面深静脉经翼静脉丛、眼下静脉与海绵窦交通。当口角以上面部化脓性感染处理不当时，炎症可沿上述交通途径蔓延至海绵窦，导致颅内继发感染。故通常将两侧口角至鼻根间的三角区称为"危险三角"（图 10-58)。

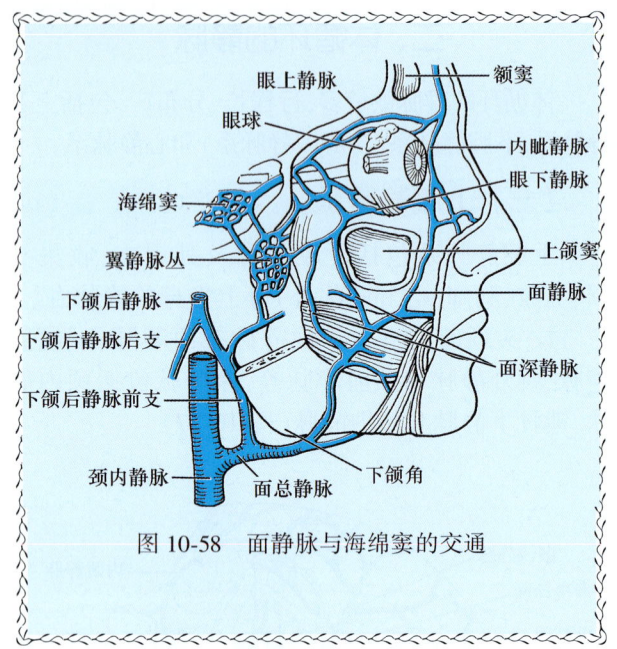

图 10-58 面静脉与海绵窦的交通

(2) **下颌后静脉** retromandibular vein：由**颞浅静脉**与**上颌静脉**在腮腺内汇合而成，下行至腮腺下端时分为前、后两支。**前支**向前下方与面静脉汇合，**后支**注入颈外静脉。颞浅静脉和上颌静脉收集同名动脉分布区内的静脉血。上颌静脉起于翼内、翼外肌之间的**翼静脉丛** pterygoid venous plexus，将面深部的静脉血注入下颌后静脉。该丛向内借卵圆孔和破裂孔导血管与颅内的海绵窦交通；向外借**面深静脉**与面静脉交通。下颌后静脉收集面侧区深层和颞区的静脉血。

(3) **颈外静脉** external jugular vein：由下颌后静脉的后支和耳后静脉、枕静脉在下颌角处汇合而成，沿胸锁乳突肌浅面斜向下后行，在锁骨上方穿深筋膜注入锁骨下静脉或静脉角，注入前还接纳颈前静脉。颈外静脉主要收集面部、头部及颈前区浅层的静脉血。

【临床联系】

颈静脉怒张：颈外静脉末端有一瓣膜，但不能防止血液逆流。当静脉压升高时，血液可逆流至颈外静脉。正常人在坐位时，颈外静脉常不显露；平卧位时仅见颈外静脉的中下部稍有充盈，如颈外静脉明显充盈称为颈静脉怒张。颈静脉怒张见于静脉压升高的情况，如右心衰竭、缩窄性心包炎、心包积液、上腔静脉阻塞等。因此，通过观察颈外静脉的充盈情况可大致判断静脉压力，用于诊断疾病或观察疾病变化。

(4) **颈前静脉**：起于颏下方，经颈前正中线的两侧下行，在锁骨上方转向外侧，注入颈外静脉或锁骨下静脉。两侧颈前静脉在胸骨柄上方吻合成**颈静脉弓**。

(5) **颈内静脉** internal jugular vein：是头颈部静脉回流的主干，上端在颈静脉孔处与乙状窦相续，然后沿颈内动脉和颈总动脉外侧下行，至胸锁关节后方与锁骨下静脉汇合成头臂静脉。同侧颈内静脉与锁骨下静脉汇合处称**颈静脉角** venous angle。左侧静脉角有胸导管注入，右侧有右淋巴导管注入。

颈内静脉颅外属支：包括面静脉、舌静脉、咽静脉和甲状腺上静脉、甲状腺中静脉等。

【临床联系】

颈内静脉空气栓塞：颈内静脉壁薄，与颈动脉鞘的筋膜及其邻近的肌腱密切相连，致使管腔经常保持开放状态，有利于头颈部静脉血的回流。但当颈内静脉破裂时，由于管腔不易闭锁及胸腔负压对静脉回流的吸力，可导致颈静脉空气栓塞。

(6) **锁骨下静脉** subclavian vein：是位于颈根部的短静脉干，自第1肋骨外缘由腋静脉延续而成，向内行于胸锁关节后方与颈内静脉汇合成头臂静脉。锁骨下静脉与附近筋膜结合紧密，位置较固定，管腔较大，可作为静脉穿刺或长期导管输液的部位。

2. 胸部的静脉 包括头臂静脉、上腔静脉、奇静脉及其属支（图10-59）。

(1) **头臂静脉** brachiocephalic vein：在胸锁关节的后方由同侧的锁骨下静脉和颈内静脉汇合而成。头臂静脉主要属支有颈内静脉和锁骨下静脉，此外还有椎静脉、胸廓内静脉、甲状腺下静脉等。

(2) **上腔静脉** superior vena cava：左头臂静脉较长，向右下斜行越过左锁骨下动脉、左颈总动脉和头臂干前面，在右侧第1胸肋结合处后方与右头臂静脉汇合成上腔静脉。此静脉沿升主动脉右侧垂直下行，至第3胸肋关节下缘处注入右心房，注入右心房前有奇静脉注入。

(3) **奇静脉** azygos vein：起于右腰升静脉，穿右膈脚进入胸腔，在食管后方沿胸主动脉右侧上行，至第4胸椎体高度弓形向前跨过右肺根上方注入上腔静脉。奇静脉沿途收集**右肋间后静脉**、**半奇静脉**、**支气管静脉**和**食管静脉**的血液。奇静脉上连上腔静脉，下通过腰升静脉与髂总静脉相通，是沟通上、下腔静脉系的重要通道。当上腔静脉或下腔静

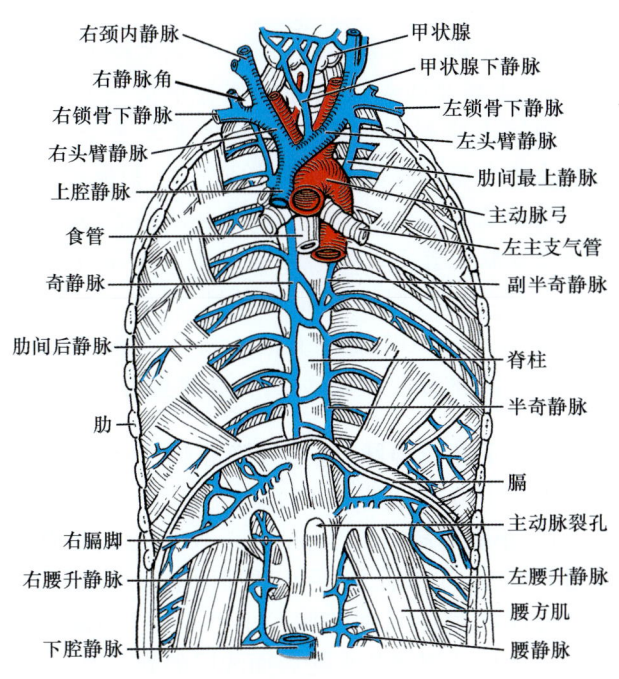

图 10-59 胸部的静脉

脉阻塞时,该通道成为重要的侧支循环途径。

(4) **半奇静脉**hemiazygos vein:起自左腰升静脉,穿左膈脚、沿胸椎体左侧上行,约在第8胸椎体高度经胸主动脉和食管后方向右跨越脊柱前面,注入奇静脉。半奇静脉收集左侧下部**肋间后静脉**、**副半奇静脉**和**食管静脉**的血液。

(5) **副半奇静脉**accessory hemiazygos vein:收集左侧上部**肋间后静脉**的血液,沿胸椎体左侧下行,注入半奇静脉或向右直接注入奇静脉。

(6) **椎静脉丛**vertebral venous plexus:包括椎内静脉丛和椎外静脉丛(图10-60)。**椎内静脉丛**位于椎管内的硬膜外隙内,收集椎骨、脊髓的静脉血,向上通过枕骨大孔与颅内硬脑膜窦相连。**椎外静脉丛**位于脊柱的前、后方,收集椎体和附近肌肉的静脉血,注入椎静脉、肋间后静脉、奇静脉、半奇静脉、腰静脉等。椎静脉丛无瓣膜,向上、下分别与硬脑膜窦和盆腔静脉丛交通,故椎静脉丛是沟通上、下腔静脉系和颅内、外静脉的重要通道。当盆、腹、胸腔发生感染、肿瘤时,可经椎静脉丛扩散、转移至颅内和其他远离的器官。

3. 上肢的静脉 包括浅静脉和深静脉,最终都汇入腋静脉。

(1) **上肢深静脉**:与同名动脉伴行,多为两条。手的深静脉汇合形成两条**桡静脉**和两条**尺静脉**,然后汇合成两条**肱静脉**,在大圆肌下缘肱静脉汇合成一条**腋静脉**axillary vein。腋静脉收集上肢浅、深静脉的血液,跨过第1肋骨外缘后续为锁骨下静脉。

(2) **上肢浅静脉**:包括头静脉、贵要静脉、肘正中静脉和前臂正中静脉(图10-61,图10-62)。临床上常用上肢的浅静脉进行输液、取血。

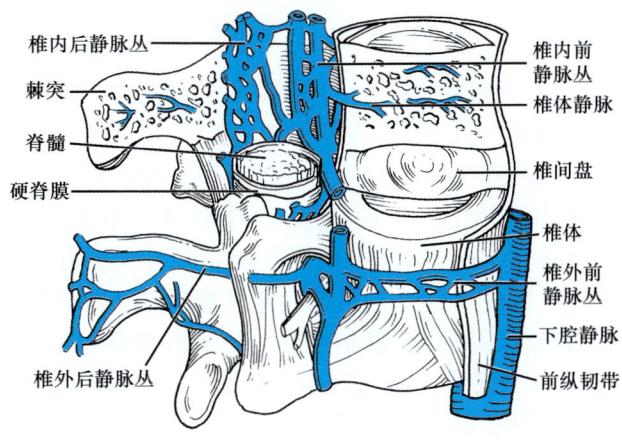

图 10-60 椎静脉丛

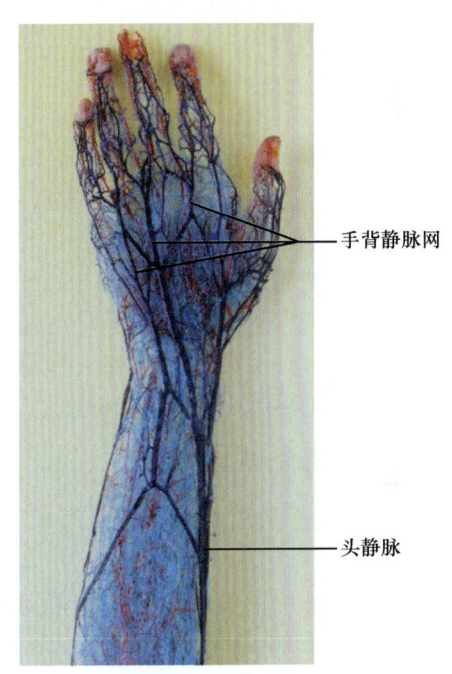

图 10-61 手背静脉网

1) **头静脉**cephalic vein:起自手背静脉网的桡侧,沿前臂桡侧、前面上行至肘窝,再沿肱二头肌外侧沟上行,经三角肌胸大肌间沟,穿深筋膜注入腋静脉或锁骨下静脉。头静脉在肘窝处通过肘正中静脉与贵要静脉相交通。头静脉收集手、前臂桡侧浅层结构的静脉血。

2) **贵要静脉**basilic vein:起于手背静脉网的尺侧,沿前臂尺侧上行,至前臂中部绕过其内侧缘至前臂前面的内侧上行,在肘窝处接受肘正中静脉后,沿肱二头肌内侧沟上行,至臂中点穿过深筋膜注入肱静脉,或伴随肱静脉汇入腋静脉。贵要静脉收集手及前臂尺侧浅层结构的静脉血。

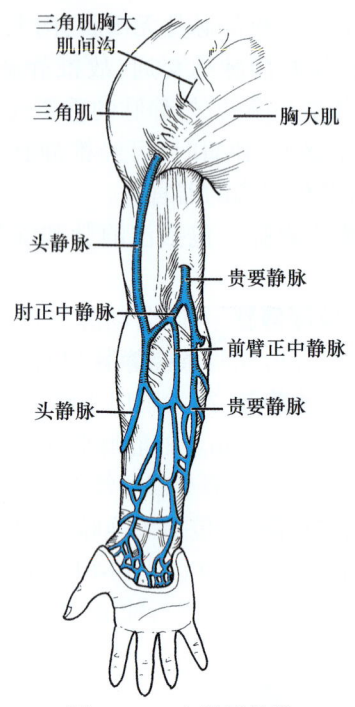

图 10-62　上肢浅静脉

3) **肘正中静脉** median cubital vein：由头静脉发出，经肱二头肌腱膜表面向内侧汇入贵要静脉。肘正中静脉常接受前臂正中静脉。

4) **前臂正中静脉** median vein of forearm：起于手掌静脉丛，行于前臂前面中线，至肘窝汇入肘正中静脉或分叉分别汇入贵要静脉和头静脉。该静脉收集手掌侧和前臂前面浅层的静脉血。

（二）下腔静脉系

下腔静脉系由下腔静脉及其属支组成，收集下半身的静脉血。

1. 下肢的静脉　下肢的静脉分浅静脉和深静脉，由于受重力的影响，下肢静脉回流较困难，因而下肢静脉瓣膜丰富，浅、深静脉间交通支较多。

（1）**下肢深静脉**：足的深静脉汇合形成两条**胫前静脉**和两条**胫后静脉**，在腘窝下缘胫前、后静脉汇成一条**腘静脉**，该静脉上行穿收肌腱裂孔移行为股静脉。**股静脉** femoral vein 伴随股动脉上行，在腹股沟韧带深面延续为髂外静脉。股静脉属支主要有大隐静脉及与股动脉分支所伴行的诸静脉，收集下肢、腹前壁下部、外阴部等处的静脉血。

【临床联系】

股静脉穿刺术：股静脉在腹股沟韧带下方位于股动脉内侧，位置恒定而且可借股动脉搏动定位，因此当其他部位采血困难时，可进行股静脉穿刺。患者仰卧，将穿刺侧大腿外展、外旋，小腿屈曲成 90°，穿刺侧臀下垫一小枕。常规消毒穿刺部位皮肤及操作者左手食指。用左手食指在腹股沟韧带中点下方，扪准股动脉搏动最明显处并固定。右手持注射器，使针头与皮肤呈直角或 45°，在腹股沟韧带下方 2~3cm、股动脉内侧 0.5cm 处穿刺，进针深度 2~5cm，然后缓缓将空针上提并抽吸活塞，见抽出血液后即固定针头位置，抽取需要的血量。

（2）**下肢浅静脉**：包括大隐静脉、小隐静脉及其属支（图 10-63～图 10-64）。

1) **小隐静脉** small saphenous vein：起自**足背静脉弓**外侧，经外踝后方，沿小腿后面上行，在腘窝下角穿过深筋膜注入腘静脉（图 10-63）。小隐静脉沿途收集足外侧部及小腿后面浅层的静脉血。

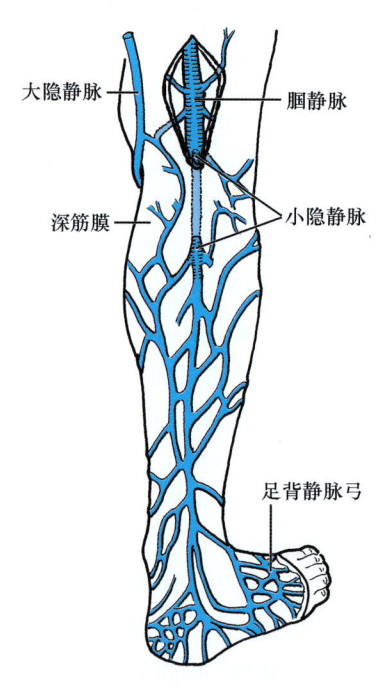

图 10-63　小隐静脉

2) **大隐静脉** great saphenous vein：是全身最长的浅静脉，自足背静脉弓内侧端起始，经内踝前方，沿小腿内侧伴隐神经上行，过膝关节内后方，再沿大腿内侧转至大腿前面上行，于耻骨结节下外方 3~4cm 处，穿过阔筋膜的隐静脉裂孔注入股静脉，在注入股静脉前还收集**股内侧浅静脉、股外侧浅静脉、腹壁浅静脉、旋髂浅静脉**和**阴部外静脉**（图 10-64）。大隐静脉收集足、小腿、大腿前内侧部浅层结构的静脉血，以及脐以下腹前壁浅层及外阴部的静脉血。大隐静脉经过内踝前方时，位置表浅而恒定,是静脉输液或切开的常用部位。

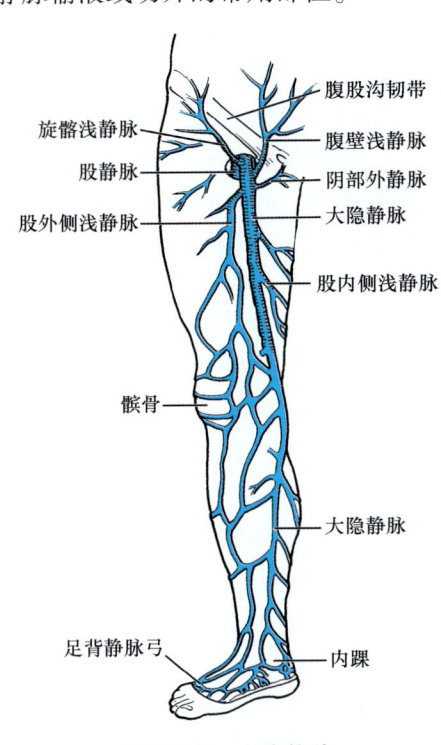

图 10-64　大隐静脉

【临床联系】

下肢静脉曲张：大隐静脉与小隐静脉借穿静脉与深静脉交通,穿静脉的瓣膜朝向深静脉,可将浅静脉的血液引流至深静脉。大隐静脉有9～10对瓣膜,小隐静脉内有7～8个瓣膜,当这些瓣膜缺陷、功能不全或深静脉血流受阻时,可使深静脉的血液逆流至浅静脉,使浅静脉伸长、迂曲而呈曲张状态,导致下肢静脉曲张。

由于大隐静脉位置表浅,取材方便,它是一很好的供体血管。临床上大隐静脉可用于搭桥动脉缺损。

2. 盆部的静脉（图 10-65）

（1）**髂外静脉** external iliac vein：是股静脉的直接延续,沿盆侧壁斜向内上,至骶髂关节前方与髂内静脉汇合成髂总静脉。髂外静脉属支有腹壁下静脉,收集下肢和腹前壁下部的静脉血。

（2）**髂内静脉** internal iliac vein：由盆腔的静脉汇合而成,其属支包括壁支和脏支。**壁支**与同名动脉伴行,收集同名动脉分布区的静脉血。**脏支**起于脏器周围的**静脉丛**（**直肠静脉丛**、**膀胱静脉丛**等）,引流同名动脉分布器官的静脉血。

（3）**髂总静脉** common iliac vein：在骶髂关节前方由髂内、髂外静脉汇合而成,斜向内上行至第5腰椎右前方与对侧髂总静脉汇合成下腔静脉。髂总静脉的属支主要有**髂腰静脉**、**骶外侧静脉**和**骶正中静脉**等。

3. 腹部的静脉　包括下腔静脉及其属支（图 10-65）。

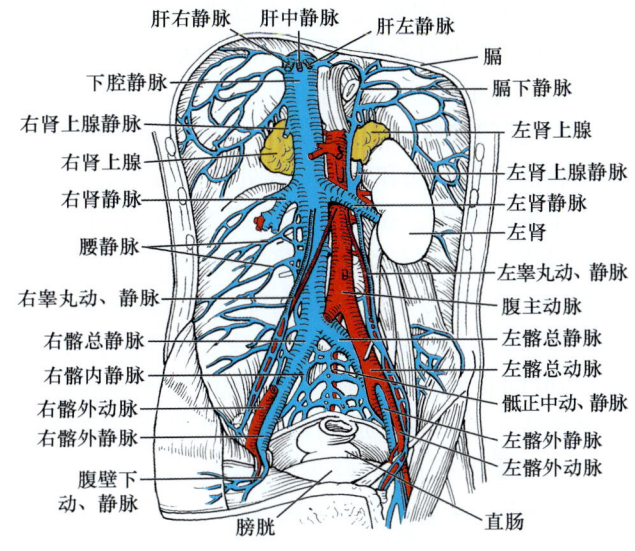

图 10-65　下腔静脉及其属支

（1）**下腔静脉** inferior vena cava：是人体最粗大的静脉干,于第5腰椎体右前方由左、右髂总静脉汇合而成,沿脊柱右前方、腹主动脉右侧上行,经肝后面的腔静脉沟,穿过膈的腔静脉孔进入胸腔后立即穿心包注入右心房。下腔静脉属支包括壁支和脏支,多与同名动脉伴行。下腔静脉收集下肢、腹、盆部的静脉血。

1）**壁支**：包括1对**膈下静脉**和4对**腰静脉**。各腰静脉间有纵行的**腰升静脉**相连。

2）**脏支**：①**肾静脉** renal vein 起自肾门,在肾动脉前方向内侧走行注入下腔静脉。由于下腔静脉靠右侧,故左肾静脉长于右肾静脉。左肾静脉除收集肾的血液外,还收集左睾丸静脉（或卵巢静脉）和左肾上腺静脉。②**肾上腺静脉** suprarenal vein 左肾上腺静脉注入左肾静脉,右侧直接注入下腔静脉。③**睾丸静脉** testicular vein 起自睾丸和附睾,最初每侧有数条小静脉,呈蔓状缠绕睾丸动脉构成蔓状静脉丛,向上逐渐合并成一条静脉。右侧睾丸静脉直接以锐角注入下腔静脉,而左侧则以直角汇入左肾静脉。因此,左睾丸静脉常因回流不畅易发生精索静脉曲张。**卵巢静脉** ovarian vein 起自卵巢静脉丛,在卵巢悬韧带内上行并合成卵巢静脉,其注入部位与睾丸静脉相似。④**肝静脉** hepatic vein 一般有**肝右静脉**、**肝中静脉**和**肝左静脉** 3 条,收集肝窦回流的血液,在腔静脉沟处分别注入下腔静脉。

(2) **肝门静脉系**:由肝门静脉及其属支组成,收集腹、盆腔内不成对器官(肝、齿状线以下肛管除外)。其主要机能是将消化道吸收的物质运输至肝,在肝内进行合成、分解、解毒、储存,故肝门静脉可以看作肝的功能性血管。

1) **肝门静脉** hepatic portal vein:由肠系膜上静脉和脾静脉在胰头和胰体交界处的后方汇合而成,向右上斜行经十二指肠上部的后方进入肝十二指肠韧带内,经肝固有动脉和胆总管的后方上行至肝门,分左、右两支分别入肝左叶和肝右叶(图 10-66)。肝门静脉在肝内反复分支,最后汇入肝血窦,与肝固有动脉分支流入肝血窦的血液共同经肝静脉流入下腔静脉。肝门静脉起始端和分支末端都与毛细血管相连,内缺少静脉瓣,因此肝门静脉压力过高时,血液易发生逆流。

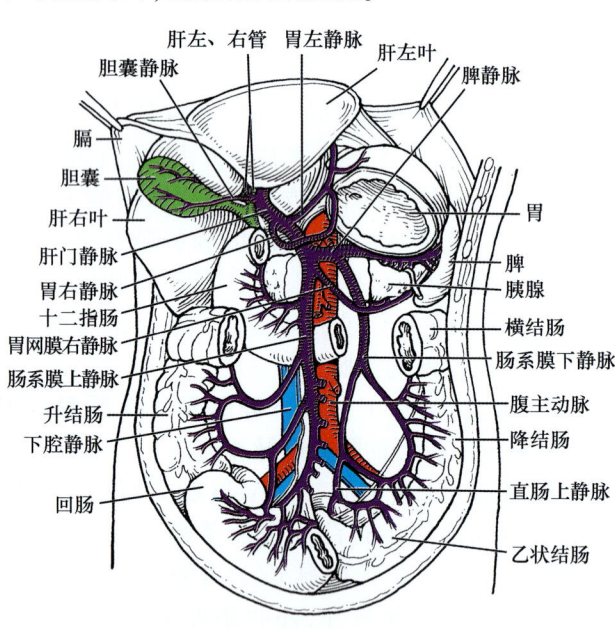

图 10-66　肝门静脉及其属支

2) **肝门静脉的主要属支**:包括脾静脉、肠系膜上静脉、肠系膜下静脉、胃左静脉、胃右静脉、胆囊静脉和附脐静脉,多与同名动脉伴行,收集同名动脉分布区的静脉血。肠系膜上静脉 superior mesenteric vein 沿同名动脉右侧上行。**脾静脉** splenic vein 由数条小静脉在脾门处汇合而成,经胰后方、脾动脉下方向右行,与肠系膜上静脉以直角汇合成肝门静脉。脾静脉收集脾、胰及部分胃的静脉血。**肠系膜下静脉** inferior mesenteric vein 向右上行,至胰头后方注入脾静脉。**胃左静脉** left gastric vein 与胃左动脉伴行,收集胃及食管下段的静脉血。**胃右静脉** right gastric vein 与胃右动脉伴行,注入肝门静脉前多接收幽门前静脉,后者是胃与十二指肠的分界标志之一。**胆囊静脉** cystic vein 注入肝门静脉或其右支。**附脐静脉** paraumbilical veins 是起于脐周静脉网的数条小静脉,沿肝圆韧带走行,注入肝门静脉。

3) 肝门静脉系与上、下腔静脉系之间的交通:肝门静脉系与上、下腔静脉系之间存在丰富的吻合,当肝门静脉因病变而回流受阻时,通过这些吻合形成侧支循环途径,其主要吻合部位如下(图 10-67,图 10-68):①通过食管下段黏膜下层内的**食管静脉丛**使肝门静脉系的胃左静脉与上腔静脉系的奇静脉和半奇静脉间相互交通;②通过**直肠静脉丛**使肝门静脉系的直肠上静脉与属于下腔静脉系的直肠下静脉和肛静脉之间相互交通;③通过**脐周围静脉网**使肝门静脉系的附脐静脉与上腔静脉系的腹壁上静脉和胸腹壁静脉间相交通和使肝门静脉系的附脐静脉与下腔静脉系的腹壁下静脉和腹壁浅静脉间相交通;④通过**椎静脉丛**使贴近腹后壁的肠系膜上、下静脉和脾静脉的小属支与上、下腔静脉系的肋间后静脉、椎静脉、腰静脉间相交通。

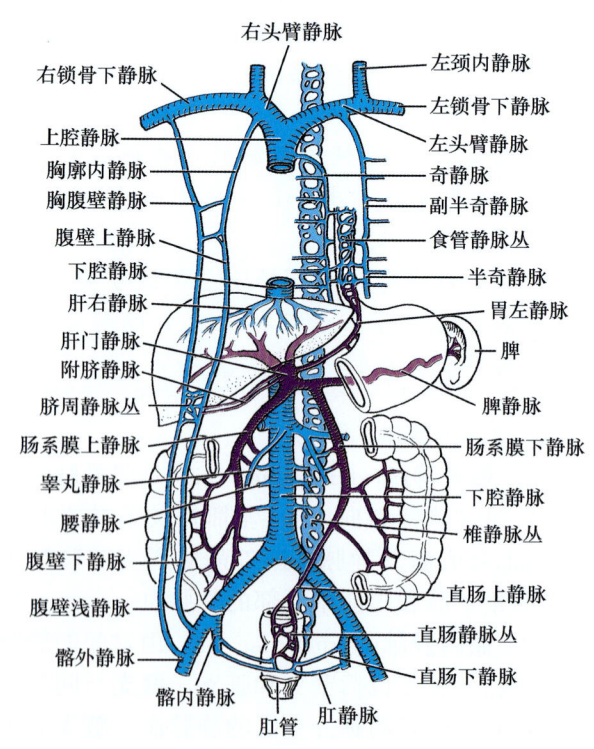

图 10-67　肝门静脉与上、下腔静脉的交通途径

全身静脉回流见图 10-69。

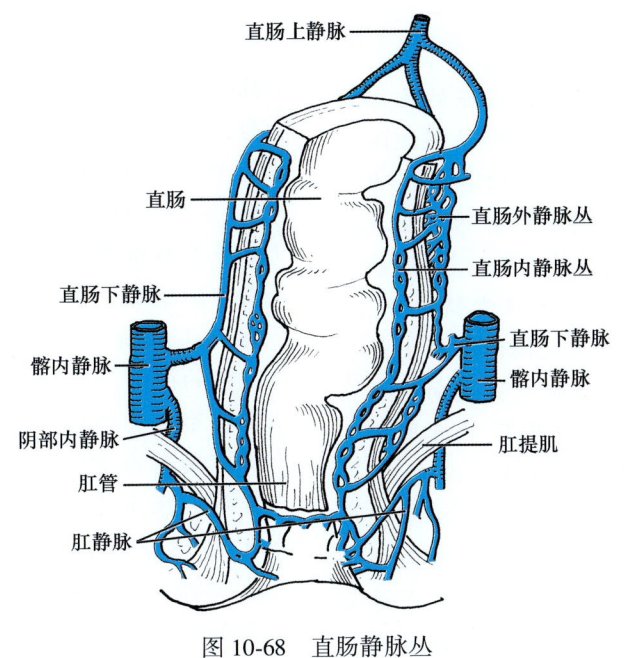

图 10-68　直肠静脉丛

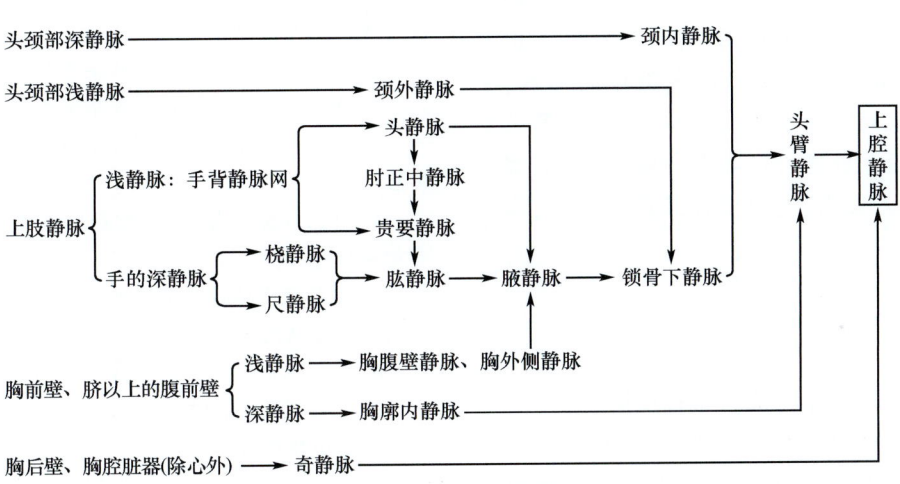

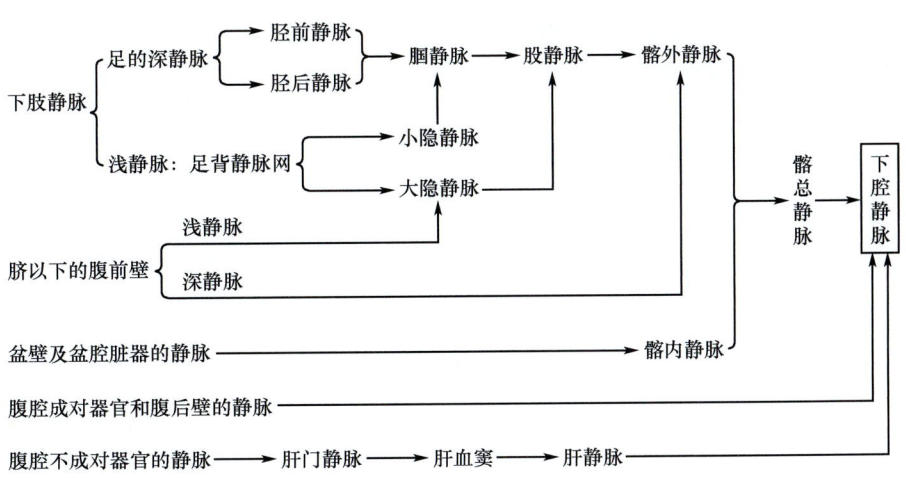

图 10-69　全身静脉回流

【临床联系】

肝门静脉结构特点与门静脉高压的临床表现：肝硬化的患者由于肝内广泛的结缔组织增生，使肝门静脉血流受阻，导致门静脉压力增高，称门静脉高压症。为什么门静脉高压症的患者会出现呕血、便血、腹水、脾大、脐周静脉怒张和肝性脑病（肝昏迷）？正常情况下，肝门静脉系和上、下腔静脉系之间的吻合支细小，血流量少，各属支分别将血液引流向所属的静脉系。在门静脉高压的情况下，由于肝门静脉内缺少瓣膜，致使其内的血液可以逆流，并通过上述诸吻合途径建立侧支循环，分别经上、下腔静脉回流入心。此时，可造成吻合部位的细小静脉曲张，甚至破裂、出血。如食管静脉丛曲张、破裂，造成呕血；直肠静脉丛曲张、破裂，导致便血；脐周静脉曲张称为脐周静脉怒张。门静脉的压力增高，其内的血浆漏出到腹膜腔，形成腹水。由于侧支循环的形成，经消化管吸收的有毒物质、代谢分解产物等未经肝门静脉运至肝进行解毒或分解，致使有害物质积聚，进入脑内，对中枢神经产生毒性，出现肝昏迷。

【相关进展】

浅静脉-皮神经营养血管皮瓣

研究显示皮神经在皮下组织中，其营养来自皮神经外膜及其周围的神经旁血管。神经旁血管在皮神经周围 0.5 cm 左右，沿皮神经的走行方向相互沟通而形成纵向的神经旁血管网。根据皮神经血液供应的研究，1992 年 Masquellet 提出了皮神经营养血管皮瓣的概念，并用于外伤性皮肤缺损的修复。Nakajima 等 1998 年对腓肠神经及小隐静脉的研究发现，浅静脉与皮神经一样有营养血管系统。浅静脉营养血管盘绕在静脉周围，走行在静脉旁或静脉壁上。根据对静脉营养血管的解剖观察，Nakajima 提出了浅静脉-皮神经营养血管皮瓣的概念。与皮神经营养血管皮瓣只有一套营养血管相比，浅静脉-皮神经营养血管皮瓣有两套血管，血供更丰富，皮瓣容易成活。目前临床上应用的浅静脉-皮神经血管皮瓣有：小隐静脉-腓肠神经营养血管皮瓣、大隐静脉-隐神经营养血管皮瓣、头静脉-桡神经浅支营养血管皮瓣等。

【复习思考题】

1. 上腔静脉如何构成？收集哪些部位的静脉血？
2. 下腔静脉如何形成？收集哪些部位的静脉血？
3. 肝门静脉系有何结构特点和属支？主要收集哪些器官的血液？
4. 肝门静脉系与上、下腔静脉系之间在何处有吻合？有何临床意义？
5. 右足底化脓性感染的患者经左头静脉滴注青霉素，药物经何途径到达感染部位？
6. 从大隐静脉注入药物，可经哪些途径才能到达肺？
7. 尿路感染的患者，口服抗菌药（环丙沙星），药物经何途径由小便排出体外？

（高　艳）

第十一章 淋巴系统

【引子】

患者，男性，69岁。因进行性吞咽困难1年收入院。CT检查诊断为：食管中段占位性病变。病理诊断为：鳞状细胞癌。2周后行食管中段癌切除，"食管—胃"主动脉方上吻合术。术后胸腔闭式引流，前3天引流液为血性，一直认为是胸腔渗出所致。术后第8天，引流液仍有血色，讨论病情说法不一。到术后第9天，出现黄白色引流液，生化检查：蛋白含量高，镜检见脂肪小珠，乳糜试验阳性，诊断为胸导管损伤继发乳糜胸。于术后第13天再次开胸探查，发现主动脉方上有渗出液，行胸导管结扎术，术后第1天闭式引流液就已很少。请分析：①为何食管癌手术易损伤胸导管？②何为乳糜胸？胸导管损伤为何会导致乳糜胸？③此例患者，为何至术后第8天，胸腔引流液仍然未呈现乳糜胸典型的乳白色，随后才出现黄白色引流液？④对乳糜胸患者，临床为何进行完全胃肠道外经静脉高营养补给？⑤胸导管结扎是否会引起胸导管结扎部位以下的淋巴引流障碍？

【学习目标】

一、掌握

1. 胸导管的起始、行程、注入部位及收集的淋巴范围。
2. 右淋巴导管的起始、行程、注入部位及收集的淋巴范围。
3. 颈干、锁骨下干、支气管纵隔干、腰干、肠干的形成及其所收纳的淋巴范围。
4. 脾的形态、位置，淋巴结的结构与功能。
5. 下颌下淋巴结、颈外侧浅淋巴结、腹股沟浅淋巴结等重要浅淋巴结的位置、引流范围。

二、了解

1. 淋巴系统的组成与各部的结构特点。
2. 其他部位的浅、深淋巴结
3. 乳腺、胃、直肠、子宫等重要器官的淋巴回流及其临床意义。

淋巴系统由各级淋巴管道、淋巴器官和散在的淋巴组织构成（图11-1，图11-2）。淋巴系统内流动着无色透明的淋巴 lymph。当血液流经毛细血管动脉端时，一部分血浆经毛细血管壁滤过进入组织间隙，形成组织液。组织液与细胞之间进行物质交换后，大部分经毛细血管静脉端重吸收入血液，小部分（含滤过的蛋白质）进入毛细淋巴管成为淋巴。淋巴沿各级淋巴管向心流动，并经一系列淋巴结的过滤，最后经淋巴导管注入静脉。淋巴系统协助静脉将部分组织液回流至血液循环，故可视其为静脉的辅助结构。此外，淋巴系统还能转运脂肪和蛋白质至血液。淋巴器官和淋巴组织是产生淋巴细胞、过滤淋巴和免疫应答的场所，具有重要的免疫功能。

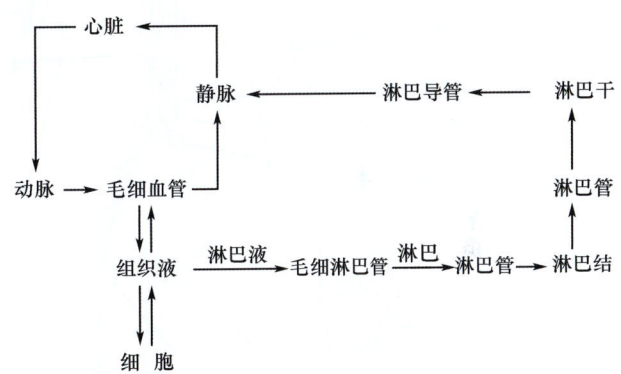

图11-1 淋巴系统与心血管系统的关系

第一节 淋巴系统的结构和配布特点

一、淋巴管道

根据结构和功能特点，将淋巴管道分为毛细淋巴管、淋巴管、淋巴干和淋巴导管（图11-2）。

1. 毛细淋巴管 lymphatic capillary 是淋巴管道的起始部分，以膨大的盲端起于组织间隙，彼此吻合成网。管壁由内皮构成，无基膜，内皮细胞之间的间隙较大。因此，毛细淋巴管具有比毛细血管更大的通透性，一些大分子物质（蛋白质）、细菌和癌细胞等较易进入毛细淋巴管。毛细淋巴管几乎遍布全身，但中枢神经、脾髓、骨髓、上皮、角膜、晶状体、牙釉质、软骨等缺乏毛细淋巴管。

2. 淋巴管 lymphatic vessel　由毛细淋巴管汇集而成，管壁结构与静脉相似。腔内有大量瓣膜，瓣膜功能与静脉瓣相同，是保证淋巴向心流动的装置。相邻两对瓣膜之间的一段淋巴管膨大，因而淋巴管的外观呈串珠状或藕节状。当淋巴管道局部阻塞时，其远侧的管腔扩大使瓣膜关闭不全，可造成淋巴的逆流。根据淋巴管的分布位置，可分为浅淋巴管和深淋巴管。**浅淋巴管**行于皮下组织中，多与浅静脉伴行；**深淋巴管**多与深部血管伴行。浅、深淋巴管之间存在广泛的吻合。

3. 淋巴干 lymphatic trunk　全身各部的浅、深淋巴管在向心行程中经过一系列的淋巴结，其最后一站淋巴结的输出管汇合成较大的淋巴管称为淋巴干。全身共有9条淋巴干：即**左、右颈干，左、右支气管纵隔干，左、右锁骨下干，左、右腰干**和单一的**肠干**(图11-3,表11-1)。

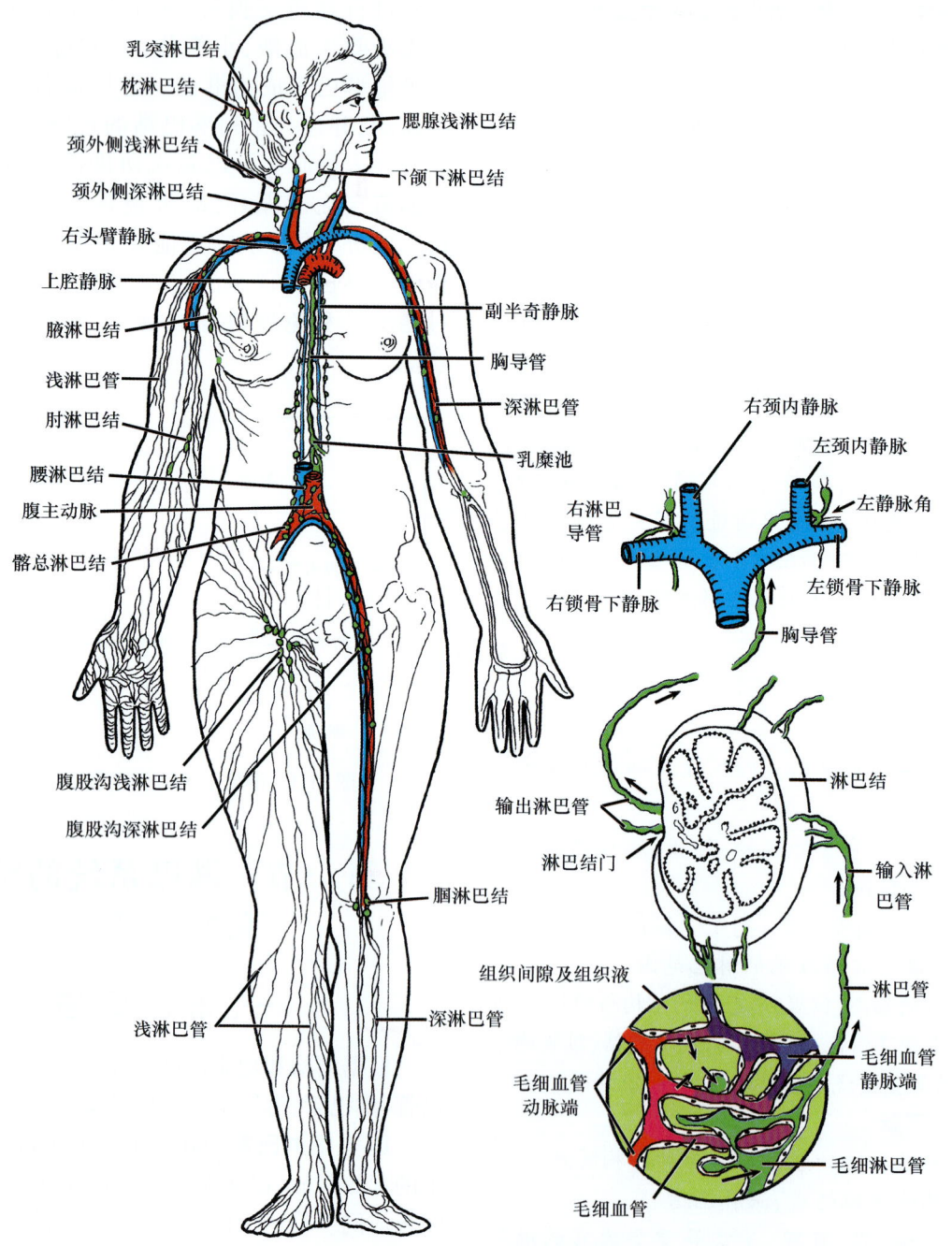

图 11-2　淋巴系统示意图

4. 淋巴导管 lymphatic duct 全身9条淋巴干分别汇成两条大的淋巴导管，即右淋巴导管和胸导管。

（1）**右淋巴导管** right lymphatic duct：由右颈干、右锁骨下干、右支气管纵隔干汇合而成，注入右静脉角。

（2）**胸导管** thoracic duct：是全身最大的淋巴管，胸导管起于**乳糜池** cisterna chyli。乳糜池位于第1腰椎前方，呈囊状膨大，由左、右腰干和肠干汇合而成。胸导管经主动脉裂孔进入胸腔，沿脊柱右前方在食管后、胸主动脉与奇静脉之间上行；至第5胸椎水平转向左侧，沿脊柱左前方上行，出胸廓上口达颈根部，经颈动脉鞘后方弓形转向前内下方，注入左侧静脉角。胸导管的末端有一对瓣膜，该瓣膜有防止静脉血逆流至胸导管的作用。胸导管在注入静脉角处收纳左支气管纵隔干、左颈干和左锁骨下干的淋巴。胸导管通过上述6条淋巴干引流约占全身3/4的淋巴，包括下肢、盆部、腹部、左肺、左半心、左半胸壁、左上肢和头颈左半部的淋巴。

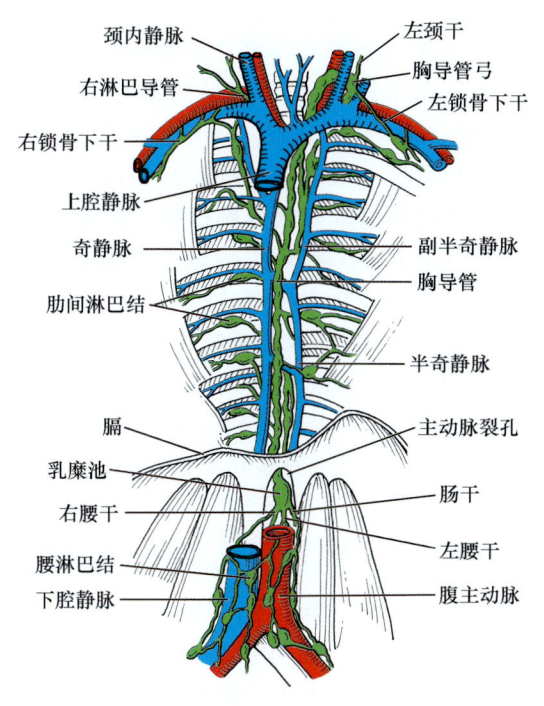

图11-3 淋巴干与淋巴导管

表11-1 全身淋巴干简表

淋巴干名称	起始淋巴结	收集淋巴的部位	注入的淋巴导管
①右颈干	右颈外侧下深淋巴结	收集右侧头颈部的淋巴	右淋巴导管
②右锁骨下干	右腋尖淋巴结	收集右上肢、乳房的淋巴	右淋巴导管
③右支气管纵隔干	右纵隔前淋巴结 右胸骨旁淋巴结 右气管旁淋巴结	收集右侧胸壁、右侧胸腔脏器的淋巴	右淋巴导管
④左颈干	左颈外侧下深淋巴结	收集左侧头颈部的淋巴	胸导管
⑤左锁骨下干	左腋尖淋巴结	收集左上肢、乳房的淋巴	胸导管
⑥左支气管纵隔干	左纵隔前淋巴结 左胸骨旁淋巴结 左气管旁淋巴结	收集左侧胸壁、左侧胸腔脏器的淋巴	胸导管
⑦左腰干	左腰淋巴结	收集左侧下肢、腹腔成对器官及盆部淋巴	胸导管
⑧右腰干	右腰淋巴结	收集右侧下肢、腹腔成对器官及盆部淋巴	胸导管
⑨肠干	腹腔淋巴结 肠系膜上淋巴结 肠系膜下淋巴结	收集腹腔不成对脏器的淋巴	胸导管

【临床联系】

淋巴回流与淋巴水肿：在安静状态下每小时约有120ml淋巴流入血液。相邻两对瓣膜之间的一段淋巴管构成"淋巴管泵"，通过淋巴管壁的平滑肌收缩和瓣膜开闭，推动淋巴向心流动。淋巴管周围的动脉搏动、肌肉收缩和胸腔负压可促进淋巴回流。当淋巴管瓣膜功能不全或恶性肿瘤压迫、放射线照射、丝虫病，以及各种感染等因素引起淋巴管阻塞时，淋巴回流受阻，导致大量富含蛋白的淋巴液积聚于组织间隙而引起水肿，称淋巴水肿。

二、淋巴器官

淋巴器官包括胸腺、淋巴结、脾和扁桃体。

（一）胸腺

胸腺 thymus 属中枢淋巴器官，兼有内分泌功能，是 T 淋巴细胞分化、成熟的场所。骨髓产生的淋巴样祖细胞不具有免疫功能，这些细胞经血液循环进入胸腺，在胸腺激素的作用下分化为具有免疫活性的成熟的 T 淋巴细胞，然后经血液循环输送至淋巴结、脾等外周淋巴器官，参与机体的免疫反应(见第十八章内分泌系统)。

(二) 淋巴结

淋巴结 lymph node 是淋巴管向心流动过程中的必经器官，为灰红色圆形或椭圆形小体。淋巴结一侧隆凸，与凸侧相连的淋巴管为**输入淋巴管**，将淋巴注入淋巴结；另一侧凹陷称为**淋巴结门**，是神经、血管出入的部位。与凹侧相连的为**输出淋巴管**，数目较输入淋巴管少。由于淋巴在向心回流过程中要经过一系列淋巴结，故某一淋巴结的输出淋巴管可为下一站淋巴结的输入淋巴管(图 11-4)。淋巴结多聚集成群，以深筋膜为界可将淋巴结分为浅、深两种。**浅淋巴结**位于浅筋膜内，在活体常易触及，**深淋巴结**位于深筋膜深面。淋巴结多沿血管排列，常位于较隐蔽的部位，如关节的屈侧、内脏的门和体腔大血管周围。淋巴结常以其所在部位及附近血管而命名。淋巴结的主要功能是过滤淋巴、产生淋巴细胞和浆细胞，参与机体的免疫应答。

染或肿瘤时，炎症或癌细胞可沿淋巴管侵入相应的局部淋巴结，该淋巴结可清除或阻截这些细菌、癌细胞，从而防止病变的扩散。此时，局部淋巴结细胞增生、机能旺盛、体积增大，故临床上又将局部淋巴结又称为**哨位淋巴结**。若局部淋巴结未能清除上述致病因素，则病变可继续沿淋巴流向扩散或转移至下一站淋巴结和远处的淋巴结或器官。此时，在体表可触及肿大的淋巴结。因此，淋巴结肿大常反映其淋巴引流区域内有病变存在。了解局部淋巴结的位置、收纳范围及引流去向，对于诊断、治疗疾病有重要意义。

(三) 脾

脾 spleen 位于左季肋区，胃底与膈之间，左侧第 9~11 肋的深面，其长轴与第 10 肋基本一致(图 11-5)。正常人在左肋弓下不能触及脾。脾的位置可因体位、呼吸及胃的充盈程度不同而有所变化，站立时比平卧低 2.5cm。脾为腹膜内位器官，借胃脾韧带、膈脾韧带、脾结肠韧带及脾肾韧带支持固定。脾呈暗红色，质脆易破。左季肋区受暴力打击时，常导致脾破裂。成人脾重约 150g，长约 12cm，宽约 7cm，厚 3~4cm。脾可分为前、后两端，上、下两缘，脏面和膈面。脾前端较宽，朝向前外方；后端圆钝，朝向后内方。脾下缘较钝，向后下方；上缘锐利，朝前上方并有 2~3 个**脾切迹**，是触诊时辨认脾的标志。脾的**膈面**平滑隆凸，贴于膈穹隆下面；**脏面**凹陷，其中央为**脾门**，是神经、血管等出入脾的部位。在脾的附近可出现**副脾** accessory spleen，其出现率为 10%~40%。副脾大小不等，数目不一，多位于脾门、胃脾韧带和大网膜。若因脾功能亢进而切除脾时，应同时切除副脾。

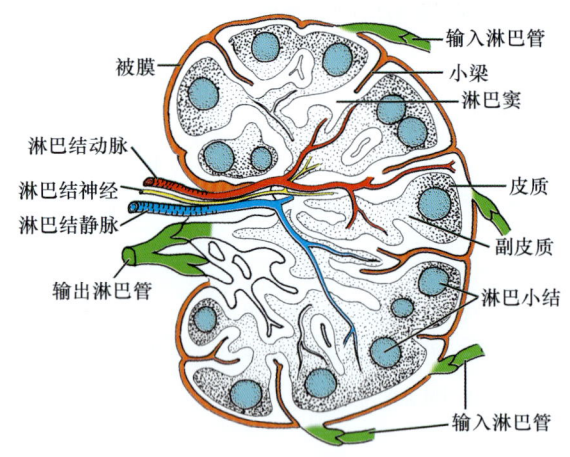

图 11-4 淋巴结模式图

【临床联系】

淋巴结与炎症扩散或肿瘤转移：人体某个器官或区域的淋巴引流至特定的淋巴结，该组淋巴结则被称为这个区域或器官的**局部淋巴结** regional node。当某一器官或区域发生感

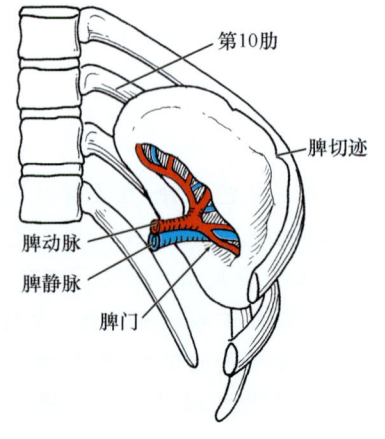

图 11-5 脾

脾是重要的淋巴器官,具有造血、储血、滤血、清除衰老的血细胞及参与免疫应答等功能。

三、淋巴组织

由弥散淋巴组织和淋巴小结组成。弥散淋巴组织分布于消化道、呼吸道、泌尿生殖管道黏膜的固有层。淋巴小结又称淋巴滤泡,包括小肠黏膜固有层的孤立淋巴滤泡和集合淋巴滤泡及阑尾的淋巴小结。黏膜的淋巴组织非常丰富,是执行局部特异性免疫的主要部位。

四、淋巴侧支循环

淋巴管之间有丰富的交通支,形成淋巴侧支通路。当炎症、寄生虫、肿瘤栓子阻塞淋巴管或者手术切除淋巴管、淋巴结时,淋巴经交通支回流,形成淋巴侧支循环。在炎症或外伤等情况下,淋巴管可再生,形成新的淋巴侧支通路,从而保证组织的淋巴回流。但是,淋巴侧支循环的建立也可成为炎症扩散或肿瘤转移的通路。

第二节 人体各部的淋巴管和淋巴结

一、头颈部淋巴管和淋巴结

(一)头部的淋巴结

头部的淋巴结多位于头颈交界处,呈环形排列,由后向前有枕淋巴结、乳突淋巴结、腮腺淋巴结、下颌下淋巴结和颏下淋巴结等,引流头面部浅层的淋巴,其输出管注入颈外侧浅淋巴结和颈外侧上深淋巴结(图11-6)。

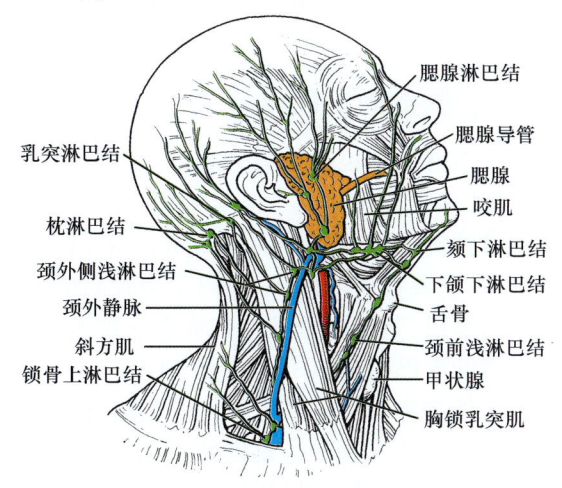

图11-6 头颈部的浅淋巴管与淋巴结

1. 枕淋巴结 occipital lymph node 位于枕部皮下,收纳枕部、项部的淋巴。

2. 乳突淋巴结 mastoid lymph node 位于耳后、胸锁乳突肌上端表面,收纳颅顶及耳廓后面的淋巴。

3. 腮腺淋巴结 parotid lymph node 分浅、深两组,分别位于腮腺表面和腮腺实质内,收纳额、颞区、颅顶、颊部及腮腺等处的淋巴。

4. 下颌下淋巴结 submandibular lymph node 位于下颌下腺附近,引流口腔器官和面部的淋巴。

5. 颏下淋巴结 submental lymph node 位于颏下三角内,收纳颏部、下唇内侧部和舌尖的淋巴。

(二)颈部的淋巴管与淋巴结

1. 颈前淋巴结 anterior cervical lymph node 分浅、深两群。**颈前浅淋巴结**沿颈前静脉排列,引流颈前部浅层的淋巴,注入颈外侧下深淋巴结(图11-6)。**颈前深淋巴结**位于喉、甲状腺、气管的前面和两侧分别称为喉前淋巴结、甲状腺淋巴结、气管前淋巴结和气管旁淋巴结,收纳上述器官的淋巴,注入颈外侧深淋巴结(图11-7)。

2. 颈外侧淋巴结 包括颈外侧浅淋巴结和颈外侧深淋巴结。

(1)**颈外侧浅淋巴结** superficial lateral cervical lymph node:沿颈外静脉排列,收纳颈部浅层、乳突淋巴结、枕淋巴结和腮腺淋巴结的淋巴,其输出管注入颈外侧深淋巴结。

(2)**颈外侧深淋巴结** deep lateral cervical lymph node:沿颈内静脉周围排列,上起于颅底,下至颈根部,借肩胛舌骨肌分为颈外侧上深淋巴结和颈外侧下深淋巴结(图11-7)。**颈外侧上深淋巴结**收纳头颈部浅淋巴结的输出管和咽、喉、甲状腺、气管等器官的淋巴,其输出管注入颈外侧下深淋巴结。**颈外侧下深淋巴结**沿颈内静脉下段排列,其中一部分向外沿颈横血管排列,称**锁骨上淋巴结** supraclavicular lymph node。颈外侧下深淋巴结收纳颈外侧上深淋巴结、胸壁上部、乳房上部和颈根部的淋巴,其输出管合成颈干。左颈干注入胸导管,右颈干注入右淋巴导管。位于二腹肌后腹与颈内静脉交角处的淋巴结称**颈内静脉二腹肌淋巴结**,收纳舌根、鼻咽部及腭扁桃体的淋巴,舌根癌首先转移至此淋巴结。颈内静脉肩胛舌骨肌淋巴结位于肩胛舌骨肌中间腱与颈内静脉交叉处,收纳舌尖部的淋巴,舌尖癌时首先转移至此群淋巴结。沿副神经排列的淋巴结称副神经淋巴结。

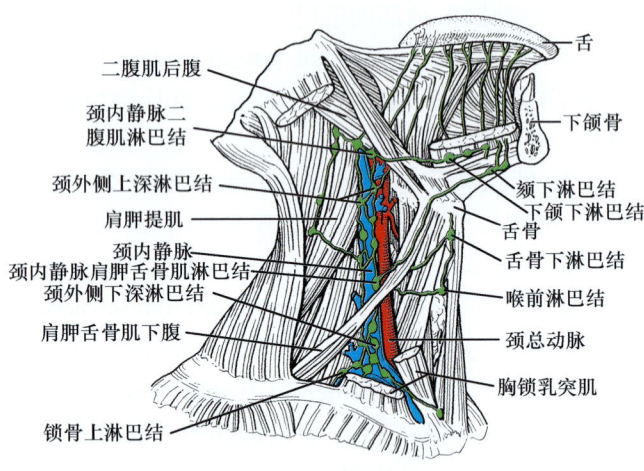

图 11-7　颈部的深淋巴管与淋巴结

【临床联系】

颈外侧深淋巴结与肿瘤淋巴转移：患舌癌、鼻咽癌、扁桃体癌时，癌细胞可沿淋巴管道转移至颈外侧上深淋巴结，在下颌角后方可触及肿大的淋巴结。在锁骨上淋巴结中位于前斜角肌前方的淋巴结称**斜角肌淋巴结**。左侧斜角肌淋巴结也称 **Virchow 淋巴结**，胃癌和食管癌晚期的患者，癌细胞可经胸导管和左颈干转移到此淋巴结。临床上检查患者时，可在胸锁乳突肌后缘与锁骨交角处触及肿大的淋巴结。乳腺癌晚期可出现锁骨上淋巴结转移。

二、上肢的淋巴管和淋巴结

上肢浅、深淋巴管分别与浅、深静脉伴行，直接或间接注入腋淋巴结。

（一）肘淋巴结和锁骨下淋巴结

1. 肘淋巴结 cubital lymph node　分浅、深两群，分别位于肘窝和肱骨内上髁上方。**浅群又称滑车上淋巴结**。肘淋巴结收纳手和前臂尺侧的浅、深淋巴管，其输出管伴肱静脉上行注入腋淋巴结。

2. 锁骨下淋巴结　位于锁骨下方，三角肌胸大肌间沟内，沿头静脉排列，收纳沿头静脉伴行的淋巴管，其输出管注入腋淋巴结。

（二）腋淋巴结

腋淋巴结 axillary lymph node 位于腋窝的疏松结缔组织中，多沿血管排列，可分为5群，引流上肢、乳房、胸壁和腹前外侧壁上部的淋巴（图11-8）。

1. 外侧淋巴结 lateral lymph node　位于腋动脉、腋静脉远侧段周围，收纳上肢大部分淋巴管及肘淋巴结输出管。

2. 胸肌淋巴结 pectoral lymph node　位于胸小肌下缘，在胸外侧动、静脉周围，收纳胸壁、腹前外侧壁和乳房外侧、中央部的淋巴。

3. 肩胛下淋巴结 subscapular lymph node　位于腋窝后壁，肩胛下动、静脉周围，收纳项、背部和肩胛区的淋巴。

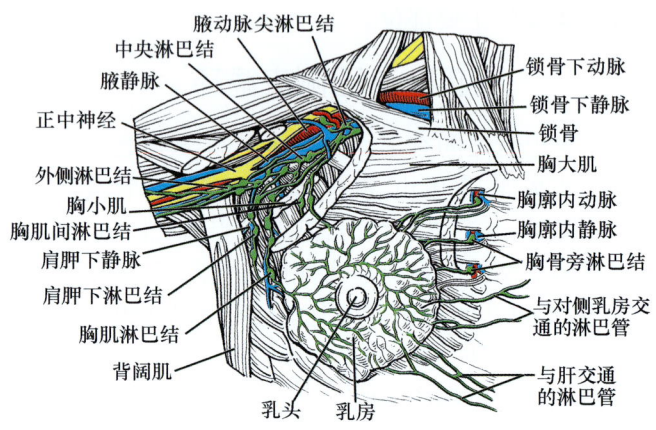

图 11-8　腋淋巴结与乳房淋巴回流

4. 中央淋巴结 central lymph node　位于腋窝中央的脂肪组织中，接受上述3群淋巴结的淋巴，其输出管至尖淋巴结。

5. 尖淋巴结 apical lymph node　位于腋窝尖部，沿腋动脉、腋静脉的近侧段排列，收纳中央淋巴结的输出管和乳房上部的淋巴管，其输出管汇成锁骨下干。左侧锁骨下干注入胸导管，右侧注入右淋巴导管。少数尖淋巴结输出管注入锁骨上淋巴结。

三、胸部的淋巴管和淋巴结

胸部的淋巴管和淋巴结位于胸壁和胸腔脏器内。

（一）胸壁的淋巴结

胸壁的淋巴结包括胸骨旁淋巴结、肋间淋巴结及膈上淋巴结（图11-9）。

胸骨旁淋巴结 parasternal lymph node 沿胸廓内血管排列，引流乳房内侧部、脐以上胸腹前壁、膈和肝上面的淋巴，其输出管参与构成支气管纵隔干。

乳房的淋巴引流（图11-8，图11-9）：

乳房外侧和中央的淋巴管注入胸肌淋巴结，内侧部的淋巴管注入胸骨旁淋巴结，上部的淋巴管注入腋尖淋巴结、锁骨上淋巴结。内侧部的浅淋巴管

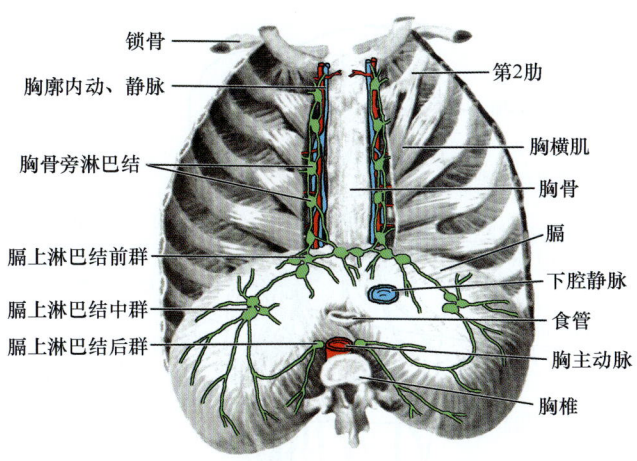

图 11-9 胸骨旁淋巴结和膈上淋巴结

与对侧乳房淋巴管交通,内下部的淋巴管通过膈下淋巴管与肝的淋巴管交通。

【临床联系】

根据乳房的淋巴引流,对乳腺癌患者常采用乳腺癌根治术或乳腺癌扩大根治术,乳腺癌根治术应切除整个乳房、胸大肌、胸小肌、腋窝淋巴结和锁骨下淋巴结。乳腺癌扩大根治术即在根治术的基础上同时切除沿胸廓内动脉排列的胸骨旁淋巴结。目前,对早期乳腺癌提倡保乳手术治疗。保乳手术的原则是不降低患者的远期生存率和局部复发率。临床实验证明,保乳手术与乳腺癌根治术和扩大根治术在无瘤生存率、无远处转移生存率和总生存率等方面差异无显著性意义;而且该手术可以改善患者术后的形体美容效果,提高生活质量,解决了一些心理和社会问题。保乳手术在欧美国家已成为早期乳腺癌的首选术式,占到所有可手术乳腺癌的50%。而我国保乳手术仅在少数医院开展,有关统计数字显示,保乳手术仅占同期经手术治疗的全部乳腺癌病例的9%,占符合保乳条件早期乳腺癌病例的19.5%。主要是人们曾认为:乳腺癌是一种局部疾病,先是肿瘤细胞的局部浸润,而后沿淋巴道转移,再经血行播散。若能将肿瘤连同区域淋巴结完整切除,乳腺癌即可治愈。但随着研究的深入,人们发现,乳腺癌是一种全身性疾病,区域淋巴结虽具有主要的免疫滤过作用,但血流也是肿瘤细胞扩散的主要途径。乳腺癌手术的失败,不在于手术本身,而在于术前已存在了全身播散,一味扩大切除范围无济于事。

(二)胸腔脏器的淋巴结

1. 纵隔前淋巴结 anterior mediastinal lymph node 位于胸腔大血管和心包的前方,收纳心、心包、胸腺、膈和肝上面的淋巴,其输出管参与构成支气管纵隔干(图11-10)。

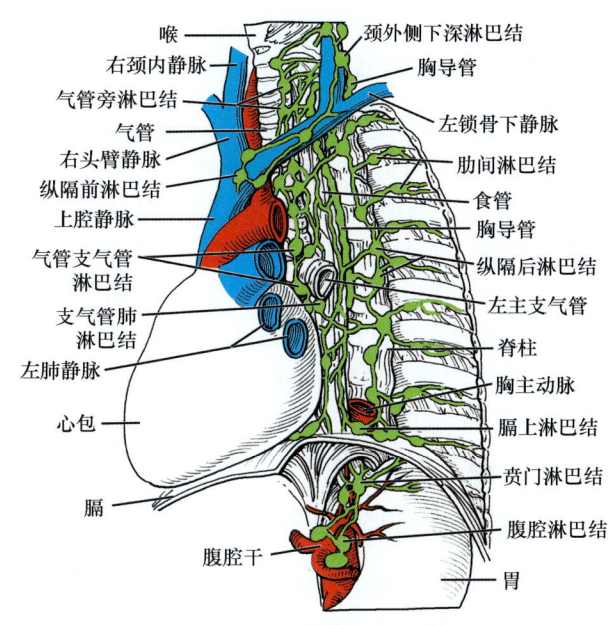

图 11-10 胸腔脏器的淋巴结

2. 纵隔后淋巴结 posterior mediastinal lymph node 位于食管和胸主动脉周围,收纳食管、胸主动脉的淋巴管和部分支气管肺淋巴结及膈上淋巴结的输出管,其输出管多直接注入胸导管。

3. 肺、支气管、气管的淋巴结 包括肺淋巴结、支气管肺淋巴结、气管支气管淋巴结和气管旁淋巴结。**肺淋巴结** pulmonary lymph node 沿肺内的支气管排列。**支气管肺淋巴结** bronchopulmonary lymph node 位于肺门,又称肺门淋巴结。**气管支气管淋巴结** tracheobronchial lymph node 位于气管分叉处的上、下方。**气管旁淋巴结** paratracheal lymph node 在气管的两侧,其输出管与胸骨旁淋巴结和纵隔前淋巴结的输出管共同构成支气管纵隔干。上述淋巴结的淋巴流向:肺淋巴结→支气管肺淋巴结→气管支气管淋巴结→气管旁淋巴结→支气管纵隔干。

四、下肢的淋巴管和淋巴结

下肢的淋巴管分别与浅静脉和深血管伴行,最后间接或直接注入腹股沟深淋巴结。下肢的淋巴结包括腘淋巴结和腹股沟淋巴结。

（一）腘淋巴结

腘淋巴结 popliteal lymph node 位于腘窝,分浅、深两群,分别位于小隐静脉末端附近和腘血管周围,收纳小腿后外侧面浅淋巴管和足、小腿的深淋巴管,其输出管与股血管伴行,注入腹股沟深淋巴结。

（二）腹股沟淋巴结

1. 腹股沟浅淋巴结 superficial inguinal lymph node 分上、下两群。**上群**沿腹股沟韧带下方排列,收纳腹前外侧壁下部、臀部、会阴、外生殖器的淋巴。**下群**位于大隐静脉末端周围,收纳下肢大部分浅淋巴管（除足外侧缘和小腿后外侧面）,其输出管注入腹股沟深淋巴结（图 11-11）。

2. 腹股沟深淋巴结 deep inguinal lymph node 位于股静脉末端的周围,引流腹股沟浅淋巴结和下肢的淋巴,其输出管汇入髂外淋巴结。

五、盆部的淋巴管和淋巴结

盆部的淋巴结包括髂外淋巴结、髂内淋巴结、髂总淋巴结和骶淋巴结,沿同名血管排列（图 11-12）。

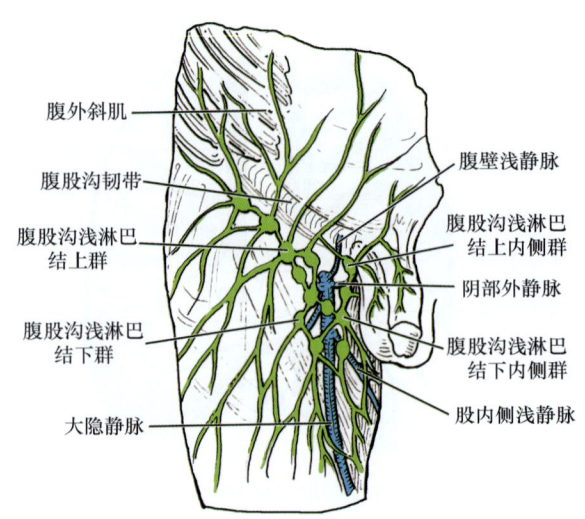

图 11-11　腹股沟浅淋巴结

1. 髂外淋巴结 external iliac lymph node 髂外淋巴结沿髂外血管排列,主要收纳腹股沟深淋巴结的输出管,以及腹前壁下部、膀胱、前列腺或子宫颈和阴道上部的淋巴管,其输出管注入髂总淋巴结。

2. 髂内淋巴结 internal iliac lymph node 髂内淋巴结沿髂内血管排列,引流大部分盆腔脏器、盆壁、会阴深部及臀部的淋巴,其输出管注入髂总淋巴结。

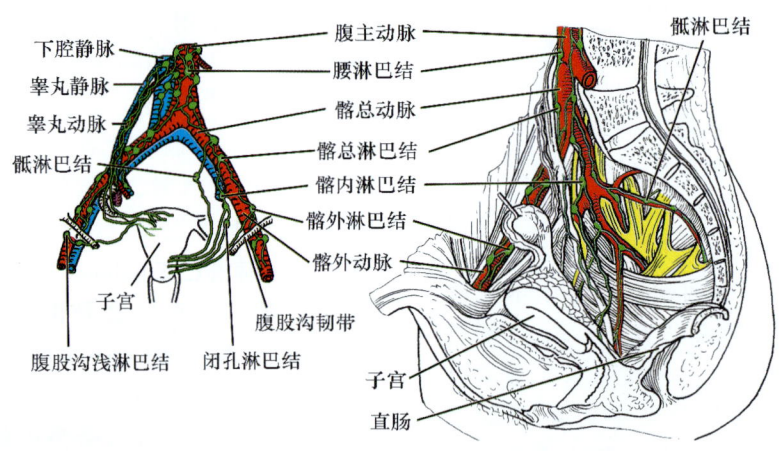

图 11-12　盆腔的淋巴结与子宫的淋巴引流

3. 骶淋巴结 sacral lymph node 骶淋巴结位于骶骨前面,沿骶正中血管、骶外侧血管排列,引流盆后壁、直肠、前列腺或子宫的淋巴,其输出管汇入髂内或髂总淋巴结。

4. 髂总淋巴结 common iliac lymph node 髂总淋巴结位于髂总血管周围,通过收纳上述 3 组淋巴结的输出管,收集了下肢、盆腔脏器、盆壁的淋巴,其输出管注入腰淋巴结（图 11-13）。

六、腹部的淋巴管和淋巴结

（一）腹壁的淋巴管和淋巴结

脐平面以上腹前外侧壁的浅、深淋巴管分别注入腋淋巴结和胸骨旁淋巴结,脐平面以下腹前外侧壁的浅、深淋巴管分别注入腹股沟浅淋巴结、腹股沟深淋巴结。腹后壁的淋巴管注入腰淋巴结。

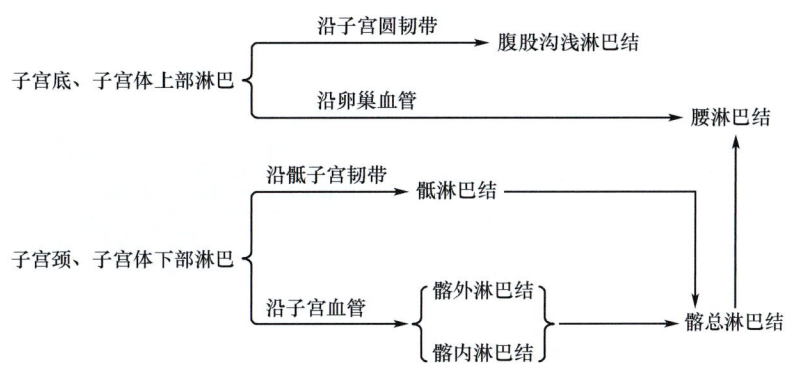

图 11-13　子宫的淋巴回流

(二) 腹腔脏器的淋巴管和淋巴结

成对器官的淋巴注入腰淋巴结,腹腔不成对器官的淋巴注入腹腔淋巴结、肠系膜上淋巴结和肠系膜下淋巴结。

1. 腹腔成对器官　肾上腺、肾、睾丸(卵巢)等器官的淋巴管直接汇入**腰淋巴结**lumbar lymph node。腰淋巴结位于下腔静脉和腹主动脉周围,收纳腹后壁、腹腔成对器官的淋巴,还通过收纳髂总淋巴结的输出管引流下肢和盆腔脏器的淋巴。左、右腰淋巴结的输出管汇合成左、右腰干,参与乳糜池的构成。

2. 腹腔不成对器官　注入腹腔淋巴结,肠系膜上淋巴结和肠系膜下淋巴结。这些淋巴结沿同名动脉排列,引流同名动脉分布区的淋巴。

(1) **肠系膜上淋巴结** superior mesenteric lymph node:位于肠系膜上动脉根部周围,引流肠系膜上动脉分布区的淋巴(空肠至结肠左曲之间的消化管)。沿肠系膜上动脉分支排列的局部淋巴结有:**肠系膜淋巴结、回结肠淋巴结、右结肠淋巴结**和**中结肠淋巴结**等,上述淋巴结沿同名动脉排列,并收纳各动脉供应区的淋巴管,其输出管均注入肠系膜上淋巴结(图 11-14)。

(2) **肠系膜下淋巴结** inferior mesenteric lymph node:位于肠系膜下动脉根部周围,引流肠系膜下动脉分布区的淋巴(结肠左曲以下至直肠上部)。沿肠系膜下动脉分支排列的局部淋巴结有:**左结肠淋巴结、乙状结肠淋巴结**和**直肠上淋巴结**等。上述淋巴结沿同名动脉排列,收纳各动脉分布区的淋巴管,其输出管注入肠系膜下淋巴结(图 11-15)。

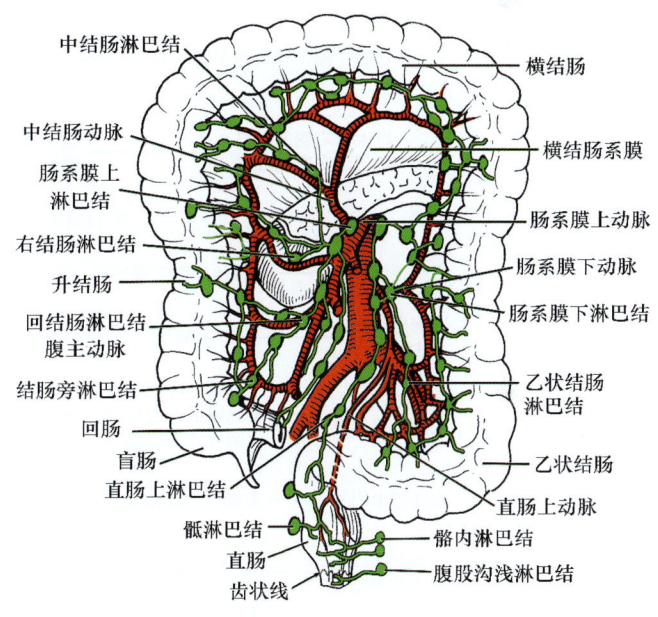

图 11-14　肠系膜上、下淋巴结

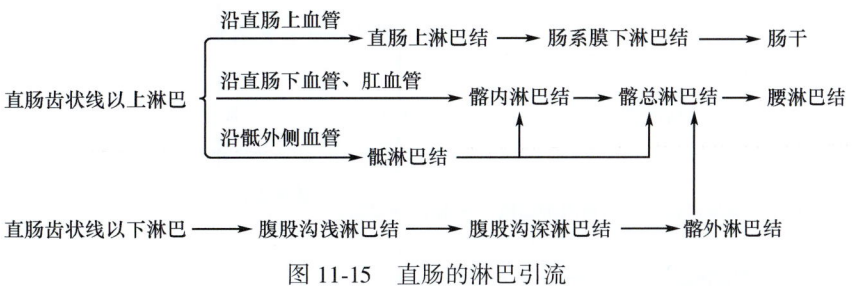

图 11-15　直肠的淋巴引流

(3) **腹腔淋巴结** celiac lymph node:位于腹腔干周围,收纳肝、胆囊、胰、脾、胃、十二指肠等器官的淋巴管。沿腹腔干分支排列的局部淋巴结有:**胃左、右淋巴结,胃网膜左、右淋巴结,幽门上、下淋巴结,肝淋巴结,脾**和**胰淋巴结**等。上述淋巴结沿同名动脉排列,收纳范围与相应血管的分布范围基本一致，输出管均直接或间接汇入腹腔淋巴结（图11-16，图11-17）。

食管的淋巴引流 食管颈部的淋巴注入气管旁淋巴结和颈外侧深淋巴结。食管胸部的淋巴注入气管旁淋巴结、气管支气管淋巴结和纵隔后淋巴结。胸下部和食管腹部的淋巴注入胃左淋巴结。食管的淋巴也可不经局部淋巴结而直接注入胸导管。

左、右腰淋巴结的输出管形成左、右腰干。由腹腔淋巴结、肠系膜上淋巴结和肠系膜下淋巴结的输出管汇合成一条肠干，肠干中的淋巴含有经肠道吸收的脂肪微粒而呈乳糜状。由一条肠干和左、右腰干汇合形成**乳糜池**（图11-18）。

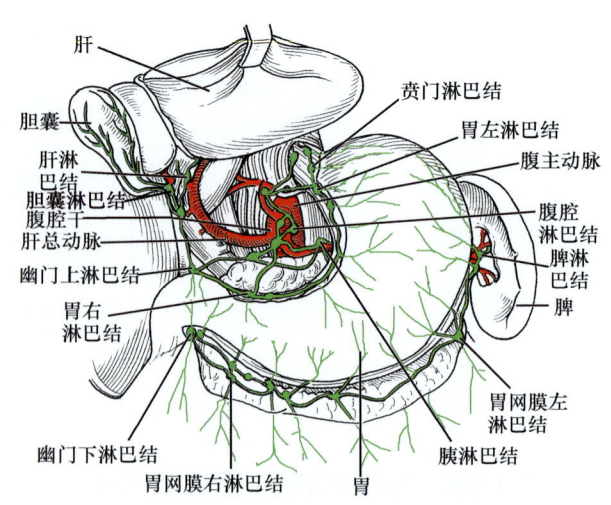

图 11-16　腹腔淋巴结

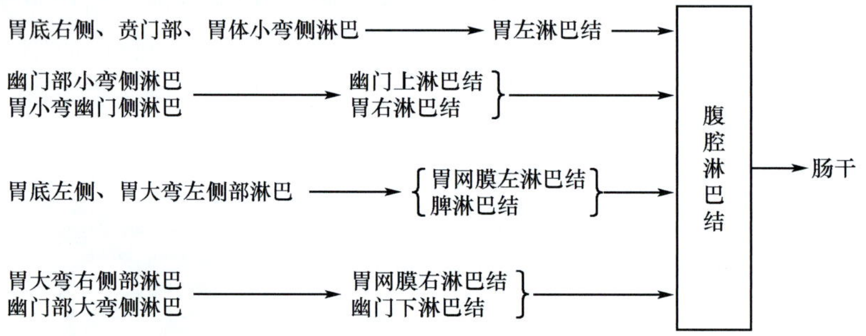

图 11-17　胃的淋巴引流

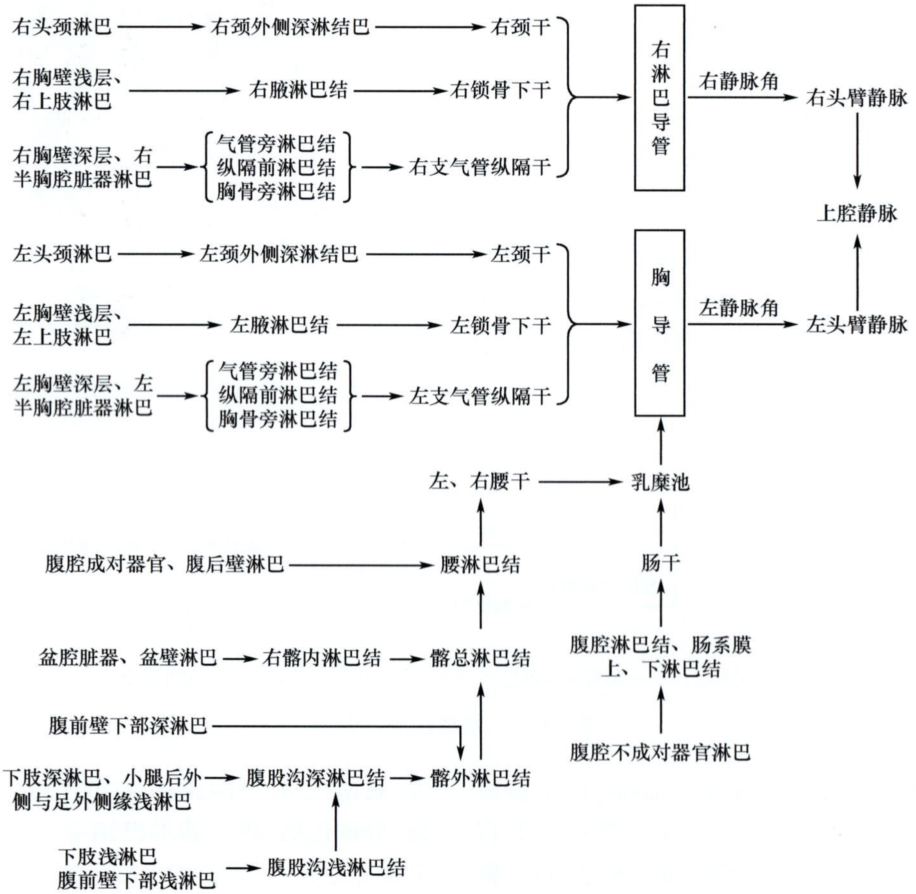

图 11-18　全身淋巴回流

【复习思考题】

1. 淋巴系统由哪些部分组成？有何功能？
2. 全身有哪些淋巴干？它们各自引流哪些区域的淋巴并注入何处？
3. 简述胸导管的起始、行程、注入部位和引流范围。
4. 肿瘤为什么容易经淋巴道转移？
5. 淋巴结在炎症扩散、肿瘤转移过程中有什么作用？
6. 患胃癌时，癌细胞经何途径转移至左侧锁骨上淋巴结（Virchow 淋巴结）？
7. 乳腺癌患者，癌细胞可能会转移到哪些淋巴结？
8. 宫颈癌时，癌细胞可能会转移到哪些淋巴结？

（田顺亮）

第四篇 感觉器官

人类历经数百万年进化,终成万物之灵。身处变化万千的世界,我们是如何去观察五彩缤纷的世界,如何去聆听天籁之声,如何感知大千世界的神奇与奥妙?

感觉器官 sensory organs 是机体接受内、外环境各种不同刺激的结构,又称**感受器**或**感官**。感觉器是感受器及其附属装置的总称。

感受器 receptor 广泛分布于身体的各个部位,种类繁多,其结构和功能各不相同。有些感受器结构非常简单,仅为感觉神经的游离末梢所形成,如痛觉感受器;有些结构则较为复杂,它们除了感觉神经末梢外,还被一些细胞或组织结构形成的被囊所包裹,共同形成一个末梢感受器,例如位于皮肤内的环层小体、触觉小体等;还有些感受器结构则极为复杂,它们除具有高度分化的特殊感受器外,还有复杂的辅助装置共同构成,这种由特殊感受器及其附属装置共同组成的结构称为**感觉器官**或**感觉器**,如视器、前庭蜗器、味器和嗅器等。感受器的功能是接受机体内、外环境的各种不同刺激,并将其转变为神经冲动,然后由感觉神经传入中枢,经中枢整合后产生感觉,再由高级中枢发出神经冲动通过运动神经传至效应器,对刺激做出相应的反应。

人体的感受器种类繁多,形态和功能各异,故其分类方法较多,常用的有以下两种。一是根据特化程度分为两类:①**一般感受器**,分布于全身各部,如痛、触、压、温度、肌、肌腱、关节、内脏和心血管的感受器等;②**特殊感受器**,如分布于头部的眼、耳、鼻、舌,包括视、听、平衡、嗅、味的感受器。二是根据感受器所在的部位和接受刺激的来源而分为3类:①**内感受器**,分布于内脏和心血管等处,接受来自内环境的物理或化学刺激,如渗透压、压力、温度、离子及化合物浓度等;②**外感受器**,分布在皮肤、黏膜、视器和听器等处,接受来自外环境的刺激,如痛、温、触、压、光波、声波等刺激;③**本体感受器**,分布于肌、肌腱、关节和内耳位觉感受器等处,接受机体运动和平衡变化时所产生的刺激。感觉的产生是由感受器、传入神经和大脑皮质3个部分共同活动完成。这3个部分中的任何一个部分受到损伤,都会影响感觉的产生。

第十二章 视 器

【引子】

患者,男性,12岁,小学五年级学生。因上课时发现看不清黑板上的字迹1月余来医院就诊。经眼科检查左眼视力4.7,右眼视力4.5。患者看远处模糊,看近处清楚。其他检查无发现异常。初步诊断为轻度近视。请思考:①何谓近视?②近视的原因主要有哪些?

【学习目标】

一、掌握

1. 视器的组成和功能。
2. 眼球壁各层的形态结构与功能。
3. 房水产生和循环途径;前房角的结构和意义。
4. 正常人眼底所能见到的解剖学结构。
5. 结膜的分部和临床意义。
6. 眼球屈光系统的组成;晶状体的调节功能。
7. 眼球外肌的名称和功能。

二、了解

1. 眼球的附属结构。
2. 眼睑的分部和形态结构。
3. 泪器的组成及泪道的开口部位。
4. 眼的血管和神经分布。

"明眸善睐"——眼睛是心灵的窗户,也是观察和认识世界的窗口。试用所学的视器解剖学知识,如何理解我们生活中常见的"近视、远视、老视和白内障"等视觉异常现象?

视器visual organ 可接受外来光波的刺激,并将光波刺激转变为神经冲动,经视觉传导通路至大脑的视觉中枢而产生视觉。视器是由眼球及眼球的附属结构两部分构成。眼球的附属结构又称**眼副器**,包括眼睑、结膜、泪器、眼球外肌、眶筋膜和眶脂体等,对眼球起保护、支持和运动作用。

第一节 眼 球

眼球eyeball 是视器的主要部分,居眶内,借眶筋膜与眶壁相连。眼球前面有眼睑保护,后面由视神经连于脑,周围附有眼球外肌和泪腺等眼副器,并有眶脂体衬垫。眼球近似为球形(图 12-1),前面的正中点称**前极**,后面的正中点称**后极**,通过前、后极的连线称**眼轴**。从瞳孔的中央至视网膜中央凹的连线,与视线方向一致称**视轴**。眼轴与视轴相交呈锐角。在眼球两极间的中点,沿眼球表面所作的环形线称**赤道**,即**中纬线**。通过中纬线可将眼球切成前、后两半;环绕前、后极的连线叫**经线**,它与赤道线呈直角相交。眼球由眼球壁及其内容物所组成。

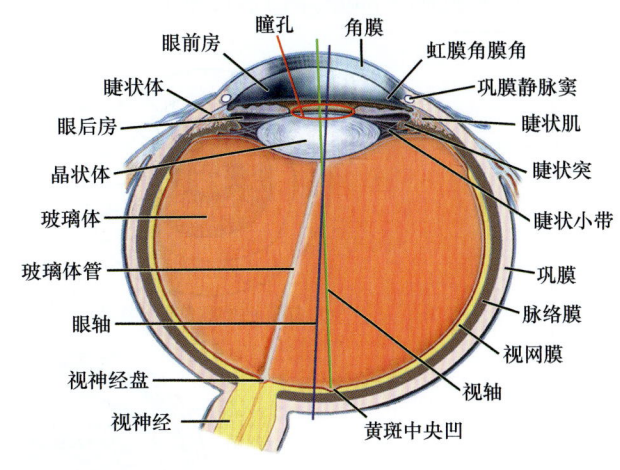

图 12-1 眼球的结构

一、眼 球 壁

眼球壁可分为 3 层,即外膜、中膜和内膜(图 12-2)。

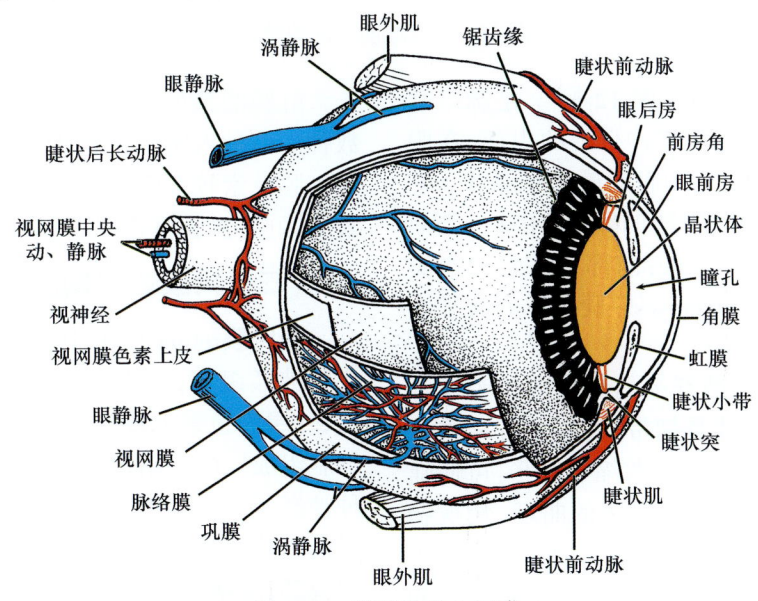

图 12-2 眼球壁的 3 层膜

(一) 外膜或纤维膜

外膜由强韧的纤维结缔组织构成,对眼球有支持和保护作用。可分为角膜和巩膜两部分。

1. 角膜 cornea 位于眼球正前方,占外膜的前 1/6,致密透明,曲度较大,有屈光作用。角膜无血管,但有丰富的感觉神经末梢,感觉极为敏锐,如遇刺激即引起闭眼反应,称**角膜反射**。

2. 巩膜 sclera 位于角膜后方,占外膜后 5/6,坚韧不透明,呈乳白色。对维持眼球的形状有良好的保护作用。巩膜的厚度不一致,在视神经穿出部附近最厚,巩膜愈向前愈薄,在眼球外肌附着处再次增厚。

在角膜和巩膜交界处称**角膜缘**,其深面有一环形不规则的小管间隙,称**巩膜静脉窦**sinus venosus sclerae 或 Schlemm 管,是房水循环的主要通道。

（二）中膜或血管膜

中膜位于外膜内面,富含血管、神经和色素,呈棕黑色,又称**色素膜**。中膜由后往前可分为脉络膜、睫状体和虹膜3部分(图12-1,图12-2)。

1. 脉络膜 choroid 位于中膜的后2/3,是富含有血管柔软的薄膜。其内面紧贴视网膜的色素层,外面与巩膜疏松结合,后方有视神经穿过。脉络膜具有输送营养物质并吸收眼内分散的光线以免扰乱视觉的作用。

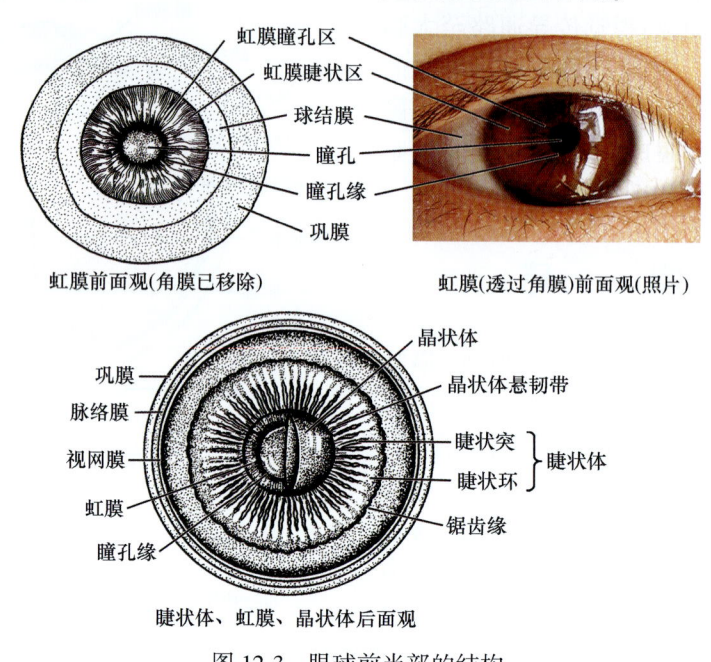

图12-3 眼球前半部的结构

2. 睫状体 ciliary body（图12-3） 是脉络膜向前的延伸,位于巩膜与角膜移行处的内面,在眼球的矢状面上呈三角形,为中膜的最肥厚部分。它的前缘和虹膜根部相连,后缘和脉络膜相接。其后部较平坦称**睫状环** ciliary ring;前部有许多向内突出皱襞称**睫状突** ciliary processes。睫状体内有平滑肌称**睫状肌**。

在睫状体表面有无数纤细的均质透明胶样纤维,称**睫状小带**或**晶状体悬韧带**,所有小带纤维都连接于晶状体被膜。睫状肌的收缩与舒张,可使睫状小带松弛与紧张,以调节晶状体的曲度,使视物焦点能准确投射到视网膜上。

3. 虹膜 iris 位于中膜的最前部,呈圆盘状的薄膜,中央有圆形的**瞳孔** pupil(图12-3)。在活体,透过角膜可见虹膜和瞳孔。虹膜把角膜和玻璃体之间的腔隙分为较大的**眼前房**和较小的**眼后房**,两者之间借瞳孔相通。在眼前房内,虹膜和角膜交界处构成**虹膜角膜角**,又称**前房角**。在虹膜内有两种不同方向排列的平滑肌:环绕瞳孔周围的称**瞳孔括约肌**;在瞳孔括约肌外呈放射状排列的称**瞳孔开大肌**,它们分别缩小和开大瞳孔。正常时,瞳孔在强光下或看近距离物体时缩小,在弱光下或看远方时开大。

虹膜的颜色有人种差异,可有黑、棕、蓝、灰等数种。白种人所含色素少,其虹膜呈浅蓝色;中国人虹膜色素较多而呈棕黑色;白化病患者因缺乏色素,其虹膜血管可透现而呈微红色。

（三）内膜或视网膜

视网膜 retina 位于中膜的内面,是一种高度分化的神经组织,故也称**神经性膜**。视网膜分为两层,外层为色素上皮层,由含大量的单层色素上皮细胞组成。内层结构较为复杂,含有感光细胞等多种神经元。视网膜的范围自视神经乳头起,直至虹膜的瞳孔缘为止。视网膜自后往前可分为3部分,即**视部**、**睫状体部**和**虹膜部**。视部最大,贴附于脉络膜内面,为视器的感光部分。睫状体部和虹膜部分别附着于睫状体和虹膜的内面,无感光作用称为**盲部**。视部与盲部以锯齿缘为界线,通常所讲的视网膜,系指视网膜视部而言(图12-1～图12-3)。视网膜的内、外两层之间有一潜在的间隙,病理情况下此间隙是造成视网膜剥离的解剖学基础。由于色素上皮层紧贴脉络膜,在经固定的标本上揭取视网膜时,常见色素上皮层保留在脉络膜上。在临床上由于某些病理情况导致此两层分离即为视网膜剥离症。

视部的前部较薄,后部较厚。在内面视神经的起始处有白色圆形的隆起,称**视神经盘**optic disc(又称**视神经乳头**),此处无感光细胞,故称**生理盲点**。该处为视网膜中央动脉、静脉出入的部位。在视神经盘的外侧(颞侧约3~4mm处),稍下方,有一黄色区域称**黄斑**macula lutea,其大小相当于视神经盘,中心有一浅凹称**中央凹**fovea centralis,是视力最敏锐之处。在活体,视神经盘、视网膜中央动静脉和黄斑等都是眼底镜检查时需要观察的重要内容(图12-4)。

视网膜外层为**色素上皮层**,由大量的色素上皮组成,紧贴脉络膜。视网膜内层的**视部**由3层神经细胞组成。最外层为紧邻色素上皮的感光细胞——视杆和视锥细胞;中层为双极细胞,将来自感光细胞的神经冲动传导至最内层的神经节细胞;节细胞的轴突向视神经盘处集中,穿过脉络膜和巩膜后组成**视神经**(图12-5)。

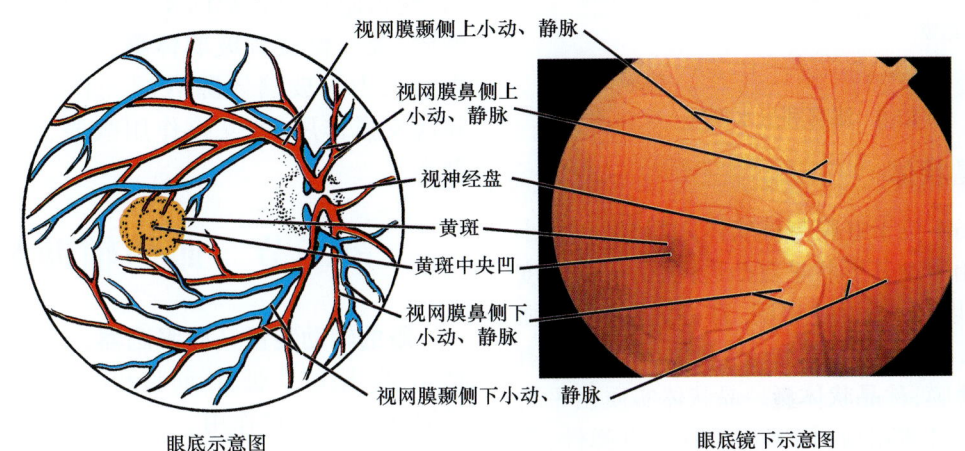

图12-4 正常人眼底

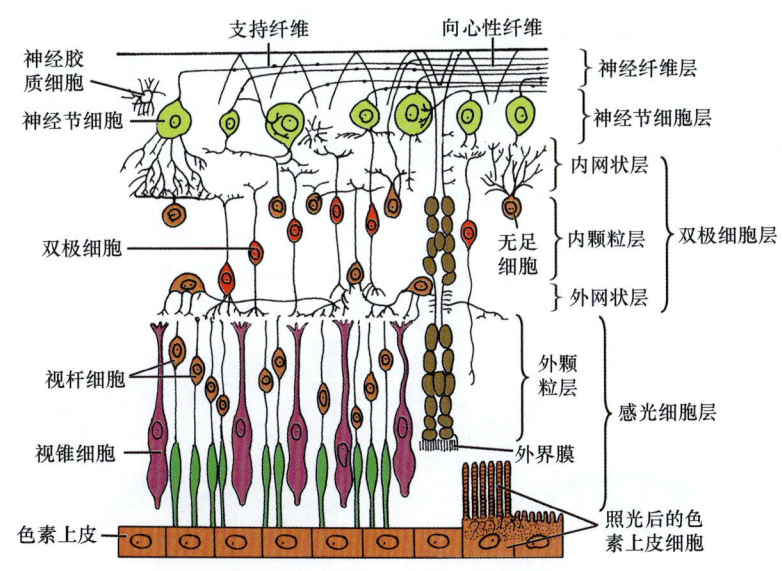

图12-5 视网膜神经细胞示意图

二、眼球的内容物

眼球的内容物包括房水、晶状体和玻璃体。它们和角膜一样透明而无血管分布,具有屈光作用。角膜、房水、晶状体和玻璃体共同组成眼的屈光系统。

(一)房水

房水aqueous humor 为充满眼房的无色透明液体,是决定眼内压的主要因素之一。

房水由睫状体所产生后自眼后房经瞳孔流入眼前房,再经虹膜角膜角隙渗入巩膜静脉窦,借睫前静脉汇入眼静脉(图12-6)。房水除了具有屈光作用外,还具有营养角膜和晶状体以及维持眼内压的功能。正常情况下,房水的产生与排出总是保持恒定的动态平衡,如果房水循环发生障碍,房水充滞于眼房中,引起眼内压升高,视力受损,临床上称为青光眼。

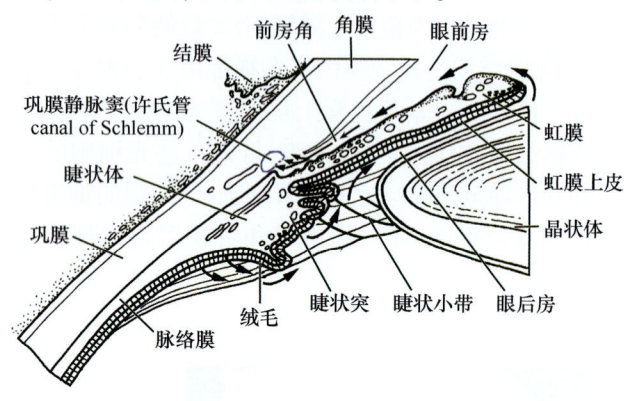

图 12-6 眼房和房水循环

(二) 晶状体

晶状体 lens 位于虹膜与玻璃体之间,借睫状小带与睫状体相连。其形状呈双凸透镜状,前面曲度较小,后面曲度较大,无色透明、富有弹性、不含血管和神经(图12-1,图12-3)。晶状体外包被具有高度弹性的薄膜,称**晶状体囊**。晶状体实质由平行排列的晶状体纤维组成,周围部质软具有弹性,称**晶状体皮质**,中央部较硬称**晶状体核**。先天或后天因素引起的晶状体变混浊,称为白内障。

晶状体借**睫状小带**(**晶状体悬韧带**)系于睫状突。晶状体是眼球屈光系统的主要装置,其曲度随所视物体的远近而变化。当视近物时,睫状肌收缩,向前牵引睫状突,使睫状小带松弛,晶状体则由于其本身的弹性回缩而变凸,特别是前面的曲度加大,屈光力度加强,使物像聚焦于视网膜上。当视远物时,与此相反。通常随年龄增长,晶状体纤维逐渐失去弹性,睫状肌也逐渐萎缩,调节作用减退,出现老视(即老花眼)。若眼轴较长或曲光装置的曲光率过强,则物像落在视网膜前,称之为**近视**。反之,若眼轴较短或曲光装置的曲光率过弱,则物像落在视网膜后,称之为**远视**。

(三) 玻璃体

玻璃体 vitreous body 位于晶状体与视网膜之间,约占眼球内容积的4/5。为无色透明的胶状物质,表面覆盖着**玻璃体囊**。若玻璃体混浊,可影响视力。玻璃体除有屈光作用外,还对视网膜起支撑作用,若支撑作用减弱,可导致视网膜剥离。

第二节 眼的辅助装置

眼的辅助装置又称**眼副器**,主要包括眼睑、结膜、泪器、眼球外肌、眶筋膜和眶脂体等,对眼球起保护、运动和支持作用。

一、眼 睑

眼睑 eyelids 位于眼球前方为保护眼球的屏障,可避免异物、强光、烟尘对眼的损害。眼睑分上睑和下睑,上、下睑缘之间的裂隙称**睑裂**。睑裂两侧上、下睑结合处分别称为**内眦**和**外眦**。内眦较钝圆,附近有微凹陷的空隙称泪湖,泪湖底部的隆起称**泪阜**。在上、下睑缘的内侧端各有一小隆起称**泪乳头**,其顶部有一小孔称**泪点**,是泪小管的开始处(图12-7)。

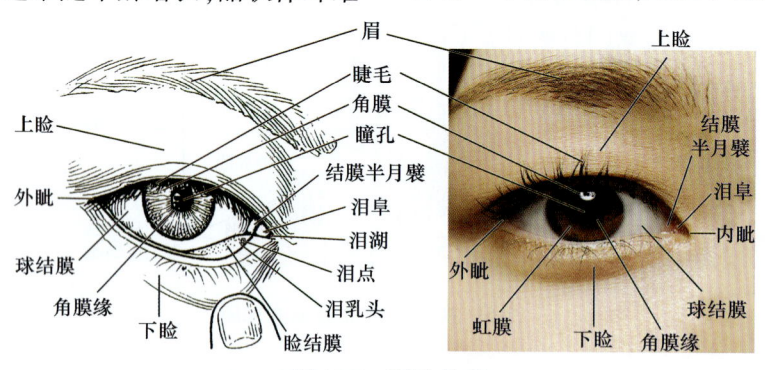

图 12-7 眼睑外观

眼睑有前、后两面。前面为皮肤,后面为结膜,二者之间有皮下组织、肌层和睑板。前后两面移行部的游离缘称**睑缘**。上、下睑缘可见排列整齐的**睫毛**,上、下睫毛均弯曲向前,故闭眼时不妨碍睑裂的关闭。睫毛有防止灰尘进入眼内和减弱强光的照射作用。如果睫毛长向角膜,则为倒睫,严重时可引起角膜溃疡、瘢痕、失明。睫毛根部有**睫毛腺**,此腺的急性炎症称睑腺炎(麦粒肿)。眼睑的皮肤细薄,容易形成皱襞。皮下组织疏松,缺乏皮下脂肪,可因积水或出血而肿胀。眼睑肌层主要为眼轮匝肌的睑部,该肌收缩时睑裂关闭,睑部手术做皮肤切口时,应与肌纤维方向平行,以利于切口愈合。

睑板为眼睑的支架,由致密的结缔组织构成,呈半月形,上、下睑板内有呈麦穗状分支的**睑板腺**。睑板腺与睑缘垂直排列,其导管开口于睑缘。睑板腺分泌油脂样液体,富含脂肪、脂肪酸及胆固醇等,有润滑睑缘和防止泪液外溢的作用。当睑板腺导管阻塞时,可形成睑板腺囊肿亦称霰粒肿。

眼睑对人的容貌具有重要的意义,所以眼睑是面部整容的主要内容之一。

二、结　膜

结膜conjunctiva 是一层薄而光滑透明的黏膜,覆盖在眼睑的后面和眼球的前面,止于角膜缘,富含血管。按其所在位置,结膜可分为 3 部(图 12-8):①**睑结膜**palpebral conjunctiva 是衬覆于上、下眼睑后面的部分,透明而光滑,与睑板结合紧密;②**球结膜**bulbar conjunctiva 为覆盖在眼球前面的部分,在近角膜缘处移行为角膜上皮,除在角膜缘处

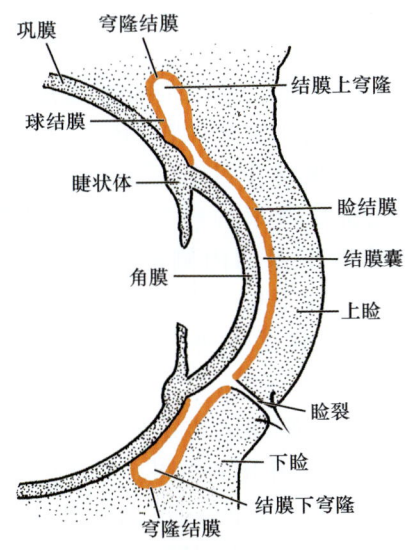

图 12-8　结膜的分部和结膜囊(眼球矢状切面)

与巩膜结合紧密外,其余部分连接疏松易于移动;③**穹隆结膜(结膜穹隆)**conjunctival fornix 位于睑结膜与球结膜移行处,其返折处形成结膜上穹和结膜下穹。当眼睑闭合时,整个结膜形成囊状腔隙称**结膜囊**conjunctival sac,此囊通过睑裂与外界相通。结膜囊的上部和外部较深,结膜多,各种结膜整形术时,多由上部或外部移动结膜。结膜炎时穹隆结膜易充血水肿,睑结膜和穹隆结膜还是沙眼的好发部位。

三、泪　器

泪器按其结构和功能可分成两个部分,即分泌泪液的泪腺和导流泪液的泪道系统。

(一) 泪腺

泪腺lacrimal gland 位于眶上壁外侧部的泪腺窝内(图 12-9),有 10~20 条排泄管开口于结膜上穹的外侧部。泪液能够供给眼球表面的湿润度,借以调节角膜上皮的膨胀度,达到维持角膜透明,同时维持眼球表面清洁、抑制细菌繁殖。多余的泪液则流向泪湖,经泪点、泪小管进入泪囊,通过鼻泪管排送至鼻腔。

(二) 泪道系统

泪道系统由泪点、泪小管、泪囊和鼻泪管 4 部分组成(图 12-9)。

1. 泪点 lacrimal punctum　是泪道系统的起始部,为一针眼大小的小孔,上、下睑各一,位于内眦的睑后缘内侧,泪乳头的尖端。正常的上、下泪点借泪乳头紧贴眼球表面,即使眼球向上、下转动时,泪点也不外露,使泪点始终浸于泪湖中,以便吸取泪液。

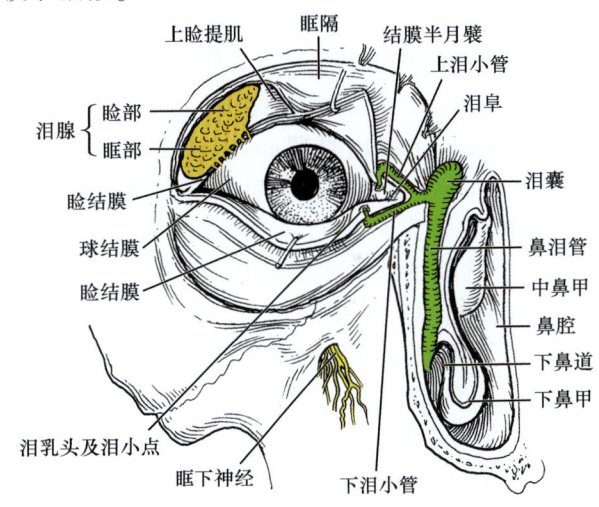

图 12-9　泪器

泪点异常可引起泪溢症。

2. 泪小管 lacrimal ductule　为连结泪点与泪囊的小管。在眼睑的皮下,起自泪点,分为上、下泪小管,最初均垂直行走,以后呈水平方向进入泪囊上部。

3. 泪囊 lacrimal sac　位于眶内侧壁的泪囊窝中,为一膜性盲囊。上部为一盲端,下部移行为鼻泪管。泪囊的前面有睑内侧韧带和眼轮匝肌睑部的纤维横过,眼轮匝肌还有少量的肌束跨过泪囊的深面,当该肌收缩时,牵引睑内侧韧带可扩大泪囊,使泪囊内产生负压,促使泪液流入泪囊。

4. 鼻泪管 nasolacrimal duct　为膜性管道。鼻泪管的上部包埋于骨性鼻泪管中,与骨膜紧密结

合;下部在鼻腔外侧壁黏膜的深面,开口于下鼻道外侧壁的前部。由于开口处的黏膜内有丰富的静脉丛,当感冒时,黏膜充血肿胀可使鼻泪管下口闭塞,使泪液向鼻腔引流不通畅,故感冒时常伴有流泪的现象。

四、眼球外肌

眼球外肌共有7条,均属骨骼肌。其中的6条与眼球运动有关,包括4条直肌和2条斜肌;还有1条是上睑提肌(图12-10)。

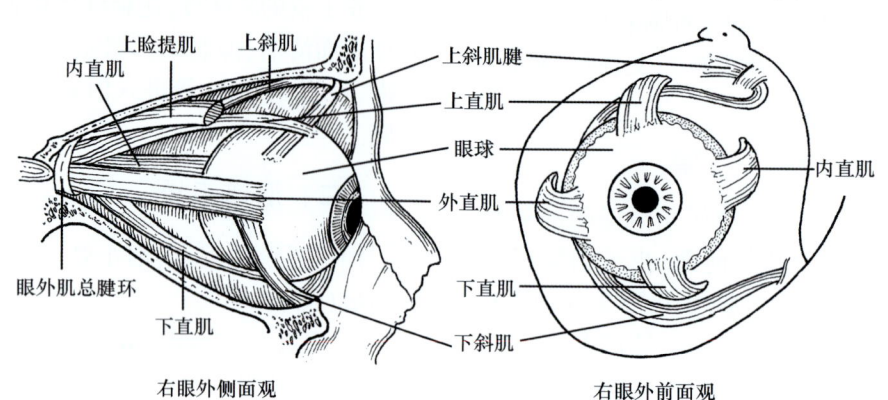

图 12-10　眼球外肌

1. 上睑提肌 levator palpebrae superioris　起自视神经孔上方的眶壁,在上直肌上方向前行,止于上睑皮肤,有提上睑、开大眼裂的作用。该肌受动眼神经支配,该肌瘫痪上睑下垂。

2. 4条直肌　分别为**上直肌** superior rectus、**下直肌** inferior rectus、**内直肌** medialis rectus、**外直肌** lateralis rectus。各直肌共同起自眶尖视神经管周围的**总腱环**,直肌向前行,在眼球中纬线的前方,分别止于巩膜的上、下方和内、外侧。上直肌在上睑提肌的下面,眼球的上方,使瞳孔转向上内方。下直肌在眼球的下侧,使瞳孔转向下内方。内直肌在眼球的内侧,使瞳孔转向内侧。外直肌在眼球外侧,使瞳孔转向外侧(图12-11)。除外直肌受展神经支配外,上、下直肌和内直肌均为动眼神经支配。

3. 2条斜肌　**上斜肌** superior oblique 是眼球外肌中最长的一条,起自视神经管的总腱环,位于上直肌和内直肌之间,经细腱通过附于眶内侧壁前上方的纤维滑车,然后转向后外,在上直肌的下方止于眼球中纬线后外方,使瞳孔转向下外方。此肌受滑车神经支配。**下斜肌** inferior oblique 起于眶下壁的内侧近前缘处,斜向后外行于下直肌与眶下壁之间,止于眼球下面中纬线之后,使瞳孔转向上外方。该肌受动眼神经支配(图12-11)。

正常情况下,眼球运动并非某一条肌收缩,而是两眼多条肌协同作用的结果。如仰视时,必须两侧上直肌(向上内)和下斜肌(向上外)同时收缩;俯视时,两侧下直肌和上斜肌同时收缩;侧视时,一侧的外直肌和另一侧的内直肌同时收缩;两眼会聚中线(聚合)时,两眼的内直肌同时收缩。当某一条肌出现问题时,可能会出现斜视或复视。

五、眶筋膜和眶脂体

眼球、眼肌和泪器等并没有完全充满眼眶,其余空间由眶筋膜和眶脂体等所填充(图12-12)。这些组织对眼球在眶内的固定和活动有重要意义。

(一) 眶筋膜

眶筋膜包括眶骨膜、眼球筋膜鞘、眼肌筋膜鞘等(图12-12)。

1. 眶骨膜　衬于眶腔内面,一般疏松附于眶壁上。但眶骨膜在眶缘、骨缝、各个眶裂、孔、泪囊

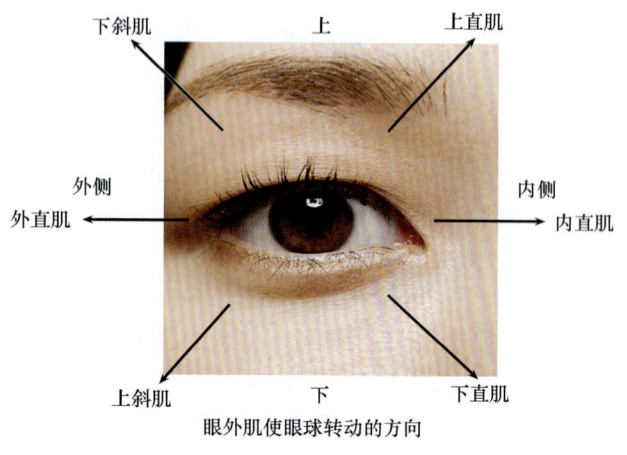

图 12-11　眼球外肌的作用方向

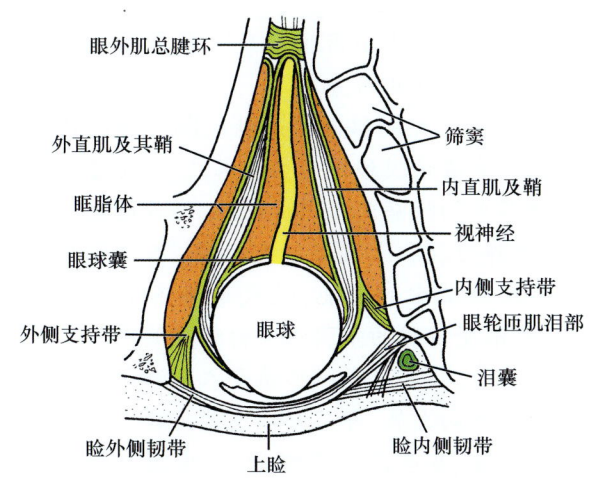

图 12-12 眶筋膜和眶脂体（眼眶水平切面）

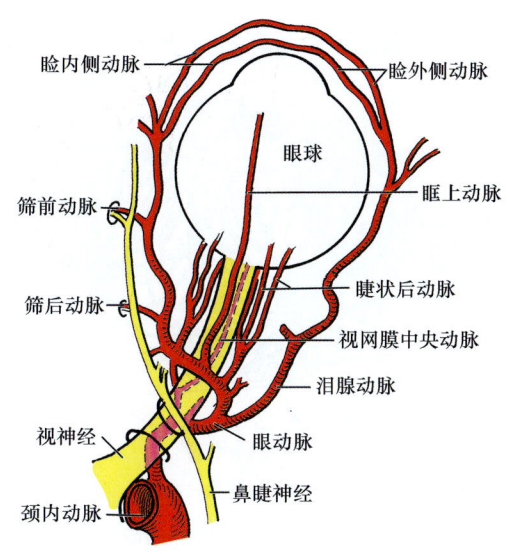

图 12-13 眼的动脉

等处则与眶骨壁牢固愈着，不易分离。

2. 眼球筋膜鞘 眼球筋膜鞘又名 Tenon 囊或眼球囊，是位于眶脂体与眼球之间的薄而致密的纤维组织，包绕眼球的大部分。眼球筋膜内膜光滑，其与眼球之间并非紧密相连，它与巩膜之间称巩膜外隙，其内穿插十分纤细而疏松的纤维，故不妨碍眼球的自由活动

3. 眼肌筋膜鞘 为包绕在眼球外肌周围的结缔组织膜。

（二）眶脂体

眶脂体是充填于眼球、眼球外肌与眶骨膜之间的脂肪组织。眶脂体对眼球、神经、血管及泪器等有保护作用。

第三节 眼的血管和神经

一、动 脉

眼球和眼副器的血液供应，除了眼睑浅层组织和泪囊的一部分来自颈外动脉的分支面动脉外，其余几乎全部是由颈内动脉的分支眼动脉供应（图 12-13）。

眼动脉 ophthalmic artery 起自颈内动脉，伴视神经一起经视神经管入眶，先在视神经的外侧，然后在上直肌的下方越至眼眶的内侧前行，终支出眶达鼻背。眼动脉在行程中发出分支供应眼球、眼球外肌、泪腺和眼睑等。在所有分支中，最重要的分支为视网膜中央动脉。

视网膜中央动脉 central artery of retina 视网膜中央动脉先在视神经下面前行，然后向上穿视神经，行走于视神经中央，经视神经盘穿出，分成 4 支，即视网膜内（鼻）侧上、下和外（颞）侧上、下动脉，它们分别供应视网膜鼻侧上、下和颞侧上、下的 4 个扇形区的视网膜内层，但黄斑的中央凹无血管分布。视网膜中央动脉是人体内唯一能被直接观察到的动脉，通过检查眼底视网膜血管的情况，对于了解某些疾病如高血压、动脉硬化、糖尿病等具有重要意义。

二、静 脉

眼静脉 ophthalmic vein 为眶内结构的血液主要回流静脉，眼静脉分为眼上静脉和眼下静脉。**眼上静脉**起于眶的前内侧，并在该处与内眦静脉及鼻额静脉等吻合，收集与眼动脉分支伴行的静脉血，向后经眶上裂注入海绵窦。**眼下静脉**起于眶下壁和内侧壁的静脉网，向后分成两支。一支经眶上裂注入眼上静脉；另一支行向外下方，经眶下裂注入面深静脉及翼静脉丛。眼静脉无静脉瓣，向前在内眦处与面静脉的内眦静脉有吻合，向后面注入海绵窦，面部感染可经眼静脉侵入海绵窦引起颅内感染。

眼内的静脉主要有：①**视网膜中央静脉** central vein of retina 与同名动脉伴行，收集视网膜的血液回流，穿出视神经后，注入眼上静脉。②**涡静脉** vorticose 或称**睫后静脉** posterior ciliary vein（图 12-14）位于眼球壁血管膜的外层，多数为 4 条，收集来自虹膜、睫状体和脉络膜的血液回流。该静脉呈旋涡状，在眼球赤道附近穿出巩膜。2 条上涡静脉汇入眼上静脉，2 条下涡静脉汇入眼下静脉。③**睫前静脉** anterior ciliary vein 收集眼球前部虹膜等处的血液回流。这些静脉都汇入眼上、下静脉。

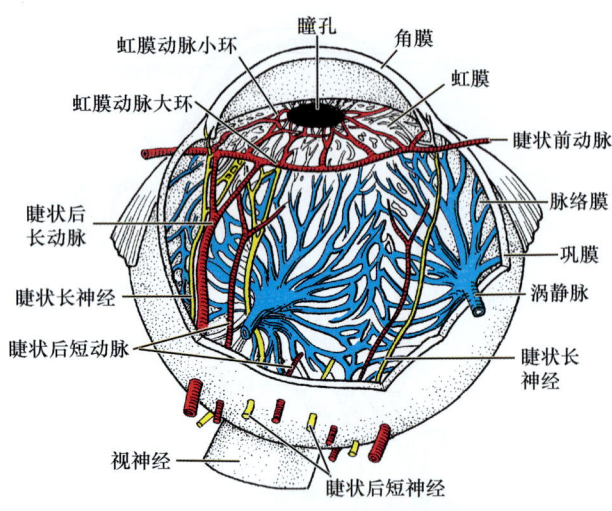

图 12-14　虹膜的动脉和涡静脉

三、神　　经

视器的神经支配来源较多,主要有:

1. 运动神经　眼球外肌神经支配有:动眼神经支配上直肌、下直肌、内直肌、下斜肌和上睑提肌;滑车神经支配上斜肌;展神经支配外直肌。

眼球内肌的瞳孔括约肌和睫状肌由动眼神经内的副交感神经纤维支配;瞳孔开大肌由交感神经支配。泪腺分泌由面神经内的副交感神经纤维支配。

2. 感觉神经　除视神经为特别感觉神经外,眼的一般感觉由三叉神经的眼神经分支支配。

【相关进展】

据 2008 年统计我国因角膜病致盲患者约 400 万人,角膜病已成为我国第 2 位致盲病因,但大部分角膜病致盲患者可通过角膜移植手术重见光明。角膜移植是目前组织器官移植手术中成功率最高的手术。近年来,我国角膜移植手术量增多,技术水平显著提高,但也存在着问题和面临着挑战,主要表现如下:

1. 角膜供体来源匮乏　2007 年我国颁布的《人体器官移植管理条例》明确了捐献眼角膜的立法问题,但由于宗教信仰、风俗习惯、文化背景等的影响,我国角膜捐献者甚少。由于供体来源匮乏,我国每年角膜移植手术的数量仅为 4000~5000 例,与发达国家(美国每年角膜移植手术量约 45000 例)甚至某些发展中国家相差甚远。我国角膜病致盲患者的绝对数量有逐年上升的趋势。

2. 成分角膜移植带来新问题　传统角膜移植以穿透角膜移植为主流术式,但穿透角膜移植不单切除病变的内皮细胞,连带健康的基质、前弹力层和上皮层一起切除,不仅增加了排斥反应发生的可能,造成患者不必要的损伤,也浪费宝贵的角膜供体材料。随着手术技术的进步,临床上角膜移植手术逐渐向成分角膜移植方向发展,即只移植患者角膜中发生病变的上皮、基质或内皮部分,如角膜缘干细胞移植、角膜上皮移植、板层角膜基质移植、带内皮的板层基质移植,以及单纯角膜内皮移植等,不仅术后并发症少,患眼光学效果也更好。成分角膜移植可以避免穿透角膜移植常见并发症,但也带来了一些新的问题,如后弹力层穿孔、双前房现象、内皮细胞丢失、内皮移植片移位或脱落等。

3. 成分角膜移植后排斥反应了解甚少　角膜移植成功率最高的主要原因是角膜无血管和淋巴管,处于相对的免疫豁免区。尽管如此,排斥反应仍是传统穿透角膜移植失败的首要原因,角膜移植后排斥反应的发生是多因素参与的复杂过程,尤其新生血管化的角膜、大移植片与偏中心移植、多次角膜移植等高危角膜病变,术后出现排斥反应的概率明显增加。但成分角膜移植后排斥反应情况的报道较少,其移植后排斥反应的临床特征和机理等值得深入研究。

【复习思考题】

1. 眼球壁及其内容物在视物过程中各有何作用?
2. 如何理解眼房与前房角的关系?
3. 简述房水和泪液的各自来源、去向及其功能。
4. 正常人眼底可见到哪些主要的结构?有何临床意义?
5. 根据眼球外肌的起止和位置,如何理解眼球外肌的功能?
6. 眼眶内除了有眼球、眼球肌和相关的血管神经外,还有哪些结构?对眼球有什么作用?
7. 简述眼的神经支配。

(刘　靖)

第十三章 前庭蜗器

【引子】

患者，男性，3岁，主诉：耳痛，发热。临床症状：感冒后哭闹喊疼，揪耳朵，持续性耳痛，有呕吐和腹泻，体温40.2℃。体检：鼓膜充血，标志不清，光锥移位，耳内有少量脓血性黏液流出，听力障碍。诊断：急性中耳炎。请思考：中耳炎是如何发生的？

【学习目标】

一、掌握

1. 外耳道的位置、形态结构和幼儿外耳道的特点。
2. 鼓膜的位置、形态结构。
3. 中耳的组成及分部。
4. 鼓室的位置、6个壁的形态结构及重要毗邻。
5. 咽鼓管的形态结构、位置及幼儿咽鼓管的特点。
6. 骨迷路和膜迷路的分部及形态结构。
7. 位觉感受器和听觉感受器的位置及功能。
8. 声波传导的途径。

二、了解

1. 耳廓的形态结构。
2. 听小骨的位置、形态结构。
3. 乳突小房及乳突的位置。
4. 内耳道的位置及通过结构。

前庭蜗器 vestibulocochlear organ 或**位听器**，又称为**耳**。包括感受位置变化刺激的**前庭器**（**位觉器**）和感受声波刺激的**蜗器**（**听觉器**）两部分。虽然这两部分的功能不同，但在结构上关系密切。前庭蜗器由外耳、中耳、内耳3部分组成（图13-1）。外耳与中耳是收集和传导声波的装置，内耳有接受声波和位觉刺激的感受器。

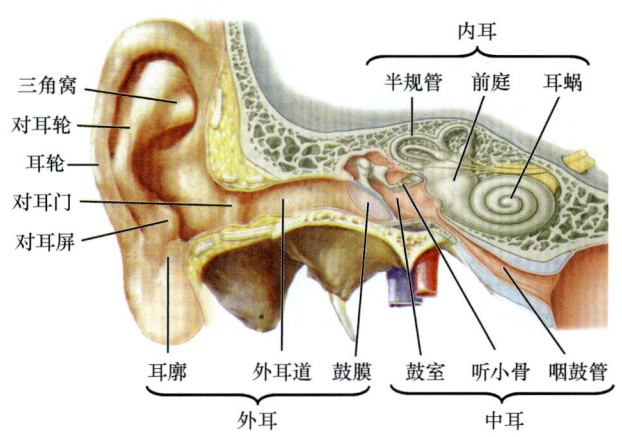

图13-1 前庭蜗器全貌

第一节 外 耳

外耳 external ear 包括耳廓、外耳道和鼓膜3部分。

一、耳 廓

耳廓 auricle（图13-2）位于头部两侧，为收集声波的漏斗状结构。耳廓的大部分以软骨作为支架，外覆以皮肤。耳廓下方一小部内无软骨，仅含结缔组织和脂肪，称为**耳垂**。耳廓的凹面朝向前外，表面高低不平，边缘向前卷曲称为**耳轮**。其前方有与之平行的隆起称为**对耳轮**。对耳轮前方有一深窝称为**耳**

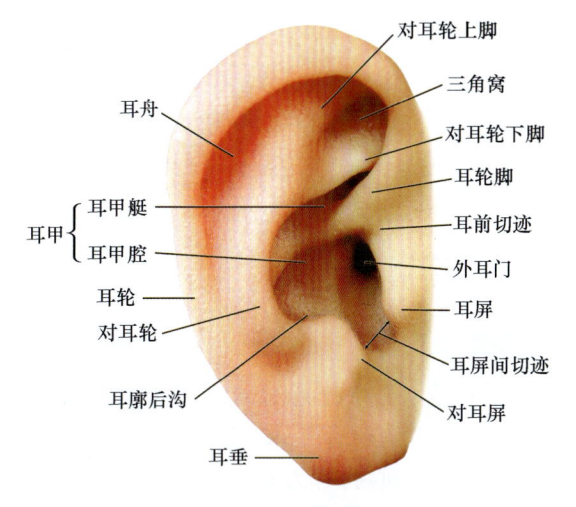

图13-2 耳廓

甲。耳甲腔向内由外耳门通入外耳道。外耳门前方有一突起称为**耳屏**。与耳屏相对，在对耳轮下端的突起称为**对耳屏**。

【临床联系】

耳廓软骨炎：发病突然，表现为单侧或双侧耳廓红肿疼痛，多复发或慢性化脓造成软骨的破坏，导致耳廓下垂或呈花椰菜样外观，可引起听力下降，也可出现浆液性中耳炎、神经感觉性耳聋和前庭功能障碍。

二、外耳道

外耳道 external acoustic meatus 为外耳门与鼓膜之间的管道，全长约2.5cm。外1/3为软骨部，内2/3为骨部（图13-1）。外耳道呈弯曲状，其方向由外向内为先向内上，继而稍向后，再弯向前内下方。外耳道软骨部可以拉动，进行外耳道及鼓膜检查时，须将耳廓向后上方牵拉，使弯曲的外耳道变直。婴儿的外耳道短而狭窄，且鼓膜位置较水平，在检查鼓膜时须将耳廓向后下方牵拉。外耳道皮肤内含有毛囊、皮脂腺和**耵聍腺**，其中耵聍腺的分泌物称为耵聍。外耳道的皮下组织少，皮肤与骨膜、软骨膜结合紧密，故发生炎症时，常疼痛剧烈。

三、鼓　　膜

鼓膜 tympanic membrane 为一椭圆形半透明的薄膜，位于外耳道底与鼓室之间（图13-1），与外耳道底约成45°~50°的倾斜角。鼓膜的中心部略向内凹陷，称为**鼓膜脐**，其内面有锤骨柄末端附着。沿鼓膜脐有一条向前上方走行的白线，称**锤纹**，是锤骨柄透过鼓膜表面所显示的映像，锤纹上端向前、后方有锤骨前、后襞。在两个襞之间约占鼓膜上1/4的三角形区域称**松弛部**，此部鼓膜薄而松弛，活体上呈淡红色。鼓膜下3/4为**紧张部**，较坚实而紧张，在活体上呈灰白色，其前下部有一个三角形的反光区称为**光锥**。当鼓膜内陷时，此光锥可变形或消失（图13-3）。

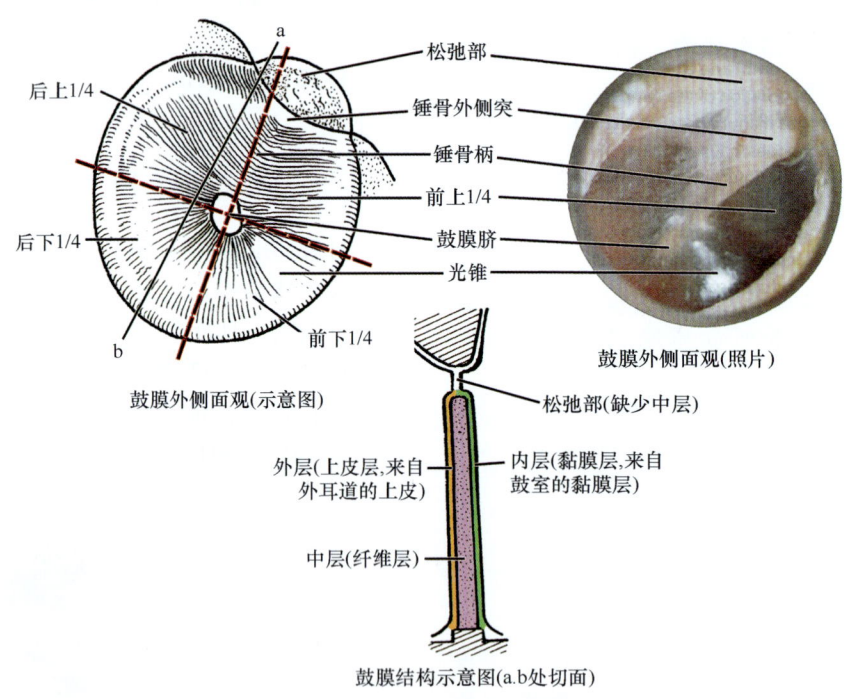

图13-3　鼓膜的形态和结构

【临床联系】

鼓膜炎：多伴随感冒或流感的病毒性炎症，好发于儿童和青年人，主要表现为突发耳闷胀感、耳内剧痛，听力轻度下降，外耳道深部皮肤及鼓膜有充血及血疱形成。无鼓膜穿孔。

第二节　中　　耳

中耳 middle ear 位于外耳和内耳之间，由鼓室、咽鼓管、乳突窦和乳突小房组成，是声波传导的主要部分。

一、鼓　室

鼓室 tympanic cavity 位于颞骨岩部内,为不规则的含气小腔,内有听小骨、肌肉、神经和血管等。鼓室经咽鼓管通咽腔,借乳突窦通乳突小房。鼓室的内面覆有黏膜,且与乳突窦和乳突小房的黏膜相延续。

(一) 鼓室壁

鼓室有6个壁(图13-1,图13-4,图13-5):

1. 上壁　为**鼓室盖壁**,为一薄层骨板,分隔鼓室与颅中窝,故鼓室内的炎症可以经此侵入颅内。

2. 下壁　为**颈静脉壁**,是颈静脉窝的较薄骨板,与颈内静脉相邻,临床上行鼓室手术时易损伤此静脉而导致出血。

3. 前壁　又称**颈动脉壁**,为颈动脉管的后壁,此壁的上部有**鼓膜张肌半管口**和**咽鼓管鼓室口**。

4. 后壁　为**乳突壁**,其上部有乳突窦的入口,由此向后经乳突窦通乳突小房。在乳突窦入口的下方有一小的骨性突起称**锥隆起**,内藏镫骨肌。

5. 外侧壁　为**鼓膜壁**,主要由鼓膜构成,鼓膜上方为颞骨鳞部所围成的鼓室上隐窝(图13-4)。

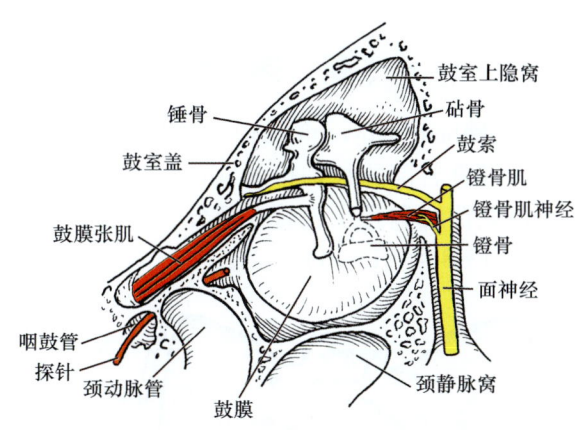

图13-4　鼓室外侧壁(内侧面观)

6. 内侧壁　称**迷路壁**,此壁的中部有圆形隆起,称**鼓岬**。鼓岬的后上方有一卵圆形的小孔称为**前庭窗**(或称**卵圆窗**),在活体被镫骨底所封闭。鼓岬的后下方有一圆形的小孔称**蜗窗**(或称**圆窗**),在活体由第2鼓膜所封闭。在前庭窗的后上方有一弓形隆起,称**面神经管凸**,内有面神经通过,在中耳手术或中耳炎症时常易损伤面神经。

(二) 鼓室内的结构

1. 听小骨　听小骨包括锤骨、砧骨和镫骨(图13-6)。

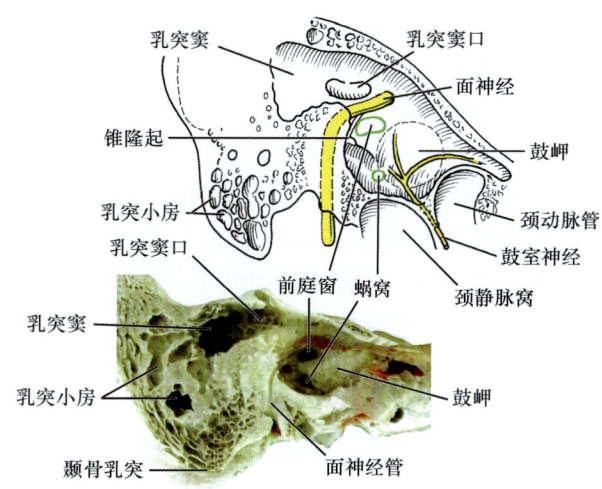

图13-5　鼓室内侧壁

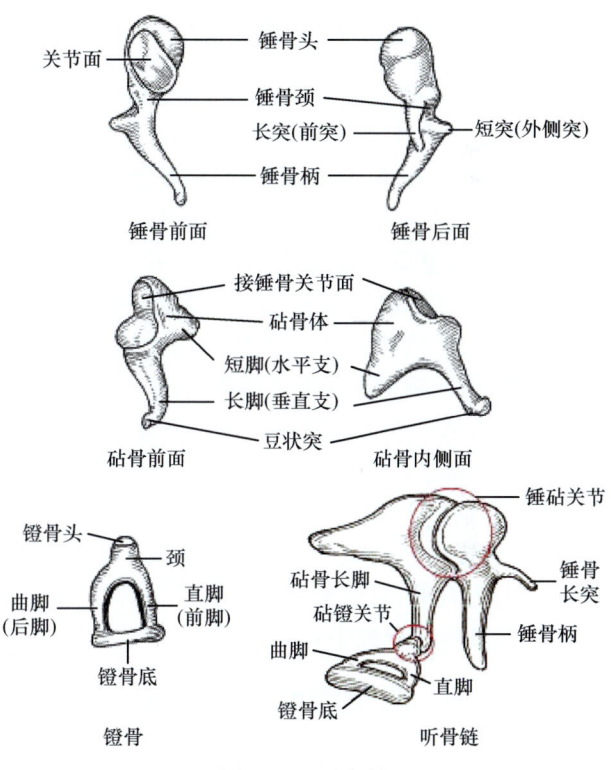

图13-6　听小骨

锤骨 malleus 形似鼓锤,可分为锤骨头、锤骨柄、外侧突和前突。**锤骨头**位于鼓室上隐窝内,与砧骨体构成砧锤关节。**锤骨柄**连于鼓膜紧张部的内侧面,柄的末端附于鼓膜脐处。

砧骨 incus 形似砧,包括砧骨体、长脚和短脚。**砧骨体**与锤骨头相关节,**长脚**与镫骨头相关节,**短脚**以韧带连于鼓室后壁。

镫骨 stapes 形似马镫,可分为镫骨头、镫骨颈、前脚、后脚和镫骨底。**镫骨头**与砧骨长脚相关节,**镫骨底**借韧带连于前庭窗边缘,封闭前庭窗。

听小骨链　是由3块听小骨以关节、韧带相连,形成一个曲折的杠杆系统,称为**听小骨链**。当声波冲击鼓膜时,引起听小骨链的相继运动,使镫骨底在前庭窗上来回摆动,将声波的振动传入内耳。所以当听小骨链受到损害时,可影响声波传导,造成听力下降。

2. 运动听小骨的肌 **鼓膜张肌**位于咽鼓管上方的鼓膜张肌半管内,起自咽鼓管软骨部、蝶骨大翼,肌腱至鼓室内,呈直角折向外下,止于锤骨柄上份。该肌受三叉神经的下颌神经支配,肌肉收缩时能牵拉锤骨向内,使鼓膜紧张。

镫骨肌位于锥隆起内,肌腱经锥隆起尖端小孔入鼓室,止于镫骨颈。该肌受面神经的分支支配,肌肉收缩时可牵拉镫骨头向后,以减轻镫骨底对内耳的压力,是鼓膜张肌的拮抗肌。

二、咽鼓管

咽鼓管auditory tube(pharyngotympanic tube)为连通鼻咽部与中耳鼓室之间的管道,成人长约3.5~4.0cm。咽鼓管在鼻咽部的开口称**咽鼓管咽口**,平时呈关闭状态,仅在吞咽时开放。咽鼓管在鼓室的开口称**咽鼓管鼓室口**。吞咽时空气可经开放的咽鼓管咽口、咽鼓管和咽鼓管鼓室口进入鼓室,从而调节鼓室内的气压,维持鼓膜内、外两侧的压力均衡。若**咽鼓管闭塞**,可影响中耳的正常功能。

咽鼓管从后外上方斜行向前内下方,可分为骨性部和软骨部。咽鼓管的外侧1/3位于颞骨内,为**骨性部**,内侧2/3由软骨和纤维组织构成,为**软骨部**,两部相接处较为狭窄,称**咽鼓管峡**。幼儿咽鼓管较成人短而平,且管径较大,故咽部感染易经咽鼓管侵入鼓室而导致中耳炎。

三、乳突窦和乳突小房

乳突窦mastoid antrum 和**乳突小房**mastoid cells 乳突窦位于鼓室上隐窝的后方,向前开口于鼓室,向后下与乳突小房相通连。乳突小房是颞骨乳突内大小不等、互相通连的含气小腔。乳突小房和乳突窦内面均衬以黏膜,并与鼓室的黏膜相延续。

【临床联系】

中耳炎:好发于儿童,病因一般为炎症和中耳积液所致。是累及中耳(包括咽鼓管、鼓室、乳突窦及乳突小房)全部或部分结构的炎性病变(如乳突窦炎)。临床表现为听力减退,耳痛和耳鸣,常伴有耳内闭塞或闷胀感,按压耳屏后可暂时减轻等。

第三节 内 耳

内耳internal ear 位于颞骨岩部的骨质内,介于鼓室内侧壁和内耳道底之间。内耳由形状不规则、构造复杂的管道系统组成,故又称**迷路**labyrinth,可分为**骨迷路和膜迷路**两部分。骨迷路由骨密质围成,膜迷路则套在骨迷路内(图13-7),两者之间的间隙内充满**外淋巴**,膜迷路内含有**内淋巴**。内、外淋巴互不相通。

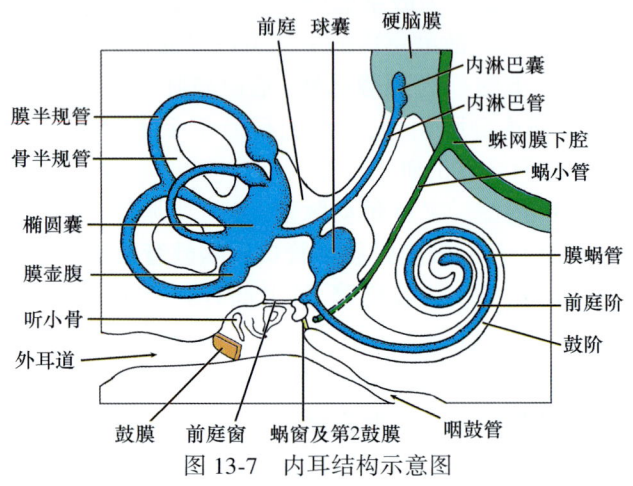

图13-7 内耳结构示意图

一、骨 迷 路

骨迷路bony labyrinth 是由骨密质构成的腔和管道,沿颞骨岩部的长轴排列,由前内向后外依次分为耳蜗、前庭和骨半规管3部分,它们之间互相通连(图13-8~图13-10)。

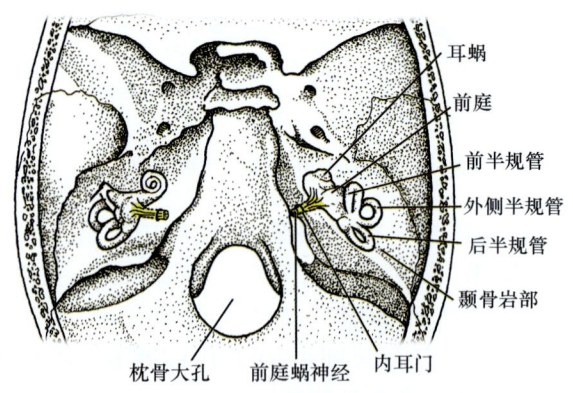

图13-8 内耳在颞骨岩部的投影

(一)前庭

前庭vestibule 位于骨迷路中部,为一不规则的椭圆形腔隙。前庭的外侧壁即中耳鼓室内侧壁的部分,其上部有一孔为前庭窗,由镫骨底封闭,下底朝向内耳道底称**蜗底**,尖端向前外侧称为**蜗顶**(图 13-11)。

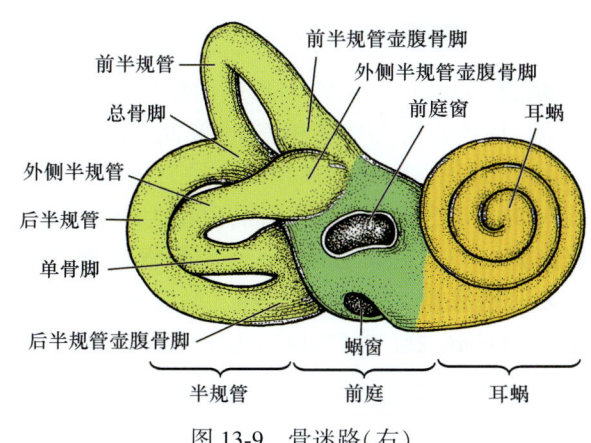

图 13-9 骨迷路(右)

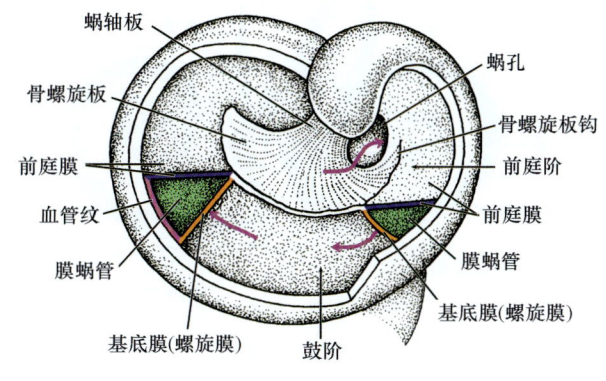

图 13-11 蜗顶示蜗管

耳蜗由骨性的**蜗螺旋管**环绕**蜗轴**约两圈半构成。蜗轴位于蜗顶与蜗底之间,呈圆锥形,骨质疏松,有血管和神经穿行其间。从蜗轴伸出**骨螺旋板**,其游离缘突入蜗螺旋管内,连于膜迷路的蜗管,将蜗螺旋管分隔为上、下两部,上部称为**前庭阶**,下部称为**鼓阶**。因此,耳蜗内共有3条管道:上方为前庭阶,起自前庭,于前庭窗处被中耳的镫骨底所封闭;中间为**蜗管**,其尖端为盲端,终于蜗顶处;下方为鼓阶,起于蜗窗的第2鼓膜。前庭阶和鼓阶在蜗顶处借**蜗孔**相通(图 13-9,图 13-12)。

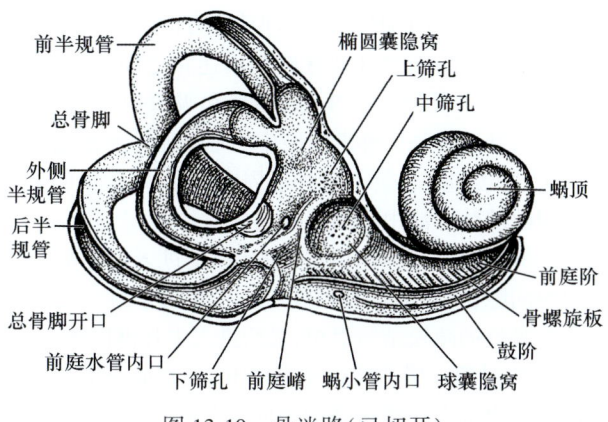

图 13-10 骨迷路(已切开)

部有一孔即蜗窗,由第2鼓膜封闭。前庭的内侧壁为内耳道底,壁上有一斜形突起为**前庭嵴**,嵴的前下方有**球囊隐窝**,容纳球囊,嵴的后上方有**椭圆囊隐窝**,容纳椭圆囊。前庭向前以一大孔通向耳蜗,向后以5个小孔与3个骨半规管相通。

(二)骨半规管

骨半规管bony semicircular canals 位于前庭的后外方,由3个互相垂直的半环形小管组成,管腔内径约 0.8~1.0mm。按其位置可分为**前骨半规管**、**后骨半规管**和**外骨半规管**3部分。每个骨半规管有两个骨脚,一个骨脚膨大成壶腹状称为**壶腹骨脚**,另一个骨脚较细小称为**单骨脚**。前、后骨半规管的单骨脚合成一个**总骨脚**,因此3个骨半规管以5个孔开口于前庭。

3个骨半规管互成直角。弓状隆起的深面为前骨半规管或称**上骨半规管**,凸向上方,平面与颞骨岩部长轴垂直。**外骨半规管**凸向外方,当头部向前倾斜30°角时,呈水平位。**后骨半规管**凸向后外方,平面与颞骨岩部长轴平行。

(三)耳蜗

耳蜗cochlea 位于前庭的前方,形似蜗牛壳,其

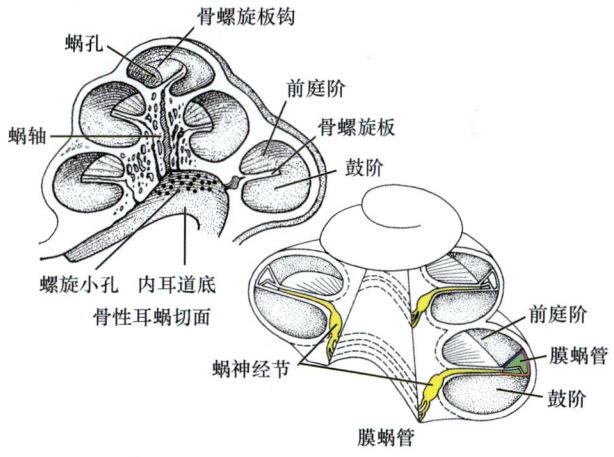

图 13-12 鼓阶、前庭阶及膜蜗管示意图

二、膜 迷 路

膜迷路membranous labyrinth 是套于骨迷路内的膜性管道,管径较小,借纤维束固定于骨迷路,由相互连通的膜半规管、蜗管、椭圆囊和球囊3部分组成(图 13-13)。

(一)椭圆囊和球囊

椭圆囊utricle 和**球囊**saccule 分别位于前庭内

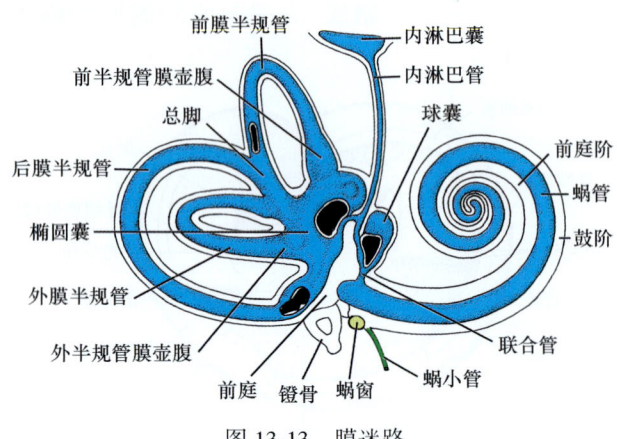

图 13-13 膜迷路

的椭圆囊隐窝和球囊隐窝。椭圆囊后壁有与膜半规管相连的 5 个开口,前壁以**椭圆球囊管**连接球囊。并延伸出**内淋巴管**和**内淋巴囊**,后者是内淋巴返渗入周围血管的部位。球囊下端以**连合管**与蜗管相接。

椭圆囊和球囊的壁内面均具有局部上皮增厚部分,分别称为**椭圆囊斑**和**球囊斑**,它们都是位觉感受器,能感受头部静止位置及直线加速或减速运动的刺激。

(二) 膜半规管

膜半规管 membranous semicircular ducts 位于骨半规管内,形态与骨半规管相似。在骨壶腹内的膨大部分为**膜壶腹**,壁内有上皮隆起形成的**壶腹嵴**,也是位觉感受器,能感受头部旋转变速运动的刺激。

(三) 蜗管

蜗管 cochlear duct 位于耳蜗的蜗螺旋管内,起自前庭,借连合管与球囊相连,也卷曲两圈半,并以盲端终于蜗顶。蜗管的横切面上呈三角形:外侧壁贴附于蜗螺旋管外侧壁的内面;上壁为**蜗管前庭壁**(**前庭膜**),与前庭阶分隔;下壁为**蜗管鼓壁**(**螺旋膜**,又称**基底膜**),与鼓阶相隔。蜗管鼓壁上有**螺旋器**或称 **Corti 器**(图 13-14),为听觉感受器。

(四) 内耳淋巴

内耳的淋巴包括外淋巴和内淋巴,为一种特殊的组织间液,在维持内耳正常生理功能方面起重要作用。

1. 外淋巴 充填于骨迷路和膜迷路之间,其成分与脑脊液相近。外淋巴的来源、循环和吸收尚不太清楚。一般认为外淋巴是由外淋巴腔中的毛细血管血液超滤液所产生,并经过蜗小管和听神经周围间隙、蜗轴中的血管周围间隙从脑脊液中增加某些成分。

外淋巴通过两种途径被吸收,一是进入淋巴腔邻近的组织间隙,经毛细血管吸收后汇入螺旋静脉。二是通过圆窗膜处的疏松结缔组织,最后进入中耳淋巴管。

2. 内淋巴 膜迷路内充满内淋巴,其成分类似于细胞内液。内淋巴在膜迷路的不同部位产生,但其详细情况仍然知之甚少。膜迷路内的内淋巴经内淋巴管引流至内淋巴囊,再经内淋巴囊进入周围的静脉丛。

声波的传导:声波传入内耳的途径有空气传导和骨传导两种,在正常情况下以空气传导为主。

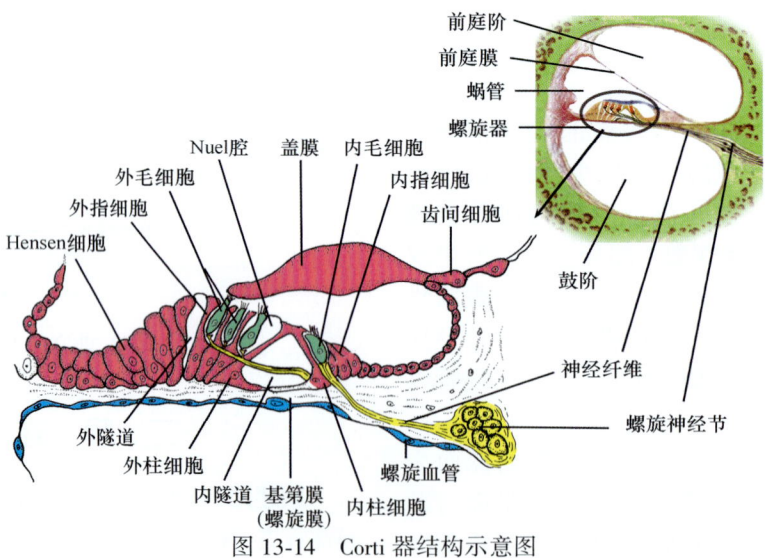

图 13-14 Corti 器结构示意图

1. 空气传导 耳廓收集的声波经外耳道引起鼓膜振动,再经听小骨链传到镫骨底,镫骨底来回撞击前庭窗,导致前庭阶外淋巴的波动,再经蜗孔传至鼓阶。蜗窗上的第二鼓膜则向相反方向振动缓冲淋巴的压力。外淋巴振动时引起膜迷路中的内淋巴波动,于是刺激螺旋器,并把这种刺激转变为神经冲动,经蜗神经传至脑而产生听觉(图 13-15)。

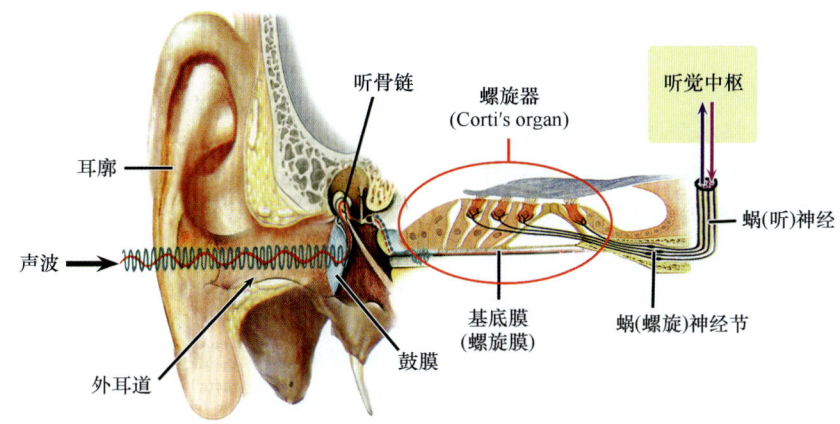

图 13-15　声音传导示意图

2. 骨传导　声波经过颅骨的传导,引起内耳淋巴的波动,经螺旋器转变为神经冲动,传入中枢,产生听觉。因鼓膜、听小骨链损伤或功能障碍所引起的听力下降,称**传导性耳聋**;因内耳螺旋器、蜗神经或中枢神经病变所引起的听力下降,称为**神经性耳聋**。传导性耳聋时,若用发声器直接与颅骨接触,通过骨传导尚能听到声音,故又称不完全性耳聋;神经性耳聋,虽空气传导和骨传导均无障碍,都不能产生听觉,故又称完全性耳聋。

三、内耳的血管和神经

(一)动脉

内耳的动脉来自迷路动脉和茎乳动脉(图 13-16)。**迷路动脉**多发自小脑下前动脉或基底动脉,伴前庭蜗神经至内耳门后分为蜗支、前庭支和前庭蜗支,分布于耳蜗、前庭和半规管等。**茎乳动脉**发自耳后动脉,主要分布于中耳,但有小支分布到部分半规管。当颈椎病时,椎动脉血供受阻,基底动脉供血不足,可影响内耳的血液供应而产生眩晕。

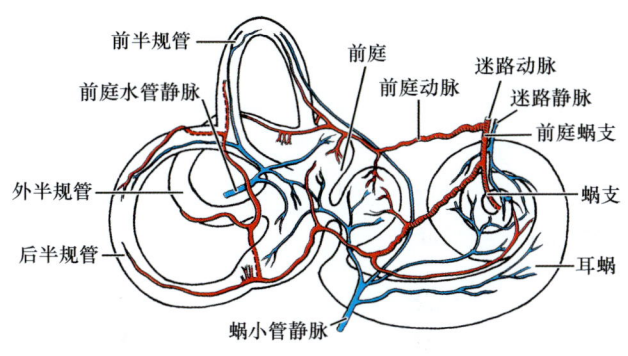

图 13-16　内耳的血液供应

(二)静脉

内耳的静脉与动脉伴行,汇合成**迷路静脉**后回流入岩上窦、岩下窦或横窦。

四、内　耳　道

内耳道 internal acoustic meatus 从内耳门开始,终于内耳道底部。内耳道底上有许多小孔,前庭蜗神经和面神经由此通过(图 13-17)。

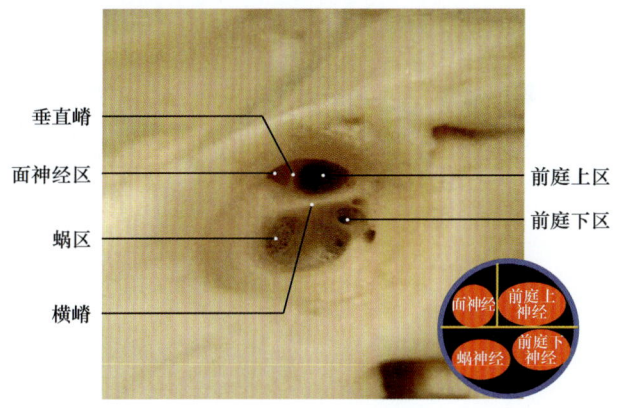

图 13-17　内耳道底

【临床联系】

神经性耳聋:是指病变在内耳、听神经或听中枢,虽然声音能正常传入内耳,但因病无法接受声音。常见的致聋病因有内耳损伤、药物中毒性聋、老年性聋、噪声性聋、突发性聋等。

> **【相关进展】**
> 人工耳蜗是帮助重度和极重度聋人恢复听觉的最有效的方法。临床观察结果表明，儿童期尤其是在婴幼儿时期，人工耳蜗植入对防止听觉剥夺、促进语言发展起到至关重要的作用。耳蜗植入装置的工作原理是利用声电换能装置代替聋人耳蜗内丧失功能的感觉细胞，直接刺激听觉神经使聋人产生听觉。近年来随着人工耳蜗技术的普及，国内越来越多的医院相继开展了人工耳蜗植入手术。

【附】其他感受器

一、嗅　器

嗅器位于鼻腔的嗅黏膜上，相当于上鼻甲以及相对应的鼻中隔及以上部分。此部黏膜呈棕黄色，内含有嗅细胞。嗅细胞为双极细胞，胞体呈梭形，细胞的周围突末端呈小球状膨大，称嗅小泡，自嗅小泡发出 6~12 根纤毛。嗅细胞的中枢突汇集成约 20 条嗅丝，穿过筛骨筛板的筛孔进入嗅球。

二、味　器

味器即**味蕾**，人类的味蕾主要分布于舌黏膜上的菌状乳头、叶状乳头和轮廓乳头上，以轮廓乳头上味蕾数量最多。此外在软腭、会厌等处的上皮内也有少量味蕾存在。舌前 2/3 的味蕾由面神经分布，舌后 1/3 的味蕾由舌咽神经分布，软腭和会厌等处的味蕾则由迷走神经分布。

三、皮　肤

皮肤覆盖于身体的表面，内含接受痛、温、触、压等刺激的感受器，皮肤的附属结构有皮脂腺、汗腺、毛发、和指（趾）甲等。全身各部的皮肤厚薄不等，背部、手掌、足底处最厚，四肢的伸侧皮肤比屈侧厚，眼睑部皮肤最薄。皮肤的颜色有种族和个体差异。在身体的乳头、阴囊、阴茎、大阴唇及肛门附近等处的皮肤色素较深。皮肤由表皮和真皮构成。

1. 表皮　为复层鳞状上皮，无血管分布。表皮的基底层细胞之间，有色素细胞。色素细胞的数量是决定肤色的主要因素。

2. 真皮　位于表皮的深面，由结缔组织构成。真皮内含有毛发、汗腺和皮脂腺，以及从深层来的血管、淋巴管、神经及神经末梢等。

【复习思考题】

1. 试述鼓膜的形态结构及其功能。
2. 试述鼓室的位置及其各壁的结构。
3. 内耳分哪几部？内耳中有哪些感受器，分别接受哪些刺激？
4. 试述声波的传导途径。

（古丽扎尔·阿布都热西提）

第五篇 神经系统

概 述

【学习目标】
一、掌握
1. 神经系统的区分。
2. 神经系统的常用术语。
二、了解
1. 神经系统的功能。
2. 神经元的形态结构及分类。
3. 突触的概念。

神经系统 nervous system 由脑、脊髓和周围神经组成。在人体各系统中,神经系统在功能上处于主导地位,协调和控制人体的其他系统的活动,使人体成为一个有机的整体。

神经系统通过全身感受器接受外界环境的各种刺激,这些刺激经传入神经传递至各级中枢,经中枢的整合作用后,由传出神经至效应器,使机体做出适宜的反应,以维持机体内环境的平衡和适应外环境的变化,保持生命活动的进行。另外,人类神经系统是在长期进化过程中形成的,与其他脊椎动物相比在结构组合的模式上是相似的,但人类的长期生产劳动和社会生活,促进了大脑的高度发展,不仅产生了更高级的感觉和运动中枢,而且大脑还成为语言文字、思维意识活动的物质基础。这使人类神经系统在结构和功能上远远超越其他动物,不仅能认识世界,而且可能动地改造客观世界。

一、神经系统的区分

神经系统(第五篇图 1)可分为**中枢神经系统**和**周围神经系统**两部分。

中枢神经系统包括位于颅腔的**脑**和位于椎管内的**脊髓**,脑又分为**延髓、脑桥、中脑、小脑、间脑**和**端脑** 6 部分。周围神经系统包括脑神经和脊神经。**脑神经**与脑相连,共 12 对,主要分布于头颈部,也分布于胸、腹腔脏器。**脊神经**与脊髓相连,共 31 对,主要分布于躯干和四肢。周围神经可根据其分布部位不同分为躯体神经和内脏神经。躯体神经通过脑神经或脊神经分布于体表、骨、关节和骨骼肌。内脏神经则经脑神经或脊神经分布于内脏、心血管、平滑肌和腺体。

在周围神经系统中,躯体神经和内脏神经均有感觉和运动纤维成分,分别称为感觉神经和运动神经。**感觉神经**是将神经冲动自感受器传入中枢,故又称为**传入神经**。**运动神经**则将中枢的神经冲动传向周围的效应器,故又称**传出神经**。内脏运动神经又分为**交感神经**和**副交感神经**。

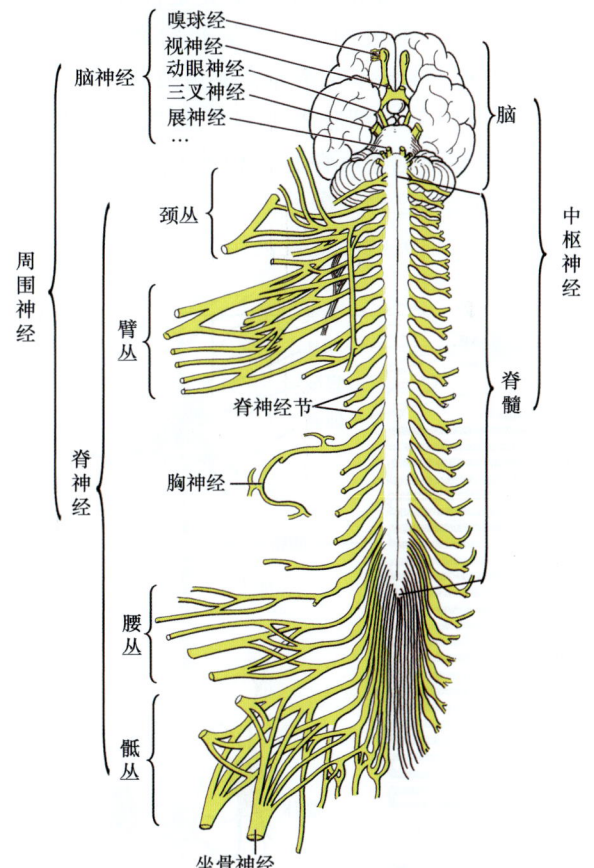

第五篇图 1 神经系统的概况图

二、神经系统的组成

神经系统的基本组织为神经组织,由**神经元**和**神经胶质**组成。

（一）神经元

神经元 neuron 即神经细胞，是神经系统的结构和功能的基本单位，具有接受刺激和传递神经冲动的功能。

1. 神经元的构造 神经元包括**胞体**和**突起**两部分（第五篇图2）。胞体为神经元的代谢中心，胞体的结构与其他细胞类似，如有细胞核、细胞质、细胞器和细胞膜。此外，还含有神经细胞所特有的尼氏体和神经原纤维。

尼氏体的化学成分为核蛋白体，是蛋白质合成的场所。神经原纤维对神经细胞有支持作用，与细胞内的物质转运有关。

由神经元发出的突起分为**轴突**和**树突**。神经元的树突是接受来自其他神经元或感受器传入信息的装置，结构大致与胞体相似。由神经元胞体发出的轴突通常只有1条，它发出少数侧支。不同类型神经元的轴突长短粗细不一，直径从0.2～2.0μm，长度可达1 m以上。轴突是神经元的主要传导装置，它将神经冲动自轴突起始部传向末端。轴突内因缺乏核糖体而不能合成蛋白质，生物大分子的合成并组装成细胞器的过程都是在胞体中完成的，但这些细胞器可在胞体和轴突之间进行单向或双向的流动，这种现象称为轴浆运输。若神经元的胞体受损，轴突就会变性甚至死亡。

依据神经元突起的数目不同可分为假单极神经元、双极神经元和多极神经元。**假单极神经元**自胞体发出一个短突起，随即呈"T"形分为两支，一支分布于周围部的感受器称周围突，另一支入脑或脊髓称为中枢突，部分脑神经节和脊神经节中的感觉神经元属于此类。**双极神经元**自胞体两端各发出一个突起，分别至感受器（周围突）和中枢部（中枢突），如视网膜内的双极细胞、内耳前庭神经节的感觉神经元等。**多极神经元**具有多个树突和一个轴突，中枢部的神经元多属于此类。

依据神经元的功能和传导方向不同将神经元分为感觉神经元、运动神经元和联络神经元。**感觉神经元** sensory neuron 将内、外环境变化的各种刺激传入中枢，故又称**传入神经元**，假单极神经元和双极神经元即属于此类。**运动神经元** motor neuron 将神经冲动自中枢传向周围部，故又称**传出神经元**，支配和控制心肌、平滑肌、骨骼肌和腺体的活动。**联络神经元** association neuron 或称**中间神经元**，在中枢部内位于感觉神经元和运动神经元之间，形态上属于多极神经元，此类神经元的数量大，占神经元总数的99%。

按神经元轴突的长短，可将中间神经元分为高尔基Ⅰ型细胞和高尔基Ⅱ细胞。**高尔基Ⅰ型细胞**

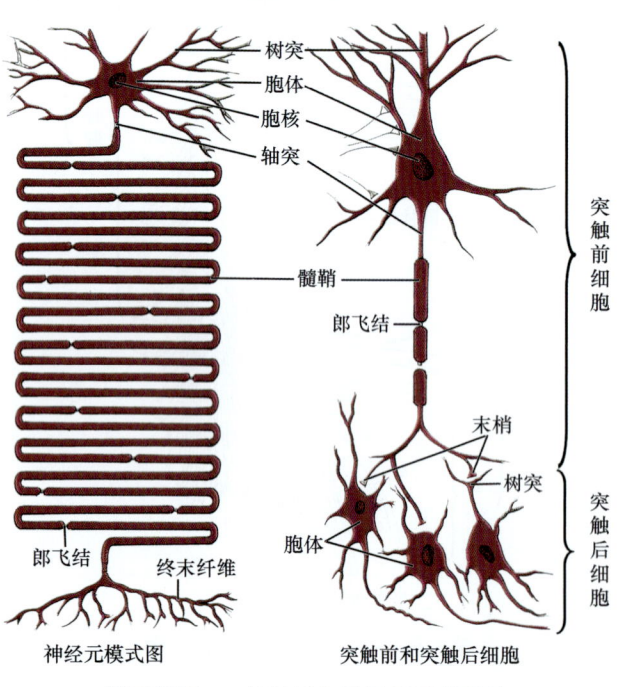

神经元模式图　突触前和突触后细胞

第五篇图2　神经元和神经元间的联结

2. 神经元的分类 神经元的分类有下列几种分法（第五篇图3）。

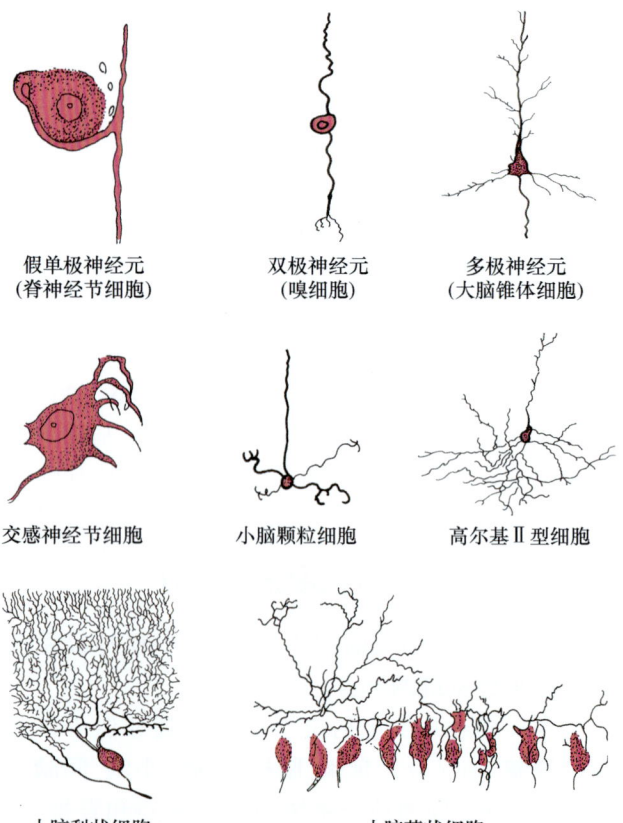

假单极神经元（脊神经节细胞）　双极神经元（嗅细胞）　多极神经元（大脑锥体细胞）

交感神经节细胞　小脑颗粒细胞　高尔基Ⅱ型细胞

小脑梨状细胞　小脑篮状细胞

第五篇图3　各种类型的神经元

的轴突较长,将神经冲动从中枢的某一部位传向另一部位,故称之为**接替性**或**投射性中间神经元**。**高尔基Ⅱ细胞**的轴突较短,仅在特定局限的小范围内传递信息,故又称**局部中间神经元**。

据神经元所合成、释放的神经递质不同,将神经元分为胆碱能神经元、生物胺能神经元、氨基酸能神经元和肽能神经元。其中**胆碱能神经元**以乙酰胆碱为神经递质,多位于中枢神经系统和部分内脏神经中。**生物胺能神经元**包括儿茶酚胺能神经元(分泌去甲肾上腺素、多巴胺等)、5-羟色胺能神经元和组胺能神经元等,广泛分布于中枢和周围神经系统。**氨基酸能神经元**以谷氨酸、γ-氨基丁酸、甘氨酸等为神经递质,主要位于中枢神经系统。**肽能神经元**广泛分布于中枢神经和周围神经系统,以各种肽类物质为神经递质,如生长抑素、P物质、脑啡肽等。

3. **神经干细胞 neural stem cells** 是指具有分化为神经元和神经胶质细胞的潜力,能够增殖并提供大量神经组织细胞的细胞。它具有干细胞自我更新和多向分化潜能的基本特征。

4. **神经纤维 nerve fibers** 神经元的较长突起和其外所包被的结构称为**神经纤维**。根据胶质细胞是否卷绕神经元轴索形成髓鞘,可将神经纤维分为**有髓纤维**和**无髓纤维**。周围神经中有髓纤维的髓鞘为施万细胞的突起环绕轴突形成多层同心圆螺旋板层结构;中枢神经有髓纤维的髓鞘为少突胶质细胞的突起形成。周围神经中的无髓纤维轴索也有施万细胞包绕,但没有形成多层同心圆结构。

神经纤维的表面有一薄层结缔组织包绕,称**神经内膜**。若干条神经纤维集合成束,其外包绕一层较致密的结缔组织,称**神经束膜**。神经束膜可分为内、外两层,外层由纵行的胶原纤维构成,纤维间有少量成纤维细胞和巨噬细胞。内层由神经束膜上皮构成,其内、外均有基底膜。神经束膜内含有血管。由粗细不等的神经束集合构成神经,其外包被致密结缔组织,称**神经外膜**。神经外膜可分为两层,包绕单个神经束或束间结缔组织称**内侧神经外膜**,包绕整条神经的结缔组织鞘称**外侧神经外膜**或**束外神经外膜**。神经外膜含有成纤维细胞、脂肪、淋巴管和血管。

5. **突触 synapse**(第五篇图4) 是指神经元与神经元之间或神经元与效应器之间的特化区域。一个神经元通过突触把信息传递到另一个神经元或效应器,大多数突触需借助化学递质的作用才能完成神经冲动的传递,称为**化学突触**。化学性突触包括**突触前部**、**突触间隙**和**突触后部**3部分。突触前部有大量的突触小泡和突触前膜,小泡内含有高浓度的神经递质。当神经冲动传至突触前部时,此处的突触小泡内神经递质被释放到突触间隙,与突触后膜上相应受体结合或离子通道构型改变,导致电位变化而产生神经冲动,完成神经元之间的神经冲动传递。此外,体内少数部位还存在**电突触**,其突触间隙很小,一个神经元的电位变化可直接引起另一神经元的电位变化。常见的突触形式是一个神经元的轴突末梢与另一个神经元树突或胞体接触,称为轴-树或轴-体突触。但也有轴-轴突触、树-轴突触、树-树突触和体-体突触等(第五篇图5)。

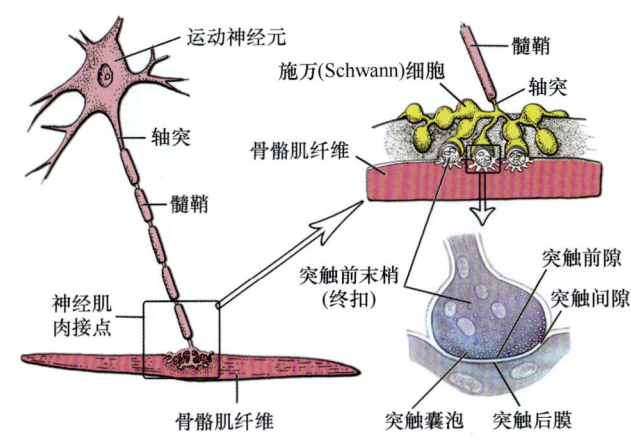

第五篇图4 运动神经元与骨骼肌细胞之间的突触结构——神经肌肉接点

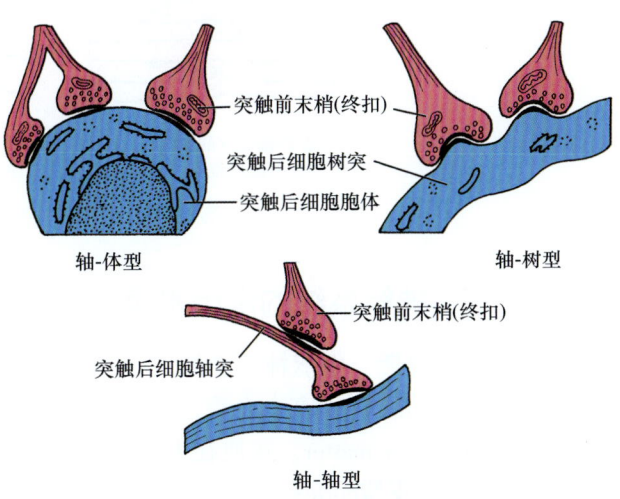

第五篇图5 突触的不同接触部位

(二)神经胶质 neuroglia 或称神经胶质细胞 glial cells

它们包绕或填充于神经元的胞体、树突和轴突之间,没有传递神经冲动的功能。在中枢神经系统中神经胶质细胞的数量比神经元多数十倍。神经胶质细胞包括星形胶质细胞、少突胶质细胞、小胶质细胞、室管膜细胞和施万细胞等（第五篇图6）。它们的功能是传递代谢物质、髓鞘的形成、对神经元的支持保护和修复作用等。另外，小胶质细胞还有吞噬异物的功能。

1. 星形胶质细胞 数量最多，分布于神经元胞体和突起之间，可分为原浆性星形胶质细胞和纤维性星形胶质细胞。有研究表明，星形胶质细胞除具有支持和营养作用外，还有许多重要功能，如调节神经元代谢和离子环境、合成和分泌神经营养因子等活性物质、参与脑免疫反应和引导神经元迁移等。

2. 少突胶质细胞 分布于中枢神经系统血管周围、脑和脊髓白质的纤维束之间及灰质的神经元周围。其主要功能是形成中枢神经系统内有髓纤维的髓鞘。

3. 小胶质细胞 是神经系统的巨噬细胞，分布于灰质和白质。当中枢神经受损时，处于静止状态的小胶质细胞被激活并增殖，吞噬和清除细胞碎片和溃变物质。

4. 室管膜细胞 衬附于脑室腔面及脊髓中央管，其功能为参与神经组织与脑脊液之间的物质交换。

5. 施万细胞 分布于周围神经系统，形成周围神经的神经膜或髓鞘。

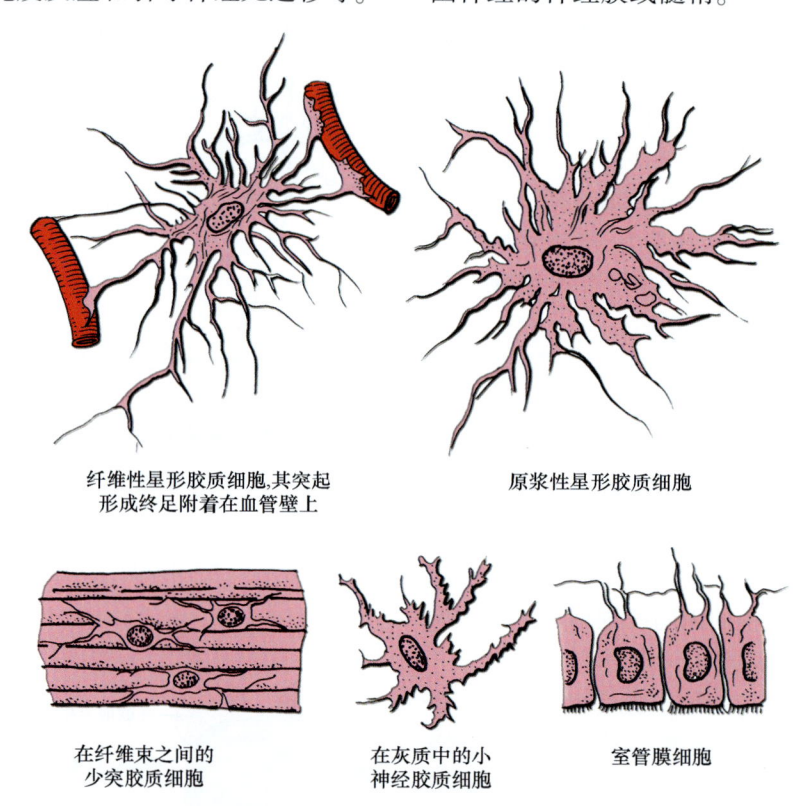

纤维性星形胶质细胞，其突起　　　原浆性星形胶质细胞
形成终足附着在血管壁上

在纤维束之间的　　在灰质中的小　　室管膜细胞
少突胶质细胞　　神经胶质细胞

第五篇图6　中枢神经系统内的各种神经胶质

三、神经系统的常用术语

1. 灰质和皮质 中枢神经系统内神经元的胞体和树突聚集的部位，因富含血管在新鲜标本上呈灰色，称为**灰质**gray matter。灰质在大、小脑表面形成一个灰质层称**皮质**cortex。

2. 白质和髓质 中枢神经系统内神经纤维聚集的部位，因纤维的髓鞘含有类脂质而色泽白亮因而称**白质**white matter。分布在大、小脑深面的白质又称**髓质**medulla。

3. 神经核和神经节 形态与功能相似的神经元，其胞体常聚集成团或柱，在中枢神经系统内称**神经核**nucleus，在周围神经系统内称为**神经节**ganglion。

4. 纤维束和神经 在中枢神经系统内，起止行程与功能相似的神经纤维集合在一起，称为**纤维束**fasciculus tract，周围神经系统中神经纤维形成粗细不等的神经纤维束，称**神经**nerve。

【复习思考题】

1. 人体的神经系统是如何划分的？
2. 试述神经元的分类。
3. 解释下列名词：灰质、纤维束、神经核。

（张雁儒）

第十四章 中枢神经系统

【引子】

患者,男性,25岁,不慎仰面跌倒,背部着地时被一细而长的铁器刺伤,两下肢当即失去自主运动。数日后右腿稍能活动,1周后右下肢几乎恢复了运动,但左下肢瘫痪。就诊时检查发现:左下肢无随意运动,膝腱、跟腱反射亢进,Babinski征阳性。右侧躯干自胸骨剑突水平以下和右下肢浅感觉(痛、温觉)丧失,左侧痛、温觉完好;左下肢深感觉(位置觉、运动觉和振动觉)和精细触觉消失,右下肢正常。请思考:产生这些症状的原因是什么?

【学习目标】

一、掌握

1. 脊髓的位置和外形,脊髓节段的概念。
2. 脊髓横切面上灰质与白质的配布及各部的名称。
3. 脑干的组成,脑干各部的主要外部结构;菱形窝内的结构及第四脑室的位置与连通。
4. 脑干各段横切面上灰、白质的配布及其分布情况;脑神经核的名称、位置和功能。
5. 间脑的位置和分部;背侧丘脑的分部和特异性中继核的纤维联系;下丘脑和后丘脑的主要结构。
6. 小脑的位置和分部,小脑的分区,小脑扁桃体的临床意义。
7. 大脑半球外形、分叶及各叶重要沟回;脑皮质的机能定位;基底核、侧脑室的位置、立体概念、相互关系。
8. 内囊的位置、分部及各部通过的纤维束。
9. 脑室系统的组成和连通。

二、了解

1. 小脑分叶,小脑3对脚和小脑核。
2. 底丘脑和上丘脑的组成;第三脑室的位置和连通。
3. 胼胝体、前连合、穹隆的位置和联系部位。
4. 边缘系统的概念及功能。

中枢神经系统包括脊髓和脑,脑可以分为延髓、脑桥、中脑、小脑、间脑和端脑6个部分。延髓、脑桥和中脑合称为**脑干**。中枢神经系统由灰质、白质和神经核等组成。通过其中的纤维束将感觉信息传递到高级中枢,将运动信息传递到脊髓前角运动细胞和脑干的运动性脑神经核。

第一节 脊 髓

脊髓 spinal cord 起源于胚胎时期的神经管的尾部,神经管和神经元排列形成套层与边缘层,套层分化形成灰质,边缘层分化形成白质。由于细胞的增生,神经管的腹侧为**基板**形成脊髓灰质前柱及侧柱;背侧为**翼板**形成脊髓灰质后柱;神经管形成脊髓的部分其空腔形成脊髓中央管。与脑相比较,保留了神经管的基本结构,且具有明显的阶段性,其功能也相对简单。但是脊髓通过脊神经及脊髓内部的上行和下行的纤维束,与周围神经和脑的高级中枢产生广泛的联系,完成各种感觉和运动信息的传导。在正常生理状况下,脊髓能够独立完成许多反射活动,在脑的控制下可执行更复杂的功能。

一、脊髓的位置与外形

脊髓位于椎管内,外被3层被膜。上端于枕骨大孔处与延髓相续,在成人脊髓下端约平第1腰椎的下缘(新生儿可达第3腰椎的下缘),全长40~45cm左右,约占椎管全长的上2/3。

脊髓呈前后稍扁的圆柱形,全长粗细不均,自上而下有两处膨大:**颈膨大** cervical enlargement 平第5、6颈椎水平,为颈髓第4节至胸髓第1节,其发出神经分布至上肢;**腰骶膨大** lumbosacral enlargement 平第12胸椎水平,为腰髓第2节至骶髓第3节,其发出神经分布至下肢。腰骶膨大以下逐步变细呈圆锥状,称**脊髓圆锥** conus medullaris。脊髓圆锥的下端延续为无神经结构的细丝,称**终丝** filum terminale,止于尾骨背面,有固定脊髓的作用(图14-1)。

脊髓表面有6条纵行沟裂。前面正中线上的深沟称**前正中裂**;其两侧有左右2条浅沟称**前外侧**

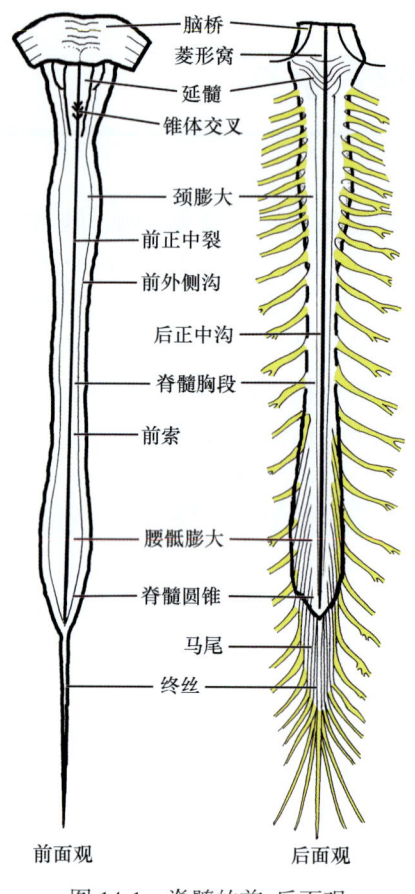

图 14-1 脊髓的前、后面观

沟;后面正中线上的浅沟称**后正中沟**;其两侧有左右 2 条浅沟称**后外侧沟**。前外侧沟自上而下穿出 31 对**脊神经前根**,由运动纤维组成;后外侧沟自上而下附着 31 对**脊神经后根**,由感觉纤维组成。每个脊神经后根处有一膨大,称**脊神经节** spinal ganglia,由假单极神经元的胞体聚集而成,其周围突参加脊神经,中枢突则组成后根经后外侧沟进入脊髓。每侧对应的前、后根在椎间孔处合并成**脊神经**,从相应的椎间孔穿出(图 14-2)。

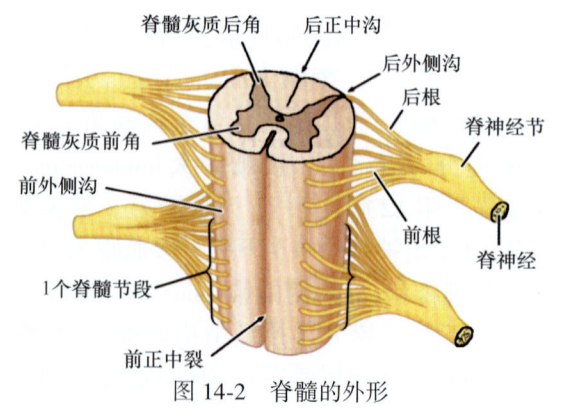

图 14-2 脊髓的外形

由于脊髓比椎管短,脊神经根距各自相应的椎间孔自上而下愈来愈远,致使脊神经根在椎管内自上而下逐渐倾斜下行,腰、骶、尾部的神经根几乎垂直下行,在脊髓圆锥的下方,包绕终丝,形成**马尾** cauda equina(图 14-3)。因此,临床上常选择在第 3、4 或第 4、5 腰椎棘突之间进针行蛛网膜下腔穿刺抽取脑脊液或注入麻醉药物,以避免损伤脊髓。

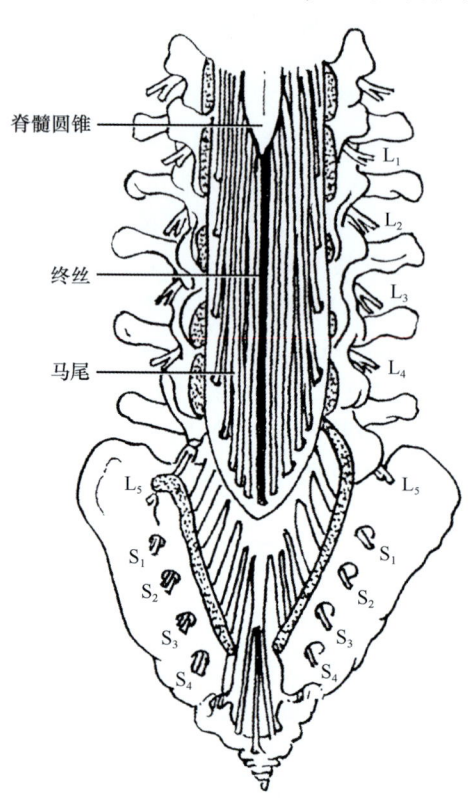

图 14-3 脊髓圆锥与马尾

二、脊髓节段及其与椎骨的对应关系

脊髓表面无明显节段性,但内部结构有节段性,全身共 31 对脊神经,通常把每对脊神经前、后根相连的一段脊髓称一个**脊髓节段** segmenta medullae spinalis,因此,有 31 个脊髓节段,即 8 个颈节(C),12 个胸节(T),5 个腰节(L),5 个骶节(S)和 1 个尾节(Co)。

胚胎早期,脊髓与椎管长度接近,从胚胎第 3 个月起,椎管的生长速度比脊髓快,因上端连接脑处位置固定,结果脊髓下端相对于椎管逐渐上移,出生时移至第 3 腰椎水平,成人则移至第 1 腰椎下缘水平,所以成人的脊髓节段与相应的椎骨不完全对应(图 14-4)。了解脊髓节段与椎骨的对应位置,在确定脊髓病灶位置时具有实际意义。例如根据某一脊髓节段的病变推算对应的椎骨平面,也可凭借受伤的椎骨位置来推测脊髓可能受损的节段。成人脊髓节段与椎骨的对应位置关系见表 14-1。

1. **灰质**　在脊髓横切面上(图14-5,图14-6),脊髓灰质呈"H"形,其正中有**中央管**central canal,贯穿于脊髓全长,并向上与延髓中央管相续。每侧灰质向前伸出的部分称**前角**anterior horn,向后伸出的部分称**后角**posterior horn,在胸髓和上部腰髓($L_{1~3}$)的前、后角之间还有向外伸出的部分称**侧角** lateral horn。连接两侧灰质的横行部分称**灰质连合**。

灰质内部由大量大小形态各异的多极神经元组成,各种相同类型的神经元往往聚集成簇,沿脊髓纵向排列,形成长度不一的**神经柱**(图14-7)。

(1)**前角**:也称**前柱**。主要由运动神经元组成,它们接受来自后根、后角细胞和脑下行纤维的联系,其轴突自前外侧沟穿出构成脊神经前根。根据形态和功能,前角运动神经元可分为两类:①**α运动神经元**,属大型细胞,这是支配骨骼肌的神经元,其躯体传出纤维约占前根的三分之二;②**γ运动神经元**,属小型细胞,这是维持肌张力的神经元,其躯体传出纤维约占前根的三分之一。前角运动神经元按位置分为内、外侧两群:**内侧群**神经元纵贯脊髓全长,支配躯干肌的运动;**外侧群**神经元在颈膨大和腰骶膨大处集中,支配四肢肌的运动。临床上的脊髓前角灰质炎,是指前角运动神经元受病毒侵犯,使运动神经元严重受损,导致相应肌肉发生瘫痪,常见于小儿,故称小儿麻痹症。

(2)**后角**:也称**后柱**。主要由联络神经元组成,接受后根的传入纤维,发出纤维行于中枢内,可进入对侧白质形成长距离的上行纤维束,将后根传入的神经冲动传导至脑,也可在脊髓节段内或节段间起联络作用。后角从后向前分为4个核团:①**后角边缘核**,是后角尖端的薄层灰质,由大型细胞组成;②**胶状质**,由大量小细胞组成,在新鲜标本上呈半透明胶冻状;③**后角固有核**,占后角大部分,由大中型细胞构成;④**胸核**,又称**背核**,位于后角基部内侧,仅见于颈8至腰2脊髓节段。

(3)**侧角**:又称**侧柱**。由中、小型细胞组成,仅见于脊髓胸1至腰3节段,是交感神经的**低级中枢**,其轴突随前根穿出,构成内脏运动的交感神经成分。在脊髓骶2~4节段,相当于侧角的部位,由小型神经元组成核团,称为**骶副交感核**,是副交感神经在脊髓的中枢,其轴突也随前根穿出,构成内脏运动的副交感神经成分。

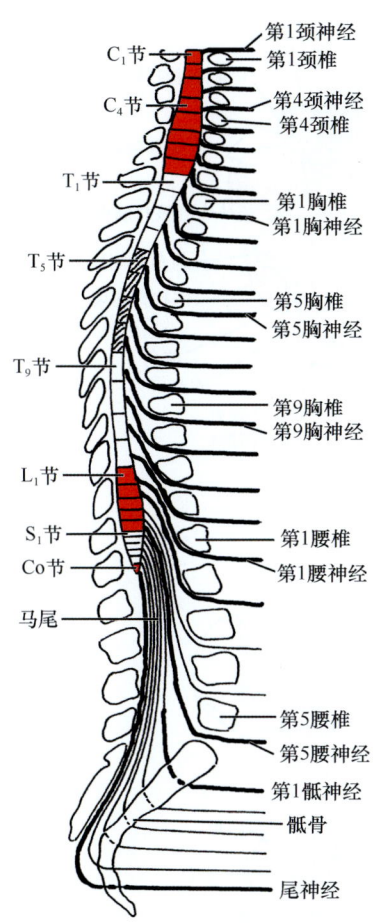

图14-4　脊髓节段与椎骨的对应关系

表14-1　脊髓节段与椎骨的对应关系

脊髓节段	对应椎骨	推算举例
上颈髓 $C_{1~4}$	与同序数椎骨同高	如第3颈节对应第3颈椎
下颈髓 $C_{5~8}$	较同序数椎骨高1个椎骨	如第5颈节对应第4颈椎
上胸髓 $T_{1~4}$	较同序数椎骨高1个椎骨	如第4胸节对应第3胸椎
中胸髓 $T_{5~8}$	较同序数椎骨高2个椎骨	如第6胸节对应第4胸椎
下胸髓 $T_{9~12}$	较同序数椎骨高3个椎骨	如第11胸节对应第8胸椎
腰髓 $L_{1~5}$	平对第10~11胸椎	
骶、尾髓 $S_{1~5}$、Co	平对第12胸椎和第1腰椎	

三、脊髓的内部结构

脊髓各节段中的内部结构大致相似,由中央部的灰质和外周部的白质所构成。

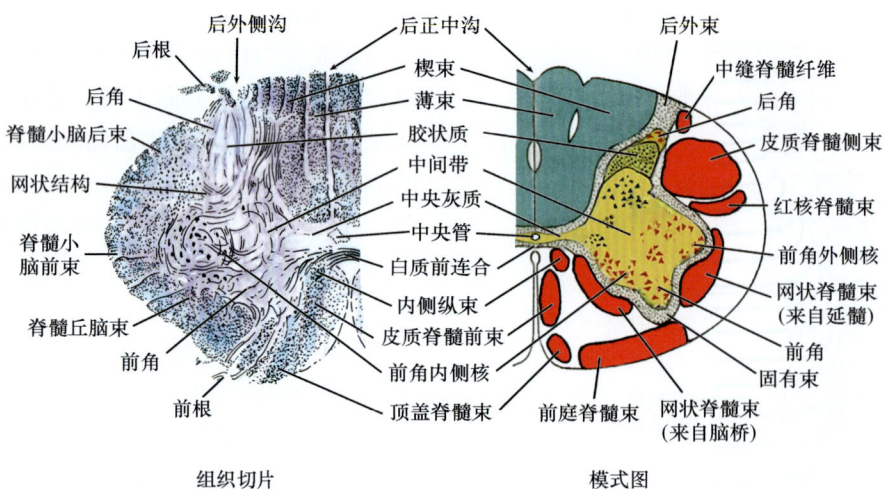

图 14-5 脊髓内部结构

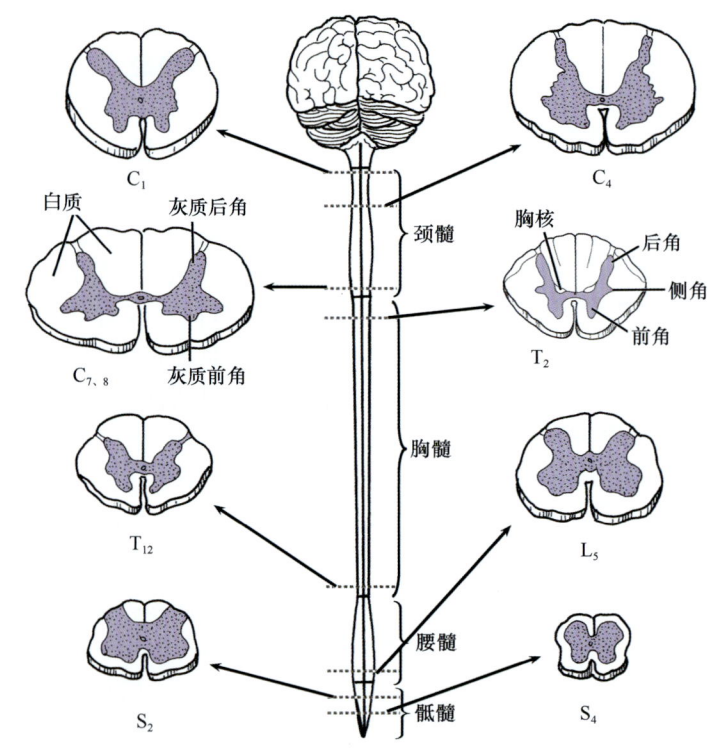

图 14-6 脊髓各部横切面的形态结构

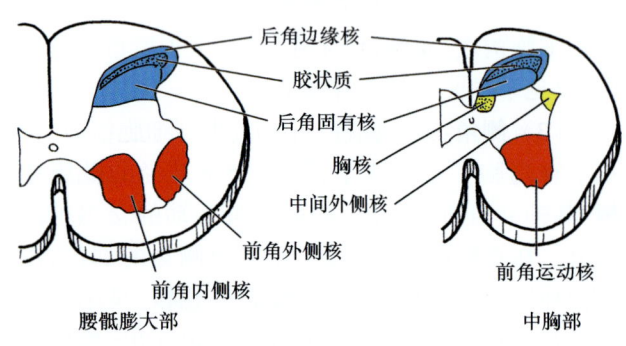

图 14-7 脊髓灰质的主要核团

根据 Rexed 等（20 世纪 50 年代）对脊髓灰质细胞构筑的研究，可以把脊髓灰质分成 10 个板层（图 14-8），这些板层从后向前分别用罗马数字 Ⅰ 到 Ⅹ 命名。Rexed 分层模式已被广泛用作对脊髓灰质细胞构筑的描述，但某些传统的脊髓核团名称目前也还在使用，了解二者之间的关系，有重要的实用意义。灰质 Ⅰ～Ⅵ 层组成脊髓后角（图 14-8）。

Ⅰ层（lamina Ⅰ）：Ⅰ层很薄，罩在后角的背侧缘，接受后根的传入纤维，层内含有**后角边缘核** posteromarginal nucleus。

Ⅱ层（lamina Ⅱ）：Ⅱ层即传统描写的**胶状质** substantia gelatinosa，此核贯穿脊髓全长，由大量密

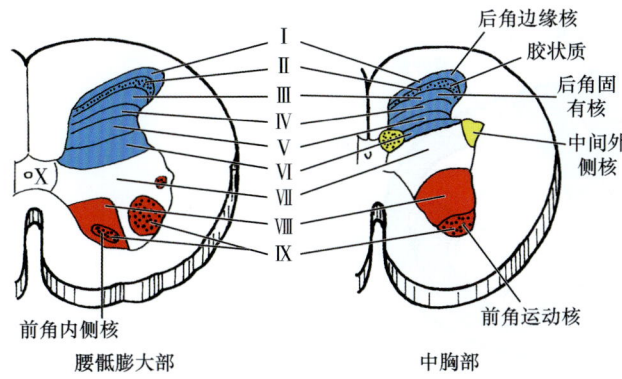

图 14-8 脊髓灰质的板层及其与核团的关系

集的小型细胞组成。此核接受直径较细、髓鞘较薄的后根传入纤维侧支及其他从脑干下行的纤维，其轴突（一般为无髓纤维）在周围白质中上、下行若干节段，与邻近节段的Ⅰ～Ⅳ层神经元构成突触。对分析加工传入脊髓的感觉信息特别是疼痛起重要作用。

Ⅲ层（lamina Ⅲ）：Ⅲ与Ⅰ、Ⅱ层平行，所含的细胞比Ⅱ层的略大。

Ⅳ层（lamina Ⅳ）：Ⅳ层较厚，细胞大小不一，其中稍大的细胞群又称为**后角固有核** nucleus proprius，此核界线不清。且Ⅲ层和Ⅳ层都接受大量的后根传入纤维。Ⅰ～Ⅳ层的头端与脑干的三叉神经脊束核（见后）的尾端相延续。

Ⅴ层（lamina Ⅴ）：主要位于后角颈部，分为内外两部分。外侧部细胞较大，并因与纤维交错排列而导致此层外侧与白质的边界不甚明显，形成所谓网状结构，这在颈部更为明显。Ⅴ层灰质除接受一定后根传入纤维外，大量来自脑部特别是大脑皮质的下行纤维止于此部。此部许多细胞发出纤维越边至对侧白质上行，是组成脊髓丘脑束的主要成分。

Ⅵ层（lamina Ⅵ）：Ⅵ层占据后角的基底部，一般仅见于颈、腰膨大部。此部接受后根传入纤维，但纤维相对较粗，与皮肤、肌肉及一些较深结构的感觉有关。

Ⅶ层（lamina Ⅶ）：Ⅶ层面积最大，占据灰质中间带。在膨大部诸节段，Ⅶ层的范围还伸入前角。此层内有一些易于分辨的核团：**中间外侧核** intermediolateral nucleus 占有 T_1 至 L_2（或 L_3）节段的侧角，是交感神经的节前神经元胞体所在的部位。此核团中的神经元发出纤维经前根进入脊神经，再经白交通支入交感干；**中间内侧核** intermediomedial nucleus 在Ⅶ层最内侧，紧靠Ⅹ层的外侧。此核占脊髓全长，接受来自后根的传入纤维，与内脏感觉有关；**胸核** nucleus thoracicus 也称**背核**或 **Clarke 柱**，仅见于 C_8 至 L_3 节段。此核境界明显，靠近后角基部内侧，发出纤维在同侧白质侧索上行止于小脑；此外，在 S_2 至 S_4 节段Ⅶ层的外侧部，还可见**骶副交感核** sacral parasympathetic nucleus，是至盆腔脏器的副交感节前神经元胞体所在的地方。

Ⅷ层（lamina Ⅷ）：Ⅷ层位于前角，是大量来自各级脑部的下行纤维终止的部位。

Ⅸ层（lamina Ⅸ）：Ⅸ层易于分辨，成自若干群支配骨骼肌的前角运动神经元。此层位于前角的最腹端，在颈、腰膨大部，前角运动神经元可分内、外两大群。内群位于前角腹内侧部，支配躯干部的固有肌；外群又由若干亚群组成，位于Ⅶ层外前方，支配四肢肌。前角运动神经元有两种，其中大型细胞为 α-运动神经元，其纤维支配跨关节的肌梭外骨骼肌，直接引起关节运动；小型细胞为 γ 运动神经元，支配肌梭内的骨骼肌，其作用与肌张力调节有关。如前角运动神经元遭到损伤会造成其所支配的骨骼肌瘫痪并发生萎缩，该肌的肌张力和腱反射也会减退或消失。

Ⅹ层（lamina Ⅹ）：Ⅹ层是围绕中央管的一个区域，某些后根传入纤维也止于此。

2. 白质 位于脊髓灰质周围，借脊髓纵沟分为3个索，前正中裂与前外侧沟之间为**前索** anterior funiculus；前、后外侧沟之间为**外侧索** lateral funiculus，后正中沟与后外侧沟之间为**后索** posterior funiculus。在中央管前方，左右前索间的纤维交叉，称**白质前连合**。

白质的每个索都由密集的纵行纤维束构成，包括联络脑与脊髓的上、下行纤维束，以及联络脊髓内部各节段的固有纤维。脊髓固有纤维紧靠脊髓灰质周围排列，是一层短距离纤维，称**固有束** fasciculus proprius（图 14-9）。

（1）**上行（感觉）纤维束**

1）**薄束** fasciculus gracilis 和**楔束** fasciculus cuneatus：占据白质后索，是脊神经后根内侧部纤维在同侧后索的直接延续。薄束来自第5胸节以下脊神经节细胞的中枢突，止于延髓的**薄束核**；楔束来自第4胸节以上的脊神经节细胞的中枢突，止于延髓的**楔束核**。因此，薄束在第5胸节以下占据全部后索，在第4胸节以上占据后索的内侧部，楔束位于后索的外侧部。薄束和楔束向脑部传导躯干和四肢的**本体感觉**（肌、腱、骨、关节的位置觉、运动觉

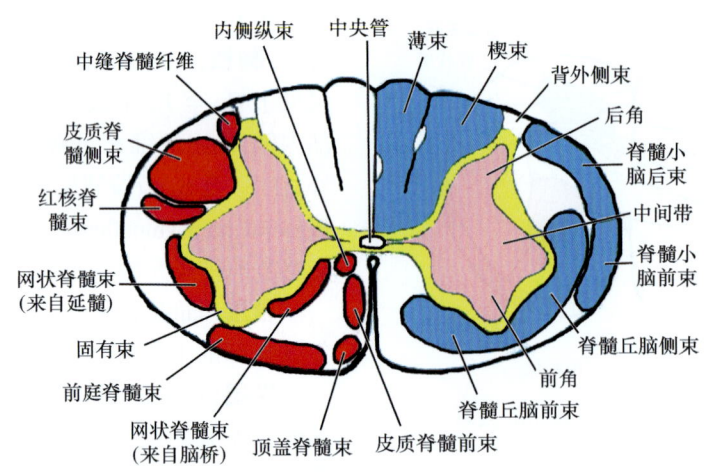

图 14-9 脊髓内的主要传导束

和振动觉)和**精细触觉**(辨别两点距离和物体纹理粗细)。当脊髓后索病变时,本体感觉和精细触觉不能向上传入大脑皮质,患者若不借助视觉(如闭眼或黑夜),就难以确定自身肢体的位置和运动状况,站立时身体摇晃倾斜,同时不能辨别所触摸物体的性状、纹理粗细等。

2) **脊髓丘脑束** spinothalamic tract:位于外侧索和前索。脊髓丘脑束起始于灰质后角神经元,纤维先上升1~2个节段,经白质前连合交叉到对侧,在前索和外侧索内上行,形成脊髓丘脑束,穿经脑干后止于背侧丘脑。交叉到外侧索上行的纤维束称**脊髓丘脑侧束**,其功能是传导**痛觉**和**温度觉**冲动;交叉到对侧前索内上行的纤维束称**脊髓丘脑前束**,其功能是传导粗触觉冲动。一侧脊髓丘脑束损伤时,损伤平面对侧1~2节以下的区域出现痛温觉减退或消失。由于后索传递精细触觉的存在,故对触觉影响不大。

(2) **下行(运动)纤维束**

1) **皮质脊髓束** corticospinal tract:包括位于外侧索的**皮质脊髓侧束** lateral corticospinal tract 和位于前索的**皮质脊髓前束** anterior corticospinal tract。皮质脊髓束起始于大脑皮质躯体运动中枢的运动神经元,行至延髓下部时大部分纤维交叉到对侧脊髓外侧索下行,即为皮质脊髓侧束;少数没有交叉的纤维下行于同侧脊髓前索,居正中裂两侧,即为皮质脊髓前束。下行过程中,皮质脊髓侧束沿途发出纤维止于同侧脊髓前角运动神经元,支配上、下肢骨骼肌的随意运动;皮质脊髓前束大部分逐节经白质前连合交叉后止于对侧的脊髓前角运动神经元,也有一些纤维不交叉,止于同侧的前角运动神经元,支配双侧躯干肌的随意运动。

2) **红核脊髓束** rubrospinal tract:位于皮质脊髓侧束的腹侧。此束纤维起于中脑红核后,立即交叉到对侧,下行于脊髓外侧索内,经脊髓后角神经元中继后止于前角运动神经元。此束可兴奋支配屈肌的运动神经元,同时抑制支配伸肌的运动神经元。

3) **前庭脊髓束** vestibulospinal tract:位于前索内,其纤维起自前庭神经核后,在同侧下行止于前角运动神经元。此束主要兴奋同侧伸肌运动神经元和抑制屈肌运动神经元。

4) **网状脊髓束** reticulospinal tract:位于前索和外侧索深部,其纤维起自脑干的网状结构,大部分在同侧下降,纤维止于前角运动神经元。此束主要与调节肌张力和运动协调有关。

5) **顶盖脊髓束** tectospinal tract:起自对侧中脑上丘,纤维行经大脑水管周围灰质腹侧与被盖背侧之间,交叉越边下行于脊髓前索,止于上颈髓Ⅵ、Ⅶ层,参与完成视听反射。

6) **内侧纵束** medial longitudinal fasciculus:主要起自双侧前庭神经核,于前索下行至颈髓,止于Ⅶ、Ⅷ层,主要协调眼球的运动和头、颈部的运动。

四、脊髓的功能

1. 传导功能 脊髓通过上行纤维束将躯干、四肢的感觉信息传至脑,同时又通过下行纤维束接受高级中枢的调控,因此,脊髓是脑与脊髓低级中枢和周围神经联系的通道。临床上脊髓横断时,因纤维束被阻断,脊髓失去高级中枢的调控,造成损伤节段以下感觉和运动全部丧失,称为截瘫。

2. 反射功能 脊髓作为一个低级中枢,有许多反射中枢位于灰质内,脊髓通过固有束和前后根完成一些反射活动。如腱反射、屈曲反射、排尿和排便反射等。

【临床联系】

1. 脊髓完全横断 损伤平面以下全部感觉和随意运动丧失,脊髓横断早期(数日至数周),各种脊髓反射均消失,处于无反射状态,称为**脊髓休克**。此后,各种脊髓反射可逐渐恢复,但损伤平面以下的感觉和骨骼肌运动不能恢复,可表现为肌张力增高,腱反射亢进,不能随意控制排便、排尿反射等。

2. 脊髓半横断 损伤同侧平面以下位置觉、震动觉和精细触觉(深感觉)消失及同侧肢体痉挛性瘫痪(硬瘫);损伤平面以下对侧痛、温觉(浅感觉)消失。这些症状称之为**布朗-色夸综合征** Brown-Sequard Syndrome。

3. 脊髓空洞症 脊髓中央管扩大使脊髓中央形如空洞,若病变伤及白质前连合,则可造成传导痛、温觉的脊髓丘脑束纤维在此处受损,导致损伤平面以下双侧节段性痛温觉消失。但深感觉正常,这种现象称为**感觉分离**。

4. 脊髓灰质炎 脊髓灰质炎病毒感染致脊髓前角病变,表现为其所支配区域骨骼肌(如一侧下肢)软瘫、肌张力低下、腱反射消失、肌萎缩,但感觉正常。

(张雁儒)

第二节 脑

脑 encephalon 起源于胚胎时期的神经管的头端,神经管的头端3个膨大为原始脑泡,分别为前脑、中脑与菱脑。前脑头端形成端脑,进而演化为大脑半球,前脑尾端形成间脑,菱脑最终分化形成脑桥、小脑及延髓。脑泡中空腔最后分化形成脑室。端脑、间脑的套层细胞大部分迁移至表面,分化形成大脑皮质。小脑形成部分的神经上皮细胞迁移至表面,分化为小脑表面的皮质。

脑位于颅腔内,由端脑、间脑、中脑、脑桥、延髓及小脑组成(图14-10,图14-11)。通常将中脑、脑桥和延髓合称为**脑干**。中国成人脑的重量平均约为1400g,约占体重的2%。

一、脑 干

脑干 truncus encephali 位于颅底内面的斜坡上,自下而上由延髓、脑桥和中脑3部分组成。延髓在枕骨大孔处续接脊髓,中脑向上与间脑相接,延髓和脑桥的背面与小脑相连,其间有第四脑室,此室向下与延髓和脊髓中央管相续,向上连通中脑的大脑水管。

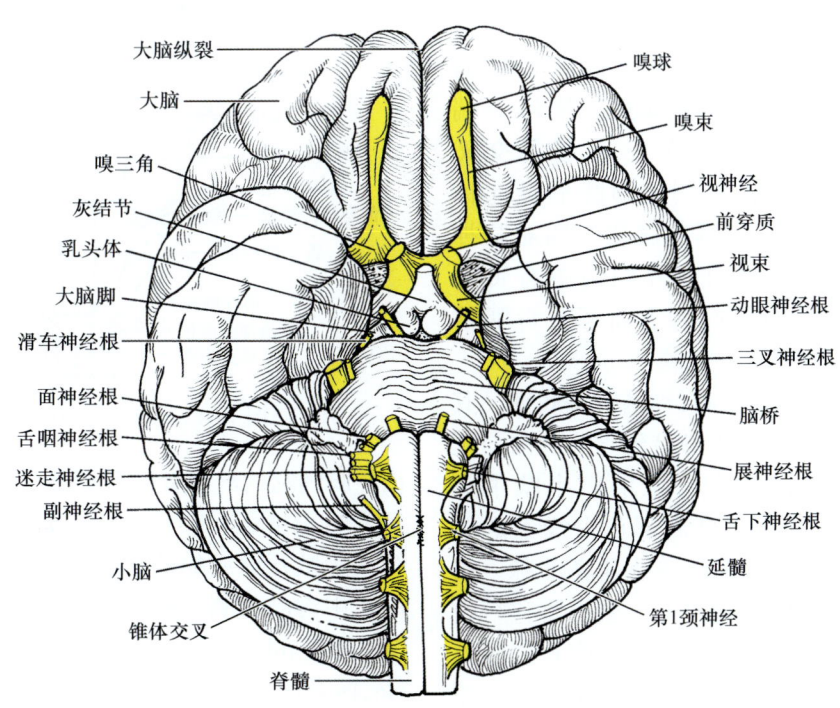

图14-10 脑的底面观

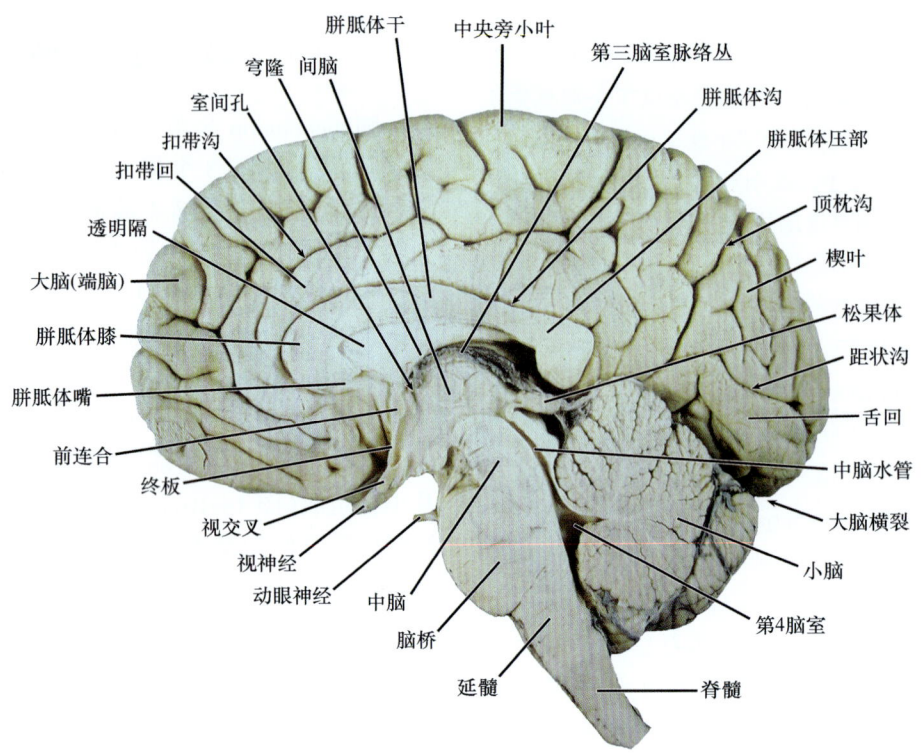

图 14-11 脑的正中矢状切面

（一）脑干的外形

1. 腹侧面（图 14-12）　**延髓**medulla oblongata 腹侧面形似倒置的圆锥体，延髓下部与脊髓外形相似，脊髓表面的各条纵行沟、裂向上延续达延髓。延髓腹侧面正中为前正中裂，其两侧的纵行隆起称**锥体**pyramid，由皮质脊髓束集聚而成，因此皮质脊髓束也称为**锥体束**。锥体下端大部分皮质脊髓束纤维左右交叉，称**锥体交叉**decussation pyramid。锥体外侧的卵圆形隆起称**橄榄**olive，内含下橄榄核。延髓腹侧有四对脑神经附着：橄榄和锥体之间的前外侧沟中有舌下神经根穿出；在橄榄的后方，自上而下有舌咽神经、迷走神经和副神经连于延髓。

脑桥pons 腹侧面宽阔膨隆，称脑桥**基底部**。其上缘与中脑的大脑脚相接，下缘借延髓脑桥沟与延髓分界，向两侧延伸的巨大纤维束称**小脑中脚**medius cerebellar peduncle。基底部正中线上的纵行浅沟称**基底沟**basilar sulcus，容纳基底动脉。腹侧面有 4 对脑神经附着：基底部与小脑中脚移行处有粗大的三叉神经根出入；延髓脑桥沟中自内向外分别有展神经、面神经和前庭蜗神经根出入。

中脑mesencephalon 腹侧面有一对粗大的柱状隆起，称**大脑脚**pedunculus cerebri。大脑脚底之间的深凹为**脚间窝**interpeduncular fossa，动眼神经由此穿

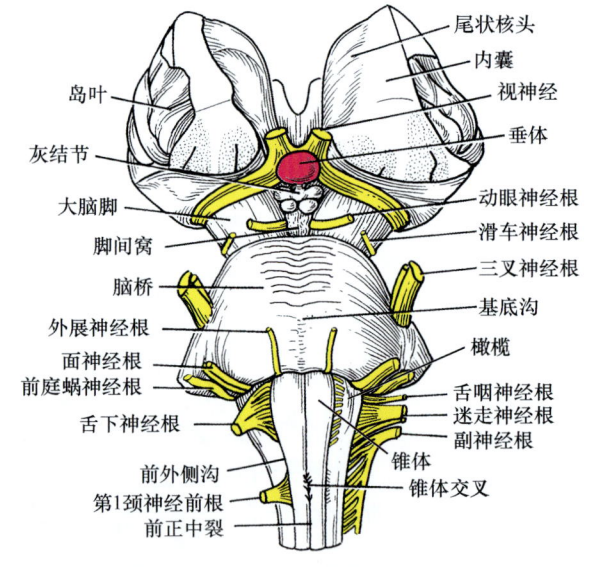

图 14-12 脑干的外形（腹侧面）

出。脚间窝的窝底有许多小血管穿入，称**后穿质**。

2. 背侧面（图 14-13）　延髓背侧上部为中央管向后敞开形成的菱形窝下部，下部形似脊髓，在后正中沟的两侧，各有一对隆起，内侧的称**薄束结节**gracile tubercle，外侧的称**楔束结节**cuneate tubercle，两者深面分别有**薄束核**和**楔束核**，它们分别是薄束和楔束的终止核。楔束结节外上方的隆起称**小脑下脚**inferior cerebellar peduncle，由延髓联系小脑的粗大纤维构成。

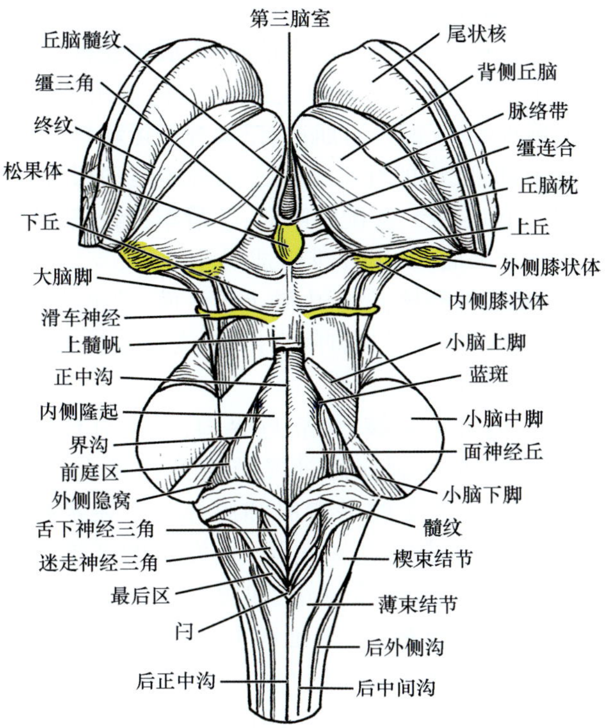

蚓。**下髓帆**向下变薄续于第四脑室脉络组织，第四脑室脉络组织由上皮性室管膜以及外面覆盖的软脑膜和血管构成。脉络组织内的毛细血管丛连同软脑膜和室管膜上皮突入脑室，形成**第四脑室脉络丛** choroid plexus of fourth ventricle，可产生脑脊液。第四脑室上通中脑水管，下续脊髓中央管，向后经一个**正中孔** median aperture 和两个**外侧孔** lateral aperture 通向蛛网膜下隙的小脑延髓池，成为脑脊液循环的重要枢纽。

图 14-13 脑干的外形（背侧面）

脑桥的背面形成菱形窝的上部，此处外侧壁为**小脑上脚** superior cerebellar peduncle，两个上脚间夹有薄层的白质板，称为**上（前）髓帆** superior medullary velum，参与构成第四脑室顶。

中脑背面有两对圆形突起，上一对为**上丘** superior colliculus，是**视觉反射中枢**；下一对为**下丘** inferior colliculus，是**听觉反射中枢**。二者分别连于间脑的外侧膝状体和内侧膝状体。下丘的下方有滑车神经根穿出，这是唯一从脑干背面发出的脑神经。

菱形窝 rhomboid fossa 又称**第四脑室底**，由延髓和脑桥的背面构成，菱形窝的中部有横行的**髓纹** stria medullares，常作为脑桥和延髓的分界线。菱形窝中线有纵行的**后正中沟**，将其分为左、右对称的两半，每侧又被**界沟**分为内、外两部分，内侧为**内侧隆起**，髓纹以上隆起明显的部位为**面神经丘**，内含展神经核；髓纹以下的内侧隆起呈现两个三角形区，内侧为**舌下神经三角**，内含舌下神经核；外侧为**迷走神经三角**，内含迷走神经背核。界沟外侧为**前庭区**和**听结节**，分别含前庭神经核和蜗神经核。

3. 第四脑室 fourth ventricle（图 14-14）是位于脑桥、延髓和小脑之间的室腔。其底为菱形窝，顶前部由小脑上脚及上髓帆组成，后部由下髓帆和第四脑室脉络丛组成。二者结合的尖顶朝向小脑

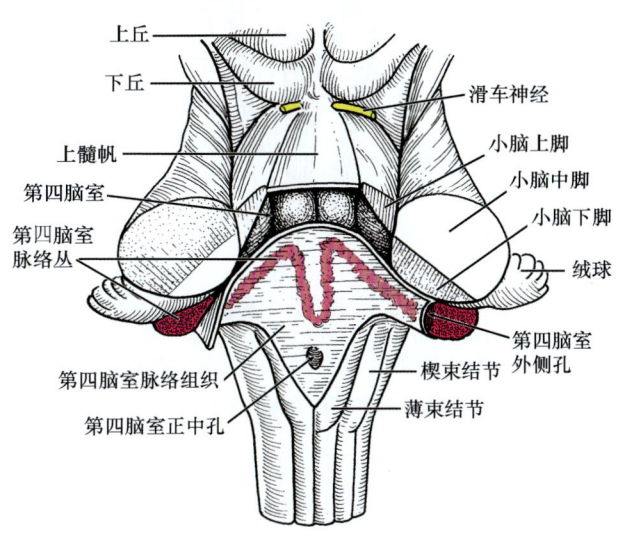

图 14-14 第四脑室

（二）脑干的内部结构

脑干的内部结构也主要由灰质和白质构成，但远比脊髓复杂，与脊髓相比较，其结构主要改变是：灰质不再连贯，而变成独立的核团，主要由脑神经核和非脑神经核构成；延髓上部中央管向后敞开成为菱形窝，因此原来脊髓前角和后角的腹背关系变成内外侧关系，即界沟内侧为运动神经核，界沟外侧为感觉神经核；很多纤维束在脑干交叉传导，打乱了灰质与白质的界限；脑干中央区出现了大范围的网状结构。

1. 脑神经核 是脑神经的发起核或终止核。第3~12对脑神经核均位于脑干内，脑神经核由内向外排列着4种核团，即躯体运动核、内脏运动核、内脏感觉核和躯体感觉核（图14-15，图14-16）。

1）**躯体运动核**：居中线两侧，由8对核团组成，发出纤维支配头颈部的骨骼肌。①**舌下神经核**，位于延髓上部，相当于舌下神经三角的深方，发出的纤维组成舌下神经，支配舌肌；②**副神经核**，位于第1~5颈髓前角外侧，发出的纤维上升入颅，组成副神经脊髓根，支配胸锁乳突肌和斜方肌；③**疑**

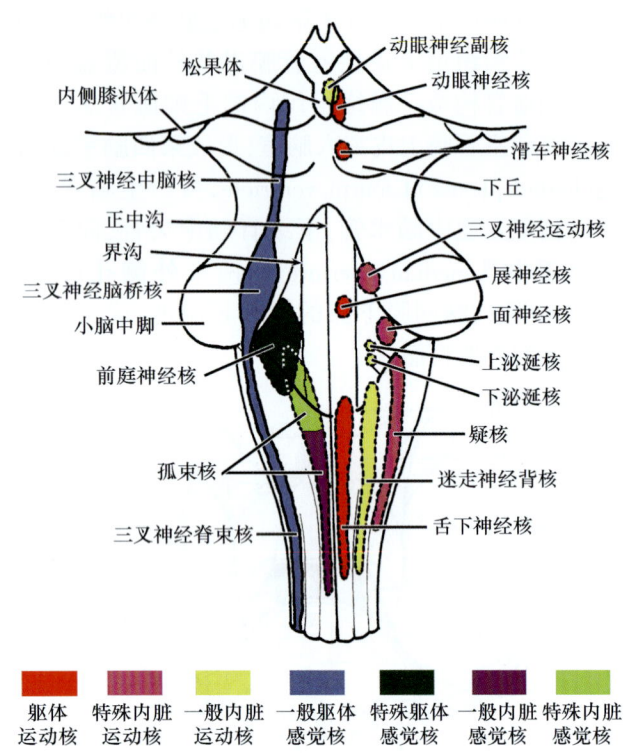

图 14-15 脑神经核在脑干的背面投影

核,位于延髓上部的网状结构中,发出的纤维分别加入舌咽神经、迷走神经和副神经,支配咽喉肌的运动;④**面神经核**,位于脑桥中下部,发出的纤维参与组成面神经,主要支配表情肌;⑤**展神经核**,位于脑桥中下部,相当于面神经丘的深部,发出的纤维组成展神经,支配外直肌;⑥**三叉神经运动核**,位于脑桥中部,发出的纤维组成三叉神经运动根,出脑后加入下颌神经,支配咀嚼肌;⑦**滑车神经核**,位于中脑下丘平面,发出纤维组成滑车神经,支配上斜肌;⑧**动眼神经核**,位于中脑上丘平面,发出的纤维参与组成动眼神经自脚间窝出脑,支配除外直肌和上斜肌以外的眼球外肌。

2)**内脏运动核**:多靠近界沟,由4对核团组成,发出纤维经副交感神经节交换神经元后,再发出节后纤维支配平滑肌和腺体。①**迷走神经背核**,位于迷走神经三角深面,发出的纤维加入迷走神经,支配颈部、胸腔和腹腔大部分脏器的活动;②**下泌涎核**,位于延髓上部的网状结构中,发出的纤维进入舌咽神经,支配腮腺的分泌;③**上泌涎核**,位于脑桥下部的网状结构中,发出的纤维加入面神经,支配舌下腺、下颌下腺和泪腺的分泌;④**动眼神经副核**,位于动眼神经核上端的背内侧,发出的纤维参与动眼神经,支配瞳孔括约肌和睫状肌。

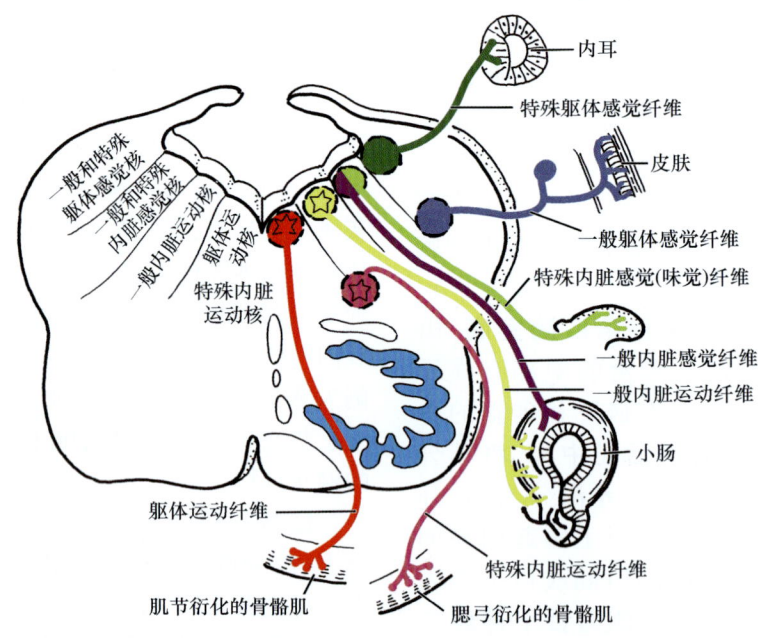

图 14-16 延髓橄榄中部横切面图解示脑神经核6个功能柱

3)**内脏感觉核**:孤束核,位于界沟外侧。上部是特殊内脏感觉核,接受味觉的传入纤维;下部是一般内脏感觉核,相当于脊髓中间内侧核,接受面神经、舌咽神经和迷走神经的心血管和内脏感觉纤维传入。

4)**躯体感觉核**:位于内脏感觉核的腹外侧,由5对核团构成。①**三叉神经脊束核**,呈长柱状,自脑桥中部延伸到上颈髓,主要接受头面部痛、温觉;②**三叉神经脑桥核**,位于脑桥被盖外侧,脊束核头端,一般认为与头面部触觉有关;③**三叉神经中脑核**,位于中脑中央灰质外侧,可能接受头面部的本体感觉；④**蜗神经核**，位于菱形窝听结节深面，接受蜗神经的传入纤维；⑤**前庭神经核**，位于菱形窝前庭区的深面，接受前庭神经的传入纤维。

2. 非脑神经核 是脑干灰质的另一部分，大都是大脑与脊髓、脑干和小脑间传导的中间神经元集中的核团。

1) **薄束核**gracile nucleus 与**楔束核**cuneate nucleus：分别位于延髓中下部薄束结节和楔束结节的深面，分别接受来自薄束和楔束的传入纤维。由此二核发出的纤维左右交叉至对侧，形成**内侧丘系交叉**，交叉后的纤维在中线两侧折转上行，成为**内侧丘系**，终止于背侧丘脑。此二核是向脑部传递躯干和四肢本体感觉和精细触觉的重要中继核团（图14-17）。

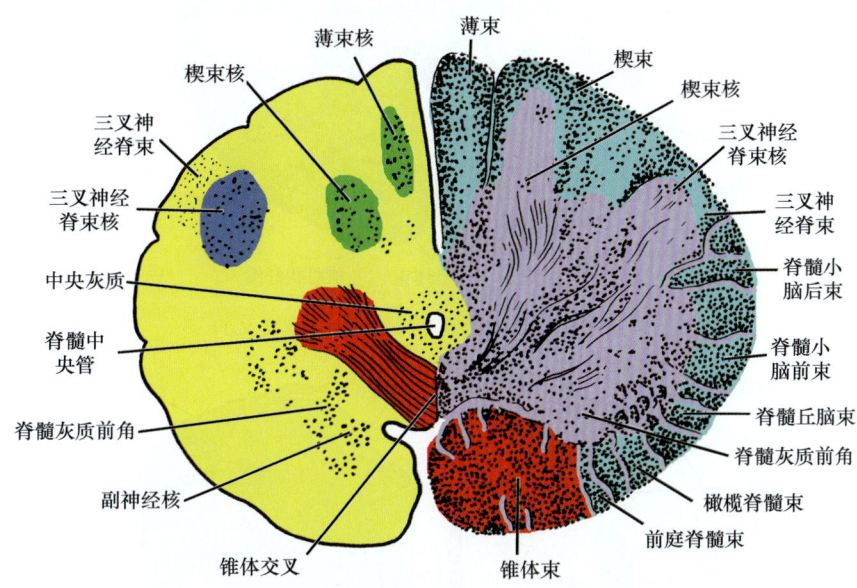

图14-17 平延髓锥体交叉横切面

2) **下橄榄核**inferior olivary nucleus：位于延髓橄榄的深面。接受脊髓、中脑红核、背侧丘脑、大脑皮质等处的传入纤维，发出纤维左右交叉至对侧，与脊髓小脑后束等共同组成小脑下脚，进入小脑。下橄榄核是大脑皮质、红核等与小脑之间纤维联系的中继核团，参与小脑对运动的控制。

3) **脑桥核**pontine nucleus：呈若干群小核团散在于双侧脑桥基底部的纤维之间。接受来自大脑皮质广泛区域的皮质脑桥纤维，发出的纤维左右交叉后组成小脑中脚进入小脑皮质。

4) **红核**red nucleus：位于中脑上丘平面，圆柱状。接受大脑和小脑皮质的纤维，并发出红核脊髓束，交叉后下行终止于脊髓颈段的前角运动神经元，调节屈肌的张力和协调运动。

5) **黑质**substantia nigra：见于中脑全长，神经元胞体聚集为板状。黑质细胞内含黑色素和多巴胺。多巴胺是一种中枢神经递质，经黑质细胞的轴突运往新纹状体。临床上因黑质病变，多巴胺减少可导致震颤麻痹。

3. 纤维束 脑干白质由上行纤维束和下行纤维束组成，主要分布于脑干的周围，许多是脊髓纤维束的续行段（图14-18～图14-20，图14-23）。

1) **内侧丘系**medial lemniscus：从薄束核和楔束核发出的纤维在中央管腹侧交叉后，在中线两侧集中上行成为内侧丘系，最后止于背侧丘脑的腹后外侧核，传导对侧躯干、四肢本体感觉和精细触觉。

2) **脊髓丘系**spinal lemniscus：是脊髓丘脑束的续行，伴内侧丘系的外侧上行，止于背侧丘脑腹后外侧核，传导对侧躯干及四肢的痛、温和触觉。

3) **三叉丘系**trigeminal lemniscus：由三叉神经脑桥核和三叉神经脊束核发出纤维交叉至对侧组成，紧贴于内侧丘系的背外侧上行，止于背侧丘脑腹后内侧核。传导头面部痛、温和触觉。

4) **外侧丘系**lateral lemniscus：由蜗神经核发出的纤维，大部分在脑桥腹侧左右交叉至对侧形成斜方体，斜方体的纤维折向上行，称**外侧丘系**，止于内侧膝状体，传导听觉信息。

5) **锥体束**pyramidal tract：是大脑控制随意运动的下行纤维束，包括**皮质脊髓束**和**皮质核束**corticonuclear tract。锥体束起自大脑皮质，纤维经端脑内囊、中脑的大脑脚下行。其中皮质脊髓束继续下行经脑桥基底部入延髓锥体，绝大部分纤维交叉

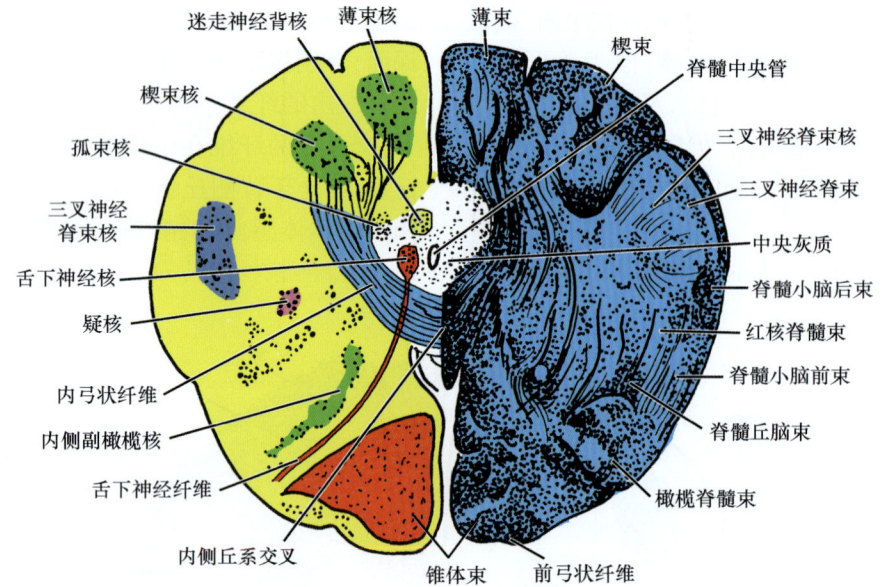

图 14-18　延髓横切面(经内侧丘系交叉)

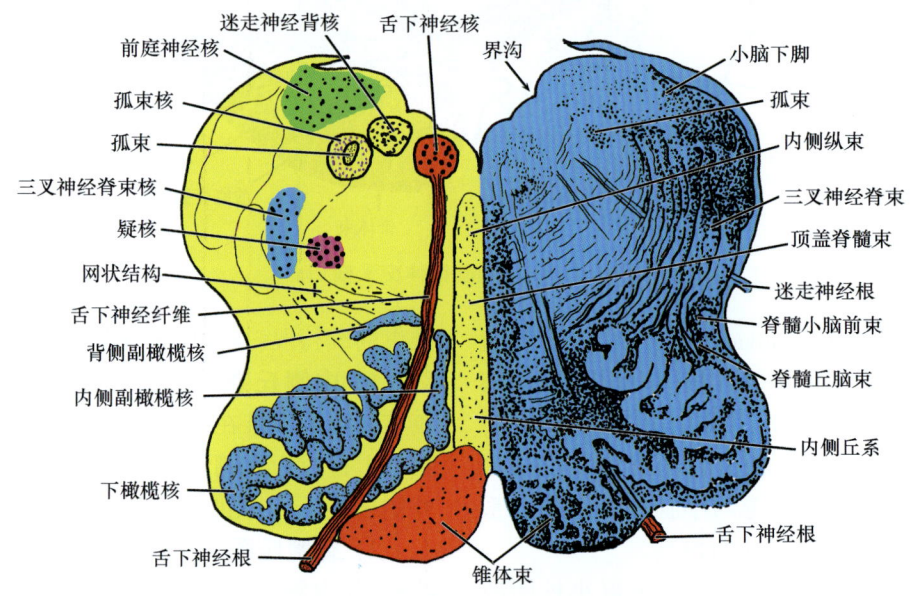

图 14-19　延髓横切面(经橄榄中部)

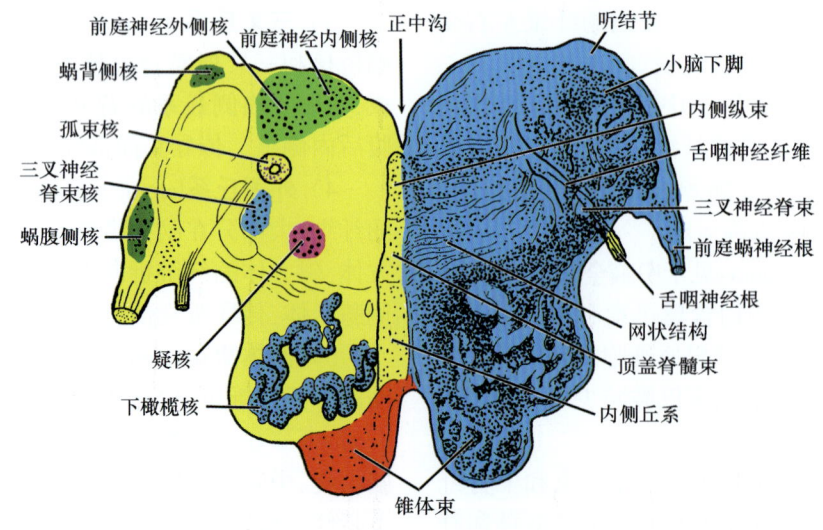

图 14-20　延髓横切面(经橄榄上部)

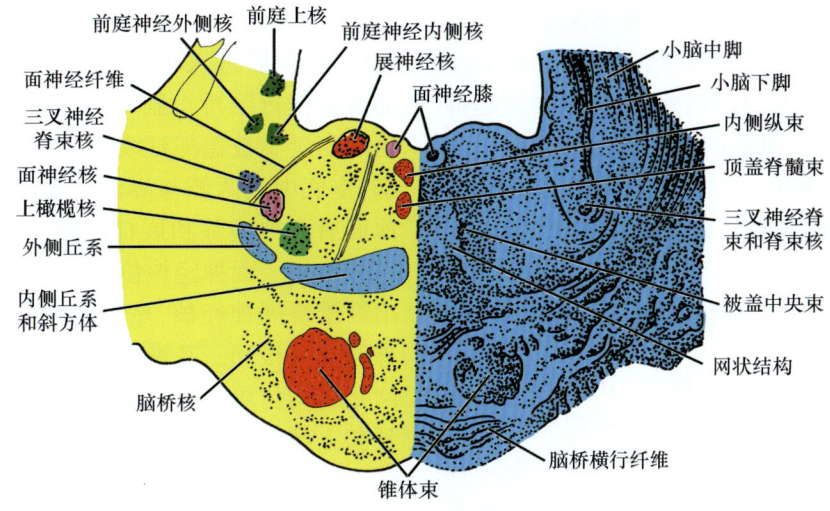

图 14-21 脑桥横切面(经脑桥中下部)

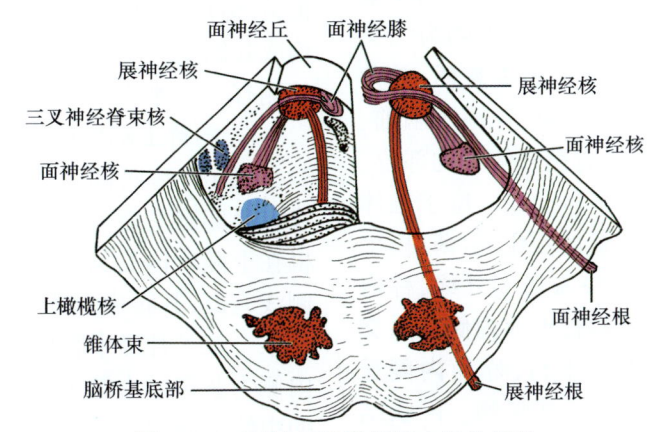

图 14-22 面神经根纤维脑内段的行径

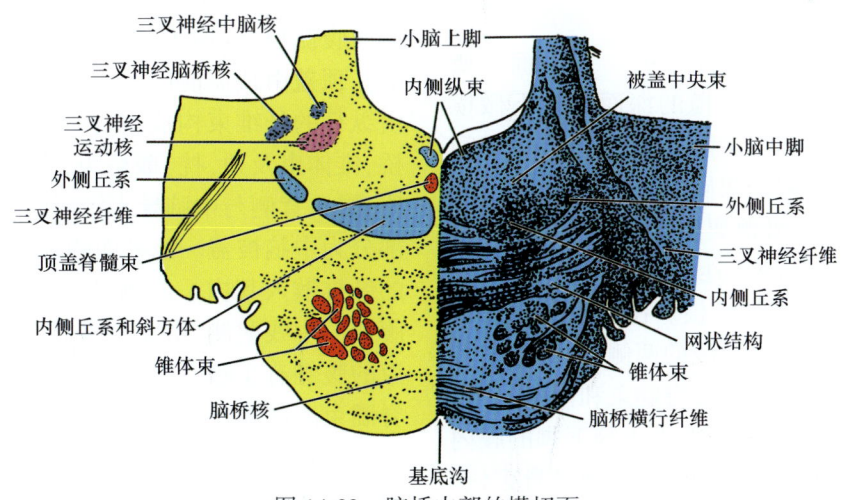

图 14-23 脑桥中部的横切面

至对侧,形成**锥体交叉**,交叉后的纤维组成皮质脊髓侧束,下降于对侧脊髓外侧索内;小部分未交叉的纤维形成皮质脊髓前束,行于脊髓前索内。皮质核束在下降过程中,纤维陆续分出终止于脑干的 8 个躯体运动核。除面神经运动核下半和舌下神经核只接受对侧皮质核束外,其余脑神经运动核都接受两侧的皮质核束。

脑干白质除上述纤维束外还有皮质脑桥束、前庭脊髓束、顶盖脊髓束和内侧纵束等。

4. 脑干网状结构 脑干内除神经核和纤维束以外,在脑干背盖部的中央区有纵横交织的神经纤维,其间散在大小不等的神经细胞核团,这些区域称为**网状结构**reticular formation。近年来对网状结构的形态学及生理学研究表明，脑干网状结构能使大脑皮质处于清醒状态，对肌的运动和肌紧张起抑制或易化作用。此外，延髓网状结构内的某些核团是维持生命的重要中枢，如呼吸中枢、心血管运动中枢等，统称为**生命中枢**。延髓病变可因造成呼吸、心跳停止而立即死亡。

（三）脑干各代表性横向联合切面

1. 锥体交叉切面（图14-17）　在延髓下端腹侧部，左、右锥体束纤维经中央管灰质腹侧交叉越边，组成锥体交叉，交叉纤维使前正中裂中断。在此阶段的前角内有自颈髓上延的副神经核。位于后束的薄束和楔束深面，分别出现了薄束核和楔束核，楔束外侧有三叉神经脊束，该束的内侧为三叉神经脊束核，中央管周围的灰质称**中央灰质**，前角的背外侧为网状结构。脊髓丘脑束、脊髓小脑前、后束和红核脊髓束位于相当于脊髓外侧索的部位。

2. 内侧丘系交叉切面（图14-18）　位于锥体交叉平面稍上方，该切面最明显的变化是：薄、楔束核增大，并发出纤维绕行于中央灰质的外缘，称**内弓状纤维**，于中央管腹侧交叉越边形成**内侧丘系交叉**。交叉后的纤维于中线两侧上行，称为**内侧丘系**。锥体束聚集而成的锥体位于其腹侧。网状结构位于中央灰质的腹外侧，其他纤维束的位置与前平面相比变化不大。

3. 橄榄中部横切面（图14-19）　该平面主要的变化包括：锥体背外侧橄榄的深面出现下橄榄核，中央管敞开形成第四脑室，脑室底与锥体之间的部分称为被盖部。室底灰质以界沟为界，界沟内侧为运动性脑神经核，外侧属感觉性。自正中沟两侧向外依次有舌下神经核、迷走神经背核、孤束核及其包围的孤束和前庭神经核。在室底灰质腹侧的网状结构中有疑核。在中线的两侧，由腹侧向背侧次有锥体束、内侧丘系、顶盖脊髓束和内侧纵束。脊髓小脑后束已加入小脑下脚，在小脑下脚的腹内侧可见三叉神经脊束及其内侧的三叉神经脊束核。在下橄榄的背侧有舌咽神经、迷走神经和副神经根出脑，在锥体和橄榄之间有舌下神经出脑。

4. 脑桥下部横切面（经面神经丘）（图14-21）　脑桥在横切面上可分为位于腹侧的**基底部**和位于背侧的**被盖部**，二者之间以横行的**斜方体**为界，纵行的内侧丘系从斜方体中间穿过，斜方体纤维在上橄榄核外侧缘折向上行成为外侧丘系。脑桥基底部含纵横交织的纤维，脑桥核散在其中，它们发出横行的纤维越边交叉到对侧，并向外聚集形成小脑中脚，向后进入小脑。纵行的纤维有锥体束等，前者被横行脑桥小脑纤维分成若干小束。脑桥被盖部与延髓被盖部延续，其外侧有小脑下脚进入小脑，室底中线两侧与界沟之间有隆起的面神经丘，深面有面神经膝和展神经核。界沟的外侧可见前庭神经核。面神经核位于外侧丘系的背内侧，它发出纤维绕展神经核，然后再转向腹外侧出脑，三叉神经脊束核和三叉神经脊束位居面神经核背外侧。网状结构位居被盖中央，其他纤维束的位置与前述延髓上部切面大致相同。

5. 脑桥中部横切面（通过三叉神经根）（图14-23）　脑桥基底部的结构同上一切面，但变得宽大，被盖部背侧第四脑室缩小，小脑上脚、中脚自内向外构成其侧壁。三叉神经根穿小脑中脚入被盖部，其外侧有三叉神经脑桥核，内侧有三叉神经运动核。

6. 脑桥上部横切面（经滑车神经交叉）（图14-24）　脑桥基底部变小，纵行纤维位居基底部外缘。第四脑室缩得更小，室顶为上髓帆。滑车神经根在上髓帆内交叉后出脑。外侧丘系位于被盖外侧浅表部，其腹内侧为脊髓丘系、内侧丘系和三叉丘系。三叉神经中脑核位居室周灰质的外侧，其腹内侧为蓝斑。小脑上脚纤维在被盖腹侧网状结构的中线上越边，形成小脑上脚交叉。

7. 下丘横切面（图14-25）　中脑横切面由背侧向腹侧包括：顶盖、中脑导水管周围灰质和大脑脚。**顶盖**由顶盖前区、上丘和下丘组成；**大脑脚底**由纵行的纤维束构成，自内侧向外侧依次为：额束桥，锥体束及顶、枕、颞桥束；大脑脚底的背侧是黑质，黑质背侧与中脑导水管周围灰质腹外侧之间的部分为中脑被盖。该平面的顶盖为下丘，外侧丘系的纤维散入其内。内侧纵束位于导水管中央灰质腹侧的中线两侧，滑车神经核位于该束的背侧，该束的腹侧有小脑上脚交叉，交叉纤维的腹侧为红核脊髓束。内侧丘系位于黑质背侧，脊髓丘系位于内侧丘系背外侧，三叉丘系位于其背内侧。网状结构位于被盖的背外侧部。

8. 上丘横切面（图14-26）　该平面顶盖部为上丘，在导水管周围灰质腹侧有动眼神经核位于其背内侧的动眼神经副核，该二核发出动眼神经根纤维行向腹侧，于大脑脚底内侧出脑。在被盖部有大而圆的红核，其外侧是内侧丘系、三叉丘系和脊髓丘系，在红核的前内侧有顶盖脊髓束交叉，腹侧有红核脊髓束交叉、大脑脚底、黑质等。

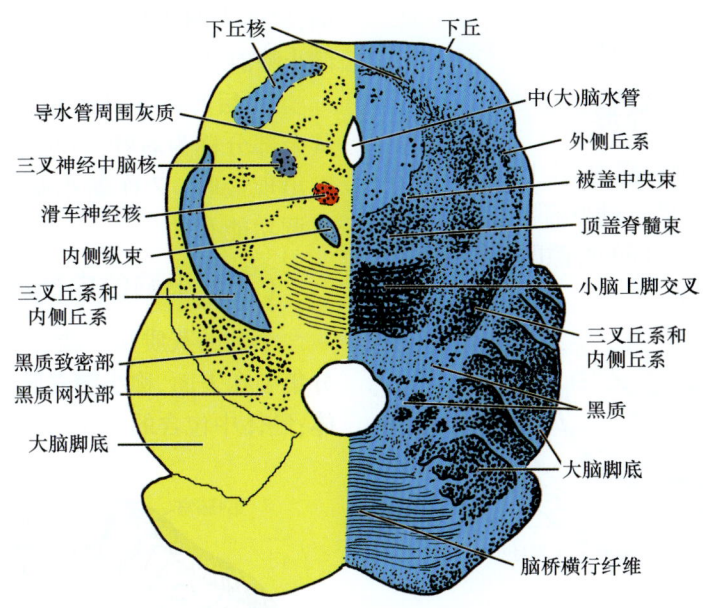

图 14-24　脑桥上部横切面

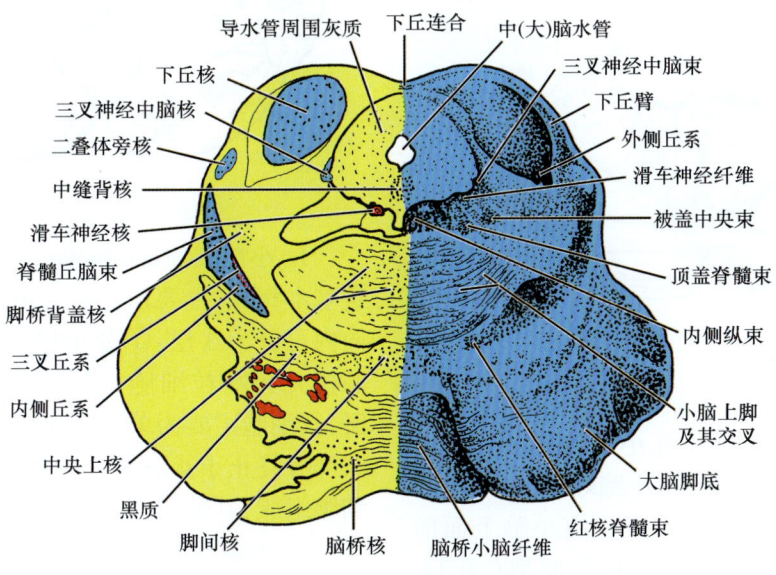

图 14-25　中脑横切面（经下丘）

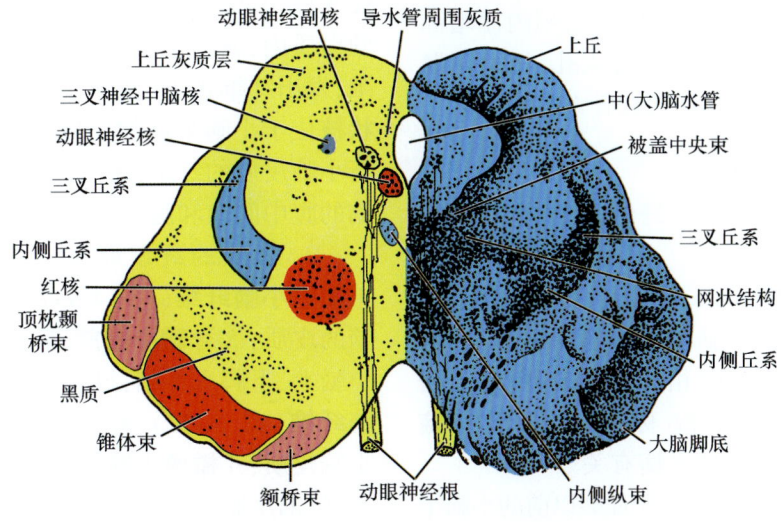

图 14-26　中脑横切面（经上丘）

二、小 脑

（一）小脑的位置和外形

小脑cerebellum 位于颅后窝内，其上面借小脑幕与大脑半球枕叶相邻；前方借三对小脑脚与脑干背面相连（图 14-27）。小脑与脑干间的腔隙即第四脑室。

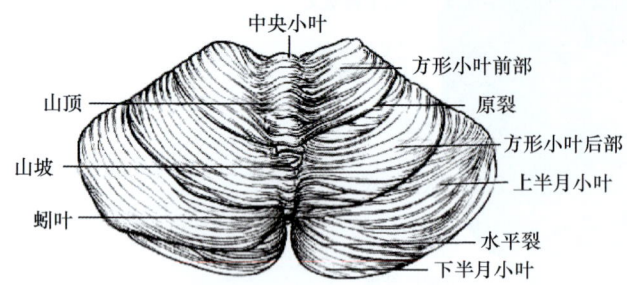

图 14-27　小脑外形（上面）

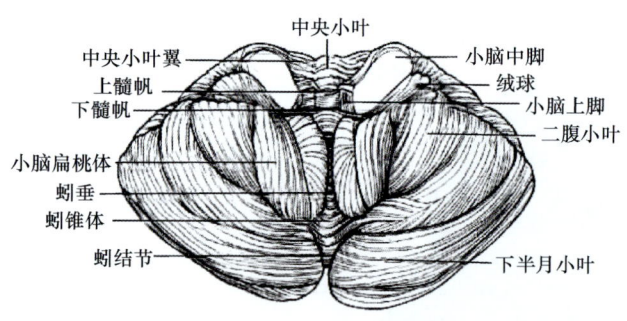

图 14-28　小脑的外形（下面）

小脑上面平坦，贴近由硬脑膜形成的小脑幕；小脑下面两侧膨隆的部分称**小脑半球**cerebellar hemisphere，中间缩细的部分称**小脑蚓**vermis。小脑表面有许多大致平行的横沟，其中在小脑上面前 1/3 与后 2/3 交界处，有一深沟称为**原裂**（图 14-28）。小脑半球下面靠近枕骨大孔附近的突起部分为**小脑扁桃体**tonsil of cerebellum，当颅内压增高时，小脑扁桃体可被挤压嵌入枕骨大孔，压迫延髓危及生命，称为小脑扁桃体疝或枕骨大孔疝。

（二）小脑的分叶

根据小脑的发生、功能及纤维联系，将小脑分为 3 叶。

1. 绒球小结叶flocculonodular lobe　位于小脑下面的最前部，包括小脑半球前部的绒球、小脑蚓前端的小结、小结与绒球相连的绒球脚，此叶因种系发生上最古老，故称**古（原）小脑**archicerebellum，与维持身体平衡有关。

2. 前叶anterior lobe　位于原裂以前的小脑半球及小脑蚓称为**前叶**。前叶在种系发生上晚于古小脑，故称为**旧小脑**paleocerebellum。此叶主要接受脊髓小脑前、后束的纤维，与肌张力的调节有关。

3. 后叶posterior lobe　位于原裂之后的小脑其余部分称为**后叶**，占小脑的大部分。此叶在进化上出现最晚，又称**新小脑**neocerebellum，与肌群的协调功能有关。

（三）小脑的内部结构

小脑的灰质和白质分布与脊髓相反，**灰质**大部分集中在表面，称**小脑皮质**；**白质**位于深面称**小脑髓体**；髓体中包含的灰质团块称**小脑核**（图 14-29）。

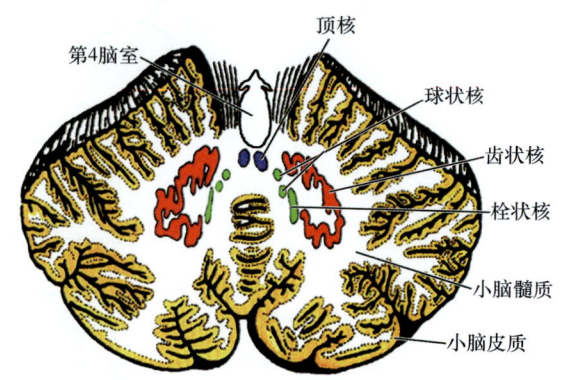

图 14-29　小脑中央核

1. 小脑皮质cerebellar cortex　各部的细胞构筑基本相同，主要由神经元胞体和树突构成，由外向内可分为 3 层：①**分子层**，主要由 Purkinje 细胞的树突和颗粒细胞的轴突组成；②**Purkinje 细胞层**，其细胞主要为单层排列，树突伸向分子层，轴突大部分终止于小脑核；③**颗粒层**，由密集的小颗粒细胞组成，其轴突伸向分子层。

2. 小脑核cerebellar nuclei　是包埋于小脑髓体内的 4 对灰质团块，包括顶核、齿状核、球状核和栓状核，其中主要是顶核和齿状核。**顶核**位于蚓部的白质内，属古小脑，主要接受来自小脑皮质的纤维，发出纤维止于前庭神经核和延髓网状结构。**齿状核**位于小脑半球的白质内，属新小脑，接受来自新小脑皮质的纤维，发出纤维止于红核以及背侧丘脑的腹中间核和腹前核。

3. 小脑的纤维联系　小脑的传入纤维有：①**前庭小脑纤维**（图 14-30），经小脑下脚进入古小脑的皮质；②**脊髓小脑前、后束**（图 14-31），分别经小脑上、下脚入小脑，投射至旧小脑皮质；③**脑桥小脑纤维**（图 14-32），经小脑中脚入小脑，投射于新小脑皮质；④**橄榄小脑纤维**，经小脑下脚入小脑，止于新、旧小脑皮质。

小脑的传出纤维（图 14-30～图 14-32）：主要发

自齿状核,组成小脑上脚,在中脑交叉后,大部分纤维止于背侧丘脑,小部分纤维止于红核。

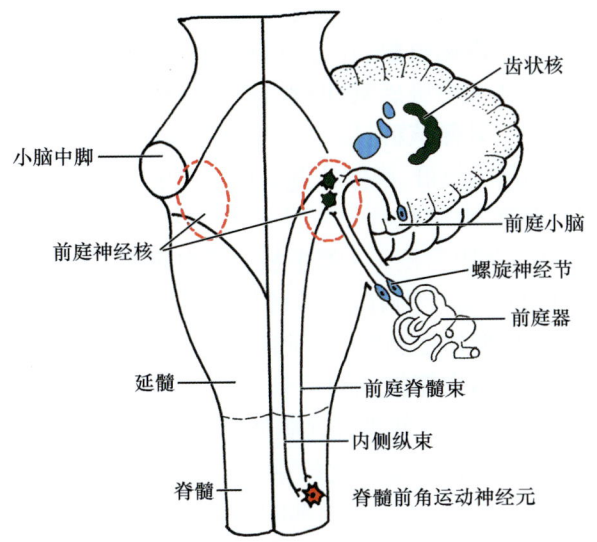

图 14-30　前庭小脑的主要传入、传出联系

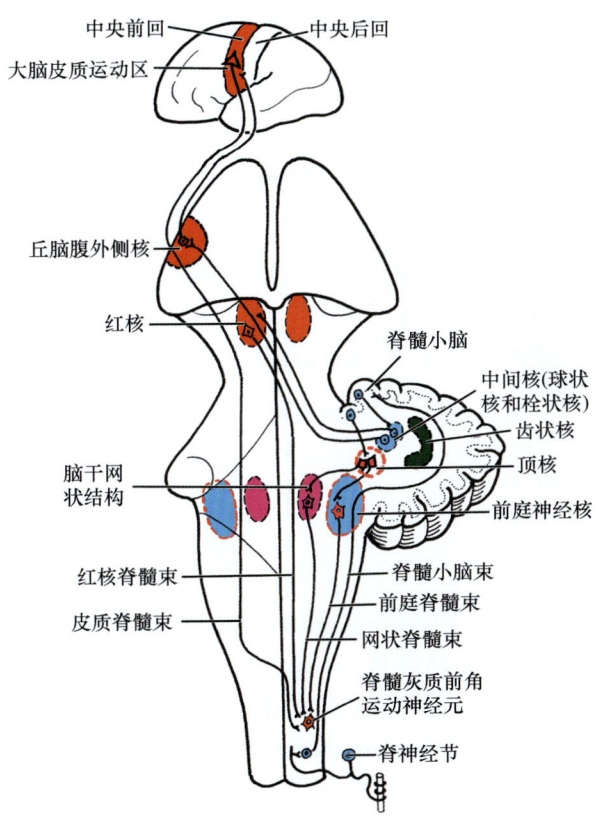

图 14-31　脊髓小脑的主要传入、传出联系

4. 小脑的功能　小脑主要接受大脑、脑干和脊髓的有关运动信息,传出纤维也主要与各运动中枢有关,因此,小脑是重要的运动调节中枢。古小脑通过与前庭核的联系,维持身体的平衡,该叶损伤后,患者平衡失调,站立时身体摇摆不稳,步态蹒跚;旧小脑与脊髓相联系,其功能是调节肌张力,旧小脑病变,患者主要表现为肌张力降低;新小脑的

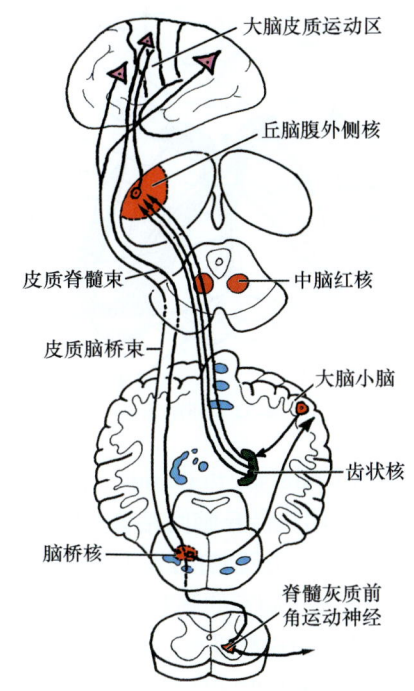

图 14-32　大脑小脑的主要传入、传出联系

功能主要是协调骨骼肌的随意运动,新小脑病变,患者主要表现是共济失调,即随意运动中肌群的收缩力量、强度、方向难以自主控制,各肌群间的协调运动出现混乱,表现为走路呈跨阈步态,持物时手指过度伸开,指鼻试验阳性,运动时表现震颤,静止时震颤消失等。一侧小脑病变,同侧肢体出现上述运动障碍,这是因为小脑上脚传出纤维左右交叉,锥体束也左右交叉之故。由于小脑的纤维联系大多重叠,因此实际临床症状往往是复杂的。

三、间　脑

间脑 diencephalon 位于中脑与端脑之间,包括背侧丘脑、后丘脑、上丘脑、下丘脑和底丘脑5个部分(图 14-33,图 14-34)。人类由于大脑半球高度发展而掩盖了间脑的背面及侧面,仅腹侧部的下丘脑部分露于脑底。

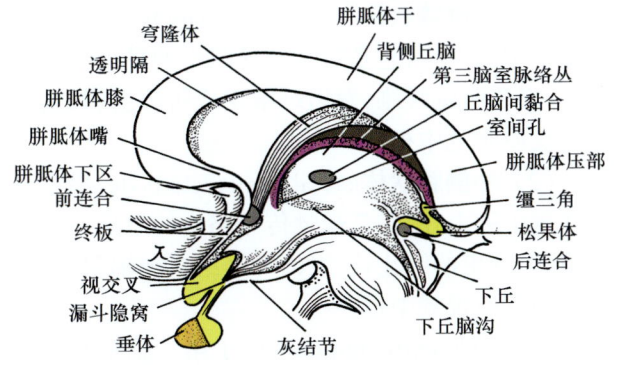

图 14-33　间脑内侧面

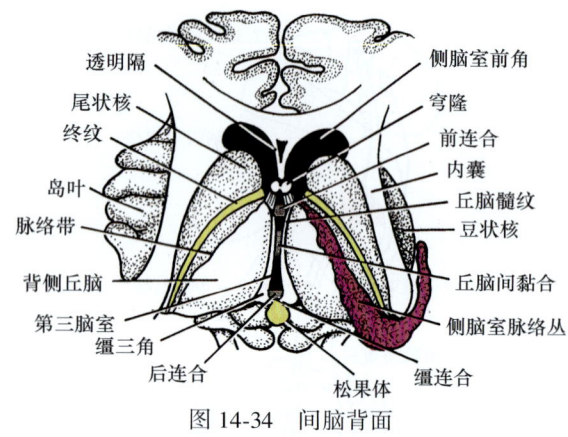

图 14-34　间脑背面

1. 背侧丘脑 dorsal thalamus　又称**丘脑**，由两个卵圆形的灰质团块借**丘脑间粘合**（**中间块**）连接而成，其前端的突出部为**丘脑前结节**，后端膨大称**丘脑枕**，内侧面参与组成第三脑室的侧壁，外侧面与内囊相贴。丘脑内部被"Y"形白质纤维板——**内髓板**分隔成3个核群，即前核群、内侧核群和外侧核群(图 14-35)。

(1) **前核群**：位于内髓板分叉部的前上方，是边缘系统中的一个重要中继站，其功能与内脏活动有关。

(2) **内侧核群**：位于内髓板的内侧，其功能可能是躯体和内脏感觉冲动的整合中枢。

(3) **外侧核群**：位于内髓板的外侧，可分为背、腹侧两部分核群，腹侧核群属特异性中继核团，机能最为重要，由前向后分为腹前核、腹中间核(又称腹外侧核)和腹后核。①**腹前核和腹中间核**：主要接受黑质、苍白球、小脑齿状核的传入纤维，发出纤维投射到大脑躯体运动中枢，调节躯体运动。②**腹后核**：又分为**腹后内侧核**和腹后外侧核，它们是躯体感觉传导通路中第3级神经元胞体所在部位。**腹后内侧核**接受三叉丘系及味觉纤维，发出纤维投射到大脑皮质感觉中枢，传导头面部的感觉及味觉；腹后外侧核接受内侧丘系和脊髓丘系的纤维，发出纤维投射到大脑皮质感觉中枢，传导躯干和四肢的感觉。

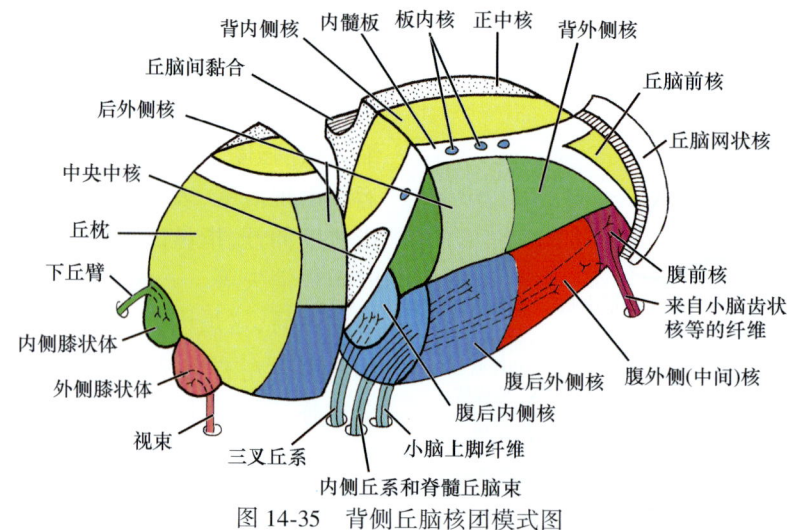

图 14-35　背侧丘脑核团模式图

背侧丘脑损伤时，常见的症状是感觉丧失、过敏和失常，并可伴有剧烈的自发疼痛。

2. 后丘脑 metathalamus　位于丘脑枕的下外方，包括一对内侧膝状体和一对外侧膝状体。

(1) **内侧膝状体** medial geniculate body：借下丘臂连于中脑下丘，它是听觉传导路中的最后一个中继站，接受听觉纤维，发出纤维组成听辐射，投射到大脑皮质听觉中枢。

(2) **外侧膝状体** lateral geniculate body：借上丘臂连于中脑上丘，它是视觉传导路中的最后一个中继站，为视束的终止核，发出纤维组成视辐射，投射到大脑皮质视觉中枢。

3. 上丘脑 epithalamus　位于第三脑室顶部周围，由**丘脑髓纹**、**缰三角**、**缰连合**、**松果体**等构成。

4. 底丘脑 subthalamus　是间脑和中脑的过渡区，其内含**丘脑底核**，与基底核的苍白球、红核、黑质都有密切联系，属锥体外系的重要结构。

5. 下丘脑 hypothalamus　位于背侧丘脑的前下方，构成第三脑室的下壁和侧壁的下部。包括**视交叉**、**灰结节**和**乳头体**，以及灰结节下方所连的**漏斗**和**垂体**。

(1) **下丘脑的主要核团**(图 14-36)：①**视上核** supraoptic nucleus 位于视交叉外端的背外侧，能主要分泌加压素和催产素；②**室旁核** paraventricular nucleus 位于第三脑室侧壁上部的两侧，主要分泌催产素；③**漏斗核**位于漏斗基底后部；④**乳头体核**位于乳头体的深面。

(2) **下丘脑与垂体的纤维联系**：下丘脑除与上位的丘脑和端脑，与下位的脑干和脊髓都有双向的纤维联系外,还发出纤维至垂体(图14-37)。下丘脑的一些神经元兼有传导冲动和分泌激素的双重功能。视上核、室旁核分泌加压素和催产素沿其发出的**视上垂体束**和**室旁垂体束**输送至垂体后叶,经血管吸收再运送至靶器官。下丘脑另一些细胞和漏斗核可分泌许多垂体前叶的激素释放因子与抑制因子,经**结节垂体束**运送至正中隆起,经垂体门脉输送到垂体前叶,影响垂体前叶各种激素的分泌(图14-38)。

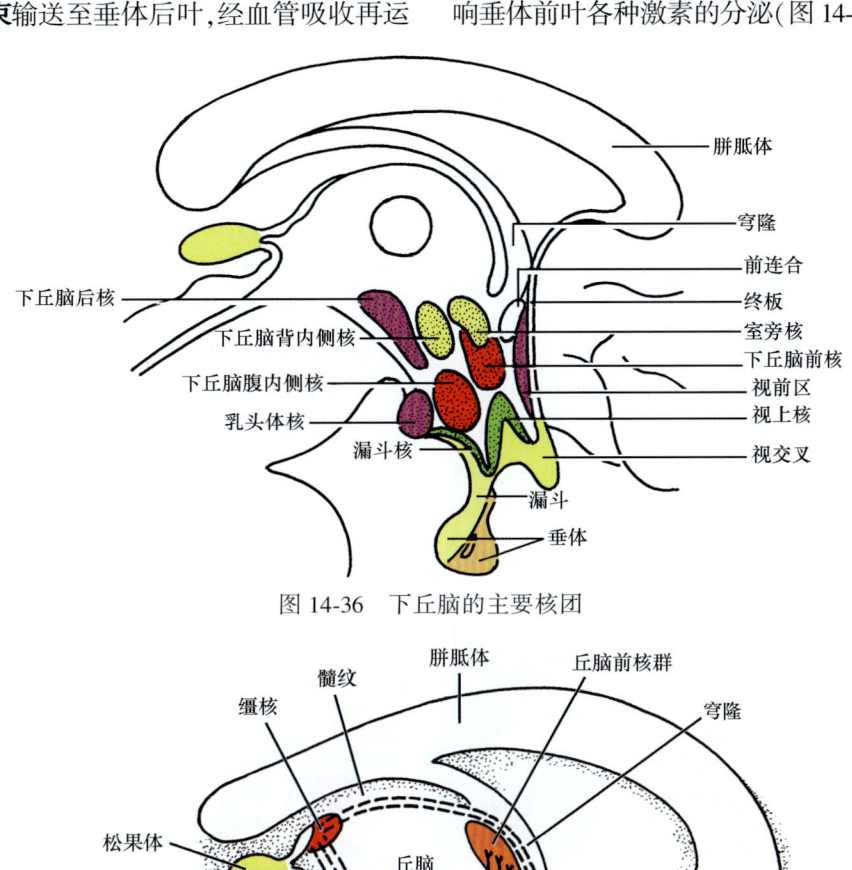

图 14-36　下丘脑的主要核团

图 14-37　下丘脑的纤维联系

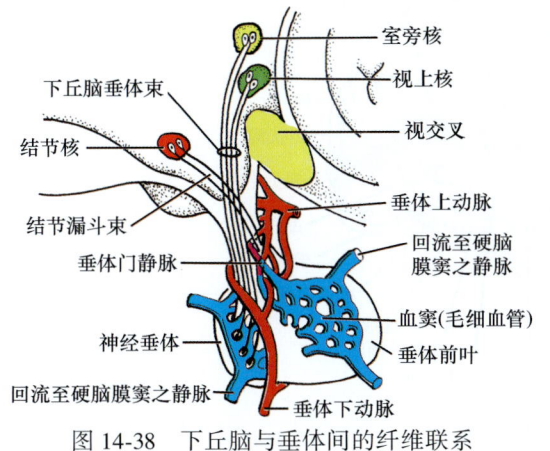

图 14-38　下丘脑与垂体间的纤维联系

(3) **下丘脑的功能**:下丘脑是调节内脏活动的较高级中枢,也是调节内分泌活动的重要中枢。下丘脑将神经调节和体液调节融为一体,对体温、摄食、生殖、水盐代谢平衡等起着重要的调节作用,同时下丘脑还与睡眠和情绪反应有关。

6. 第三脑室 the third ventricle　是位于两侧背侧丘脑和下丘脑之间的狭窄腔隙。室顶由脉络组织封闭,底由下丘脑的乳头体、灰结节和视交叉组成,前方借左、右室间孔通向两侧大脑半球内的侧脑室,后下方与中脑水管相通(图14-33,图14-34)。

四、端　脑

端脑telencephalon 又称**大脑**cerebrum，是中枢神经系统结构最复杂、体积最大的部分，人类端脑覆盖了间脑、中脑和小脑的大部。端脑包括对称的左、右大脑半球，两大脑半球之间由**大脑纵裂**将其分开，大脑纵裂的底部有连接两半球的横行纤维，称为**胼胝体**。端脑与小脑之间被**大脑横裂**分开。

（一）大脑半球的外形和分叶

每侧大脑半球可分为 3 个面和 3 个极，即宽广隆凸的上外侧面、两侧半球相对的内侧面和凹凸不平的下面（图 14-39，图 14-40）；前端突出的部分为**额极**，后端突出的部分为**枕极**，外侧面向前下方突出的部分为**颞极**。

半球表面有许多深浅不等的沟裂，称**大脑沟**，沟与沟之间隆起的部分称**大脑回**。其中在每侧大脑半球表面有 3 条深而恒定的沟：**外侧沟**lateral sulcus，位于半球上外侧面，起自半球下面，由前下行向后上；**中央沟**central sulcus，位于上外侧面，由上缘中点稍后起始，行向前下方；**顶枕沟**parieto-occipital sulcus，位于内侧面的后部，自胼胝体后端的稍后方，由前下向后上，并略转至半球的上外侧面。上述 3 沟将大脑半球分为 5 叶：①**额叶**frontal lobe 是中央沟以前、外侧沟以上的部分；②**顶叶**parietal lobe 是中央沟与顶枕沟之间、外侧沟以上的部分；③**颞叶**temporal lobe 是外侧沟以下的部分；④**枕叶**occipital lobe 是顶枕沟以后的部分；⑤**岛叶**insula 位于外侧沟深部（图 14-41）。顶、枕、颞叶在上外侧面的分界是假设的，顶枕沟上端至枕前切迹（枕极前方约 4cm）的连线作为枕叶的前界，自此线的中点到外侧沟末端的连线，是顶、颞二叶的分界。各叶表面都有重要沟回。

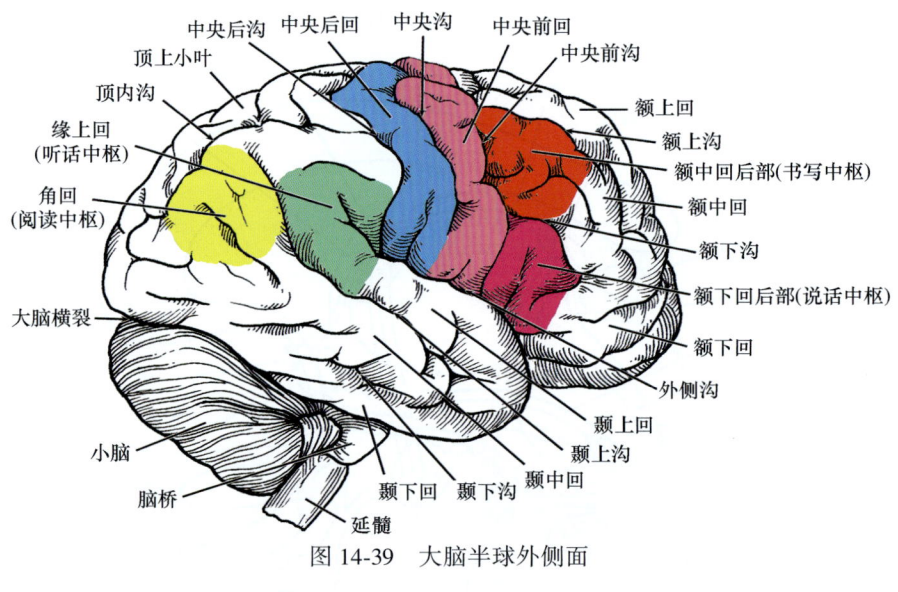

图 14-39　大脑半球外侧面

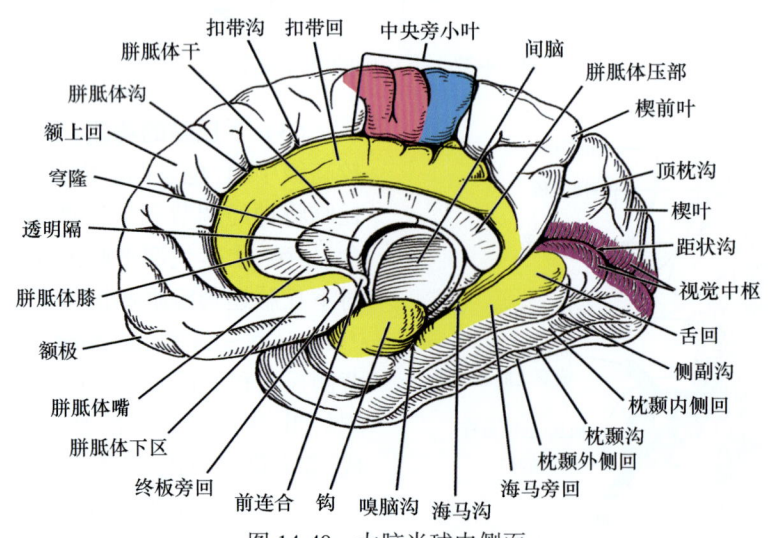

图 14-40　大脑半球内侧面

沟和颞下沟,将颞叶自上而下分为颞上回、颞中回和颞下回;自颞上回中部深入外侧沟的部分有2条横行的大脑回,称为颞横回。

(4) 枕叶:在外侧面有一些不恒定的沟和回。

(5) 岛叶:呈锥体状,位于外侧沟深面,被额、顶、颞3个叶覆盖,并借环状沟与额、顶、颞叶分隔,其表面有数条放射状长短不等的回。

2. 内侧面 额、顶、颞和枕叶均可见到(图14-40)。

中部有前后走向呈弓形的胼胝体。胼胝体下方的弓形纤维束称穹窿,其与胼胝体之间的薄板称透明隔。胼胝体背面有胼胝体沟,此沟绕过胼胝体后方,向前移行为海马沟。在胼胝体沟上方,有与之平行的扣带沟,其间为扣带回。扣带回外周部分,前份属额上回,中份为**中央旁小叶** paracentral lobule,是中央前、后回延伸到内侧面的部分。自顶枕沟前下向后至枕极呈弓形的沟称**距状沟** calcarine sulcus。距状沟与顶枕沟之间的三角形区称**楔叶**,距状沟下方为**舌回**。

3. 下面 由额、颞、枕3叶组成(图14-42)。额叶下面有纵行的白质带称**嗅束**,其前端膨大称**嗅球**,嗅球与嗅神经相连;后端扩大称**嗅三角**,嗅三角与视束之间为**前穿质**,其内有许多小血管穿入脑实质内。颞叶下面有与半球下缘平行的**枕颞沟**,此沟内侧与之平行的为**侧副沟**,侧副沟的内侧为**海马旁回** parahippocampal gyrus,其前端向后弯曲成钩状称**钩** uncus。海马旁回外侧的部分皮质卷入侧脑室下角,形成**海马** hippocampus。海马内侧有一呈锯齿状的灰质条,称**齿状回**。海马和齿状回构成海马结构。

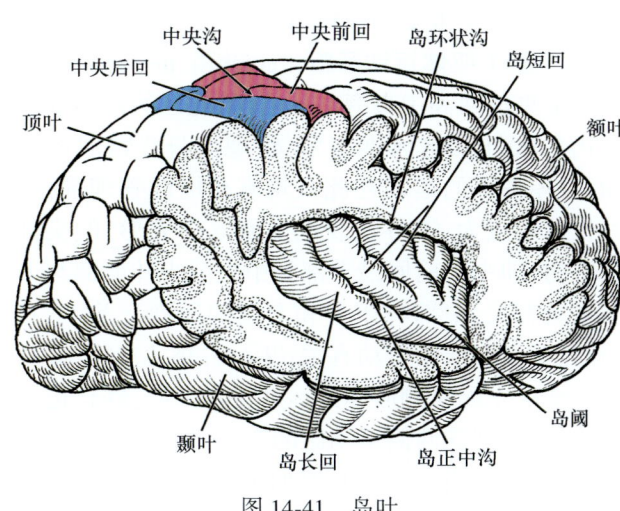

图14-41 岛叶

(二) 大脑半球的重要沟回

1. 上外侧面 可见额叶、顶叶、颞叶、枕叶和岛叶(图14-39)。

(1) 额叶:在额叶的后份,有与中央沟相平行的沟为**中央前沟**。二者之间的隆起称**中央前回**,自中央前沟向前伸出2条平行的沟,分别称为**额上沟**和**额下沟**,额上沟以上的部分为**额上回**;额上、下沟之间的部分为**额中回**;额下沟与外侧沟之间的部分为**额下回**。

(2) 顶叶:顶叶前部与中央沟平行的沟为**中央后沟**,中央沟与中央后沟之间的隆起为**中央后回**;中央后沟中份向后发出与上缘平行的沟,称**顶内沟**,顶内沟以上的部分为**顶上小叶**,以下的部分为**顶下小叶**;顶下小叶又分为两部分,即围绕外侧沟末端的**缘上回**和围绕颞上沟末端的**角回**。

(3) 颞叶:有两条与外侧沟平行的沟,称**颞上**

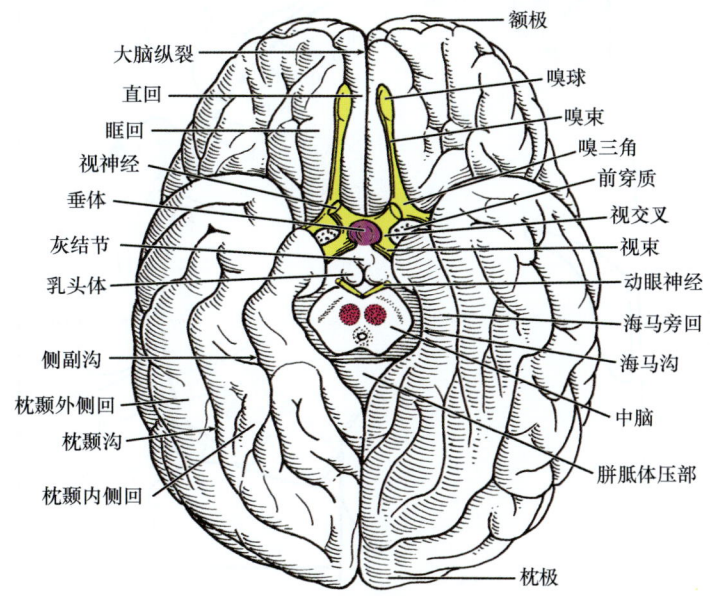

图14-42 脑底面

(三) 大脑皮质的功能定位

大脑皮质 cerebral cortex 是中枢神经系发育最复杂和最完善的部位,它是人体运动、感觉的最高中枢,也是语言、意识思维的物质基础。随着大脑皮质的发育和分化,不同的皮质区具有不同的功能,不同的功能又相对集中在某些特定的皮质区域,进行机能的分析综合,称为**皮质功能定位**,这些具有特定功能的脑区称为**中枢**(图14-43)。除此之外,大脑皮质还存在广泛的脑区,它们不局限于某种功能,而是对各种信息进行加工、整合,完成高级的神经精神活动。

大脑皮质重要的中枢有:

1. 第Ⅰ躯体运动区 first somatic motor area 位于中央前回和中央旁小叶前部,此区的锥体细胞发出粗大纤维组成锥体束,管理全身骨骼肌的运动,身体各部的运动在此区均有相应的管理部位。其投射特点为:①各代表区呈倒立的人形,但头部是正的,即中央前回最上部和中央旁小叶前部与下肢运动有关,中部与躯干和上肢的运动有关,下部与面、舌、咽、喉的运动有关;②左右交叉支配,即一侧运动区支配对侧肢体的运动,但一些与联合运动有关的肌,则受两侧运动区的支配,如面上部肌、眼球外肌、咽喉肌、咀嚼肌、呼吸肌、躯干肌和会阴肌等,故在一侧运动区受损后这些肌不出现瘫痪;③身体各部投影区的大小与运动的灵巧、精细程度有关,如手的代表区远大于足(图14-44)。

2. 第Ⅰ躯体感觉区 first somatic sensory area 位于中央后回和中央旁小叶后部,接受背侧丘脑腹后核传来的对侧浅感觉和深感觉纤维。身体各部的感觉在此区也有相应的投射部位,其投射特点与第Ⅰ躯体运动区相似:①各代表区呈倒立人形,但头部是正的,自中央旁小叶后部开始依次是下肢、躯干、上肢、头颈的投射区;②左右交叉管理,一侧躯体感觉区管理对侧半身的感觉;③身体各部在该区投射范围的大小取决于该部感觉的敏感程度。如手指、唇的感觉器丰富,在感觉区的投射范围就最大(图14-45)。

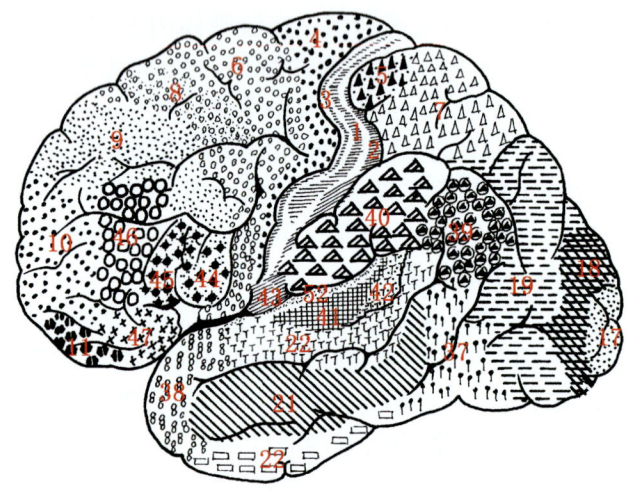

图 14-43 大脑皮质的分区(外侧面)

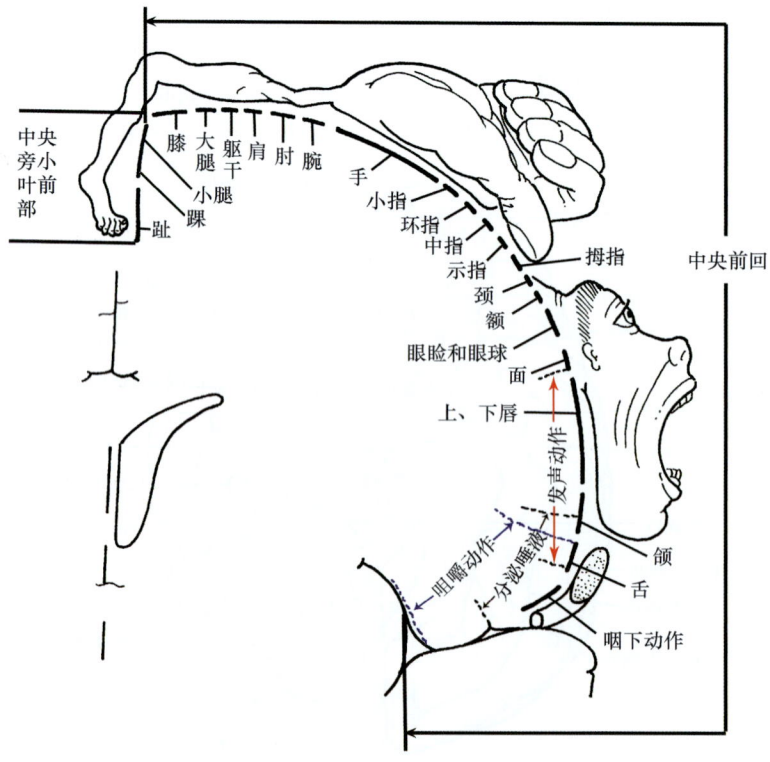

图 14-44 人体各部在第Ⅰ躯体运动区的定位

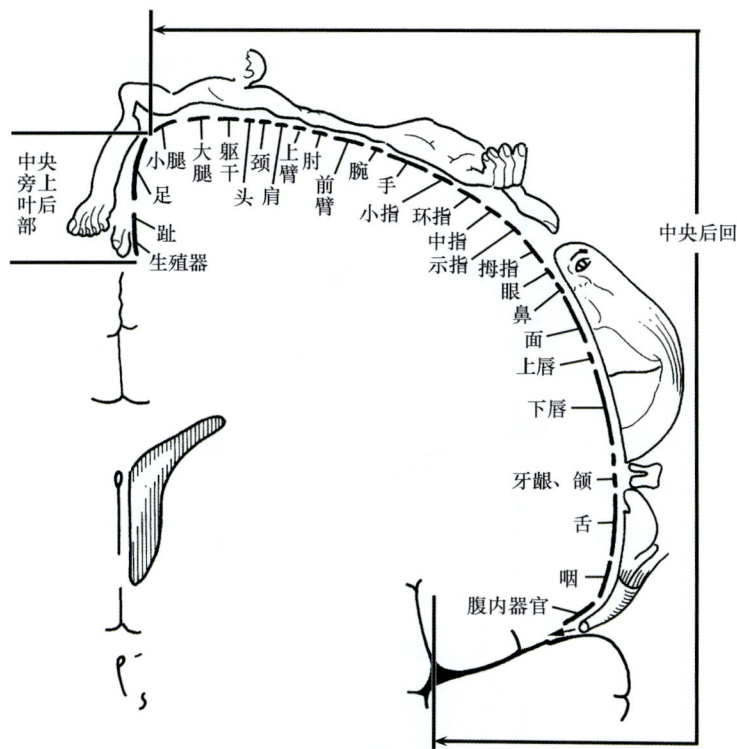

图 14-45 人体各部在第Ⅰ躯体感觉区的定位

3. 视区 visual area 位于枕叶内侧面、距状沟两侧的皮质,接受同侧外侧膝状体发出的视辐射。由于视交叉的原因,一侧视区接受同侧视网膜颞侧半和对侧视网膜鼻侧半的纤维,故一侧视区受损,可引起对侧视野同向偏盲。

4. 听区 auditory area 位于颞横回上,接受内侧膝状体投射来的听辐射。每侧听区接受双侧听觉冲动的传入,故一侧听区受损,不致引起全聋。

5. 平衡觉区 关于此中枢的位置存有争议,一般认为在中央后回下端、头面部感觉区附近。

6. 嗅区 位于海马旁回的钩附近。

7. 味觉区 尚未完全肯定,可能位于中央后回下端的岛盖部。

8. 语言区 人类大脑皮质与动物的本质区别是进行思维和意识等高级活动,并进行语言表达,所以在人类大脑皮质上具有相应的语言区。语言区为人类大脑皮质所特有,包括说话、听话、书写和阅读4个中枢。

（1）**说话中枢**（运动性语言中枢）：在额下回后部,损伤后患者可发音,但失去了说话能力,称为**运动性失语症**。

（2）**听话中枢**（听觉性语言中枢）：位于颞上回后部,若此中枢受到损伤,患者虽然听觉正常,但听不懂别人讲话的意思,自己说话错误、混乱而不自知,称为**感觉性失语症**。

（3）**书写中枢**：在额中回的后部,若此中枢受到损伤,患者虽然手的运动正常,但不能写出正确的文字,称为**失写症**。

（4）**阅读中枢**（视觉性语言中枢）：位于角回,若此中枢受损伤,患者虽然视觉正常,但不能理解文字符号的意义,称为**失读症**。

在长期的进化和发育过程中,大脑皮质的结构和功能都得到了高度的分化。而且左、右大脑半球的发育情况不完全相同。左侧大脑半球与语言、意识、数字分析等密切相关,因此语言中枢主要在左侧大脑半球;右侧大脑半球则主要感知非语言信息、音乐、图形和时空概念。左、右大脑半球各有优势,它们相互协调和配合完成各种高级神经精神活动。

（四）端脑的内部结构

大脑半球表面被灰质覆盖,称**大脑皮质**,深面的大脑白质称**大脑髓质** cerebral medulla 在半球底部的白质中有**基底核** basal nuclei,半球内的腔称**侧脑室** lateral ventricle。

1. 基底核 是位于大脑髓质内,靠近大脑半球底部的灰质团块,包括尾状核、豆状核、杏仁体和屏状核（图14-46）。

1）**尾状核** caudate nucleus:呈"C"形如弯曲的蝌蚪状,分**头**、**体**、**尾**3部分。围绕豆状核和背侧丘脑,伸延于侧脑室前角、中央部和下角的壁旁。

2) **豆状核** lentiform nucleus:位于尾状核和背侧丘脑的外侧,岛叶的深部。在水平切面上呈三角形,底向外侧,尖向内侧。豆状核被两个白质薄板分为3部:外侧部最大称**壳** putamen;内侧的两部合称**苍白球** globus pallidus。

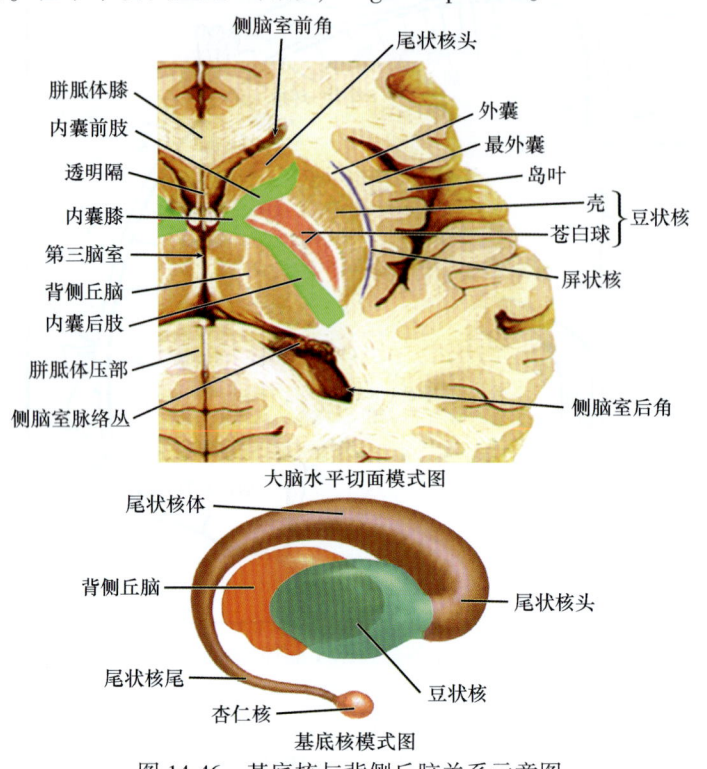

图 14-46 基底核与背侧丘脑关系示意图

尾状核头部与豆状核之间借灰质条索相连,外观呈条纹状,故将尾状核和豆状核合称**纹状体** corpus striatum。从种系发生上看,苍白球在鱼类已有,出现较早,称**旧纹状体**;壳和尾状核从爬行类动物才开始出现,故称**新纹状体**。纹状体是锥体外系的重要结构,其功能是维持骨骼肌的紧张度,协调骨骼肌的运动。临床上纹状体病变常见两种综合征:①运动减少综合征,病变在旧纹状体,表现为肌张力增高,运动减少、表情呆板及静止性震颤等,称震颤性麻痹(帕金森病);②运动增多综合征,病变在新纹状体,表现为肌张力低下,上肢和头部出现不自主、无目的的运动,称舞蹈病。

3) **杏仁体** amygdaloid body:位于海马旁回深面,连于尾状核的尾部,是边缘系统的一部分,其功能与内脏活动、行为和情绪活动有关。

4) **屏状核** claustrum:位于岛叶与豆状核之间的一薄层灰质,其功能不明。屏状核与豆状核之间的白质称**外囊**。

2. 大脑髓质 大脑髓质由大量的神经纤维组成,主要包括联络纤维、连合纤维和投射纤维。

1) **联络纤维** association fibers:是联系同侧半球内各部皮质的纤维,其中联系相邻脑回的短纤维称**弓状纤维**;联系本侧半球各叶的长纤维有**钩束**、上纵束、下纵束及扣带束(图 14-47)。

2) **连合纤维** commissural fibers:是连接左、右大脑半球的纤维,包括胼胝体、穹隆连合和前连合(图 14-48)。

胼胝体 corpus callosum 位于大脑纵裂底部,是最大的连合纤维,由连接两侧半球强大的纤维板构成,将两侧半球的额、枕、顶、颞各叶对应部位联系起来,在正中矢状面上,胼胝体呈弓状,其前部称**胼胝体嘴**,弯曲部称**胼胝体膝**,中间部称**胼胝体干**,后部称**胼胝体压部**。**穹隆**是由海马至下丘脑乳头体的弓形纤维束组成,两侧穹隆经胼胝体的下方前行并相互靠近,其中部分纤维越至对边,连接对侧的海马,称**穹隆连合**。**前连合**位于穹隆的前方,连接左、右嗅球及两侧颞叶。

3) **投射纤维** projection fiber:指联系大脑皮质与皮质下结构的下行纤维和上行纤维,这些纤维大部分经过内囊。

内囊 internal capsule 为一宽厚的白质板,位于背侧丘脑、尾状核和豆状核之间。在大脑半球水平切面上,内囊呈向外开口的"V"字形(图 14-49),分为内囊前肢、内囊膝和内囊后肢3部分。

内囊前肢 anterior limb 较短,位于豆状核与尾状核之间,有下行的额桥束和上行到额叶的丘脑

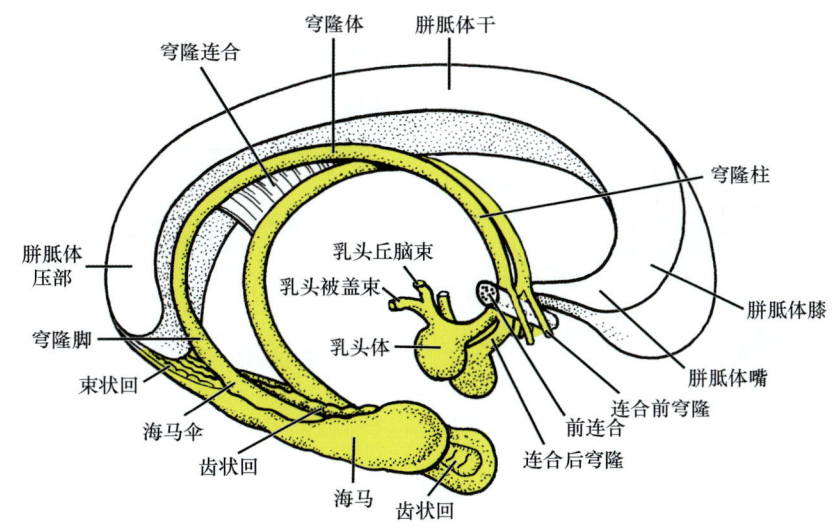

图 14-47 胼胝体、前连合和穹隆连合

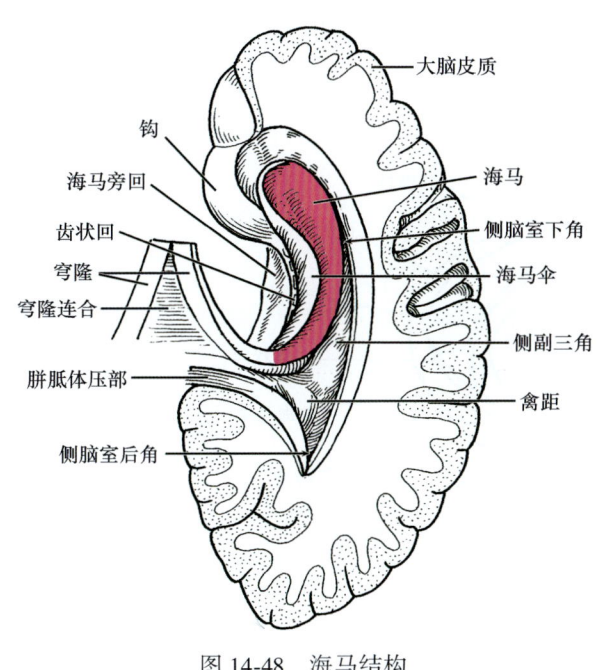

图 14-48 海马结构

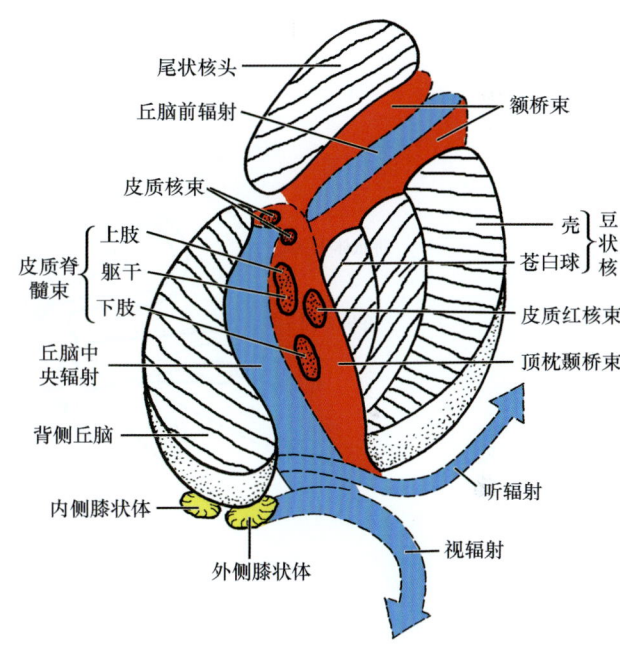

图 14-49 内囊模式图

前辐射（由丘脑前核、背内侧核投射至额叶和扣带回的纤维）通过；**内囊膝** genu 介于前、后肢之间，有皮质核束通过；**内囊后肢** posterior limb 较长，位于豆状核与背侧丘脑之间，外侧有皮质脊髓束、顶枕颞桥束、皮质红核束通过，内侧有丘脑中央辐射（来自丘脑腹后核的躯体感觉纤维）通过，后部有视辐射（来自外侧膝状体的视觉纤维）和听辐射（来自内侧膝状体的听觉纤维）通过。

由于是上行感觉纤维和下行运动纤维密集而成的白质区，当内囊受到损害时，即使病灶不大，也可造成严重的后果。一侧内囊损伤，阻断了上、下行纤维，导致对侧半身的感觉丧失（丘脑中央辐射受损）、对侧肢体运动丧失（皮质脊髓束和皮质核束受损）及双眼对侧视野偏盲（视辐射受损），即临床上所谓的"三偏"综合征。

3. 侧脑室 lateral ventricle 位于半球的深面，左、右各一，每侧略呈"C"形，可分为 4 部（图 14-50，图 14-51）：**中央部**位于顶叶内，是侧脑室的主要部分；由中央部向前伸向额叶的部分称**前角**；向后伸向枕叶的部分称**后角**；伸向颞叶的部分最长称**下角**。前角借**室间孔**与第三脑室相通。中央部和下角内有侧脑室脉络丛，可不断产生脑脊液。

（五）边缘系统

在大脑半球的内侧面环绕胼胝体周围和侧脑室下角底壁的结构，包括扣带回、海马旁回、钩、海

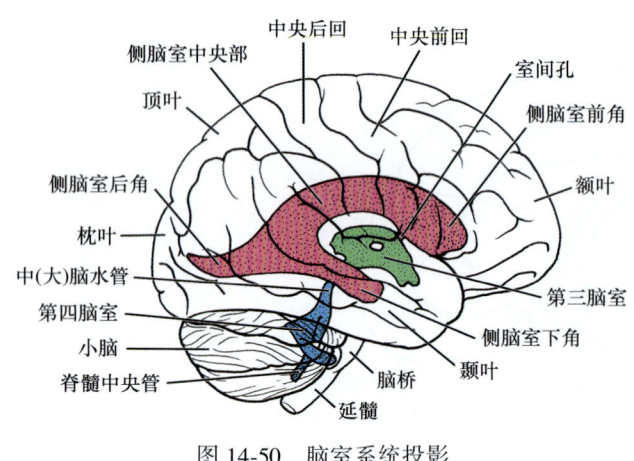

图 14-50　脑室系统投影

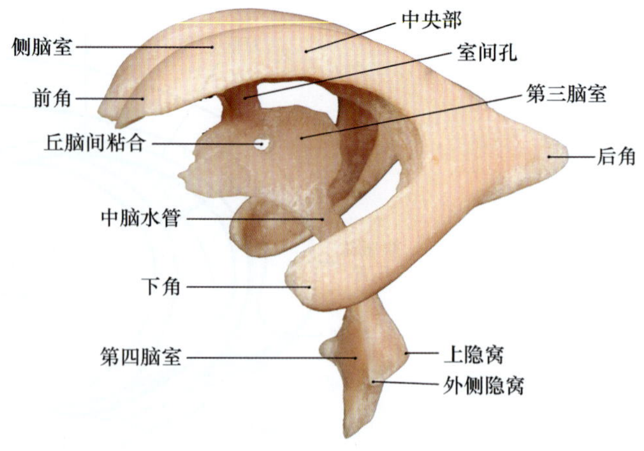

图 14-51　脑室的铸型（前侧面观）

马及齿状回等，加上岛叶前部、颞极共同组成**边缘叶** limbic lobe。边缘叶与它联系密切的皮质和皮质下结构如杏仁体、下丘脑、丘脑前核等结构，共同组成**边缘系统** limbic system。边缘系统与内脏活动、摄食、情绪反应和性活动等有关，近年还发现边缘系统与记忆，特别是近期记忆有关（图 14-52）。

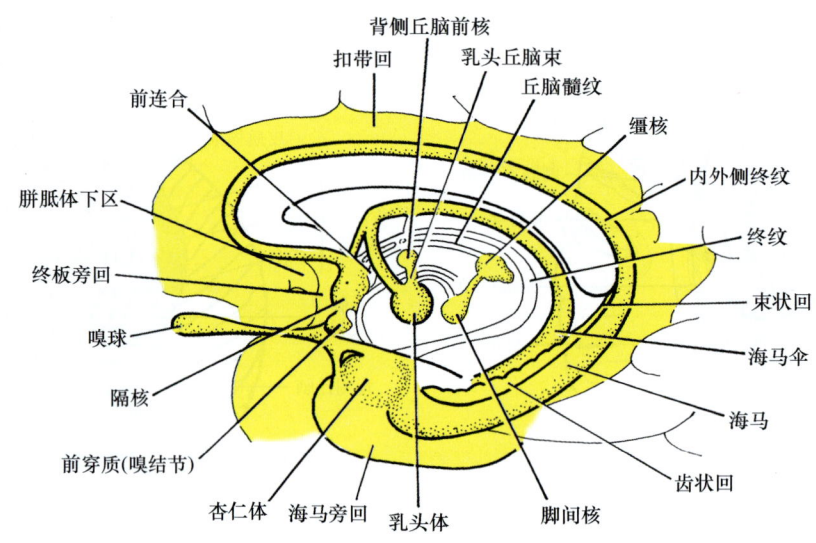

图 14-52　嗅脑和边缘系统的图解

【复习思考题】

1. 简述脊髓的位置、外形和主要结构。
2. 按顺序写出 12 对脑神经的名称以及与脑相连的部位。
3. 小脑分哪 3 个叶？每个叶各有何功能？
4. 大脑皮质管理运动、感觉、视觉、听觉及语言中枢的功能定位如何？有何特点？
5. 用解剖学知识，分析一侧内囊损伤的临床表现。

（赵云鹤）

第十五章 周围神经系统

周围神经系统 peripheral nervous system 是指中枢神经系统(脑和脊髓)以外的神经成分,由神经、神经节、神经丛、神经终末装置等构成。根据其与中枢相连的部位和分布区域的不同,通常把周围神经系统分为3部分:①与脊髓相连的称**脊神经**,主要分布于躯干和四肢;②与脑相连的称**脑神经**,主要分布于头面部;③与脑或脊髓相连,主要分布于内脏、心血管和腺体的称为**内脏神经**。

第一节 脊 神 经

【引子】

患者,男性,38岁,因腰骶部疼痛3年余,伴右下肢放射痛3月就诊。查体:右腿抬高和加强试验(+),挺腹试验(+),梨状肌紧张试验(+),腰椎少许侧弯,棘突无明显压痛,骶髂关节(+),臀部臀中肌、梨状肌投影区压痛明显,并放射至下肢,右𧿹趾肌力4级。CT检查提示:L_4~L_5椎间盘膨隆,L_5~S_1椎间盘脱出。请根据所学解剖学知识,分析上述症状出现原因。

【学习目标】

一、掌握

1. 脊神经的构成、区分,前、后根和前、后支的纤维成分及前支的分布概况。
2. 颈丛的构成、位置,皮支的名称及膈神经的组成、走行和分布。
3. 臂丛的组成、位置和分支;肌皮神经、正中神经、尺神经、桡神经和腋神经的起始部位,行程及其肌支的分布。正中神经、尺神经、桡神经对手部皮肤感觉的支配区域。
4. 胸神经前支的行程及其皮支分布的节段性。
5. 腰丛的组成及位置;股神经和闭孔神经的组成、行程及其分布范围。
6. 骶丛的组成及位置;坐骨神经出盆腔的位置及分支部位;胫神经的行程及肌支支配的肌群;腓总神经、腓浅神经和腓深神经的行程及其肌支支配的范围;阴部神经的行程,主要分支及分布范围。

二、了解

1. 胸长神经、肩胛上神经、肩胛背神经、胸背神经和肩胛下神经的分布范围。
2. 正中神经、尺神经、桡神经和腋神经损伤后运动及感觉障碍的主要表现。
3. 髂腹下神经、髂腹股沟神经,生殖股神经和股外侧皮神经的行径及其分布范围。
4. 臀上神经,臀下神经和股后皮神经的位置和分布。
5. 胫神经和腓总神经损伤后运动和感觉障碍的主要表现。

一、概 述

(一) 脊神经构成、分部和纤维成分

脊神经 spinal nerves 共31对,包括8对**颈神经** cervical nerves,12对**胸神经** thoracic nerves,5对**腰神经** lumbar nerves,5对**骶神经** sacral nerves,1对**尾神经** coccygeal nerve。每对脊神经由与脊髓相连的**前根** anterior root 和**后根** posterior root 在椎间孔处合成。前、后根均由许多根丝所构成,起自脊髓的前、后外侧沟,前根属**运动性**,后根属**感觉性**,后根较前根略粗,在椎间孔附近形成椭圆形膨大,称**脊神经节** spinal ganglion。

第1颈神经干通过寰椎与枕骨之间穿出椎管,第2~7颈神经干均通过同序数颈椎上方的椎间孔穿出椎管,第8颈神经干经第7颈椎下方的椎间孔穿出,12对胸神经干和5对腰神经干都通过同序数椎骨下方的椎间孔穿出,第1~4骶神经经同序数的骶前、后孔穿出,第5骶神经和尾神经由骶管裂孔穿出。由于脊髓短而椎管长,所以各节段脊神经前、后根在椎管内走行的方向和长短也各不相同。颈神经根最短,行程近水平位,胸部的脊神经根斜行向下,而腰骶尾部的神经根较长,在穿过椎间孔合成脊神经前,在椎管内近乎垂直下行,这些

217

脊神经根在脊髓圆锥下方围绕终丝聚焦成束构成**马尾**cauda equina。在椎间孔处,脊神经有重要的毗邻关系。其前方是椎间盘和椎体,后方是关节突关节和黄韧带,上、下方分别为上位椎骨的椎下切迹和下位椎骨的椎上切迹。因此脊柱的病变,如椎间盘脱出、椎骨骨折、骨质或韧带增生等常可累及脊神经,出现感觉和运动障碍。

脊神经是混合性神经,含有4种纤维。①**躯体感觉纤维**,始于脊神经节的假单极神经元,假单极冲经元的中枢突组成后根入脊髓;周围突加入脊神经,分布于皮肤、肌、关节,将躯体的感觉冲动传向中枢。②**内脏感觉纤维**,也来自于脊神经节的假单极神经元,假单极神经元的中枢突组成后根入脊髓;周围突分布于内脏、心血管和腺体的感受器等,将内脏的感觉冲动传向中枢。③**躯体运动纤维**,由脊髓灰质的前角运动神经元的轴突组成,分布于骨骼肌。④**内脏运动纤维**,由胸腰部侧角和骶副交感核运动神经元的轴突组成,分布于平滑肌和腺体(图15-1)。

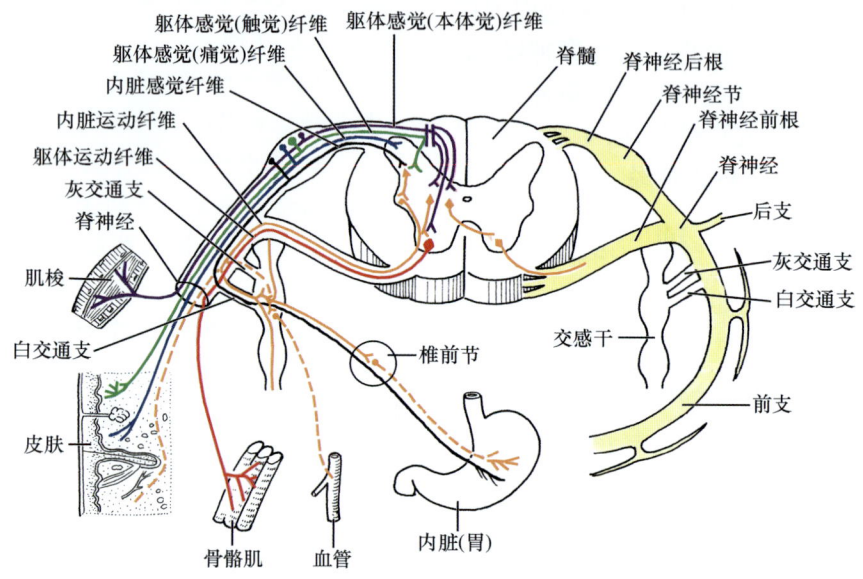

图15-1 脊神经的组成和分布模式图

(二) 脊神经的分支

脊神经干很短,出椎间孔后立即分为4支,即前支、后支、脊膜支和交通支(图15-1)。

1. 脊膜支meningeal branch 细小,经椎间孔返回椎管,分布于脊髓的被膜、脊柱的韧带、骨膜和椎间盘等处。

2. 交通支communicating branch 为连于脊神经与交感干之间的细支。发自脊神经连至交感干的称**白交通支**;发自交感干连于每条脊神经的称**灰交通支**(详见本章第三节内脏神经系统)。

3. 后支posterior branch 较细,为混合性的,经相邻椎骨横突之间或骶后孔向后行走,都有**肌支**和**皮支**,肌支分布于项、背及腰骶部深层肌;皮支分布于枕、项、背、腰、臀部的皮肤,其分布有明显的节段性。其中,第2颈神经后支的皮支粗大,称**枕大神经**,穿斜方肌腱达皮下,分布于枕项部的皮肤。腰神经后支分为**内侧支**和**外侧支**。

4. 前支anterior branch 粗大,是混合性的,分布于躯干前外侧和四肢的肌肉和皮肤。在人类,胸神经前支保持着明显的节段性走行和分布,其余各部的前支分别交织成丛,即**颈丛、臂丛、腰丛**和**骶丛**等(图15-2)。由丛再发出分支分布于相应的区域。

下面将脊神经前支及其各丛分别加以叙述。

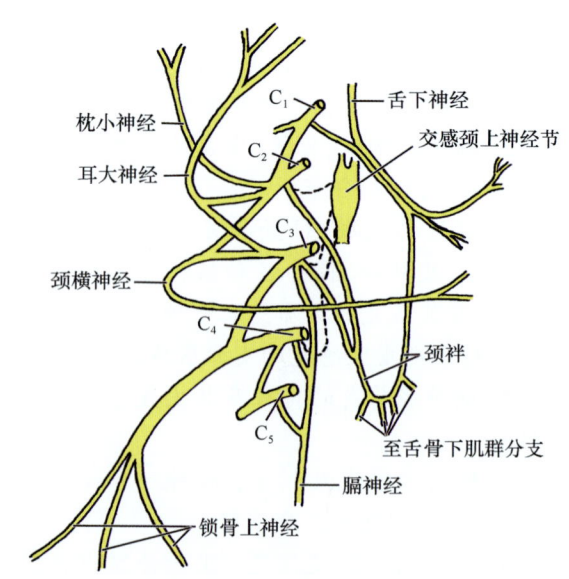

图15-2 颈丛的组成及颈袢

二、颈丛

(一) 颈丛的组成和位置

颈丛cervical plexus 由第1~4颈神经的前支构成(图15-2),位于中斜角肌和肩胛提肌的前方,胸锁乳突肌上部的深面,由丛发出皮支和肌支。

(二) 颈丛的分支

颈丛的分支包括浅支、深支和与其他神经的交通支(图15-2~图15-4)。**浅支**由胸锁乳突肌后缘中点附近穿出,其浅出部位位置表浅,是颈部浅层结构阻滞麻醉的进针点。主要的分支有:

1. 枕小神经lesser occipital nerve(C_2) 沿胸锁乳突肌后缘上升,分布于枕部及耳廓背面上部的皮肤。

2. 耳大神经great auricular nerve($C_{2~3}$) 沿胸锁乳突肌表面向耳垂方向上行,至耳廓及其附近的皮肤。

3. 颈横神经transverse nerve of neck($C_{2~3}$) 横过胸锁乳突肌浅面向前行,分布于颈部皮肤。常与面神经有交通支。

4. 锁骨上神经supraclavicular nerves($C_{3~4}$) 有2~4支辐射状行向外下方,分布于颈侧部、胸壁上部和肩部的皮肤。

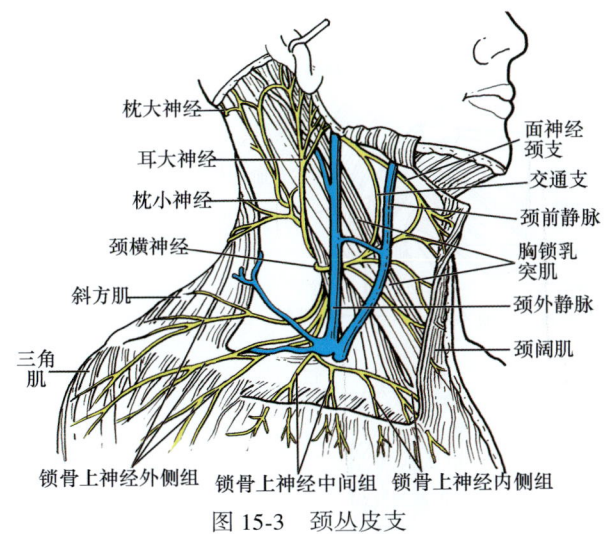

图15-3　颈丛皮支

深支主要支配颈部深肌、肩胛提肌、舌骨下肌群和膈。

5. 膈神经phrenic nerve($C_{3~5}$) 是颈丛中最重要的分支(图15-4)。先沿前斜角肌前方下行,在锁骨下动、静脉之间经胸廓上口进入胸腔,再与心包膈血管伴行经过肺根前方,在纵隔胸膜与心包之间下行达膈肌。其运动纤维支配膈肌,感觉纤维分布于胸膜、心包和膈下面的部分腹膜。右膈神经的感觉纤维尚分布到肝、胆囊和肝外胆道等。

膈神经损伤的主要表现是同侧半的膈肌瘫痪,腹式呼吸减弱或消失,严重者可有窒息感。膈神经受刺激时可产生呃逆。

副膈神经:国人副膈神经的出现率约为48%,大多发自第4、5或第5、6颈神经。常见于一侧,并多在锁骨下静脉后侧加入膈神经内(图15-4)。

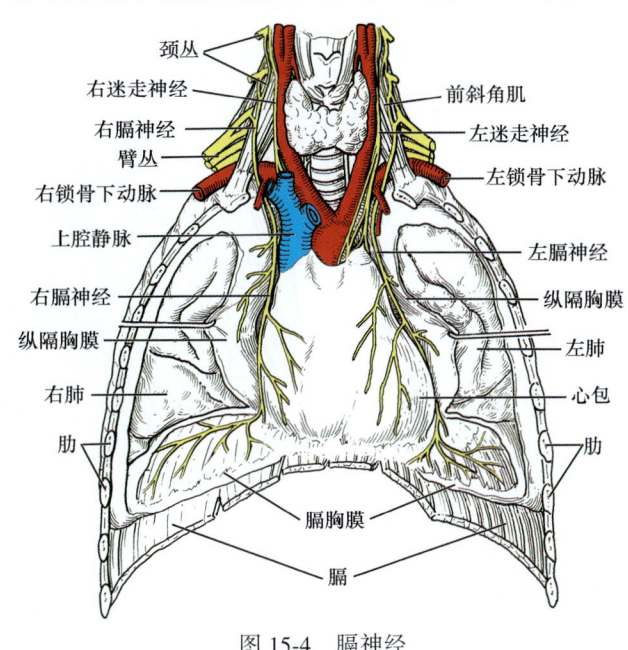

图15-4　膈神经

三、臂丛

(一) 臂丛的组成和位置

臂丛brachial plexus 由第5~8颈神经前支和第1胸神经前支的大部分纤维组成。经斜角肌间隙后,向下行于锁骨下动脉后上方,继而经锁骨后方进入腋窝(图15-5,图15-6)。第5、6颈神经的前支合成**上干**,第7颈神经前支延为**中干**,第8颈神经前支和第1胸神经前支的大部分合成**下干**。出

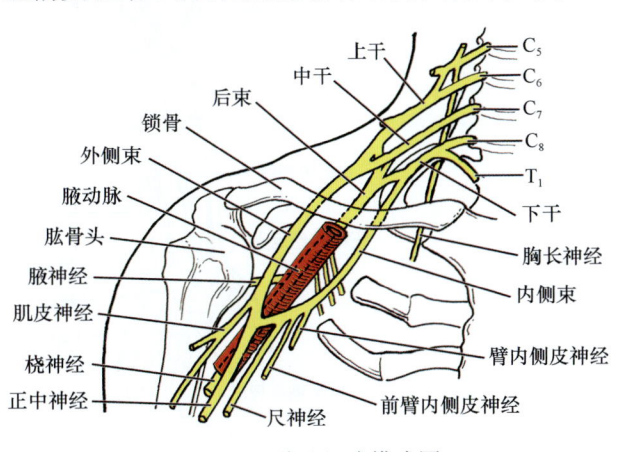

图15-5　臂丛组成模式图

斜角肌间隙后每个干又分成**前**、**后股**，由上、中干的前股合成**外侧束**，下干的前股延成**内侧束**，3 干的后股合成**后束**。在腋窝内，3 束纤维分别从内、外、后三面包围腋动脉第 2 段（图 15-5）。臂丛在锁骨中点后方比较集中，位置浅表，容易摸到，常作为臂丛阻滞麻醉的部位。

（二）臂丛的分支

臂丛的分支可依其发出的局部位置分为锁骨上部分支和下部分支（图 15-6）。

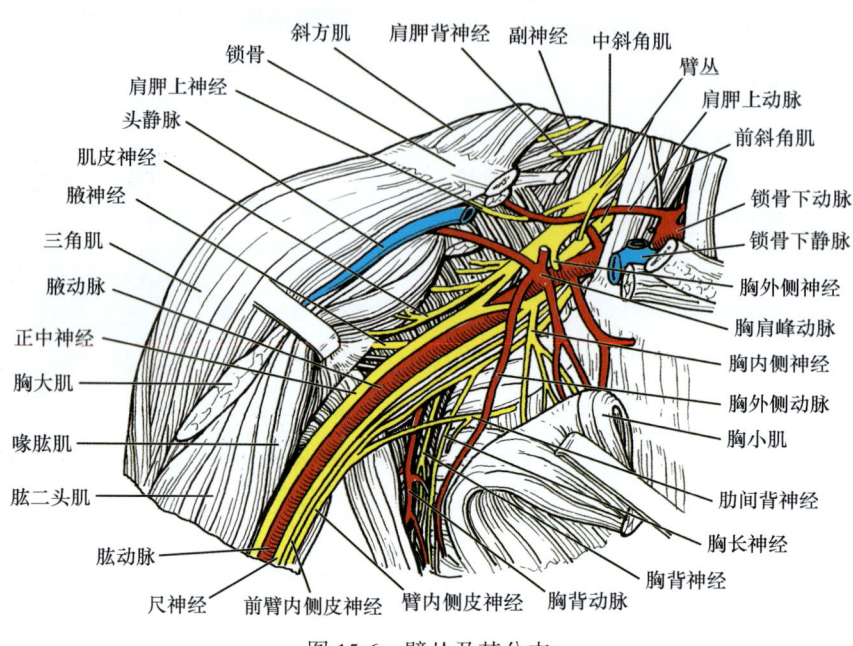

图 15-6　臂丛及其分支

锁骨上部分支多是一些短的肌支，发自臂丛的根和干，其主要分支有：

1. 胸长神经 long thoracic nerve（C$_{5~7}$） 起自神经根，经臂丛后方进入腋窝，沿前锯肌表面伴随胸外侧动脉下降，支配前锯肌（图 15-6，图 15-7）。损伤此神经可引起前锯肌瘫痪，出现"翼状肩"体征。

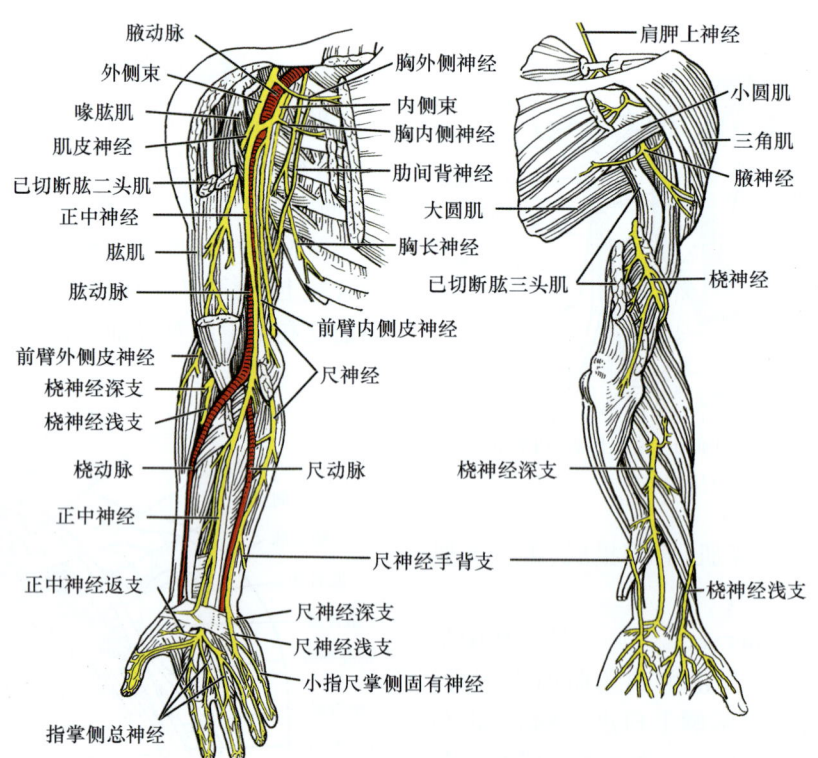

图 15-7　上肢的神经

2. 肩胛背神经 dorsal scapular nerve（$C_{4\sim5}$）

起自神经根，穿中斜角肌向后，在肩胛骨与脊柱间下行，支配菱形肌和肩胛提肌。

3. 肩胛上神经 suprascapular nerve（$C_{5\sim6}$）

起自臂丛上干，向后经肩胛上切迹入冈上窝，再转入冈下窝，分布冈上、下肌和肩关节（图15-7）。

锁骨下部分支分别发自臂丛的3个束，多为长支，分肌支和皮支，分布于肩、胸、臂、前臂和手的肌肉、关节与皮肤。

1. 腋神经 axillary nerve（$C_{5\sim6}$）

在腋窝发自臂丛后束，穿经腋腔后壁的四边孔，绕肱骨外科颈至三角肌深方。**肌支**支配三角肌和小圆肌（图15-6，图15-7）。皮支称**臂外侧上皮神经**，由三角肌后缘穿出，分布于肩部和臂外侧区上部的皮肤。

【临床联系】

肱骨外科颈骨折、肩关节脱位或腋杖的压迫，都可造成腋神经损伤而致三角肌瘫痪，臂不能外展，三角肌区皮肤感觉障碍。由于三角肌萎缩，肩部失去圆隆的外形。

2. 肌皮神经 musculocutaneous nerve（$C_{5\sim7}$）

自外侧束发出后，向外斜穿喙肱肌，经肱二头肌和肱肌间下行，发出肌支支配喙肱肌、肱二头肌和肱肌（图15-6，图15-7）。其终支在肘关节稍下方穿出深筋膜称为**前臂外侧皮神经**，分布前臂外侧的皮肤（图15-7）。

3. 正中神经 median nerve（$C_{6}\sim T_{1}$）

发自臂丛内、外侧束，由正中神经内侧根、外侧根合成，两根夹持着腋动脉。在臂部，正中神经沿肱二头肌内侧沟下行，并由外侧向内侧跨过肱动脉的浅面与血管一起下降至肘窝。从肘窝向下穿旋前圆肌及指浅屈肌腱弓，继而向下行于前臂正中指浅、深屈肌之间达腕部。然后从桡侧腕屈肌腱和掌长肌腱之间进入腕管，在掌腱膜深面到达手掌（图15-6，图15-7）。

正中神经在臂部一般无分支，在前臂发出许多肌支支配除肱桡肌、尺侧腕屈肌和指深屈肌尺侧半以外的所有前臂前群肌。在手掌的近侧正中神经外侧缘发出一粗短的**返支**（图15-8），分布于拇收肌以外的鱼际肌。在手掌发出数支**指掌侧总神经**，下行至掌骨头附近，又分为两支**指掌侧固有神经**，沿手指的相对缘至指尖，分布第1、2蚓状肌（图15-8）以及掌心、鱼际、桡侧3个半指的掌面及其中节和远节指背的皮肤（图15-8，图15-10）。

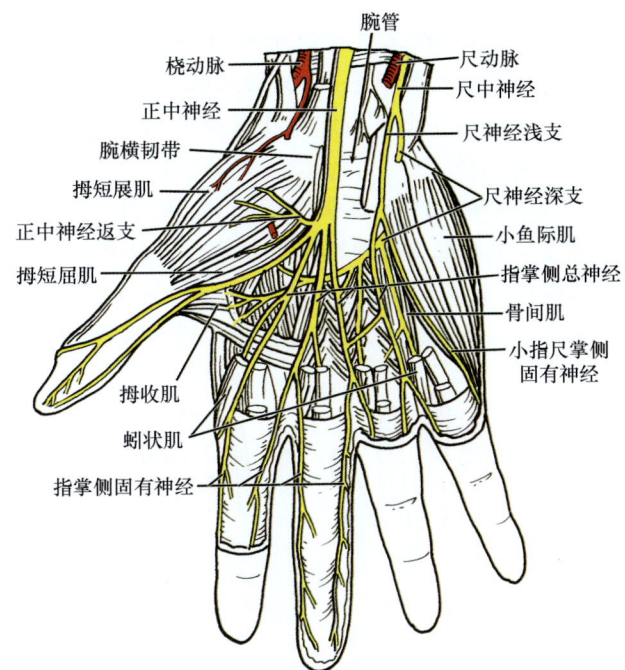

图15-8 手掌面的神经

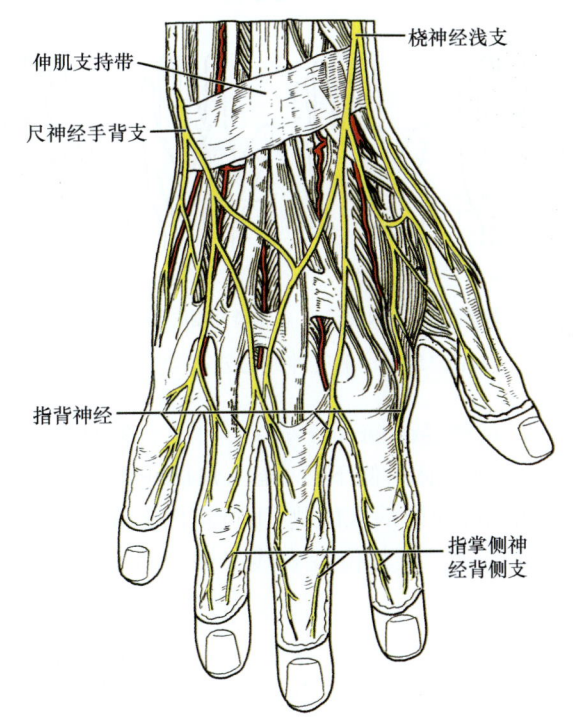

图15-9 手背面的神经

【临床联系】

正中神经在腕管处易被卡压出现系列症状和体征，称为**腕管综合征**。由于腕管各壁坚硬，管腔内有指浅、深屈肌腱和拇长屈肌腱及其腱鞘通过，任何使腕管缩小或内容物涨大的因素，均可致正中神经受压，出现正中神经返支所支配的拇短展肌、拇短屈肌和拇对掌肌瘫痪及桡侧3个半指掌面及背面中、远节的皮肤感觉障碍。

正中神经干如在臂部受损伤，运动障碍表现为正中神经支配的肌肉全部无力。由于鱼际肌萎缩，手掌平坦，称为"猿手"（图15-11）。感觉障碍以拇指、示指和中指的远节最为显著。

伤。再向下穿过尺侧腕屈肌起端转至前臂前内侧，继而于尺侧腕屈肌和指深屈肌之间、尺动脉的内侧下降（图15-6，图15-7），在桡腕关节上方发出手背支后，本干于豌豆骨的桡侧下行，经屈肌支持带的浅面分为浅、深两支，经掌腱膜深面进入手掌。

尺神经在臂部没有分支，在前臂上部发出**肌支**分布尺侧腕屈肌和指深屈肌的尺侧半。**手背支**转向手背侧，分布于手背尺侧半和小指、环指及中指尺侧半背面的皮肤（图15-10）。**浅支**分布于小鱼际、小指和环指尺侧半掌面的皮肤。**深支**支配小鱼际肌、拇收肌、骨间掌侧肌、骨间背侧肌及第3、4蚓状肌（图15-8）。

【临床联系】

尺神经干受伤时，运动障碍表现为屈腕力减弱，环指和小指的远节指骨不能屈曲。小鱼际肌萎缩变平坦，拇指不能内收，骨间肌萎缩，各指不能互相靠拢，各掌指关节过伸，出现"爪形手"。手掌及手背内侧缘皮肤感觉丧失。

M.正中神经分布区　　R.67.0%桡神经分布区　　U.98.5%桡神经分布区

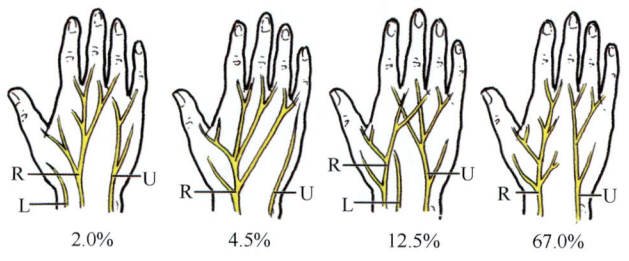

2.0%　　4.5%　　12.5%　　67.0%

R.桡神经　　U.尺神经　　L.前臂外侧皮神经

图15-10　手皮神经的分布与变异

5. **桡神经**radial nerve（C_5~T_1）　是发自臂丛后束的一条粗大神经，在腋动脉的后方，并向外下与肱深动脉伴行，先经肱三头肌长头与内侧头之间，然后沿桡神经沟绕肱骨中段背侧旋向下外，在肱骨外上髁上方穿经外侧肌间隔，至肱桡肌与肱肌之间，继而向下行于肱肌与桡侧腕长伸肌之间。桡神经在肱骨外上髁前方分为浅、深两支（图15-6，图15-7，图15-9）。

桡神经在臂部发出的分支有：①**皮支**：**臂后皮神经**，分布于臂背面皮肤；**臂外侧下皮神经**，分布于臂下外侧皮肤；**前臂后皮神经**，分布于前臂背面皮肤。②**肌支**：支配肱三头肌、肘肌、肱桡肌和桡侧腕长伸肌。

4. **尺神经**ulnar nerve（C_8~T_1）　发自臂丛内侧束，在肱动脉内侧下行，至三角肌止点高度穿过内侧肌间隔至臂后区内侧，下行至内上髁后方的尺神经沟，在此处，其位置表浅又贴近骨面，易受损

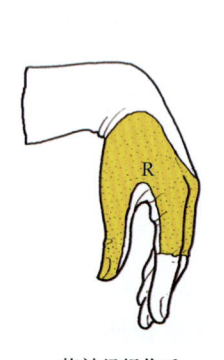
桡神经损伤后的"垂腕征"

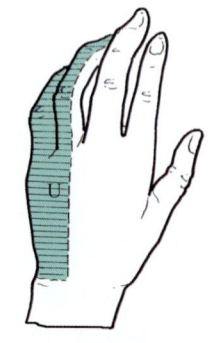
尺神经损伤后的"爪形手"

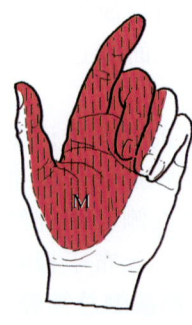
正中神经损伤后的"猿手"

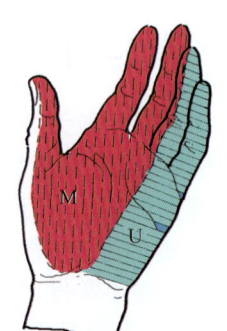
正中神经和尺神经合并损伤后的"猿手"

M.正中神经分布区　R.桡神经分布区　U.尺神经分布区

图15-11　桡、尺、正中神经损伤时的手形及皮肤感觉丧失区

（1）**浅支** superficial branch：为皮支，自肱骨外上髁前外沿桡动脉外侧下降，在前臂中、下 1/3 交界处转向背面，并下行至手背，分成 4～5 支**指背神经**分布于手背桡侧半和桡侧两个半手指近节背面的皮肤（图 15-9，图 15-10）。

（2）**深支** deep branch：较粗大，主要为**肌支**，经桡骨颈外侧穿旋后肌至前臂后面，在前臂伸肌群的浅深层之间下行，沿途发出分支支配前臂的伸肌。

【临床联系】

肱骨中段或中、下 1/3 交界处骨折时，容易合并损伤桡神经。主要运动障碍是前臂伸肌瘫痪，表现为抬前臂时呈"垂腕"状态（图 15-11）。感觉障碍以第 1、2 掌骨间隙背面皮肤最为明显。桡骨颈骨折时，也可伤及桡神经深支，主要表现伸腕能力弱和不能伸指等症状。

6. 胸背神经 thoracodorsal nerve（$C_{6\sim 8}$）起自后束，沿肩胛骨外侧缘伴肩胛下血管下降，支配背阔肌（图 15-6）。乳癌根治术清除腋淋巴结时，应注意勿损伤此神经。

7. 肩胛下神经 subscapular nerve（$C_{5\sim 7}$）发自后束，常分上、下两支，沿肩胛下肌前面下降支配肩胛下肌和大圆肌。

8. 胸内、外侧神经（$C_5\sim T_1$）分别起自内侧束和外侧束，胸外侧神经穿经锁胸筋膜，两者均发出分支分布于胸大肌、胸小肌。

9. 臂内侧皮神经 medial brachial cutaneous nerve（$C_8\sim T_1$）发自臂丛内侧束，分布于臂内侧、臂前面的皮肤（图 15-6，图 15-7）。

10. 前臂内侧皮神经 medial antebrachial cutaneous nerve（$C_8\sim T_1$）也发自臂丛内侧束，分布于前臂前内侧区前、后面的皮肤（图 15-6，图 15-7）。

四、胸神经前支

胸神经前支共 12 对。第 1～11 对各自位于相应的肋间隙中，称**肋间神经** intercostal nerves，第 12 对胸神经前支位于第 12 肋下方，称**肋下神经** subcostal nerve。肋间神经伴肋间血管在肋间内、外肌之间沿肋沟前行。在胸腹壁侧面发出**外侧皮支**（图 15-12），分布于胸侧壁和肩胛区的皮肤。上 6 对肋间神经到达胸骨侧缘处浅出为**前皮支**，分布于胸前壁的皮肤；其**肌支**支配肋间肌、上后锯肌和胸横肌。下 5 对肋间神经和肋下神经斜向前下，行于

腹内斜肌与腹横肌之间，进入腹直肌鞘，至腹白线附近浅出为**前皮支**。其**肌支**支配相应的肋间肌和腹肌的前外侧群，皮支除分布于胸、腹壁皮肤及胸、腹膜壁层。其中第 4～6 肋间神经的外侧皮支和第 2～4 肋间神经的前皮支，均有分支分布于乳房。

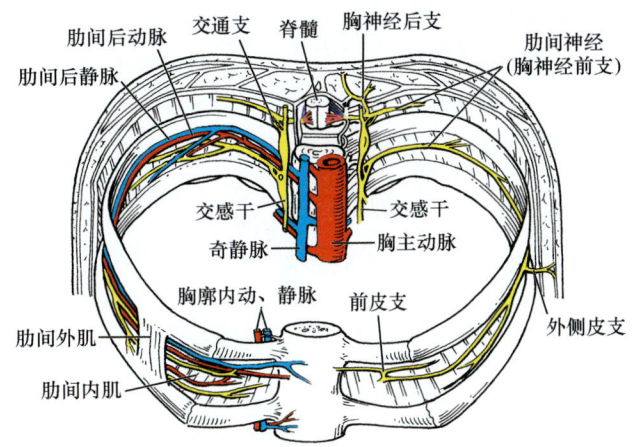

图 15-12 肋间神经走行与分支

胸神经皮支的分布区域有明显的节段性，由上向下按顺序依次排列（图 15-13）。如 T_2 分布区相当胸骨角平面，T_4 相当于乳头平面，T_6 相当剑突平面，T_8 相当肋弓平面，T_{10} 相当于脐平面，T_{12} 则分布于耻骨联合与脐连线中点平面。临床上常以上述节段性分布平面为标志检查感觉障碍的节段位置。

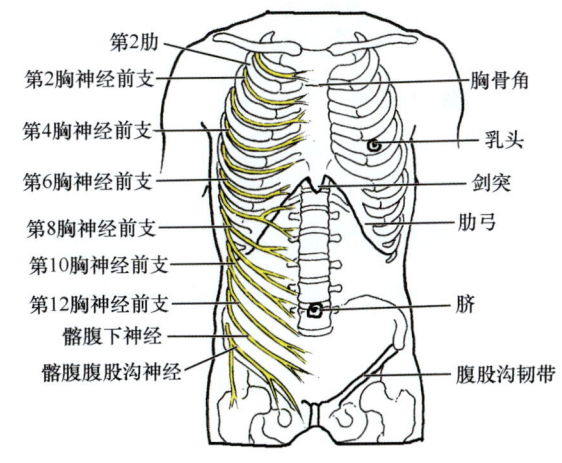

图 15-13 躯干的神经（前面）

五、腰　丛

（一）腰丛的组成和位置

腰丛 lumbar plexus 由第 12 胸神经前支的一部分、第 1～3 腰神经前支和第 4 腰神经前支的一部分组成（图 15-14，图 15-15）。腰丛位于腰大肌深面、腰椎横突前面，除发出肌支支配髂腰肌和腰方肌外，还分布于腹股沟区及大腿的前部和内侧部。

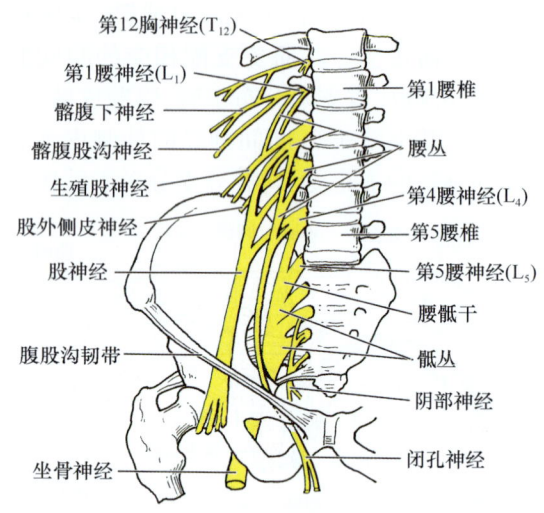

图 15-14　腰、骶丛组成模式图

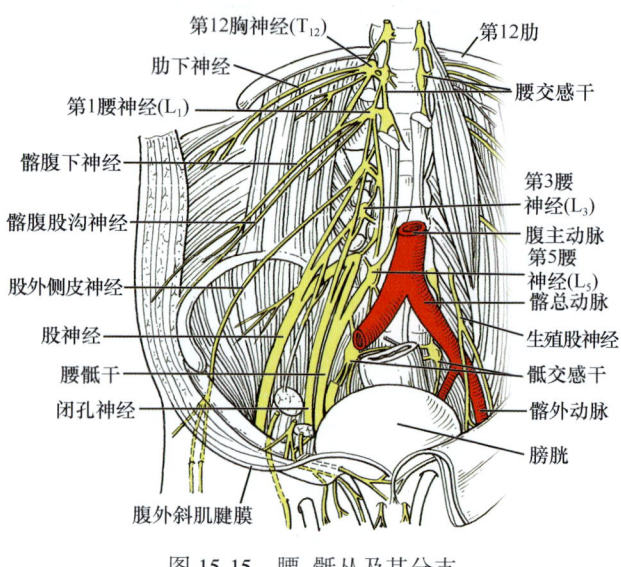

图 15-15　腰、骶丛及其分支

（二）腰丛的分支

1. 髂腹下神经 iliohypogastric nerve（T_{12}、L_1）
从腰大肌外缘穿出，经髂嵴上方进入腹内斜肌和腹横肌之间，继而在腹内斜肌、腹外斜肌间前行，最后在腹股沟管浅环上方 3cm 处穿腹外斜肌腱膜至皮下。沿途发出分支分布于腹壁诸肌，其皮支分布于臀外侧部、腹股沟区及下腹部皮肤（图 15-15）。

2. 髂腹股沟神经 ilioinguinal nerve（L_1）　行于髂腹下神经的下方，走行方向与该神经略同，在腹横肌与腹内斜肌之间前行，向下穿腹股沟管并伴精索（子宫圆韧带）浅面，自腹股沟管浅环外出，分布于腹股沟部和阴囊或大阴唇皮肤，肌支分布于腹壁肌（图 15-15）。

3. 股外侧皮神经 lateral femoral cutaneus nerve（$L_{2\sim3}$）　自腰大肌外缘穿出，行向前外侧，达髂前上棘内侧，经腹股沟韧带深面分布于大腿前外侧部的皮肤（图 15-15，图 15-16）。

4. 股神经 femoral nerve（$L_{2\sim4}$）　是腰丛中最大的分支，先于腰大肌与髂肌之间下行，在腹股沟韧带中点稍外侧深面、股动脉外侧到达股三角，随即分为数支（图 15-15，图 15-16）：①**肌支**，支配髂肌、耻骨肌、股四头肌和缝匠肌；②**皮支**，有数条较短的皮支，即股中间、股内侧皮神经，分布于大腿和膝关节前面的皮肤（图 15-16）；最长的皮支称**隐神经** saphenous nerve，伴随股动脉入收肌管下行，至膝关节内侧浅出至皮下后，伴随大隐静脉沿小腿内侧面下行达足内侧缘。

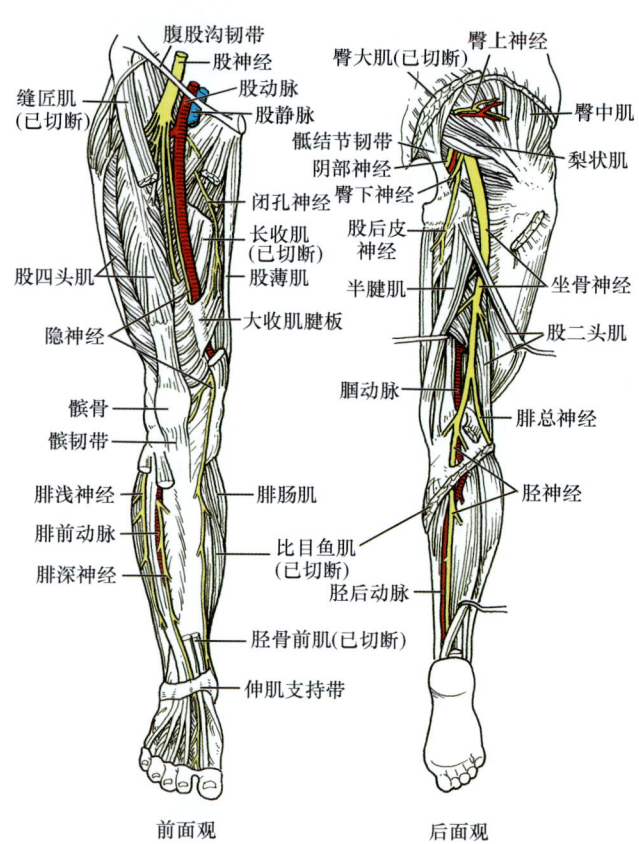

图 15-16　下肢的神经

【临床联系】
　　股神经损伤后出现屈髋无力，行走困难，股四头肌萎缩，膝反射消失，股前面和小腿内侧面皮肤感觉障碍。

5. 闭孔神经 obturator nerve（$L_{2\sim4}$）　自腰丛发出后，于腰大肌内侧缘穿出，沿小骨盆内侧壁前行，伴闭孔血管穿闭膜管出小骨盆，分**前、后两支**（图 15-16），分别位于短收肌前、后方。其肌支支配闭孔外肌、大腿内收肌群，皮支分布于大腿内侧面的皮肤。

6. 生殖股神经 genitofemoral nerve($L_{1,2}$) 自腰大肌前面穿出后,在该肌表面下降。在腹股沟韧带上方分成生殖支和股支。**生殖支**分布于阴囊(大阴唇)和提睾肌。**股支**则分布于股三角的皮肤(图15-15)。

【临床联系】
在盲肠后位的阑尾手术或腹股沟疝修补术时,应注意避免伤及髂腹下神经、髂腹股沟神经和生殖股神经。

六、骶 丛

(一) 骶丛的组成和位置

骶丛 sacral plexus 由第4腰神经前支的一部分与第5腰神经前支合成的**腰骶干**($L_{4,5}$)以及全部骶神经和尾神经的前支组成(图15-14,图15-15)。骶丛位于骶骨及梨状肌的前面,髂血管的后方。骶丛分支分布于盆壁、臀部、会阴、股后部、小腿以及足部的肌肉和皮肤。骶丛在盆壁直接发出许多短小的肌支支配梨状肌、闭孔内肌、股方肌等,另外还发出以下分支。

(二) 骶丛的分支

1. 臀上神经 superior gluteal nerve($L_{4,5}$,S_1)
伴臀上动、静脉经梨状肌上孔出盆腔,行于臀中、小肌间,支配臀中、小肌和阔筋膜张肌(图15-16)。

2. 臀下神经 inferior gluteal nerve(L_5,$S_{1,2}$)
伴臀下动、静脉经梨状肌下孔出盆腔,行于臀大肌深面,支配臀大肌(图15-16)。

3. 股后皮神经 posterior femoral cutaneous nerve($S_{1~3}$) 出梨状肌下孔,至臀大肌下缘浅出并分支至臀下部称**臀下皮神经**,分布于臀区下部皮肤。本干下行分布于股后部和腘窝的皮肤(图15-16)。

4. 阴部神经 pudendal nerve($S_{2~4}$) 伴阴部内动、静脉出梨状肌下孔,绕坐骨棘穿坐骨小孔进坐骨直肠窝,贴此窝外侧壁向前分支分布于会阴部和外生殖器的诸肌和皮肤,其主要分支有(图15-16,图15-17):①**肛(直肠下)神经** anal nerve 分布于肛门外括约肌及肛门部的皮肤;②**会阴神经** perineal nerve 分布于会阴诸肌和阴囊或大阴唇的皮肤;③**阴茎(阴蒂)背神经** dorsal nerve of penis(clitoris)行于阴茎(阴蒂)的背侧,主要分布于阴茎(阴蒂)的海绵体和皮肤。

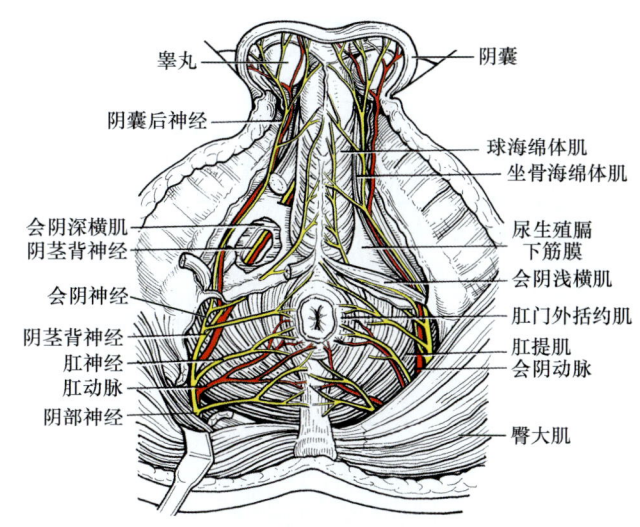

图 15-17　阴部神经(男性)

5. 坐骨神经 sciatic nerve($L_{4~5}$,$S_{1~3}$) 是全身最长、最粗大的神经,穿梨状肌下孔出盆腔,在臀大肌深面,股方肌浅面,经坐骨结节与股骨大转子之间(稍内侧)入股后区,沿中线经股二头肌长头和大收肌之间下降,一般在腘窝上角处分为胫神经和腓总神经(图15-16)。在股后部发出肌支支配大腿后群肌。自坐骨结节与大转子之间的中点稍内侧到股骨内、外侧髁之间中点的连线的上2/3段为坐骨神经在股部的体表投影。坐骨神经痛时,常在此投影线上出现压痛。

自坐骨结节和股骨大转子连线的中点至股骨内、外侧髁连线中点作一连线,其上2/3段为坐骨神经干的体表投影。坐骨神经疼痛时,在此连线上出现压痛。

(1)**胫神经** tibial nerve($L_{4~5}$,$S_{1~3}$):是坐骨神经本干的直接延续。于股后区沿中线下行入腘窝,在腘窝内与深部的腘血管伴行向下,在小腿后区比目鱼肌深面伴胫后血管下降,经内踝后方,在屈肌支持带深面分为**足底内侧神经** medial plantar nerve 和**足底外侧神经** lateral plantar nerve 两终支行向足底(图15-16,图15-18)。足底内侧神经经𝐦展肌深面,至趾短屈肌内侧前行,分布于足底肌内侧群及足底内侧和内侧3个半趾跖面皮肤。足底外侧神经经𝐦展肌及趾短屈肌深面,至足底外侧向前,分布于足底肌中间群和外侧群,以及足底外侧和外侧1个半趾跖面皮肤。

胫神经在腘窝及小腿部沿途发出肌支支配小腿肌后群。在腘窝胫神经还发出**腓肠内侧皮神经**,分布于小腿内侧皮肤,在小腿下部与**腓肠外侧皮神经**(发自腓总神经)吻合成**腓肠神经**,伴小隐静脉

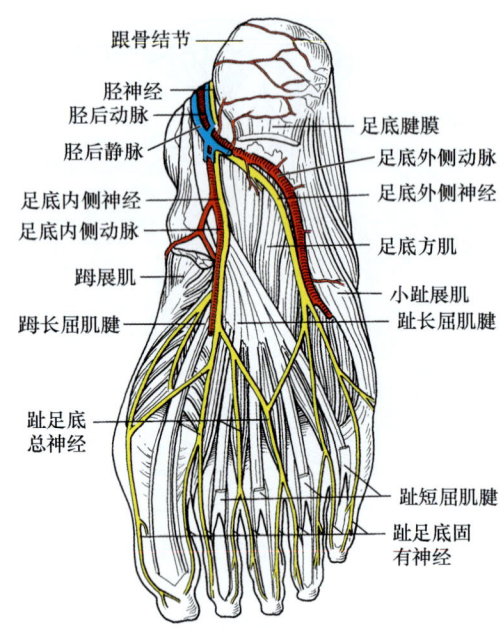

图 15-18 足底的神经

下行,经外踝后方弓形向前。分布于小腿后面下部、足背外侧缘和小趾外侧缘的皮肤。

【临床联系】
　　胫神经损伤后主要运动障碍是足内翻力弱,不能跖屈,不能以足尖站立。由于小腿前外侧群肌过度牵拉,致使足呈背屈、外翻位,出现"钩状足"畸形。感觉障碍区以足底面皮肤明显(图 15-19)。

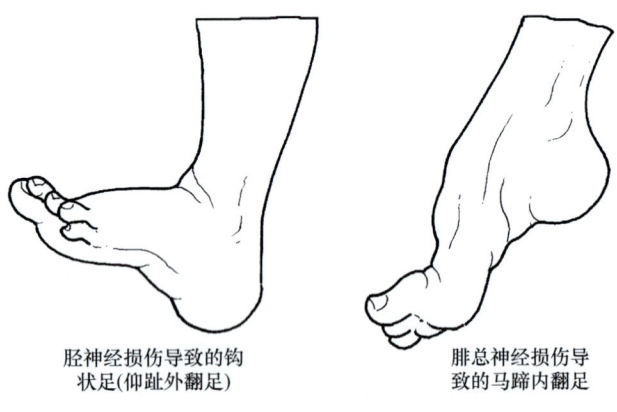

胫神经损伤导致的钩状足(仰趾外翻足)　　腓总神经损伤导致的马蹄内翻足

图 15-19 神经损伤足的畸形

　　(2) **腓总神经**common peroneal nerve($L_{4~5}$,$S_{1~2}$)(图 15-16):与胫神经分离后沿股二头肌内侧缘行向下外,绕腓骨头后方至腓骨颈外侧向前,穿腓骨长肌分为腓浅和腓深神经。在腘窝处自腓总神经分出**腓肠外侧皮神经**,穿出深筋膜,分支分布于小腿外侧面皮肤,并与腓肠内侧皮神经(发自胫神经)吻合成**腓肠神经**。腓总神经的分布范围包括小腿前、外侧群肌和小腿外侧、足背和趾背的皮肤。在腘窝腓总神经还发出关节支分布于膝关节。

　　1) **腓浅神经**superficial peroneal nerve:自腓总神经分出后,在腓骨长、短肌与趾长伸肌之间下行,其肌支支配腓骨长、短肌,至小腿中、下 1/3 交界处穿深筋膜浅出为皮支,分布于小腿外侧、足背和第 2~5 趾背的皮肤(图 15-16)。

　　2) **腓深神经**deep peroneal nerve:自腓总神经分出后,伴行胫前血管,先在胫骨前肌和趾长伸肌间,后在胫骨前肌与𧿹长伸肌之间下行至足背。分布于小腿肌前群、足背肌及第 1、2 趾背面的相对缘皮肤(图 15-16)。

【临床联系】
　　腓总神经在绕经腓骨颈处位置表浅,最易受损伤,损伤后足不能背屈,趾不能伸,足下垂且内翻,成"马蹄"内翻足畸形。行走呈"跨阈步态"。感觉障碍主要在小腿外侧面和足背较为明显(图 15-19)。

七、尾　丛

　　尾丛 coccyyeal plexus($S_{4~5}$,Co)位于尾骨盆面的小神经丛,分支分布于尾骨肌、部分肛提肌以及骶尾关节,并发出肛尾神经穿骶结节韧带后分布于尾骨背面的小块皮肤。

【相关进展】
　　21 世纪,随着现代工业、交通运输业的高速发展,地球大气环境的破坏,自然灾害所致的撞击伤、压砸伤已成为创伤的重要原因。创伤导致的周围神经损伤多见,神经损伤后的再生修复是重大的课题,已取得重要的进展。①神经损伤造成的长段神经缺损,应用显微外科技术进行自体神经移植术是目前被认为最有效的方法,常用的神经移植供体为腓肠神经、桡神经浅支等;②周围神经损伤后再生研究已进入细胞和分子生物学水平,如对神经胞体的保护、防止神经损伤向近端逆行变性、促神经生长因子等方法;③随着分子生物学技术的发展,组织工程化人工神经的研究已成为研究的热点,在不远的将来有望解决神经缺损修复的难题。

【复习思考题】
1. 试述脊神经的纤维成分及其分布。

2. 试述膈神经的起始、走行和分布。
3. 试述臂丛的组成、位置及主要分支。
4. 试述正中神经、尺神经、肌皮神经的起始、走行和分布。
5. 肱骨外科颈、肱骨中段骨折可能损伤何神经？会出现什么症状？
6. 试述手掌和手背皮肤感觉的神经分布。
7. 试述腰丛和骶丛的组成、位置和主要分支。
8. 试述股神经的起始、走行和分布。
9. 试述坐骨神经的起始、走行和分布。

（柯荔宁）

第二节 脑 神 经

【引子】

患者，女性，58岁，早上醒来，感觉右侧脸沉重，发现右侧口角和下睑下垂，发笑时右侧脸木板样僵硬，进餐时食物滞留于右侧颊龈沟内，不能吹口哨，口唇不能闭合。医生检查发现，整个右侧面肌麻痹，讲话稍有含糊不清，血压非常高。

基于临床表现，作出正确的诊断必须知道面肌和喉肌的作用及其神经支配。面肌瘫痪、讲话稍有含糊不清和高血压，但是缺乏支持左侧脑出血（中风）的有力证据，高血压只起辅助作用。左侧脑出血将引起右侧下部面肌瘫痪，患者不是脑出血。患者右侧面肌完全瘫痪只能由右侧面神经损伤所致，面神经是面肌的运动神经。正确的诊断是患者患有面神经麻痹（Bell麻痹），其预后良好，可以完全康复。

【学习目标】

一、掌握
1. 脑神经的顺序、名称、连接脑部和进出颅腔部位。
2. 动眼神经的分布。
3. 三叉神经的纤维成分及其分支分布。
4. 面神经的纤维成分及其分支分布。
5. 舌咽神经的纤维成分及其分支分布。
6. 迷走神经的纤维成分及其分支分布。
7. 舌下神经的分布。
8. 睫状神经节、翼腭神经节、下颌下神经节和耳神经节的位置和性质。

二、了解
1. 嗅神经、视神经、滑车神经、展神经、前庭蜗神经和副神经的分布。
2. 脑神经损伤后的主要症状。

脑神经 cranial nerves 是与脑相连的周围神经，共12对，用罗马数字按次序命名（图15-20）；脑干内有与其相应的脑神经核，运动核靠近中线，感觉核在其外侧。12对脑神经中除面神经核下部及舌下神经核只受对侧皮质核束支配外，其余脑神经运动核均受双侧支配。脑神经和脊神经都是周围神经，但其数量、性质和分布等存在差别（表15-1，表15-2）。

表15-1 脑神经纤维

	性质	功能
感觉纤维	一般躯体感觉纤维	皮肤、肌和肌腱以及口腔和鼻腔黏膜
	特殊躯体感觉纤维	视器和前庭蜗器
	一般内脏感觉纤维	头、颈、胸腔和腹腔的脏器
	特殊内脏感觉纤维	味蕾和嗅器
运动纤维	一般躯体运动纤维	眼球外肌和舌肌
	一般内脏运动纤维	平滑肌、心肌和腺体
	特殊内脏运动纤维	咀嚼肌、面肌、咽喉肌、胸锁乳突肌和斜方肌

表15-2 脑神经与脊神经的区别

	脊神经	脑神经
数量	31对，连于脊髓，分颈神经、胸神经、腰神经、骶神经、尾神经	12对，连于脑，Ⅰ-端脑，Ⅱ-间脑，Ⅲ、Ⅳ-中脑，Ⅴ、Ⅵ、Ⅶ、Ⅷ-脑桥，Ⅸ、Ⅹ、Ⅺ、Ⅻ-延髓
性质	均是混合性，有4种纤维成分	有7种纤维成分，Ⅰ、Ⅱ、Ⅷ是感觉性，Ⅲ、Ⅳ、Ⅵ、Ⅺ、Ⅻ是运动性，Ⅴ、Ⅶ、Ⅸ、Ⅹ是混合性
神经节	脊神经节（背根节）	三叉神经节（Ⅴ）、膝神经节（Ⅶ）、上神经节（Ⅸ、Ⅹ）、下神经节（Ⅸ、Ⅹ）、前庭神经节（Ⅷ）、蜗神经节（Ⅷ）
内脏运动纤维	多为交感神经纤维，仅$S_2 \sim S_4$有副交感神经纤维	仅Ⅲ、Ⅶ、Ⅸ、Ⅹ有副交感神经纤维
进出通道	颈神经、胸神经和腰神经出椎间孔，$S_1 \sim S_4$出骶前孔和骶后孔，S_5和尾神经出骶管裂孔	Ⅰ-筛孔，Ⅱ-视神经管，Ⅲ、Ⅳ、V1、Ⅵ-眶上裂，V2-圆孔，V3-卵圆孔，Ⅶ、Ⅷ-内耳门，Ⅸ、Ⅹ、Ⅺ-颈静脉孔，Ⅻ-舌下神经管
分布	躯干和四肢	头、颈部，Ⅹ还支配胸部、腹部内脏

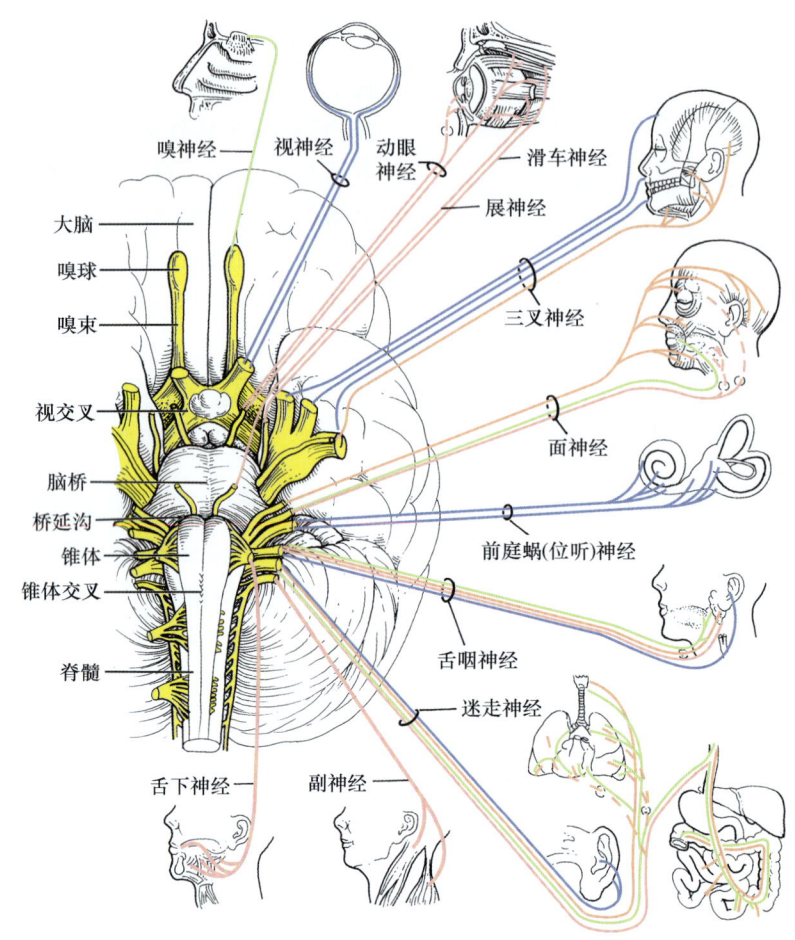

图 15-20 脑神经概况

一、嗅 神 经

嗅神经 olfactory nerve 是特殊内脏感觉神经,鼻黏膜嗅区内的嗅细胞中枢突聚集成 20 多条嗅丝(嗅神经)→穿筛孔入颅前窝→终止于嗅球→嗅束传导嗅觉(图 15-20,图 15-21)。嗅觉系统是唯一不在丘脑换元而将冲动直接传到脑皮质的感觉系统。颅前窝骨折可撕脱嗅丝和脑膜,造成嗅觉障碍和脑脊液鼻漏。

二、视 神 经

视神经 optic nerve 是特殊躯体感觉神经,视网膜内节细胞的轴突在视神经盘处聚集→穿巩膜筛板后构成视神经→穿视神经管入颅中窝→在垂体上方移行为视交叉→视束→外侧膝状体(图 15-22)。由脑膜延续来的 3 层被膜包裹视神经,脑蛛网膜下隙也随之延伸到视神经周围,颅内压增高时

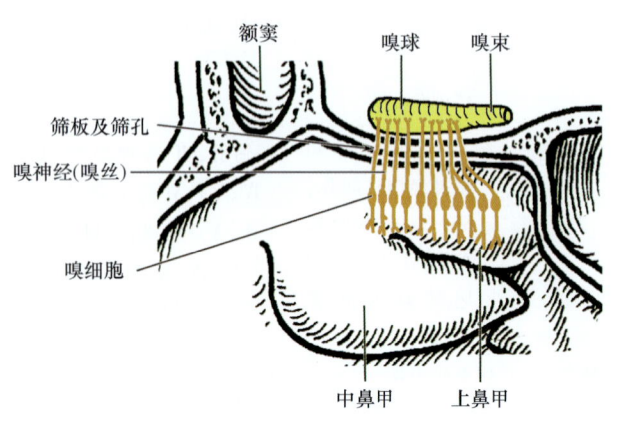

图 15-21 嗅神经

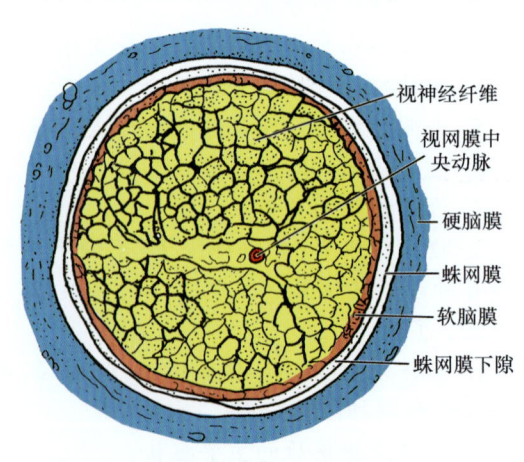

图 15-22 视神经横断面

常出现视神经盘(乳头)水肿。

三、动眼神经、滑车神经和展神经

动眼神经、滑车神经和展神经共同管理眼球运动,合称**眼球运动神经**(图15-23)。

1. 动眼神经oculomotor nerve 是运动性脑神经,运动纤维起于中脑**动眼神经核**;副交感节前纤维起于**动眼神经副核**。两种纤维合并成动眼神经→从中脑脚间窝出脑→穿过海绵窦→经眶上裂入眶→支配上睑提肌、上直肌、下直肌、内直肌和下斜肌。动眼神经中的副交感节前纤维到睫状神经节交换神经元后,节后纤维支配睫状肌和瞳孔括约肌,参与调节反射和瞳孔对光反射。

睫状神经节 ciliary ganglion 是副交感神经节,位于视神经与外直肌之间。来自动眼神经中的副交感节前纤维在此节交换神经元后,节后纤维加入睫状短神经在眼球后极、视神经周围进入眼球。

动眼神经损伤导致上睑提肌、上直肌、内直肌、下直肌和下斜肌瘫痪,出现上睑下垂、瞳孔扩大、瞳孔斜向外下方以及对光反射消失等症状。

2. 滑车神经trochlear nerve 是运动性脑神经,起于中脑**滑车神经核**→从中脑背侧出脑→穿过海绵窦→经眶上裂入眶→支配上斜肌。

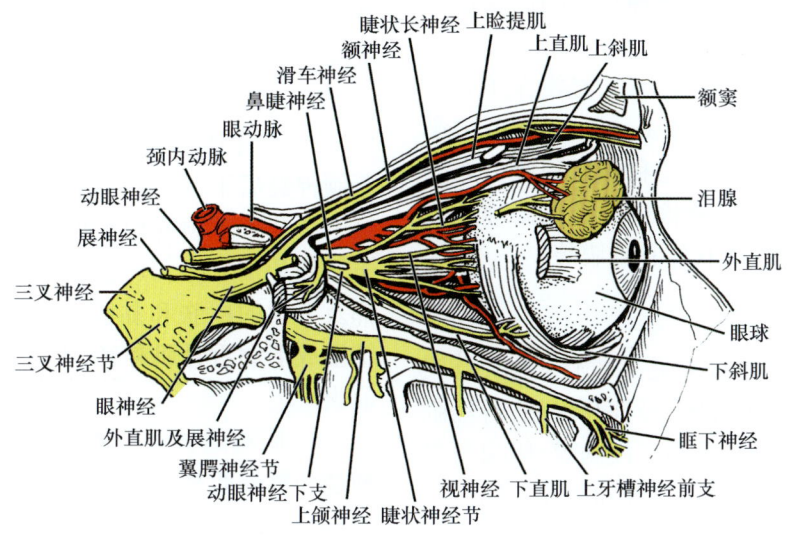

图15-23 动眼神经、滑车神经和展神经

3. 展神经abducent nerve 是运动性脑神经,起于脑桥**展神经核**→从延髓脑桥沟中线两侧出脑→穿过海绵窦→经眶上裂入眶→支配外直肌。展神经损伤引起外直肌瘫痪,产生内斜视。

四、三叉神经

三叉神经trigeminal nerve 是混合性脑神经,以感觉神经纤维为主(图15-24)。

感觉纤维的细胞体位于假单极神经元组成的**三叉神经节(半月节)** trigeminal ganglion 内,①中枢突聚集成三叉神经感觉根进入脑桥后,痛温觉纤维终止于三叉神经脊束核;触觉纤维终止于三叉神经脑桥核。②周围突分为眼神经、上颌神经和下颌神经3支(叉),分布于面部皮肤、眼眶和眼球的黏膜、鼻腔和口腔黏膜感觉,传导痛觉、温觉和触觉等感觉。

运动纤维起于脑桥**三叉神经运动核**,纤维组成三叉神经运动根出脑桥后,加入下颌神经中,经卵圆孔出颅,支配咀嚼肌。

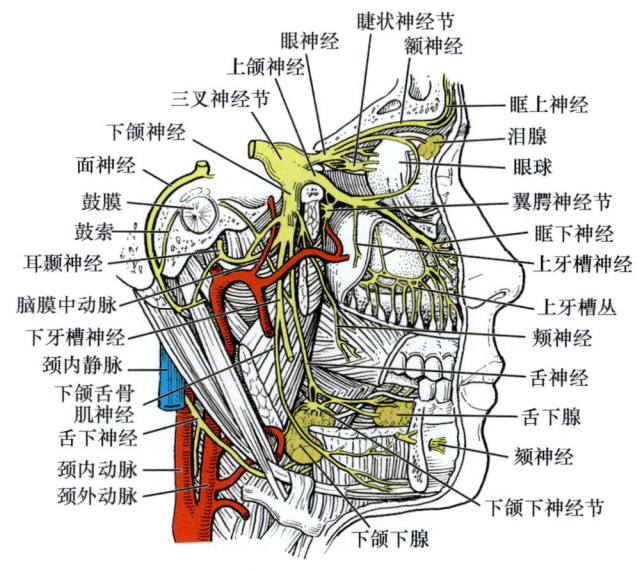

图15-24 三叉神经

（一）眼神经

眼神经ophthalmic nerve 是感觉性神经，自三叉神经节发出后，穿过海绵窦，经眶上裂入眶，分布于眶、眼球、泪腺、结膜、硬脑膜、部分鼻黏膜、额顶部及上睑和鼻背部的皮肤。

1. 额神经frontal nerve 经眶上切迹出眶者称**眶上神经**supraorbital nerve，分布于额顶和上睑部皮肤；经滑车上方出眶者称**滑车上神经**supratrochlear nerve，分布于鼻背和内眦部皮肤。

2. 泪腺神经lacrimal nerve 分布于泪腺、上睑和外眦部皮肤。面神经中控制泪腺分泌的副交感节后纤维借助泪腺神经与**颧神经**之间的交通支导入泪腺。

3. 鼻睫神经nasociliary nerve 经滑车下方出眶者称**滑车下神经**infratrochlear nerve，分布于鼻背、眼睑皮肤及泪囊；**筛前神经**和**筛后神经**分布于筛窦、鼻腔黏膜及硬脑膜；**睫状长神经**在眼球后方穿入眼球，分布于角膜、睫状体和虹膜等。

（二）上颌神经

上颌神经maxillary nerve 是感觉性神经，自三叉神经节发出后，穿过海绵窦，经圆孔出颅，再经眶下裂入眶，续为**眶下神经**，分布于硬脑膜、眼裂与口裂之间的皮肤、上颌牙齿以及口腔和鼻腔黏膜。

1. 眶下神经infraorbital nerve 从眶下裂入眶后，再经眶下沟、眶下管出眶下孔，分布于下睑、鼻翼和上唇的皮肤及黏膜。

2. 颧神经zygomatic nerve 穿过眶外侧壁分布于颧部和颞部皮肤；颧神经借与泪腺神经的交通支将来源于面神经控制泪腺分泌的副交感节后纤维导入泪腺。

3. 上牙槽神经superior alveolar nerves 上牙槽后支在上颌骨体后方穿入骨质，上牙槽中支和前支分别在眶下沟和眶下管内自眶下神经分出，3支在上颌骨内相互吻合成**上牙槽丛**，分支分布于上颌牙齿、牙龈和上颌窦黏膜。

4. 翼腭神经pterygopalatine nerve 在翼腭窝处发出，分布于腭部、鼻腔黏膜和腭扁桃体。

（三）下颌神经

下颌神经mandibular nerve 是混合性神经，自卵圆孔出颅后，在翼外肌深面分为前干和后干。**前干**发出感觉支颊神经分布于颊部皮肤和黏膜，发出肌支支配咀嚼肌、鼓膜张肌和腭帆张肌；**后干**发出感觉支分布于下颌牙及牙龈、舌前2/3及口腔底的黏膜、耳颞区和口裂以下的皮肤，发出肌支支配下颌舌骨肌和二腹肌前腹。

1. 耳颞神经auriculotemporal nerve 起于下颌神经后干，伴颞浅血管穿过腮腺，分布于颞区皮肤和腮腺；来自舌咽神经控制腮腺分泌的副交感节后纤维经耳颞神经导入腮腺。

2. 舌神经lingual nerve 起于下颌神经后干，沿下颌支内侧和舌骨舌肌外侧下降，越过下颌下腺上方达口腔底部，分布于口腔底及舌前2/3黏膜传导一般感觉。

鼓索将面神经中的副交感节前纤维和味觉纤维导入舌神经，味觉纤维随舌神经分布于舌前2/3的味蕾；副交感节前纤维到下颌下神经节换神经元，节后纤维控制下颌下腺和舌下腺分泌。

3. 下牙槽神经inferior alveolar nerve 起于下颌神经后干，沿舌神经后方和翼内肌外侧下降，穿下颌孔入下颌管相互吻合成**下牙槽丛**，分支分布于下颌牙及牙龈，其终支出颏孔称**颏神经**，分布颏部及下唇的皮肤和黏膜。下牙槽神经中的运动纤维组成**下颌舌骨肌神经**，支配下颌舌骨肌和二腹肌前腹。

4. 咀嚼肌神经 **咬肌神经**、**颞深神经**、**翼内肌神经**和**翼外肌神经**支配同名咀嚼肌。

> **【临床联系】**
> 一侧三叉神经损伤时出现：①患侧头面部皮肤及眼、口腔和鼻腔黏膜一般感觉丧失；②患侧角膜反射因角膜感觉丧失而消失；③患侧咀嚼肌瘫痪和萎缩，张口时下颌偏向患侧。三叉神经痛可以波及三叉神经3个分支或某一分支，疼痛部位与分布区域相一致。

五、面　神　经

面神经facial nerve 是混合性脑神经，主要成分是运动纤维，支配面部表情肌；次要成分是混合性的中间神经，管理舌前2/3味觉和控制泪腺、舌下腺及下颌下腺分泌（图15-25）。

面神经由**运动根**和**混合根（中间神经**intermediate nerve）组成，自脑桥小脑角出脑，进入内耳门合成一干，穿内耳道底进入面神经管水平走行，转弯后垂直下降经茎乳孔出颅，穿过腮腺达面部；面神经转弯处有膝神经节。

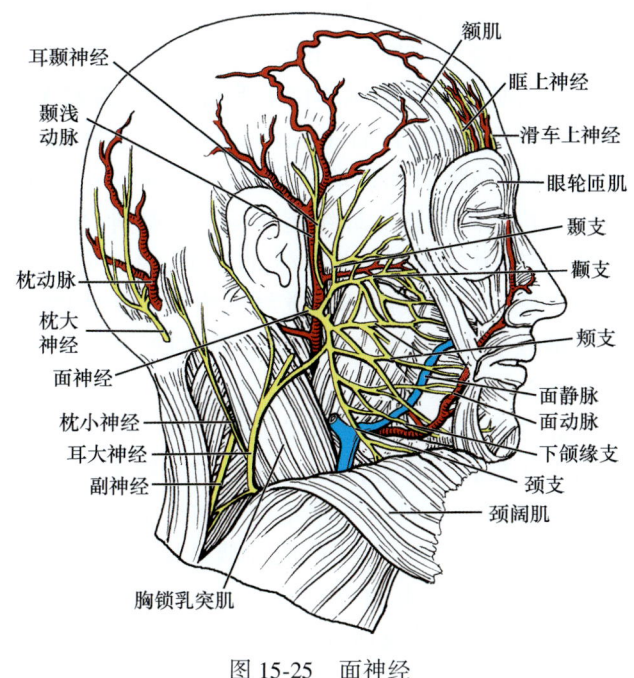

图 15-25 面神经

(一) 面神经管内的分支

1. 鼓索 chorda tympani 起自面神经垂直段，进入鼓室穿岩鼓裂出鼓室至颞下窝，加入三叉神经的分支舌神经中随其走行分布。鼓索中的味觉纤维随舌神经分布于舌前 2/3 味蕾；副交感节前纤维到下颌下神经节换元，节后纤维控制下颌下腺和舌下腺分泌。

2. 岩大神经 greater petrosal nerve 也称**岩浅大神经**，含副交感节前纤维。自膝神经节发出后，由岩大神经裂孔穿出经破裂孔出颅至颅底，与岩深神经合成**翼管神经**，穿翼管前行至翼腭窝到翼腭神经节换元，节后纤维控制泪腺、腭部及鼻腔黏膜腺体分泌。

3. 镫骨肌神经 stapedial nerve 支配镫骨肌。

(二) 颅外分支

面神经出茎乳孔后分支支配枕肌、耳周围肌、二腹肌后腹和茎突舌骨肌；其主干前行进入腮腺实质分支组成**腮腺丛**，由丛发分支支配面部表情肌。

1. 颞支 temporal branches 常为 3 支，支配额肌和眼轮匝肌等。

2. 颧支 zygomatic branches 3~4 支，支配眼轮匝肌及颧肌。

3. 颊支 buccal branches 3~4 支，行于腮腺导管上方和下方，支配颊肌、口轮匝肌和其他口周围肌。

4. 下颌缘支 marginal mandibular branch 沿下颌骨下缘前行，支配下唇诸肌。

5. 颈支 cervical branch 支配颈阔肌。

翼腭神经节 pterygopalatine ganglion 也称**蝶腭神经节**，是副交感神经节，位于翼腭窝上部，上颌神经的下方。岩大神经的副交感节前纤维在节内换元，节后纤维控制泪腺、腭部和鼻腔黏膜腺体分泌。

下颌下神经节 submandibular ganglion 是副交感神经节，位于下颌下腺与舌神经之间。鼓索的副交感节前纤维在节内换元，节后纤维控制下颌下腺和舌下腺分泌。

【临床联系】

面神经管外损伤和管内损伤表现不同。①面神经管外损伤主要表现为患侧表情瘫痪：口角偏向健侧、不能鼓腮，说话时唾液从口角流出，患侧额纹消失、鼻唇沟变平坦等症状；角膜反射消失。②面神经管内损伤表现除上述面肌瘫痪症状外，还出现听觉过敏、舌前 2/3 味觉障碍、泪腺和唾液腺分泌障碍等症状。

六、前庭蜗神经

前庭蜗神经 vestibulocochlear nerve（位听神经）由前庭神经和蜗神经组成，分别传导平衡觉和听觉（图 15-26）。

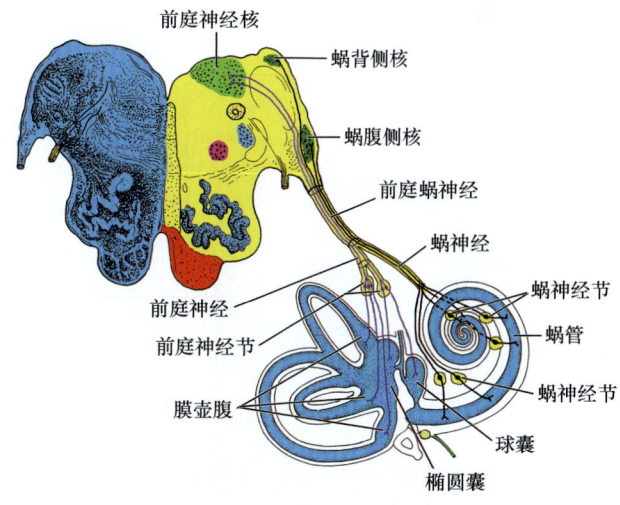

图 15-26 前庭蜗神经

(一) 前庭神经

前庭神经 vestibular nerve 传导平衡觉，其胞体位于内耳道底由双极神经元构成的**前庭神经节** vestibular ganglion 内，①周围突穿内耳道底分布于内耳球囊斑、椭圆囊斑和壶腹嵴中的毛细胞；②中枢突组成前庭神经，经内耳门入颅，在脑桥小脑角处经脑桥延髓沟入脑，终止于脑干的前庭神经核群和小脑等处。前庭神经损伤时可表现眩晕、眼球震颤和平衡障碍。

（二）蜗神经

蜗神经cochlear nerve 传导听觉，其胞体位于内耳蜗轴内双极神经元构成的**蜗神经节**（**螺旋神经节**）cochlear ganglion 内，①周围突分布于内耳螺旋器上的毛细胞；②中枢突组成蜗神经，经内耳门入颅，在脑桥小脑角处经脑桥延髓沟入脑，终止于脑干的蜗神经腹侧核和背侧核。蜗神经损伤时可表现听力障碍和耳鸣。

七、舌咽神经和迷走神经

舌咽神经和迷走神经有共同的**神经核**（**疑核**和**孤束核**）、共同的走行和共同的分布特征，两者关系密切，常同时受损。

（一）舌咽神经

舌咽神经glossopharyngeal nerve 为混合性脑神经，主要是感觉神经。舌咽神经在橄榄后沟出脑，与迷走神经和副神经共同穿颈静脉孔出颅，在孔内神经干上有**上神经节**superior ganglion，出孔时神经干上有**下神经节**inferior ganglion。舌咽神经出颅后在颈内动、静脉间下降，经舌骨舌肌内侧达舌根（图15-27）。

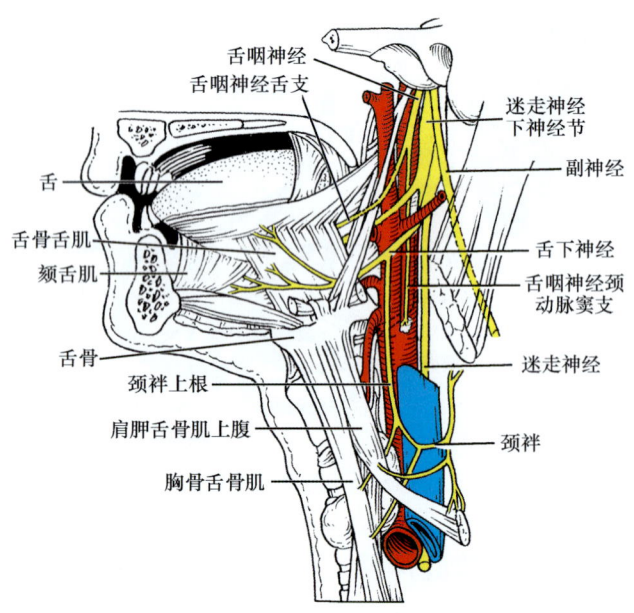

图15-27　舌咽神经和舌下神经

1. 纤维成分　①特殊内脏运动纤维起自**疑核**，支配茎突咽肌。②副交感节前纤维起自**下泌涎核**，到耳神经节内换元，节后纤维控制腮腺分泌。③一般内脏感觉纤维胞体位于**舌咽神经下神经节**，周围突分布于咽、舌后 1/3、咽鼓管和鼓室等处黏膜，以及颈动脉窦和颈动脉小球；中枢突终于孤束核。④特殊内脏感觉纤维胞体位于**舌咽神经下神经节**，周围突分布于舌后 1/3 的味蕾，中枢突终止于孤束核。⑤一般躯体感觉纤维胞体位于**舌咽神经上神经节**内，周围突分布于耳后皮肤，中枢突止于三叉神经脊束核。

2. 主要分支　①**舌支**lingual branches 分布于舌后 1/3 黏膜和味蕾，传导一般感觉和味觉。②**咽支**pharyngeal branches 与迷走神经和交感神经交织成**丛**，由丛发分支分布于咽肌和咽黏膜。③**鼓室神经**tympanic nerve 起自下神经节，进入鼓室与交感神经纤维共同形成鼓室丛，由丛分支分布于鼓室、乳突小房和咽鼓管黏膜。鼓室神经的终支**岩小神经**lesser petrosal nerve 中来自下泌涎核的副交感节前纤维，出鼓室前行经卵圆孔到耳神经节换元，节后纤维随耳颞神经走行，控制腮腺分泌。④**颈动脉窦支**carotid sinus branch 沿颈内动脉下行分布于颈动脉窦和颈动脉小球，反射性地调节血压和呼吸。

耳神经节otic ganglion 是副交感神经节，位于卵圆孔下方。来自下泌涎核控制腮腺分泌的副交感节前纤维经岩小神经，到耳神经节内换元，节后纤维随耳颞神经控制腮腺分泌。

（二）迷走神经

迷走神经vagus nerve 为混合性脑神经，是行程最长、分布最广的脑神经，是副交感神经的主要组成部分。迷走神经在橄榄后沟出脑，经颈静脉孔出颅，在此处有迷走神经上、下神经节，出颅后迷走神经在颈动脉鞘内下降至颈根部。①左迷走神经越过主动弓前方，在左肺根后方和食管前面分别构成左肺丛和食管前丛，到食管下段聚集成**迷走神经前干**anterior vagal trunk。②右迷走神经越过右锁骨下动脉前方沿气管右侧下行，在右肺根后方和食管后面分别构成右肺丛和食管后丛，到食管下段聚集成**迷走神经后干**posterior vagal trunk。迷走神经前干和后干穿食管裂孔进入腹腔（图15-28）。

1. 纤维成分　①副交感节前纤维起于**迷走神经背核**，到器官旁或器官内的副交感神经节换元，节后纤维控制颈部、胸部和腹部多个器官的平滑肌、心肌和腺体的活动。②特殊内脏运动纤维起于

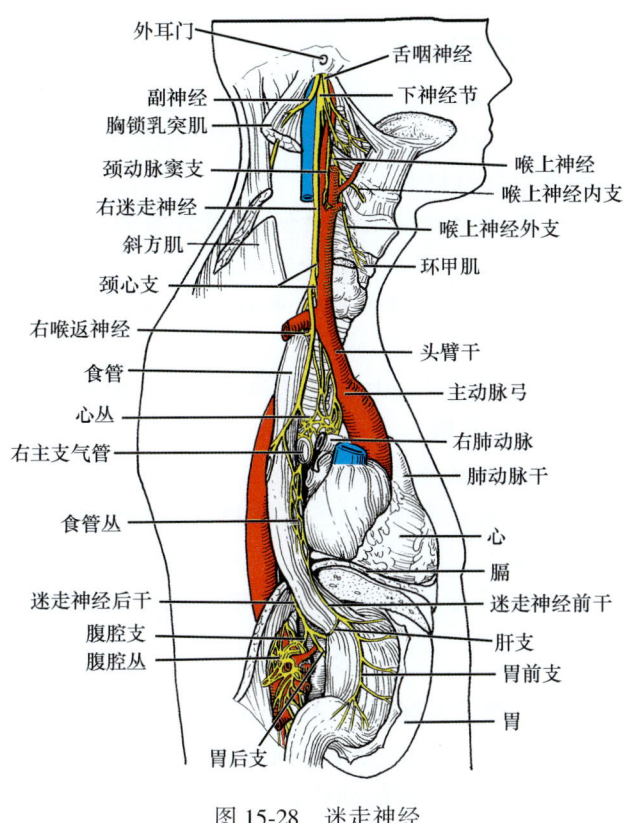

图 15-28　迷走神经

之间的沟内,从环甲关节后方进入喉内称**喉下神经** inferior laryngeal nerve,运动纤维支配除环甲肌以外的所有喉肌,感觉纤维分布于声门裂以下喉黏膜。喉返神经在行程中还发出心支、支气管支和食管支,分别加入心丛、肺丛和食管丛。一侧喉返神经损伤出现声音嘶哑,两侧损伤出现失音和呼吸困难。②**支气管支**和**食管支**与交感神经共同构成**肺丛**和**食管丛**,自丛分支分布于气管、支气管、肺及食管,主要含内脏感觉纤维和内脏运动纤维。

(3) 腹部分支:均含内脏运动(副交感)纤维和内脏感觉纤维。①**胃前支** anterior gastric branches 发自迷走神经前干,分布于胃前壁,终支分布于幽门部前壁。②**肝支** hepatic branches 发自迷走神经前干,参加肝丛,分布于肝、胆囊等处。③**胃后支** posterior gastric branches 发自迷走神经后干,分布于胃后壁,终支分布于幽门窦及幽门管后壁。④**腹腔支** celiac branches 发自迷走神经后干,参加腹腔丛,分布于肝、胆、胰、脾、肾及结肠左曲以上的消化管。

舌咽神经和迷走神经损伤表现为声音嘶哑、吞咽困难、饮水返呛、咽反射消失。

八、副　神　经

副神经 accessory nerve 是运动性脑神经,由脑根和脊髓根组成。**脑根**起于**疑核**在迷走神经根丝下方出脑,与脊髓根一起经颈静脉孔出颅,并入迷走神经支配咽喉肌。**脊髓根**起自**颈髓副神经核** accessory nucleus,在椎管内上行经枕骨大孔入颅腔,与脑根一起经颈静脉孔出颅后,与脑根分开,支配胸锁乳突肌和斜方肌(图 15-29)。

副神经脊髓根损伤,头不能向患侧侧屈,患侧肩胛骨下垂。

疑核,支配咽喉肌。③一般内脏感觉纤维胞体位于**迷走神经下神经节(结状神经节)** inferior ganglion 内,中枢突终于**孤束核**,周围突分布于颈部、胸部和腹部多个器官。④一般躯体感觉纤维胞体位于**迷走神经上神经节** superior ganglion 内,中枢突止于三叉神经脊束核,周围突分布于硬脑膜、耳廓和外耳道皮肤。

2. 主要分支

(1) 颈部分支:①**喉上神经** superior laryngeal nerve 起于下神经节,在舌骨大角水平分成外支和内支。**外支(运动支)**支配环甲肌;**内支(感觉支)**穿甲状舌骨膜入喉腔,分布于咽、会厌、舌根及声门裂以上喉黏膜。②**颈心支**有上支和下支,与交感神经交织成心丛,调节心脏活动;主动脉神经(减压神经)发自上支,分布主动脉弓壁内,感受血压变化和化学刺激。③**耳支**发自上神经节分布于耳廓后面及外耳道的皮肤。④**咽支**发自下神经节,分布于咽缩肌、软腭肌肉及咽部黏膜。⑤**脑膜支**发自上神经节,分布于颅后窝硬脑膜。

(2) 胸部分支:①**喉返神经** recurrent laryngeal nerve 支配大多数喉肌。右喉返神经钩绕右锁骨下动脉动脉返回颈部,左喉返神经钩绕主动脉弓返回颈部。在颈部喉返神经走行于气管与食管

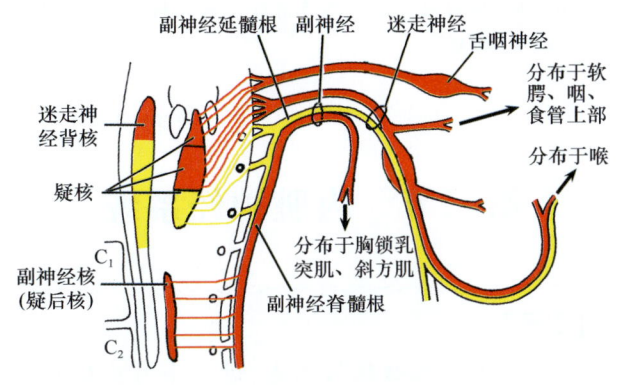

图 15-29　副神经

九、舌下神经

舌下神经 hypoglossal nerve 是运动性脑神经,起于**舌下神经核**→延髓前外侧沟出脑→舌下神经管出颅→在颈内动、静脉之间下行经舌骨舌肌浅面入舌,支配全部舌内肌和大部舌外肌(图15-27,图15-30)。

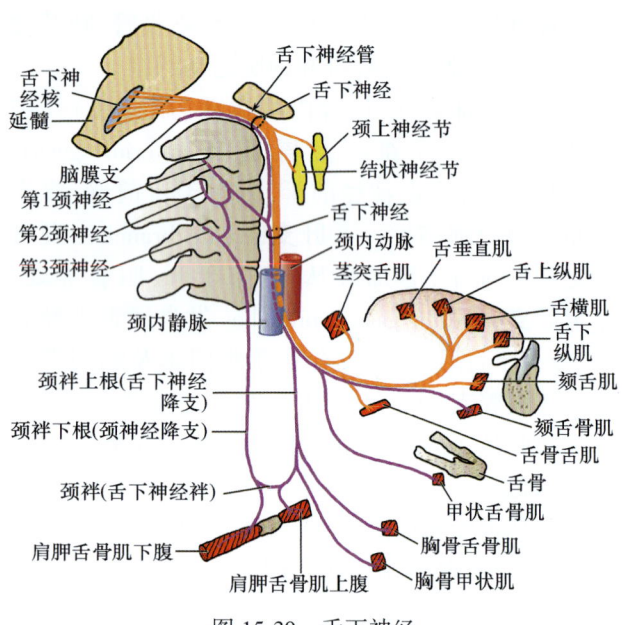

图15-30 舌下神经

一侧舌下神经损伤,由于患侧颏舌肌瘫痪,健侧颏舌肌收缩正常,伸舌时,舌尖偏向患侧。

【复习思考题】

1. 论述眼球外肌的神经支配。
2. 详述三叉神经感觉纤维在头面部的分布特征。
3. 细述面神经主要分支的分布及其损伤后的临床表现。
4. 概述迷走神经在颈部、胸部和腹部主要分支的分布。
5. 论述分布于舌的感觉纤维和运动纤维。
6. 详述脑神经中副交感节前纤维起始核、换元部位及其节后纤维的分布。

(初国良)

第三节 内脏神经系统

【引子】

30岁男性肺结核患者,近1个月出现瞳孔缩小、轻度眼睑下垂、眼球内陷的症状,左侧半面部无汗、燥热。试分析上述症状及原因。

【学习目标】

一、掌握

1. 内脏运动神经的形态特点,节前纤维和节后纤维概念。
2. 交感神经低级中枢、节前纤维的行程、交感神经节、节后纤维分布概况。
3. 副交感神经低级中枢、副交感神经的分布。
4. 交感神经与副交感神经的主要区别。

二、了解

1. 内脏神经的概念、区分及分部。
2. 内脏感觉神经、内脏神经丛和牵涉性痛的概念。
3. 交感神经白交通支与灰交通支的概念。

内脏神经系统 visceral nervous system 是神经系统的一个组成部分,分布于内脏、心血管和腺体,内脏神经包含感觉和运动两种纤维成分。内脏运动神经的主要功能是调节内脏、心血管的运动和腺体的分泌,这种调节通常不受人的意志控制,故而被称之为**自主神经系统** autonomic nervous system。同时由于它主要是控制和调节动植物共有的物质代谢活动,因而也称之为**植物神经系统** autonomic nervous system。内脏感觉神经的初级神经元位于脑神经和脊神经节内,其周围支分布于内脏及心血管各处的内感受器。内感受器将感受到的各种刺激通过内脏神经传递到各级中枢,经中枢整合后做出反应,通过内脏运动神经调节相应器官的活动,从而在维持机体内、外环境的动态平衡,保持机体正常的生命活动中,发挥重要作用。

一、内脏运动神经

内脏运动神经与躯体运动神经在形态结构与功能上有较大差别。其形态结构的差异表现在以下几个方面:

1. 支配对象不同 躯体运动神经支配骨骼肌,而内脏运动神经则支配平滑肌、心肌、腺体。

2. 纤维成分不同 躯体运动神经只有一种纤维成分,而内脏运动神经则包括两种纤维成分:交感与副交感,并且多数内脏器官同时接受交感与副交感的共同支配。

3. 从低级中枢到达所支配器官间所经过的神经元数目不同 躯体运动神经在到达骨骼肌前只

经过一个神经元,而内脏运动神经自低级中枢到达效应器则须经过两个神经元(肾上腺髓质例外,只需经过一个神经元)。第一个神经元,称之为**节前神经元**,胞体位于脑干和脊髓内,其轴突称为**节前纤维**;第二个神经元,称之为**节后神经元**,胞体位于周围部的植物性神经节内,其轴突称为**节后纤维**。节后神经元的数目较多,一个节前神经元可以和多个节后神经元构成突触(图15-31,图15-32)。

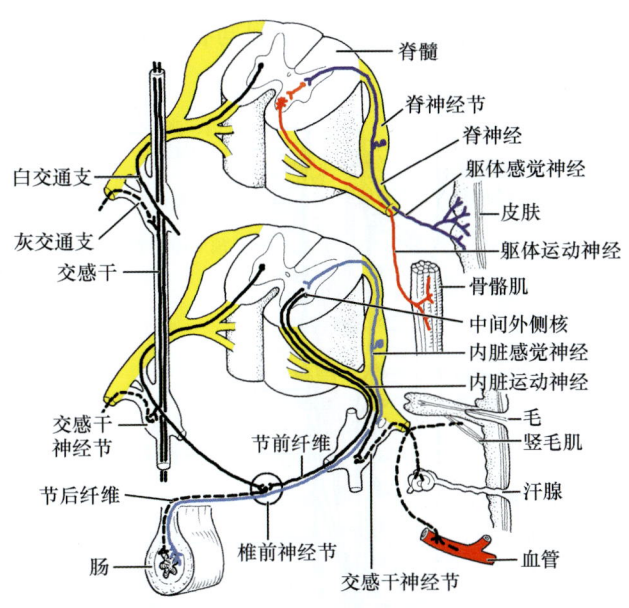

图15-32 交感神经纤维走行模式图

质可能是以扩散方式作用于邻近的较多肌纤维和腺细胞。

5. 神经纤维的种类不同 躯体运动神经一般是较粗的有髓纤维,而内脏运动神经则常为薄髓(节前纤维)和无髓(节后纤维)的细纤维。

6. 接受机体意志控制的程度不同 躯体运动神经对效应器的支配,一般都受意志的控制,而内脏运动神经在一定程度上是不受意识控制的。

综合形态机能和药理的特点,将内脏运动神经分为交感神经和副交感神经两部分,分别介绍如下:

(一) 交感(神经)部

1. 交感神经概观 交感(神经)部sympathetic (nerve) part的低级中枢位于脊髓胸1节段至腰3节段,由灰质侧柱的中间带外侧核组成,并由此核发出节前纤维,因此交感部也称作**胸腰部**(图15-31~图15-33)。交感神经的周围部由交感干、交感神经节以及由节发出的分支和交感神经丛等组成。根据交感神经节所处的位置不同,又可分为椎旁神经节和椎前神经节两大类。

(1) **椎旁神经节**:位于脊柱两旁,由多极神经元组成,大小不等,部分交感神经节后纤维由此发出。同侧相邻椎旁神经节之间借**节间支**相连,形成上至颅底,下至尾骨的左右两条**交感干**sympathetic trunk,故椎旁神经节又称为**交感干神经节**ganglia of sympathetic trunk。左右交感干在尾骨前合并,分为颈、胸、腰、骶、尾5部。每一侧交感干大约由19~24个神经节连成,除颈部含3~4个节和尾部为1

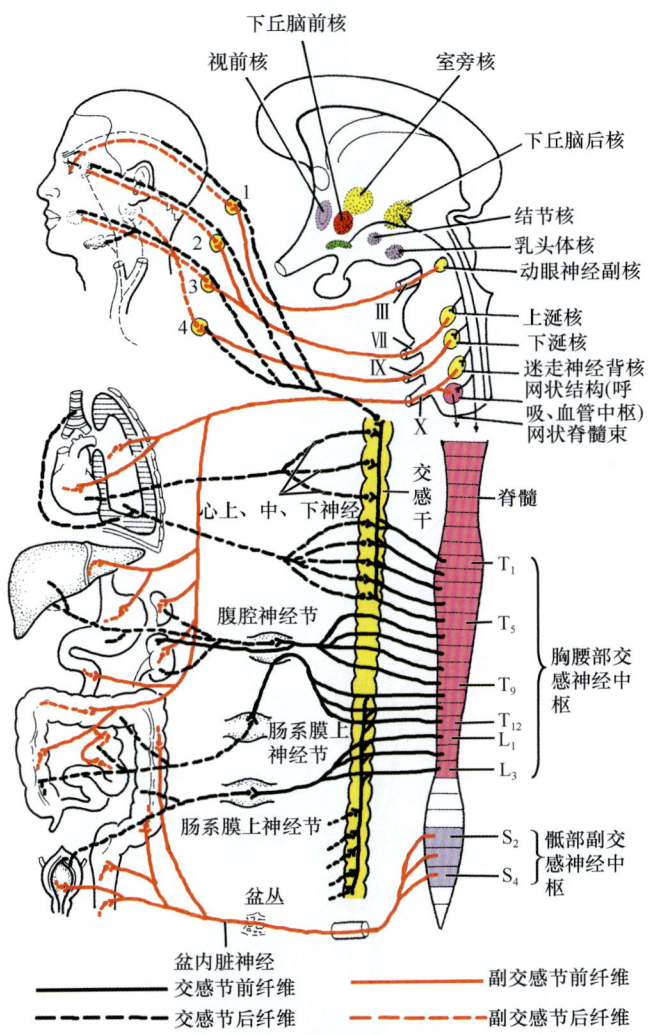

图15-31 内脏运动神经概况

4. 分布形式不同 躯体运动神经以神经干的形式分布于效应器,而内脏运动神经的节后纤维通常在效应器周围形成神经丛,由神经丛再分支至效应器(图15-32)。

内脏运动神经的效应器,一般是指平滑肌、心肌和外分泌腺,但有一些内分泌腺也受内脏运动神经支配,如肾上腺髓质、甲状腺和松果体等。内脏运动神经节后纤维的终末与效应器的连接,不像躯体运动神经那样形成单独的末梢装置,而是以纤细神经丛的形式分布于肌纤维和腺细胞的周围,所以从内脏运动神经末梢释放的递个节外,胸、腰、骶部神经节数目与各部椎骨数目近似(图15-34)。

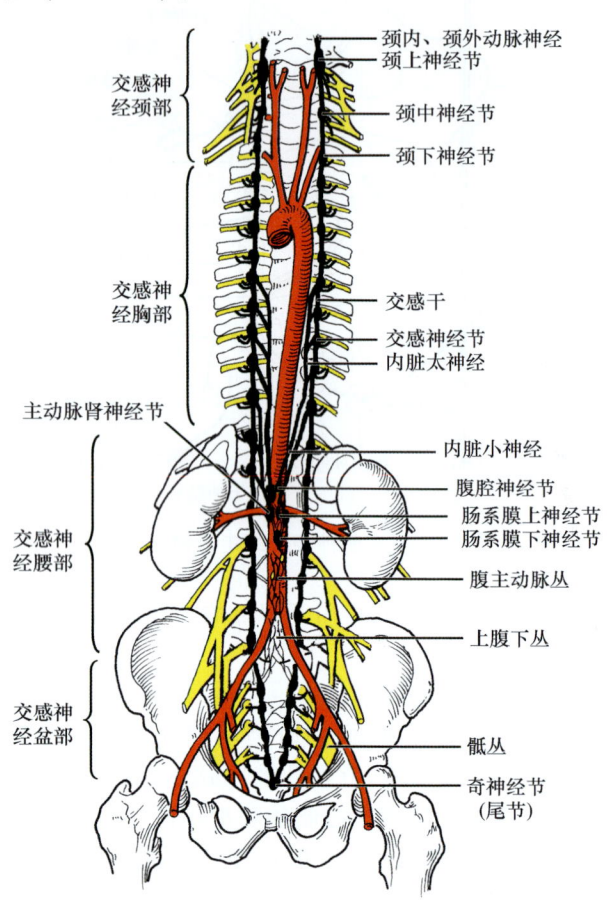

图 15-33 交感干和交感神经节

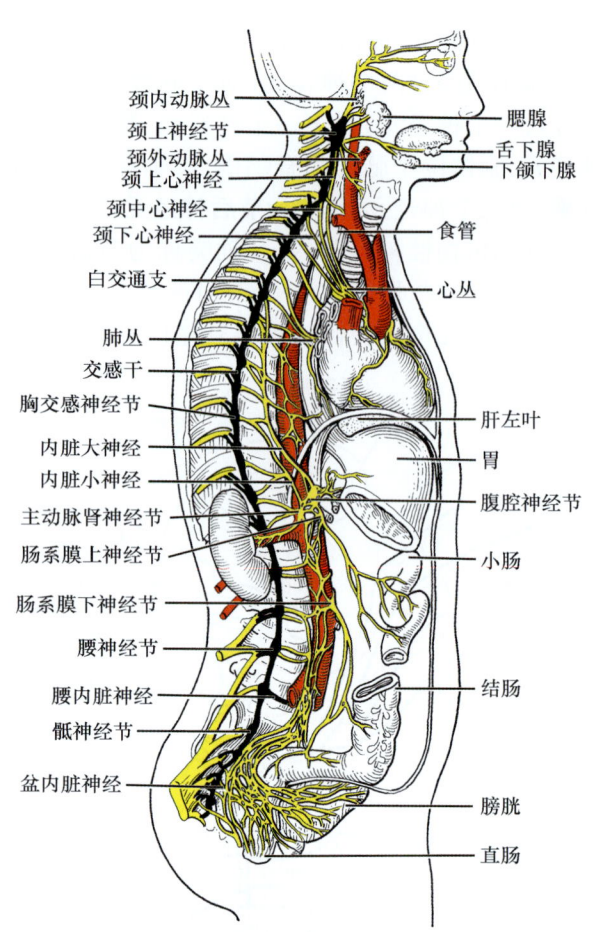

图 15-34 右交感干与内脏神经丛的关系

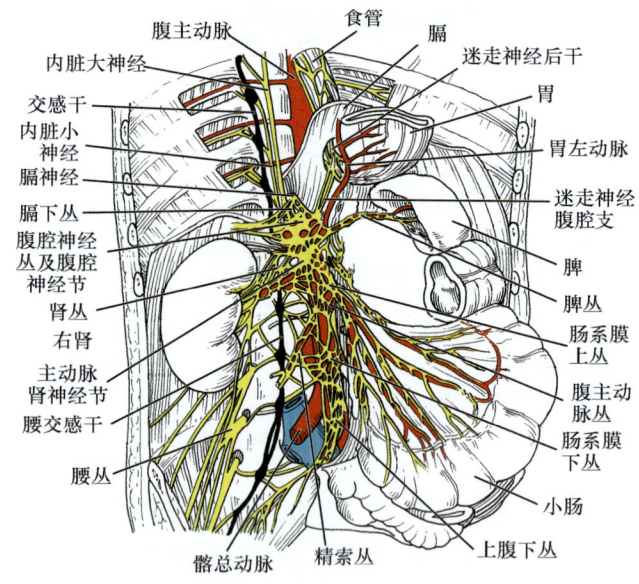

图 15-35 腹腔的内脏神经丛

(2) **椎前神经节**:位于脊柱前方,腹主动脉脏支的根部,呈不规则的节状团块,包括**腹腔神经节** celiac ganglia,**肠系膜上神经节** superior mesenteric ganglion 及**肠系膜下神经节** inferior mesenteric ganglion 等(图 15-35)。

椎旁神经节与相应的脊神经之间借**交通支** communicating branches 相连。交通支分为**白交通支**和**灰交通支**。白交通支主要由有髓鞘的纤维组成,呈白色,故称**白交通支**;灰交通支则多由无髓鞘的纤维组成,色泽灰暗,故称**灰交通支**。交感神经节前纤维由脊髓胸1~腰3节段的中间带外侧核发出,经脊神经前根、脊神经干、白交通支进入交感干内,所以白交通支主要由节前纤维组成,并且也只存在于胸1~腰3各脊神经(共15对)的前支与相应的交感干神经节之间。交感干神经节发出的节后纤维经灰交通支返回脊神经,所以灰交通支由节后纤维组成,并且连于交感干与31对脊神经前支之间(图15-34,图15-35)。

交感神经节前纤维经白交通支进入交感干后,有3种去向:①终止于相应的椎旁神经节换元。②在交感干内上升或下降,然后终止于上方或下方的椎旁神经节换元。一般认为来自脊髓上胸段(胸1~6)中间带外侧核的节前纤维,在交感干内上升至颈部,在颈部交感神经节换元;中胸段者(胸6~10)在交感干内上升或下降,至其他胸部交感神经节换元;下胸段和腰段者(胸11~腰3)在交感干内下降,至腰骶部交感神经节换元。③穿过椎旁节后,至椎前节换神经元。

交感神经节后纤维也有3种去向:①发自交感干神经节的节后纤维经灰交通支返回脊神经,随脊神经分布于头颈部、躯干和四肢的血管、汗腺和竖毛肌等。31对脊神经与交感干之间都有灰交通支联系,因此脊神经的分支一般都含有交感神经节后纤维。②攀附动脉走行,在动脉外膜处形成相应的神经丛(如颈内、外动脉丛、腹腔丛等),并随动脉分布到所支配的器官。③由交感神经节直接分布到所支配的脏器。

2. 交感神经的分布 按颈、胸、腰、盆部,概述如下:

(1)颈部:颈交感干位于颈血管鞘后方,颈椎横突的前方(图15-34)。一般每侧有3~4个椎旁神经节,分别称颈上、中、下神经节。①**颈上神经节**superior cervical ganglion,最大,呈梭形,位于第2、3颈椎横突前方,颈内动脉后方。②**颈中神经节**middle cervical ganglion,最小,有时缺如,位于第6颈椎横突处。③**颈下神经节**inferior cervical ganglion,位于第7颈椎处,在椎动脉的起始部后方。颈下神经节常与第1胸神经节合并为**颈胸神经节**cervicothoracic ganglion 或**星状神经节**stellate ganglion。

颈部交感干神经节发出的节后纤维的分布,可概括如下:①经灰交通支返回8对颈神经,并随之分布至头颈和上肢的血管、汗腺、竖毛肌等。②攀附邻近的动脉,形成**颈内动脉丛**、**颈外动脉丛**、**锁骨下动脉丛**和**椎动脉丛**等,并伴随动脉的分支至头颈部的腺体(泪腺、唾液腺、口腔和鼻腔黏膜内腺体、甲状腺等)、竖毛肌、血管、瞳孔开大肌。③神经节发出的咽支,直接进入咽壁,与迷走神经、吞咽神经的咽支共同组成**咽丛**。④3对颈交感神经节分别发出**颈上**、**颈中**和**颈下心神经**,进入胸腔,加入**心丛**(图15-34)。

(2)胸部:胸交感干位于肋骨小头的前方,每侧各有10~12个(以11个最为多见)**胸神经节**thoracic ganglia(图15-34)。

胸部交感神经节发出的分支可概括如下:①经灰交通支,节后纤维返回12对胸神经,并随之分布于胸腹壁的血管、汗腺、竖毛肌等。②上5对胸交感干神经节的节后纤维加入胸主动脉丛、食管丛、**肺丛**及**心丛**等。③穿过第5或第6~9胸交感干神经节的节前纤维组成**内脏大神经**greater splanchnic nerve,向下合成一干,并沿椎体前面倾斜下降,穿膈脚,主要终于腹腔神经节。④穿过第10~12胸交感干神经节的节前纤维组成**内脏小神经**lesser splanchnic nerve,下行穿过膈脚,主要终于主动脉肾神经节。由腹腔神经节、主动脉肾神经节等发出的节后纤维,分布至肝、脾、肾等实质性脏器和结肠左曲以上的消化管(图15-34,图15-35)。

(3)腰部:包括大约4对腰神经节,腰交感干位于腰椎体前外侧与腰大肌内侧缘之间。

腰部交感神经节发出的节后神经纤维的分布,可概括如下:①经灰交通支返回5对腰神经,并随其分布。②穿经腰神经节的节前纤维组成**腰内脏神经**lumbar splanchnic nerves,终于**腹主动脉丛**和**肠系膜下丛**内的椎前神经节换元。节后纤维分布至结肠左曲以下的消化管和盆腔脏器,部分纤维伴随血管分布至下肢。因此当下肢血管出现痉挛时,可手术切除腰交感干以获得缓解(图15-35)。

(4)盆部:盆交感干位于骶骨前面,骶前孔内侧(图15-33,图15-34),包括2~3对骶神经节和一个**奇神经节**ganglion impar。

盆部交感神经节发出的节后神经纤维的分布,可概括如下:①经灰交通支,返回骶尾神经,随其分布于下肢及会阴部的血管、汗腺和竖毛肌。②一些小支加入**盆丛**,分布于盆腔器官。

综上所述,交感神经节前、节后纤维的分布具有一定规律:①来自脊髓胸1~5节段中间带外侧核的节前纤维,更换神经元后,其节后纤维支配头、颈、胸腔脏器和上肢的血管、汗腺和立毛肌。②来自脊髓胸5~12节段中间带外侧核的节前纤维,换元后,其节后纤维支配肝、脾、肾等腹腔实质性脏器和结肠左曲以上的消化管。③来自脊髓上腰段中间带外侧核的节前纤维,换元后,其节后纤维支配结肠左曲以下的消化管、盆腔脏器和下肢的血管、汗腺和立毛肌。关于交感神经节段支配的情况,详见内脏器官的神经支配表。

(二)副交感(神经)部

副交感(神经)部 parasympathetic nerve part 的低级中枢位于脑干的**副交感神经核**和脊髓骶部第2~4节段灰质的**骶副交感核**,这些核的细胞发出节前纤维,周围部的副交感神经节位于脏器附近或脏器壁内,分别称为**器官旁节**和**器官内节**。周围部的副交感神经节交换神经元,然后发出节后纤维到达所支配的器官。位于颅部的副交感神经节较大,肉眼可见,如睫状神经节、下颌下神经节、翼腭神经节和耳神经节等。副交感神经节前纤维在节内换元，发出的节后纤维随相应脑神经到达所支配的器官；这些神经节内除了有副交感神经通过外，还有交感神经及感觉神经纤维通过。交感神经及感觉神经纤维不在副交感神经节换神经元，可分别称之为**交感根**及**感觉根**。除颅部以外，位于身体其他部位的副交感神经节体积很小，肉眼难以辨别，需借助显微镜才能看到。例如：位于心丛、肺丛、膀胱丛和子宫阴道丛内的器官旁神经节，以及位于支气管和消化管壁内的神经节等。

1. 颅部副交感神经 节前纤维起自脑干的副交感神经核，参与组成Ⅲ、Ⅶ、Ⅸ、Ⅹ对脑神经，本教材已于脑神经章节中详述，现概括介绍如下（图15-36）。

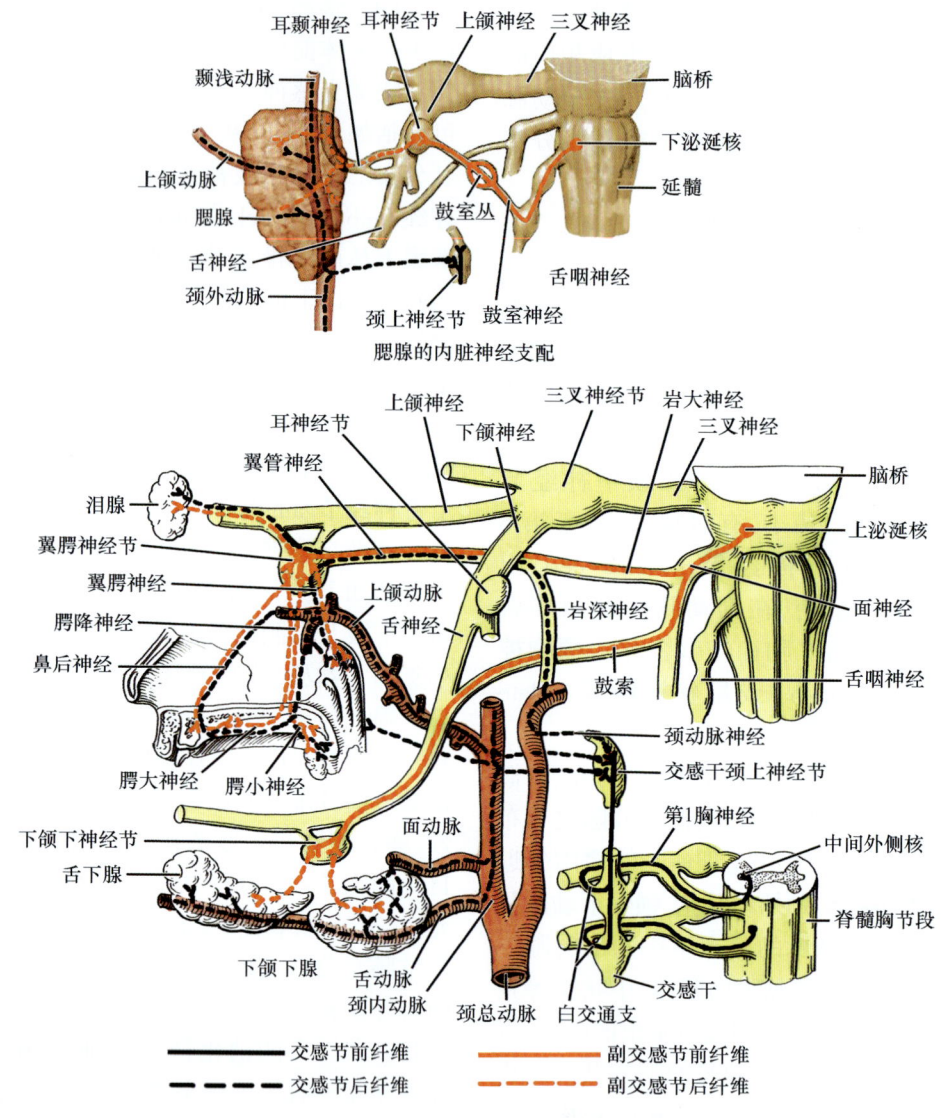

图15-36 头部的内脏神经分布模式图

（1）**动眼神经副核**发出的副交感神经节前纤维：随动眼神经走行，到达眼眶内的睫状神经节，交换神经元，其节后纤维进入眼球壁，分布于瞳孔括约肌和睫状肌。

（2）**上泌涎核**发出的副交感神经节前纤维：随面神经走行。一部分节前纤维经岩大神经至翼腭窝内的翼腭神经节换神经元，节后纤维分布于泪腺、鼻腔、口腔以及腭黏膜的腺体。另一部分节前纤维经鼓索加入舌神经，至下颌下神经节换神经元，节后纤维分布于下颌下腺和舌下腺。

（3）**下泌涎核**发出的副交感节前纤维：随舌咽神经走行，经鼓室神经至鼓室丛，随鼓室丛发出的岩小神经行至卵圆孔下方的耳神经节交换神经元，节后纤维经耳颞神经分布于腮腺。

（4）**迷走神经背核**发出的副交感节前纤维：随迷走神经走行，并随其分支到达胸、腹腔脏器附近或壁内的副交感神经节交换神经元，节后纤维分布于胸，腹腔脏器（结肠左曲以下的消化管和盆腔脏器除外）。

2. 骶部副交感神经 节前纤维由脊髓骶部第2～4节段的**骶副交感核**发出，先经骶神经出骶前孔，继而从骶神经中分出组成**盆内脏神经** pelvic splanchnic nerves 加入盆丛，随盆丛分支分布到盆部，在盆腔脏器附近或脏器壁内的副交感神经节换神经元，节后纤维支配结肠左曲以下的消化管和盆腔脏器（图15-37）。

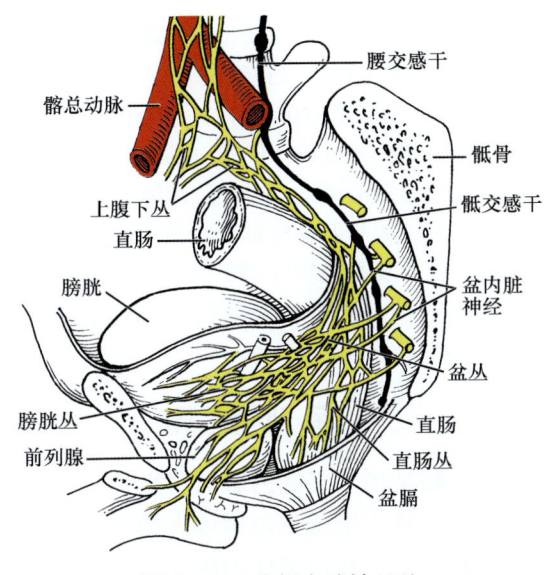

图 15-37　盆部内脏神经丛

（三）交感神经与副交感神经的主要区别

交感神经和副交感神经都是内脏运动神经，多数器官常同时接受这两种纤维的双重支配。但交感与副交感神经在来源、形态结构、分布范围和功能上有显著的差别，现概述如下。

1. 低级中枢的部位不同　交感神经的低级中枢位于脊髓胸腰部灰质的中间带外侧核，而副交感神经的低级中枢则位于脑干和脊髓骶部的副交感核。

2. 周围部神经节的位置不同　交感神经节位于脊柱两旁和脊柱前方的椎旁节与椎前节；副交感神经节位于所支配器官附近或器官壁内的器官旁节与器官内节。因此副交感神经节前纤维比交感神经长，而其节后纤维则较短。

3. 节前神经元与节后神经元的比例不同　一个交感节前神经元的轴突可与许多节后神经元组成突触，而一个副交感节前神经元的轴突则与较少的节后神经元组成突触。所以交感神经的作用范围较广泛，而副交感神经的作用则较局限。

4. 分布范围不同　交感神经分布范围较广，除分布至头颈部、胸、腹腔脏器外，尚遍及全身血管、腺体、竖毛肌等。而副交感神经的分布不如交感神经广泛，一般认为大部分血管、汗腺、竖毛肌、肾上腺髓质不受副交感神经支配。

5. 对同一器官所起的作用不同　交感与副交感神经对同一器官的作用既互相拮抗又是互相统一的。

例如：当机体运动加强时，交感神经兴奋性加强，而副交感神经受到抑制，出现心跳加快、血压升高、支气管扩张、瞳孔开大、消化活动受抑制等现象，这些现象表明，此时机体的代谢加强，能量消耗加快，以适应环境的剧烈变化。反之，当机体处于安静或睡眠状态时，副交感神经兴奋性加强，而交感神经受到抑制，于是出现心跳减慢、血压下降、支气管收缩、瞳孔缩小、消化活动增强等现象，这有利于体力的恢复和能量的储存。可见机体在交感和副交感神经互相拮抗、又互相统一的作用下，才得以更好地随环境的变化而变化，在复杂多变的环境中生存。交感和副交感神经的活动，是在脑的较高级中枢，特别是在大脑边缘叶和下丘脑的调控下进行的。

（四）内脏神经丛

交感神经、副交感神经及内脏感觉神经在到达所支配的脏器的行程中，常互相交织形成**内脏神经丛**，并由丛发出分支支配相应器官（图15-31，图15-32）。内脏神经丛主要攀附在头、颈部和胸、腹腔内动脉的周围，或者分布于脏器附近和器官之内。多数内脏神经丛都由交感神经和副交感神经组成。仅少数内脏神经丛没有副交感神经参加，如颈内动脉丛、颈外动脉丛、锁骨下动脉丛和椎动脉丛等。

以下为胸、腹、盆部重要的神经丛：

1. 心丛 cardiac plexus　由交感干的颈上、中、下节和胸1～4或5节发出的心支与迷走神经的心支共同组成。心丛按位置可分为两部分，位于主动脉弓下方的为心浅丛，位于主动脉弓和气管杈之间的为心深丛。心丛内的心神经节是副交感节，来自迷走神经的副交感节前纤维在此交换神经元。心丛的分支组成心房丛和左、右冠状动脉丛，随动脉分支分布于心肌（图15-34）。

2. 肺丛 pulmonary branches　肺丛位于肺根的前、后方，丛内也有小的神经节。肺丛由交感干的胸2～5节的分支以及迷走神经的支气管支组成，其分支随支气管和肺血管的分支入肺。

3. 腹腔丛 celiac plexus　是最大的内脏神经丛，位于腹腔干和肠系膜上动脉根部周围，主要由腹腔神经节、肠系膜上神经节、主动脉肾神经节等以及来自胸交感干的内脏大、小神经和迷走神经后干的腹腔支共同组成。来自内脏大、小神经的交感节前纤维在丛内神经节换元,来自迷走神经的副交感节前纤维则到所分布的器官附近或肠管壁内交换神经元。腹腔丛又分为许多副丛,伴随动脉的分支走行,如肝丛、胃丛、脾丛、肾丛以及肠系膜上丛等,各副丛分别沿同名血管分支到达各脏器。

4. 腹主动脉丛 abdominal aortic plexus 是腹腔丛在腹主动脉表面向下延续的部分,还接受第1~2腰交感神经节的分支。腹主动脉丛的一部分纤维下行进入盆腔,参加腹下丛的组成;另一部分纤维攀附于髂总动脉和髂外动脉,组成与动脉同名的神经丛,随动脉分布于下肢血管、汗腺、竖毛肌。腹主动脉丛还分出肠系膜下丛,沿同名动脉的分支分布于结肠左曲以下至直肠上段的肠管。

5. 腹下丛 hypogastric plexus 可分为上腹下丛和下腹下丛。**上腹下丛**位于第5腰椎体前面,两侧髂总动脉之间,是腹主动脉丛向下的延续部分,从两侧接受下位两对腰神经节发出的腰内脏神经,在肠系膜下神经节换元。**下腹下丛**即**盆丛** pelvic plexus 由上腹下丛延续到直肠两侧,并接受骶交感干的节后纤维和第2~4骶神经的副交感节前纤维。此丛伴随髂内动脉的分支组成直肠丛、膀胱丛、前列腺丛、子宫阴道丛等,并随动脉分支分布到盆腔各脏器。

二、内脏感觉神经

人体各内脏器官除受交感与副交感神经支配外,还有内脏感觉神经分布。内脏感觉神经元为假单极神经元,胞体位于脑神经节和脊神经节内,其周围突是粗细不等的有髓或无髓纤维,随同舌咽神经、迷走神经、交感神经和骶部副交感神经分布于内脏器官;其中枢突一部分随同舌咽、迷走神经进入脑干,终于孤束核;另一部分随同交感神经及盆内脏神经进入脊髓,终于灰质后角。机体内感受器将来自内脏的刺激传递至内脏感觉神经,由此将内脏感觉性冲动传到中枢,中枢可直接通过内脏运动神经或间接通过体液调节各内脏器官的活动。在中枢内,内脏感觉纤维一方面经过一定的传导途径,将冲动传导到大脑皮质,形成内脏感觉;另一方面,直接或经中间神经元与内脏运动神经元相联系,以完成内脏-内脏反射;或与躯体运动神经元联系,形成内脏-躯体反射。

内脏感觉神经虽然在形态结构上与躯体感觉神经相似,但仍有某些固定的特点。

内脏感觉纤维数目较少,其中多数为细纤维,且痛阈较高,对一般强度的刺激难以产生主观感觉。例如,外科手术中挤压、切割或烧灼内脏时,患者并不感觉疼痛。但脏器进行比较强烈的活动时,可产生内脏感觉。如胃的饥饿收缩、直肠膀胱充盈都可引起相应的内脏感觉。此外,在病理条件下或极强烈的刺激下,也可产生痛觉。例如,内脏器官因过度膨胀而受到牵张,或平滑肌痉挛以及由于缺血和代谢废物积聚,都可因刺激神经末梢而产生内脏痛。一般认为,传导内脏感觉的纤维多与交感神经伴行进入脊髓。

其次,内脏感觉的传入途径比较分散,即一个脏器的感觉纤维经过多个节段的脊神经进入中枢,而一条脊神经又包含来自几个脏器的感觉纤维。因此,内脏痛往往是弥散的,而且定位不准确。例如,心脏的痛觉纤维伴随交感神经,主要是颈心中、心下神经,经第1~5胸神经进入脊髓。肾脏、输尿管及盆腔部分脏器的痛觉纤维也与交感神经伴行,主要是随胸11~腰2脊神经进入脊髓。

有关内脏神经的中枢及其传导路径的叙述,参见中枢神经系统的有关章节。

三、牵涉性痛

牵涉性痛是指当某些内脏器官发生病变时,常在体表一定区域产生感觉过敏或疼痛感觉的现象。牵涉性痛有时发生在与患病内脏邻近的皮肤区,有时发生在距患病内脏较远的皮肤区。例如,心绞痛时,常在胸前区及左臂内侧皮肤感到疼痛(图15-38,图15-39);肝胆病变时,常在右肩部感到疼痛等

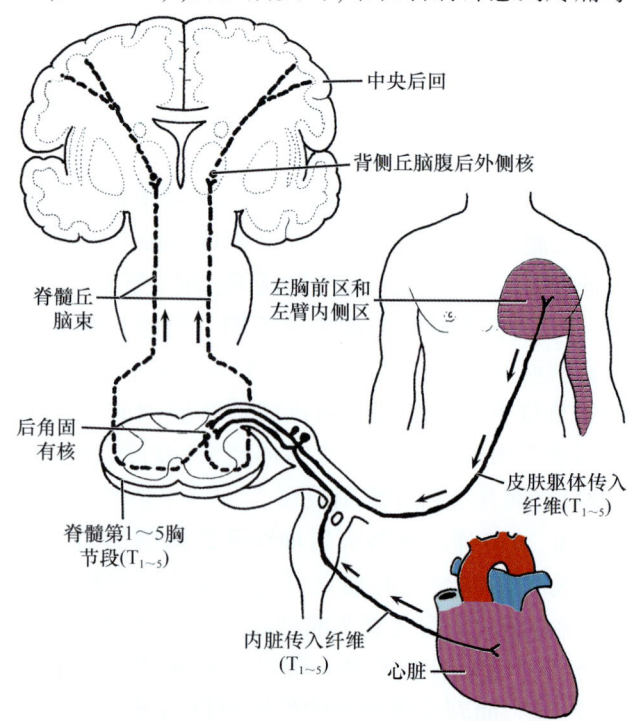

图 15-38 心传入神经与皮肤传入神经的中枢投射关系

（表15-36）。临床上将内脏患病时，体表发生感觉过敏及骨骼肌反射性僵硬、血管运动、汗腺分泌障碍的部位称**海德带**（Head's zones），海德带有助于内脏疾病的定位诊断。

关于牵涉性痛的发生机制，目前仍没有最后定论。根据临床分析，发生牵涉性痛的体表部位与病变器官往往受同一节段脊神经的支配，患病内脏与牵涉痛区皮肤的感觉神经进入同一脊髓节段，在脊髓后角内密切联系（表15-3）。因此，从患病内脏传来的冲动可以扩散或影响到邻近的躯体感觉神经元，从而产生牵涉性痛。近年来神经解剖学研究表明，一个脊神经节神经元的周围突既分支到躯体（皮肤），又分支到内脏器官，并认为这是牵涉痛机制的形态学基础。

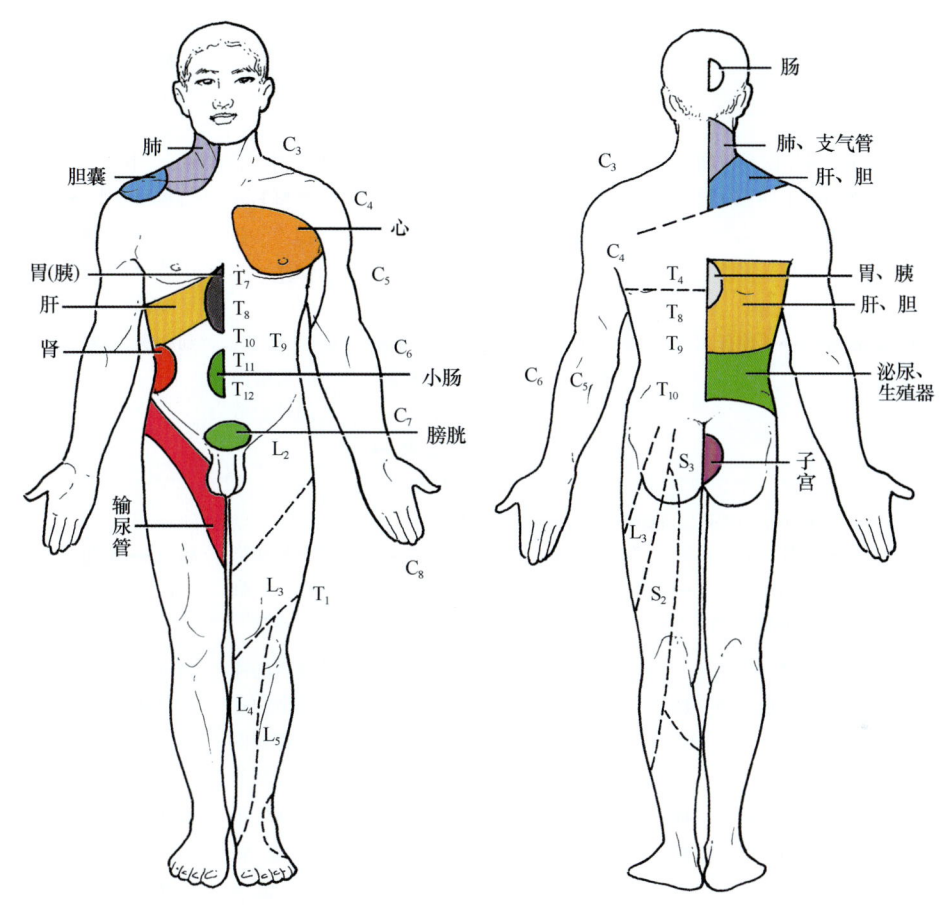

图 15-39　内脏疾病的牵涉性痛区

表 15-3　内脏牵涉性痛与脊髓节段的关系

内脏器官	产生疼痛和感觉过敏区的脊髓节段
膈	C_4
心脏	$C_8 \sim T_5$
胃	$T_{6\sim10}$
小肠	$T_{7\sim9}$
阑尾	$T_{(8,9)10} \sim L_1$
肝、胆囊	$T_{7\sim10}$，也有沿膈神经至 $C_{3\sim4}$
胰	T_8（左）
肾、输尿管	$T_{11} \sim L_1$
膀胱	$S_{2\sim4}$ 及 $T_{11} \sim L_2$
睾丸、副睾	$T_{12} \sim L_3$

续表

内脏器官	产生疼痛和感觉过敏区的脊髓节段
卵巢及附件	$L_{1\sim3}$
子宫体部	$T_{10} \sim L_1$
子宫颈部	$S_{1\sim4}$
直肠	$S_{1\sim4}$

四、某些重要器官的神经支配

在系统学习神经系统的基础上，对人体一些重要器官的神经支配进行概括总结，不仅有利于对其生理功能的理解，对临床诊断和治疗也有一定的意义。下面以眼和心脏的神经支配为例进行小结，后面附以脏器的神经支配简表（表15-4），以供参考。

表 15-4 器官的内脏神经支配

器官	神经	沿内脏神经的传入纤维路径	节前纤维 起源	节前纤维 径路	节后纤维 起源	节后纤维 径路	功能
眼球	交感		胸1~2脊髓侧角	经白交通支→交感干,在交感干内上升	颈上节、颈内动脉丛内神经节	经颈内动脉丛→眼神经、睫状节→眼球	瞳孔开大,血管收缩
	副交感		动眼神经副核	动眼神经→睫状节的短根或睫状长神经	睫状节	睫状短神经→瞳孔括约肌、睫状肌	瞳孔缩小,睫状肌收缩
心脏	交感	经颈心中、心下和胸心支→胸1~4(5)脊髓后角	胸2~5(6)脊髓侧角	经白交通支→交感干,或在干内上升	颈上、中、下节和T_1~T_5脊神经	颈上、中、下支和胸心支→心丛→冠状丛→心房和心室	心跳加快,心室收缩力加强,冠状动脉扩张
	副交感	迷走神经→延髓孤束核	迷走神经背核	迷走神经→颈心上、下支、喉返神经心支→心丛→冠状丛→心房	心神经节,心房壁内的神经节	到心房、心室	心跳减慢,心室收缩力减弱,冠状动脉收缩
支气管和肺	交感	来自胸膜脏层的传入纤维经交感神经肺支→胸2~5脊髓后角	胸2~5脊髓侧角	经白交通支→交感干,或在感干内上升	颈下节和第1~5胸交感节	肺支→肺前、后丛→肺	支气管扩张,抑制腺体分泌,血管收缩
	副交感	来自支气管和肺的传入纤维→迷走神经→延髓孤束核	迷走神经背核	迷走神经支气管支→肺丛→肺	肺丛内的神经节和支气管壁内的神经节	到支气管平滑肌和腺体	支气管收缩,促进腺体分泌
胃、小肠、升结肠和横结肠	交感	经腹腔丛→内脏大小神经→胸6~12脊髓后角	胸6~12脊髓侧角	经白交通支→交感干→内脏大小神经,腰内脏神经	腹腔节、主动脉肾节、肠系膜上节	沿各部分血管周围的神经丛分布	减少蠕动,减少分泌,增加括约肌张力,血管收缩
	副交感	迷走神经→延髓孤束核	迷走神经背核	迷走神经→食管丛→胃丛→腹腔丛→肠系膜上丛→胃肠壁	肠肌间丛和黏膜下丛内的神经节	到平滑肌和腺体	促进肠蠕动,增加肠壁张力,增加分泌,减少括约肌张力
降结肠到直肠	交感	腰内脏神经和交感干骶部的分支→腰1~3脊髓后角	胸12~腰3脊髓侧角	经白交通支→交感干→腰内脏神经、骶内脏神经→腹主动脉丛→肠系膜下丛、腹下丛	肠系膜下丛和腹下丛内的神经节,少量在腰交感节	随各部分血管周围的神经丛分布	抑制肠蠕动,肛门内括约肌收缩
	副交感	经肠系膜下丛、盆丛→盆内脏神经,到骶2~4脊髓后角	骶2~4脊髓骶部副交感核	经第2~4骶神经→盆内脏神经→盆丛→降结肠、直肠	肠肌间丛和黏膜下丛内的神经节	到平滑肌和腺体	促进肠蠕动,肛门内括约肌松弛

续表

器官	神经	沿内脏神经的传入纤维路径	节前纤维 起源	节前纤维 径路	节后纤维 起源	节后纤维 径路	功能
肝、胆囊、胰腺	交感	经腹腔丛→内脏大、小神经→胸4~10脊髓后角	胸4~10脊髓侧角	经内脏大、小神经→腹腔丛	腹腔节、主动脉肾节	沿肝、胆囊、胰腺血管周围神经丛分布	抑制腺体分泌
	副交感	迷走神经→延髓孤束核	迷走神经背核	迷走神经→腹腔丛	器官内神经节		加强腺体分泌
肾	交感	经主动脉肾丛→内脏大、神经和腰内脏神经→胸6~12脊髓后角	胸6~12脊髓侧角	经内脏大、小神经和腰内脏神经→腹腔丛、肾丛	腹腔节、主动脉肾节	沿肾血管周围神经丛分布	血管收缩
	副交感	迷走神经→延髓孤束核	迷走神经背核	迷走神经→腹腔丛、肾丛	主动脉肾节		血管舒张，肾盂收缩
输尿管	交感	胸11~腰2脊髓后角	胸11~腰2脊髓侧角	经内脏小神经、腰内脏神经→腹腔丛→肠系膜上、下丛、肾丛	肾节、肠系膜下节	输尿管丛	抑制输尿管蠕动
	副交感	盆内脏神经→骶2~4脊髓后角	脊髓骶部副交感核	经盆内脏神经→输尿管丛	输尿管节		加强输尿管蠕动
膀胱	交感	盆丛→腹下丛→腰内脏神经到达$L_{1~2}$脊髓后角（传导来自膀胱体的痛觉）	腰1~2脊髓侧角	经白交通支→交感干→腰内脏神经→腹主动脉丛→肠系膜下丛、盆丛	肠系膜下丛和腹下丛内的神经节，少量在腰交感节	经膀胱丛到膀胱	血管收缩，膀胱三角肌收缩，尿道内口关闭，对膀胱逼尿肌的作用很小或无作用
	副交感	盆丛→盆内脏神经，到达骶2~4脊髓后角（传导来自膀胱体的牵张觉和膀胱颈的痛觉）	骶2~4脊髓骶副交感核	经第2~4骶神经→盆内脏神经→盆丛→膀胱丛	膀胱丛和膀胱壁内的神经节	到膀胱平滑肌	逼尿肌收缩，内括约肌松弛
男性生殖器	交感	盆丛→交感干，到达胸11~腰3脊髓后角	胸11~腰3脊髓侧角	经白交通支→交感干→腹腔丛→腹下丛→盆丛，或在交感干	腰骶交感节和肠系膜下节	经盆丛→前列腺丛→盆部生殖器，或从腰节发支沿精索内动脉到睾丸	盆部生殖器平滑肌收缩配合射精；膀胱三角肌收缩，关闭尿道内口，防止精液反流，血管收缩
	副交感		骶2~4脊髓骶部副交感核	经骶神经→盆内脏神经→盆丛和前列腺	盆丛和前列腺丛的神经节	到前列腺和海绵体的血管	促进海绵体血管舒张，与会阴神经配合使阴茎勃起

续表

器官	神经	沿内脏神经的传入纤维路径	节前纤维 起源	节前纤维 径路	节后纤维 起源	节后纤维 径路	功能
子宫	交感	来自子宫底和体的痛觉纤维→子宫阴道丛→腹下丛→腰内脏神经和内脏最小神经,到达胸12~腰2脊髓后角	胸12~腰2脊髓侧角	经白交通支→交感干→内脏最小神经和腰内脏神经→腹主动脉丛→腹下丛→盆丛→子宫阴道丛或在交感干下行至交感干骶部	腹下丛内的神经节,骶神经节	随子宫阴道丛至子宫壁	血管收缩,子宫收缩,非妊娠子宫舒张
	副交感	来自子宫颈的痛觉纤维到达骶2~4脊髓后角	骶2~4脊髓骶部副交感核	经骶神经→盆内脏神经→腹下丛→盆丛→子宫阴道丛	子宫阴道丛内的子宫颈神经节及沿子宫血管的神经节	到子宫壁内	舒张血管,对子宫肌作用不明显
肾上腺	交感		胸10~腰1(2)脊髓侧角	经白交通支→交感干→内脏小神经、内脏最小神经、肾上腺髓质	无	无	分泌肾上腺素
松果体	交感		脊髓的交感神经中枢	经白交通支→交感干	颈上节	随颈内动脉及其分支至松果体	促进5-HT转化为褪黑素,间接抑制性腺活动
上肢的血管和皮肤	交感	经血管周围丛和脊神经到胸2~8脊髓后角	胸2~8脊髓侧角	经白交通支→交感干	颈中节、颈胸神经节和上部胸节	经灰交通支→脊神经→血管和皮肤	皮肤和肌血管收缩(胆碱能纤维使血管舒张),汗腺分泌,竖毛
下肢的血管和皮肤	交感	经血管周围丛和脊神经到胸10~腰3脊髓后角	胸10~腰3脊髓侧角	经白交通支→交感干	腰节和骶节	经灰交通支→脊神经→血管和皮肤	皮肤和肌血管收缩(胆碱能纤维使血管舒张),汗腺分泌,竖毛

(一) 眼球

1. 感觉神经 眼球的感觉冲动沿睫状神经、眼神经、三叉神经进入脑干。

2. 交感神经 节前纤维起自脊髓胸1~2节段侧角,经胸及颈交感干上升至颈上神经节,交换神经元后,节后纤维经颈内动脉丛、海绵丛,再穿经睫状神经节分布到瞳孔开大肌和血管,还有部分节后纤维经睫状长神经至瞳孔开大肌。

3. 副交感神经 节前纤维起自中脑**动眼神经副核**(E-w核),随动眼神经走行至睫状神经节交换神经元后,节后纤维经睫状短神经分布于瞳孔括约肌和睫状肌。

刺激支配眼球的交感神经纤维,引起瞳孔开大,虹膜血管收缩。切断这些纤维则出现瞳孔缩小。损伤脊髓颈段和延髓及脑桥的外侧部也可产生同样结果。据认为,这是因为交感神经的中枢下行束经过上述部位。临床上所见病例除有瞳孔缩小外,还可出现眼睑下垂及同侧头部汗腺分泌障碍等症状(称Horner综合征)。这是因为交感神经除管理瞳孔外,也管理眼睑平滑肌(MOiler肌)与头部汗腺的分泌。

刺激副交感神经纤维,瞳孔缩小,睫状肌收缩。切断这些纤维,则出现瞳孔散大及调节视力的功能障碍。临床上损伤动眼神经,除有副交感神经损伤症状外,还出现大部分眼球外肌瘫痪症状。

(二) 心脏

1. 感觉神经 传导心脏痛觉的纤维,沿交感神经行走(颈心上神经除外),至脊髓胸1~4、5节段;与心脏反射有关的感觉纤维,则沿迷走神经行走,进入脑干。

2. 交感神经 节前纤维起自脊髓胸1~4、5节段侧角,至交感干颈上、中、下节和上部胸神经节交换神经元,自节发出颈上、中、下心支及胸心支,行至主动脉弓后方和下方,与来自迷走神经的副交感纤维一起构成心丛,再由心丛分支分布于心脏。

3. 副交感神经 节前纤维起自迷走神经背核和疑核,沿迷走神经心支行走,在心神经节交换神经元后,分布于心脏(图15-40)。

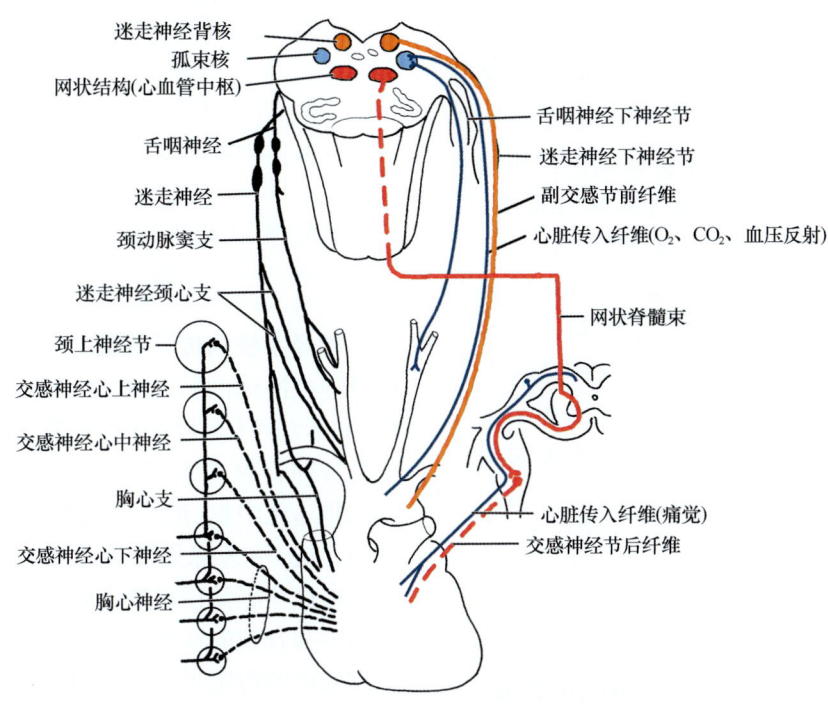

图15-40 心的神经支配和血压调节

刺激支配心脏的交感神经纤维,可引起心动过速,冠状血管舒张。刺激迷走神经,则导致心动过缓,冠状血管收缩。

【复习思考题】

1. 什么是内脏运动神经?它与躯体运动神经有什么区别?
2. 何谓节前纤维和节后纤维?
3. 什么是灰交通支与白交通支?
4. 交感神经和副交感神经的低级中枢各位于何处?
5. 试比较交感神经与副交感神经的异同。

(黄婉丹 宣爱国)

第十六章　神经系统的传导通路

【引子】

62岁男子在观看足球比赛中突然晕倒，经治疗2天后意识恢复，但左侧肢体不能随意运动，初步诊断：内囊出血。6周后检查发现：左侧上、下肢瘫痪，肌张力增强，腱反射亢进；舌伸出时偏向左侧，但舌肌没有萎缩；额纹存在，左侧眼裂以下面肌瘫痪；身体左半感觉障碍；双眼视野左侧半缺损；其他无明显异常。请尝试运用所学传导通路知识分析：病变是在左侧还是右侧？上述症状和体征是由于损伤哪些传导束而引起的？

【学习目标】

一、掌握

1. 躯干、四肢本体感觉传导通路的组成、各级神经元胞体所在的位置、纤维交叉的部位，纤维束在中枢各部的位置及投射大脑皮质的部位。
2. 躯干、四肢及头面部痛、温、粗触觉和压觉传导通路的组成、各级神经元胞体所在的位置、纤维交叉的部位，纤维束在中枢各部的位置及投射大脑皮质的部位。
3. 视觉传导通路的组成、各级神经元胞体所在的位置、纤维交叉的部位，在内囊的位置和投射到大脑皮质的部位。
4. 瞳孔对光反射途径。
5. 皮质脊髓束起止部位、行径、纤维交叉的部位及与下运动神经元的联系的状况。
6. 皮质核束的起止部位及对脑神经运动核的支配情况。
7. 锥体外系的概念和功能。

二、了解

1. 躯干、四肢非意识性本体感觉传导通路。
2. 视觉传导通路不同部位损伤后的视野变化。
3. 听觉传导通路的组成。
4. 锥体系上、下运动神经元损伤后的表现。
5. 新纹状体-苍白球和皮质-脑桥-小脑系的概况。

神经系统的传导通路是指与大脑皮质相关联，传导神经冲动的特定神经元链，包括感觉性（上行性）和运动性（下行性）两大类。感受器接受内外环境的各种刺激，并将其转变成神经冲动，沿着传入神经元传递至中枢，最后至大脑皮质产生感觉的特定神经元链，称为**感觉传导通路**sensory pathway；大脑皮质将这些感觉信息整合后发出指令，沿传出纤维，经脑干和脊髓的运动神经元到达躯体和内脏效应器引发效应的特定神经元链，称为**运动传导通路**motor pathway。传导通路是经过大脑皮质的复杂神经反射弧，感觉性传导通路是反射弧的传入部分，运动性的传导通路是反射弧的传出部分。不经过大脑皮质的上、下行传导通路称**反射通路**。

第一节　感觉传导通路

一、躯干、四肢本体感觉传导通路

本体感觉又称**深感觉**，包括位置觉、运动觉和震动觉，是指肌、肌腱、骨膜和关节等器官本身在不同状态，如运动或静止时产生的感觉。此外，在本体意识性感觉传导通路中，还传导皮肤的精细触觉（如辨别两点间距离和物体表面的纹理粗细等）。此处主要论及躯干和四肢本体感觉传导通路（因头面部者尚不甚明了）。

1. 意识性本体感觉传导通路　由3级神经元组成（图16-1）。第1级神经元为脊神经节内的假单极神经元，其周围突随脊神经布于肌肉、肌腱、关节和骨膜等本体感受器和皮肤的精细触觉感受器，中枢突经脊神经后根入同侧脊髓后索。其中,来自第5胸节以下行于后索的内侧部,组成**薄束**,第4胸节以上的行于后索的外侧部,组成**楔束**。两束上行分别止于同侧延髓的薄束核和楔束核。第2级神经元的胞体在薄束核和楔束核内,由此二核发出的纤维向前绕过中央灰质的腹侧,在中线上与对侧的交叉,称**内侧丘系交叉**,交叉后的纤维呈前后方向排列,行于延髓中线两侧,椎体束的背侧方,再转折上行,称**内侧丘系**。内侧丘系在脑桥居被盖的前缘,在中脑被盖则居红核的外侧,最后止于丘脑的腹后外侧核。第3级神经元为丘脑腹后外侧核神经元,发出纤维参与组成**丘脑中央辐射** central radiation of thalamus,经内囊后肢主要投射至大脑皮质中央后回的中、上部及中央旁小叶后部。部分纤维投射至中央前回及中央旁小叶前部。此通路若在内侧丘系交叉上方或下方不同部位损伤时,则患者损伤同侧(交叉下方损伤)或损伤对侧(交叉上方损伤)的位置觉、运动觉和震动觉以及皮肤的精细触觉丧失。

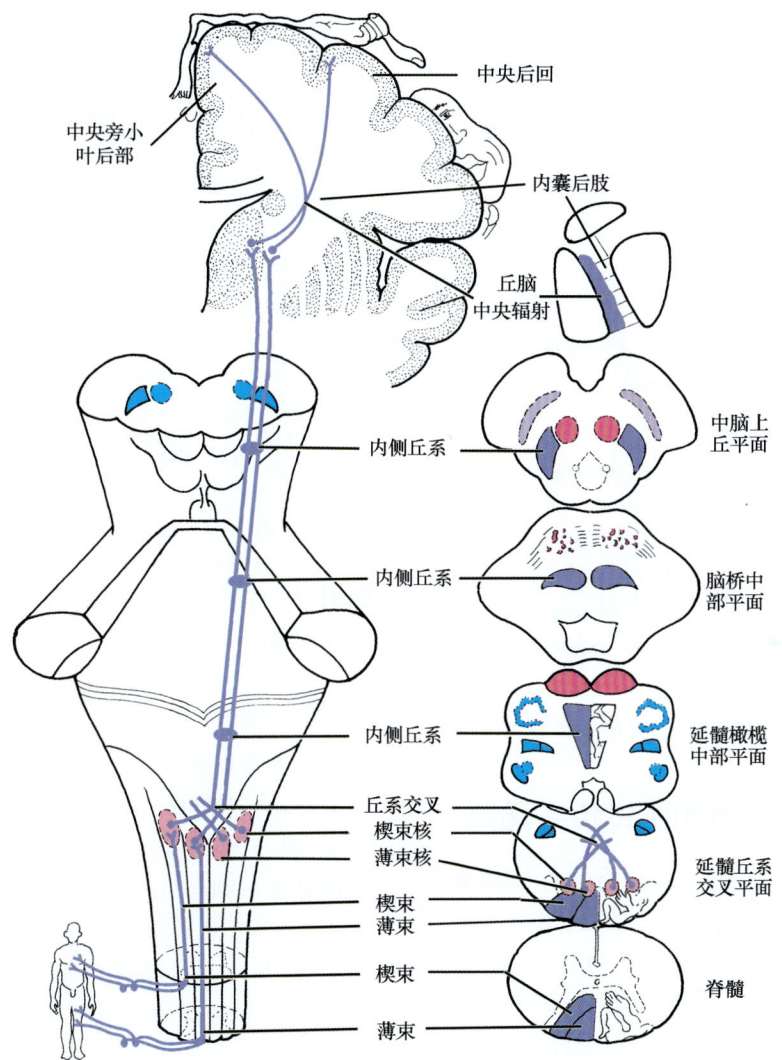

图 16-1 意识性本体感觉传导通路

【临床联系】

脊髓后索出现病变,累及到薄、楔束受损,患者不能确定身体的患侧损伤部位以下的肢体位置和运动的方向以及无法辨别两点间的距离,同时还丧失了震动觉。

2. 非意识性本体感觉传导通路 非意识性本体感觉传导通路实际上是反射通路的上行部分,是向小脑传入深部感觉的传导路,由二级神经元组成(图16-2)。第1级神经元为脊神经节神经元,其周围突随脊神经布于肌肉、肌腱、关节和骨膜等本体感受器,中枢突经脊神经后根的内侧部进入脊髓,终至于 C_8~L_2 的胸核和腰骶膨大第Ⅴ~Ⅶ层外侧部的第2级神经元。由胸核发出的2级纤维在同侧外侧索组成**脊髓小脑后束**,向上经小脑下脚进入旧小脑皮质;由腰骶膨大第Ⅴ~Ⅶ层外侧部发出的第2级纤维组成对侧和同侧的**脊髓小脑前束**,经小脑上脚止于旧小脑皮质。以上2级神经元传导躯干(除颈部外)和下肢的本体感觉。传导上肢和颈部的本体感觉的第2级神经元胞体在颈膨大部第Ⅵ、Ⅶ层和延髓的楔束副核,这两处神经元发出的第2级纤维也经小脑下脚进入小脑皮质。

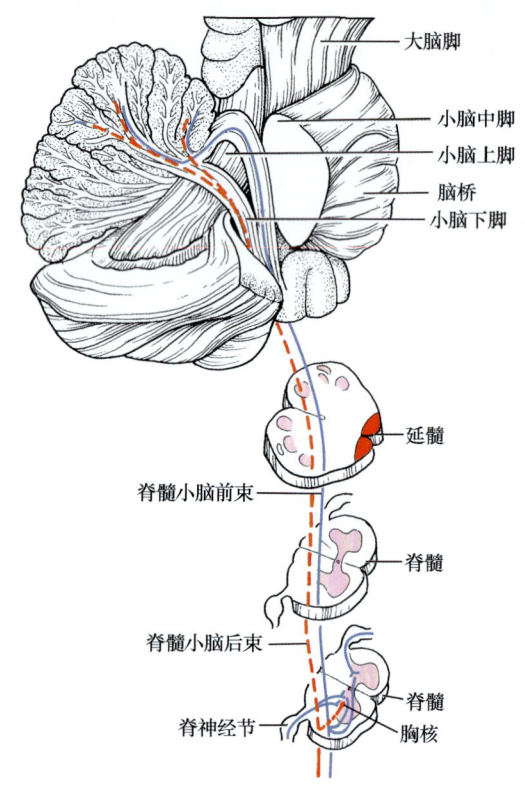

图16-2 非意识性本体感觉传导通路

二、痛、温、粗触觉和压觉传导通路

痛、温、粗触觉和压觉传导通路又称**浅感觉传导通路**,传导皮肤、黏膜的痛觉、温觉、粗触觉和压觉冲动,由3级神经元组成(图16-3)。

1. 躯干、四肢痛、温、粗触觉和压觉传导通路

第1级神经元为脊神经节内假单级神经元,其周围突分布于躯干、四肢痛觉、温觉、粗触觉和压觉感受器;中枢突组成后根外侧部纤维入脊髓背外侧束,在束内上行1~2脊髓节段后终止于后角固有核。第2级神经元胞体主要位于Ⅰ、Ⅳ、Ⅴ层内,其发出纤维向前内经白质前连合,交叉至对侧。其中痛、温觉纤维于侧索上行组成**脊髓丘脑侧束**;粗触觉和压觉纤维于前索上行组成**脊髓丘脑前束**,两束上行经下橄榄核的背外侧,脑桥和中脑内侧丘系的外侧,终止于丘脑腹后外侧核。第3级神经元为丘脑腹后外侧核神经元,发出纤维参与组成**丘脑中央**

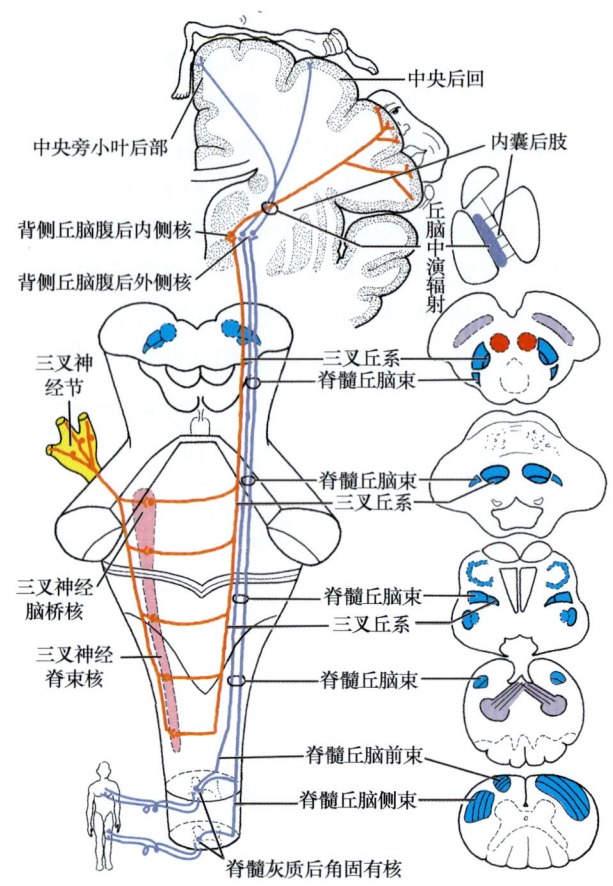

图16-3 痛、温、粗触觉和压觉传导通路

辐射,经内囊后肢上达中央后回中、上部及中央旁小叶后部。

【临床联系】

在脊髓内,脊髓丘脑束纤维的排列有一定的顺序:自外向内、由浅入深,依次排列着来自骶、腰、胸、颈部的纤维。因此,当脊髓内肿瘤压迫一侧脊髓丘脑束时,痛温觉障碍首先出现在身体对侧上半部(压迫来自颈、胸部的纤维)逐渐波及下半部(压迫来自腰骶部的纤维)。若受到脊髓外肿瘤压迫,则发生感觉障碍的顺序相反。

2. 头面部的痛觉、温觉、粗触觉和压觉传导通路 第1级神经元为三叉神经节内假单级神经元,其周围突经三叉神经分支分布于头面部皮肤、黏膜的有关感受器;中枢突经三叉神经感觉根入脑桥,终止于三叉神经脑桥核(传导粗触觉和压觉的纤维)和三叉神经脊束核(传导痛、温觉的纤维)。第2级神经元为三叉神经脑桥核和三叉神经脊束核神经元,发出纤维交叉至对侧,组成**三叉丘系**,向上止于丘脑的腹后内侧核。第3级神经元为丘脑腹后内侧核神经元,发出纤维经内囊后肢上达中央后回下部。

【临床联系】

若三叉丘系以上受损,则导致对侧头面部痛温觉和触压觉障碍;若三叉丘系以下受损,则同侧头面部痛温觉和触压觉发生障碍。

三、视觉传导通路和瞳孔对光反射通路

1. 视觉传导通路　视觉传导通路visual pathway由3级神经元组成(图16-4),第1级神经元为视网膜双极神经元,其周围突与眼球视网膜内视杆、视锥细胞相联系;中枢突与视网膜节细胞相突触。第2级神经元为视网膜节细胞,其轴突在视神经盘处集合成**视神经**,经视神经管入颅腔,与对侧视神经汇合成视交叉(来自视网膜内侧半的纤维交叉,外侧半不交叉)后,延为**视束**,主要终止于外侧膝状体。第3级神经元为外侧膝状体核神经元,发出纤维组成**视辐射**optic radiation,经内囊后肢投射到端脑距状沟两侧的**视区皮质**visual cortex,产生视觉。

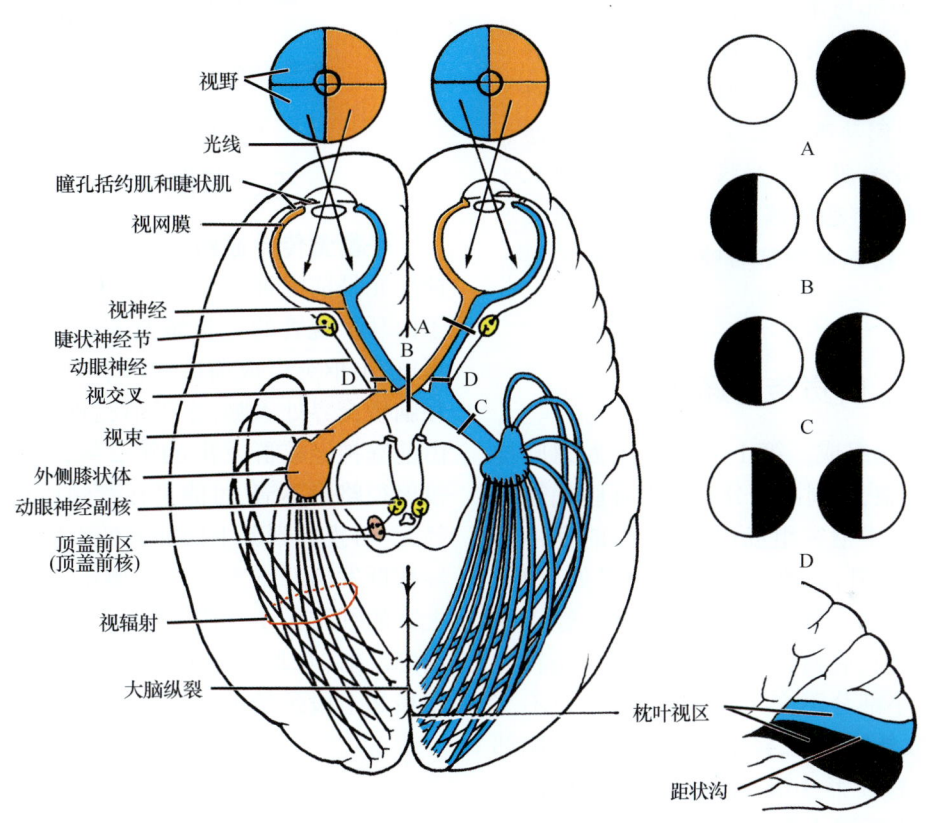

图16-4　视觉传导和瞳孔对光反射通路

视束中尚有少数纤维经上丘臂终止于上丘和顶盖前区。上丘发出的纤维组成**顶盖脊髓束**,下行至脊髓,完成视觉反射。顶盖前区是瞳孔对光反射通路的一部分。

视野是指眼球固定向前平视时所能看到的空间范围。由于眼球屈光装置对光线的折射作用,鼻侧半视野的物象投射到颞侧半视网膜,颞侧半视野的物象投射到鼻侧半视网膜,上半视野的物象投射到下半视网膜,下半视野的物象投射到上半视网膜。

【临床联系】

当视觉传导通路在不同部位受损时,可引起不同的视野缺损表现:一侧视神经损伤,则同侧眼视野全盲;一侧视神经损伤,则同侧眼视野全盲;视交叉中央部的交叉纤维损伤,则两眼颞侧视野偏盲;视交叉外侧部的不交叉纤维损伤,则同侧眼鼻侧视野偏盲;一侧视束及其以后的部分(视辐射、视皮质)损伤,则双眼对侧视野同向性偏盲(如右侧受损,则右眼视野鼻侧半和左眼视野颞侧半偏盲)。

2. 瞳孔对光反射通路　光照一侧瞳孔,引起两眼瞳孔缩小的反应称为**瞳孔对光反射**。被光照侧的反应称**直接对光反射**;未照侧的反应称**间接对**

光反射。通路如下：视网膜→视神经→视交叉→两侧视束→上丘臂→顶盖前区→两侧动眼神经副核→两侧动眼神经→睫状神经节→节后纤维→瞳孔括约肌收缩→两侧瞳孔缩小。

【临床联系】

瞳孔对光反射在临床上有重要意义，反射消失，可能预示病危。但视神经或动眼神经受损，也能引起瞳孔对光反射的变化。例如，一侧视神经受损时，信息传入中断，光照患侧眼的瞳孔，两侧瞳孔均不反应；但光照健侧眼的瞳孔，则两眼对光反射均存在(此即患侧眼的瞳孔直接对光反射消失，间接对光反射存在)。又如，一侧动眼神经受损时，由于信息传出中断，无论光照哪一侧眼，患侧眼的瞳孔对光反射都消失(患侧眼的瞳孔直接及间接对光反射消失)，但健侧眼的瞳孔直接和间接对光反射存在。

四、听觉传导通路

由4级神经元组成。第1级神经元为螺旋神经节内的双极细胞，其周围突分布于内耳膜蜗管基底膜上的螺旋器，中枢突组成蜗神经，与前庭神经一道，经内耳道、内耳门，在延髓脑桥交界处入脑，止于蜗神经前、后核(图16-5)。第2级神经元的胞体位于蜗神经前、后核，发出纤维大部分经斜方体交叉至对侧，小部分不交叉在同侧，交叉与不交叉纤维上行组成**外侧丘系**，经中脑被盖的背外侧部上行，止于下丘核。第3级神经元为下丘核神经元，发出纤维经下丘臂止于内侧膝状体核。第4级神经元为内侧膝状体核神经元，发出纤维组成**听辐射**acoustic radiation，经内囊后肢上行止于大脑皮质颞横回。少数蜗腹侧核和蜗背侧核的纤维不交叉，进入同侧**外侧丘系**；也有少数外侧丘系的纤维直接止于内侧膝状体；还有一些蜗神经核发出的纤维在上橄榄核换神经元，然后加入同侧的**外侧丘系**。因此，听觉冲动是双侧传导的。若一侧通路在外侧丘系以上受损，不会产生明显症状，但若损伤了蜗神经、内耳或中耳，则将导致听觉障碍。

听觉的反射中枢在下丘。下丘神经元发出纤维到上丘，再由上丘神经元发出纤维，经顶盖脊髓束下行至脊髓的前角细胞，完成听觉反射。

此外，大脑皮质听区还可发出下行纤维，经听觉通路上的各级神经元中继，影响内耳螺旋器的感受功能，形成听觉通路上的抑制性反馈调节。

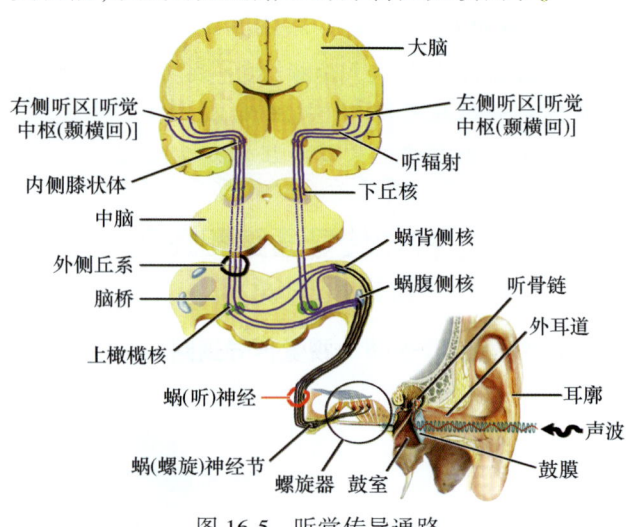

图16-5　听觉传导通路

五、平衡觉传导通路

平衡觉传导通路equilibrium pathway 的第1级神经元是前庭神经节内的双极细胞，其周围突分布于内耳半规管的壶腹嵴及前庭内的球囊斑和椭圆囊斑；中枢突组成前庭神经，与蜗神经一道经延髓和脑桥交界处入脑，止于前庭神经核群(图16-6)。由前庭神经核群发出的第2级纤维向大脑皮质的投射径路尚不清，可能是在背侧丘脑的腹后核换神经元，再投射到颞上回前方的大脑皮质。由前庭神经核群发出纤维至中线两侧组成**内侧纵束**，其中，上升的纤维止于动眼、滑车和展神经核，完成眼肌前庭反射(如眼球震颤)；下降的纤维至副神经脊髓核和上段颈髓前角细胞，完成转眼、转头的协调

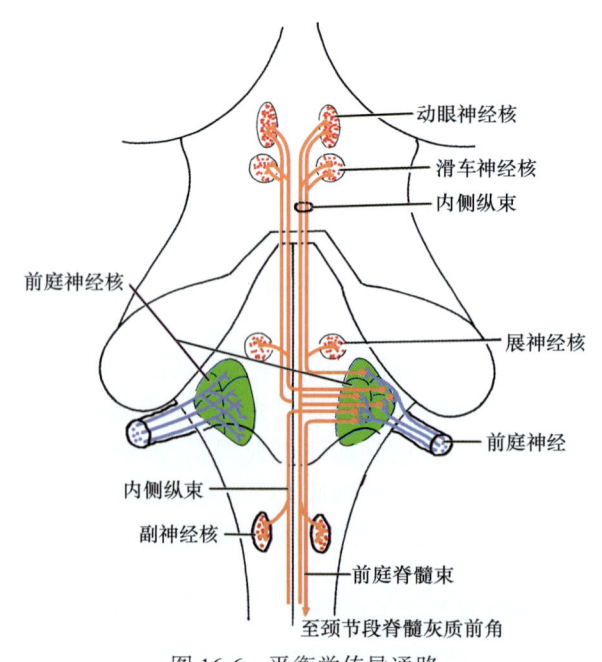

图16-6　平衡觉传导通路

运动。此外，由前庭神经外侧核发出纤维组成**前庭脊髓束**，完成躯干、四肢的姿势反射（伸肌兴奋、屈肌抑制）。前庭神经核群还发出纤维与部分前庭神经直接来的纤维，共同经小脑下脚（绳状体）进入小脑，参与平衡调节。前庭神经核群还发出纤维与脑干网状结构、迷走神经背核及疑核联系，故当平衡觉传导通路或前庭器受刺激时，可引起眩晕、呕吐、恶心等症状。

六、内脏感觉传导通路

1. 一般内脏感觉传导通路 经脑神经节（舌咽神经和迷走神经的下神经节为第1节神经元）传导的一般内脏感觉纤维入脑后止于**孤束核**。第2级神经元胞体在孤束核，发出纤维上行，可能经臂旁核（在脑桥结合臂两侧）背侧丘脑腹后内侧核或下丘脑外侧区中继，再转入大脑皮质岛叶。经脊神经节传导的一般内脏感觉纤维沿脊髓后角的内、外缘进入脊髓，终止于后连合核（在中央管的背外侧）。由后连合核发出纤维经臂旁核中继，再传入大脑皮质。

2. 内脏痛觉的传导通路 一般认为有两条：一条是传导快痛的，另一条是传导慢痛的。**传导快痛**的第1级神经元的胞体位于脊神经节内，其周围突伴随交感神经或骶部副交感神经分布于各内脏器官，其中枢突入脊髓，在后角灰质交换第2级神经元，第2级神经元发出纤维在对侧和同侧脊髓前外侧索上升，与脊髓丘脑束伴行上升至丘脑腹后外侧核交换神经元。第3级神经元发出的纤维经过内囊后肢，到达大脑皮质中央后回和大脑外侧沟的上壁皮质，也有人认为此条通路也行经脊髓后索，并在延髓薄束核和楔束核内交换神经元。**传导慢痛**的第1级神经元的胞体也位于脊神经节内，其中枢突入脊髓后可能在固有束内上行，在脊髓和脑干网状结构内经过多次交换神经元，再经背侧丘脑的背内侧核交换神经元，上达大脑边缘叶皮质。

3. 特殊内脏感觉传导通路 **传导嗅觉**的第1级神经元位于鼻腔黏膜内的嗅细胞（双极神经元），其周围突分布于嗅黏膜；中枢突形成嗅丝，穿筛骨的筛板入颅，止于**嗅球**。由嗅球发出2级纤维组成**嗅束**，向后延为**嗅三角**，再经外侧嗅纹将嗅觉冲动传至颞叶海马旁回的沟及附近皮质，产生嗅觉。

传导味觉的第1级神经元位于面神经膝神经节和舌咽神经的下神经节内，它们的周围突分布于舌的味蕾；中枢突止于**孤束核上端**。以后的路径与一般内脏感觉者相似。

第二节 运动传导通路

运动传导通路是指从大脑皮质至躯体运动效应器的神经联系，主要管理躯体随意运动。它由**上运动神经元** upper motor neurons 和**下运动神经元** lower motor neurons 组成。下运动神经元为脑神经运动核神经元和脊髓前角运动神经元，它们的胞体和轴突构成传导运动冲动的**最后公路** final common pathway。上运动神经元为位于大脑皮质的投射至下运动神经元的传出神经元。躯体运动传导通路主要为锥体系和锥体外系。

一、锥体系

锥体系 pyramidal system 的上运动神经元由位于中央前回和中央旁小叶前部的巨型 Betz 锥体细胞和其他类型的锥体细胞以及位于额、顶叶部分区域的锥体细胞组成。上述神经元的轴突共同组成**锥体束** pyramidal tract，因其大部分纤维经过延髓椎体而得名。其中，下行止于脊髓前角运动神经元的纤维束称**皮质脊髓束** corticospinal tract（图16-7）；止于脑干脑神经一般躯体运动核和特殊内脏运动核的纤维束称**皮质核束** corticonuclear tract（图16-8）。

1. 皮质脊髓束 由中央前回中、上部以及中央旁小叶前部等处的椎体细胞轴突集中而成，下行经内囊后肢前部、大脑脚底中3/5的外侧部和脑桥基底部至延髓锥体，在锥体下端，约75%~90%的纤维交叉至对侧，形成**锥体交叉**，交叉后的纤维继续于脊髓侧索内下行，称为**皮质脊髓侧束**，此束在下行过程中陆续终止于各脊髓节段同侧的前角运动神经元（可达骶节），支配四肢骨骼肌。在锥体下端，皮质脊髓束小部分没交叉的纤维入同侧脊髓前索内下行，称为**皮质脊髓前束**，此束仅达上胸节（T_4）。皮质脊髓前束在下行过程有部分纤维经脊髓白质前连合逐节交叉至对侧，终止于前角运动神经元，支配躯干和四肢骨骼肌，此束有部分纤维始终不交叉而陆续终止于同侧前角运动神经元，支配躯干肌。所以，躯干肌受两侧大脑皮质支配，上下肢肌只受对侧支配，故一侧皮质脊髓束在锥体交叉以上受损，主要引起对侧肢体瘫痪，躯干肌运动没有明显影响。锥体交叉以下损伤，则表现为损伤平面以下同侧肢体瘫痪。

实际上，皮质脊髓束只有10%~20%的纤维直接终止于前角运动神经元，大部分纤维须经中间神经元与前角运动神经元联系。

2. 皮质核束 主要由中央前回下部的锥体神经元的轴突聚集而成。该束经内囊膝部至大脑脚

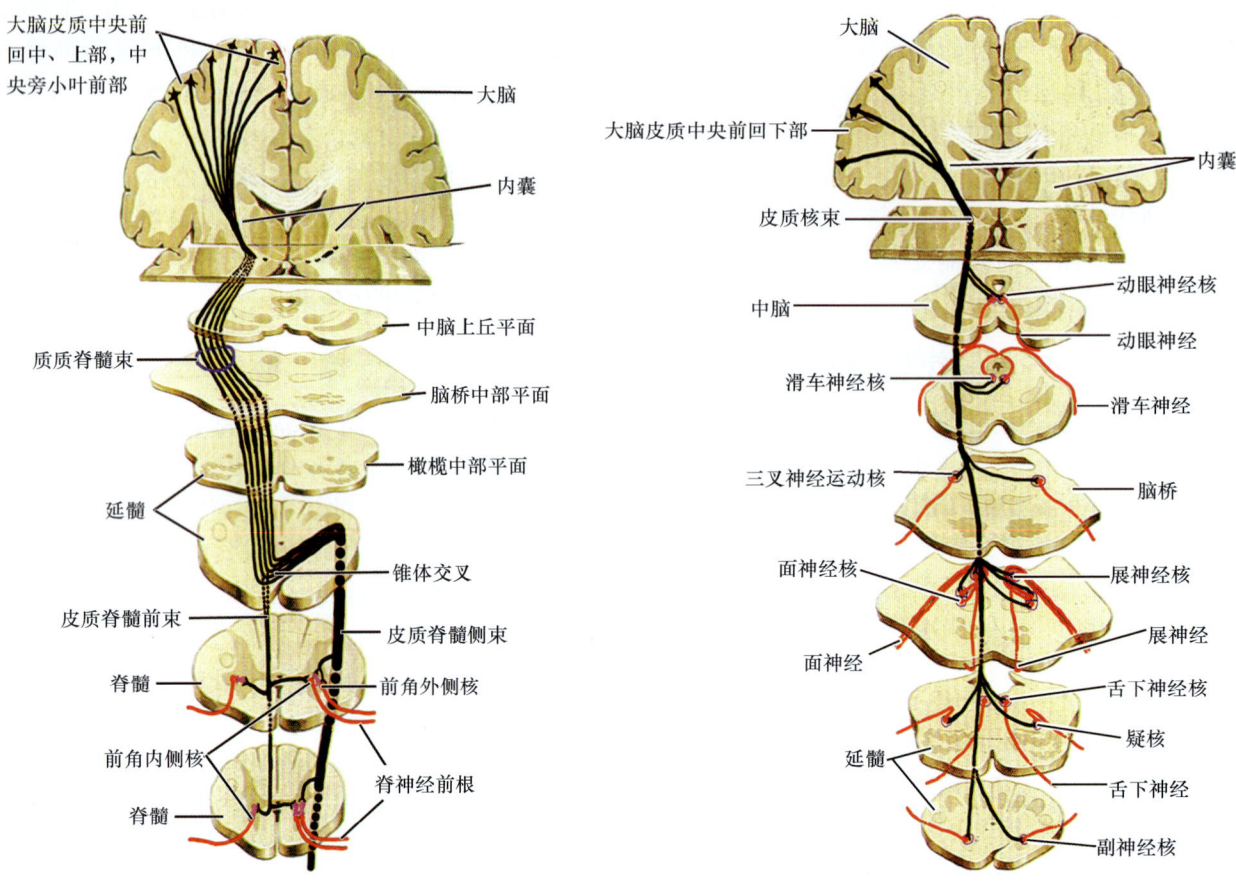

图 16-7 锥体系中的皮质脊髓束

图 16-8 皮质核束与脑神经运动核的关系

底中 3/5 的内侧部下行进入脑干，并由此陆续分出纤维终止于脑神经运动核。一侧皮质核束大部分止于双侧动眼神经核、滑车神经核、三叉神经运动核、展神经核、面神经核上部、疑核和副神经脊髓核，分别支配眼外肌、咀嚼肌、面上部表情肌、胸锁乳突肌、斜方肌和咽喉肌。小部分纤维止于对侧面神经核下部和舌下神经核，支配面下部表情肌和舌肌。因此，除面神经核下部和舌下神经核只接受对侧皮质核束纤维支配外，其他脑神经运动核均接受双侧皮质核束纤维支配（图 16-8）。一侧上运动神经元受损，可产生对侧眼裂以下的面肌和对侧舌肌瘫痪，表现为病灶侧鼻唇沟消失，口角低垂，并向病侧偏斜，流涎，不能做鼓腮、露齿等动作，伸舌时舌尖偏向病灶对侧（图 16-9）。一侧下运动神经元受

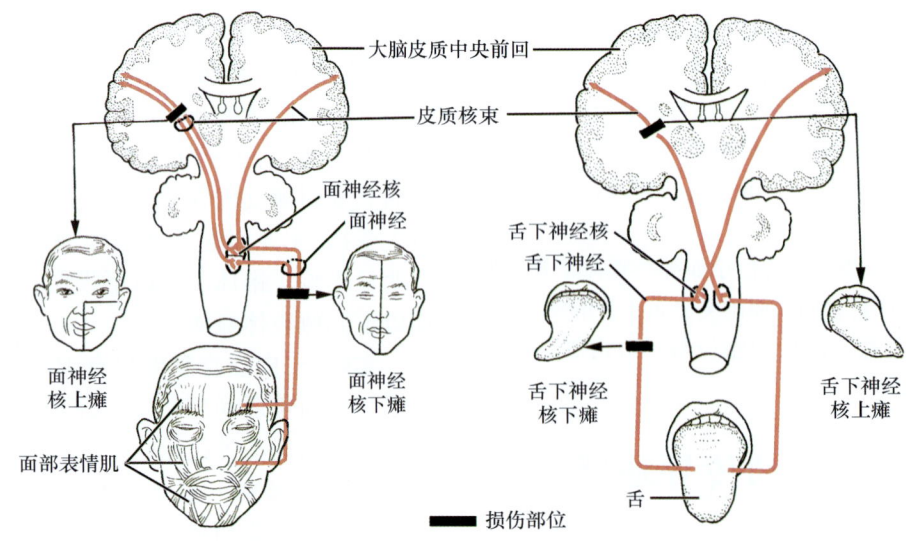

图 16-9 核上瘫与核下瘫

损,如:一侧面神经核或面神经受损,可致病灶侧所有面肌瘫痪,表现为额横纹消失,眼不能闭,口角下垂,鼻唇沟消失等;一侧舌下神经核或舌下神经受损,可致病灶侧全舌肌瘫痪,表现为伸舌时舌尖偏向病灶侧(图 16-9)。

【临床联系】

锥体系的任何部位损伤都可引起其支配区随意运动障碍——瘫痪。瘫痪可分为两类:①**上运动神经元瘫(核上瘫** supranuclear paralysis):是指脊髓前角运动神经元和脑神经运动核神经元以上的锥体系损伤,表现为随意运动障碍,肌张力增高,故称**痉挛性瘫痪(硬瘫**),其原因是上运动神经元对下运动神经元的抑制作用被取消的缘故(脑神经核上瘫时肌张力增高不明显)但肌肉不萎缩(因其未失去直接的神经支配)。此外,还有深反射亢进(因失去高级控制),浅反射(如腹壁反射、提睾反射等)减弱或消失(锥体束的完整性被破坏)和出现锥体束的功能受到破坏所致的病理反射等。②**下运动神经元损伤(核下瘫** infranuclear paralysis):是指脊髓前角运动神经元和脑神经运动核神经元以下的锥体系损伤,表现为因失去神经直接支配所致的肌张力减低,随意运动障碍,故称**弛缓性瘫痪(软瘫)**,由于神经营养障碍,还导致肌肉萎缩。因所有反射弧均中断,故浅反射和深反射都消失,也不出现病理反射(表 16-1)。

表 16-1 运动神经元损伤

临床表现	上运动神经元损伤	下运动神经元损伤
腱反射	亢进	减弱或消失
肌张力	增强	减弱或消失
肌萎缩	不明显	明显
病理性反射	出现	不出现
瘫痪特点	痉挛性(硬瘫)	弛缓性(软瘫)

二、锥体外系

锥体外系 extrapyramidal system 是指锥体系以外影响和控制躯体随意运动的传导径路。其结构十分复杂,包括大脑皮质、纹状体、背侧丘脑、底丘脑、红核、黑质、脑桥核、前庭核、小脑和脑干网状结构等以及它们的纤维联系。锥体外系的纤维最后经红核脊髓束、网状脊髓束等中继,下行终止于脑神经运动核神经元和脊髓前角运动神经元。由于人类的大脑皮质和锥体系高度发展,锥体外系处于从属地位。人类锥体外系的主要机能是调节肌张力、协调肌肉活动、维持体态姿势和习惯性动作(例如走路时双臂自然协调地摆动)等。锥体系和锥体外系在运动功能上是互相不可分割的一个整体,只有在锥体外系使肌张力保持稳定协调的前提下,锥体系才能完成一些精确的随意运动,如写字、刺绣等。另一方面,锥体外系对锥体系也有一定的依赖性。例如,有些习惯性动作(骑单车)开始是由锥体系发动起来的,然后才处于锥体外系的管理下。下面简单介绍主要的锥体外系通路。

1. 纹状体-黑质-纹状体环路(图 16-10) 自尾状核和壳发出纤维,止于黑质。再由黑质发出纤维返回尾状核和壳。黑质神经细胞产生和释放多巴胺,当黑质变质后,释放到纹状体内的多巴胺含量减低,与病(震颤麻痹)的发生有关。

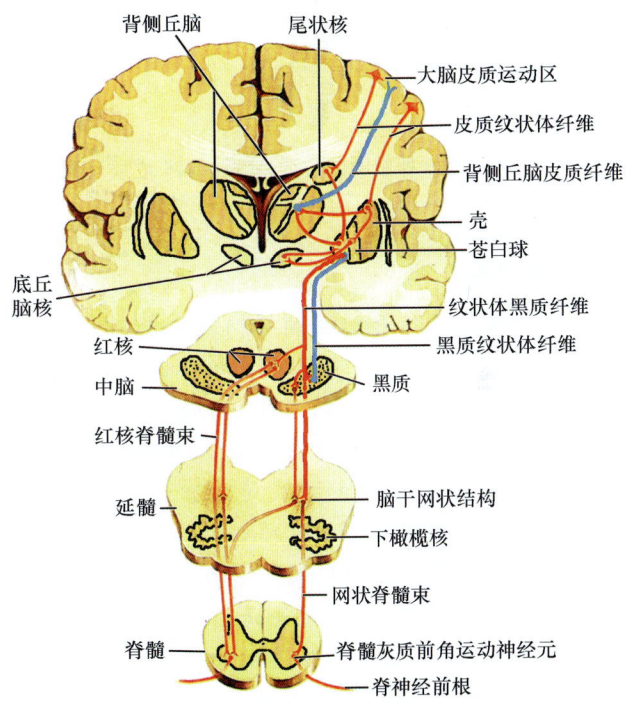

图 16-10 锥体外系中的纹状体-黑质-纹状体环路

2. 皮质-脑桥-小脑-皮质环路(图 16-11) 起源于大脑皮质的纤维束组成皮质脑桥束,止于脑桥核,自脑桥核发出的纤维越过中线,经对侧的小脑中脚进入小脑,止于新小脑皮质。新小脑皮质发出纤维至齿状核,齿状核发出纤维经小脑上脚出小脑,而后交叉到对侧,其中小部分纤维终止于红核,大部分纤维终止于丘脑的腹外侧核和腹前核。由红核发出的纤维参与组成红核脊髓束,经交叉后达脊髓前角运动神经元；丘脑的腹外侧核和腹前核发出的纤维投射到大脑皮质。此环路将大脑与小脑往返联系起来，由于小脑还接受来自脊髓的深部感觉纤维，因而能更好地对肌肉运动进行协调共济。上述环路的任何部位损伤，都会导致共济失调，如行走踉跄和醉汉步态等。

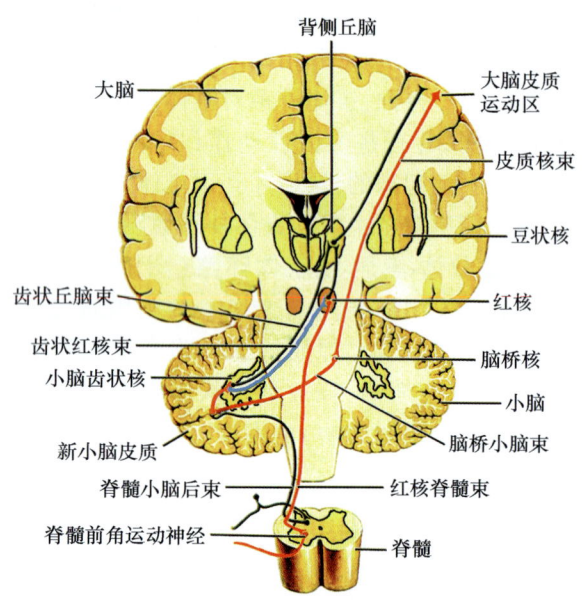

图 16-11 锥体外系中的皮质-脑桥-小脑-皮质环路

【相关进展】

神经系统传导通路研究所形成的神经科学，探讨信息在生命体中传递和转换的机制，并最终涉及大脑智力的产生，已成为 21 世纪的核心前沿科学。在神经系统中，基础的活动单元是神经元，活动的方式是脉冲电信号，信息传导是在神经元与神经元之间进行的，这些都是纯粹微观的运动形式。然而，神经系统的整体效果都是宏观的，无论是听觉、视觉等基础的认知功能，或是大脑思维的高级认知，如概念、语言及决策等，都表现为宏观行为。微观的活动方式与宏观的行为结果呈现出巨大的差异，而神经系统传导的信息处理结果是十分有效的，它具有信息量大、反应迅速、精确描述及稳定性强等特点。神经系统具有复杂的结构，它分为 7 个层次，即分子、神经元、神经元群、神经网络、大脑皮层、整个脑区和中枢神经系统，神经系统中信息的传导是在这些层次中进行的，经过这些层次，神经系统中传递的信息会发生质的飞跃和突变，最终产生高级的宏观认知功能。可以想象神经系统中存在着一个从微观活动到宏观行为过渡的精妙的机制，才能保证神经系统各项宏观功能的实现。

【复习思考题】

1. 一位 24 岁男子背部被刺伤，跌倒后两侧下肢不能运动。1 周后，右下肢恢复运动，但左下肢瘫痪。检查发现：左下肢无随意运动，腱反射亢进，Babinski 征阳性；右侧躯干胸骨剑突水平以下和右侧下肢痛、温觉丧失，但左侧痛、温觉正常；左侧躯干剑突以下和左侧下肢触觉减弱，右侧触觉未受影响；左下肢位置和运动觉丧失，右下肢正常。试讨论上述症状的原因，可能损伤的位置？

2. 一位 65 岁女子突然昏迷数小时，意识恢复后，不能说话，右侧上、下肢不能运动。6 周后，检查发现：右侧上、下肢痉挛性瘫痪，肱二头肌腱、跟腱和膝跳反射亢进，腹壁反射消失，Babinski 征阳性，无肌萎缩；伸舌时舌尖偏向左侧，左侧舌肌明显萎缩；全身痛温觉正常；身体右侧位置觉、运动觉、振动觉和两点辨别性触觉完全丧失，但面部正常。试讨论上述症状的原因，疾病可能发生的位置？

3. 一位 69 岁男性患者，2 个月前中风，现在检查发现：张口时下颌骨偏向左侧，发笑时口角歪向左侧，但双眼仍能闭合；伸舌时，舌尖偏向右侧；右侧上、下肢痉挛性瘫痪；左侧面部皮肤感觉障碍，但躯干四肢感觉正常。试讨论上述症状的原因。

4. 一位 50 岁男性患者，半月前突然眩晕、呕吐，随后出现一系列感觉运动障碍。经检查发现：右侧上、下肢瘫痪，肌张力增高，髌反射和肱二头肌反射均亢进，Babinski 征阳性；左侧额纹消失，睑裂变宽不能闭合，口角偏向右侧；伸舌时舌尖偏向右侧，舌肌无萎缩；左眼外展运动困难，出现内斜视；左侧面部和右侧面部均有痛温觉障碍；右侧躯干四肢的痛温觉、触压觉、精细触觉和运动觉均消失。试讨论上述症状的原因。

5. 蚊子叮咬左手鱼际部位皮肤，引起疼痛及用右手打左手上蚊子，叙述这些反应神经传导途径。

（崔晓军）

第十七章 脑和脊髓的被膜、血管及脑脊液循环

【引子】

患者，男性，45岁，林业工人。因发热、头痛伴喷射性呕吐2天就诊，患者无外伤史，检查发现患者体温39.7℃，颈肌强直，手臂不能上举，初步诊断为颅内感染，需行腰椎穿刺抽取脑脊液检查，请问在何处进针？如何定位？针头依次经过哪些层次？最后到达何部位？

【学习目标】

一、掌握

1. 脑和脊髓被膜的层次名称。
2. 硬膜外隙的位置、内容及临床意义。
3. 硬脑膜的特点与形成的特殊结构（大脑镰和小脑幕的位置，硬脑膜窦的名称、位置及血流方向，海绵窦的位置、内容及其交通）。
4. 蛛网膜下隙和终池的位置、内容及临床意义。
5. 脑的动脉来源，颈内动脉、椎动脉-基底动脉的行径及其主要分支（大脑前、中、后动脉）的行径和分布，大脑动脉环的位置和构成。
6. 脑脊液的产生与循环途径。

二、了解

1. 脊髓蛛网膜和软脊膜的结构特点，终丝、齿状韧带的位置。
2. 脑蛛网膜和软脑膜的结构特点，小脑延髓池的位置。
3. 蛛网膜粒的位置、作用，脉络丛的形成与作用。
4. 脑的静脉回流。
5. 脊髓的动脉和静脉。
6. 脑屏障的组成。

第一节 脑和脊髓的被膜

脑和脊髓的表面包有3层被膜，自外向内依次为硬膜、蛛网膜和软膜。它们有保护、支持脑和脊髓的作用。

一、脊髓的被膜

脊髓的被膜由外向内依次为硬脊膜、脊髓蛛网膜和软脊膜（图17-1）。

（一）硬脊膜

硬脊膜spinal dura mater（图17-1）由致密结缔组织构成，厚而坚韧，呈囊状包裹脊髓。上端附于枕骨大孔边缘，与硬脑膜相延续；下部在第2骶椎水平变细，包裹终丝，末端附于尾骨；两侧在椎间孔处包绕脊神经根并续为神经鞘与神经外膜融合。

硬膜外隙epidural space 是硬脊膜与椎管内面骨膜和黄韧带之间的间隙，内含疏松结缔组织、脂肪、淋巴管和椎内静脉丛，并有脊神经根通过。此隙略呈负压，不与颅内相通。临床上硬膜外麻醉即将药物注入此隙，以阻滞脊神经根内的神经传导。在硬脊膜和脊髓蛛网膜之间有潜在的**硬膜下隙**。

（二）脊髓蛛网膜

脊髓蛛网膜spinal arachnoid mater 为半透明的薄膜，贴于硬脊膜内面，向上与脑蛛网膜直接延续，向下达第2骶椎平面。它与软脊膜之间有许多结缔组织小梁相连，且两层之间有较宽阔的**蛛网膜下隙**subarachnoid space，隙内充满脑脊液。此隙下部，自脊髓下端至第2骶椎水平扩大为**终池**terminal cistern，内有马尾。因此临床上进行腰椎穿刺，常经第3、4或第4、5腰椎棘突间穿入此池，以抽取脑脊液或注入药物，可避免损伤脊髓。脊髓蛛网膜下隙向上与脑蛛网膜下隙相通。

（三）软脊膜

软脊膜spinal pia mater 薄而富含血管，紧贴脊髓表面，并深入脊髓的沟、裂中，向上在枕骨大孔处与软脑膜延续，向下在脊髓末端移行为终丝，向两侧在脊神经前后根之间形成**齿状韧带**，该韧带呈齿形，尖端向外附着于硬脊膜，有固定脊髓的作用，并为椎管内手术鉴别脊神经前、后根的标志。

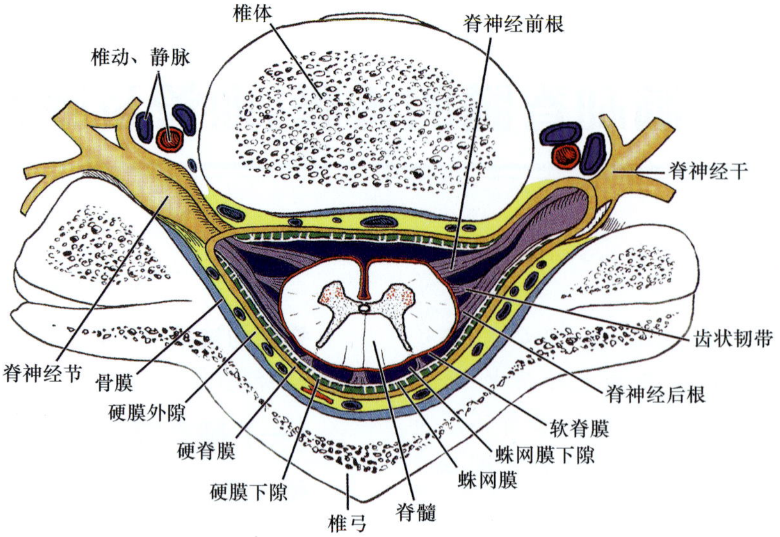

图 17-1　脊髓的被膜（横切面）

二、脑的被膜

脑的被膜由外向内依次为硬脑膜、脑蛛网膜和软脑膜。

(一) 硬脑膜

硬脑膜cerebral dura mater（图 17-2）坚韧而有光泽，贴于颅骨的内面，由两层构成，外层即颅骨的内骨膜，故颅内无硬膜外隙；内层与硬脊膜相当，较外层坚厚，两层之间有丰富的血管和神经。硬脑膜与颅盖骨连结疏松，颅盖外伤时，常因硬脑膜血管损伤而在硬脑膜和颅骨之间形成硬膜外血肿。硬脑膜与颅底结合紧密，颅底骨折时，易将硬脑膜和蛛网膜同时撕裂，引起脑脊液外漏。如颅前窝骨折时，脑脊液可流入鼻腔，形成脑脊液鼻漏。硬脑膜在脑神经出、入颅处移行为神经外膜，此外，硬脑膜形成下列特殊结构。

1. 硬脑膜隔　由硬脑膜内层折叠形成，呈板状突起深入脑各部之间的裂隙中，有固定和承托脑的作用。

(1) **大脑镰**cerebral falx：呈镰刀形，伸入大脑纵裂内分隔左、右大脑半球，前端附于鸡冠，后端连于小脑幕上面的正中线上，下缘游离于胼胝体上方。

(2) **小脑幕**tentorium of cerebellum：形似幕帐，伸入大脑横裂内，位于大脑和小脑之间。后缘附着于横窦沟，前外侧缘附于颞骨岩部上缘，前内缘游离形成**小脑幕切迹**tentorial incisure。切迹前有中脑通过。小脑幕将颅腔不完全分隔成上、下两部。当上部颅脑病变引起颅内压增高时，位于小脑幕切迹上方的海马旁回和钩可被挤入小脑幕切迹，形成小脑幕切迹疝而压迫大脑脚和动眼神经。

(3) **小脑镰**cerebellar falx：较小，呈新月形，位于枕骨大孔后方，自小脑幕下面正中伸入小脑半球之间。

(4) **鞍膈**diaphragma sellae：呈环形，位于蝶鞍上方，连于鞍背上缘和鞍结节之间，封闭垂体窝，中部有一小孔容垂体柄通过。

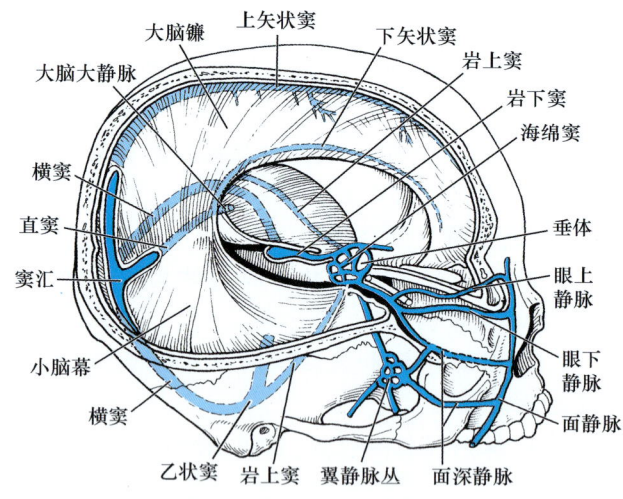

图 17-2　硬脑膜及硬脑膜窦

2. 硬脑膜窦　为硬脑膜的两层在某些部位分开，内面衬以内皮细胞构成的腔道，窦内含静脉血，是颅内静脉血的回流通道。窦内无瓣膜，窦壁无平滑肌，不能收缩，故损伤出血时难以自行止血，易形成颅内血肿。主要的硬脑膜窦如下：

(1) **上矢状窦**superior sagittal sinus：位于大脑镰的上缘，前方起自盲孔，沿上矢状窦沟后行，注入窦汇。

(2) **下矢状窦** inferior sagittal sinus：位于大脑镰下缘，其走向与上矢状窦一致，向后注入直窦。

(3) **直窦** straight sinus：位于小脑幕与大脑镰相接处，由大脑大静脉和下矢状窦汇合而成，向后通窦汇。

(4) **窦汇** confluence of sinuses：由上矢状窦和直窦在枕内隆凸处汇合而成，向两侧延为横窦。

(5) **横窦** transverse sinus：位于小脑幕后缘附着处的横窦沟内，左、右各一，连于窦汇与乙状窦之间。

(6) **乙状窦** sigmoid sinus：位于乙状窦沟内，为横窦的延续，向前内于颈静脉孔处续为颈内静脉。

(7) **海绵窦** cavernous sinus：位于蝶鞍两侧，为硬脑膜两层间的不规则腔隙，由形似海绵的小血窦相交通而成。两侧海绵窦借横支相连。窦内有颈内动脉和展神经穿过；窦的外侧壁内，自上而下有动眼神经、滑车神经、眼神经和上颌神经通过（图17-3）。

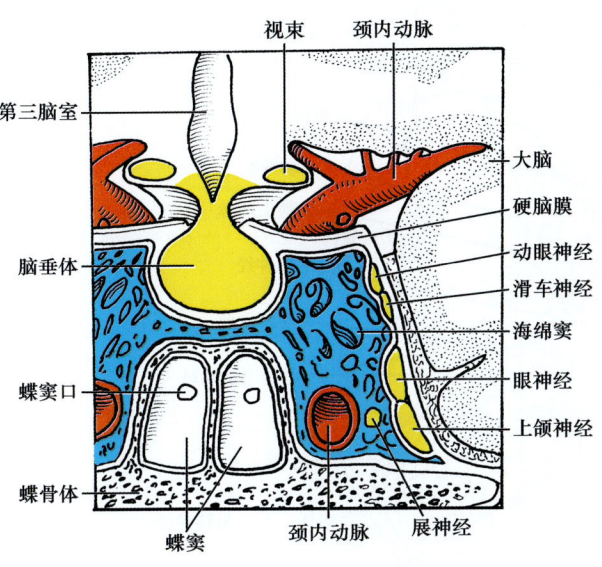

图17-3 海绵窦

海绵窦与周围的静脉有广泛的联系和交通：前有眼静脉汇入，两侧接受大脑中静脉，后借岩上窦、岩下窦注入横窦、乙状窦或颈内静脉，并与斜坡上的基底静脉丛相通。海绵窦向前借眼静脉与面静脉交通，向下经卵圆孔与翼静脉丛相通，故面部感染可蔓延至海绵窦，引起海绵窦炎和血栓的形成，累及经过海绵窦的神经，出现相应的症状。

(8) **岩上窦** superior petrosal sinus 和 **岩下窦** inferior petrosal sinus：分别位于颞骨岩部的上缘和后缘处，将海绵窦的血液分别引流至横窦和颈内静脉。

硬脑膜窦的血液流向归纳（图17-4）：

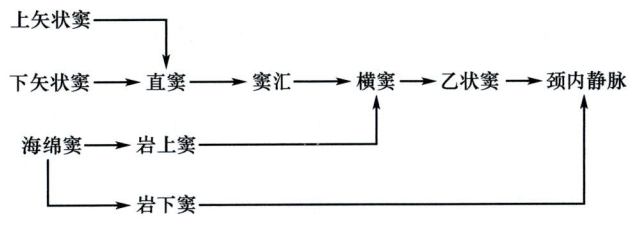

图17-4 硬脑膜窦的血流流向

(二) 脑蛛网膜

脑蛛网膜 cerebral arachnoid mater 为半透明的薄膜，贴于硬脊膜内面，无血管和神经分布，除在大脑纵裂和大脑横裂处以外，均跨越脑的沟裂。脑蛛网膜与硬脑膜之间有潜在的硬膜下隙，易分离；与软脑膜之间有许多结缔组织小梁相连，其间为**蛛网膜下隙** subarachnoid space，向下与脊髓蛛网膜下隙相通，内充满脑脊液。蛛网膜下隙在某些部位较宽阔，称**蛛网膜下池**。在颅腔内，较重要的有**小脑延髓池** cerebellomedullary cistern，位于小脑和延髓之间，临床上可在此进行蛛网膜下隙穿刺。此外，在视交叉前方有交叉池，两大脑脚之间有脚间池，中脑周围有环池，脑桥腹侧有桥池，胼胝体压部与小脑上面之间有大脑大静脉池（亦称上池）。脑蛛网膜在硬脑膜窦处，特别是上矢状窦两侧形成许多绒毛状突起，突入硬脑膜窦内，称**蛛网膜粒** arachnoid granulations。脑脊液主通过蛛网膜粒渗入硬脑膜窦内，回流入静脉（图17-5）。

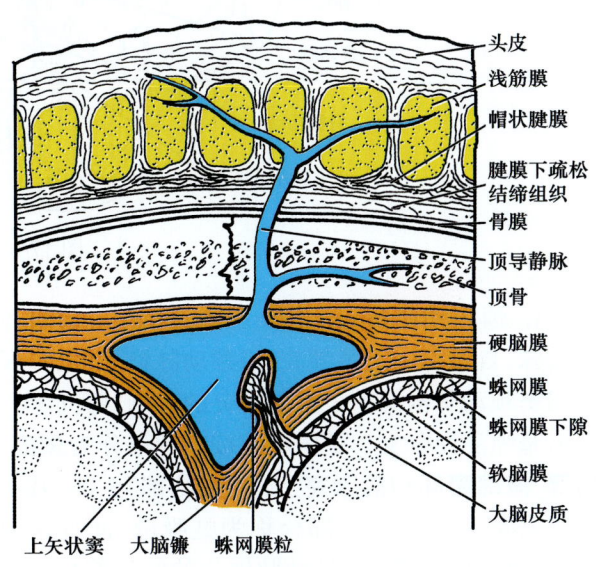

图17-5 蛛网膜粒与硬脑膜

（三）软脑膜

软脑膜 cerebral pia mater 薄而富有血管，紧贴于脑的表面并深入其沟裂中。在脑室的一定部位，软脑膜及其血管与该部位脑室壁的室管膜上皮共同构成**脉络组织**。脉络组织中的血管在有些部位反复分支成丛，连同其表面的软脑膜和室管膜上皮突入脑室，形成**脉络丛**，脉络丛是产生脑脊液的主要结构。

第二节 脑和脊髓的血管

中枢神经（尤其是脑）是体内代谢最旺盛的器官，因此血液供应十分丰富，在安静状态下，占体重仅2%的脑，需全身供血量的20%左右。脑血流量减少或中断可导致脑细胞缺氧损伤，造成严重的神经功能障碍。

一、脑的血管

（一）脑的动脉

脑的动脉来自颈内动脉和椎动脉（图17-6）。以顶枕沟为界，大脑半球的前2/3和部分间脑由颈内动脉及其分支供应，大脑半球后1/3及部分间脑、脑干和小脑由椎动脉及其分支供应。故可将脑的动脉归纳为**颈内动脉系**和**椎-基底动脉系**。两者均发出皮质支和中央支，前者营养大脑皮质及其深面的髓质，后者供应基底核、内囊及间脑等。

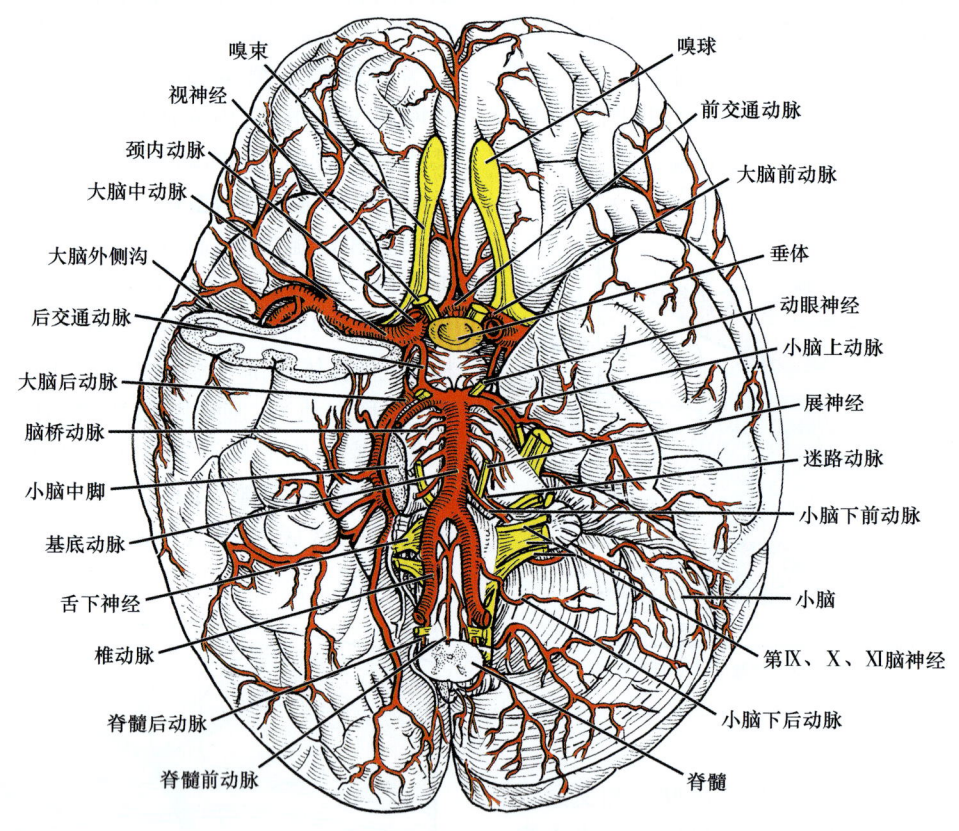

图17-6 脑底的动脉

1. 颈内动脉 internal carotid artery 起自颈总动脉，自颈部向上至颅底，经动脉管入颅，穿经海绵窦颈动脉沟向前上至前床突的内侧，弯向上并穿出海绵窦而分支。颈内动脉按其行程分为**颈部**、**岩部**、**海绵窦部**和**前床突上部**（**大脑部**）4部，其中海绵窦部和前床突上部合称为虹吸部，此部常呈"U"形或"V"形弯曲，是动脉硬化的好发部位。颈内动脉的主要分支有：

（1）**眼动脉** ophthalmic artery：于颈内动脉穿出海绵窦处发出，经视神经管入眶供应视器（详见视器）。

（2）**大脑前动脉** anterior cerebral artery：在视神经上方向前内行，进入大脑纵裂，然后沿胼胝体沟向后行。**皮质支**分布于顶枕沟以前的半球内侧面和额叶底面的一部分以及额、顶两叶上外侧面的上部；**中央支**自大脑前动脉的近侧段发出，经前穿质进入脑实质，供应尾状核、豆状核前部和内囊前肢（图17-7）。两侧大脑前动脉在视神经前上方借**前交通动脉**anterior communicating artery 相连。

（3）**大脑中动脉**middle cerebral artery：为颈内动脉的直接延续，向外行进入外侧沟内，沿途发出数支皮质支，营养大脑半球背外侧面的大部分和岛叶，其中包括躯体运动、躯体感觉和语言中枢。若该动脉发生阻塞，将出现严重的机能障碍。大脑中动脉途经前穿质时，发出一些细小的**中央支**，又称**豆纹动脉**，垂直向上穿入脑实质，供应尾状核、豆状核、内囊膝和后肢的前上部。豆纹动脉行程呈"S"形弯曲，在高血压动脉硬化时易破裂（故又名**出血动脉**）而导致脑出血（中风），出现严重功能障碍（图 17-8，图 17-9）。

（4）**脉络丛前动脉**anterior choroidal artery：沿视束下面向后外行，经大脑脚与海马回钩之间向后进入侧脑室下角，参与侧脑室脉络丛的形成。沿途发出分支供应外侧膝状体、内囊后肢后下部、纹状体、杏仁体、海马及下丘脑等结构。此动脉细长，易被血栓阻塞。

（5）**后交通动脉**posterior communicating artery：在视束下面向后走行，与大脑后动脉吻合，是颈内动脉系与椎-基底动脉系的吻合支。

2. 椎动脉vertebral artery　起自锁骨下动脉，穿第 6 至第 1 颈椎横突孔，经枕骨大孔入颅，沿延髓腹侧向内上走行，在延髓与脑桥交界处，左、右椎动脉汇合成一条**基底动脉**basilar artery，基底动脉沿脑桥基底沟上行，至脑桥上缘分为左、右大脑后动脉两大终支。

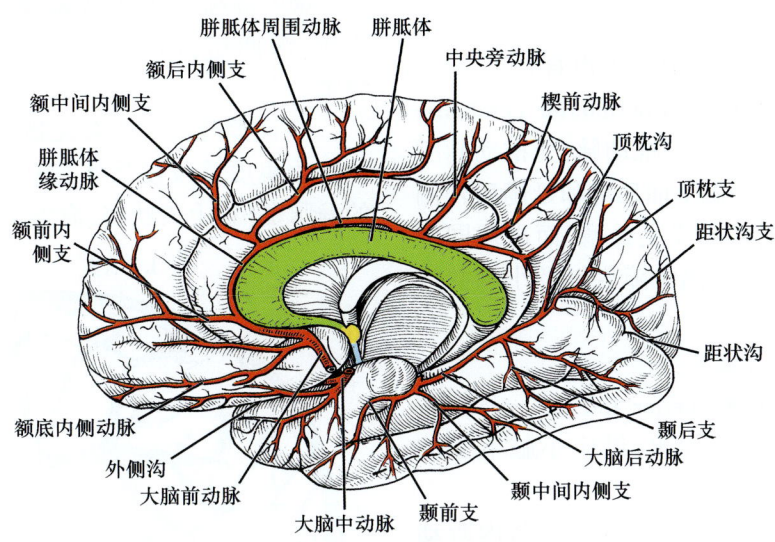

图 17-7　大脑半球的动脉（内侧面）

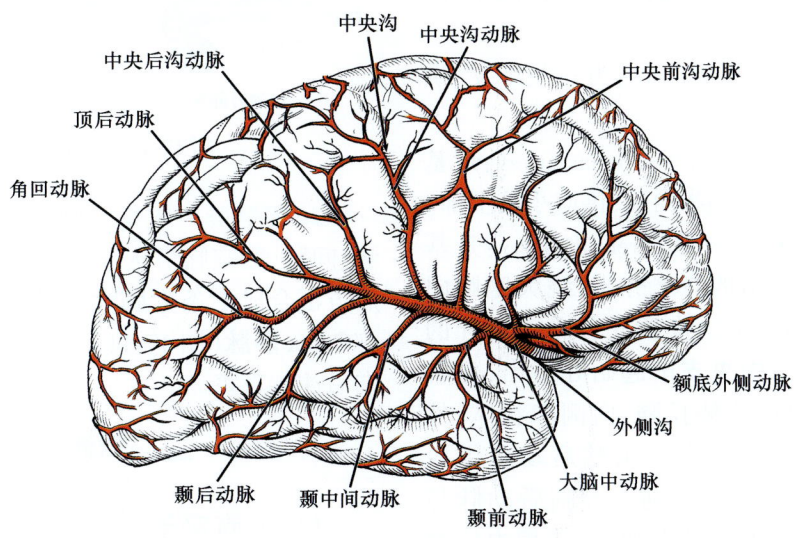

图 17-8　大脑半球的动脉（上外侧面）

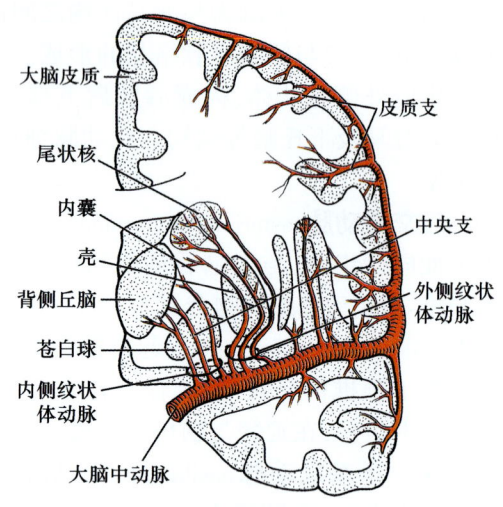

图 17-9 大脑中动脉的皮质支和中央支

椎动脉颅内段的主要分支有：

(1) **脊髓前、后动脉**(见脊髓的血管)。

(2) **小脑下后动脉** posterior inferior cerebellar artery：约平橄榄下端附近起自椎动脉，为椎动脉颅内段最大的分支，供应小脑下面后部和延髓后外侧部。该动脉行程弯曲，较易发生栓塞，而出现同侧头面部和对侧躯干肢体痛温觉障碍以及小脑共济失调等(图 17-6)。

基底动脉的主要分支有：

(1) **小脑下前动脉** anterior inferior cerebellar artery：自基底动脉起始段发出，供应小脑下面的前部。

(2) **迷路动脉** labyrinthine artery：又名**内听动脉**，细长，伴面神经和前庭蜗神经入内耳门，供应内耳，但该动脉大多起于小脑下前动脉(约占 80% 以上)。

(3) **脑桥动脉** pontine arteries：为一些细支，供应脑桥基底部。

(4) **小脑上动脉** superior cerebellar artery：近基底动脉的末段发出，绕大脑脚向后，供应小脑上部。

(5) **大脑后动脉** posterior cerebral artery：是基底动脉至脑桥上缘发出的终末分支，绕大脑脚向后，至颞叶和枕叶内侧面。**皮质支**分布于颞叶的内侧面、底面和枕叶；**中央支**由起始处发出，经脚间窝穿入脑实质，供应背侧丘脑、内侧膝状体、外侧膝状体、下丘脑、底丘脑等。大脑后动脉借后交通动脉与颈内动脉末端交通。大脑后动脉与小脑上动脉根部之间夹有动眼神经，当颅内压增高时，颞叶海马回钩移至小脑幕切迹下方，使大脑后动脉移位，压迫、牵拉动眼神经，可导致动眼神经麻痹(图 17-6，图 17-7)。

3. **大脑动脉环** cerebral arterial circle 又称 **Willis 环**，由两侧颈内动脉末端、两侧大脑前、后动脉起始段和前、后交通动脉吻合而成，位于脑底下方，蝶鞍上方，环绕视交叉、灰结节及乳头体周围(图 17-6)。此环使两侧颈内动脉系与椎-基底动脉系互相交通。当构成此环的某一动脉血流减少或被阻断时，可在一定程度上通过大脑动脉环使血液重新分配和代偿，以维持脑的血液供应。据统计国人约有 48% 的大脑动脉环发育不全或异常，不正常的动脉环易发生动脉瘤，前交通动脉和大脑前动脉的连接处为动脉瘤的好发部位。

(二) 脑的静脉

脑的静脉管壁薄，无瓣膜，不与动脉伴行，可分为浅、深两组，两组之间相互吻合，均注入硬脑膜窦。

1. **浅静脉** 主要有**大脑上、中、下静脉**(图 17-10)，收集皮质及皮质下髓质的静脉血，注入邻近的静脉窦(如上矢状窦、海绵窦、岩上窦、横窦等)。

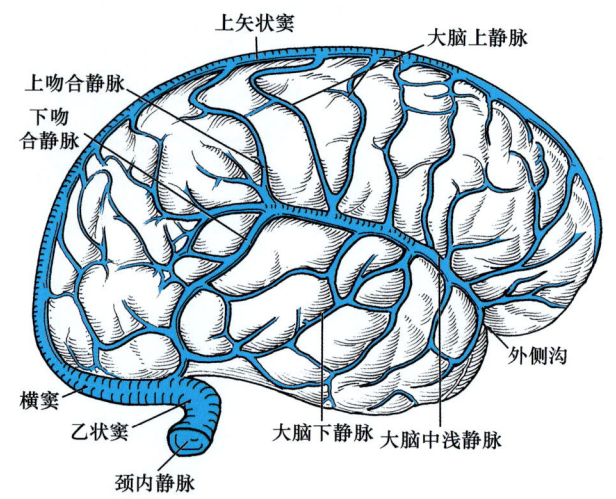

图 17-10 大脑半球浅静脉

2. **深静脉** 收集大脑深部的髓质、基底核、内囊、间脑、脑室脉络丛等处的静脉血，最后于松果体后方汇合成 1 条**大脑大静脉** great cerebral vein，又称 **Galen 静脉**(图 17-11)。经胼胝体压部的后下方向后注入直窦。

二、脊髓的血管

(一) 脊髓的动脉

脊髓的动脉有两个来源：①来自椎动脉发出的**脊髓前动脉** anterior spinal artery 和**脊髓后动脉**

第十七章 脑和脊髓的被膜、血管及脑脊液循环

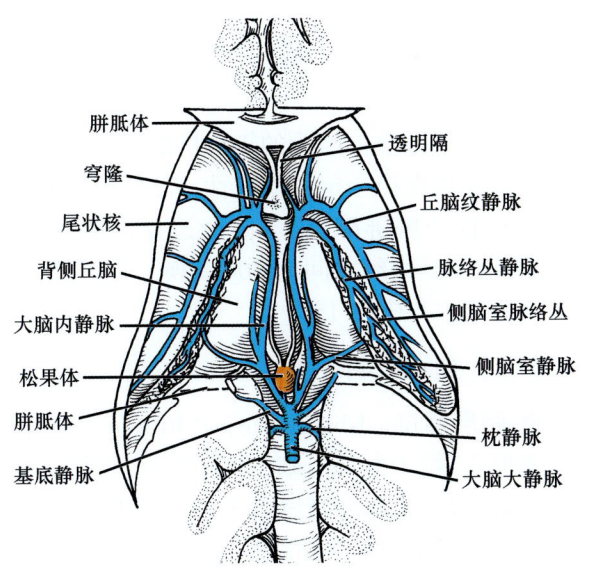

图17-11 大脑大静脉及其属支

posterior spinal artery；②来自**节段性动脉**，如颈升动脉、颈深动脉、肋间后动脉、腰动脉、骶外侧动脉等发出的脊髓支，伴脊神经进入椎管与脊髓前、后动脉吻合，以保障脊髓足够的血液供应（图17-12）。

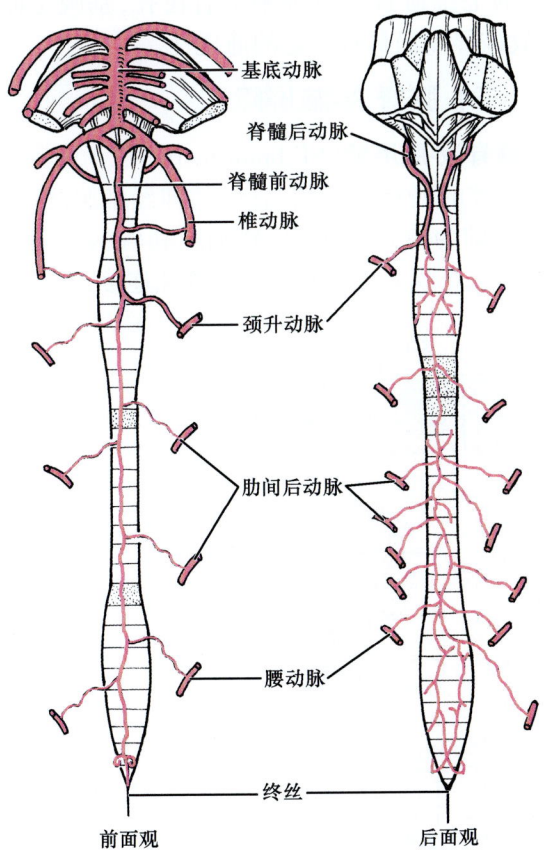

图17-12 脊髓的动脉

1. **脊髓前动脉** 自椎动脉发出后，左右脊髓前动脉在延髓腹侧汇成一干，沿前正中裂下行至脊髓末端。脊髓前动脉行至第5颈椎下方开始接受节段性动脉的补充。

2. **脊髓后动脉** 自椎动脉发出后，绕延髓外侧至脊髓后面，沿脊神经后根内侧平行下降至脊髓末端。一般在第5颈节的下方开始接受节段性动脉的补充。

脊髓前、后动脉之间借横行的吻合支互相交通，形成**动脉冠**，由动脉冠再分支进入脊髓内部（图17-13）。脊髓前动脉的分支主要分布于脊髓前角、侧角、灰质连合、后角基部、前索和侧索。脊髓后动脉的分支则分布于脊髓后角的其余部分和后索。

由于脊髓动脉的来源不同，有些节段（如脊髓的第1~4胸节、第1腰节的腹侧面等处），两个来源动脉的吻合薄弱，血液供应不够充分，脊髓容易受到缺血性损害，故称"**危险区**"。

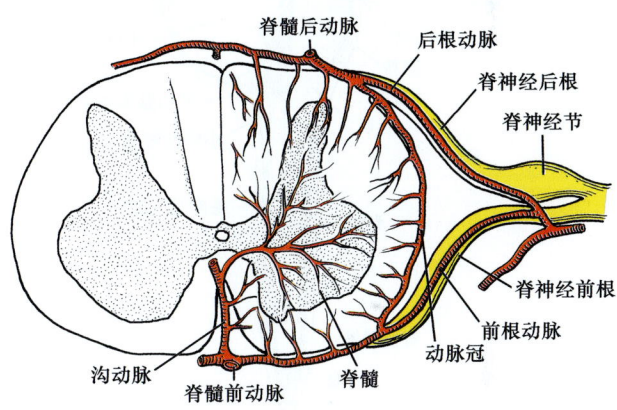

图17-13 脊髓内部的动脉分布

（二）脊髓的静脉

脊髓的静脉较动脉多而粗，收集脊髓内的小静脉，最后汇合成**脊髓前、后静脉**，通过**前、后根静脉**注入硬膜外隙的椎内静脉丛。

第三节 脑脊液及其循环

脑脊液cerebro spinal fluid（CSF）是充满脑室系统、脊髓中央管和蛛网膜下隙内的无色透明液体，内含无机离子、葡萄糖、微量蛋白和少量淋巴细胞。其功能相当于外周组织中的淋巴，对中枢神经起缓冲、保护、营养、运输代谢产物以及维持正常颅内压的作用。成人脑脊液总量约150ml，处于不断产生、

循环和回流的平衡状态。

脑脊液主要由侧脑室脉络丛产生,经室间孔流至第三脑室,汇同第三脑室脉络丛产生的脑脊液,经中脑水管流入第四脑室,再汇同第四脑室脉络丛产生的脑脊液,经第四脑室正中孔和外侧孔流入蛛网膜下隙,最后在大脑半球上外侧面经蛛网膜粒渗透到硬脑膜窦(主要是上矢状窦)内,回流入静脉(图17-14)。如在脑脊液循环途径中发生阻塞,可导致脑积水和颅内压升高,使脑组织受压移位,甚至形成脑疝而危及生命。

第四节 脑 屏 障

中枢神经系统神经元的正常机能活动,需要其周围的微环境保持一定的稳定性,而维持这种稳定性的结构称为**脑屏障**,脑屏障能选择性地允许血液、脑脊液及脑组织之间的物质交换。脑屏障由以下3部分组成(图17-15)。

(一)血-脑屏障

血-脑屏障 blood-brain barrier(BBB)是脑屏障的主要形式,位于血液与脑、脊髓的神经细胞之间,其结构基础是:①脑和脊髓内毛细血管内皮细胞无窗孔,内皮细胞之间为紧密连接;②完整且连续的毛细血管基膜;③由星形胶质细胞终足围绕毛细血管基膜外形成的胶质膜。

(二)血-脑脊液屏障

血-脑脊液屏障 blood-CSF barrier 位于脑室脉络丛的血液与脑脊液之间,其结构基础主要是脉络丛上皮细胞之间的闭锁小带(属紧密连接)。但脉络丛的毛细血管内皮细胞上有窗孔,基膜是断续的,故该屏障仍具有一定的通透性。

(三)脑脊液-脑屏障

脑脊液-脑屏障 CSF-brain barrier 位于脑室和蛛网膜下隙的脑脊液与脑、脊髓的神经细胞之间,其结构基础为室管膜上皮、软脑膜和软脑膜下胶质膜。但室管膜上皮之间主要为缝隙连接,不能有效

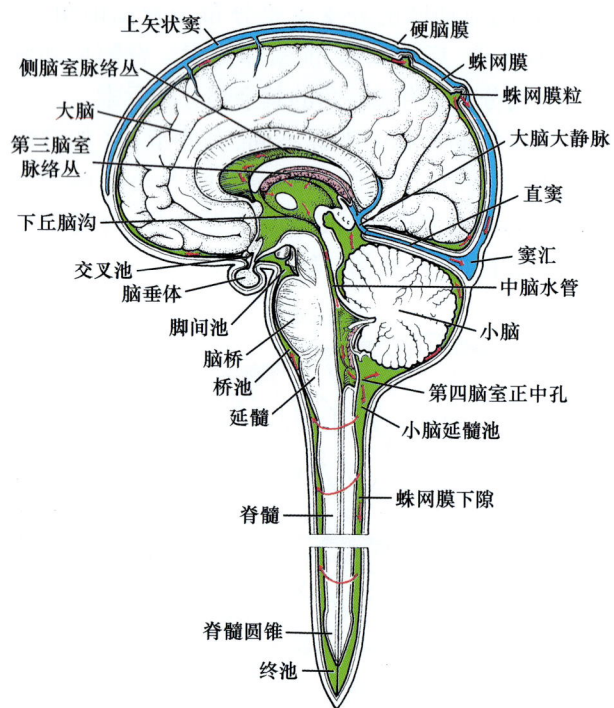

图17-14 脑脊液循环模式图

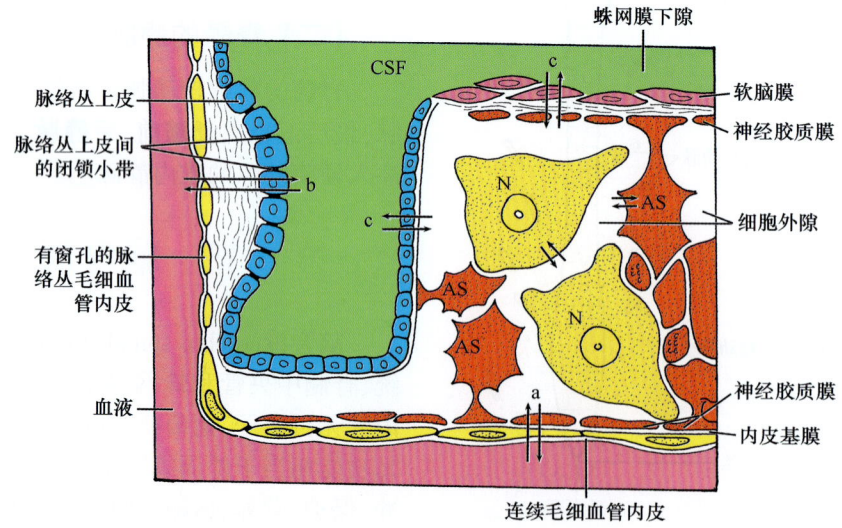

图17-15 脑屏障的结构和位置关系模式图

地限制大分子通过，软脑膜的屏障作用也很低。因此，脑脊液的化学成分与脑组织细胞外液的成分大致相同。

在正常情况下，脑屏障能使脑和脊髓免受内、外环境各种物理和化学因素的影响，而维持相对稳定的状态。若脑屏障受到损害（如外伤、炎症或血管疾病）时，脑屏障的通透性发生改变，使脑或脊髓神经细胞直接受到各种致病因素的刺激，导致脑水肿、脑出血、免疫异常等严重后果。然而，无论从结构上或功能上看脑屏障都只是相对的，这不仅因为脑的某些部位缺乏血脑屏障（如松果体，神经垂体、正中隆起等），而且由于在脑屏障的3个组成部分中，脑脊液-脑屏障最不完善，使脑脊液和脑内神经元的细胞外液能互相交通。

【相关进展】

近年研究表明在中枢神经系统内存在着**接触脑脊液的神经元系统**，这种神经细胞的胞体位于脑室腔内、室管膜内或脑实质中，借胞体、树突或轴突直接与脑脊液接触（即触液神经元），它能接受脑脊液的理化因素的刺激和释放神经活性物质（如肽类、胺类和氨基酸类物质）至脑脊液中，执行感觉、分泌和调整的功能。因此，在脑脊液和脑组织之间存在着交流信息的**神经-体液回路**。

在中枢神经系统内，除在松果体，神经垂体，正中隆起部位缺乏血-脑屏障外，穹隆下器（在穹隆柱后方）、连合下器（在后连合下方），终板血管器（在终极处）和最后区（在延髓）等部位也发现缺乏血-脑屏障。在上述部位的毛细血管内皮细胞有窗孔，内皮细胞之间为缝隙连接，使蛋白质和大分子可以自由通过。

【复习思考题】

1. 脑和脊髓的3层被膜及其形成的结构各有哪些？
2. 穿经海绵窦的结构有哪些？海绵窦的交通如何？
3. 简述脑的动脉来源及大脑动脉环的位置与构成。
4. 简述脑脊液的产生和循环途径。

（彭田红）

第六篇　内分泌系统

第十八章　内分泌系统

【引子】
患者,女性,28岁。自述一年来多汗、怕热、易烦躁、失眠、心跳快,体重明显减少,乏力,辅助检查发现甲状腺肿大,血清甲状腺素 TT_4、TT_3、FT_4、FT_3 等增高。试分析上述症状及原因。

【学习目标】
1. 掌握内分泌系的概念和组成。
2. 掌握甲状腺、甲状旁腺、肾上腺、垂体、松果体、胰岛和性腺的形态结构和位置。
3. 了解内分泌腺的功能。

内分泌系统 endocrine system 是神经系统以外的另一重要的调节系统,由全身不同部位和不同构造的内分泌腺和内分泌组织组成,其机能是对机体的生长发育、新陈代谢和生殖活动等进行体液调节。**内分泌腺** endocrine gland 与一般腺体在结构上最显著的不同是没有排泄管,故又称**无管腺**。其分泌的物质称**激素** hormone,直接进入血液或淋巴,随血液循环被运送至全身,作用于特定的靶器官。内分泌组织以细胞团为单位分散存在于某些器官内,如呼吸道、胰岛、睾丸间质细胞、卵巢内的卵泡和黄体等。内分泌腺的体积和重量较小,最大的甲状腺不过几十克。此外,内分泌腺有丰富的血液供应和自主神经分布;其结构和功能活动有显著的年龄变化。

内分泌系统与神经系统关系密切。神经系统的某些部分(如下丘脑)同时具有内分泌功能。而内分泌系统的功能紊乱,可导致神经系统功能失调,例如影响机体的行为、情绪、记忆和睡眠等。但是内分泌系统的活动仍然是在中枢神经系统的调控下进行的,这就是所谓的神经体液调节。

人体的内分泌腺和内分泌组织有甲状腺、甲状旁腺、肾上腺、垂体、松果体、胸腺、胰内的胰岛和生殖腺及消化道和呼吸道内的内分泌组织。本章仅对一些重要内分泌腺的位置和形态进行简要描述(图 18-1)。

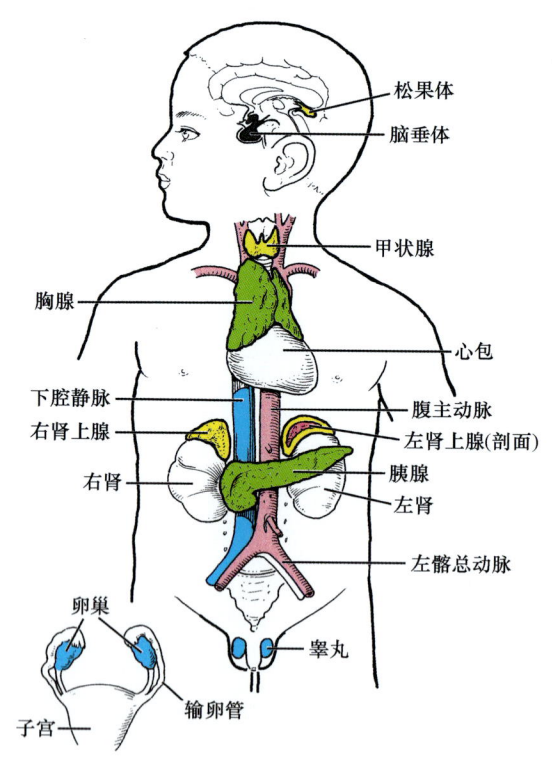

图 18-1　内分泌概况

一、甲　状　腺

甲状腺 thyroid gland(图 18-2,图 18-3)形如"H",分左、右两个侧叶,中间以峡部相连。**侧叶**位于喉下部和气管上部的侧面,上达甲状软骨中部,下至第 6 气管软骨环。**峡部**多位于第 2~4 气管软骨环的前方。约 50% 自峡部向上伸出一个**锥状叶**,长者可上达舌骨。甲状腺外有纤维囊包裹,此囊伸入腺实质,将腺体分为大小不等的小叶。囊外还有颈深筋膜形成的甲状腺鞘包绕,且甲状腺侧叶与环状软骨之间常有韧带相连,故吞咽时,甲状腺可随喉向上、下移动。

甲状腺分泌的激素称**甲状腺素**,调节机体的基础代谢并影响机体的生长发育。甲状腺分泌过剩时,可引起突眼性甲状腺肿,患者常有心跳加速、神经过敏、体重减轻及眼球突出等症状。分泌不足时,成人患黏液性水肿,皮肤变厚、毛发脱落,并有性功能减退等现象;小儿则患呆小症,身体异常矮小,智力低下。

二、甲状旁腺

甲状旁腺 parathyroid gland(图 18-3)是两对黄豆大小的扁椭圆形小体,呈棕黄色。腺体大小有个体和年龄差异,小儿时期体积较大。甲状旁腺位于甲状腺侧叶的后面,通常有上、下两对。上一对多在甲状腺侧叶后缘上、中 1/3 交界处;下一对常位于甲状腺下动脉进入腺体的附近。甲状旁腺也可能埋于甲状腺组织内,而使手术时寻找困难。

甲状旁腺分泌的激素调节体内钙磷的代谢,维持血钙平衡。

三、肾上腺

肾上腺 suprarenal gland(图 18-1)是人体重要的内分泌腺之一,位于腹膜后面,肾的上内方,与肾共同包被在肾筋膜内。肾上腺左、右各一;左侧近似半月形,右侧呈三角形。腺的前面有不显著的门是血管、神经出入处。肾上腺的实质可分为皮质和髓质两部分。**皮质**在外呈浅黄色,由中胚层演化而成;**髓质**在内呈棕色,由外胚层演化而来。

肾上腺皮质可分泌多种激素,根据其作用分为 3 类:①调节体内水盐代谢的盐皮质激素;②调节糖类代谢的糖皮质激素;③影响性行为及副性征的性激素。

四、垂 体

垂体 hypophysis(图 18-4)是人体内最复杂的内分泌腺,位于颅中窝、蝶鞍垂体窝内,借漏斗连于下丘脑,外包以坚韧的硬脑膜。垂体分**腺垂体**和**神经垂体**两大部。通常所称的垂体前叶,以远侧部为主,分泌的激素可分 4 类:①生长激素:主要促进骨

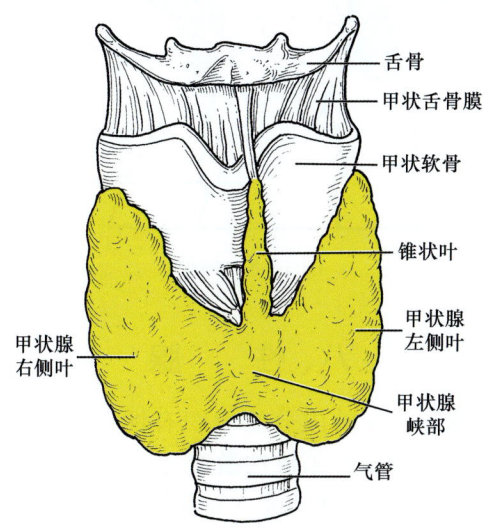

图 18-2 甲状腺(前面观)

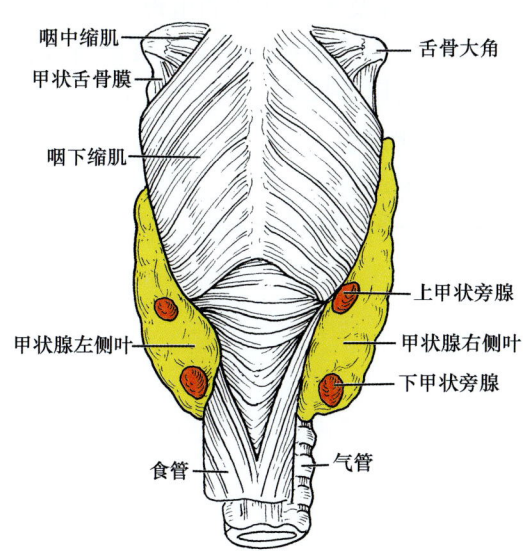

图 18-3 甲状旁腺和甲状腺(后面观)

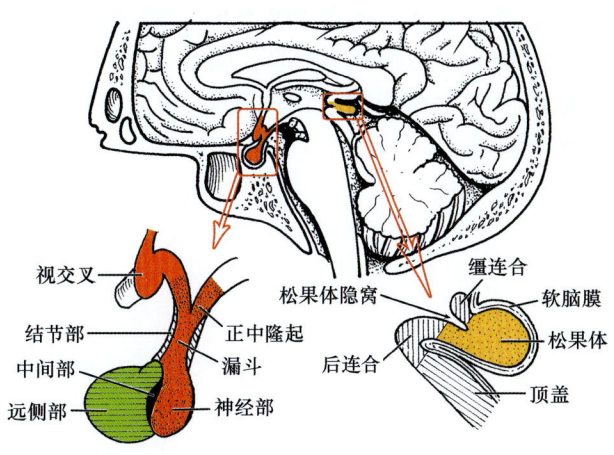

图 18-4 垂体和松果体

和软组织的生长。该类激素如分泌过多,)则形成巨人症(骨骼发育成熟前)和肢端肥大症(骨骼发育成熟后)。如幼年时分泌不足可引起侏儒症。②催乳素:使已发育而具备泌乳条件的乳腺(分娩后)分泌乳汁。③黑色细胞刺激素:使皮肤黑色素细胞合成黑色素。④促激素:包括促肾上腺皮质激素、促甲状腺激素和促性腺激素等各种促进其他内分泌腺分泌活动的激素。

垂体后叶以**神经部**为主,其释放的抗利尿激素和催产素是分别由下丘脑的视上核和室旁核分泌,并储存于神经部,需要时再从后叶释放入血液。抗利尿激素可使血压上升,尿量减少,催产素能使子宫平滑肌收缩。

五、松　果　体

松果体 pineal body(图 18-1,图 18-4)为一灰红色椭圆形小体,形似松果,位于上丘脑的后上方,以柄附于第三脑室顶的后部。松果体在儿童期比较发达,一般在 7 岁后开始退化。成年后松果体部分钙化形成钙斑,可在 X 线片上见到。临床上可根据其位置的改变,作为颅内病变诊断的参考。

松果体可以合成和分泌褪黑激素等多种活性物质。参与调节机体的代谢活动、性腺的发育和月经周期的节律等。松果体病变引起功能不全时,可出现性早熟或生殖器官过度发育。松果体的内分泌活动与环境的光照有密切关系,呈明显的昼夜周期变化。

六、胰　　岛

胰岛 pancreatic islets(langerhans)是胰的内分泌部分,为许多大小不等和形状不定的细胞团,散在于胰的各处,以胰尾为最多。胰岛分泌的激素称**胰岛素**,可控制糖类的代谢;如胰岛素分泌不足则出现糖尿病。

七、胸　　腺

胸腺 thymus(图 18-5)作为淋巴器官已在淋巴系统中描述。胸腺的功能较为复杂,除可产生参与机体细胞免疫反应的 T 淋巴细胞外,还具有内分泌功能,可分泌**胸腺素**和**促胸腺生长素**,参与机体的免疫反应。

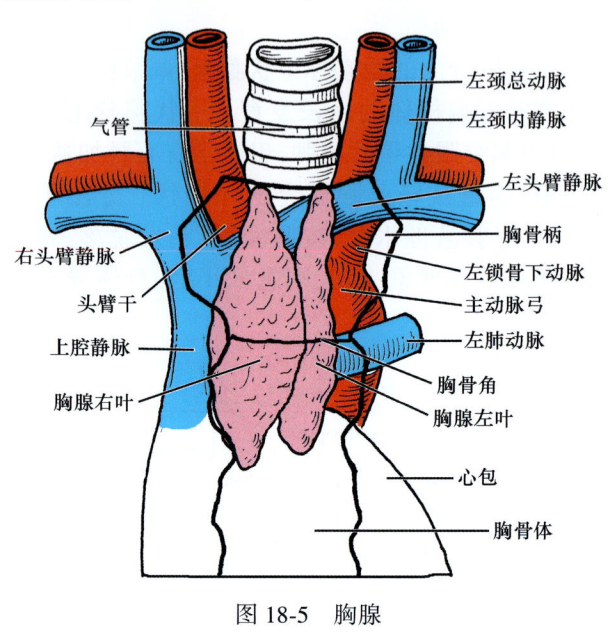

图 18-5　胸腺

八、性　　腺

性腺 gonads 的内分泌组织有性别差异。男性睾丸的间质细胞分泌**雄性激素**,促进男性第二性征的出现,维持正常性功能。女性卵巢内的卵泡细胞和黄体分泌**雌激素**和**孕激素**,雌激素可刺激子宫、阴道和乳腺发育及第二性征的出现。孕激素能使子宫内膜增厚,为受精卵的植入作好准备,同时使乳腺逐渐发育,以备授乳。

【复习思考题】
1. 何谓内分泌腺?
2. 体内有哪些主要的内分泌腺?

(赵志军)

索　引

A

鞍膈 diaphragma sellae　256

B

白膜 tunica albuginea　106
白线 linea alba　58
白质 white matter　190
板障静脉 diploic vein　150
半腱肌 semitendinosus　65
半膜肌 semimembranosus　65
半奇静脉 hemiazygos vein　153
膀胱 urinary bladder　103
膀胱三角 trigone of bladder　103
背侧丘脑 dorsal thalamus　208
背阔肌 latissimus dorsi　54
贲门 cardia　75
贲门切迹 cardiac incisure　75
鼻 nose　1
鼻唇沟 nasolabial sulcus　71,86
鼻骨 nasal bone　15
鼻后孔 choanae　86
鼻孔 nostril　86
鼻泪管 nasolacrimal duct　18,175
鼻旁窦 paranasal sinuses　18,87
鼻中隔 nasal septum　86
闭孔 obturator foramen　23
壁胸膜 parietal pleura　93
臂丛 brachial plexus　219
臂内侧皮神经 medial brachial cutaneous nerve　223
边缘系统 limbic system　216
扁骨 flat bone　4
杓横肌 transverse arytenoid　89
杓会厌肌 aryepiglottic muscle　89
杓斜肌 oblique arytenoid　89
髌骨 patella　24
髌韧带 patellar ligament　41
玻璃体 vitreous body　174
薄束 fasciculus gracilis　195
不规则骨 irregular bone　5

C

苍白球 globus pallidus　214
侧脑室 lateral ventricle　213
长骨 long bone　4
长收肌 adductor longus　64
肠系膜 mesentery　121
肠系膜上（下）动脉 superior (inferior) mesenteric artery　144
尺侧腕屈肌 flexor ca pi ulnaris　60
尺侧腕伸肌 extensor carpi ulnari　61
尺骨 ulna　21

尺骨粗隆 ulnar tuberosity　21
尺骨茎突 styloid process　21
尺神经 ulnar nerve　222
齿状线 dentate line　80
耻骨 pubis　23
耻骨肌 pectineus　64
耻骨结节 pubic tubercle　23
耻骨联合 pubic symphysis　38
耻骨联合面 sumphysial surface　23
耻骨梳 pecten pubis　23
垂体 hypophysis　265
垂体窝 hypophysial fossa　16
锤骨 malleus　181

D

大肠 large intestine　78
大多角骨 trapezium bone　21
大脑 cerebrum　210
大脑动脉环 cerebral arterial circle　260
大脑后动脉 posterior cerebral artery　260
大脑脚 pedunculus cerebri　198
大脑镰 cerebral falx　256
大脑皮质 cerebral cortex　212
大脑前动脉 anterior cerebral artery　258
大脑髓质 cerebral medulla　213
大网膜 greater omentum　120
大阴唇 greater lips of pudendum　114
大隐静脉 great saphenous vein　154
大圆肌 teres major　59
大转子 greater trochanter　24
胆囊 gallbladder　83
胆总管 common bile duct　83
弹性圆锥 conus elasticus　88
岛叶 insula　210
镫骨 stapes　181
底丘脑 subthalamus　208
骶丛 sacral plexus　225
骶副交感核 sacral parasympathetic nucleus　195
骶骨 sacrum, sacral bone　9
骶管裂孔 sacral hiatus　9
骶角 sacral cornu　9
骶淋巴结 sacral lymph node　166
骶髂关节 sacroiliac joint　38
骶神经 sacral nerves　1
第三脑室 the third ventricle　209
第四脑室 fourth ventricle　199
第四脑室脉络丛 choroid plexus of fourth ventricle　199
蝶窦 sphenoidal sinus　18,87
蝶骨 sphenoid bone　12
蝶筛隐窝 sphenoethmoidal recess　86

顶叶 parietal lobe　210
顶枕沟 parieto-occipital sulcus　210
动脉圆锥 conus arteriosus　128
动眼神经 oculomotor nerve　229
豆状核 lentiform nucleus　214
窦房结 sinuatrial node　131
窦汇 confluence of sinuses　257
端脑 telencephalon　209
短骨 short bone　4
短收肌 adductor brevis　65

E

额窦 frontal sinus　18,87
额突 frontal process　14
额叶 frontal lobe　210
腭 palate　71
腭垂（悬雍垂）uvula　71
腭骨 palatine bone　14
腭舌弓 palatoglossal arch　71
腭突 palatine process　14
腭咽弓 palatopharyngeal arch　71
耳大神经 great auricular nerve　219
耳廓 auricle　179
耳颞神经 auriculotemporal nerve　230
耳神经节 otic ganglion　232
耳蜗 cochlea　183
二尖瓣 mitral valve　129

F

方形膜 quadrangular membrane　88
房间隔 interatrial septum　130
房室交点 crux　127
房室结 atrioventricular node　131
房室束 atrioventricular bundle　132
房水 aqueous humor　173
腓侧副韧带 fibular collateral ligament　41
腓肠肌 gastrocnemius　66
腓动脉 peroneal artery　148
腓骨 fibula　25
腓浅神经 superficial peroneal nerve　226
腓深神经 deep peroneal nerve　226
腓总神经 common peroneal nerve　226
肺 lung　91
肺丛 pulmonary branches　239
肺动脉瓣 pulmonary valve　128
缝匠肌 sartorius　64
跗骨 tarsal bones　25
附半奇静脉 accessory hemiazygos vein　153
附脐静脉 paraumbilical veins　156
副脾 accessory spleen　162

267

副神经 accessory nerve　　233
腹股沟管 inguinal canal　　58
腹股沟管浅（皮下）环 superficial inguinal ring　　57
腹股沟管深（腹）环 deep inguinal ring　　58
腹股沟镰 inguinal falx　　57
腹股沟韧带 inguinal ligament　　57
腹横肌 transversus abdominis　　57
腹膜 peritoneum　　119
腹内斜肌 obliquus internus abdominis　　57
腹腔丛 celiac plexus　　239
腹腔干 coeliac trunk　　143
腹腔淋巴结 celiac lymph node　　167
腹外斜肌 obliquus externus abdominis　　57
腹下丛 hypogastric plexus　　240
腹直肌 rectus abdominis　　58
腹直肌鞘 sheath of rectus abdominis　　58
腹主动脉 abdominal aorta　　142

G

肝 liver　　80
肝蒂 hepatic pedicle　　81
肝固有动脉 proper hepatic artery　　144
肝裸区 bare area　　81
肝门 porta hepatis　　81
肝门静脉 hepatic portal vein　　156
肝胰壶腹 hepatopancreatic ampulla　　83
肝圆韧带 ligament teres hepatis　　81
肝总动脉 common hepatic artery　　144
肝总管 common hepatic duct　　83
肝左、右管 left and right hepatic duct　　83
冈上肌 supraspinatus　　59
冈上窝 supraspinous fossa　　20
冈下肌 infraspinatus　　59
冈下窝 infraspinous fossa　　20
肛瓣 anal valves　　80
肛窦 anal sinuses　　80
肛管 anal canal　　80
肛门 anus　　80
肛门内括约肌 sphincter ani internus　　80,116
肛门外括约肌 sphincter ani externus　　80
肛柱 anal columns　　80
睾丸 testis　　105
睾丸动脉 testicular artery　　143
睾丸静脉 testicular vein　　155
隔缘肉柱 septomarginal trabecula　　128
膈 diaphragm　　56
膈神经 phrenic nerve　　219
膈胸膜 diaphragmatic pleura　　94
跟骨 calcaneus　　25
跟腱 tendo calcaneus　　66
弓状线 arcuate line　　23,58
肱动脉 brachial artery　　140
肱二头肌 biceps brachii　　59
肱骨 humerus　　20
肱骨滑车 trochlea of humerus　　21

肱骨头 head of humerus　　20
肱骨小头 capitulum of humerus　　21
肱肌 brachialis　　59
肱桡肌 brachioradialis　　60
肱三头肌 triceps brachii　　59
肱深动脉 deep brachial artery　　140
巩膜 sclera　　171
巩膜静脉窦 sinus venosus sclerae　　171
钩 uncus　　211
钩骨 hamate bone　　21
古（原）小脑 archicerebellum　　206
股薄肌 gracilis　　64
股动脉 femoral artery　　146
股二头肌 biceps femoris　　65
股方肌 quadratus femoris　　64
股骨 femur　　23
股骨颈 neck of femur　　24
股骨头 femoral head　　23
股后皮神经 posterior femoral cutaneous nerve　　225
股静脉 femoral vein　　154
股三角 femoral triangle　　67
股深动脉 deep femoral artery　　147
股四头肌 quadriceps femoris　　64
骨 bone　　4
骨半规管 bony semicircular canals　　183
骨干 diaphysis　　4
骨间背侧肌 dorsal interossei　　62
骨间掌侧肌 palmar interossei　　62
骨迷路 bony labyrinth　　182
骨密质 compact bone　　5
骨膜 periosteum　　6
骨内膜 endosteum　　6
骨盆 pelvis　　39
骨髓 bone marrow　　6
骨小梁 trabeculae　　6
鼓膜 tympanic membrane　　180
鼓室 tympanic cavity　　180
鼓室神经 tympanic nerve　　232
鼓索 chorda tympani　　231
固有鼻腔 nasal cavity proper　　86
固有束 fasciculus proprius　　195
关节 joint (articulation)　　28
关节唇 articular labrum　　29
关节结节 articular tubercle　　13
关节面 articular surface　　28
关节囊 articular capsule　　28
关节盘 articular disc　　29
关节突 articular process　　7
关节盂 glenoid cavity　　20
冠突 coronoid process　　21
冠状窦 coronary sinus　　134
冠状缝 coronal suture　　15
冠状沟 coronary sulcus　　127
贵要静脉 basilic vein　　153
腘动脉 popliteal artery　　147
腘肌 popliteus　　66
腘窝 popliteal fossa　　67
腘斜韧带 oblique popliteal ligament　　41

H

海马 hippocampus　　211
海马旁回 gyrusparahippocampnlis　　211
海绵窦 cavernous sinus　　257
海氏（腹股沟）三角 Hesselbach (inguinal) triangle　　58
含气骨 pneumatic bone　　5
黑质 substantia nigra　　201
横窦 transverse sinus　　257
横结肠 transverse colon　　79
横结肠系膜 transverse mesocolon　　121
横突 transverse process　　7
横突间韧带 intertransverse ligaments　　31
横突孔 transverse foramen　　7
红核 red nucleus　　201
红核脊髓束 rubrospinal tract　　196
虹膜 iris　　172
喉 larynx　　87
喉返神经 recurrent laryngeal nerve　　233
喉结 laryngeal prominence　　88
喉口 aditus laryngis　　89
喉前庭 vestibule of larynx　　90
喉腔 laryngeal cavity　　89
喉咽 laryngopharynx　　75
骺 epiphysis　　4
骺软骨 epiphysial cartilage　　4
后交叉韧带 posterior cruciate ligament　　42
后交通动脉 posterior communicating artery　　259
后角边缘核 posteromarginal nucleus　　194
后角固有核 nucleus proprius　　195
后丘脑 metathalamus　　208
后室间沟 posterior interventricular groove　　127
后室间支 posterior interventricular branch　　133
后斜角肌 scalenus posterior　　53
后正中线 posterior median line　　70
后纵韧带 posterior longitudinal ligament　　30
滑车切迹 trochlear notch　　21
滑车神经 trochlear nerve　　229
滑膜层 synovial layer　　49
滑膜关节 synovial joint　　28
滑膜囊 synovial bursa　　49
踝关节 ankle joint　　43
环杓侧肌 lateral cricoarytenoid muscle　　89
环杓关节 cricoarytenoid joint　　88
环杓后肌 posterior cricoarytenoid muscle　　89
环甲关节 cricothyroid joint　　88
环甲肌 cricothyroid muscle　　89
环状软骨 cricoid cartilage　　88
寰枢关节 atlantoaxial joint　　31
寰枕关节 atlantooccipital joint　　31
寰椎 atlas　　8
黄斑 macula lutea　　173

黄韧带 ligamenta flava　31
灰质 gray matter　190
会厌 epiglottis　88
会厌软骨 epiglottic cartilage　88
会阴浅横肌 superficial transverse muscle of perineum　117
会阴深横肌 deep transverse muscle of perineum　117
会阴神经 perineal nerve　225
会阴中心腱 perineal central tendon　117
喙肱肌 coracobrachialis　59
喙突 coracoid process　20

J

肌 muscle　46
肌腹 muscle belly　46
肌腱 tendon　46
肌皮神经 musculocutaneous nerve　221
基底动脉 basilar artery　259
基底沟 basilar sulcus　198
基底核 basal nuclei　213
棘间韧带 interspinal ligament　31
棘孔 foramen spinosum　16
棘上韧带 supraspinal ligament　31
棘突 spinous process　7
脊神经 spinal nerves　1
脊髓 spinal cord　191
脊髓丘脑束 spinothalamic tract　196
脊髓丘系 spinal lemniscus　201
脊髓圆锥 conus medullaris　191
脊髓蛛网膜 spinal arachnoid mater　255
夹肌 splenius　54
岬 promontory　9
颊 cheek　71
颊肌 buccinator　51
颊支 buccal branches　231
甲杓肌 thyroarytenoid muscle　89
甲状旁腺 parathyroid gland　265
甲状软骨 thyroid cartilage　88
甲状舌骨膜 thyrohyoid membrane　88
甲状腺上动脉 superior thyroid artery　139
甲状腺下动脉 inferior thyroid artery　140
尖淋巴结 apical lymph node　164
尖牙 canine teeth　72
间脑 diencephalon　207
肩峰 acromion　20
肩关节 shoulder joint　35
肩胛冈 spine of scapula　20
肩胛骨 scapula　20
肩胛提肌 levator scapulae　54
肩胛下窝 subscapular fossa　20
肩胛线 scapular line　70
睑结膜 palpebral conjunctiva　175
剑突 xiphoid process　10
腱滑膜鞘 synovial sheath of tendon　49
腱划 tendinous intersection　58
腱膜 aponeurosis　46
腱纽 vincula tendinum　49
腱鞘 tendinous sheath　49

腱系膜 mesotendon　49
腱纤维鞘 fibrous sheath of tendon　49
浆膜心包 serous pericardium　135
降结肠 descending colon　79
交通支 communicating branch　218
胶状质 substantia gelatinosa　194
角膜 cornea　171
角切迹 angular incisure　75
脚间窝 interpeduncular fossa　198
结肠 colon　79
结膜 conjunctiva　175
结膜囊 conjunctival sac　175
睫状环 ciliary ring　172
睫状体 ciliary body　172
界沟 sulcus terminalis　127
筋膜 fascia　48
茎乳孔 stylomastoid foramen　13
茎突 styloid process　13
晶状体 lens　174
精囊 seminal vesicle　107
精索 spermatic cord　107
精液 semen　108
颈丛 cervical plexus　219
颈动脉窦 carotid sinus　139
颈动脉管 carotid canal　13
颈静脉角 venous angle　152
颈静脉切迹 jugular foramen　10
颈阔肌 platysma　52
颈内动脉 internal carotid artery　139,258
颈内静脉 internal jugular vein　152
颈膨大 cervical enlargement　191
颈神经 cervical nerves　1
颈髓副神经核 accessory nucleus　233
颈外侧浅淋巴结 superficial lateral cervical lymph node　163
颈外侧深淋巴结 deep lateral cervical lymph node　163
颈外动脉 external carotid artery　139
颈外静脉 external jugular vein　152
颈支 cervical branch　231
颈椎 cervical vertebrae　7
颈总动脉 common carotid artery　139
胫侧副韧带 tibial collateral ligament　41
胫骨 tibia　24
胫骨粗隆 tibial tuberosity　24
胫神经 tibial nerve　225
静脉瓣 venous valve　150
静脉韧带 ligament venosum　81
旧小脑 paleocerebellum　206
咀嚼肌 masticatory muscles　51
距骨 talus　25
距小腿关节 talocrural joint　43
距状沟 calcarine sulcus　211
菌状乳头 fungiform papilla　73

K

颏孔 mental foramen　13
颏下淋巴结 submental lymph node　163
髁间隆起 intercondylar eminence　24
髁间窝 intercondylar fossa　24

空肠 jejunum　78
口轮匝肌 orbicularis oris　51
髋骨 hip bone　22
髋关节 hip joint　40
髋臼 acetabulum　22
眶 orbit　17
眶下孔 infraorbital foramen　18
阔筋膜张肌 tensor fasciae latae　63

L

阑尾 vermiform appendix　78
阑尾动脉 appendicular artery　144
阑尾系膜 mesoappendix　121
肋弓 costal arch　10
肋沟 costal groove　10
肋间后动脉 posterior intercostal artery　141
肋间内肌 intercostales interni　56
肋间神经 intercostal nerves　223
肋间外肌 intercostales externi　56
肋间最内肌 intercostales intimi　56
肋角 costal angle　10
肋软骨 costal cartilage　10
肋胸膜 costal pleura　93
泪点 lacrimal punctum　175
泪骨 lacrimal bone　15
泪囊 lacrimal sac　175
泪腺 lacrimal gland　175
泪小管 lacrimal ductule　175
梨状肌 piriformis　64
梨状隐窝 piriform recess　75
犁骨 vomer　15
连合纤维 commissural fibers　214
联合腱 conjoint tendon　57
联络纤维 association fibers　214
淋巴 lymph　159
淋巴导管 lymphatic duct　161
淋巴干 lymphatic trunk　160
淋巴管 lymphatic vessel　160
淋巴结 lymph node　162
菱形肌 rhomboideus　54
菱形窝 rhomboid fossa　199
隆椎 prominent vertebra　8
颅 skull　11
颅后窝 posterior cranial fossa　16
颅前窝 anterior cranial fossa　15
颅中窝 middle cranial fossa　16
卵巢 ovary　111
卵巢动脉 ovarian artery　143
卵巢固有韧带 proper ligament of ovary　111
卵巢静脉 ovarian vein　155
卵巢门 hilum of ovary　111
卵巢悬韧带 suspensory ligament of ovary　111
卵圆孔 foramen ovale　16
卵圆窝 fossa ovalis　128

M

马尾 cauda equina　192,218
脉络丛前动脉 anterior choroidal artery　259

脉络膜 choroid 172
盲肠 cecum 78
帽状腱膜 galea aponeurotica 50
迷路 labyrinth 182
迷走神经 vagus nerve 232
面动脉 facial artery 139
面静脉 facial vein 151
面神经 facial nerve 230
膜半规管 membranous semicircular ducts 184
膜迷路 membranous labyrinth 183
磨牙 molars 72
拇长屈肌 flexor pollicis longus 60
拇长伸肌 extensor pollicis longus 61
拇长展肌 abductor pollicis longus 61
拇短屈肌 flexor pollicis brevis 61
拇短伸肌 extensor pollicis brevis 61
拇短展肌 abductor pollicis brevis 61
拇对掌肌 opponens pollicis 61
拇收肌 adductor pollicis 62

N

脑干 truncus encephali 197
脑脊液 cerebro spinal fluid 261
脑脊液-脑屏障 CSF-brain barrier 262
脑桥 pons 198
脑桥核 pontine nucleus 201
脑神经 cranial nerves 227
脑蛛网膜 cerebral arachnoid mater 257
内侧半月板 medial meniscus 42
内侧丘系 medial lemniscus 201
内侧膝状体 medial geniculate body 208
内耳 internal ear 182
内囊 internal capsule 214
内上髁 medial epicondyle 21
内直肌 medialis rectus 176
尿道括约肌 sphincter of urethra 117
尿生殖膈 urogenital diaphragm 118
颞骨 temporal bone 12
颞肌 temporalis 51
颞浅动脉 superficial temporal artery 139
颞下颌关节 temporomandibular joint 33
颞下窝 infratemporal fossa 17
颞叶 temporal lobe 210
颞支 temporal branches 231

P

盆丛 pelvic plexus 240
盆膈 pelvic diaphragm 118
皮质 cortex 190
皮质核束 corticonuclear tract 201
皮质脊髓侧束 lateral corticospinal tract 196
皮质脊髓前束 anterior corticospinal tract 196
皮质脊髓束 corticospinal tract 196,251
脾 spleen 162
胼胝体 corpus callosum 214
平衡觉传导通路 equilibrium pathway 250

屏状核 claustrum 214

Q

奇静脉 azygos vein 152
气管 trachea 90
气管隆嵴 carina of trachea 90
髂骨 ilium 23
髂后上棘 posterior superior iliac spine 23
髂嵴 iliac crest 23
髂前上棘 anterior superior iliac spine 23
髂窝 iliac fossa 23
髂腰肌 iliopsoas 63
髂总淋巴结 common iliac lymph node 166
前臂内侧皮神经 medial antebrachial cutaneous nerve 223
前交叉韧带 anterior cruciate ligament 42
前交通动脉 anterior communicating artery 259
前角 anterior horn 193
前锯肌 serratus anterior 56
前列腺 prostate 107
前室间沟 anterior interventricular groove 127
前室间支 anterior interventricular branch 132
前庭 vestibule 182
前庭襞 vestibular fold 90
前庭大腺 greater vestibular gland 114
前庭蜗神经 vestibulocochlear nerve 231
前斜角肌 scalenus anterior 53
前正中线 anterior median line 69
浅筋膜 superficial fascia 48
腔静脉沟 sulcus for vena cava 81
腔静脉孔 vena caval foramen 57
腔隙韧带(陷窝韧带) lacunar ligament 57
穹隆结膜(结膜穹隆) conjunctival fornix 175
球海绵体肌 bulbocavernosus 117
球结膜 bulbar conjunctiva 175
颧骨 zygomatic bone 15
颧突 zygomatic process 13
颧支 zygomatic branches 231

R

桡侧腕长伸肌 extensor carpi radialis longus 61
桡侧腕短伸肌 extensor carpi radialis brevis 61
桡侧腕屈肌 flexor carpi radialis 60
桡骨 radius 21
桡骨粗隆 radial tuberosity 21
桡神经沟 sulcus for radial nerve 20
桡腕关节 radiocarpal joint 37
人字缝 lambdoid suture 15
绒球小结叶 flocculonodular lobe 206
乳房 mamma, breast 115
乳房悬韧带 suspensory ligament of breast 115
乳糜池 cisterna chyli 161
乳突 mastoid process 13

乳突窦 mastoid antrum 182
乳突小房 mastoid cells 182
软腭 soft palate 71
软脊膜 spinal pia mater 255
软脑膜 cerebral pia mater 258

S

腮腺 parotid gland 74
腮腺淋巴结 parotid lymph node 163
三边孔 trilateral foramen 63
三叉丘系 trigeminal lemniscus 201
三叉神经 trigeminal nerve 229
三叉神经节(半月节) trigeminal ganglion 229
三尖瓣 tricuspid valve 128
三角肌 deltoid 59
三角肌粗隆 deltoid tuberosity 20
筛窦 ethmoidal sinus 18
筛窦 ethmoidal sinus 87
筛骨 ethmoid bone 11
上(前)髓帆 superior medullary velum 199
上、下牙槽弓 upper and lower dental arch 71
上鼻道 superior nasal meatus 18
上颌动脉 maxillary artery 139
上颌窦 maxillary sinus 18,87
上颌骨 maxilla 13
上睑提肌 levator palpebrae superioris 176
上腔静脉 superior vena cava 152
上丘脑 epithalamus 208
上矢状窦 superior sagittal sinus 256
上斜肌 superior oblique 176
上牙槽神经 superior alveolar nerves 230
上运动神经元 upper motor neurons 251
上直肌 superior rectus 176
舌 tongue 73
舌动脉 lingual artery 139
舌骨 hyoid bone 13
舌乳头 papillae of tongue 73
舌神经 lingual nerve 230
舌下腺 sublingual gland 74
舌咽神经 glossopharyngeal nerve 232
舌支 lingual branches 232
射精管 ejaculatory 106
深筋膜 deep fascia 49
肾 kidney 98
肾大盏 major renal calices 100
肾蒂 renal pedicle 98
肾动脉 renal artery 142
肾窦 renal sinus 98
肾筋膜 renal fascia 100
肾静脉 renal vein 155
肾门 renal hilum 98
肾皮质 renal cortex 100
肾乳头 renal papillae 100
肾上腺 suprarenal gland 265
肾髓质 renal medulla 100
肾小盏 minor renal calices 100
肾盂 renal pelvis 100

索 引

肾柱 renal column 100
肾锥体 renal pyramids 100
升结肠 ascending colon 79
升主动脉 ascending aorta 137
声襞 vocal fold 90
声带 vocal cord 90
声门 glottis 90
声门裂 rami glottidis 90
声韧带 vocal ligament 88
十二指肠 duodenum 77
食管 esophagus 75
食管裂孔 esophageal hiatus 57
矢状缝 sagittal suture 15
示指伸肌 extensor indicis 61
视器 visual organ 171
视上核 supraoptic nucleus 208
视神经 optic nerve 228
视神经管 optic cana 12
视神经盘 optic disc 173
视网膜 retina 172
室间隔 interventricular septum 130
室旁核 paraventricular nucleus 208
室上嵴 supraventricular crest 128
收肌管 adductor canal 67
收肌结节 adductor tubercle 24
手舟骨 scaphoid bone 21
枢椎 axis 8
输精管 deferent duct 106
输卵管 uterine tube 112
竖脊肌（骶棘肌）erector spinae 54
丝状乳头 filiform papilla 73
四边孔 quadrilateral foramen 63
松果体 pineal body 266
髓腔 medullary cavity 4
髓纹 stria medullares 199
髓质 medulla 190
锁骨上神经 supraclavicular nerves 219
锁骨中线 midclavicular line 69

T

提睾肌 cremaster 57
瞳孔 pupil 172
头臂干 brachiocephalic trunk 138
头臂静脉 brachiocephalic vein 152
头静脉 cephalic vein 153
头状骨 capitate bone 21
投射纤维 projection fiber 214
骰骨 cuboid bone 25
突触 synapse 189
臀大肌 gluteus maximus 64
臀肌粗隆 gluteal tuberosity 24
臀上、下动脉 superior and inferior gluteal artery 145
臀小肌 gluteus minimus 64
臀中肌 gluteus medius 64
椭圆囊 utricle 183
唾液腺 salivary glands 73

V

Virchow 淋巴结 164

W

外鼻 external nose 1
外侧半月板 lateral meniscus 42
外侧沟 lateral sulcus 210
外侧孔 lateral aperture 199
外侧淋巴结 lateral lymph node 164
外侧丘系 lateral lemniscus 201
外侧膝状体 lateral geniculate body 208
外侧楔骨 lateral cuneiform bone 25
外耳道 external acoustic meatus 180
外科颈 surgical neck 20
外上髁 lateral epicondyle 21
外直肌 lateralis rectus 176
豌豆骨 pisiform bone 21
网膜 omentum 120
网膜囊 omental bursa 120
网状脊髓束 reticulosPinal tract 196
网状结构 reticular formation 204
尾骨 coccyx 10
尾神经 coccygeal nerve 1
尾状核 caudate nucleus 213
味蕾 taste bud 73
胃 stomach 75
胃大弯 greater curvature of stomach 75
胃穹隆 fornix of stomach 76
胃十二指肠动脉 gastroduodenal artery 144
胃网膜右动脉 right gastroepiploic artery 144
胃小弯 lesser curvature of stomach 75
纹状体 corpus striatum 214
涡静脉 vorticose 177
蜗管 cochlear duct 184
蜗神经 cochlear nerve 232

X

膝关节 knee joint 41
下鼻道 inferior nasal meatus 18
下鼻甲 inferior nasal concha 15
下橄榄核 inferior olivary nucleus 201
下颌骨 mandible 13
下颌角 angle of mandible 13
下颌孔 mandibular foramen 13
下颌神经 mandibular nerve 230
下颌下淋巴结 submandibular lymph node 163
下颌下腺 submandibular gland 74
下颌缘支 marginal mandibular branch 231
下颌支 ramus of mandible 13
下腔静脉 inferior vena cava 155
下丘脑 hypothalamus 208
下矢状窦 inferior sagittal sinus 257
下斜肌 inferior oblique 176
下牙槽神经 inferior alveolar nerve 230
下运动神经元 lower motor neurons 251
下直肌 inferior rectus 176
小肠 small intestine 77
小脑 cerebellum 206
小脑半球 cerebellar hemisphere 206
小脑扁桃体 tonsil of cerebellum 206
小脑镰 cerebellar falx 256
小脑幕 tentorium of cerebellum 256
小脑幕切迹 tentorial incisure 256
小脑皮质 cerebellar cortex 206
小脑上脚 superior cerebellar peduncle 199
小脑下脚 inferior cerebellar peduncle 198
小脑延髓池 cerebellomedullary cistern 257
小脑蚓 vermis 206
小脑中脚 medius cerebellar peduncle 198
小腿三头肌 triceps surae 66
小网膜 lesser omentum 120
小阴唇 lesser lips of pudendum 114
小隐静脉 small saphenous vein 154
小圆肌 teres minor 59
小指短屈肌 flexor digiti minimi brevis 62
小指对掌肌 opponens digiti minimi 62
小指伸肌 extensor digiti minimi 61
小指展肌 abductor digiti minimi 62
楔束 fasciculus cuneatus 195
斜方肌 trapezius 54
斜角肌间隙 scalenus fissure 53
心包 pericardium 135
心丛 cardiac plexus 239
心大静脉 great cardiac vein 134
心肌 myocardium 130
心尖切迹 cardiac apical incisure 127
心内膜 endocardium 130
心前静脉 anterior cardiac vein 135
心外膜 epicardium 130
心纤维骨骼 fibrous skeleton 130
新小脑 neocerebellum 206
星状神经节 stellate ganglion 237
杏仁体 amygdaloid body 214
性腺 gonads 266
胸背神经 thoracodorsal nerve 223
胸大肌 pectoralis major 55
胸导管 thoracic duct 161
胸骨柄 manubrium sterni 10
胸骨角 sternal angle 10
胸骨旁线 parasternal line 69
胸骨体 body of sternum 10
胸骨线 sternal line 69
胸膜 pleura 93
胸膜顶 cupula of pleura 94
胸膜腔 pleural cavity 93
胸膜隐窝 pleural recesses 94
胸锁关节 sternoclavicular joint 35
胸锁乳突肌 sternocleidomastoid 52
胸腺 thymus 161
胸小肌 pectoralis minor 56
胸腰筋膜 thoracolumbar fascia 55
胸主动脉 thoracic aorta 141
胸椎 thoracic vertebrae 9
嗅神经 olfactory nerve 228
旋肱后动脉 posterior humeral circumflex artery 140
旋肩胛动脉 circumflex scapular artery 140
旋前方肌 pronator quadratus 61

旋前圆肌 pronator teres 60
旋支 circumflex branch 133
血-脑脊液屏障 blood-CSF barrier 262
血-脑屏障 blood-brain barrier 262

Y

牙 teeth 71
牙本质 dentine 72
牙槽骨 alveolar bone 73
牙槽突 alveolar process 14
牙骨质 cement 72
牙髓 dental pulp 72
牙髓腔 dental cavity 72
牙龈 gingiva 73
牙周膜 peridental membrane 73
咽 pharynx 74
咽鼓管 auditory tube 182
咽峡 isthmus of fauces 71
咽隐窝 pharyngeal recess 75
咽支 pharyngeal branches 232
延髓 medulla oblongata 198
岩部 petrous part 13
岩大神经 greater petrosal nerve 231
岩上窦 superior petrosal sinus 257
岩下窦 inferior petrosal sinus 257
岩小神经 lesser petrosal nerve 232
眼动脉 ophthalmic artery 258
眼睑 eyelids 174
眼轮匝肌 orbicularis oculi 51
眼球 eyeball 171
腰骶膨大 lumbosacral enlargement 191
腰方肌 quadratus lumborum 58
腰神经 lumbar nerves 1
腰椎 lumbar vertebrae 9
咬肌 masseter 51
叶状乳头 foliate papilla 73
腋后线 posterior axillary line 69
腋前线 anterior axillary line 69
腋窝 axillary fossa 63
腋中线 midaxillary line 70
胰 pancreas 83
胰岛 pancreatic islets 266
胰管 pancreatic duct 84
乙状窦 sigmoid sinus 257
乙状结肠 sigmoid colon 79
乙状结肠动脉 sigmoid artery 144
乙状结肠系膜 sigmoid mesocolon 122
翼点 pterion 17
翼腭窝 pterygopalatine fossa 17
翼管 pterygoid canal 12
翼静脉丛 pterygoid venous plexus 152
翼内肌 medial pterygoid 51
翼突 pterygoid process 12
翼外肌 lateral pterygoid 52
阴道 vagina 114
阴道前庭 vaginal vestibule 114
阴道穹 fornix of vagina 114
阴蒂 clitoris 115
阴阜 mons pubis 114
阴茎 penis 108
阴囊 scrotum 108
蚓状肌 lumbricales 62
鹰嘴 olecranon 21
硬脊膜 spinal dura mater 255
硬膜外隙 epidural space 255
硬脑膜 cerebral dura mater 256
硬脑膜窦 sinuses of dura mater 150
幽门 pylorus 75
幽门瓣 pyloric valve 77
幽门部 pyloric part 76
右房室口 right atrioventricular orifice 128
右束支 right bundle branch 132
右心耳 right auricle 127
右心房 right atrium 127
右心室 right ventricle 128
釉质 enamel 72
圆孔 foramen rotundum 16
月骨 lunate bone 21
月状面 lunate surface 22
运动神经元 motor neuron 188

Z

脏胸膜 visceral pleura 93
展神经 abducent nerve 229
掌长肌 palmaris longus 60
掌骨 metacarpal bones 21
掌浅弓 superficial palmar arch 141
掌深弓 deep palmar arch 141
枕骨 occipital bone 13
枕骨大孔 foramen magnum 13
枕内隆凸 internal occipital protuberance 16
枕外隆凸 external occipital protuberance 15
枕小神经 lesser occipital nerve 219
枕叶 occipital lobe 210
砧骨 incus 181
正中孔 median aperture 199
正中神经 median nerve 221
支气管 bronchi 91
脂肪囊 fatty renal capsule 100
直肠 rectum 80
直肠壶腹 ampulla of rectum 80
直肠上动脉 superior rectal artery 145
直肠下动脉 inferior rectal artery 145
直窦 straight sinus 257
跖骨 metatarsal bones 25
指骨 phalanges of fingers 21
指伸肌 extensor digitorum 61
指深屈肌 flexor disitorum profundus 60
趾长屈肌 flexor digitorum longus 66
趾长伸肌 extensor digitorum longus 66
趾骨 bones of toes 25
中鼻道 middle meatus 18
中耳 middle ear 180
中间内侧核 intermediomedial nucleus 195
中间神经 intermediatc nerve 230
中间外侧核 intermediolateral nucleus 195
中间楔骨 intermedius cuneiform bone 25
中结肠动脉 middle colic artery 144
中脑 mesencephalon 198
中斜角肌 scalenus medius 53
中央凹 fovea centralis 173
中央沟 central sulcus 210
中央管 central canal 193
中央淋巴结 central lymph node 164
中央旁小叶 paracentral lobule 211
终池 terminal cistern 255
终丝 filum terminale 191
肘关节 elbow joint 36
肘窝 cubital fossa 63
蛛网膜粒 arachnoid granulations 257
蛛网膜下隙 subarachnoid space 255,257
主动脉 129
主动脉 aorta 137
主动脉瓣 aortic valve 129
主动脉窦 aortic sinus 129
主动脉弓 aortic arch 137
主动脉裂孔 aortic hiatus 57
椎动脉 vertebral artery 139
椎动脉 vertebral artery 259
椎弓 vertebral arch 7
椎弓板 lamina of vertebral arch 7
椎弓根 pedicle of vertebral arch 7
椎管 vertebral canal 7
椎间盘 intervertebral disc 30
椎静脉丛 vertebral venous plexus 153
椎孔 vertebral foramen 7
椎体 vertebral body 7
锥体 pyramid 198
锥体交叉 decussation pyramid 198
锥体束 pyramidal tract 201,251
锥体系 pyramidal system 251
子宫 uterus 112
子宫骶韧带 uterosacral ligament 114
子宫动脉 uterine artery 145
子宫颈 neck of uterus 112
子宫阔韧带 broad ligament of uterus 113
子宫峡 isthmus of uterus 112
子宫圆韧带 round ligament of uterus 113
子宫主韧带 cardinal ligament of uterus 113
籽骨 sesamoid bone 5
纵隔 mediastinum 95
纵隔胸膜 mediastinal pleura 94
足背动脉 dorsal artery of foot 149
足弓 arches of foot 44
足舟骨 navicular bone 25
左束支 left bundle branch 132
左心耳 left auricle 129
左心房 left atrium 129
左心室 left ventricle 129
坐骨 ischium 23
坐骨大切迹 greater sciatic notch 23
坐骨肛门窝 ischioanal fossa 117
坐骨海绵体肌 ischiocavernosus 117
坐骨棘 ischial spine 23
坐骨结节 ischial tuberosity 23
坐骨神经 sciatic nerve 225
坐骨小切迹 lesser sciatic notch 23